Söffing/Micker · Die Betriebsaufspaltung

Zusätzliche digitale Inhalte für Sie!

Zu diesem Buch stehen Ihnen kostenlos folgende digitale Inhalte zur Verfügung:

- Online-Version ✓
- Online-Training
- Aktualisierung im Internet
- Zusatz-Downloads
- App
- Digitale Lernkarten
- WissensCheck

Schalten Sie sich das Buch inklusive Mehrwert direkt frei.

Scannen Sie den QR-Code **oder** rufen Sie die Seite **www.nwb.de** auf. Geben Sie den Freischaltcode ein und folgen Sie dem Anmeldedialog. Fertig!

Ihr Freischaltcode

BZQV-QLHD-YJOD-JUTL-MZPB-GT

www.nwb.de

Die Betriebsaufspaltung

Formen – Voraussetzungen – Rechtsfolgen

Begründet von
Prof. Dr. Günter Söffing †,
RA, StB, Richter am BFH a. D.

Völlig neu überarbeitet von
Dr. Matthias Söffing, RA FAfStR und
Prof. Dr. Lars Micker, BScEc, LL.M.

9., überarbeitete Auflage

Es haben bearbeitet:
Prof. Dr. Micker: Teile A - I, K
Dr. Söffing: Teil J

ISBN 978-3-482-**49979**-1

9., überarbeitete Auflage 2023

© NWB Verlag GmbH & Co. KG, Herne 1972
www.nwb.de

Alle Rechte vorbehalten.

Dieses Buch und alle in ihm enthaltenen Beiträge und Abbildungen sind urheberrechtlich geschützt. Mit Ausnahme der gesetzlich zugelassenen Fälle ist eine Verwertung ohne Einwilligung des Verlages unzulässig.

Satz: Reemers Publishing Services GmbH, Krefeld
Druck: Elanders GmbH, Waiblingen

Scannen Sie den QR-Code oder besuchen Sie **Climate-Partner.com/16605-2105-1001** und erfahren Sie mehr zu unseren klimaneutralen Druckprodukten.

VORWORT

Man ist vielleicht geneigt zu sagen: bei der Betriebsaufspaltung nichts Neues. Die hohe Bedeutung der Betriebsaufspaltung im Steuerrecht erkennt man jedoch bereits daran, dass noch nicht einmal zwei Jahren nach dem Erscheinen der 8. Auflage die Notwendigkeit für eine Neuauflage gegeben ist. Man hat sich im Prinzip mit der Rechtsfolge einer Betriebsaufspaltung abgefunden und sieht sie zunehmend als probates Gestaltungsmittel, um in bzw. aus der betrieblichen Verhaftung zu gelangen. Eine gewerbliche Verhaftung muss nämlich nicht stets als negativ erachtet werden. So kann man mittels einer erbschaftsteuerlichen Betriebsaufspaltung die eine oder andere positive Gestaltung auf den Weg bringen. Dies gilt jedoch nur dann, wenn das Rechtsinstitut der Betriebsaufspaltung bewusst und zielgerichtet als Gestaltungsmittel eingesetzt wird. Insbesondere der unfreiwillige und damit regelmäßig auch unbewusste Weg aus der Betriebsaufspaltung kann zu bösen, steuerbelastenden Wirkungen führen.

Als in den Entscheidungen des Reichsfinanzhofes von einer „Betriebsaufspaltung" gesprochen wurde, lag entsprechend dem Begriff tatbestandlich die Aufspaltung eines Betriebs vor. D. h., einen einheitlichen Betrieb spaltete man in ein Besitzunternehmen und ein Betriebsunternehmen auf. Es lag dann eine **echte** Betriebsaufspaltung vor. Die Motivation dafür war u. a. auch zivilrechtlicher Natur, wie z. B. Haftungsbeschränkung oder Vermögensaufteilung im Rahmen einer Nachfolgeplanung. Hinzu trat im Fortgang der Entwicklung des Rechtsinstituts der Betriebsaufspaltung der steuerliche Aspekt und damit der Einsatz der Betriebsaufspaltung als Gestaltungsmittel. Gestaltet man hingegen von Anfang an den Sachverhalt so, dass ein Besitzunternehmen und ein Betriebsunternehmen begründet werden, spricht man von **unechter** Betriebsaufspaltung.

Nach wie vor darf nicht verkannt werden, dass es sich bei der Betriebsaufspaltung um ein von der Rechtsprechung entwickeltes Rechtsinstitut handelt, das als solches nicht ausdrücklich im Gesetz verankert ist und nur vereinzelt und an versteckter Stelle in Normen zum Ausdruck gebracht wird (z. B. in § 13b Abs. 4 Nr. 1 Buchst. a) ErbStG oder § 51i Abs. 1 Satz 4 EStG). Damit eröffnet die Betriebsaufspaltung eine gewisse Rechtsunsicherheit, da sie sich an der konkreten Rechtsprechung und nicht an einem gesetzlichen Wortlaut zu orientieren hat. Dennoch kann mittels der Betriebsaufspaltung einerseits gezielt gestaltet werden, andererseits jedoch muss man stets grundsätzlich auf der Hut sein, eine bestehende Betriebsaufspaltung nicht gedankenlos zu zerstören, um nicht die Aufdeckung stiller Reserven zu provozieren.

Auch darf nicht verkannt werden, dass die vermietende Tätigkeit des Besitzunternehmens aufgrund der personellen und sachlichen Verflechtung als originär gewerbliche Tätigkeit gewürdigt wird (BFH, Urteil v. 30.10.2019 - IV R 59/16, BStBl 2020 II S. 147),

Vorwort

und somit das Vermögen des Besitzunternehmens nicht mehr steuerliches Privatvermögen, sondern Betriebsvermögen darstellt. Das Besitzunternehmen unterliegt der Gewerbesteuer. Da die vermietende Tätigkeit des Besitzunternehmens als originär gewerblich qualifiziert wird, kann das Besitzunternehmen auch keine erweiterte gewerbesteuerliche Kürzung nach § 9 Nr. 1 Satz 2 GewStG in Anspruch nehmen (BFH, Urteil v. 20. 5.2021 - IV R 31/19, BStBl 2021 II S. 768).

Abschließend sei noch auf eine wirklich neue Rechtsentwicklung hingewiesen, die die Entscheidung des IV. Senats des BFH vom 16.9.2021 (IV R 7/18, NWB ZAAAI-03339) gebracht hat. Mit diesem Urteil hat der BFH der zuvor in der Literatur geäußerten Kritik nachgegeben und die Unterscheidung zwischen einer mittelbaren Beteiligung über eine Kapitalgesellschaft am Betriebsunternehmen und einer solchen am Besitzunternehmen hinsichtlich der personellen Verflechtung aufgegeben. Mit Schreiben v. 21.11.2022 hat das BMF nun mitgeteilt, dass die Aufhebung des sog. Durchgriffsverbots aus Vertrauensschutzgründen erst ab dem Veranlagungszeitraum 2024 zu berücksichtigen ist.

Wir, hoffen, dem Leser die eine oder andere Entscheidungshilfe im Rahmen der Gestaltungsberatung aber auch in der Abwehrberatung geben zu können, und sind uns sicher, den sonst Interessierten, wie z.B. Studierenden, einen Einstieg in die Materie der Betriebsaufspaltung zu ermöglichen.

Düsseldorf, im Oktober 2022

Dr. Matthias Söffing
Prof. Dr. Lars Micker

INHALTSÜBERSICHT

	Seite
Vorwort	V
Inhaltsverzeichnis	XI
Abkürzungsverzeichnis	XXVII
Literaturverzeichnis	XXXIII

A.	**Problemstellung und Entwicklung des Instituts der Betriebsaufspaltung**	1
I.	Einleitung	1
II.	Das Grundproblem der Betriebsaufspaltung	2
III.	Entwicklung des Instituts der Betriebsaufspaltung	3

B.	**Wesen, Rechtfertigung und Verfassungsmäßigkeit der Betriebsaufspaltung**	7
I.	Wesen der Betriebsaufspaltung	7
II.	Rechtfertigung der Betriebsaufspaltung	7
III.	Verfassungsmäßigkeit	12

C.	**Formen der Betriebsaufspaltung**	15
I.	Allgemeines	15
II.	Echte Betriebsaufspaltung	15
III.	Unechte Betriebsaufspaltung	17
IV.	Kapitalistische Betriebsaufspaltung	18
V.	Mitunternehmerische Betriebsaufspaltung	19
VI.	Umgekehrte Betriebsaufspaltung	19
VII.	Unmittelbare Betriebsaufspaltung	19
VIII.	Mittelbare Betriebsaufspaltung	20
IX.	Betriebsaufspaltung über die Grenze	20
X.	Nachträglich erkannte Betriebsaufspaltung	20

D.	**Voraussetzungen der Betriebsaufspaltung**	23
I.	Allgemeines	23
II.	Sachliche Verflechtung	24
III.	Personelle Verflechtung	78

E. Besitzunternehmen — 183
I. Allgemeines — 183
II. Besitzunternehmen im Ausland — 185
III. Das Besitzunternehmen ist eine Kapitalgesellschaft, optierende Gesellschaft oder Genossenschaft — 195
IV. Das Besitzunternehmen erfüllt die Voraussetzungen des § 15 Abs. 2 EStG — 198
V. Besonderheiten bei der Einheits-Betriebsaufspaltung — 199
VI. Betriebsaufspaltung und Zinsschranke — 206
VII. Gemeinnützige Einrichtungen und juristische Personen des öffentlichen Rechts — 208
VIII. Gewinnermittlung — 215

F. Betriebsunternehmen — 217
I. Kapitalgesellschaft und optierende Gesellschaft als Betriebsunternehmen — 217
II. Personengesellschaften als Betriebsunternehmen (mitunternehmerische Betriebsaufspaltung) — 218
III. Einzelunternehmen als Betriebsunternehmen — 251
IV. Gemeinschaft als Betriebsunternehmen — 252
V. Muss das Betriebsunternehmen einen Gewerbebetrieb zum Gegenstand haben? — 252
VI. Ausländische Betriebsgesellschaft — 254

G. Rechtsfolgen der Betriebsaufspaltung — 259
I. Grundsätzliches — 259
II. Bedenken gegen die Umqualifizierung — 263
III. Umfang der Umqualifizierung — 274
IV. Korrespondierende Bilanzansätze — 316
V. Buchwertfortführung – Buchwertübertragung — 322
VI. Zurechnung von Besteuerungsmerkmalen (Merkmalübertragung)? — 347
VII. Phasengleiche Bilanzierung bei Ausschüttung der Betriebs-GmbH — 370
VIII. Eintritt der weiteren Rechtsfolgen nur bei Umqualifizierung — 376
IX. Pensionsrückstellungen und Tätigkeitsvergütungen — 376
X. Haftung — 378
XI. Angemessener Pachtzins (Mietzins) — 380
XII. Der Geschäftswert — 388
XIII. Einzelne gewerbesteuerliche Aspekte — 391

		Seite
H.	**Betriebsaufspaltung und Betriebsverpachtung**	401
I.	Betriebsverpachtung	401
II.	Betriebsaufspaltung mit und ohne Betriebsverpachtung	403
I.	**Beginn und Beendigung der Betriebsaufspaltung**	409
I.	Beginn der Betriebsaufspaltung	409
II.	Beendigung der Betriebsaufspaltung	415
J.	**Erbschaft- und Schenkungsteuer**	453
I.	Betriebsaufspaltung in der Nachfolgeplanung	453
II.	Steuerverschonung nach §§ 13a, 13b ErbStG im Allgemeinen	455
III.	Steuerverschonung im Besonderen bei einer Betriebsaufspaltung	477
K.	**Vor- und Nachteile der Betriebsaufspaltung**	495
I.	Einführende Bemerkung	496
II.	Haftungsbeschränkung	496
III.	Geschäftsführergehalt und Pensionsrückstellung	499
IV.	Übertragung des Unternehmens auf die nächste Generation	499
V.	Vermeidung von Publizitätspflichten	500
VI.	Steuerliche Vor- und Nachteile	500

Stichwortverzeichnis 505

INHALTSVERZEICHNIS

Vorwort		V
Inhaltsübersicht		VII
Abkürzungsverzeichnis		XXVII
Literaturverzeichnis		XXXIII

		Rz.	Seite
A.	**PROBLEMSTELLUNG UND ENTWICKLUNG DES INSTITUTS DER BETRIEBSAUFSPALTUNG**		
I.	Einleitung	1	1
II.	Das Grundproblem der Betriebsaufspaltung	5	2
III.	Entwicklung des Instituts der Betriebsaufspaltung	10	3
B.	**WESEN, RECHTFERTIGUNG UND VERFASSUNGSMÄSSIGKEIT DER BETRIEBSAUFSPALTUNG**		
I.	Wesen der Betriebsaufspaltung	21	7
II.	Rechtfertigung der Betriebsaufspaltung	23	7
	1. Die Reinhardtsche These	23	7
	2. Rechtfertigung durch den Reichsfinanzhof	24	8
	3. Rechtfertigung durch den Obersten Finanzhof	27	8
	4. Rechtfertigung durch den Bundesfinanzhof	28	9
III.	Verfassungsmäßigkeit	39	12
C.	**FORMEN DER BETRIEBSAUFSPALTUNG**		
I.	Allgemeines	44	15
II.	Echte Betriebsaufspaltung	45	15
III.	Unechte Betriebsaufspaltung	54	17
IV.	Kapitalistische Betriebsaufspaltung	62	18
V.	Mitunternehmerische Betriebsaufspaltung	64	19

			Rz.	Seite
VI.	Umgekehrte Betriebsaufspaltung		65	19
VII.	Unmittelbare Betriebsaufspaltung		66	19
VIII.	Mittelbare Betriebsaufspaltung		67	20
IX.	Betriebsaufspaltung über die Grenze		72	20
X.	Nachträglich erkannte Betriebsaufspaltung		73	20

				Rz.	Seite
D.	**VORAUSSETZUNGEN DER BETRIEBSAUFSPALTUNG**				
I.	Allgemeines			76	23
II.	Sachliche Verflechtung			81	24
	1.	Begriffsbestimmung		81	25
	2.	Rechtfertigung für die Voraussetzungen der sachlichen Verflechtung		84	25
	3.	Wesentliche Betriebsgrundlage		87	26
		a) Allgemeines		87	27
		b) Gesamtbildbetrachtung		96	29
		c) Bebaute Grundstücke		105	30
			(1) Vorbemerkung	105	30
			(2) Die ältere Rechtsprechung	106	31
			(3) Die neuere Rechtsprechung	112	32
			(4) Kritische Bemerkungen zur neueren Rechtsprechung	126	35
			(5) Heutige Bedeutung der älteren Rechtsprechung	136	37
			(6) Anwendung der neueren Rechtsprechung auf andere Wirtschaftsgüter als Grundstücke	137	37
			(7) Keine oder nur geringe wirtschaftliche Bedeutung	139	37
			(8) Einzelfälle	149	40
		d) Unbebaute Grundstücke		199	52
		e) Bewegliche Wirtschaftsgüter		208	53
		f) Darlehen und stille Beteiligungen		218	56
		g) Immaterielle Wirtschaftsgüter		222	57
			(1) Geschützte Erfindungen	222	57
			(2) Ungeschützte Erfindungen	227	59
			(3) Urheberrechte, Marken und sonstige Schutzrechte	236	60

				Rz.	Seite
		(4)	Kundenstammrecht, Handelsvertretervertrag, Mandantenstamm, Firmenwert, Konzessionen, Geschäftsbeziehungen	240	61
		(5)	Warenzeichen, Rezepte, Know-how	246	62
		(6)	Umlaufvermögen	250	63
	4.	Überlassung von Wirtschaftsgütern		251	63
		a)	Abgrenzung der Nutzungsüberlassung zur Veräußerung	251	63
		b)	Nutzungsüberlassung eines fremden Wirtschaftsguts	259	64
		c)	Art der Nutzungsüberlassung	266	65
		d)	Erbbaurecht und Nießbrauch	275	68
		e)	Zwischenvermietung (mittelbare Nutzungsüberlassung)	282	73
			(1) Allgemeines	282	73
			(2) Verpflichtung des Zwischenmieters zur Weitervermietung an das Betriebsunternehmen	285	73
			(3) Wirtschaftliche Identität des Zwischenvermieters und der das Betriebsunternehmen beherrschenden Person oder Personengruppe	288	75
			(4) Überlassung an Dritten zur eigenen Nutzung	293	77
			(5) Eigene Ansicht	294	77
	5.	Schlussbemerkung		299	78
III.	**Personelle Verflechtung**			303	78
	1.	Begriff		303	79
	2.	Der einheitliche geschäftliche Betätigungswille		305	80
		a)	Allgemeines	305	80
		b)	Geschäfte des täglichen Lebens	314	81
		c)	Das Überlassungsverhältnis	325	83
		d)	Testamentsvollstrecker	333	85
		e)	Zwangsverwaltung, gerichtlicher Vergleich, Insolvenz	341	86
	3.	Durchsetzung des einheitlichen geschäftlichen Betätigungswillens		345	86
		a)	Die Einmann-Betriebsaufspaltung	345	87
		b)	Einheits-Betriebsaufspaltung	346	87
		c)	Die Mehrpersonen-Betriebsaufspaltung	351	88
			(1) Überblick	351	88
			(2) Das Stimmrechtsverhältnis	353	88

			Rz.	Seite
4.	Mittelbare Beherrschung		468	121
	a)	Einführung	468	121
	b)	Mittelbare Beherrschung auf der Seite des Betriebsunternehmens	470	122
	c)	Mittelbare Beherrschung auf der Seite des Besitzunternehmens	473	123
		(1) Die ältere BFH-Rechtsprechung	473	123
		(2) Kritik an der älteren Rechtsprechung	475	124
		(3) Rechtsprechungsänderung und Konsequenzen	477	125
5.	Zusammenrechnung von Angehörigenanteilen		486	128
	a)	Die Rechtslage bis März 1985	486	129
	b)	Die Rechtslage ab März 1985	491	130
	c)	Zusätzliche Beweisanzeichen	493	130
		(1) Allgemeines	493	130
		(2) Die BFH-Urteile vom 27.11.1985 und vom 18.2.1986	494	131
		(3) Das Urteil des IV. Senats vom 24.7.1986	501	133
		(4) Das Urteil des VIII. Senats vom 17.3.1987	508	136
		(5) Zusammenfassung	513	138
	d)	Feststellungslast	515	139
	e)	Anwendung auf Anteile minderjähriger Kinder	519	140
6.	Wiesbadener Modell		527	143
7.	Faktische Beherrschung		535	145
	a)	Einleitung	535	145
	b)	Die Rechtsprechung	542	147
		(1) Die frühere Rechtsprechung	542	147
		(2) Die neuere Rechtsprechung	547	149
	c)	Die Auffassung der Finanzverwaltung	578	161
	d)	Ergebnis	579	162
8.	Stimmrechtsausschluss		593	166
	a)	Das Zivilrecht	594	167
	b)	Das Besitzunternehmen	601	167
	c)	Das Betriebsunternehmen	607	168
		(1) Allgemeines	607	168

			Rz.	Seite
	(2) Das Urteil des IV. Senats vom 26.1.1989		608	169
	(3) Kritik an dem Urteil des IV. Senats vom 26.1.1989		611	170
9.	Mehrere Besitzunternehmen		620	171
10.	Mehrere Betriebsunternehmen		634	176
11.	Stille Beteiligung		642	178
12.	Unterbeteiligung		649	179
13.	Gestaltungsmissbrauch		654	179
	a) Allgemeines		654	179
	b) Das BFH-Urteil vom 13.3.1997		655	180
	(1) Sachverhalt		655	180
	(2) Entscheidungsgründe		657	181

E. BESITZUNTERNEHMEN

			Rz.	Seite
I.	Allgemeines		661	183
II.	Besitzunternehmen im Ausland		671	185
	1. Rechtslage bis VZ 2008		671	186
	a) Konsequenzen für die Einordnung der Einkünfte		676	187
	2. Rechtslage ab VZ 2009		691	189
	3. Wegzug des Besitzunternehmens		698	193
III.	Das Besitzunternehmen ist eine Kapitalgesellschaft, optierende Gesellschaft oder Genossenschaft		705	195
IV.	Das Besitzunternehmen erfüllt die Voraussetzungen des § 15 Abs. 2 EStG		711	198
V.	Besonderheiten bei der Einheits-Betriebsaufspaltung		715	199
	1. Das Besitzunternehmen als Holding		715	199
	2. Verhältnis von Betriebsaufspaltung und Organschaft		724	201
	a) Körperschaftsteuerliche Organschaft		724	201
	(1) Rechtslage bis 2000		724	201
	(2) Rechtslage ab 2001		727	202
	b) Gewerbesteuerliche Organschaft		729	203
	c) Umsatzsteuerliche Organschaft		731	203

			Rz.	Seite
VI.	Betriebsaufspaltung und Zinsschranke		741	206
	1. Abzugsbeschränkung		741	206
	2. Ausnahmen vom Abzugsverbot		742	206
VII.	Gemeinnützige Einrichtungen und juristische Personen des öffentlichen Rechts		749	208
	1. Vorüberlegungen		749	208
	2. Beteiligungen des steuerbegünstigten Besitzunternehmens		750	209
	3. Vermietungstätigkeit des steuerbegünstigten Besitzunternehmens		751	209
	4. Fälle der Unanwendbarkeit von Betriebsaufspaltungsgrundsätzen		753	210
	5. Juristische Personen des öffentlichen Rechts		756	212
VIII.	Gewinnermittlung		758	215

F. BETRIEBSUNTERNEHMEN

			Rz.	Seite
I.	Kapitalgesellschaft und optierende Gesellschaft als Betriebsunternehmen		764	217
II.	Personengesellschaften als Betriebsunternehmen (mitunternehmerische Betriebsaufspaltung)		768	218
	1. Die früher herrschende Rechtsprechung		768	220
	2. Die abweichende Rechtsprechung des VIII. Senats		778	223
	a) Das BFH-Urteil vom 23.4.1996		778	223
	b) Begründung des Urteils		779	224
	3. Bedenken gegen die Rechtsprechungsänderung		783	225
	a) Kontinuität der Rechtsprechung		784	225
	b) Zirkelschluss		788	226
	c) Nichtgewerblich tätige Personengesellschaft		797	228
	d) Divergenz zu dem BFH-Urteil vom 3.2.1994		799	228
	e) Das BFH-Urteil vom 24.11.1998		807	231
	(1) Die Urteilsbegründung		808	231
	(2) Urteilskritik		809	232
	4. Folgerungen aus der Rechtsprechungsänderung		821	235
	a) Der Nur-Besitz-Gesellschafter		821	235
	b) Betriebsaufgabefälle		825	236

				Rz.	Seite
		c)	Abfärbevorschrift	828	237
		d)	Gewerbesteuerbefreiungen	845	239
		e)	Gewerbesteuerliche Doppelbelastung bei Darlehensgewährung	847	240
		f)	Keine Saldierungsmöglichkeit	853	240
		g)	Sonderabschreibungen, Investitionszulagen	858	241
		h)	Tarifbegünstigung bei Betriebsveräußerung	863	241
		i)	Umbuchung	868	242
		j)	AfA-Fortführung	874	243
		k)	Sonderabschreibungen nach dem Fördergebietsgesetz	875	243
		l)	Behandlung der Nur-Besitz-Gesellschafter	879	243
		m)	Antragsberechtigung bei der Investitionszulage	885	244
		n)	Verbleibensvoraussetzungen usw.	886	244
	5.		Übergangsregelungen	890	245
	6.		Vermeidung der Folgen der Rechtsprechungsänderung	898	245
		a)	Empfehlungen der Finanzverwaltung	898	245
			(1) Erfolgsneutrale Überführung ins Gesellschaftsvermögen	899	245
			(2) Einbringung nach § 24 UmwStG	900	246
		b)	Andere denkbare Vermeidungsmöglichkeiten	902	246
			(1) Kein volles Entgelt	902	246
			(2) Vermeidung der Anwendung der Abfärbevorschrift	903	246
	7.		Keine Anwendung der neuen Rechtsprechungsgrundsätze	907	247
		a)	Entgeltliche und teilentgeltliche Nutzungsüberlassung	907	247
		b)	Mittelbare Beherrschungen	909	248
			(1) Mittelbare Beteiligung am Besitzunternehmen	910	248
			(2) Mittelbare Beteiligung am Betriebsunternehmen	913	249
III.	Einzelunternehmen als Betriebsunternehmen			920	251
IV.	Gemeinschaft als Betriebsunternehmen			927	252
V.	Muss das Betriebsunternehmen einen Gewerbebetrieb zum Gegenstand haben?			931	252
VI.	Ausländische Betriebsgesellschaft			938	254

		Rz.	Seite

G. RECHTSFOLGEN DER BETRIEBSAUFSPALTUNG

		Rz.	Seite
I.	**Grundsätzliches**	947	259
	1. Kein einheitlicher Gewerbebetrieb	947	259
	2. Umqualifizierung des Besitzunternehmens	953	261
II.	**Bedenken gegen die Umqualifizierung**	963	263
	1. Allgemeines	963	263
	2. Der GmbH & Co. KG-Beschluss	964	263
	3. Das BFH-Urteil vom 12.11.1985	980	266
	a) Die Begründung des Urteils	980	266
	b) Kritische Überlegungen	984	267
	c) Wertende Betrachtungsweise	995	269
	4. Lösungsvorschlag	996	270
	5. Beteiligung am allgemeinen wirtschaftlichen Verkehr	1005	271
	a) Allgemeines	1005	271
	b) Zurechnung der Beteiligung am allgemeinen wirtschaftlichen Verkehr des Betriebsunternehmens	1008	272
	c) Zurechnung der Betriebseigenschaft des früheren einheitlichen Betriebs	1011	272
	(1) Echte Betriebsaufspaltung	1011	272
	(2) Unechte Betriebsaufspaltung	1013	273
III.	**Umfang der Umqualifizierung**	1018	274
	1. Das Besitzunternehmen ist ein Einzelunternehmen	1019	274
	a) Grundsätzliches	1019	274
	b) Dem Betriebsunternehmen überlassene Wirtschaftsgüter	1020	275
	c) Die Anteile an der Betriebs-Kapitalgesellschaft als Betriebsvermögen des Besitzunternehmens	1034	279
	d) Darlehensforderungen	1050	285
	e) Betriebseinnahmen beim Besitzunternehmen	1055	289
	2. Das Besitzunternehmen ist eine Personengesellschaft	1066	291
	a) Die nicht an das Betriebsunternehmen vermieteten Wirtschaftsgüter	1066	291
	b) Nur-Besitz-Gesellschafter	1078	297

				Rz.	Seite
			(1) Die Mitgegangen-Mitgefangen-These	1078	297
			(2) Bedenken gegen die Mitgegangen-Mitgefangen-These	1082	298
		c)	Sonderbetriebsvermögen	1094	302
			(1) Überlassung von Wirtschaftsgütern	1094	302
			(2) Die Anteile an der Betriebskapitalgesellschaft als notwendiges Sonderbetriebsvermögen II des Besitzunternehmers	1116	308
			(3) Darlehensforderungen	1123	310
			(4) Besicherung von gegen das Betriebsunternehmen gerichteten Forderungen durch einen Besitzgesellschafter	1132	312
			(5) Gewillkürtes Sonderbetriebsvermögen	1139	313
			(6) Überentnahmen nach § 4 Abs. 4a EStG	1140	314
	3.	Das Besitzunternehmen ist eine Gemeinschaft		1145	315
IV.	**Korrespondierende Bilanzansätze**			1156	316
	1.	Die frühere Rechtsprechung des BFH		1156	317
	2.	Kritik an der früheren Rechtsprechung		1161	318
	3.	Das BFH-Urteil vom 8.3.1989		1167	319
	4.	Aufgabe der korrespondieren Bilanzierung durch die BFH-Urteile vom 17.7.1991, 14.1.1998 und 12.2.2015		1171	320
V.	**Buchwertfortführung – Buchwertübertragung**			1175	322
	1.	Einführung		1175	322
	2.	Buchwertfortführung bzw. Buchwertübertragung bei der Begründung einer echten Betriebsaufspaltung		1177	323
		a)	Buchwertfortführung im Besitzunternehmen	1177	323
		b)	Buchwertübertragung in das Betriebsunternehmen	1178	323
			(1) Allgemeines	1178	323
			(2) Kapitalgesellschaften als Betriebsunternehmen	1179	323
			(3) Das Betriebsunternehmen ist eine Personengesellschaft	1181	324
	3.	Buchwertübertragung während des Bestehens einer Betriebsaufspaltung		1201	328
		a)	Übertragungen auf Betriebs-Kapitalgesellschaften	1201	328

			Rz.	Seite
	b)	Umstrukturierung von Besitz- und Betriebs-Personengesellschaften	1202	328
		(1) Begünstigte Übertragungen	1202	328
		(2) Unentgeltliche Übertragungen	1216	333
		(3) Gewährung/Minderung von Gesellschaftsrechten	1226	336
		(4) (Rückwirkender) Ansatz des Teilwertes – Sperrfristen	1231	337
4.		Umsatzsteuerliche Folgen der Übertragung	1241	341
	a)	Übertragungen nach § 6 Abs. 5 Satz 3 Nr. 1 EStG	1241	341
	b)	Übertragungen nach § 6 Abs. 5 Satz 3 Nr. 2 und 3 EStG	1244	342
5.		Grunderwerb- und schenkungsteuerliche Aspekte	1251	343
	a)	Grunderwerbsteuer	1251	343
	b)	Schenkungsteuer	1261	345

VI. Zurechnung von Besteuerungsmerkmalen (Merkmalübertragung)? — 1276 — 347

			Rz.	Seite
1.		Einführung	1276	348
2.		Das BMF-Schreiben vom 10.12.1985	1283	348
3.		Die Rechtsprechung zur Investitionszulage, zum FördG und zur Zonenrandförderung	1288	349
4.		Die Rechtsprechung des BFH zu § 7g EStG	1299	352
5.		Die ältere Rechtsprechung des BFH zum Gewerbesteuergesetz	1311	354
6.		Bedenken gegen die ältere Rechtsprechung des BFH zum Gewerbesteuergesetz	1326	356
	a)	Grundsätzliche Bedenken	1326	356
	b)	Keine spezielle Zwecksetzung und tatbestandsmäßige Ausgestaltung bei der Investitionszulage	1331	358
		(1) Allgemeines	1331	358
		(2) Keine spezielle Zwecksetzung	1334	358
		(3) Tatbestandsmäßige Ausgestaltung	1347	362
7.		Zusammenfassende Kritik der älteren Rechtsprechung	1350	363
8.		Änderung der Rechtsprechung – Merkmalübertragung auch im Gewerbesteuerrecht	1361	363
	a)	Der Vorlagebeschluss des X. Senats vom 12.5.2004	1361	363
	b)	Änderung der Rechtsprechung	1363	364
	c)	Konsequenzen der Rechtsprechungsänderung	1366	366
		(1) Merkmalübertragung bei sämtlichen gewerbesteuerlichen Befreiungstatbeständen	1366	366

		Rz.	Seite
(2) Grundsteuerliche Befreiungen		1367	368
(3) Einfluss auf Bewertungsrecht, § 35 EStG und Organschaft		1372	369
(4) Einfluss auf Nicht-Betriebsaufspaltungsfälle		1375	370
VII. Phasengleiche Bilanzierung bei Ausschüttung der Betriebs-GmbH		1391	370
1. Einführung		1391	370
2. Grundsätzliches zu Gewinnausschüttungen		1395	371
a) Allgemeines		1395	371
b) Versteuerung im Privatvermögen		1396	371
c) Versteuerung im Betriebsvermögen		1397	372
d) Betriebsaufspaltungsfälle		1398	372
3. Die Ausnahme		1399	372
a) Die Rechtsprechung des BGH		1399	372
b) Die Rechtsprechung des BFH		1401	373
VIII. Eintritt der weiteren Rechtsfolgen nur bei Umqualifizierung		1426	376
IX. Pensionsrückstellungen und Tätigkeitsvergütungen		1441	376
X. Haftung		1461	378
1. Zivilrechtliche Haftung		1461	378
2. Haftung nach § 74 AO		1481	379
XI. Angemessener Pachtzins (Mietzins)		1501	380
1. Grundsätzliches		1501	380
a) Unangemessen niedriger Pachtzins (Mietzins)		1501	380
b) Unangemessen hoher Pachtzins (Mietzins)		1511	381
2. Ausnahme beim Vorhandensein von Nur-Betriebs-Gesellschaftern		1512	382
3. Nutzungsentgelt und Abzugsverbot nach § 3c Abs. 2 EStG		1527	383
a) Rechtslage bis zum VZ 2014		1527	383
b) Gesetzliche Neuregelung ab VZ 2015		1528	385
(1) Einzelunternehmen als Besitzunternehmen		1528	385
(2) Personengesellschaft als Besitzunternehmen		1534	386
c) Kritik		1538	387
4. Wann ist ein Nutzungsentgelt angemessen?		1543	387
XII. Der Geschäftswert		1549	388
XIII. Einzelne gewerbesteuerliche Aspekte		1558	391

			Rz.	Seite
	1.	Behandlung von Miet- und Pachtzinsen sowie weiteren Nutzungsentgelten	1558	392
	2.	Behandlung von Darlehenszinsen	1577	394
	3.	Nutzung von Freibeträgen nach § 11 GewStG	1584	395
	4.	Anwendung von Kürzungsvorschriften	1588	396
		a) Kürzungen nach § 9 Nr. 1 GewStG	1588	396
		b) Kürzungen nach § 9 Nr. 2a GewStG (Schachtelprivileg)	1595	399
	5.	Verlustuntergang nach § 10a GewStG	1597	400

H. BETRIEBSAUFSPALTUNG UND BETRIEBSVERPACHTUNG

			Rz.	Seite
I.	Betriebsverpachtung		1600	401
II.	Betriebsaufspaltung mit und ohne Betriebsverpachtung		1602	403
	1.	Allgemeines	1602	403
	2.	Die betriebsverpachtende (qualifizierte) Betriebsaufspaltung	1604	404
	3.	Nur wirtschaftsgutüberlassende Betriebsaufspaltung	1611	405

I. BEGINN UND BEENDIGUNG DER BETRIEBSAUFSPALTUNG

			Rz.	Seite
I.	Beginn der Betriebsaufspaltung		1624	409
	1.	Allgemeines	1624	409
	2.	Bewertung bei Beginn der Betriebsaufspaltung	1633	413
II.	Beendigung der Betriebsaufspaltung		1639	415
	1.	Allgemeines	1639	416
	2.	Wegfall einer Voraussetzung der Betriebsaufspaltung	1649	420
	3.	Veräußerung des Besitzunternehmens	1668	426
	4.	Veräußerung und Aufgabe des Betriebsunternehmens und Umwandlungsfälle	1673	427
	5.	Wegfall der sachlichen Verflechtung	1683/1	436
	6.	Der Veräußerungs- oder Aufgabegewinn	1684	437
	7.	Möglichkeiten zur Vermeidung der Besteuerung der stillen Reserven des Besitzunternehmens bei Beendigung der Betriebsaufspaltung	1690	439
		a) Allgemeines	1690	440

				Rz.	Seite
		b)	Zusammentreffen von Betriebsaufspaltung und Betriebsverpachtung/Betriebsunterbrechung	1692	441
		c)	Umwandlung des Besitzunternehmens in eine GmbH	1694	443
		d)	Schaffung einer gewerblich geprägten Personengesellschaft	1697	447
		e)	Schaffung der Voraussetzung des § 15 Abs. 3 Nr. 1 EStG	1700	448
		f)	Änderung der Stimmrechtsverhältnisse	1702	448
		g)	Besonderheiten im Erbfall und bei Schenkungen	1704	449
		h)	Billigkeitsmaßnahmen	1705	451
J.	**ERBSCHAFT- UND SCHENKUNGSTEUER**				
I.	Betriebsaufspaltung in der Nachfolgeplanung			1709	453
II.	Steuerverschonung nach §§ 13a, 13b ErbStG im Allgemeinen			1716	455
	1.	Regelverschonung		1717	457
		a)	Lohnsummenregelung	1718	458
		b)	Behaltensfrist	1723	462
	2.	Abzugsbetrag		1728	463
	3.	Optionsverschonung, § 13a Abs. 10 ErbStG		1730	464
	4.	Vorwegabschlag bei Familienunternehmen, § 13a Abs. 9 ErbStG		1734	465
		a)	Entnahme- bzw. Ausschüttungsbeschränkung	1734/1	466
		b)	Verfügungsbeschränkung	1734/2	466
		c)	Abfindungsbeschränkung	1734/3	466
		d)	Tatsächliche Entsprechung	1734/4	467
		e)	Zeitliche Nachhaltigkeit der gesellschaftsvertraglichen Beschränkungen	1734/5	467
		f)	Konkrete Anwendung des Vorwegabschlags	1734/6	467
	5.	Abschmelzungsmodell, § 13c ErbStG		1735	468
	6.	Verschonungsbedarfsprüfung, § 28a ErbStG		1736	470
		a)	Erlassantrag	1736/1	470
		b)	Materiell-rechtliche Voraussetzungen des Erlassantrags	1737	471
		c)	Kurzfristige Stundung	1738	471
		d)	Auflösende Bedingung für den Erlass	1739	471

			Rz.	Seite
	7.	Begünstigungsfähiges Vermögen	1740	472
	8.	Begünstigtes Vermögen	1741	473
III.	Steuerverschonung im Besonderen bei einer Betriebsaufspaltung		1744	477
	1.	Betriebsunternehmen	1747	477
		a) Klassische Betriebsaufspaltung	1749	478
		b) Umgekehrte Betriebsaufspaltung	1754	480
		c) Kapitalistische Betriebsaufspaltung	1756	481
	2.	Besitzunternehmen	1760	483
		a) Erbschaftsteuerliche Betriebsaufspaltung	1763	484
		b) Durchsetzung eines einheitlichen geschäftlichen Betätigungswillens	1770	486
		c) Unmittelbare Nutzung durch Betriebsgesellschaft	1775	488
		d) Grenzüberschreitende Betriebsaufspaltung	1777	489
		e) Unechte Betriebsaufspaltung	1778	489
		f) Klassische Betriebsaufspaltung	1780	490
		g) Umgekehrte Betriebsaufspaltung	1783	491
		h) Kapitalistische Betriebsaufspaltung	1786	492

K.	VOR- UND NACHTEILE DER BETRIEBSAUFSPALTUNG			
I.	Einführende Bemerkung		1820	496
II.	Haftungsbeschränkung		1821	496
	1.	Allgemeines	1821	496
	2.	Besitzunternehmen als haftende Konzernspitze	1822	497
		a) Qualifiziert faktischer Konzern	1822	497
		b) Existenzvernichtender Eingriff	1827	498
	3.	Kapitalersetzende Nutzungsüberlassung	1830	499
III.	Geschäftsführergehalt und Pensionsrückstellung		1837	499
IV.	Übertragung des Unternehmens auf die nächste Generation		1838	499
V.	Vermeidung von Publizitätspflichten		1839	500

		Rz.	Seite
VI.	**Steuerliche Vor- und Nachteile**	1842	500
1.	Vorbemerkung	1842	500
2.	Vorteile	1843	500
3.	Nachteile	1844	501
4.	Auswirkungen der Unternehmensteuerreform 2008	1852	502
Stichwortverzeichnis			**505**

ABKÜRZUNGSVERZEICHNIS

A

a. A.	anderer Ansicht
a. a. O.	am angegebenen Ort
Abs.	Absatz
Abschn.	Abschnitt
a. F.	alte Fassung
AG	Aktiengesellschaft
AktG	Aktiengesetz
Anm.	Anmerkung
AO	Abgabenordnung
ArbNehmErfG	Gesetz über Arbeitnehmererfindungen
Art.	Artikel
Aufl.	Auflage
Az.	Aktenzeichen

B

BB	Betriebs-Berater (Zeitschrift)
BdF	Bundesminister der Finanzen
BerlinFG	Berlinförderungsgesetz
BetrVerfG	Betriebsverfassungsgesetz
BewG	Bewertungsgesetz
BFH	Bundesfinanzhof
BFHE	Sammlung der Entscheidungen des BFH
BFH/NV	Sammlung der nicht veröffentlichten Entscheidungen des BFH
BGB	Bürgerliches Gesetzbuch
BGH	Bundesgerichtshof
BGHZ	Entscheidungen des Bundesgerichtshofs in Zivilsachen
BiRiLiG	Bilanzrichtlinien-Gesetz
BMF	Bundesfinanzministerium
BR-Drs.	Bundesratsdrucksache
BStBl I	Bundessteuerblatt Teil I
BStBl II	Bundessteuerblatt Teil II
BT-Drs.	Bundestagsdrucksache
BuW	Betrieb und Wirtschaft (Zeitschrift)
BVerfG	Bundesverfassungsgericht
BVerfGE	Entscheidungen des Bundesverfassungsgerichts

D

DB	Der Betrieb (Zeitschrift)
DBA	Doppelbesteuerungsabkommen
Diss.	Dissertation
DNotZ	Deutsche Notar-Zeitschrift (Zeitschrift)
Drs.	Drucksache
DStR	Deutsches Steuerrecht (Zeitschrift)
DStZ	Deutsche Steuer-Zeitung (Zeitschrift)

E

EFG	Entscheidungen der Finanzgerichte (Zeitschrift)
ESt	Einkommensteuer
EStB	Der Ertrag-Steuerberater (Zeitschrift)
EStDV	Einkommensteuer-Durchführungsverordnung
EStG	Einkommensteuergesetz
EStR	Einkommensteuer-Richtlinien
EuGH	Europäischer Gerichtshof

F

FA	Finanzamt
FG	Finanzgericht
FGO	Finanzgerichtsordnung
FördG	Gesetz über Sonderabschreibungen und Abzugsbeträge im Fördergebiet (Fördergebietsgesetz)
FinVerw	Finanzverwaltung
FR	Finanz-Rundschau (Zeitschrift)

G

GbR	Gesellschaft des bürgerlichen Rechts
gem.	gemäß
GenG	Genossenschaftsgesetz
GesRZ	Der Gesellschafter (Zeitschrift für Gesellschaftsrecht)
GewA	Gewerbearchiv (Zeitschrift)
GewSt	Gewerbesteuer
GewStDV	Gewerbesteuer-Durchführungsverordnung
GewStG	Gewerbesteuergesetz
GG	Grundgesetz
GmbH	Gesellschaft mit beschränkter Haftung
GmbHG	Gesetz betreffend die Gesellschaften mit beschränkter Haftung
GmbHR	GmbH-Rundschau (Zeitschrift)
GmbH-StB	Der GmbH-Steuerberater (Zeitschrift)
GrS	Großer Senat

H

HFR	Höchstrichterliche Finanzrechtsprechung (Zeitschrift)
HGB	Handelsgesetzbuch
h. L.	herrschende Lehre

I

i. d. F.	in der Fassung
INF (Inf)	Information über Steuer und Wirtschaft (Zeitschrift)
InvZulErl	BMF-Schreiben vom 5.5.1977 betr. Gewährung von Investitionszulagen nach dem Investitionszulagengesetz und nach § 19 des Berlinförderungsgesetzes (BStBl 1977 I S. 246)
InvZulG	Investitionszulagengesetz
i. S.	im Sinne
i. V. m.	in Verbindung mit

J

JbFSt	Jahrbuch der Fachanwälte für Steuerrecht
JZ	Juristen-Zeitung (Zeitschrift)

K

KFR	Kommentierte Finanzrechtsprechung (Zeitschrift)
KG	Kommanditgesellschaft
KO	Konkursordnung
KÖSDI	Kölner Steuerdialog (Zeitschrift)
KStG	Körperschaftsteuer

L

LSW	Lexikon des Wirtschafts- und Steuerrechts (Loseblattsammlung)

M

m. E.	meines Erachtens
MittBayNot	Mitteilungen des Bayerischen Notarvereins, der Notarkasse und der Landesnotarkammer Bayern (Zeitschrift)
m. w. N.	mit weiteren Nachweisen

N

NJW	Neue Juristische Wochenschrift (Zeitschrift)
NSt	Neues Steuerrecht von A–Z (Zeitschrift)
NWB	Neue Wirtschafts-Briefe (Zeitschrift)

NZB	Nichtzulassungsbeschwerde
NZG	Neue Zeitschrift für Gesellschaftsrecht

O

OECD-MA	OECD-Musterabkommen
ÖStZ	Österreichische Steuerzeitung (Zeitschrift)
OFD	Oberfinanzdirektion
OFH	Oberster Finanzhof
OHG	Offene Handelsgesellschaft

R

RFH	Reichsfinanzhof
RFHE	Sammlung der Entscheidungen und Gutachten des Reichsfinanzhofs
RG	Reichsgericht
RGZ	Sammlung der Entscheidungen des Reichsgerichts in Zivilsachen
RIW	Recht der internationalen Wirtschaft (Zeitschrift)
Rn.	Randnummer
Rpfleger	Der Deutsche Rechtspfleger (Zeitschrift)
Rspr.	Rechtsprechung
RStBl	Reichssteuerblatt
RWP	Rechts- und Wirtschaftspraxis, Blattei-Handbuch
Rz.	Randziffer

S

StAnpG	Steueranpassungsgesetz
StB	Der Steuerberater (Zeitschrift)
Stbg	Die Steuerberatung (Zeitschrift)
StbJb	Steuerberater-Jahrbuch
StBKongrRep	Steuerberaterkongress-Report, früher: Steuer-Kongress-Report
StBp (StBP)	Die steuerliche Betriebsprüfung (Zeitschrift)
StEntlG 1999/ 2000/2002	Steuerentlastungsgesetz 1999/2000/2002
SteuerStud	NWB Steuer und Studium (Zeitschrift)
StLex	Steuer-Lexikon (Loseblattsammlung)
StRK	Steuer-Rechtsprechung in Karteiform
StSem	Steuerseminar
StSenkG	Gesetz zur Senkung der Steuersätze und zur Reform der Unternehmensbesteuerung (Steuersenkungsgesetz)
StuB	NWB Steuern und Bilanzen (Zeitschrift)
StuW	Steuer und Wirtschaft (Zeitschrift)
StVergAbG	Steuervergünstigungsabbaugesetz

StWa	Steuerwarte (Zeitschrift)
StWK	Steuer- und Wirtschafts-Kurzpost (Zeitschrift)

U

u. a.	unter anderem
UmwG	Umwandlungsgesetz
UmwStG	Umwandlungssteuergesetz
UntStFG	Gesetz zur Fortentwicklung der Unternehmensbesteuerung

V

Vfg.	Verfügung
vgl.	vergleiche

W

WachstumsBG	Wachstumsbeschleunigungsgesetz vom 22. 12. 2009
WEG	Gesetz über das Wohnungseigentum und das Dauerwohnrecht
WiB	Wirtschaftsrechtliche Beratung (Zeitschrift)
WM	Wertpapier-Mitteilungen (Zeitschrift)
Wpg	Die Wirtschaftsprüfung (Zeitschrift)

Z

ZGR	Zeitschrift für Unternehmens- und Gesellschaftsrecht (Zeitschrift)
ZIP	Zeitschrift für Wirtschaftsrecht (Zeitschrift)
ZKF	Zeitschrift für Kommunalfinanzen (Zeitschrift)
ZMR	Zeitschrift für Miet- und Raumrecht (Zeitschrift)
ZPO	Zivilprozessordnung
ZRFG	Zonenrandförderungsgesetz
z.T.	zum Teil

LITERATURVERZEICHNIS

A

Abele, Niedersächsiches FG: Unbekannte Grunddienstbarkeit als notwendiges Betriebsvermögen einer Besitzgesellschaft, BB 2022 S. 1458

Apitz, Betriebsaufspaltung mit Bürogebäuden, GmbH-StB 2002 S. 198

ders., Betriebsprüfungen bei gemeinnützigen Körperschaften, StBp 2004 S. 89

Autenrieth, Die Gesetzesgrundlage der Betriebsaufspaltung, DStZ 1989 S. 280

B

Bachmann, Die internationale Betriebsaufspaltung, Frankfurt 2004

Bachmann/Richter, Die steuerneutrale Umstrukturierung der Erbengemeinschaft mit Betriebsaufspaltung, DB 2014 S. 1282

Bärtels, Gewinnverlagerung in der Betriebsaufspaltung als Frage des zugrunde liegenden Besteuerungskonzepts, BB 1991 S. 1539

Bäuml, Personengesellschaften als Organträger in der Gestaltungs- und Unternehmenspraxis, FR 2013 S. 1121

Baltromejus, Die grenzüberschreitende Betriebsaufspaltung, IWB 2016 S. 25

Barth, Steuerliche Probleme der Betriebsaufspaltung, DB 1968 S. 814

ders., Zur neueren Rechtsprechung über die Betriebsaufspaltung, DB 1972 S. 2230 f.

ders., Betriebsaufspaltung im Steuerrecht, BB 1972 S. 1360

Bauer, Gegenüberstellung relevanter Steuerbelastungsdeterminanten von klassischer Betriebsaufspaltung und GmbH & Co. KG, StuB 2017 S. 609

ders., Vergleichende Steuerbelastungsmessung in Bezug auf klassische Betriebsaufspaltung und GmbH & Co. KG, StuB 2017 S. 668

Baumert/Schmidt-Leithoff, Die ertragsteuerliche Belastung der Betriebsaufspaltung nach der Unternehmensteuerreform 2008, DStR 2008 S. 888

Becker/Sokollari, Überführung steuerpflichtiger Servicegesellschaften in die Gemeinnützigkeit – Fallstrick Betriebsaufspaltung?, DStR 2021 S. 1849

Behrens/Wachter, GrEStG, 2. Aufl., Köln 2022

Beisse, Die Betriebsaufspaltung als Rechtsinstitut, Festschrift für Schmidt 1993 S. 455

Binnewies, Zur Frage der Qualifizierung einer Gütergemeinschaft als Besitzunternehmen sowie der Erstreckung der Gewerbesteuerbefreiung auf das Besitzunternehmen, GmbHR 2007 S. 48

ders., Aktuelles zur Betriebsaufspaltung, in: Festschrift für Spiegelberger 2009 S. 15 ff.

ders., Betriebsaufspaltung zwischen Mehrheitsaktionär und Aktiengesellschaft, AG 2011 S. 621

ders., Ausgewählte Einzelprobleme der Betriebsaufspaltung, GmbH-StB 2019 S. 17

ders., Aktuelles zur Betriebsaufspaltung, GmbH-StB 2022 S. 84

Binz, Betriebsaufspaltung bei Dienstleistungsunternehmen, DStR 1996 S. 565

Bittner, Anfechtbarkeit ursprünglicher Sicherheiten für Gesellschafterdarlehen: Es lebe die Betriebsaufspaltung!, ZIP 2019 S. 737

Bitz, Schlussfolgerungen aus dem Grundsatzurteil des BFH zum Wegfall der Voraussetzungen einer Betriebsaufspaltung für verschiedene Fallgruppen, DB 1984 S. 1492

ders., Replik zu Beckermann/Jarosch, DB 1984 S. 2484

ders., Änderung der Rechtslage bei der Betriebsaufspaltung – Gefahren der Betriebsaufspaltung bei Verbänden/gemeinnützigen Organisationen, DStR 2002 S. 752

ders., Zur Frage der Betriebsverpachtung oder Betriebsunterbrechung trotz Veränderung des einem eingestellten Betriebsteils dienenden Gebäudes, GmbHR 2006 S. 778

ders., Zur Frage der Betriebsaufspaltung im Falle eines überlassenen Geschäftslokals eines Filialeinzelhandels als wesentliche Betriebsgrundlage, GmbHR 2009 S. 728

Blumers/Beinert/Witt, Nettobetrachtung und Betriebsaufspaltung, BB 1998 S. 2505

Boedicker, Gemeinnützige Betriebsaufspaltung, NWB 2007 S. 1927

Böth/Brusch/Harle, Rechtsprechungsübersicht zur Betriebsaufspaltung, StBp 1992 S. 160, 177, 200

Böttcher, Betriebsaufspaltung: geänderte Rechtsprechung des IV. Senats des BFH zur mittelbaren Beherrschung, GStB 2022 S. 72

Boschert, Die steuerliche Problematik der Betriebsaufspaltung, Düsseldorf 1963

Brandenberg, Personengesellschaftsbesteuerung nach dem Unternehmenssteuerfortentwicklungsgesetz – Teil I, II und III, DStZ 2002 S. 511, 551, 594

Brandes, Die Behandlung von Nutzungsüberlassungen im Rahmen einer Betriebsaufspaltung unter Gesichtspunkten des Kapitalersatzes und der Kapitalerhaltung, ZGR 1989 S. 24

ders., Grundpfandrechte und Betriebsaufspaltung, in: Abschied von der Betriebsaufspaltung?, RWS-Forum 5, hrsg. von Priester/Timm, Köln 1990 S. 43 ff.

Brandmüller, Wiederentdeckung der Betriebsaufspaltung, BB 1979 S. 465

ders., Betriebsaufspaltung und abweichendes Wirtschaftsjahr, BB 1980 S. 722

ders., Investitionszulage: Vergleichsvolumen bei der Betriebsaufspaltung, BB 1982 S. 1412

ders., Die Betriebsaufspaltung nach Handels- und Steuerrecht, 7. Aufl., Heidelberg 1997

ders., Betriebsaufspaltung heute – planmäßige Entsorgung, DStZ 1998 S. 4

ders., Die Betriebsaufspaltung nach der Unternehmensteuerreform 2008 und dem Jahressteuergesetz 2008, in: Festschrift für Spiegelberger 2009 S. 45 ff.

Braun, Keine erweiterte Kürzung des Gewerbeertrags gem. § 9 Nr. 1 Satz 2 GewStG bei der Betriebsaufspaltung, EFG 2003 S. 1111

ders., Anwendung der Kürzungsvorschrift des § 9 Nr. 1 Satz 2 GewStG bei Vorliegen einer Betriebsaufspaltung, EFG 2003 S. 336

Brill, KöMoG: Betriebsaufspaltung und Optionsmodell, NWB 2021 S. 2420

Broemel/Klein, Neue BFH-Rechtsprechung zur Betriebsaufspaltung und erweiterten gewerbesteuerlichen Kürzung: Teilweise Abkehr vom sog. Durchgriffsverbot, DStR 2022 S. 857

Brüggemann, Betriebsaufspaltung: Begründung und Übertragung einer Besitz- und Betriebsgesellschaft, ErbBstg 2012 S. 253

Brühl/Weiss, Neuere Rechtsprechung zur Einbringung in Kapitalgesellschaften nach § 20 UmwStG, Ubg 2018 S. 259

Brune/Loose, Investitionszulage: bei Betriebsaufspaltung, DB 1996 S. 345

Buchheister, Betriebsaufspaltung – Illusion und Wirklichkeit, BB 1996 S. 1867

Butz-Seidl, Chancen und Risiken einer Betriebsaufspaltung im Lichte der Unternehmensteuerreform, GStB 2007 S. 240

dies., Optimale „Entsorgung" einer Betriebsaufspaltung, GStB 2007 S. 444

dies., Einstimmigkeitsabrede bei der Betriebsaufspaltung als Gestaltungsmittel nutzen, GStB 2008 S. 90

C

Carlé, Die Betriebsaufspaltung im Erbfall, ErbStB 2006 S. 155

ders., Die Betriebsaufspaltung – ein „Rechtsinstitut" – Kontinuität der Rechtsprechung?, in: Festschrift für Spiegelberger, 2009 S. 55

Carlé/Urbach, Betriebsaufspaltung – Gestaltungschancen und Gestaltungsrisiken, KÖSDI 2012 S. 18093

Claßen, Wiederaufleben eines Verpächterwahlrechts nach Beendigung der Betriebsaufspaltung, EFG 2005 S. 358

Crezelius, Ertragsteuerliche Kernfragen der Gestaltungspraxis bei Personengesellschaften – Aktuelle Betriebsaufspaltung, JbFfSt 1991/92 S. 227

ders., Finanzierungsaufwendungen in der Betriebsaufspaltung, DB 2002 S. 1124

ders., Betriebsaufspaltung nach der Unternehmenssteuerreform, JbFfSt 2002/2003 S. 350

ders., „Einheitsbilanzierung" bei Betriebsaufspaltung?, DB 2012 S. 651

ders., Die Betriebsaufspaltung – ein methodologischer Irrgarten, in: Festschrift für Streck 2011 S. 45

ders., Gesellschafterdarlehen/Betriebsaufspaltung, JbFfSt 2011/2012 S. 490

ders., Anwendung des Teileinkünfteverfahrens, insbesondere BMF vom 23.10.2013, JbFfSt 2014/2015 S. 430

D

Dahlheimer, Betriebsaufspaltung – Formen, Vereinbarungen, Besteuerung, Herne/Berlin 1964

Dehmer, Betriebsaufspaltung, 4. Aufl., München 2018

Demleitner, Übertragung von Steuerbefreiungsmerkmalen im Rahmen einer Betriebsaufspaltung, BB 2016 S. 2784

Demuth, Entwicklungen zur Betriebsaufspaltung, KÖSDI 2019 S. 21310

Derlien/Wittkowski, Neuerungen bei der Gewerbesteuer – Auswirkungen in der Praxis, DB 2008 S. 835

Doege, Aktuelle Beratung von Mitunternehmerschaften: Betriebsaufspaltung, Abfärbung und Unternehmensnachfolge, INF 2007 S. 345

ders., Abgrenzungsfragen zur Betriebsveräußerung/Betriebsaufgabe und den Steuerermäßigungen gem. §§ 16, 34 EStG, DStZ 2008 S. 474

Döllerer, Aus der neueren Rechtsprechung des Bundesfinanzhofs zur Betriebsaufspaltung, GmbHR 1986 S. 165

Dörner, Verlustverlagerung von Betriebs-GmbH auf Besitzunternehmen bei Betriebsaufspaltungen, INF 1996 S. 587

Dötsch, Betriebsaufspaltung: Sachliche Verflechtung durch Erbbaurecht – Gewerbesteuerbefreiung, INF 2002 S. 446

ders., Einzelnes Filialgrundstück ist im Rahmen einer Betriebsaufspaltung grundsätzlich eine wesentliche Betriebsgrundlage, DB 2009 S. 1329

Donath, Die Betriebsaufspaltung – Steuerliche Grundlagenprobleme – Ausgewählte Fragen des Gesellschafts- und Konzernrechts, Heidelberg 1991

Drüen, Über konsistente Rechtsfortbildung – Rechtsmethodische und verfassungsrechtliche Vorgaben am Beispiel des richterlichen Instituts der Betriebsaufspaltung, GmbHR 2005 S. 69

Drygala, Der Gläubigerschutz bei der typischen Betriebsaufspaltung, Diss. Gießen 1990

ders., Abschied von der Betriebsaufspaltung?, ZIP(-Report) 1990 S. 1026

E

Eikmeier, Die Rechtsprechung zur Betriebsaufspaltung unter dem Blickwinkel des § 42 AO 1977, Diss. Bochum 1995

Erhart/Ostermayer, Die Betriebsverpachtung im Ganzen, StB 2005 S. 50

Esskandari/Bick, Auswirkungen der Betriebsaufspaltung auf das Sozialversicherungsrecht, NWB 2013 S. 1584

F

Fatouros, Körperschaftsteuerliche Änderungen nach dem StVergAbG, DStZ 2003 S. 180

Feißt, Gewerbesteuer, Betriebsverpachtung, Betriebsaufspaltung, Zerlegung, LSW 1998, G4/148.1-12

Felix, Die Einmann-Betriebsaufspaltung sowie die Beteiligung an der Besitz-GmbH & Co. KG und der Betriebs-GmbH in der Erbauseinandersetzung, GmbHR 1990 S. 561

ders., Betriebsaufspaltung und vorweggenommene Erbfolge in der Einkommensteuer, GmbHR 1992 S. 517

Felix/Heinemann/Korn, Praxisrelevante Schwerpunktfragen zur Betriebsaufspaltung, KÖSDI 1982 S. 4785

Felix/Korn, Aktuelles zur Betriebsaufspaltung (Betriebsvermögen, Organschaft, Einkunftsarten), DStR 1971 S. 135

Felix/Söffing/Heinemann/Korn/Streck/Stahl, Betriebsaufspaltung in der Steuerberatung – Schwer- und Schwachpunkte, Köln 1983

Fichtelmann, Die Betriebsaufspaltung im Steuerrecht, INF 1972 S. 289 ff.

ders., Die Betriebsaufspaltung im Steuerrecht, NWB Fach 18 S. 2413, 2659

ders., Die Betriebsaufspaltung – eine praktische Anleitung – LSW Nr. 10 vom 6.10.1982, Gruppe 8 S. 1

ders., Aktuelle Fragen der Betriebsaufspaltung, GmbHR 1984 S. 344

ders., Betriebsaufspaltung im Steuerrecht, 10. Aufl., Heidelberg 1999

ders., Die Erbauseinandersetzung bei der Betriebsaufspaltung im Zivil- und Steuerrecht, GmbHR 1994 S. 583

ders., Betriebsaufspaltung mit mehreren Besitzunternehmen, GmbHR 1996 S. 580

ders., Die fehlgeschlagene Betriebsaufspaltung als gewerbliche Betriebsverpachtung oder unschädliche Unterbrechung der gewerblichen Tätigkeit, INF 2000 S. 4

ders., Betriebsaufspaltung: Grundstücke als wesentliche Betriebsgrundlage, EStB 2005 S. 421

ders., Ausgewählte Fragen zur Betriebsaufspaltung, GmbHR 2006 S. 345

ders., Die Stiftung als Beteiligte einer Betriebsaufspaltung, GStB 2012 S. 235

Fischer, Gewerbesteuerbefreiung erstreckt sich auch auf Besitzunternehmen, NWB 2006 S. 2413

Forst/Ginsburg, Neue gewerbesteuerliche Hinzurechnung für Mietentgelte, EStB 2008 S. 31

Frerichs, Teilbetriebsveräußerung und Aufgabe einer bestimmten gewerblichen Tätigkeit im Rahmen einer Betriebsaufspaltung, FR 1997 S. 465

Frost, Betriebsaufspaltung, Freiburg 1993

G

Gail, Auswirkung von Erbstreitigkeiten auf eine Betriebsaufspaltung, BB 1995 S. 2502

Gebel, Schenkung von Anteilen an der Betriebskapitalgesellschaft im Zuge einer Betriebsaufspaltung, DStR 1992 S. 1341

Gebhardt, Mitunternehmerische Betriebsaufspaltung, EStB 2007 S. 65

ders., Neuregelung der Wegzugsbesteuerung, EStB 2007 S. 148

Glad, Besondere Bilanzierungsfragen bei Betriebsaufspaltung, GmbHR 1981 S. 268

Glanegger/Güroff, GewStG Kommentar, 10. Aufl., München 2021

Gluth, Betriebsaufspaltung: Verpachtung des gesamten Betriebs an einen Dritten, GmbHR 2007 S. 1101

Görden, Betriebsaufspaltung und Betriebsverpachtung, GmbH-StB 2002 S. 222

Gosch, Zur Gewerbesteuerbefreiung und zur sachlichen Verflechtung im Rahmen der Betriebsaufspaltung, StBp 2002 S. 216

Gothe, Spezialfall einer Betriebsaufspaltung bei Zurechnung von Dividendeneinkünften bei Veräußerung von GmbH-Anteilen, GmbHR 1995 S. 890

Grobshäuser, Korrespondierende Bilanzierung bei Mitunternehmerschaft und Betriebsaufspaltung, sj 2006 S. 24

Groh, Die Zukunft der Betriebsaufspaltung, WPg 1989 S. 679

ders., Die Betriebsaufspaltung in der Selbstauflösung, DB 1989 S. 748

Grüneberg (vormals Palandt), Bürgerliches Gesetzbuch, 81. Aufl., 2022

Grützner, Bedeutung von Einstimmigkeitsabreden bei Besitzunternehmen für das Vorliegen einer personellen Verflechtung im Rahmen einer Betriebsaufspaltung, StuB 2002 S. 1106

ders., Anforderungen an die Bildung einer Ansparrücklage, StuB 2008 S. 479

Gschwendtner, Zur Merkmalübertragung bei der Betriebsaufspaltung, DStR 2002 S. 869

Günkel, Betriebsaufspaltung über die Grenze, Festschrift für Heinz-Klaus Kroppen zum 60. Geburtstag, 2020 S. 577

Günter, Vermeidung der Aufdeckung stiller Reserven durch Betriebsverpachtung im Ganzen, GStB 2022 S. 132

H

Hagen/Lucke, Gewerbe- und Grundsteuerbefreiung bei Betriebsaufspaltung, StuB 2006 S. 837

Halaczinsky, Grundsteuer-Kommentar, 2. Aufl., Herne/Berlin 2005

Hallerbach/Nacke/Rehfeld, Gewerbesteuergesetz Kommentar, Herne 2020

Harle, Die Auswirkungen der Unternehmenssteuerreform 2008 auf die Rechtsformen, BB 2008 S. 2151

ders., Der steuerliche Umgang mit Gesellschafterdarlehen bis 2014 und ab 2015, BB 2015 S. 2841

Haverkamp, Betriebsaufspaltung über die Grenze – Ein Steuersparmodell?, IStR 2008 S. 165

Heil/Pupeter, Betriebsaufspaltung: Die GmbH wird auf der Besitzseite (etwas) transparenter, das Durchgriffsverbot wird infrage gestellt, DB 2022 S. 1091

Heinemann/Korn, Beratungsbuch zur Gründung von Betriebsaufspaltungen, Köln 1980

Heinsius, Die Betriebsaufspaltung – Vertragsmuster für eine moderne Unternehmensform WRS-Musterverträge, Bd. 2, München 1982

Heinze, Die (Eigenkapital ersetzende) Nutzungsüberlassung in der GmbH-Insolvenz nach dem MoMiG, ZIP 2008 S. 110

Henkel, Zwangsweise Besteuerung des Firmenwerts bei einer echten Betriebsaufspaltung strittig, GStB 2010 S. 441

Hennig, Die Betriebsaufspaltung in der Nachfolgeplanung, RNotZ 2015 S. 127

Herbert, Betriebsaufspaltung und Gemeinnützigkeit, FR 1989 S. 298

Herbst/Kunert, Anmerkung zum Urteil des BFH vom 17.11.2020, I R 72/16, ISR 2021 S. 352

Herkens, Aktuelle Rechtsprechung zur Betriebsaufspaltung, EStB 2020 S. 108

Herrmann/Heuer/Raupach, Einkommensteuer und Körperschaftsteuer, Kommentar, Köln (Loseblatt)

Herzig/Kessler, Typologie der Betriebsaufspaltungssachverhalte, Festgabe für Felix S. 75

Heuermann, Betriebsunterbrechung und Betriebsaufspaltung, StBp 2006 S. 269

ders., Personelle Verflechtung trotz Selbstkontrahierungsverbot, HFR 2007 S. 113

Heuermann/Brandis, EStG, KStG, GewStG Kommentar (Loseblatt), München

Heyel, Die Betriebsaufspaltung, Wiesbaden 1990

Hidien/Jürgens, Die Besteuerung der öffentlichen Hand, München 2017

Hilbertz, Betriebsaufspaltung und Berücksichtigung von Gewerbeverlusten, StSem 1998 S. 248

Hitz, Die Betriebsaufspaltung – Ein Überblick, FR 1996 S. 850

Höhmann, Betriebsaufspaltung bei Wohnungseigentümergemeinschaften, NWB Blickpunkt/Steuern 10/97 S. 3758

ders., Bürgschaften von Gesellschaftern bei Betriebsaufspaltung als negatives Sonderbetriebsvermögen II, NWB 2003 S. 367

Hoffmann, Fritz, Die Betriebsaufspaltung in der neueren Rechtsprechung des Bundesfinanzhofes, DStZ/A 1973 S. 33

Hoffmann, Wolf-Dieter, Steuerfallen bei der Beendigung der Betriebsaufspaltung, GmbH-StB 2005 S. 282

ders., Probleme und Entwicklungen bei der Betriebsaufspaltung, Harzburger Protokolle 1991 S. 183

ders., Die doppelte Betriebsaufspaltung, GmbH-StB 1998 S. 198

Hofmann, Die Betriebsaufspaltung im Grundbuch, NJW 1974 S. 448

Hofmann, Grunderwerbsteuergesetz Kommentar, 11. Aufl., Herne 2016

Hoheisel, Mitunternehmerische Betriebsaufspaltung bei mittelbaren Beteiligungen, StuB 2022 S. 303

Holzinger, Gewerbesteuerpflicht bei grenzüberschreitender Betriebsaufspaltung, PIStB 2005 S. 5

Holzwarth, Konzernrechtlicher Gläubigerschutz bei der klassischen Betriebsaufspaltung, Köln 1994

Homuth, Die grenzüberschreitende Betriebsaufspaltung, IWB 2018 S. 536

Honert, Willentliche Beendigung einer Betriebsaufspaltung, EStB 2003 S. 310

Hubert, Steuerneutrale Beendigung von Betriebsaufspaltungen außerhalb des UmwStG, StuB 2020 S. 8

Hübner, Interessenkonflikt und Vertretungsmacht, München 1978

Hueck, Die Behandlung von Nutzungsüberlassungen im Rahmen einer Betriebsaufspaltung als Gesellschafterdarlehen?, ZGR 1989 S. 216

Hüttemann, Gemeinnützigkeits- u. Spendenrecht, 5. Aufl., Köln 2021

Husmann/Strauch, Zur steuerlich optimalen Gestaltung einer Doppelgesellschaft – Ein erweitertes Wiesbadener Modell, StuW 2006 S. 221

J

Jacobs, Internationale Unternehmensbesteuerung, 8. Aufl., München 2016

Jacobs/Scheffler/Spengel, Unternehmensbesteuerung und Rechtsform, 5. Aufl., München 2015

Janssen, Betriebsaufspaltung: Führt Mietverzicht zum Halbabzugsverbot?, GStB 2008 S. 314

Jarzynska/Klipstein, Die Besteuerungsfolgen der grenzüberschreitenden Betriebsaufspaltung im Lichte der Doppelbesteuerungsabkommen, StB 2009 S. 239

Jörißen, Die wesentliche Betriebsgrundlage i. R. d. § 7g EStG, EStB 2006 S. 422

Jost, Betriebsaufspaltung im steuerfreien Bereich gemeinnütziger Körperschaften, DB 2007 S. 1664

Jurowsky, Die Behandlung von Sonderbetriebsvermögen bei einer mitunternehmerischen Betriebsaufspaltung, sj 2007 S. 29

K

Kalbfleisch, Betriebsaufspaltung im Erbfall – Möglichkeiten der erbschaft- und ertragsteuerlichen Optimierung, UVR 2012 S. 90

Kaligin, Die Betriebsaufspaltung, 12. Aufl., Berlin 2022

Kalle, Steuerrechtliche Betriebsaufspaltung und das Recht der verbundenen Unternehmen, Frankfurt 1991

Kanzler, Betriebsverpachtung oder Betriebsunterbrechung trotz Veräußerung des einem eingestellten Betriebsteil dienenden Gebäudes, FR 2007 S. 800

ders., Gütergemeinschaft als Besitzunternehmen; Gewerbesteuerbefreiung erstreckt sich auf das Besitzunternehmen, FR 2007 S. 242

ders., Zum neutralen Übergang von einer Betriebsaufspaltung auf eine Betriebsverpachtung, FR 2008 S. 427

Kanzler/Kraft/Bäuml/Marx/Hechtner/Geserich, Einkommensteuergesetz, Kommentar, 7. Aufl., Herne 2022

ders., Dauertestamentsvollstrecker ohne eigenen geschäftlichen Betätigungswillen bei Betriebsaufspaltung, FR 2009 S. 86

Kaufmann, Durchgriffshaftung im faktischen Konzern, Konsequenzen für die Betriebsaufspaltung, NWB 1993 S. 381

Kempermann, Aktuelle Entwicklung bei der Betriebsaufspaltung, NWB 2003 S. 2241

ders., Betriebsaufspaltung: Beherrschung der Geschäfte des täglichen Lebens als Voraussetzung für personelle Verflechtung, GmbHR 2005 S. 317

Kesseler, Zivilrechtliche Fragen des Wiesbadener Modells, DStR 2015 S. 1189

Kessler/Teufel, Die klassische Betriebsaufspaltung nach der Unternehmenssteuerreform, BB 2001 S. 17

dies., Die umgekehrte Betriebsaufspaltung zwischen Schwestergesellschaften – eine attraktive Rechtsformkombination nach der Unternehmenssteuerreform 2002, DStR 2001 S. 869

Kirchhain, BFH bejaht grenzüberschreitende Betriebsaufspaltung – Relevanz für gemeinnützige Stiftungen, SB 2021 S. 156

Kirchhof/Seer, EStG Kommentar, 21. Aufl., Heidelberg 2022

Kirnberger, Durchgriff der GewSt-Befreiung auf das Besitzunternehmen, EStB 2006 S. 339

Kirsch, Zinsschranke: Regelungs- und Problembereiche des BMF-Schreibens vom 4.7.2008, sj 2008, Nr. 21 S. 21

Klaus, Tochtergesellschaften im Gemeinnützigkeitsrecht, SAM 2008 S. 5

Klinzmann, Aufspaltung einer Vermietungstätigkeit als Betriebsaufspaltung, DB 1981 S. 1360

Knatz, Der Einfluss der Dauertestamentsvollstreckung auf die personelle Verflechtung im Rahmen der Betriebsaufspaltung, DStR 2009 S. 27

Knobbe-Keuk, Die Betriebsaufspaltung – ein „Rechtsinstitut"?, StbJb 1980/81 S. 335

dies., Gefährdung der Betriebsaufspaltung durch die Rechtsprechung des BGH?, StBKRep 1993 S. 153

Knoppe, Betriebsaufspaltung, Heft 52 der Heidelberger Musterverträge, 5. Aufl., Heidelberg 1999

Kobs, Einkommensbesteuerung bei Betriebsaufspaltung, NWB Fach 18 S. 2139

Koch/Kiwitt, Grenzüberschreitende Betriebsaufspaltung mit einem ausländischen Besitzunternehmen, PIStB 2005 S. 183

Koenig, Abgabenordnung, 4. Aufl., München 2021

Korn, Folgerungen aus der neueren Steuerrechtsprechung zur Betriebsaufspaltung für die Steuerpraxis, KÖSDI 1992 S. 9033 ders., Nießbrauch: Steuerfallen und Gestaltungsmöglichkeiten, KÖSDI 2018 S. 20597

Koster, Zurechnung von Wirtschaftsgütern bei mitunternehmerischer Betriebsaufspaltung, GmbHR 2000 S. 111

Kraft/Seydewitz/Moser, Vor- und Nachteile der Betriebsaufspaltung aus steuerlicher und betriebswirtschaftlicher Sicht, StC 2013, Nr. 6 S. 15

Kratzer, Die Betriebsaufspaltung, NWB Fach 18 S. 2763

Kratzsch, Aktuelle Entwicklung bei der Betriebsaufspaltung, StB 2007 S. 89

ders., Betriebsaufspaltung: Anforderungen an die Bildung einer Ansparrücklage nach § 7g EStG, GStB 2008 S. 232

Kruspe, Gibt es noch einen Ausweg aus der sachlichen Verflechtung bei einer Betriebsaufspaltung? StuB 2001 S. 232

Kudert/Mroz, Die Betriebsaufspaltung im Spannungsverhältnis zwischen gesetzlichen Regelungen und richterlicher Rechtsfortbildung, StuW 2016 S. 146

Kühn, Ermittlung der angemessenen Nutzungsvergütung im Rahmen der Betriebsaufspaltung, BBK 2022 S. 427

Kußmaul/Schwarz, Besteuerungsfolgen im Rahmen der echten Betriebsaufspaltung zwischen Besitzpersonen- und Betriebskapitalgesellschaft, GmbHR 2012 S. 1055

dies., Voraussetzungen, Erscheinungsformen und Modelle der Betriebsaufspaltung, GmbHR 2012 S. 834

L

Lange/Bilitewski/Götz, Personengesellschaften im Steuerrecht, 11. Aufl., Herne 2020

Langenmayr/Dreyßler, Keine erbschaft- oder schenkungsteuerliche Bewertung von Grundstücken nach vereinbarter Miete bei Betriebsaufspaltung – neue Rechtsprechung, DStR 2002 S. 1555

Lehmann/Marx, Das sanfte Ende der Betriebsaufspaltung, FR 1989 S. 506

Lemaire, Voraussetzungen einer Grundsteuer-Befreiung für Krankenhauszwecke, EFG 2006 S. 1194

Lenski/Steinberg, Gewerbesteuergesetz Kommentar, Köln (Loseblatt)

Levedag, Die Betriebsaufspaltung im Fadenkreuz der Unternehmensteuerreform 2008 und des Jahressteuergesetzes 2008 – eine Bestandsaufnahme, GmbHR 2008 S. 281

Lex, Die Mehrheitsbeteiligung einer steuerbegünstigten Körperschaft an einer Kapitalgesellschaft – Vermögensverwaltung oder wirtschaftlicher Geschäftsbetrieb?, DB 1997 S. 349

Limberg, Grundzüge der Betriebsaufspaltung, SteuerStud 2001 S. 300

Littmann/Bitz/Pust, Das Einkommensteuerrecht, Stuttgart (Loseblatt)

Lorz, Einfluss einer Dauertestamentsvollstreckung auf die personelle Verflechtung, ZEV 2008 S. 498

M

Märkle, Neue Rechtsprechung zur Betriebsaufspaltung (Stand 1.1.1994), BB 1994 S. 831

ders., Die Betriebsaufspaltung an der Schwelle zu einem neuen Jahrtausend, BB 2000 Beilage 7

ders., Beratungsschwerpunkt Betriebsaufspaltung – neueste Rechtsprechung und Verwaltungsanweisungen, DStR 2002 S. 1109

Marx, Betriebsaufspaltung – Aktionen des Steuerpflichtigen und Reaktionen des Fiskus, SteuerStud 1990 S. 408

Menkel, Betriebsaufspaltung und Gewerbesteuer nach der Unternehmensteuerreform 2008, SAM 2008 S. 85

Mertes, Betriebsaufspaltung aktuell, GmbH-StPr 2010 S. 327

Meyer/Ball, Erbbaurecht und Betriebsaufspaltung, DB 2002 S. 1597

Micker, Anwendung von Zebra-Gesellschafts-Regeln bei der Betriebsaufspaltung, FR 2009 S. 852

ders., Aktuelle Praxisfragen der Betriebsaufspaltung, DStR 2012 S. 589

ders., Die Umstrukturierung von Personengesellschaften durch Überführung und Übertragung von Einzelwirtschaftsgütern, Ubg 2019 S. 504

Micker/Albermann, Personelle Verflechtung im Rahmen einer Betriebsaufspaltung – Aktuelle Fragen zu Einstimmigkeitsabreden und (Vorsorge-)Vollmachten, DStZ 2020 S. 750

Micker/Schwarz, Betriebsaufspaltung – Aktuelle Entwicklungen und Praxisfragen, DB 2016 S. 1041

dies., Aktuelle Anwendungsfragen der Betriebsaufspaltung, FR 2018 S. 765

Micker/Trossen/Bergmann, Zurückbehaltung wesentlicher Betriebsgrundlagen bei Einbringung, Ubg 2018 S. 354

Miessl/Wengert, Die Betriebsaufspaltung aus dem Blickwinkel der Steuergerechtigkeit, DB 1995 S. 111

Mindermann/Lukas, Gewinnerzielungsabsicht bei Betriebsaufspaltung, NWB 2019 S. 2855

Mitsch, Fallstricke bei der Unternehmensnachfolge im Falle einer Betriebsaufspaltung, INF 2006 S. 749

Mitschke, Urteilsanmerkung zu BFH, Urteil vom 17.11.2020 – I R 72/16, IStR 2021 S. 442

Mössner, Wie lange lebt die Betriebsaufspaltung noch?, Stbg 1997 S. 1

Mössner/ Oellerich/Valta, Körperschaftsteuergesetz, Kommentar,. 5. Aufl., Herne 2021

Mogg, Arbeitsrechtliche Risiken der Betriebsaufspaltung, DStR 1997 S. 457

Mohr, Aktuelle Gestaltungsfragen zur Betriebsaufspaltung, GmbH-StB 2009 S. 134

Mroz, Merkmalsübertragung bei der Betriebsaufspaltung, FR 2017 S. 476

dies., Die Betriebsaufspaltung über die Grenze, SWI 2017 S. 414

dies., Die isolierende Betrachtungsweise – ein Anwendungsfall für die grenzüberschreitende Betriebsaufspaltung?, IStR 2017 S. 742

Müller/Bauerfeld, Betriebsaufspaltung im Wandel, EStB 2022 S. 139

Musil/Küffner, Besteuerung der öffentlichen Hand, Köln 2022

N

Nagels, Betriebsaufspaltung und Kollektivvereinbarungen, Bad Honnef 1979

Neu/Hamacher, Die erweiterte Gewerbesteuerkürzung, Der Konzern 2013 S. 583

Neufang, Neue Beratungsprobleme bei der Betriebsaufspaltung, INF 1990 S. 179

ders., Betriebsaufspaltung zwischen Fremden und Familienangehörigen, 3. Aufl., Freiburg 1991

ders., Die Betriebsaufspaltung, NSt 1994 S. 11

ders., Betriebsaufspaltung, DStR 1996 S. 65

Neufang/Bohnenberger, Wegfall der personellen Verflechtung bei der Betriebsaufspaltung, DStR 2016 S. 578

dies., Zur Anwendung des Teilabzugsverbots bei einer bestehenden Betriebsaufspaltung, StB 2017 S. 209

Neufang/Otto, BB-Rechtsprechungsreport Betriebsaufspaltung 2010/2011, BB 2011 S. 2967

Nöcker, Aktuelle BFH-Rechtsprechung zur Betriebsaufspaltung, NWB 2021 S. 3868

O

Ott, Verbilligte Nutzungsüberlassungen an Kapitalgesellschaften und Wertverluste von Gesellschafterdarlehen nach § 3c Abs. 2 EStG, DStZ 2016 S. 14

ders., Umwandlungssteuerrecht – § 20 UmwStG und Beendigung von Betriebsaufspaltung und Organschaft, Ubg 2019 S. 129

ders., Absicherung und steuerneutrale Beendigung der Betriebsaufspaltung, DStZ 2019 S. 693

ders., Erfolgreiche „Rettungsmaßnahmen" zur Absicherung der Betriebsaufspaltung, GStB 2020 S. 186

ders., Asset Protection durch kapitalistische oder mittelbare Betriebsaufspaltung, DStZ 2021 S. 175

ders., Gestaltungsmaßnahmen bei drohendem Wegfall der personellen Verflechtung im Rahmen der Betriebsaufspaltung, StuB 2022 S. 125

P

Patt, Errichtung einer Betriebsaufspaltung durch Umwandlung eines Einzelunternehmens, DStR 1994 S. 1383

ders., Die Betriebsaufspaltung, Voraussetzungen und einkommensteuerliche Rechtsfolge in der Praxis, StWa 1994 S. 181

ders., Überlassung von Büroräumen in Einfamilienhäusern, EStB 2006 S. 454

ders., Ertragsteuerliche Besonderheiten bei Beteiligung Angehöriger in Betriebsaufspaltungsfällen, sj 2008 S. 15

ders., Das Ende einer Betriebsaufspaltung, Nr. 16/17, sj 2008 S. 20

Pflüger, Aufdeckung aller stillen Reserven bei Begründung einer Betriebsaufspaltung, GStB 2005 S. 14

ders., Die Betriebsverpachtung im Ganzen als Alternative zur Betriebsaufspaltung, GStB 2005 S. 407

Philipp, Das Rechtsinstitut der Betriebsaufspaltung im Lichte der neueren Steuerrechtsprechung, DB 1981 S. 2042

Piltz, Gewerbesteuer: Betriebsaufspaltung über die Grenze, IStR 2005 S. 173

Priester/Timm, Abschied von der Betriebsaufspaltung?, Köln 1990

R

Rätke, Bilanzierungskonkurrenz bei Schwester-Personengesellschaften und mitunternehmerischer Betriebsaufspaltung, StuB 2006 S. 22

van Randenborgh, Ist die Betriebsaufspaltung noch zeitgemäß? – 10 Argumente gegen die Betriebsaufspaltung, DStR 1998 S. 20

Rau/Dürrwächter, Umsatzsteuer, Kommentar, Loseblatt

Raupach/Wochinger/Puedell, Steuerfragen im Sport: Sponsoring, Betriebsaufspaltung, ausländische Sportler, Stuttgart 1998

Reddig, Betriebsaufspaltung – mittelbare Beherrschung der Besitzgesellschaft reicht!, DB 2022 S. 765

Reischauer, Betriebsaufspaltung und Steuerrecht, Diss. Mainz 1968

Richter, Betriebsaufspaltung im mittelständischen Bereich, StBKongrRep 1984 S. 339

ders., Unternehmensteuerreformgesetz 2008: Gewerbesteuerliche innerorganschaftliche Leistungsbeziehungen, FR 2007 S. 1042

Ritzrow, Kriterien der Betriebsaufspaltung, hier: Sachliche Verflechtung, StBp 2009 S. 54

ders., Kriterien der Betriebsaufspaltung, hier: Personelle Verflechtung, StBp 2010 S. 48

Roellecke, Rechtsstaatliche Grenzen der Steuerrechtsprechung am Beispiel der Betriebsaufspaltung, Festschrift für Duden (1977) S. 481

Rösen, Personelle Verflechtung bei mittelbarer Beteiligung, NWB 2022 S. 1290

Rose, Betriebsaufspaltungen oder Teilbetriebsaufgliederung, Grundlagen für einen betriebswirtschaftlichen Besteuerungsvergleich, in: Oettle, Steuerlast und Unternehmenspolitik, Festschrift für K. Barth, Stuttgart 1971 S. 285

Roser, Folgen einer (unbeabsichtigten) Betriebsaufspaltung, EStB 2005 S. 191

ders., Mittelbare Betriebsaufspaltung – Sonder-BV bei Konzernsachverhalten, EStB 2009 S. 177

ders., Die Betriebsaufspaltung in der Rechtsprechung – deutliche Risiken des Richterrechts, GmbHR 2022 S. 1020

Ruf, Die Betriebsaufspaltung über die Grenze, IStR 2006 S. 232

S

Sadrinna/Meier, Betriebsaufspaltung und Gemeinnützigkeit, DStR 1988 S. 737

Salzmann, Die Betriebsaufspaltung ohne Rechtsgrundlage, in: Festschrift für Spiegelberger 2009 S. 401

Sauer, Betriebsaufspaltung, StBp 1975 S. 121

ders., Uneigentliche Betriebsaufspaltung, FR 1975 S. 498

ders., Betriebsaufspaltung, StBKongrRep 1980 S. 249

Schade/Poerschke, Die Betriebsaufspaltung auf (Auslands-)Reise, IWB 2021 S. 628

Schallmoser, Flugzeuge, Betriebsaufspaltung und Liebhaberei, DStR 1997 S. 49

Schauhoff/Kirchhain, Handbuch der Gemeinnützigkeit, 4. Aufl., München 2022

Schaumberger, Schenkung eines Betriebsgrundstücks unter Nießbrauchsvorbehalt im Rahmen einer Betriebsaufspaltung, StB 2003 S. 124

Schick, Die Beteiligung einer steuerbegünstigten Körperschaft an Personen- und Kapitalgesellschaften, DB 1999 S. 1187

ders., Die Betriebsaufspaltung unter Beteiligung steuerbegünstigter Körperschaften und ihre Auswirkung auf die zeitnahe Mittelverwendung, DB 2008 S. 893

Schießl, Die Veräußerung von unbeweglichem Vermögen im Inland bei grenzüberschreitender Betriebsaufspaltung mit einem ausländischen Besitzunternehmen, StuB 2005 S. 922

ders., Die Betriebsaufspaltung über die Grenze, StW 2006 S. 43

ders., Übergang des Geschäftswerts auf die Betriebs-GmbH im Rahmen einer Betriebsaufspaltung, GmbHR 2006 S. 459

ders., Abziehbarkeit von Aufwendungen bei unentgeltlicher Nutzungsüberlassung eines Wirtschaftsguts im Rahmen einer Betriebsaufspaltung, StuB 2009 S. 105

Schiffler, Nochmals: Betriebsaufspaltung – Illusion und Wirklichkeit, BB 1996 S. 2661

Schlegel, Betriebsaufspaltung durch Grundstücksübertragung unter Vorbehaltsnießbrauch?, NWB 2012 S. 1654

Schlücke, Neues zur personellen Verflechtung durch mittelbare Beteiligung am Besitzunternehmen, Ubg 2022 S. 344

Schmidt, K., Gesellschaftsrecht, 5. Aufl., Köln, Berlin, Bonn, München 2016

Schmidt, Ludwig, In den Grenzbereichen von Betriebsaufgabe, Betriebsverpachtung, Betriebsaufspaltung und Mitunternehmerschaft, DStR 1979 S. 671 und 699

ders., Einkommensteuergesetz Kommentar, 18. Aufl., München 1998

ders., Einkommensteuergesetz Kommentar, 23. Aufl., München 2004

ders., Einkommensteuergesetz Kommentar, 28. Aufl., München 2009

ders., Einkommensteuergesetz Kommentar, 31. Aufl., München 2012

ders., Einkommensteuergesetz Kommentar, 35. Aufl., München 2016

ders., Einkommensteuergesetz Kommentar, 37. Aufl., München 2018

ders., Einkommensteuergesetz Kommentar, 41. Aufl., München 2022

Schmitt, Unternehmensbesteuerung: Einkommensteuerliche Zweifelsfälle, Stbg 2003 S. 1

Schmitz-Herscheidt, Substanzverluste von Gesellschafterdarlehen, NWB 2013 S. 2537

Schnell, Die Betriebsaufspaltung in Besitzpersonen- und Betriebskapitalgesellschaft im Einkommen- und Körperschaftsteuerrecht, Diss. Erlangen-Nürnberg 1967

Schöneborn, Die erweiterte gewerbesteuerliche Kürzung, NWB 2010 S. 112

Schoor, Betriebsaufspaltung im Steuerrecht, StWa 1983 S. 10

ders., Die Betriebsaufspaltung in steuerlicher Sicht, NSt 1984 Nr. 1 – 2, Betriebsaufspaltung, Darstellung 1

ders., Betriebsaufspaltung, StBp 1997 S. 60

ders., Bargründung einer GmbH und anschließende Betriebsaufspaltung, StSem 1998 S. 228

ders., Bilanzierung bei zunächst fälschlich nicht erkannter Betriebsaufspaltung, StSem 1998 S. 253

ders., Bilanzierung bei zunächst nicht erkannter Betriebsaufspaltung, StBp 2002 S. 208

ders., Personelle Verflechtung bei der Betriebsaufspaltung und Einstimmigkeitsprinzip, StBp 2003 S. 42

ders., Echte und unechte Betriebsaufspaltung: Ausgewählte Problemfälle und Gestaltungsmerkmale, StuB 2007 S. 24

ders., Praxisrelevante Problemfälle und aktuelle Rechtsentwicklungen bei Betriebsaufspaltung, Stbg 2007 S. 269

ders., Beratungsaspekte und Gestaltungsmöglichkeiten bei einer Betriebsverpachtung im Ganzen, INF 2007 S. 110

Schotthöfer, Die Aufspaltung handwerklicher Betriebe, GewA 1983 S. 120

Schreiber, Konzernrechnungslegungspflichten bei Betriebsaufspaltung und GmbH & Co. KG, Diss. Kiel 1989

ders., Konzernrechnungslegungspflichten bei Betriebsaufspaltung und GmbH & Co. KG, Wiesbaden 1989

Schröder, Die steuerpflichtige und die steuerbegünstigte GmbH im Gemeinnützigkeitsrecht, DStR 2008 S. 1069

Schütz, Teilwertermittlung von Beteiligungen im Rahmen einer Betriebsaufspaltung, NWB 2012 S. 1420

Schuhmann, Die Betriebsaufspaltung im Blickwinkel der steuerlichen Außenprüfung, StBp 1981 S. 265

ders., Gewinnrealisierung bei der Betriebsaufspaltung, StBp 1983 S. 14

ders., Zur Betriebsaufspaltung aus der Sicht des neueren Schrifttums, StBp 1993 S. 253

ders., Die umsatzsteuerliche Organschaft und die Betriebsaufspaltung, UVR 1997 S. 68

Schulze-Osterloh, Gläubiger- und Minderheitenschutz bei der steuerlichen Betriebsaufspaltung, ZGR 1983 S. 123

Schulze zur Wiesche, Die Betriebsaufspaltung in der BFH-Rechtsprechung der letzten beiden Jahre, GmbHR 1994 S. 98

ders., Die Betriebsaufspaltung unter Berücksichtigung des StSenkG und des UntStFG sowie der neueren Rechtsprechung, WPg 2003 S. 90

ders., Freiberufliche Mitunternehmerschaft und Betriebsaufspaltung, BB 2006 S. 75

ders., Betriebsaufspaltung: Umfang von Betriebsvermögen und Sonderbetriebsvermögen der Besitzgesellschaft, StB 2006 S. 55

ders., Beteiligungen als Sonderbetriebsvermögen II, DStZ 2007 S. 602

ders., Anteile an einer Betriebs-GmbH und an der Komplementär-GmbH als wesentliche Betriebsgrundlage des Sonderbetriebsvermögens, GmbHR 2008 S. 238

ders., Die Betriebsaufspaltung in der Rechtsprechung der letzten Jahre, StBp 2010 S. 256

ders., Grenzüberschreitende Betriebsaufspaltung, BB 2013 S. 2463

ders., Beteiligung eines Mitunternehmers an einer Komplementär-GmbH einer anderen Mitunternehmerschaft als Sonderbetriebsvermögen II, DStZ 2014 S. 753

ders., Betriebsaufgabe infolge des Wegfalls der Voraussetzungen einer Betriebsaufspaltung, DStZ 2014 S. 311

ders., Die Betriebsaufspaltung nach der neuesten Rechtsprechung des BFH, StBp 2017 S. 144

ders., Freiberufliche Tätigkeit und Betriebsaufspaltung, DStZ 2018 S. 472

ders., Betriebsaufspaltung in der BFH-Rechtsprechung der Jahre 2017 bis 2019, DStZ 2019 S. 867

Schwarz, Abgabenordnung, Freiburg (Loseblatt)

Schwedhelm/Wollweber, Typische Beratungsfehler in Umwandlungsfällen und ihre Vermeidung, BB 2008 S. 2208

Schwendy, Anm. zum BFH-Urteil vom 27.9.1979 - IV R 89/76, DStZ 1980 S. 118

Seer, Gewerbesteuerliche Merkmalübertragung als Sondergesetzlichkeit bei der Betriebsaufspaltung, BB 2002 S. 1833

Seer/Söffing, G., Merkmalübertragung bei der Betriebsaufspaltung, DB 2003 S. 2457

Seiler, Nutzungsüberlassung, Betriebsaufspaltung und Unterkapitalisierung im Lichte von § 32a Abs. 3 GmbHG, Frankfurt/Main 1991

Slabon, Probleme der Betriebsaufspaltung im Erbfall und Lösungsmöglichkeiten, ZErb 2006 S. 49

ders., Die Betriebsaufspaltung in der notariellen Praxis, NotBZ 2006 S. 157

Söffing, G., Ausgeuferte Betriebsaufspaltung: Systematik, Modellfälle, Grundsatzbedenken in Einzelpunkten, KÖSDI 1984 S. 575

ders., Umstrukturierung von Betriebsaufspaltungen, DStR 1992 S. 633

ders., Sonderbetriebsvermögen bei der Betriebsaufspaltung und der Vererbung von Mitunternehmeranteilen, StbJb 1992/93 S. 151

ders., Betriebsaufspaltung: Beherrschung einer GbR durch deren alleinigen Geschäftsführer? – Zugleich eine Besprechung des BFH-Urteils vom 1.7.2003 – VIII R 24/01, BB 2004 S. 1303

ders., Aktuelles zur Betriebsaufspaltung, BB 2006 S. 1529

ders. Freiberuflich tätige Personengesellschaft – Betriebsaufspaltung, Abfärbevorschrift, Sonderbetriebsvermögen, DB 2006 S. 2479

Söffing, M., Grundsatzentscheidungen: Behandlung von Wirtschaftsüberlassungsverträgen (§ 13 EStG), FR 1993 S. 506

Sölch/Ringleb, Umsatzsteuer, München (Loseblatt)

Sowka, Betriebsverfassungsrechtliche Probleme der Betriebsaufspaltung, DB 1988 S. 1318

Späth, Verschwiegenheitspflicht eines Steuerberaters bei gleichzeitiger Betreuung von Betriebs- und Besitzgesellschaft, DStR 1991 S. 167

Spiegelberger, Die Betriebsaufspaltung in der notariellen Praxis, MittBayNot 1980 S. 97; 1981 S. 53 und 1982 S. 1

ders., Betrieblicher Nießbrauch: Steuerliche Gefahrenquellen, notar 2017 S. 419

ders., Betriebsaufgabe durch Vorbehaltsnießbrauch?, Zivilrechtliches Ordnungsgefüge und Steuerrecht (Festschrift für Georg Crezelius zum 70. Geburtstag) 2018 S. 429

Stahl, Betriebsaufspaltung in der Betriebsprüfung, FR 1980 S. 83

ders., Beratungsfeld echte und unechte Betriebsaufspaltung, KÖSDI 2003 S. 13794

Stahl/Fuhrmann, Entwicklungen im Steuerrecht der Organschaft, NZG 2003 S. 250

Stamm/Lichtinghagen, Steuerneutrale Beendigung der Betriebsaufspaltung, StuB 2007 S. 205

dies., Der Nutzungsvorteil im Rahmen einer Betriebsaufspaltung, StuB 2007 S. 857

Stapelfeld, Die aktuelle BFH-Rechtsprechung der Büro- und Verwaltungsgebäude, DStR 2002 S. 161

Stein, Der Nachlassnießbrauch – eine (steuerlich) sinnvolle Gestaltung?, ZEV 2018 S. 127

ders., Aktuelle ertragsteuerliche Fragestellungen zum Nießbrauchsvorbehalt an Gesellschaftsanteilen, ZEV 2019 S. 131

Steinhauff, Bilanzierungskonkurrenz bei mitunternehmerischer Betriebsaufspaltung, NWB 1992 S. 3805

ders., Betriebsunterbrechung im engeren Sinne bei vormaligem Besitzunternehmen, NWB 2007 S. 19

Stinn, Vorweggenommene Erbfolge in die Familien-GmbH, NWB 2014 S. 2538

Stiller, Grenzüberschreitende Betriebsaufspaltung und ihre Beendigung, IStR 2018 S. 328

Stochek/Sommerfeld, Betriebsaufspaltung – Durchgriffsverbot (nur) auf der Seite des Besitzunternehmens?, DStR 2012 S. 215

Strahl, Betriebsaufspaltung nach der Unternehmensteuerreform, StbJb 2001/2002 S. 137

ders., Betriebsaufspaltung: Verflechtung, Auswirkungen der Unternehmensteuerreform und Entstrickung, KÖSDI 2008 S. 16027

ders., Unternehmensnachfolge und Haftungsbeschränkung, KÖSDI 2017 S. 20422

Strahl/Bauschatz, Betriebsaufspaltung im Steuer- und Zivilrecht, NWB 2002 S. 1349

Streck, KStG Kommentar, 10. Aufl., München 2022

Streck/Mack/Schwerthelm, Betriebsaufspaltungsprobleme bei Gemeinnützigkeit, AG 1998 S. 518

T

Thees/Wall, Problematik der Bewertung von „Ein-Objekt-Gesellschaften" im Rahmen einer Betriebsaufspaltung, BB 2017 S. 2475.

Thiel/Rödder; Nutzung eines Mitunternehmererlasses und der Betriebsaufspaltungsgrundsätze für eine Umstrukturierung, FR 1998 S. 401

Thissen, Betriebsaufspaltung in der Landwirtschaft, StSem 1996 S. 123

Tiedtke/Gareiss, Die Betriebsaufspaltung im Spiegel der neueren Rechtsprechung, GmbHR 1991 S. 202

Tiedtke/Szczesny, Gesetzlicher Vertrauensschutz bei Beendigung einer Betriebsaufspaltung – BMF-Schreiben vom 7.10.2002 zur Bedeutung von Einstimmigkeitsabreden bei Besitzunternehmen, DStR 2003 S. 757

Tiedtke/Wälzholz, Zum Teilbetriebsbegriff bei Betriebsaufspaltung und -verpachtung, BB 1999 S. 765

Tipke/Kruse, Abgabenordnung, Finanzgerichtsordnung, Köln (Loseblatt)

Tipke/Lang, Steuerrecht, 24. Aufl., Köln 2021

Troll/Eisele, Grundsteuergesetz, 12. Aufl., München 2021

Trossen, Sachliche Verflechtung bei Betriebsaufspaltung, GmbH-StB 2002 S. 221

U

Uelner, Betriebseinbringung in eine Kapitalgesellschaft bei Betriebsaufspaltung oder Betriebsverpachtung, DB 1970 S. 2048

Uffelmann/Fröhlich, Betriebsaufspaltung, in: Aktuelle Fachbeiträge aus Wirtschaftsprüfung und Beratung, Stuttgart 1991

V

Vernekohl, Mitunternehmerische Betriebsaufspaltung: Vernichtung von Sonderbetriebsvermögen, ErbBstg 2007 S. 137

Viskorf/Schuck/Wälzholz, Erbschaftsteuer- und Schenkungsteuergesetz, Bewertungsgesetz (Auszug) Kommentar, 6. Aufl. 2020

Vosseler/Udwari, Vermeidung der Betriebsaufspaltung im „Wiesbadener Modell" mit minderjährigen Kindern durch Zuwendungspflegschaft, ZEV 2022 S. 135

W

Wachter, Betriebsaufspaltung mit einer Aktiengesellschaft, DStR 2011 S. 1599

ders., Steuerrechtliche Betriebsaufspaltung und § 181 BGB, DB 2020 S. 2648

Wacker, Handbuch der Steuervorteile: A. 6 Möglichkeiten und Grenzen der Betriebsaufspaltung (Doppelgesellschaft), 1985

ders., Zusammentreffen von Betriebsaufspaltung und Testamentsvollstreckung, JbFfSt 2009/2010 S. 656

ders., Zeitaspekte der gewerblichen Tätigkeit einer Organträger-PersGes, JbFfSt 2014/2015 S. 461

ders., Einbringung und Zurückbehaltung einer wesentlichen Betriebsgrundlage, DStR 2018 S. 1019

ders., Von der Betriebsaufspaltung zum gewerblichen Beteiligungsbesitz – Anmerkungen zur grenzüberschreitenden Verflechtung nach dem BFH-Urteil vom 17.11.2020 – I R 72/16, FR 2021 S. 505

Wälzholz, Aktuelle Probleme der Betriebsaufspaltung, GmbH-StB 2008 S. 304

Wagner, Geschäftsveräußerung auch bei langfristiger Verpachtung von Betriebsgrundstücken, INF 2003 S. 12

Wassermeyer/Richter/Schnittker, Personengesellschaften im Internationalen Steuerrecht, 2. Aufl., Köln 2015

Weber, Die Bruchteilsgemeinschaft als Besitzunternehmen im Rahmen einer mitunternehmerischen Betriebsaufspaltung, FR 2006 S. 572

Weber-Grellet, Hinrichtung der Betriebsaufspaltung?, DStR 1984 S. 618

Weckerle, Zur teleologischen Begrenzung von Rechtsinstituten richterlicher Rechtsfortbildung im Steuerrecht, StuW 2012 S. 281

Wehrheim, Die Betriebsaufspaltung in der Finanzrechtsprechung, Wiesbaden 1989

ders., Die Betriebsaufspaltung im Spannungsfeld zwischen wirtschaftlicher Einheit und richterlicher Selbständigkeit, BB 2001 S. 913

Wehrheim/Rupp, Die Neuerungen bei der Gewerbesteuer im Zuge der Unternehmensteuerreform 2008 und deren Konsequenzen für die Betriebsaufspaltung, BB 2008 S. 920

Weilbach, Zivilrechtlicher Sündenfall bei der Betriebsaufspaltung: Kann Nutzungsüberlassung dem Eigentum gleichgestellt werden?, GmbHR 1991 S. 56

Wendt, Die Betriebsaufspaltung im Steuerrecht nach neuestem Stand, GmbHR 1973 S. 33

ders., Die Betriebsaufspaltung nach dem Beschluss des Großen Senats vom 8.11.1971, GmbHR 1975 S. 18

ders., Betriebsaufspaltung, StKongrRep 1978 S. 219

ders., Aktuelle Fragen zur Betriebsaufspaltung, GmbHR 1983 S. 20

ders., Einkünfteermittlung: Keine Zwangsbetriebsaufgabe bei erneuter Verpachtung eines ganzen Betriebs nach Beendigung einer unechten Betriebsaufgabe, FR 2002 S. 825

ders., Abgrenzung zwischen (Sonder-)Betriebsvermögen der Besitzpersonengesellschaft und des überlassenden Gesellschafters bei der Betriebspersonengesellschaft bei einer mitunternehmerischen Betriebsaufspaltung, FR 2006 S. 25

ders., Betriebsunterbrechung beim vormaligen Besitzunternehmen, FR 2006 S. 828

Werthebach, Zweifelsfragen zu § 6 Abs. 3 EStG, DStR 2020 S. 6

Wesselbaum-Neugebauer, Die GmbH & Co. KG versus Betriebsaufspaltung – Vermeidung einer gewerbesteuerlichen Doppelbesteuerung, GmbHR 2007 S. 1300

Weßling, Nutzbarmachung der erweiterten Kürzung des Gewerbeertrags gem. § 9 Nr. 1 Satz 2 GewStG für gewerbliche Unternehmen mit eigenem Grundbesitz, DStR 1993 S. 266

Wien, Betriebsaufspaltung quo vadis? Chancen, Gestaltung und Tendenzen, DStZ 2001 S. 196

ders., Steuerbefreiung und Steuerermäßigung gemeinnütziger Körperschaften und die neuen Buchführungspflichten für Pflegeeinrichtungen, FR 1997 S. 366

Wilde/Moritz, Beendigung der grundstücksbezogenen Betriebsaufspaltung beim Unternehmenskauf, GmbHR 2008 S. 1210

Winkler, Neue Rechtsentwicklungen zur Betriebsaufspaltung, KÖSDI 2022 S. 22738

Winnefeld, Bilanz-Handbuch, 5. Aufl., München 2015

Woerner, Die Betriebsaufspaltung auf dem Prüfstand – eine kritische Bestandsaufnahme aus aktueller Sicht, BB 1985 S. 1609

Wolf/Hinke, Handbuch der Betriebsaufspaltung, Köln 1980/92

Z

Zapf, Grunderwerbsteuerneutrale Beendigung einer Betriebsaufspaltung, NWB 2021 S. 545

Zehnpfennig in: Beck´sches Handbuch der Personengesellschaften, 5. Aufl., München 2020, § 22 „Betriebsaufspaltung"

Zöllner, Die Schranken mitgliedschaftlicher Stimmrechtsmacht bei den privatrechtlichen Personenverbänden, München 1963

A. Problemstellung und Entwicklung des Instituts der Betriebsaufspaltung

I. Einleitung

Nach dem allgemeinen Sprachgebrauch liegt eine Betriebsaufspaltung vor, wenn ein Unternehmen in zwei oder mehrere selbständige Unternehmen aufgespalten wird; sei es, dass bestimmte betriebliche Funktionen (z. B. Produktion) in dem einen Betrieb und andere betriebliche Funktionen (z. B. Vertrieb) in einem anderen Betrieb durchgeführt werden; sei es, dass alle betrieblichen Funktionen in einem Betrieb zusammengefasst sind (Betriebsunternehmen), während das andere Unternehmen (Besitzunternehmen) lediglich das Anlagevermögen oder Teile davon hält, mit dem das Betriebsunternehmen operativ tätig wird.

1

Die Aufspaltung eines einheitlichen Unternehmens in zwei selbständige Unternehmen kann in verschiedener Weise erfolgen. Es können z. B. zwei Teilbetriebe verselbständigt werden. Es kann aber auch die Produktion oder der Vertrieb oder ein anderer Betriebsteil ausgegliedert und in einem anderen, meist neu gegründeten Unternehmen verselbständigt werden.

2

Steuerrechtlich interessiert vor allem die Art der Betriebsaufspaltung, bei der aus einem Einzelunternehmen oder einer Personengesellschaft die betriebliche Tätigkeit ausgegliedert und meist zusammen mit dem Umlaufvermögen auf eine neu gegründete – manchmal auch schon bestehende – Kapitalgesellschaft oder Personengesellschaft übertragen wird. Das bisherige einheitliche Unternehmen behält lediglich das Anlagevermögen oder Teile davon zurück (Besitzunternehmen) und überlässt diese Wirtschaftsgüter an die Kapitalgesellschaft oder Personengesellschaft (Betriebsunternehmen).

3

BEISPIEL: A betreibt eine Maschinenfabrik in der Rechtsform eines Einzelunternehmens. Dieses Unternehmen spaltet er wie folgt auf: Er gründet eine GmbH und überträgt auf diese den Betrieb der Maschinenfabrik einschließlich des Umlauf- und Anlagevermögens, jedoch ohne das Fabrikgrundstück, auf dem die Maschinenfabrik betrieben wird. Dieses Grundstück behält er in seinem Eigentum und vermietet es an die GmbH.

4

FRAGESTELLUNG: Erzielt A durch die Vermietung des Grundstücks an die „abgespaltene" GmbH Einkünfte aus Vermietung und Verpachtung oder Einkünfte aus Gewerbebetrieb?

II. Das Grundproblem der Betriebsaufspaltung

5   Damit ist bereits das Grundproblem der Betriebsaufspaltung aufgezeigt. Es besteht in der Frage, ob der Rest des bisherigen Unternehmens, in dem jetzt nur noch eine Vermietungstätigkeit ausgeübt wird, nach der Abspaltung der GmbH weiterhin als sog. **Besitzunternehmen** ein Gewerbebetrieb bleibt oder ob A durch diese Vermietertätigkeit nur noch Einkünfte aus Vermietung und Verpachtung erzielt.

6   Bleibt der Rest des bisherigen gewerblichen Unternehmens ein Gewerbebetrieb, dann muss A im Zeitpunkt der Begründung der Betriebsaufspaltung die stillen Reserven des zurückbehaltenen Fabrikgrundstücks nicht versteuern. Die **Einkünfte** des Besitzunternehmens sind weiterhin solche **aus Gewerbebetrieb** und unterliegen der Gewerbesteuer. Nach dem Entstehen der Betriebsaufspaltung bei den verpachteten Wirtschaftsgütern entstehende stille Reserven müssten ebenso wie die vor der Betriebsaufspaltung entstandenen und noch vorhandenen stillen Reserven bei einer späteren Realisierung vom Besitzunternehmen versteuert werden.

7   Sind hingegen die **Einkünfte** des A aus der Vermietung des Fabrikgrundstücks solche **aus Vermietung und Verpachtung**, dann braucht A zwar keine Gewerbesteuer mehr zu bezahlen, muss aber im Zeitpunkt der Abspaltung der GmbH die stillen Reserven des Fabrikgrundstücks versteuern, weil der „Restbetrieb" kein Gewerbebetrieb mehr ist und mithin das Grundstück im Rahmen der Betriebsübertragung auf die GmbH entnommen worden ist. Die nach dem Entstehen der Betriebsaufspaltung bei den verpachteten Wirtschaftsgütern entstehenden stillen Reserven würden bei ihrer späteren Realisierung nicht der Einkommensteuer unterliegen, soweit sich nicht aus der Regelung des § 23 Abs. 1 Nr. 1 EStG etwas anderes ergibt.

8   Nach der Rechtsprechung des BFH verliert in dem vorstehenden Beispiel unter bestimmten Voraussetzungen das bisherige Einzelunternehmen des A durch die Abspaltung der GmbH **nicht** seine Eigenschaft als Gewerbebetrieb. Nach dieser Rechtsprechung, durch die das Institut der Betriebsaufspaltung entwickelt worden ist und die man deshalb als **Betriebsaufspaltungs-Rechtsprechung** bezeichnet, behält vielmehr das bisherige Einzelunternehmen als gewerbliches Besitzunternehmen neben der abgespaltenen GmbH, die als **Betriebsunternehmen** bezeichnet wird, seine Eigenschaft als Gewerbebetrieb.

9   Damit bestehen die Rechtsfolgen der Betriebsaufspaltung in erster Linie also darin, dass eine ihrer Art nach vermietende oder verpachtende Tätigkeit in eine gewerbliche Tätigkeit **umqualifiziert** wird. Der Art seiner Tätigkeit nach ist das

Besitzunternehmen nur vermietend oder verpachtend, also nur vermögensverwaltend tätig. Durch das von der Rechtsprechung entwickelte Institut der Betriebsaufspaltung wird diese Tätigkeit aber – wenn die erforderlichen Voraussetzungen vorliegen – in eine gewerbliche Tätigkeit umqualifiziert.

III. Entwicklung des Instituts der Betriebsaufspaltung

LITERATUR:

Barth, Ein bemerkenswertes Jubiläum – fünfzig Jahre Sonderbehandlung der Betriebsaufspaltung ohne gesetzliche Grundlage, BB 1985 S. 1861; *Woerner*, Die Betriebsaufspaltung auf dem Prüfstand, BB 1985 S. 1609; *Mössner*, Wie lange lebt die Betriebsaufspaltung noch?, Stbg 1997 S. 1; *Carlé*, Die Betriebsaufspaltung – ein „Rechtsinstitut" – Kontinuität der Rechtsprechung?, in: Festschrift für Spiegelberger 2009, S. 55; *Salzmann*, Die Betriebsaufspaltung ohne Rechtsgrundlage, in: Festschrift für Spiegelberger 2009, S. 401; *Kudert/Mroz*, Die Betriebsaufspaltung im Spannungsverhältnis zwischen gesetzlichen Regelungen und richterlicher Rechtsfortbildung, StuW 2016 S. 146.

In der Rechtsprechung des RFH begegnete man der Betriebsaufspaltung zum ersten Mal im Jahre 1924. Der Leitsatz des RFH-Urteils v. 12.12.1924[1] lautet: 10

„Der Übergang von der KG zur GmbH unter Verpachtung des Unternehmens an die letztere zur Ersparnis der ESt."

In dieser älteren Rechtsprechung ist das Besitzunternehmen nicht als Gewerbebetrieb angesehen worden. Der oder die Inhaber des „Besitzunternehmens" hatten also Einkünfte aus Vermietung und Verpachtung. Das Besitzunternehmen war kein Gewerbebetrieb.

Das änderte sich nach 1933. Den Anstoß zu dieser Änderung gab ein Vortrag, den der damalige Staatssekretär im Reichsfinanzministerium Reinhardt am 23.10.1936 gehalten hatte und der unter der Überschrift „Beurteilung von Tatbeständen nach nationalsozialistischer Weltanschauung" im RStBl 1936 S. 1041, 1051 veröffentlicht worden ist.[2] 11

Reinhardt hat dort ausgeführt, dass bei der Betriebsaufspaltung durch die Abzüge der Pachtzinsen und der Gehälter für den geschäftsführenden Gesellschafter bei der Betriebs-GmbH die Gewerbesteuer geschmälert werde und dass dies künftig nicht mehr geduldet werden könne, weil eine solche Schmälerung dem Grundsatz der Gleichmäßigkeit der Besteuerung widerspreche.

---

1 RFH, Urteil v. 12.12.1924 - VI eA 188/24, RFHE 16 S. 15.
2 Vgl. hierzu u. a. auch *Barth*, BB 1985 S. 1861, und *Mössner*, Stbg 1997 S. 1, 2.

A. Problemstellung und Entwicklung des Instituts der Betriebsaufspaltung

12 Aufgrund dieser Meinungsäußerung hat sich die Rechtsprechung des RFH geändert. Zum ersten Mal kommt der Gedanke, dass das Besitzunternehmen ein gewerbliches Unternehmen sein könne, in dem RFH-Urteil v. 26.10.1938[1] zum Ausdruck:

„Im vorliegenden Fall scheint der Beschwerdeführer in engem wirtschaftlichen Zusammenhang mit der GmbH und ihren Teilhabern zu stehen. Wenn dies der Fall ist und die OHG sowie die GmbH von einer Mehrheit derselben Teilhaber beherrscht wird, so dürfte unter Umständen ein einheitlicher Gewerbebetrieb infrage kommen, zu dem einerseits das von der OHG verwaltete Fabrikgrundstück, ferner auch die GmbH-Anteile, soweit sie im Besitz der Gesellschafter der OHG sind, gehören würden."

13 Und in dem Urteil v. 1.7.1942[2] hat der RFH dann kurz und bündig entschieden:

„Ein Fabrikgrundstück, in dem der Eigentümer einen Gewerbebetrieb unterhalten hatte und das er zur Fortsetzung des Betriebs an eine von ihm gegründete und beherrschte AG verpachtete, stellt einen gewerblichen Betrieb des Eigentümers dar."

14 Damit war die Betriebsaufspaltungs-Rechtsprechung geboren, die allerdings zunächst nur die Fälle umfasste, die wir heute unter der Bezeichnung „**echte Betriebsaufspaltung**" verstehen. Wegen des Begriffs der echten Betriebsaufspaltung siehe unten unter Rz. 45 ff.

15 Der BFH hat diese Rechtsprechung übernommen und zunächst extensiv fortentwickelt,[3] wobei heute der enge wirtschaftliche Zusammenhang darin gesehen wird, dass aufgrund besonderer sachlicher und personeller Gegebenheiten eine enge wirtschaftliche Verflechtung zwischen Besitzunternehmen und Betriebsunternehmen besteht.[4]

16 In den 1980er-Jahren ließ sich eine restriktive Entwicklung in der Rechtsprechung des BFH hinsichtlich des Instituts der Betriebsaufspaltung feststellen. Insbesondere wurde versucht, das Merkmal der sachlichen Verflechtung nicht ausufern zu lassen. Danach war jedoch wieder ein gegenläufiger Trend in der Rechtsprechung des BFH zu beobachten, der bis heute anhält.

---

1 RFH, Urteil v. 26.10.1938 - VI 501/38, RStBl 1939 S. 282.
2 RFH, Urteil v. 1.7.1942 - VI 96/42, RStBl 1942 S. 1081.
3 Vgl. insbesondere den Beschluss des GrS des BFH, Urteil v. 8.11.1971 - GrS 2/71, BFHE 103 S. 460, BStBl 1972 II S. 63, NWB QAAAA-90792, und die Darstellung dieses Beschlusses hinsichtlich Vorgeschichte, Anrufungsfragen und Ausdeutung des Inhalts von *Woerner*, BB 1985 S. 1609, 1611 f.
4 BFH, Urteil v. 16.6.1982 - I R 118/80, BFHE 136 S. 287, BStBl 1982 II S. 662.

Die Rechtsgrundsätze, die der BFH zur Betriebsaufspaltung aufgestellt hat, sind nach dem Beschluss des BVerfG v. 14.1.1969[1] verfassungsrechtlich nicht zu beanstanden. Dabei ist jedoch wesentlich, dass das BVerfG ausdrücklich darauf hingewiesen hat, es könne nicht nachprüfen, ob die Auffassung des BFH über die Gewerbesteuerpflicht des Besitzunternehmens richtig ist, weil sich die verfassungsrechtliche Prüfung darauf beschränken müsse, ob die Entscheidung auf einer grds. unrichtigen Anschauung der Bedeutung der Grundrechte beruhe. Die Subsumtion unter die einfachgesetzlichen Vorschriften bleibt daher Sache der Fachgerichte. In dem Beschluss v. 12.3.1985[2] ebenso wie in späteren Entscheidungen[3] hat das BVerfG seine Auffassung, dass die Betriebsaufspaltungs-Rechtsprechung zulässiges Richterrecht ist, bestätigt.[4]

17

(Einstweilen frei) 18–20

---

1 BVerfG, Beschluss v. 14.1.1969 - 1 BvR 136/62, BStBl 1969 II S. 389.
2 BVerfG, Beschluss v. 12.3.1985 - 1 BvR 571/81, BStBl 1985 II S. 475.
3 BVerfG, Beschlüsse v. 13.1.1995 - 1 BvR 1946/94, HFR 1995 S. 223; v. 25.3.2004 - 2 BvR 944/00, HFR 2004 S. 691; vgl. auch FG München, Urteil v. 20.3.2007 - 6 K 2112/05 (unter 1.B (rkr.)), NWB SAAAC-48956.
4 Vgl. auch BFH, Beschluss v. 25.6.2013 - X B 96/12, BFH/NV 2013 S. 1802, NWB HAAAE-44188.

B. Wesen, Rechtfertigung und Verfassungsmäßigkeit der Betriebsaufspaltung

I. Wesen der Betriebsaufspaltung

LITERATUR:

Wehrheim, Die Betriebsaufspaltung im Spannungsfeld zwischen wirtschaftlicher Einheit und richterlicher Selbständigkeit, BB 2001 S. 913; *Kudert/Mroz*, Die Betriebsaufspaltung im Spannungsverhältnis zwischen gesetzlichen Regelungen und richterlicher Rechtsfortbildung, StuW 2016 S. 146; *Binnewies*, Neues zur Betriebsaufspaltung, AG 2019 S. 876; *Wacker*, Von der Betriebsaufspaltung zum gewerblichen Beteiligungsbesitz – Anmerkungen zur grenzüberschreitenden Verflechtung nach dem BFH-Urteil v. 17.11.2020 – I R 72/16 , FR 2021 S. 505.

Nach der Rechtsprechung besteht das Wesen der Betriebsaufspaltung darin, dass eine nach ihrem äußeren Erscheinungsbild nur **vermögensverwaltende** und damit an sich nicht gewerbliche **Tätigkeit**, nämlich das Vermieten und Verpachten von Wirtschaftsgütern, in **eine gewerbliche Tätigkeit umqualifiziert** wird, wenn der Mieter (Pächter) ein Unternehmen betreibt (**Betriebsunternehmen**) und zwischen diesem und dem Vermieter (Verpächter) eine **enge wirtschaftliche Verflechtung** besteht. In einem solchen Fall bezeichnet man die Vermietungs- oder Verpachtungstätigkeit als **Besitzunternehmen**. 21

Besitzunternehmen und Betriebsunternehmen bilden nicht – wie früher z. T. angenommen wurde – ein einheitliches Unternehmen. Sie sind zwei selbständige Unternehmen.[1] 22

II. Rechtfertigung der Betriebsaufspaltung

1. Die Reinhardtsche These

Reinhardt[2] hat die Betriebsaufspaltung unter Hinweis auf die Gleichmäßigkeit der Besteuerung allein mit der in § 1 StAnpG vorgeschriebenen nationalsozialistischen Betrachtungsweise gerechtfertigt, die jedes beliebige Hinweggehen über das Gesetz ermöglichte.[3] 23

---

[1] BFH, Beschluss v. 8.11.1971 - GrS 2/71, BFHE 103 S. 440, BStBl 1972 II S. 63; BFH, Urteil v. 14.1.1998 - X R 57/93, BB 1998 S. 1245, NWB NAAAA-96781.
[2] Siehe oben unter Rz. 11 f.
[3] Siehe ausführlich *Mössner*, Stbg 1997 S. 1, 3 (linke Spalte).

2. Rechtfertigung durch den Reichsfinanzhof

24 Der RFH ist zwar im Ergebnis der Ansicht von *Reinhardt* gefolgt, hat sich seiner Begründung jedoch nicht angeschlossen.[1]

Der RFH ging zunächst vielmehr wegen der Beteiligung derselben Personen an mehreren Unternehmen von deren Wirtschaftlichkeit aus, so dass das ursprüngliche Unternehmen nur in anderer Form fortgeführt werde.[2]

25 Gegen die Tatsache, dass die Vermietung und Verpachtung von Grundstücken eine vermögensverwaltende Tätigkeit sei – so der RFH[3] –, könne sprechen, wenn ein ursprünglich bestehender Gewerbebetrieb „auf eine GmbH abgezweigt" werde. In einem solchen Fall werde die Verpachtung gewerblich, wenn sie in „engem wirtschaftlichen Zusammenhang" bzw. in einer „engen wirtschaftlichen Verflechtung" mit der Betriebsgesellschaft stehe. Dies sei der Fall, wenn dieselben Personen beide Gesellschaften beherrschten. Es liege dann ein „einheitlicher Gewerbebetrieb" vor.

26 Abweichend hiervon hat der RFH in seinem Urteil v. 1.7.1942[4] zur Rechtfertigung des Richterrechts „Betriebsaufspaltung" auch die folgenden Überlegungen angestellt: Es sei anzunehmen, dass nach der Betriebsaufspaltung das an das Betriebsunternehmen verpachtete Grundstück noch einen Rest des Betriebsvermögens des vor der Aufspaltung bestehenden einheitlichen Betriebs darstelle. Der Inhaber des Besitzunternehmens beteilige sich hinsichtlich der Verpachtung des Betriebsgrundstücks über den Betrieb des Betriebsunternehmens am wirtschaftlichen Verkehr.

3. Rechtfertigung durch den Obersten Finanzhof

27 Nach 1945 hat sich der OFH zur Rechtfertigung der Betriebsaufspaltung allein auf die wirtschaftliche Betrachtungsweise berufen.[5] Der OFH hat also lediglich die „nationalsozialistische Betrachtungsweise" durch die „wirtschaftliche Betrachtungsweise" ersetzt.

---

1 Vgl. hierzu auch *Wacker*, FR 2021 S. 505, 507 f.
2 RFH, Urteile v. 19.1.1938 - VI 765/37, RStBl 1938 S. 316; v. 26.10.1938 - VI 501/38, RStBl 1939 S. 282; v. 2.11.1938 - VI 585/38, RStBl 1939 S. 88; v. 30.11.1939 - III 37/38, RStBl 1940 S. 361; v. 4.12.1940 - VI 660/38, RStBl 1941 S. 26; v. 1.7.1942 - VI 96/42, RStBl 1942 S. 1081; v. 6.8.1942 - III 25/42, RStBl 1942 S. 970; vgl. auch *Mössner*, Stbg 1997 S. 1, 3 (rechte Spalte).
3 RFH, Urteile v. 27.4.1938 - VI 136/38, StuW 1938 Nr. 370; v. 30.11.1939 - III 37/38, RStBl 1940 S. 361; v. 1.7.1942 - VI 96/42, RStBl 1942 S. 1081.
4 RFH, Urteil v. 1.7.1942 - VI 96/42, RStBl 1942 S. 1081.
5 OFH, Urteil v. 7.5.1947 - III 4/45 S, StuW 1947 Nr. 24; v. 30.3.1949 - III 6/49, StuW 1949, Nr. 48.

4. Rechtfertigung durch den Bundesfinanzhof

Der BFH[1] hat die Betriebsaufspaltung zunächst mit der Vorstellung von einem einheitlichen Unternehmen gerechtfertigt, das formal in zwei Unternehmen aufgeteilt vom früheren Unternehmer wirtschaftlich fortgesetzt werde.[2] In dem Urteil des BFH v. 8.11.1960[3] findet man auch die Vorstellung, es handele sich bei der Betriebsaufspaltung um einen wirtschaftlichen Organismus mit drei Beteiligten.

28

Der GrS des BFH hat in seinem Beschluss v. 8.11.1971[4] die These von einem einheitlichen wirtschaftlichen Unternehmen aufgegeben und an dessen Stelle den einheitlichen geschäftlichen Betätigungswillen gesetzt.[5]

29

Seitdem wird in der Rechtsprechung des BFH – zumindest in der des I. und IV. Senats[6] – die Betriebsaufspaltung überwiegend damit gerechtfertigt, dass das Besitzunternehmen deshalb ein Gewerbebetrieb ist, weil der einheitliche geschäftliche Betätigungswille der hinter beiden Unternehmen stehenden Person oder Personengruppe („über das Betriebsunternehmen"[7]) auf die Ausübung eines Gewerbebetriebs gerichtet sei (**personelle Verflechtung**) und dieser Wille in dem Besitzunternehmen durch die Verpachtung einer wesentlichen Betriebsgrundlage an das Betriebsunternehmen (**sachliche Verflechtung**) verwirklicht werde. Der einheitliche geschäftliche Betätigungswille hebt nach Auffassung des BFH die Vermietungstätigkeit des Besitzunternehmens deutlich von einer „normalen" Vermietung mit der Folge ab, dass hinsichtlich der Tätigkeit des Besitzunternehmens von einer originär gewerblichen Tätigkeit i. S. des § 15 Abs. 1 Satz 1 Nr. 1, Abs. 2 EStG auszugehen sei.[8]

30

---

1 Das erste Urteil des BFH zur Betriebsaufspaltung datiert v. 22.1.1954 - III 232/52 U, BFHE 58 S. 473, BStBl 1954 III S. 91.

2 Vgl. auch BFH, Urteile v. 9.12.1954 - IV 346/53 U, BFHE 60 S. 226, BStBl 1955 III S. 88; v. 10.4.1956 - I 314/55, HFR 1961 S. 128; v. 10.5.1960 - I 215/59, HFR 1961 S. 129; v. 8.11.1960 - I 131/59 S, BFHE 71 S. 706, BStBl 1960 III S. 513; v. 24.1.1968 - I 76/64, BFHE 91 S. 368, BStBl 1968 II S. 354.

3 BFH, Urteil v. 8.11.1960 - I 131/59 S, BFHE 71 S. 706, BStBl 1960 III S. 513.

4 BFH, Beschluss v. 8.11.1971 - GrS 2/71, BFHE 103 S. 440, BStBl 1972 II S. 63.

5 Vgl. auch *Mössner*, Stbg 1997 S. 1, 4 (linke Spalte); siehe ferner unten Rz. 305 ff.

6 BFH, Urteile v. 12.3.1970 - I R 108/66, BFHE 98 S. 441, BStBl 1970 II S. 439; v. 18.6.1980 - I R 77/77, BFHE 131 S. 388, BStBl 1981 II S. 39, 40; v. 16.6.1982 - I R 118/80, BFHE 136 S. 287, BStBl 1982 II S. 662, 663; v. 10.11.1982 - I R 178/77, BFHE 137 S. 67, BStBl 1983 II S. 136, 137.

7 So der IV. Senat des BFH in seinen Urteilen v. 10.4.1997 - IV R 73/94, BFHE 183 S. 127, BStBl 1997 II S. 569; v. 13.11.1997 - IV R 67/96, BFHE 184 S. 512, BStBl 1998 II S. 254; sowie BFH, Urteil v. 19.2.2019 - X R 42/16, BFH/NV 2019 S. 586, NWB RAAAH-13419, Rz. 19; kritisch *Binnewies*, AG 2019 S. 876, 877.

8 Vgl. BFH, Urteile v. 20.8.2015 - IV R 26/13, BStBl 2016 II S. 408; v. 17.4.2019 - IV R 12/16, BStBl 2019 II S. 745; v. 17.11.2020 – I R 72/16 BStBl 2021 II S. 484, Rz. 27; vgl. hierzu eingehend *Wacker*, FR 2021 S. 505.

31 Wegen der Unvereinbarkeit der vorstehend dargestellten Rechtfertigungen der Betriebsaufspaltung mit dem GmbH & Co. KG-Beschluss des GrS v. 25.6.1984[1] – siehe hierzu eingehend unten unter Rz. 964 ff. – hatte der VIII. Senat in seinem Urteil v. 12.11.1985[2] die Rechtfertigung der Betriebsaufspaltungs-Rechtsprechung von der Einkunftsart des Betriebsunternehmens völlig gelöst und ausgesprochen, dass die Behandlung des Besitzunternehmens als Gewerbebetrieb sich allein aus dem von der Tätigkeit des Betriebsunternehmens völlig abstrahierten Merkmal des engen wirtschaftlichen Zusammenhangs ergebe. Es genüge, dass das Besitzunternehmen die Tätigkeit des Vermietens oder Verpachtens entfalte. Die besonderen Umstände zwischen Besitzunternehmen und Betriebsunternehmen seien nicht Teil dieser Tätigkeit, sondern würden ihr nur die Eigenschaft eines Gewerbebetriebs verleihen. Auch diese Rechtfertigung begegnet Bedenken.[3]

32 Nicht völlig überzeugend ist auch der Versuch des GrS des BFH in seinem Beschluss v. 8.11.1971,[4] eine Rechtfertigung für das Institut der Betriebsaufspaltung durch einen Hinweis auf § 21 Abs. 3 EStG zu finden. Der GrS meint, aus § 21 Abs. 3 EStG ergebe sich, dass es dem Willen des Gesetzgebers entspreche, wenn die Vermietung von Grundbesitz – bei Vorliegen besonderer Umstände – als gewerbliche Tätigkeit angesehen werde. § 21 Abs. 3 EStG bestimmt jedoch nur, dass Vermietungseinkünfte dann einer anderen Einkunftsart zuzurechnen sind, wenn sie zu dieser gehören. Damit wird lediglich die subsidiäre Bedeutung des Anwendungsbereichs des § 21 EStG gegenüber anderen Einkunftsarten geregelt. Mit der Abgrenzung einer gewerblichen Tätigkeit gegenüber einer reinen vermögensverwaltenden Tätigkeit hat dies nichts zu tun.[5]

33 In manchen BFH-Urteilen[6] wird zur Rechtfertigung der Betriebsaufspaltung ein in wertender Betrachtungsweise verstandener Begriff des Gewerbebetriebs angeführt.[7]

34 Schließlich könnte man als Rechtfertigung für die Betriebsaufspaltung auch noch an eine Ableitung der gewerblichen Tätigkeit des Besitzunternehmens aus der gewerblichen Tätigkeit des einheitlichen Gesamtunternehmens denken, das vor der Betriebsaufspaltung bestanden hat. Wenn das Besitzunterneh-

---

1 BFH, Beschluss v. 24.6.1984 - GrS 4/82, BFHE 141 S. 405, BStBl 1984 II S. 751.
2 BFH, Urteil v. 12.11.1985 - VIII R 240/81, BFHE 145 S. 401, BStBl 1986 II S. 296.
3 Vgl. unten Rz. 989 f.
4 BFH, Beschluss v. 8.11.1971 - GrS 2/71, BFHE 103 S. 440, BStBl 1972 II S. 63, 64 (rechte Spalte); ebenso BFH, Urteil v. 10.5.2016 - X R 5/14, BFH/NV 2017 S. 8, NWB GAAAF-85884.
5 Vgl. auch *Kudert/Mroz*, StuW 2016 S. 146, 148.
6 Z. B. BFH, Urteil v. 17.7.1991 - I R 98/88, BFHE 165 S. 369, BStBl 1992 II S. 246.
7 Vgl. unten Rz. 995.

men als Restunternehmen des bisherigen Einheitsunternehmens fortbesteht, dann besteht auch die Gewerblichkeit des bisherigen Einheitsunternehmens in dem Restbetrieb fort (**Restbetriebsgedanke**).

Diese Rechtfertigung für die Betriebsaufspaltung ist in dem BFH-Urteil v. 18.6.1980[1] jedoch abgelehnt worden, weil sie versagt, wenn das vor der Betriebsaufspaltung bestehende Gesamtunternehmen kein Gewerbebetrieb war oder wenn ein Fall der unechten Betriebsaufspaltung vorliegt.

Voraussetzungen und Rechtsfolgen der Betriebsaufspaltung sind **bislang nicht gesetzlich kodifiziert** worden. Sie wird allerdings in § 50i Abs. 1 Satz 4 EStG in ihren Grundzügen umrissen sowie in § 13b Abs. 4 Nr. 1 Buchst. a ErbStG erwähnt. Damit hat der Gesetzgeber deutlich gemacht, dass er die Vorgaben des Richterrechts Betriebsaufspaltung akzeptiert und das Rechtsinstitut auch seinem Willen nach anzuwenden ist.[2] Nach richtiger Auffassung findet sich ihre Rechtfertigung in einer Auslegung der Vorschrift des § 15 Abs. 2 EStG. Da das Besitzunternehmen selbst keine originär gewerbliche Tätigkeit zum Gegenstand hat, ergibt sich dessen Umqualifizierung durch eine Übertragung der gewerblichen Tätigkeiten vom Betriebs- auf das Besitzunternehmen.[3] Der **Zweck** der Betriebsaufspaltung kann auch heute darin gesehen werden, Schmälerungen des Gewerbesteueraufkommens zu vermeiden: Zwar ist die Gewerbesteuer mittlerweile auf die Einkommensteuer nach Maßgabe des § 35 EStG anzurechnen. Zum einen beseitigt die Vorschrift die Belastung mit Gewerbesteuer in vielen Fällen aber nicht vollständig. Und zum anderen kann gerade die Annahme einer Betriebsaufspaltung zu gewerbesteuerlichen Doppelbelastungen führen, wenn zwischen Besitz- und Betriebsunternehmen keine gewerbesteuerliche Organschaft besteht. Nicht gerechtfertigt werden können dürfte die Betriebsaufspaltung mit dem Argument, dass durch ihre Annahme Betriebsvermögen des Besitzunternehmens begründet wird. Folgerichtig müsste dann auch eine land- und forstwirtschaftliche bzw. eine freiberufliche Betriebsaufspaltung angenommen werden können, was sich in der Rechtsprechung nicht durchgesetzt hat.

(Einstweilen frei)

---

1 BFH, Urteil v. 18.6.1980 - I R 77/77, BFHE 131 S. 388, BStBl 1981 II S. 39.
2 Vgl. auch BFH, Beschluss v. 16.1.2019 - I R 72/16, BStBl 2021 II S. 484, Rz. 12.
3 Gl. A. *Kudert/Mroz*, StuW 2016 S. 146, 150 ff.

III. Verfassungsmäßigkeit

LITERATUR:

Barth, Das Bundesverfassungsgericht und die Frage der sog. Betriebsaufspaltung, FR 1963 S. 151; *Kirmse*, Das Bundesverfassungsgericht billigt die Rechtsgrundsätze des Bundesfinanzhofes zur Behandlung der Betriebsaufspaltung im Gewerbesteuerrecht – Beschluss des Ersten Senats 1 BvR 136/62 vom 14.1.1969, RWP-Blattei St-R D Betriebsaufspaltung II B 2 Einzelfragen; *Labus*, Anm. zum BVerfG-Beschluss vom 14.1.1969, 1 BvR 136/62, BB 1969 S. 351; *Döllerer*, Aus der neueren Rechtsprechung des Bundesfinanzhofs zur Betriebsaufspaltung, GmbHR 1986 S. 165; *Seer*, Gewerbesteuerliche Merkmalübertragung als Sachgesetzlichkeit der Betriebsaufspaltung, BB 2002 S. 1833; *Drüen*, Über konsistente Rechtsfortbildung – Rechtsmethodische und verfassungsrechtliche Vorgaben am Beispiel des richterlichen Instituts der Betriebsaufspaltung, GmbHR 2005 S. 69; *Weckerle*, Zur teleologischen Begrenzung von Rechtsinstituten richterlicher Rechtsfortbildung im Steuerrecht, StuW 2012 S. 281.

39 Das BVerfG hat die Betriebsaufspaltungs-Rechtsprechung stets als zulässiges Richterrecht angesehen.[1] Insbesondere wurde die fehlende gesetzliche Grundlage seitens der Rechtsprechung nie beanstandet.[2] Dies gilt sowohl für die echte wie auch für die unechte Betriebsaufspaltung.[3] Auch gegen die Annahme einer kapitalistischen Betriebsaufspaltung greifen keine verfassungsrechtlichen Bedenken durch.[4] Zu beachten ist jedoch, dass das Institut der Betriebsaufspaltung verfassungskonform anzuwenden ist, die Anwendung im Einzelfall also insbesondere den Geboten aus Art. 3 Abs. 1 und Art. 6 GG genügen muss.[5]

40 Im Hinblick auf diese Grundrechte ist nicht zu beanstanden, dass eine **Gütergemeinschaft** Besitzunternehmen im Rahmen einer Betriebsaufspaltung sein kann, da es den Ehegatten freisteht, die Anteile an der Betriebs-Kapitalgesellschaft durch Ehevertrag nach § 1418 Abs. 2 Nr. 1 BGB zum Vorbehaltsgut zu erklären und so die Folgen einer Betriebsaufspaltung zu vermeiden.[6]

---

1 Vgl. oben Rz. 17.
2 Vgl. BFH, Beschluss v. 18.7.2006 - X B 206/05, BFH/NV 2006 S. 1877, NWB SAAAB-92112; Urteile v. 8.9.2011 - IV R 44/07, BStBl 2012 II S. 136; v. 19.2.2019 - X R 42/16, BFH/NV 2019 S. 586, Rz. 22; zur Kritik vgl. *Roellecke*, FS Duden, 1977 S. 481; *Knobbe-Keuk*, StBJb 1980/81 S. 335, 349; *Carlé/Carlé*, Die Betriebsaufspaltung, 2. Aufl. 2014, Rz. 13; *Drüen*, GmbHR 2005 S. 69.
3 BFH, Urteil v. 10.5.2016 - X R 5/14, BFH/NV 2017 S. 8, NWB GAAAF-85884; a. A. *Gluth* in Herrmann/Heuer/Raupach, § 15 EStG, Rz. 774.
4 FG Niedersachsen, Urteil v. 19.11.2015 - 5 K 286/12, EFG 2016 S. 138 (rkr.), NWB UAAAF-45708.
5 Siehe unten Rz. 491 ff.; vgl. ferner die kritischen Stellungnahmen zur Rechtsprechung des BVerfG von *Döllerer*, GmbHR 1986 S. 165, und *Seer*, BB 2002 S. 1833; siehe schließlich *Drüen*, GmbHR 2005 S. 69 ff.
6 BVerfG, Beschluss v. 14.2.2008 - 1 BvR 19/07 (unter IV.), HFR 2008 S. 754.

Schließlich ist zu beachten, dass das Institut der Betriebsaufspaltung als Richterrecht den verfassungsrechtlichen Grenzen richterlicher Rechtsfortbildung unterliegt. Vor diesem Hintergrund wird teilweise eine teleologische Begrenzung der Betriebsaufspaltung gefordert, z. B. im Hinblick auf die Annahme notwendigen Betriebsvermögens in Form einer Beteiligung i. S. des § 17 EStG an einer Kapitalgesellschaft.[1] Im Gegensatz dazu tendiert die Rechtsprechung allerdings eher zu einer Ausweitung des Instituts, was insbesondere im Hinblick auf die Konturierung der sachlichen Verflechtung deutlich wird.

(Einstweilen frei) 42–43

---

[1] *Weckerle*, StuW 2012 S. 281.

C. Formen der Betriebsaufspaltung

I. Allgemeines

> **LITERATUR:**
>
> *Engelhardt*, Betriebsspaltung in Besitzpersonenunternehmen und Betriebskapitalgesellschaft, StWa 1960 S. 211; *Fichtelmann*, Ausgewählte Fragen zur Betriebsaufspaltung, GmbHR 2006 S. 345; *Kußmaul/Schwarz*, Voraussetzungen, Erscheinungsformen und Modelle der Betriebsaufspaltung, GmbHR 2012 S. 834.

Nach der Art und Weise, wie eine Betriebsaufspaltung entsteht, wird zwischen **echter** und **unechter Betriebsaufspaltung** unterschieden. Nach der Rechtsform des Betriebsunternehmens unterscheidet man zwischen der **kapitalistischen** und der **mitunternehmerischen Betriebsaufspaltung**. Allerdings wird z. T. der Terminus „kapitalistische Betriebsaufspaltung" auch für die Fälle verwendet, in denen das Besitzunternehmen eine Kapitalgesellschaft ist. Andere hingegen bezeichnen die Fälle, in denen das Besitzunternehmen eine Kapitalgesellschaft und das Betriebsunternehmen eine Personengesellschaft ist, auch als **umgekehrte Betriebsaufspaltung**. Eine weitere Unterscheidung ist die zwischen **mittelbarer** und **unmittelbarer Betriebsaufspaltung**. Schließlich spricht man bei grenzüberschreitenden Sachverhalten von einer **Betriebsaufspaltung über die Grenze**.

44

II. Echte Betriebsaufspaltung

> **LITERATUR:**
>
> *Stahl*, Beratungsfeld echte und unechte Betriebsaufspaltung, KÖSDI 2003 S. 13794; *Schoor*, Echte und unechte Betriebsaufspaltung: Ausgewählte Problemfälle und Gestaltungsmerkmale, StuB 2007 S. 24.

Eine echte Betriebsaufspaltung liegt vor, wenn ein bisher einheitliches Unternehmen (meist Einzelunternehmen oder Personengesellschaft) in der Weise aufgespalten wird, dass neben dem bisherigen Unternehmen ein neues Unternehmen – meist eine Kapitalgesellschaft – gegründet wird, das den Betrieb des bisherigen einheitlichen Unternehmens fortführt,[1] während das bisherige Unternehmen sein Anlagevermögen ganz oder teilweise zurückbehält und an das neue **Betriebsunternehmen** vermietet oder verpachtet. Das bisherige einheitliche Unternehmen wird dadurch als Restbetrieb zum **Besitzunternehmen**. Bei dem zurückgehaltenen Anlagegegenstand (Anlagegenständen) muss es sich

45

---

[1] BFH, Urteile v. 20.9.1973 - IV R 41/69, BFHE 110 S. 368, BStBl 1973 II S. 869; v. 17.4.2019 - IV R 12/16, BStBl 2019 II S. 745, Rz. 44; vgl. auch BFH, Beschluss v. 23.1.2008 - I B 136/07, BFH/NV 2008 S. 1197, NWB EAAAC-78838.

mindestens um **eine wesentliche Betriebsgrundlage** handeln, da andernfalls eine Betriebsveräußerung oder Betriebsaufgabe vorliegt.[1]

46 Nicht erforderlich ist, dass die bisher betriebene einheitliche unternehmerische Tätigkeit eine gewerbliche war. Die Grundsätze der Betriebsaufspaltung sind vielmehr auch dann anzuwenden, wenn Besitz- und Betriebsunternehmen aus einer früheren **freiberuflichen Tätigkeit** hervorgegangen sind.[2]

47 U. E. gilt dies jedoch nur dann, wenn das Betriebsunternehmen als solches ein Gewerbebetrieb ist, z. B. weil es in der Rechtsform einer GmbH geführt wird. Ist hingegen das Betriebsunternehmen kein Gewerbebetrieb, sondern hat es z. B. – in der Rechtsform einer GbR geführt – eine freiberufliche Tätigkeit zum Gegenstand, dann kann u. E. auch das Besitzunternehmen nicht in einen Gewerbebetrieb umqualifiziert werden.[3]

48 Das Gleiche gilt, wenn Besitz- und Betriebsunternehmen aus einem früheren einheitlichen **land- und forstwirtschaftlichen Betrieb** hervorgehen oder wenn eine reine Vermietungs- und Verpachtungstätigkeit aufgespalten wird, also wenn z. B. eine natürliche Person ihre Mietshäuser an eine von ihr beherrschte GbR vermietet, die ihrerseits die einzelnen Wohnungen an Dritte vermietet.[4]

49 Ist bei einer echten Betriebsaufspaltung das bisherige Einheitsunternehmen eine Personengesellschaft und das entstehende Betriebsunternehmen eine Kapitalgesellschaft, der die Personengesellschaft ihr Anlagevermögen verpachtet, so behält die Personengesellschaft ihre **Identität**. Allenfalls wird sie im Wege eines „automatischen Formwechsels" von einer OHG oder KG zu einer GbR.[5]

50 Das gilt ohne Ausnahme bis zum In-Kraft-Treten des UmwG 1994 auch für die Fälle, in denen die Personengesellschaft Teile ihres Vermögens auf die Kapitalgesellschaft überträgt. Erst das UmwG 1994 hat die rechtlichen Voraussetzungen für eine Spaltung von Personengesellschaften (§§ 123 ff. UmwG) geschaffen, bei der die Vermögensteile des übertragenden Unternehmens in einem Rechtsakt auf den oder die Übernehmenden übergehen (teilweise Gesamtrechtsnachfolge).[6]

51–53 *(Einstweilen frei)*

---

[1] BFH, Urteil v. 24.8.1989 - IV R 135/96, BFHE 158 S. 245, BStBl 1989 II S. 1041.
[2] BFH, Urteile v. 18.6.1980 - I R 77/77, BFHE 131 S. 388, BStBl 1981 II S. 39; v. 13.11.1997 - IV R 67/96, BStBl 1998 II S. 254.
[3] Siehe unten Rz. 953 ff.
[4] A. A. *Klinzmann*, DB 1981 S. 1360.
[5] BFH, Urteil v. 4.5.2000 - IV B 143/99, BFH/NV 2000 S. 1336 (rechte Spalte), NWB LAAAA-65610.
[6] BFH, Urteil v. 4.5.2000 - IV B 143/99, BFH/NV 2000 S. 1336 (rechte Spalte), NWB LAAAA-65610.

III. Unechte Betriebsaufspaltung

LITERATUR:

Labus, Anm. zum BFH-Urteil vom 24.6.1969, I 201/64, BB 1970 S. 116; *Mittelbach,* Zweifelsfragen bei der unechten Betriebsaufspaltung, DStZ/A 1974 S. 361; *List,* Anm. zum BFH-Urteil vom 24.11.1978 III R 121/76, DStZ/A 1979 S. 335; *Bremm,* Die Betriebsaufspaltung im Blickwinkel der neuen Rechtsprechung (mit Schwerpunkt „unechte Betriebsaufspaltung"), StWa 1989 S. 143; *Stahl,* Beratungsfeld echte und unechte Betriebsaufspaltung, KÖSDI 2003 S. 13794.

Eine unechte Betriebsaufspaltung[1] wird angenommen, wenn Besitzunternehmen und Betriebsunternehmen nicht durch die Aufspaltung eines einheitlichen Unternehmens entstanden sind, sondern wenn zu einem bereits bestehenden Betriebsunternehmen ein Besitzunternehmen hinzutritt. 54

BEISPIEL: Der beherrschende Gesellschafter einer GmbH vermietet dieser ein Grundstück, welches vorher zu seinem Privatvermögen gehörte und fremdvermietet war. 55

Liegen die Voraussetzungen einer Betriebsaufspaltung vor,[2] dann entsteht durch die Grundstücksvermietung an das Betriebsunternehmen eine unechte Betriebsaufspaltung. Die GmbH wird zum **Betriebsunternehmen**. Die in der Vermietung des Grundstücks bestehende Tätigkeit des beherrschenden GmbH-Gesellschafters ist eine gewerbliche Tätigkeit, ist also ein **Besitzunternehmen**. 56

Die unechte Betriebsaufspaltung hat der BFH zum ersten Mal in seinem Urteil v. 3.11.1959[3] bejaht. Zur Rechtfertigung dieser ausdehnenden Anwendung des Richterrechts „Betriebsaufspaltung" ist in der Entscheidung ausgeführt: Auch bei der unechten Betriebsaufspaltung liege wirtschaftlich betrachtet ein einheitliches Unternehmen vor, bei dem Anlagevermögen und umlaufendes Vermögen lediglich der Form nach auf ein Besitzunternehmen und ein Betriebsunternehmen aufgeteilt worden seien. Auch bei der unechten Betriebsaufspaltung müsse daher das wirtschaftlich einheitliche Unternehmen steuerlich für die Frage der Art der Einkünfte des Besitzunternehmens und des Betriebsunternehmens einheitlich beurteilt werden.[4] 57

---

1 Vgl. BFH, Beschluss v. 8.11.1971 - GrS 2/71, BFHE 103 S. 440, BStBl 1972 II S. 63; v. 17.4.2002 - X R 8/00 (unter II.3.c.bb m. w. N.), BFHE 199 S. 124, BStBl 2002 II S. 527; Urteile v. 18.6.2015 - IV R 11/13, BFH/NV 2015 S. 1398, NWB RAAAE-99377; v. 10.5.2016 - X R 5/14, BFH/NV 2017 S. 8, NWB GAAAF-85884; v. 17.4.2019 - IV R 12/16, BStBl 2019 II S. 745, Rz. 44.
2 Siehe unten Rz. 76 ff.
3 BFH, Urteil v. 3.11.1959 - I 217/58 U, BFHE 70 S. 134, BStBl 1960 III S. 50.
4 Ebenso BFH, Urteil v. 24.6.1969 - I 201/64, BFHE 97 S. 125, BStBl 1970 II S. 17.

58 Obgleich der Große Senat des BFH in seinem Beschluss v. 8.11.1971[1] entschieden hat, dass es bei der Frage, ob sich das Besitzunternehmen gewerblich betätige, nicht darauf ankommt, ob dieses Unternehmen mit dem Betriebsunternehmen wirtschaftlich ein einheitliches Unternehmen bildet, ist die unechte Betriebsaufspaltung beibehalten worden. Für die Rechtfertigung der unechten Betriebsaufspaltung kann daher heute nur noch in Betracht kommen, dass auch bei ihr dieselben Voraussetzungen vorliegen, die für die Umqualifizierung einer Vermietungstätigkeit in einen Gewerbebetrieb bei der echten Betriebsaufspaltung erforderlich sind. Insoweit ist auf die Ausführungen unten unter Rz. 1013 ff. zu Bedenken über die Zulässigkeit der unechten Betriebsaufspaltung zu verweisen.

59–61 *(Einstweilen frei)*

IV. Kapitalistische Betriebsaufspaltung

LITERATUR:

Wienands, Anmerkungen zur kapitalistischen Betriebsaufspaltung, DStZ 1994 S. 623; *Schoor,* Kapitalistische Betriebsaufspaltung, StSem 1996 S. 156; *Kuhsel,* Problembereiche der kapitalistischen Betriebsaufspaltung, DB 1998 S. 2194.

62 Von kapitalistischer Betriebsaufspaltung wird gesprochen, wenn das Betriebsunternehmen eine Kapitalgesellschaft ist. Die Fälle, in denen das Besitzunternehmen eine Kapitalgesellschaft ist und die z. T. deshalb auch als kapitalistische Betriebsaufspaltung bezeichnet werden,[2] werden im Folgenden unter dem Terminus umgekehrte Betriebsaufspaltung behandelt.[3]

63 Weil der Begriff „kapitalistische Betriebsaufspaltung" in letzter Zeit in zunehmendem Maße auch zur Bezeichnung der Fälle der „umgekehrten Betriebsaufspaltung" verwendet wird, findet man heute häufig für Gestaltungen, in denen das Betriebsunternehmen eine Kapitalgesellschaft und das Besitzunternehmen ein Personenunternehmen ist, die Bezeichnung „**klassische Betriebsaufspaltung**".

---

1 BFH, Beschluss v. 8.11.1971 - GrS 2/71, BFHE 103 S. 440, BStBl 1972 II S. 63.
2 Vgl. z. B. BFH, Urteile v. 22.10.1986 - I R 180/82, BFHE 148 S. 272, BStBl 1987 II S. 117; v. 20.5.2010 - III R 28/08, BStBl 2014 II S. 194; v. 28.5.2015 - I R 20/14, BFH/NV 2015 S. 1109, NWB IAAAE-91960; FG Sachsen, Urteil v. 8.9.2016 - 6 K 920/12, EFG 2017 S. 147, NWB AAAAF-88614; *Kuhsel,* DB 1998 S. 2194; vgl. ferner unten Rz. 65.
3 Vgl. auch FG Düsseldorf, Urteil v. 22.11.2016 - 10 K 2233/13 F, EFG 2017 S. 108 (rkr.), NWB LAAAF-90180.

V. Mitunternehmerische Betriebsaufspaltung

Ist das Betriebsunternehmen eine Personengesellschaft, liegt eine mitunternehmerische Betriebsaufspaltung vor.[1]

64

VI. Umgekehrte Betriebsaufspaltung

LITERATUR:

Van der Bosch, Die umgekehrte Betriebsaufspaltung, Diss. Köln 1954; *Söffing*, Der Geschäftswert bei Umwandlung einer Kapital- in eine Personengesellschaft und bei der umgekehrten Betriebsaufspaltung, INF A 1966 S. 121; *Brendle/Schaaf*, Die umgekehrte Betriebsaufspaltung im Rahmen einer GmbH und Co. KG und ihre ertragsteuerlichen Konsequenzen, GmbHR 1970 S. 285 ff.; *o. V.*, GmbH als Organ einer KG – Sog. „umgekehrte Betriebsaufspaltung", DB 1976 S. 1038; *Schulze zur Wiesche*, Die umgekehrte Betriebsaufspaltung, BB 1989 S. 815; *Kessler/Teufel*, Die umgekehrte Betriebsaufspaltung zwischen Schwestergesellschaften – eine attraktive Rechtsformkombination nach der Unternehmenssteuerreform 2002, DStR 2001 S. 869.

Unter umgekehrter Betriebsaufspaltung werden die Fälle verstanden, in denen das Besitzunternehmen eine Kapitalgesellschaft und das Betriebsunternehmen eine Personengesellschaft oder Gemeinschaft ist. Diese Definition wird indes nicht einheitlich verwandt. Zum Teil wird die Ansicht vertreten, dass die umgekehrte Betriebsaufspaltung dadurch gekennzeichnet ist, dass das Besitzunternehmen vom Betriebsunternehmen beherrscht wird.[2] Unseres Erachtens liegt in den Fällen einer umgekehrten Betriebsaufspaltung im hier verstandenen Sinn keine Betriebsaufspaltung vor.[3]

65

VII. Unmittelbare Betriebsaufspaltung

Eine unmittelbare Betriebsaufspaltung liegt vor, wenn die beide Unternehmen beherrschende Person oder Personengruppe sowohl am Besitzunternehmen als auch am Betriebsunternehmen unmittelbar, d. h. ohne Zwischenschaltung einer anderen Gesellschaft, beteiligt ist.

66

---

1 Vgl. unten Rz. 768 ff.
2 Vgl. BFH, Urteil v. 8.9.2011 - IV R 43/07, BFH/NV 2012 S. 222, NWB NAAAD-98622.
3 Vgl. unten Rz. 705 ff.

VIII. Mittelbare Betriebsaufspaltung

LITERATUR:

Roser, Mittelbare Betriebsaufspaltung – Sonder-BV bei Konzernsachverhalten, EStB 2009 S. 177; *Heil/Pupeter*, Betriebsaufspaltung: Die GmbH wird auf der Besitzseite (etwas) transparenter, das Durchgriffsverbot wird infrage gestellt, DB 2022 S. 1091; *Rösen*, Personelle Verflechtung bei mittelbarer Beteiligung, NWB 18/2022 S. 1290.

67 Von einer mittelbaren Betriebsaufspaltung spricht man, wenn zwischen das Betriebsunternehmen oder das Besitzunternehmen und die beherrschende Person oder Personengruppe eine Kapitalgesellschaft oder eine Personengesellschaft zwischengeschaltet ist.[1]

68–71 *(Einstweilen frei)*

IX. Betriebsaufspaltung über die Grenze

72 Von einer Betriebsaufspaltung über die Grenze kann bei grenzüberschreitenden Miet- oder Pachtverhältnissen gesprochen werden, wenn gleichzeitig die Voraussetzungen einer Betriebsaufspaltung vorliegen. In Betracht kommen hier die Fälle eines ausländischen Besitzunternehmens[2] sowie eines ausländischen Betriebsunternehmens.[3]

X. Nachträglich erkannte Betriebsaufspaltung

73 Werden Betriebsaufspaltungen erst nachträglich erkannt (etwa durch Betriebsprüfungen), kann die Finanzverwaltung auch nachträglich in den noch änderbaren Veranlagungszeiträumen deren Rechtsfolgen zur Anwendung kommen lassen. Dies gilt auch dann, wenn die Betriebsaufspaltung über längere Zeiträume trotz Betriebsprüfungen unerkannt geblieben ist. Es liegt nur in Ausnahmefällen ein Verstoß gegen den Grundsatz von Treu und Glauben vor.[4] Des Weiteren kommen ggf. die Korrekturvorschriften § 181 Abs. 1 Satz 1 und § 173 Abs. 1 Nr. 1 AO in Betracht, wonach Bescheide aufzuheben oder zu ändern sind, soweit Tatsachen nachträglich bekannt werden, die zu einer Erhöhung der Besteuerungsgrundlagen führen. Wird dem Finanzamt erst nach erfolgter Gewinnfeststellung in einer nachfolgenden Außenprüfung bekannt, dass ein Mietvertrag abgeschlossen war, aufgrund dessen die Voraussetzun-

---

1 Vgl. unten Rz. 468 ff.
2 Vgl. unten Rz. 674 ff.
3 Vgl. unten Rz. 938 ff.
4 FG Rheinland-Pfalz, Urteil v. 13.1.1998 - 2 K 1632/97, juris (rkr.), NWB QAAAB-51646.

gen einer Betriebsaufspaltung erfüllt waren, so ist dies nachträglich bekannt geworden i. S. von § 173 Abs 1 Nr. 1 AO.[1]

Sind nachträglich die Rechtsfolgen einer Betriebsaufspaltung zu ziehen, sind die Wirtschaftsgüter zu Beginn des Wirtschaftsjahres, das von der neuen Beurteilung betroffen ist, mit den Werten anzusetzen, die sich bei ordnungsgemäßer Bilanzierung von der Entstehung der Betriebsaufspaltung an bis zum betroffenen VZ ergeben hätten.[2] Es sind dann die (fortgeführten) Anschaffungskosten anzusetzen, und zwar in der Anfangsbilanz des ersten noch offenen Jahres.[3]

74

(Einstweilen frei) 75

---

[1] BFH, Urteil v. 16.4.2015 - IV R 2/12, BFH/NV 2015 S. 1331, NWB SAAAF-00258.
[2] *Dehmer*, Betriebsaufspaltung, 4. Aufl. 2018, § 4 Rz. 36, m. w. N.
[3] BFH, Urteile v. 24.10.2001 - X R 153/97, BStBl 2002 II S. 75; v. 29.11.2012 - IV R 37/10, BFH/NV 2013 S. 910, NWB UAAAE-35427.

D. Voraussetzungen der Betriebsaufspaltung

LITERATUR:

Schulze zur Wiesche, Voraussetzungen einer Betriebsaufspaltung weiterhin umstritten?, Wpg 1985 S. 579; *Paus*, Die Betriebsaufspaltung: Voraussetzungen und Rechtsfolgen, StWa 1989 S. 57; *Schneeloch*, Betriebsaufspaltung – Voraussetzungen und Steuerfolgen, DStR 1991 S. 761 und 804; *o. V.*, Sachliche und personelle Voraussetzungen einer Betriebsaufspaltung, GmbHR 1991, R 86; *Schulze zur Wiesche*, Betriebsaufspaltung in der jüngsten Rechtsprechung – Voraussetzungen und Konsequenzen, bilanz & buchhaltung, 1992 S. 267; *Kußmaul/Schwarz*, Voraussetzungen, Erscheinungsformen und Modelle der Betriebsaufspaltung, GmbHR 2012 S. 834; *Micker/Schwarz*, Betriebsaufspaltung – Aktuelle Entwicklungen und Praxisfragen, DB 2016 S. 1041; *Schulze zur Wiesche*, Die Betriebsaufspaltung in der BFH-Rechtsprechung der letzten beiden Jahre, StBp 2017 S. 144; *Micker/Schwarz*, Aktuelle Anwendungsfragen der Betriebsaufspaltung, FR 2018 S. 765; *Herkens*, Aktuelle Rechtsprechung zur Betriebsaufspaltung, EStB 2020 S. 108; *Binnewies*, Aktuelles zur Betriebsaufspaltung, GmbH-StB 2022 S. 84; *Winkler*, Neue Rechtsentwicklungen267 zur Betriebsaufspaltung, kösdi 2022 S. 22738.

I. Allgemeines

Schon in dem Urteil des RFH v. 26.10.1938[1] wird als Voraussetzung für eine Betriebsaufspaltung, also für die Umqualifizierung des Besitzunternehmens in einen Gewerbebetrieb, ein **enger wirtschaftlicher Zusammenhang** zwischen Besitzunternehmen und Betriebsunternehmen gefordert. Ein solcher Zusammenhang wird heute angenommen, wenn zwischen Besitzunternehmen und Betriebsunternehmen eine **sachliche** und **personelle Verflechtung** besteht,[2] d. h. wenn die von einer Einzelperson, einer Gemeinschaft oder einer Personengesellschaft betriebene Vermietung oder Verpachtung (Besitzunternehmen) die Nutzungsüberlassung einer wesentlichen Betriebsgrundlage an eine gewerblich tätige Personengesellschaft oder Kapitalgesellschaft (Betriebsgesellschaft) zum Gegenstand hat (sachliche Verflechtung) und eine Person oder

76

---

[1] RFH, Urteil v. 26.10.1938 - VI 501/38, RStBl 1939 S. 282.
[2] BFH, Entscheidungen v. 10.6.1966 - VI B 31/63, BFHE 86 S. 590, BStBl 1966 III S. 598; v. 8.11.1971 - GrS 2/71, BFHE 103 S. 440, BStBl 1972 II S. 63; v. 29.3.1973 - I R 174/72, BFHE 109 S. 456, BStBl 1973 II S. 686; v. 28.6.1973 - IV R 97/72, BFHE 109 S. 459, BStBl 1973 II S. 688; v. 23.1.1980 - I R 33/77, BFHE 130 S. 173, BStBl 1980 II S. 356; v. 18.2.1986 - VIII R 125/85, BFHE 146 S. 266, BStBl 1986 II S. 611; v. 12.10.1988 - X R 5/86, BFHE 154 S. 566, BStBl 1989 II S. 152; v. 26.10.1988 - I R 228/84, BFHE 155 S. 117, BStBl 1989 II S. 155; v. 5.9.1991 - IV R 113/90, BFHE 165 S. 420, BStBl 1992 II S. 349; v. 12.9.1991 - IV R 8/90, BFHE 166 S. 55, BStBl 1992 II S. 347; v. 6.11.1991 - XI 12/87, BFHE 166 S. 206, BStBl 1992 II S. 415; v. 12.2.1992 - XI R 18/90, BFHE 167 S. 499, BStBl 1992 II S. 723; v. 13.11.1997 - IV R 67/96, BStBl 1998 II S. 254; v. 14.1.1998 - X R 57/93, BFHE 185 S. 230, BB 1998 S. 1245; NWB NAAAA-96781; v. 23.9.1998 - XI R 72/97, BFHE 187 S. 36, BStBl 1999 II S. 281 m. w. N.; v. 29.11.2017 - X R 8/16, BFH/NV 2018 S. 656, NWB CAAAG-80499; v. 16.9.2021 - IV R 7/18, BFH/NV 2022 S. 377, Rz. 28, NWB ZAAAI-03339.

Personengruppe sowohl das Besitzunternehmen als auch das Betriebsunternehmen in dem Sinn beherrscht, dass sie in der Lage ist, in beiden Unternehmen einen einheitlichen geschäftlichen Betätigungswillen durchzusetzen (personelle Verflechtung).[1]

77 Die bloße Vermietung und Verpachtung von Wirtschaftsgütern, die sich im Regelfall nicht als Gewerbebetrieb, sondern als Vermietung und Verpachtung darstellt, wird also zur gewerblichen Tätigkeit, wenn die Voraussetzungen einer sachlichen und personellen Verflechtung zwischen dem Besitzunternehmen und dem Betriebsunternehmen vorliegen.[2] Das gilt sowohl für den Fall der echten als auch für den Fall der unechten Betriebsaufspaltung.

78–80 *(Einstweilen frei)*

II. Sachliche Verflechtung

LITERATUR:

Bordewin, Anm. zum BFH-Urteil vom 24.8.1989 - IV R 135/86, BStBl 1989 II S. 1014, RWP SG 1.3 S. 3175; *Pollmann*, Sachliche Verflechtung bei Betriebsaufspaltung – BFH-Urteil vom 24.8.1989 - IV R 135/86, BStBl 1989 II S. 1014, NWB Fach 18 S. 3061; *o. V.*, Grundsatzurteil: Zur sachlichen Verflechtung als Tatbestandsvoraussetzung einer Betriebsaufspaltung, DStR 1989 S. 774; *Heidemann*, Die Nutzungsüberlassung an die GmbH durch ihren Gesellschafter, INF 1990, 409; *Jestädt*, Sachliche Verflechtung bei Betriebsaufspaltung als wesentliche Betriebsgrundlage, DStR 1990 S. 223; *Söffing*, Anm. zum BFH-Urteil vom 24.8.1989 - IV R 135/86, BStBl 1989 II S. 1014, FR 1990 S. 24; *ders.*, Die sachliche Verflechtung im Rahmen der Betriebsaufspaltung, DStR 1990 S. 503; *Bitz*, Betriebsaufspaltung: Sachliche Verflechtung bei verpachtetem Grundbesitz nach der neueren Rechtsprechung des BFH, FR 1991 S. 733; *Neufang*, Sachliche Voraussetzung der Betriebsaufspaltung im Bereich der Grundstücke, INF 1991 S. 326; *Pollmann*, Sachliche Verflechtung bei Betriebsaufspaltung – BFH-Urteile vom 7.8.1990 BStBl 1991 II S. 336, und vom 23.1.1991 BStBl 1991 II S. 405, NWB Fach 3 S. 7935; *Heidemann*, Nutzungsüberlassung an die GmbH, INF 1992 S. 562; *Jestädt*, Sachliche Verflechtung bei Betriebsaufspaltung, Grundstück als wesentliche Betriebsgrundlage, DStR 1992 S. 1189; *Heidemann*, Sachliche Verflechtung bei Betriebsaufspaltung, INF 1993 S. 75; *Kruspe*, Gibt es noch Auswege aus der sachlichen Verflechtung bei einer Betriebsaufspaltung?, StuB 2001 S. 232; *Dötsch*, Betriebsaufspaltung: Sachliche Verflechtung durch Erbbaurecht – Gewerbesteuerbefreiung, INF 2002 S. 446; *Trossen*, Sachliche Verflechtung bei Betriebsaufspaltung, GmbH-StB 2002 S. 221; *Ritzrow*, Kriterien der Betriebsaufspaltung,

---

1 BFH, Urteile v. 26.7.1984 - IV R 11/81, BFHE 141 S. 536, BStBl 1984 S. 714; v. 12.11.1985 - VIII R 240/81, BFHE 145 S. 401, BStBl 1986 II S. 296; v. 24.8.1989 - IV R 135/86, BFHE 158 S. 245, BStBl 1989 II S.1014; v. 16.9.2021 - IV R 7/18, BFH/NV 2022 S. 377, Rz. 31, NWB ZAAAI-03339.

2 BFH, Urteile v. 12.11.1985 - VIII R 240/81, BFHE 145 S. 401, BStBl 1986 II S. 296; v. 18.3.1993 - IV R 96/92, BFH/NV 1994 S. 15, NWB TAAAA-98441; v. 21.1.1999 - IV R 96/96, BFH/NV 1999 S. 1033, NWB UAAAA-89347; v. 24.2.2000 - IV R 62/98, BFHE 191 S. 295, BStBl 2000 II S. 417; v. 28.5.2020 - IV R 4/17, BStBl 2020 II S. 710, Rz. 24, m. w. N.

hier: Sachliche Verflechtung, StBp 2009 S. 54; *Micker/Schwarz*, Aktuelle Anwendungsfragen der Betriebsaufspaltung, FR 2018 S. 765; *Schulze zur Wiesche*, Betriebsaufspaltung in der BFH-Rechtsprechung der Jahre 2017 bis 2019, DStZ 2019 S. 867; *Herkens*, Aktuelle Rechtsprechung zur Betriebsaufspaltung, EStB 2020 S.108.

1. Begriffsbestimmung

Eine sachliche Verflechtung ist gegeben, wenn das Besitzunternehmen dem Betriebsunternehmen Wirtschaftsgüter zur Nutzung überlässt, die für das Betriebsunternehmen eine **wesentliche Betriebsgrundlage** darstellen.[1] Das gilt sowohl für die echte als auch für die unechte Betriebsaufspaltung.[2] Unerheblich ist, ob die Nutzungsüberlassung eine schuldrechtliche oder eine dingliche Grundlage hat.[3] 81

Dass die Rechtsprechung die Grundsätze der Betriebsaufspaltung im Wesentlichen für Vermietungs- und Verpachtungsfälle als Grundlage der sachlichen Verflechtung entwickelt hat, beruht allein darauf, dass der Nutzungsüberlassung regelmäßig solche (schuldrechtlichen) Rechtsverhältnisse zugrunde liegen.[4] 82

Durch **persönliche Dienstleistungen** wird **keine** sachliche Verflechtung begründet.[5] 83

2. Rechtfertigung für die Voraussetzungen der sachlichen Verflechtung

Die Rechtfertigung für das Erfordernis des Überlassens einer wesentlichen Betriebsgrundlage als Voraussetzung für die Annahme einer Betriebsaufspaltung 84

---

1 BFH, Entscheidungen v. 24.2.1967 - VI 169/65, BFHE 88 S. 319, BStBl 1967 III S. 387; v. 19.4.1972 - I R 15/79, BFHE 105 S. 496, BStBl 1972 II S. 634; v. 20.9.1973 - IV R 41/69, BFHE 110 S. 236, BStBl 1973 II S. 869; v. 28.1.1982 - IV R 100/78, BFHE 135 S. 330, BStBl 1982 II S. 479; v. 30.7.1985 - VIII R 263/81, BFHE 145 S. 129, BStBl 1986 II S. 359; v. 26.1.1989 - IV R 151/86, BFHE 156 S. 138, BStBl 1989 II S. 455; v. 18.2.1986 - VIII R 125/85, BFHE 146 S. 266, BStBl 1986 II S. 611; v. 1.12.1989 - III R 94/87, BFHE 159 S. 480, BStBl 1990 II S. 500; v. 23.1.1991 - X R 47/87, BFHE 163 S. 460, BStBl 1991 II S. 405; v. 24.2.2000, BFHE 191 S. 295, BStBl 2000 II S. 417; v. 19.3.2002 - VIII R 57/99 (unter II. B. 2.), BFHE 198 S. 137, BStBl 2002 II S. 662; v. 1.7.2003 - VIII R 24/01, BFHE 2002 S. 536, BStBl 2003 II S. 757; v. 10.7.2006 - VIII B 227/05, BFH/NV 2006 S. 1837, NWB SAAAB-92138; v. 29.11.2017 - X R 8/16, BFH/NV 2018 S. 656, NWB CAAAG-80499; v. 16.9.2021 - IV R 7/18, BFH/NV 2022 S. 377, Rz. 30, NWB ZAAAI-03539.
2 BFH, Urteile v. 18.6.1980 - I R 77/77, BFHE 131 S. 388, BStBl 1981 II S. 39; v. 10.5.2016 - X R 5/14, BFH/NV 2017 S. 8, NWB GAAAF-85884.
3 BFH, Urteil v. 19.3.2002 - VIII R 57/99 (unter II.B.2.), BFHE 198 S. 137, BStBl 2002 II S. 662.
4 BFH, Urteil v. 19.3.2002 - VIII R 57/99 (unter II.B.2.), BFHE 198 S. 137, BStBl 2002 II S. 662.
5 BFH, Urteil v. 26.1.1989 - IV R 151/86, BFHE 156 S. 138, BStBl 1989 II S. 455.

besteht darin, dass das Betriebsunternehmen ohne die überlassene wesentliche Betriebsgrundlage seinen Betrieb in der Form, wie es ihn mithilfe der überlassenen wesentlichen Betriebsgrundlage führt, nicht fortführen kann und deshalb der oder die Besitzunternehmer auch durch die Überlassung einer wesentlichen Betriebsgrundlage einen beherrschenden Einfluss auf das Betriebsunternehmen ausüben kann bzw. können.[1]

85 Diese Rechtfertigung für das Merkmal der sachlichen Verflechtung wird durch die Urteile des X. BFH-Senats[2] bestätigt, in denen ausgeführt wird: *„Die Überlassung einer wesentlichen Betriebsgrundlage an das Betriebsunternehmen fungiert als unternehmerisches Instrument der Beherrschung."*

86 In dem BFH-Urteil v. 24.8.1989[3] wird die Rechtfertigung auch darin gesehen, dass durch die sachliche Verflechtung gewährleistet werde, dass die Einflussnahme auf beide Unternehmen und ihre Geschäftspolitik koordiniert wird.

3. Wesentliche Betriebsgrundlage

LITERATUR:

Richter, Zum Begriff „Wesentliche Betriebsgrundlagen", FR 1971 S. 40; *o. V.*, Betriebsaufspaltung: Wesentliche Betriebsgrundlage und Besitzunternehmen, DB 1975 S. 477; *Pollmann*, Wesentliche Betriebsgrundlagen bei der Betriebsaufspaltung, KFR F. 3 EStG § 15, 11/91, S. 259; *Dehmer*, Wesentliche Betriebsgrundlage bei der Betriebsaufspaltung, KFR F. 3 EStG § 15, 4/92, S. 75; *Pollmann*, Wesentliche Betriebsgrundlage bei Betriebsaufspaltung, KFR F. 3 EStG § 15, 12/92, S. 281; *Binz/Freudenberg/Sorg*, Die „wesentliche Betriebsgrundlage" im Ertragsteuerrecht, DStR 1993 S. 3; *Jörißen*, Die wesentliche Betriebsgrundlage i. R. d. § 7g EStG, EStB 2006 S. 422; *Schoor*, Praxisrelevante Problemfälle und aktuelle Rechtsentwicklungen bei Betriebsaufspaltung, Stbg. 2007 S. 269; *Micker/Schwarz*, Betriebsaufspaltung – Aktuelle Entwicklungen und Praxisfragen, DB 2016 S. 1041; *Schulze zur Wiesche*, Die Betriebsaufspaltung in der BFH-Rechtsprechung der letzten beiden Jahre, StBp 2017 S. 144; *Micker/Schwarz*, Aktuelle Anwendungsfragen der Betriebsaufspaltung, FR 2018 S. 765; *Herkens*, Aktuelle Rechtsprechung zur Betriebsaufspaltung, EStB 2020 S. 108.

---

1 BFH, Urteil v. 4.11.1992 - XI R 1/92, BFHE 169 S. 452, BStBl 1993 II S. 245, 246.
2 BFH, Urteile v. 21.8.1996 - X R 25/93, BFHE 181 S. 284, BStBl 1997 S. 44, 46 (linke Spalte); v. 28.11.2001 - X R 50/97, BFHE 197 S. 254, BStBl 2002 II S. 363, 364.
3 BFH, Urteil v. 24.8.1989 - IV R 135/86, BFHE 158 S. 245, BStBl 1989 II S. 1014.

a) Allgemeines

Der Begriff „wesentliche Betriebsgrundlage" spielt nicht nur bei der Betriebsaufspaltung, sondern auch bei der Betriebsveräußerung,[1] der Betriebsaufgabe,[2] der Einbringung eines Unternehmens gegen Gewährung von Gesellschaftsrechten nach §§ 20, 24 UmwStG, bei der Betriebsverpachtung und bei der unentgeltlichen Betriebsübertragung i. S. von § 6 Abs. 5 Satz 3 EStG eine Rolle.[3]

87

Anders als bei der Betriebsaufspaltung kommt in den anderen genannten Fällen dem Begriff „wesentliche Betriebsgrundlage" die Bedeutung zu, dass **alle** wesentlichen Betriebsgrundlagen des veräußerten, aufgegebenen, eingebrachten, verpachteten oder unentgeltlich übertragenen Betriebs veräußert, ins Privatvermögen überführt, eingebracht, verpachtet oder übertragen werden müssen.

88

Abweichend hiervon kommt es bei der Betriebsaufspaltung zur Annahme einer sachlichen Verflechtung nur darauf an, dass dem Betriebsunternehmen vom Besitzunternehmen **ein Wirtschaftsgut** zur Nutzung überlassen wird, das für das Betriebsunternehmen **eine wesentliche Betriebsgrundlage** ist. Ausreichend ist bei der Betriebsaufspaltung also, dass **eine** von mehreren wesentlichen Betriebsgrundlagen der Betriebsgesellschaft überlassen wird.[4] Bei der Betriebsaufspaltung ist folglich eine andere Betrachtungsweise gegeben als in den übrigen Fällen, in denen der Begriff „wesentliche Betriebsgrundlage" eine Rolle spielt.

89

Auch ist die Rechtfertigung für die Voraussetzung wesentliche Betriebsgrundlage beim Einbringen, Verpachten oder Übertragen aller stillen Reserven eine andere als bei der Betriebsaufspaltung. Bei der Betriebsaufspaltung kommt es auf die Frage an, wann eine sachliche Verflechtung zwischen dem Betriebsunternehmen und dem Besitzunternehmen vorliegt. Das ist dann der Fall, wenn das Besitzunternehmen dem Betriebsunternehmen ein Wirtschaftsgut zur Nutzung überlässt, ohne dass das Betriebsunternehmen seinen Betrieb nicht fortführen kann.[5] Ein solches Wirtschaftsgut ist für das Betriebsunternehmen wesentlich.

90

---

1 § 16 Abs. 1 EStG.
2 § 16 Abs. 3 EStG.
3 Vgl. BFH, Urteile v. 24.8.1989 - IV R 135/86, BFHE 158 S. 245, BStBl 1989 II S. 1014; v. 4.7.2007 - X R 49/06 (unter II. c, aa), BFHE 218 S. 316, BStBl 2007 II S. 772; v. 29.11.2017 - I R 7/16, BFH/NV 2018 S. 610, NWB AAAAG-83527; vgl. hierzu auch *Wacker*, DStR 2018 S. 1019; *Wendt*, FR 2018 S. 513; *Bergmann*, Ubg 2018 S. 359; *Trossen*, Ubg 2018 S. 358; *Micker*, Ubg 2018 S. 354.
4 BFH, Beschluss v. 27.9.2006 - X R 28/03, BFH/NV 2006 S. 2259, NWB GAAAC-18552; Urteil v. 29.11.2017 - I R 7/16, BFH/NV 2018 S. 610, NWB AAAAG-83527.
5 Vgl. Rz. 84.

D. Voraussetzungen der Betriebsaufspaltung

91 Anderes gilt in den Fällen der Betriebsveräußerung, Betriebsaufgabe, Betriebseinbringung, Betriebsverpachtung und unentgeltlichen Betriebsübertragung. Hier ist entscheidend, ob ein bestehender Betrieb übertragen oder aufgegeben wird. Das ist nur dann der Fall, wenn **alle** wesentlichen Betriebsgrundlagen des betreffenden Betriebs veräußert, unentgeltlich übertragen oder ins Privatvermögen überführt werden.

92 In dem BFH-Urteil v. 20.9.1973[1] wird als Rechtfertigung dafür, dass es im Rahmen der Betriebsaufspaltung nicht auf **die**, sondern nur auf **eine** wesentliche Betriebsgrundlage ankommt, darauf hingewiesen, dass im Fall der unechten Betriebsaufspaltung die Überlassung der wesentlichen Betriebsgrundlagen gar nicht möglich ist, weil das Betriebsunternehmen schon vor der Überlassung der Wirtschaftsgüter durch die Besitzgesellschaft bestanden habe. Das ist keine überzeugende Begründung; denn wenn zunächst die Gleichsetzung der unechten Betriebsaufspaltung mit der echten nur deshalb erfolgt ist, weil es die Gleichmäßigkeit der Besteuerung gebiete,[2] dann kann es nicht zulässig sein, Folgerungen für die gesamte Betriebsaufspaltungs-Rechtsprechung aus Besonderheiten herzuleiten, die nur bei der unechten Betriebsaufspaltung vorkommen.

93 Keine Rolle spielt es, ob das dem Betriebsunternehmen zur Nutzung überlassene Wirtschaftsgut auch für das **Besitzunternehmen eine wesentliche Betriebsgrundlage ist**.[3] Demzufolge ist es auch unerheblich, ob das dem Betriebsunternehmen überlassene Wirtschaftsgut keine, nur geringe oder erhebliche **stille Reserven** enthält[4] und ob es vor der Überlassung zum Privatvermögen oder zu einem Betriebsvermögen gehört hat.[5]

94 Als eine wesentliche Betriebsgrundlage wird nicht nur die **Verpachtung eines ganzen Betriebs**[6] oder eines **Teilbetriebs**, sondern auch die Vermietung und Verpachtung wichtiger einzelner Anlagegegenstände, insbesondere die Ver-

---

[1] BFH, Urteil v. 20.9.1973 - IV R 41/69, BFHE 110 S. 368, BStBl 1973 II S. 869.
[2] Vgl. BFH, Urteile v. 20.9.1973 - IV R 41/69, BFHE 110 S. 368, BStBl 1973 S. 869; v. 23.7.1981 - IV R 103/78, BFHE 134 S. 126, BStBl 1982 II S. 60; v. 12.4.1991 - III R 39/86, BFHE 165 S. 125, BStBl 1991 II S. 773; v. 5.9.1991 - IV R 113/90, BFHE 165 S. 420, BStBl 1992 II S. 349; v. 24.2.1994 - IV R 8-9/93, BFHE 174 S. 80, BStBl 1994 II S. 466.
[3] BFH, Urteil v. 14.9.1989 - IV R 142/88, BFH/NV 1990 S. 522, NWB KAAAB-30954.
[4] *Höger*, DB 1987 S. 349, 350.
[5] BFH, Urteil v. 25.7.1968 - IV R 261/66, BFHE 93 S. 82, BStBl 1968 II S. 677.
[6] BFH, Urteil v. 2.2.2000 - XI R8/99, BFH/NV 2000 S. 1135 (rechte Spalte), NWB OAAAA-65246.

mietung oder Verpachtung von **Grundstücken**[1] angesehen. Vor allem bebaute Grundstücke kommen als eine wesentliche Betriebsgrundlage in Betracht.[2]

Deshalb, und weil im Rahmen einer Betriebsaufspaltung meistens bebaute Grundstücke vom Besitzunternehmen dem Betriebsunternehmen zur Nutzung überlassen werden, sind die meisten oberstgerichtlichen Entscheidungen auch zu der Frage ergangen, unter welchen Voraussetzungen ein bebautes Grundstück für das Betriebsunternehmen eine wesentliche Betriebsgrundlage ist. Die Frage, wann ein Wirtschaftsgut für das Betriebsunternehmen eine wesentliche Betriebsgrundlage ist, wird deshalb unten unter Rz. 105 ff. eingehend behandelt werden. 95

b) Gesamtbildbetrachtung

Ob die vom Besitzunternehmen dem Betriebsunternehmen zur Nutzung überlassenen Wirtschaftsgüter eine wesentliche Betriebsgrundlage sind, richtet sich nach den Gegebenheiten des Einzelfalls[3] und ist nach dem Gesamtbild der tatsächlichen und beabsichtigten Nutzung des Streitjahrs zu beurteilen.[4] 96

Es ist Aufgabe des FG, die das Gesamtbild ergebenden Umstände festzustellen und zu würdigen.[5] Es kommt also entscheidend darauf an, dass alle Umstände, die für die Gesamtbildbetrachtung maßgebend sind, bis zum Schluss der mündlichen Verhandlung vor dem FG vorgetragen werden. 97

Bei der Gesamtbildbetrachtung sind nicht die einzelnen Teile eines bebauten Grundstücks für sich, sondern es ist das Grundstück **einheitlich zu beurteilen**.[6] 98

BEISPIEL: Das Betriebsunternehmen hat den Verkauf von Autoreifen mit und ohne Montage zum Gegenstand. Der Betrieb wird auf einem teilweise bebauten Grundstück ausgeübt, das das Betriebsunternehmen vom Besitzunternehmen angemietet hat. Auf dem Grundstück befinden sich Baulichkeiten für die Verwaltung, das Reifenlager, die Montage sowie Fahrzeugboxen, überdachte und nicht überdachte Flächen. 99

---

1 BFH, Urteile v. 24.6.1969 - I 201/64, BFHE 97 S. 125, BStBl 1970 II S. 17; v. 20.9.1973 - IV R 41/69, BFHE 110 S. 368, BStBl 1973 II S. 869; v. 12.11.1985 - VIII R 342/82, BFHE 145 S. 396, BStBl 1986 II S. 299; Beschluss v. 24.11.2005 - VIII B 73/05, BFH/NV 2006 S. 540, NWB FAAAB-73910.
2 BFH, Urteile v. 12.11.1985 - VIII R 342/82, BFHE 145 S. 396, BStBl 1986 II S. 299; v. 5.6.2008 - IV R 76/05, BStBl 2008 II S. 858.
3 BFH, Urteil v. 18.6.1980 - I R 77/77, BFHE 131 S. 388, BStBl 1981 II S. 39.
4 BFH, Urteile v. 24.6.1969 - I 201/64, BFHE 97 S. 125, BStBl 1970 II S. 17; v. 21.5.1974 - VIII R 57/70, BFHE 112 S. 391, BStBl 1974 II S. 613; v. 12.11.1985 - VIII R 342/82, BFHE 145 S. 396, BStBl 1986 II S. 299; v. 17.11.1992 - VIII R36/91, BFHE 169 S. 389, BStBl 1993 II S. 233, m. w. N.
5 BFH, Urteil v. 17.11.1992 - VIII R 36/91, BFHE 169 S. 389, BStBl 1993 II S. 233, m. w. N.
6 BFH, Urteil v. 29.10.1991 - VIII R 77/87, BFHE 166 S. 82, BStBl 1992 II S. 334.

> **LÖSUNG:** Nach dem BFH-Urteil v. 29.10.1991[1] dürfen die einzelnen Teile des Grundstücks bei der Beantwortung der Frage, ob das Grundstück eine wesentliche Betriebsgrundlage ist, nicht getrennt betrachtet werden.

100 Hinzuweisen ist in diesem Zusammenhang auch auf die BFH-Urteile v. 17.11.1992[2] (Lagergebäude, Reparaturwerkstatt, Büro- und Verkaufsräume sowie Sozialräume) und v. 18.3.1993[3] (Sozialräume, Werkstatt und Lagerräume). In diesem Zusammenhang wird auf Rz. 198 (gemischt genutzte Gebäude) verwiesen.

101–104 *(Einstweilen frei)*

c) Bebaute Grundstücke

LITERATUR:

Labus, Anm. zum BFH-Urteil vom 24.6.1969, I 201/64, BB 1970 S. 116; *o. V.*, Grundstücksvermietung und Besitzunternehmen, DB 1971 S. 2285; *Mienert*, Überlassung eines Betriebsgrundstücks zur Verwaltung und Nutzung durch eine Kapitalgesellschaft, GmbHR 1974 S. 140; *o. V.*, Vermietung von Anbauten und Besitzunternehmen, DB 1981 S. 448; *o. V.*, Vermietung eines Betriebsgebäudes auf fremdem Grund und Boden als Betriebsaufspaltung, GmbHR 1991, R 69; *Jestädt*, Sachliche Verflechtung bei Betriebsaufspaltung, Grundstück als wesentliche Betriebsgrundlage, DStR 1992 S. 1189; *Kempermann*, Grundstücke als wesentliche Betriebsgrundlage in der neueren Rechtsprechung zur Betriebsaufspaltung, FR 1993 S. 593; *Braun*, Grundstücke im Rahmen der sachlichen Verflechtung bei der Betriebsaufspaltung – Rückblick und Ausblick –, GmbHR 1994 S. 233; *Fichtelmann*, Betriebsaufspaltung: Grundstücke als wesentliche Betriebsgrundlage, EStB 2005 S. 421.

(1) Vorbemerkung

105 Wie bereits oben unter Rz. 95 bemerkt, sind die meisten Entscheidungen des BFH zu der Frage, wann ein Wirtschaftsgut für das Betriebsunternehmen eine wesentliche Betriebsgrundlage ist, für Sachverhalte ergangen, in denen das Besitzunternehmen dem Betriebsunternehmen ein bebautes Grundstück oder einen Teil davon zur Nutzung überlassen hatte. Die von der Rechtsprechung entwickelten Rechtsgrundsätze zur Frage, wann ein Wirtschaftsgut für das Betriebsunternehmen eine wesentliche Betriebsgrundlage ist, werden deshalb im Folgenden auch anhand der Überlassung von Grundstücken dargestellt. Bei dieser Darstellung wird auch zu berücksichtigen sein, dass sich die Rechtsprechung des BFH zu der Frage, wann ein Grundstück eine wesent-

---

1 BFH, Urteil v. 29.10.1991 - VIII R 77/87, BFHE 166 S. 82, BStBl 1992 II S. 334.
2 BFH, Urteil v. 17.11.1992 - VIII R 36/91, BFHE 169 S. 389, BStBl 1993 II S. 233.
3 BFH, Urteil v. 18.3.1993 - IV R 96/92, BFH/NV 1994 S. 15, NWB TAAAA-98441.

liche Betriebsgrundlage i. S. der Betriebsaufspaltung ist, in der Vergangenheit verschärfend verändert hat.

(2) Die ältere Rechtsprechung

Sowohl die ältere als auch die neuere Rechtsprechung des BFH gehen davon aus, dass ein Grundstück dann eine wesentliche Betriebsgrundlage des Betriebsunternehmens ist, wenn es für den Betrieb nach seiner Art von besonderer Bedeutung ist, also wenn es für die Erfüllung des Betriebszwecks erforderlich ist und es ein besonderes wirtschaftliches Gewicht für die Betriebsführung des Betriebsunternehmen hat (von besonderer Wichtigkeit ist).[1] Dabei ist zu beachten, dass die Begriffe wesentlich, notwendig und unentbehrlich in der Rechtsprechung des BFH im gleichen Sinn gebraucht werden.[2]

106

Unter Berücksichtigung dieser Voraussetzung der sachlichen Verflechtung hat der BFH in seiner älteren Rechtsprechung ein Grundstück nur dann als eine wesentliche Betriebsgrundlage angesehen, wenn es aus der Sicht des Betriebsunternehmens wirtschaftlich einen deutlichen Unterschied macht, ob sich das Grundstück im Eigentum des Unternehmens (des Besitzunternehmens oder des Betriebsunternehmens) befindet und für Zwecke des Betriebsunternehmens **besonders hergerichtet** ist oder ob es von einem Fremden gemietet wurde.[3]

107

Aus dieser Erkenntnis ist von der älteren Rechtsprechung des BFH gefolgert worden, dass ein Grundstück nur dann eine wesentliche Betriebsgrundlage ist,

108

- ▶ wenn es für die Bedürfnisse des Betriebsunternehmens **besonders hergerichtet** worden war oder

- ▶ wenn es nach **Lage, Größe** oder **Grundriss** für die Bedürfnisse des Betriebsunternehmens **besonders geeignet** war.

---

1 BFH, Urteile v. 30.10.1974 - I R40/72, BFHE 114 S. 85, BStBl 1975 II S. 232; v. 12.11.1985 - VIII R 240/81, BFHE 145 S. 401, BStBl 1986 S. 296; v. 26.1.1989 - IV R 151/86, BFHE 156 S. 138, BStBl 1989 II S. 455; v. 24.8.1989 - IV R 135/86, BFHE 158 S. 245, BStBl 1989 II S. 1014; v. 23.1.1991 - X R 47/87, BFHE 163 S. 460, BStBl 1991 II S. 405; v. 6.11.1991 - XI R 12/87, BFHE 166 S. 206, BStBl 1992 II S. 415; v. 12.2.1992 - XI R 18/90, BFHE 167 S. 499, BStBl 1992 II S. 723, m. w. N.; v. 26.3.1992 - IV R 50/91, BFHE 168 S. 96, BStBl 1992 II S. 830; v. 4.11.1992 - XI R1/92, BFHE 169 S. 452, BStBl 1993 II S. 245; v. 26.11.1992 - IV R 15/91, BFHE 171 S. 490, BStBl 1993 II S. 876; v. 15.10.1998 - IV R 20/98, BFHE 187S. 26, BStBl 1999 II S. 445.

2 BFH, Urteile v. 20.9.1973 - IV R 41/69, BFHE 110 S. 368, BStBl 1973 II S. 869; v. 12.11.1985 - VIII R 342/82, BFHE 145 S. 396, BStBl 1986 II S. 299.

3 BFH, Urteile v. 24.1.1968 - I 76/64, BFHE 91 S. 368, BStBl 1968 II S. 354; v. 24.6.1969 - I 201/64, BFHE 97 S. 125, BStBl 1970 II S. 17; v. 12.11.1985 - VIII R 342/82, BFHE 145 S. 396, BStBl 1986 II S. 299.

D. Voraussetzungen der Betriebsaufspaltung

109 Diese Voraussetzungen waren nicht gegeben, ein Grundstück war also keine wesentliche Betriebsgrundlage, wenn es jederzeit durch die Beschaffung eines gleichartigen Wirtschaftsguts **ersetzt** werden konnte. Das war der Fall, wenn das Betriebsunternehmen in der Lage war, jederzeit am Markt ein für seine Belange gleichwertiges bebautes Grundstück anzumieten oder zu kaufen, so dass bei einer Kündigung des Mietverhältnisses durch das Besitzunternehmen der Betrieb des Betriebsunternehmens ohne auch nur vorübergehende Stilllegung und sonstige Beeinträchtigung fortgeführt werden kann (sog. **Austauschbarkeits-Rechtsprechung**).[1]

110 Die vorstehend dargestellten Rechtsgrundsätze sind im Laufe der 1990er-Jahre des vorigen Jahrhunderts von der BFH-Rechtsprechung verschärft worden. Erste Anzeichen für eine solche Verschärfung sind bereits in dem Urteil des IV. Senats des BFH v. 24.8.1989[2] zu erkennen. Nach dieser Entscheidung ist ein Grundstück eine wesentliche Betriebsgrundlage i. S. der Betriebsaufspaltung, wenn es zum Anlagevermögen gehört und für den Betriebsablauf unerlässlich ist, so dass ein Erwerber des Betriebs diesen nur mithilfe dieses Wirtschaftsguts in der bisherigen Form fortführen kann.

111 Ausdrücklich aufgegeben hat der X. Senat des BFH die Austauschbarkeits-Rechtsprechung mit seinem Urteil v. 26.5.1993,[3] weil – so die Begründung – die Austauschbarkeit keinen sachlichen Grund habe, nichts über die allein beachtliche wirtschaftliche Bedeutung des konkret genutzten Grundstücks für das Betriebsunternehmen aussage und weil ein Betriebsunternehmen auch dann auf ein genutztes Grundstück angewiesen sein könne und auf dieses aus betrieblichen Gründen nicht verzichten könne, wenn die betriebliche Tätigkeit auf einem anderen Grundstück fortgeführt werden könne.

(3) Die neuere Rechtsprechung

112 Nach der neueren Rechtsprechung des BFH ist jedes Grundstück, das die **räumliche und funktionale Grundlage** für die Geschäftätigkeit des Betriebsunternehmens bildet und es ihr ermöglicht, seinen Geschäftsbetrieb aufzunehmen

---

1 BFH, Urteile v. 29.10.1991 - VIII R 77/87, BFHE 166 S. 82, BStBl 1992 II S. 334; v. 26. 3. 1992 - IV R 50/91, BFHE 168 S. 96, BStBl 1992 II S. 830.
2 BFH, Urteil v. 24.8.1989 - IV R 135/86, BFHE 158 S. 245, BStBl 1989 II S. 1014; vgl. auch BFH, Urteile v. 4.11.1992 - XI R 1/92, BFHE 169 S. 452, BStBl 1993 II S. 245; v. 27.8.1998 - III R 96/96, BFH/NV 1999 S. 758, 759 (rechte Spalte), NWB MAAAA-63203.
3 BFH, Urteil v. 26.5.1993 - X R 78/91, BFHE 171 S. 467, BStBl 1993 II S. 718; vgl. auch BFH, Urteile v. 27.8.1998 - III R 96/96, BFH/NV 1998 S. 758, 759 (rechte Spalte), NWB MAAAA-63203; v. 2.3.2000 - IV B 34/99, BFH/NV 2000 S. 1084, 1085 (linke Spalte), NWB YAAAA-65623.

II. Sachliche Verflechtung

und auszuüben, eine wesentliche Betriebsgrundlage.[1] Ob dies der Fall ist, lässt sich nur aus der inneren betrieblichen Struktur des Betriebsunternehmens beantworten.[2] Dabei sind nicht einzelne Teile eines Grundstücks für sich, sondern ist das gesamte Grundstück als Einheit zu betrachten.[3]

Von diesem Grundsatz ausgehend, ist nach Ansicht des IV. Senats des BFH[4] ein Grundstück dann eine wesentliche Betriebsgrundlage, wenn es nach dem Gesamtbild der Verhältnisse zur Erreichung des Betriebszwecks erforderlich ist und besonderes Gewicht für die Betriebsführung hat. 113

Nach dem Urteil des X. Senats des BFH v. 2.4.1997[5] soll eine wesentliche Betriebsgrundlage immer dann vorliegen, wenn das Grundstück für das Betriebsunternehmen wirtschaftlich nicht nur von geringer Bedeutung ist.[6] Davon soll auszugehen sein, wenn das Betriebsunternehmen auf das Grundstück angewiesen ist, weil es ohne ein Grundstück dieser Art nicht fortgeführt werden kann.[7] 114

Zwischen beiden Umschreibungen besteht im Ergebnis kein Unterschied. Es muss also – wie dies auch der IX. Senat in seinem Urteil v. 3.6.2003[8] tut – davon ausgegangen werden, dass nach der neueren Rechtsprechung des BFH ein Grundstück nur dann keine wesentliche Betriebsgrundlage ist, wenn es für das Betriebsunternehmen keine oder nur eine **geringe wirtschaftlich Bedeutung** hat.[9] Jedes Grundstück, auf das das Betriebsunternehmen angewiesen 115

---

1 BFH, Urteile v. 19.3.2002 - VIII R 57/99, BFHE 198 S. 137, BStBl 2002 II S. 662, 665 (rechte Spalte); v. 18.9.2002 - X R 4/10, BFH/NV 2003 S. 41; NWB TAAAD-88268, v. 3.6.2003 - IX R 15/01, BFH/NV 2003 S. 1321 (rechte Spalte), NWB SAAAA-71541; v. 1.7.2003 - VIII R 24/01 unter II.2.b, BFHE 202 S. 535, BStBl 2002 II S. 757; Beschluss v. 19.12.2007 - I R 111/05, BFHE 220 S. 152, BStBl 2008 II S. 536; Beschluss v. 16.2.2012 - X B 99/10, BFH/NV 2012 S. 1110, NWB LAAAE-09977, v. 30.1.2013 - III R 72/11, BFHE 240 S. 541, BStBl 2013 II S. 684; v. 29.7.2015 - IV R 16/13, BFH/NV 2016 S. 19, NWB PAAAF-08846; v. 28.5.2020 - IV R 4/17, BStBl 2020 II S. 710, Rz. 25, m. w. N.
2 BFH, Urteil v. 18.9.2002 - X R 4/01, BFH/NV 2003 S. 41, 42 (mittlere Spalte), NWB TAAAA-67891.
3 BFH, Urteil v. 29.10.1991 - VIII R 77/78, BFHE 166 S. 82, BStBl 1992 II S. 334.
4 BFH, Urteile v. 24.8.1989 - IV R 135/86, BFHE 158 S. 245, BStBl 1989 II S. 1014; v. 3.4.2001 - IV B 111/00, BFH/NV 2001 S. 1252 (rechte Spalte), NWB UAAAA-66991.
5 BFH, Urteil v. 2.4.1997 - X R 21/93, BFHE 183 S. 100, BStBl 1997 II S. 565.
6 So auch BFH, Urteile v. 19.3.2002 - VIII R 57/99 (unter II.B.2.b.aa), BFHE 198 S. 137, BStBl 2002 II S. 662; v. 16.9.2021 - IV R 7/18, BFH/NV 2022 S. 377, Rz. 30, NWB ZAAAI-03339.
7 BFH, Urteile v. 3.4.2001 - IV B 111/00, BFH/NV 2001 S. 1252 (rechte Spalte), NWB UAAAA-66991, unter Hinweis auf BFH, Urteil v. 26.5.1993 - X R 78/91, BFHE 171 S. 467, BStBl 1993 II S. 718; v. 2.4.1997 - X R 21/93, BFHE 183 S. 100, BStBl 1997 II S. 565; v. 27.8.1998 - III R 96/96, BFH/NV 1999 S. 758, NWB MAAAA-63203; BFH, Urteil v. 5.6.2008 - IV R 76/05, BStBl 2008 II S. 858.
8 BFH, Urteil v. 3.6.2003 - IX R 15/01, BFH/NV 2003 S. 1321 (rechte Spalte), NWB SAAAA-71541.
9 BFH, Urteile v. 2.4.1997 - X R 21/93, BFHE 183 S. 100, BStBl 1997 II S. 565; v. 23.5.2000 - VIII R 11/99, BFHE 192 S. 474, BStBl 2000 II S. 621; v. 19.3.2002 - VIII R 57/99 (unter II.B.2.b.aa), BFHE 198 S. 137, BStBl 2002 II S. 662; Beschlüsse v. 24.11.2005 - VIII B 73/05, BFH/NV 2006 S. 540, NWB FAAAB-73910; v. 19.12.2007 - I R 111/05 (unter II. 1. b aa), BFHE 220 S. 152, BStBl 2008 II S. 536.

ist, weil es ohne ein Grundstück dieser Art nicht fortgeführt werden kann,[1] ist also eine wesentliche Betriebsgrundlage.

116 Eine besondere Gestaltung für den jeweiligen Unternehmenszweck des Betriebsunternehmens (**branchenspezifische Herrichtung und Ausgestaltung**) ist **nicht** mehr erforderlich.[2] Ohne Belang sind Maßstäbe, die von außen ohne Bezug auf die Betriebsstruktur an das Grundstück angelegt werden.

117 So spielt es keine Rolle, ob das Grundstück auch von anderen Unternehmen genutzt werden könnte oder ob ein Ersatzgrundstück gekauft oder angemietet werden könnte.[3] Unerheblich ist auch, ob das Grundstück und die aufstehenden Baulichkeiten ursprünglich für die Zwecke eines anderen Betriebs genutzt und vom Kläger ohne nennenswerte Investitionen und Veränderungen in den Dienst der Betriebsgesellschaft gestellt werden.[4]

118 Damit hat sich der X. Senat von dem Schuldgebäudeurteil distanziert.[5]

119 Unerheblich ist auch, ob das Betriebsunternehmen von einem anderen gemieteten oder gekauften Grundstück aus hätte betrieben werden können, weil – so der X. Senat – mit solchen hypothetischen Betrachtungen die Bedeutung derjenigen Umstände ausgeräumt werde, „die im konkreten Fall – nach dem maßgeblichen Gesamtbild der Eingliederung des Grundstücks in die innere Struktur des jeweiligen Betriebsunternehmens (...)[6] – das sachliche Gewicht des betreffenden Grundstücks für das Betriebsunternehmen begründen".[7]

120 Es spielt auch keine Rolle mehr, ob ein Grundstück nach seiner Lage für das Betriebsgrundstück besonders geeignet oder branchenspezifisch hergerichtet oder ausgestaltet ist.[8]

121 Nach dem BFH-Urteil v. 3.6.2003[9] hat z. B. ein Gebäudeteil für eine Betriebs-GmbH, die den Einzel- und Großhandel mit medizinischen Gebrauchsgütern

---

1 BFH, Urteile v. 26.5.1993 - X R 78/91, BFHE 171 S. 476, BStBl 1993 II S. 718; v. 3.6.2003 - IX R 15/01, BFH/NV 2003 S. 1321 (rechte Spalte), m. w. N, NWB SAAAA-71541.
2 BFH, Urteile v. 18.9.2002 - X R 4/01, BFH/NV 2003 S. 41, 43 (linke Spalte), NWB TAAAA-67891; v. 3.6.2003 - IX R 15/01, BFH/NV 2003 S. 1321, 1322 (mittlere Spalte), NWB SAAAA-71541; v. 29.7.2015 - IV R 16/13, BFH/NV 2016 S. 19, NWB PAAAF-08846.
3 BFH, Urteil v. 18.9.2002 - X R 4/01, BFH/NV 2003 S. 41, 42 (mittlere Spalte), NWB TAAAA-67891.
4 BFH, Urteil v. 18.9.2002 - X R 4/01, BFH/NV 2003 S. 41, 42 (rechte Spalte), NWB TAAAA-67891.
5 BFH, Urteil v. 25.10.1982 - VIII R 339/82, BFHE 154 S. 539, NWB KAAAA-98350.
6 Siehe oben unter Rz. 96 ff.
7 BFH, Urteil v. 18.9.2002 - X R 4/01, BFH/NV 2003 S. 41, 43 (linke Spalte), NWB TAAAA-67891.
8 BFH, Urteile v. 18.9.2002 - X R 4/01, BFH/NV 2003 S. 41, 43 (linke Spalte), NWB TAAAA-67891; v. 3.6.2003 - IX R 15/01, BFH/NV 2003 S. 1321 (rechte Spalte), NWB SAAAA-71541; v. 29.7.2015 - IV R 16/13, BFH/NV 2016 S. 19, NWB PAAAF-08846.
9 BFH, Urteil v. 3.6.2003 - IX R 15/01, BFH/NV 2003 S. 1321 (rechte Spalte), NWB SAAAA-71541.

betreibt, wirtschaftliches Gewicht, wenn der abgemietete Gebäudeteil als Betriebssitz und zur Aufnahme der Geschäftsleitung erforderlich war, um die Mitarbeiter, die technischen Anlagen für die Verkaufstätigkeit sowie die Reparaturwerkstatt aufzunehmen.

Schließlich liegt die erforderliche sachliche Verflechtung nach der neueren Rechtsprechung auch dann vor, wenn das bebaute Grundstück zwar nicht die einzige, aber doch eine von mehreren wesentlichen Betriebsgrundlagen ist.[1]

122

(Einstweilen frei) 123–125

(4) Kritische Bemerkungen zur neueren Rechtsprechung

Die neuere Rechtsprechung des BFH überdehnt die Bedeutung des Merkmals einer wesentlichen Betriebsgrundlage im Rahmen der Betriebsaufspaltung. Es dient, wie in dem BFH-Urteil v. 4.11.1992[2] ausgeführt, der Feststellung, ob die das Besitzunternehmen beherrschende Person oder Personengruppe auch über die Vermietung oder Verpachtung eines Grundstücks an das Betriebsunternehmen auf dieses einen beherrschenden Einfluss ausüben kann. Ein solcher beherrschender Einfluss, der die Rechtfertigung für die Voraussetzung der sachlichen Verflechtung ist, ist bei der Vermietung oder Verpachtung eines Grundstücks, das jederzeit ausgetauscht werden kann, nicht gegeben;[3] denn wenn das Betriebsunternehmen in der Lage ist, seinen Betrieb jederzeit mit einem anderen gleichartigen Grundstück fortzuführen, dann kann über die Vermietung oder Verpachtung kein beherrschender Einfluss ausgeübt werden.

126

Diese Überlegung fehlt in dem Urteil v. 26.5.1993. Hätte der BFH diese Überlegungen angestellt, dann hätte er auch darin eine sachliche Rechtfertigung für das Merkmal der Austauschbarkeit erkennen müssen. Dass die hier dargestellten Überlegungen in der neueren Rechtsprechung des BFH fehlen, ergibt sich aus der in dem BFH-Urteil v. 26.5.1993[4] vertretenen Ansicht, die Austauschbarkeit habe keinen sachlichen Grund, weil sie nichts über die allein beachtliche wirtschaftliche Bedeutung des konkret genutzten Grundstücks für das Betriebsunternehmen aussage.

127

---

1 BFH, Beschluss v. 27.9.2006 - X R 28/03, BFH/NV 2006 S. 2259, NWB GAAAC-18552; vgl. bereits oben Rz. 89.
2 BFH, Urteil v. 4.11.1992 - X R 1/92, BFHE 169 S. 452, BStBl 1993 II S. 245, 246.
3 Vgl. BFH, Urteil v. 12.11.1985 - VIII R 342/82, BFHE 145 S. 396, BStBl 1986 S. 299.
4 BFH, Urteil v. 26.5.1993 - X R 78/91, BFHE 171 S. 467, BStBl 1993 II S. 718; vgl. auch BFH, Urteile v. 27.8.1998 - III R 96/96, BFH/NV 1998 S. 758, 759 (rechte Spalte), NWB MAAAA-63203; v. 2.3.2000 - IV B 34/99, BFH/NV 2000 S. 1084, 1085 (linke Spalte), NWB YAAAA-65723.

D. Voraussetzungen der Betriebsaufspaltung

128 Der BFH hat damit – möglicherweise unbewusst, vielleicht aber auch bewusst – das Merkmal der sachlichen Verflechtung zwischen Besitzunternehmen und Betriebsunternehmen – unter Beibehaltung dieser Bezeichnung – aufgegeben. An seine Stelle ist das verflechtungsunabhängige Merkmal der wesentlichen Betriebsgrundlage für das Betriebsunternehmen getreten. Mit anderen Worten kommt es nach der neueren Rechtsprechung nicht mehr darauf an, ob die Person oder Personengruppe, die das Besitzunternehmen beherrscht, auch über die Schiene einer „sachlichen Verflechtung" auf das Besitzunternehmen Einfluss nehmen kann.

129 Der BFH hat in dem Urteil v. 26.5.1993 des Weiteren nicht berücksichtigt, dass es sich bei dem Merkmal der Austauschbarkeit nicht um ein eigenständiges Merkmal zur Annahme einer wesentlichen Betriebsgrundlage handelt, sondern dass damit lediglich die Voraussetzungen der besonderen Herrichtung konkretisiert werden sollen. Denn ein Grundstück, das jederzeit am Markt gemietet oder gekauft werden kann, ist nicht für den Betrieb des Betriebsunternehmens besonders hergerichtet.

130 Nicht zweifelsfrei erscheint schließlich auch die Argumentation des BFH, ein Betriebsunternehmen könne auch dann auf ein genutztes Grundstück angewiesen sein, wenn es seine betriebliche Tätigkeit in einem anderen Grundstück fortführen kann. Dagegen spricht, dass es bei der bisherigen Austauschbarkeits-Rechtsprechung nicht auf die Möglichkeit der Fortführung des Betriebs auf einem anderen Grundstück ankam, sondern allein darauf, ob das Betriebsunternehmen sich ein solches Grundstück am Markt jederzeit durch Anmieten oder Ankauf beschaffen konnte. Wenn aber die Möglichkeit der Beschaffung besteht, dann ist nach den Gesetzen der Logik das Betriebsunternehmen nicht mehr auf das bisher genutzte Grundstück angewiesen.

131 Die zur Rechtfertigung der Rechtsprechungs-Änderung angeführten Gründe sind daher aus unserer Sicht nicht vollumfänglich überzeugend. Hierfür spricht schließlich auch, dass die neuere Rechtsprechung nur schwerlich mit der Forderung des GrS in seinem Beschluss v. 8.11.1971[1] vereinbar erscheint, wonach an das Vorliegen der Voraussetzungen der Betriebsaufspaltung strenge Anforderungen zu stellen sind.

132–135 *(Einstweilen frei)*

---

[1] BFH, Beschluss v. 8.11.1971 - GrS 2/71, BFHE 103 S. 440, BStBl 1972 II S. 63.

(5) Heutige Bedeutung der älteren Rechtsprechung

Der älteren Rechtsprechung kommt heute noch insoweit Bedeutung zu, als bebaute Grundstücke, die sie als eine wesentliche Betriebsgrundlage angesehen hat, auch nach der neueren Rechtsprechung wesentliche Betriebsgrundlagen sein dürften. Wegen einzelner Fälle, in denen nach der älteren und neueren Rechtsprechung bebaute Grundstücke wesentliche Betriebsgrundlagen sind, wird auf die Ausführungen unter Rz. 149 ff. verwiesen.

136

(6) Anwendung der neueren Rechtsprechung auf andere Wirtschaftsgüter als Grundstücke

Zweifelhaft ist, ob die verschärfende neuere Rechtsprechung nur für Grundstücke oder für alle Wirtschaftsgüter gilt, die einem Betriebsunternehmen bei gegebener personeller Verflechtung zur Nutzung überlassen werden. Für eine Beschränkung auf Grundstücke könnte die in der neueren Rechtsprechung gewählte Formulierung: „(...) räumliche und funktionale Grundlage für die Geschäftstätigkeit der Betriebsgesellschaft (...)" sprechen. Beide Voraussetzungen, räumlich und funktional müssen also kumulativ vorliegen und die Verwendung des Wortes „räumlich" kann sich nur auf unbewegliche Wirtschaftsgüter beziehen, da bewegliche Wirtschaftsgüter grds. räumlich nicht gebunden sind und mithin auch keine räumliche Grundlage bilden können.

137

Andererseits aber lässt sich kein Grund dafür finden, für die Annahme einer wesentlichen Betriebsgrundlage für Immobilien von anderen Grundsätzen auszugehen als für Mobilien. Für die folgenden Betrachtungen wird deshalb davon ausgegangen, dass die neuere Rechtsprechung nicht nur für Grundstücke, sondern auch für alle anderen dem Betriebsunternehmen überlassenen Wirtschaftsgüter gilt. Endgültig wird die Frage aber nur durch eine Entscheidung des BFH beantwortet werden können.

138

(7) Keine oder nur geringe wirtschaftliche Bedeutung

LITERATUR:

Leingärtner, Zur Frage, ob ein Grundstück dann keine wesentliche Betriebsgrundlage als Voraussetzung der sachlichen Verflechtung bei der Betriebsaufspaltung ist, wenn es für die Betriebsgesellschaft von geringer wirtschaftlicher Bedeutung ist, RWP-Blattei, SG 1-3 S. 1617.

(7.1) Die ältere Rechtsprechung

Nach der älteren Rechtsprechung ist ein bebautes Grundstück keine wesentliche Betriebsgrundlage, wenn es im Verhältnis zu anderen in gleicher Weise

139

vom Betriebsunternehmen genutzten bebauten Grundstücken keine oder nur eine geringe (untergeordnete) wirtschaftliche Bedeutung hat;[1] denn in einem solchen Fall können die Besitzgesellschafter auf das Betriebsunternehmen keinen beherrschenden Einfluss durch die Grundstücksvermietung ausüben.[2]

140 Die Voraussetzung „untergeordnete Bedeutung" ist z. B. dann erfüllt, wenn das Grundstück im Verhältnis zu in gleicher Weise genutzten Grundstücken nur eine geringe Größe hat.[3] Nach dem BFH-Urteil v. 4.11.1992[4] ist ein Grundstück in einer Größe von 22 % im Verhältnis zu den anderen in gleicher Weise genutzten Grundstücken nicht mehr von nur untergeordneter Bedeutung. Aus dem in dem Urteil enthaltenen Hinweis auf das BFH-Urteil v. 28.3.1985[5] kann geschlossen werden, dass bei 12 % ein Grundstück von nur geringer Größe ist.

141 Grundstücke eines Betriebsunternehmens, die in gleicher Weise genutzt werden, sind z. B. alle mit Fabrikationsanlagen bebauten Grundstücke oder alle Grundstücke, die für Lagerzwecke verwendet werden, oder alle Verwaltungszwecken dienenden Grundstücke.

142 Bei unterschiedlicher Art der Grundstücksnutzung, z. B. Nutzung zu Fabrikationszwecken, Lager- oder Verwaltungszwecken wird auch die Art der Benutzung zu berücksichtigen sein. So kommt z. B. bei einem Fabrikationsbetrieb den zu Fabrikationszwecken genutzten Grundstücken im Einzelfall möglicherweise eine größere Bedeutung zu als Grundstücken, die nur zu Lager- oder Verwaltungszwecken genutzt werden.[6]

143 In dem BFH-Urteil v. 4.11.1992[7] wird hierzu u. a. ausgeführt: „Bei ungleicher Nutzung sind – neben der Grundstücksgröße im Vergleich zu den sonstigen Grundstücken der Betriebsgesellschaft – die Art der Nutzung (...), nach Ansicht des erkennenden Senats (BFH/NV 1992 S. 312) zusätzlich die Lage, der Grund-

---

[1] BFH, Urteile v. 4.11.1992 - X R 1/92, BFHE 169 S. 452, BStBl 1993 II S. 245, m. w. N.; v. 26.5.1993 - X R 78/81, BFHE 171 S. 476, BStBl 1993 II S. 718; v. 31.8.1995 - VIII B 21/93, BFHE 178 S. 379, BStBl 1995 II S. 890; v. 13.2.1996 - VIII R 39/92, BFHE 180 S. 278, BStBl 1996 S. 409; v. 4.12.1997 - III R 231/94, BFH/NV 1998 S. 1001, 1002 (mittlere Spalte), NWB MAAAB-38878; v. 27.8.1998 - III R 96/96, BFH/NV 1999 S. 758, NWB MAAAA-63203; v. 18.9.2002 - X R 4/01, BFH/NV 2003 S. 41, NWB TAAAA-67891; OFD München, Vfg. v. 21.12.1994, DB 1995 S. 188; OFD Cottbus, Vfg. v. 30.1.1995, FR 1995 S. 288.
[2] BFH, Urteil v. 4.11.1992 - X R 1/92, BFHE 169 S. 452, BStBl 1993 II S. 245, m. w. N.
[3] BFH, Urteile v. 12.11.1985 - VIII R 342/82, BFHE 145 S. 396, BStBl 1986 II S. 299; v. 26.3.1992 - IV R 50/91, BFHE 168 S. 96, BStBl 1992 S. 830; v. 4.11.1992 - X R 1/92, BFHE 169 S. 452, BStBl 1993 II S. 245.
[4] BFH, Urteil v. 4.11.1992 - XI R 1/92, BFHE 169 S. 452, BStBl 1993 II S. 245.
[5] BFH, Urteil v. 28.3.1985 - IV R 88/81, BFHE 143 S. 559, BStBl 1985 II S. 508.
[6] BFH, Urteil v. 12.11.1985 - VIII R 342/82, BFHE 145 S. 396, BStBl 1986 II S. 299.
[7] BFH, Urteil v. 4.11.1992 - X R 1/92, BFHE 169 S. 452, BStBl 1993 II S. 245.

riss und Zuschnitt sowie die Funktion des Grundstücks für den hierauf unterhaltenen Betrieb zu berücksichtigen und einer Gesamtwürdigung zu unterziehen (...). Dies kann zur Folge haben, dass ein verhältnismäßig kleines Grundstück für die Betriebsgesellschaft von besonderem Gewicht ist, umgekehrt aber auch, dass einem flächenmäßig großem Grundstück, das an das Betriebsunternehmen von dem Besitzunternehmen vermietet worden ist, angesichts der betrieblichen Nutzung und Funktionsart für das Betriebsunternehmen nur geringe Bedeutung zukommt."

(7.2) Die neuere Rechtsprechung

In der neueren Rechtsprechung des BFH[1] ist insofern stillschweigend eine Änderung eingetreten, als nicht mehr auf die Vergleichbarkeit mit anderen in gleicher Weise vom Betriebsunternehmen genutzten Grundstücke abgestellt wird. In diesem Sinne wird in dem Urteil des X. Senats des BFH v. 18.9.2002[2] ausgeführt:

144

„Keine wesentliche Betriebsgrundlage ist demgemäß ein Betriebsgrundstück, das für das Betriebsunternehmen keine oder nur eine geringe wirtschaftliche Bedeutung hat. (...) Eine (nicht nur geringe) wirtschaftliche Bedeutung in diesem Sinne ist nach der Rechtsprechung des erkennenden Senats (...) insbesondere anzunehmen, wenn das Betriebsunternehmen in seiner Betriebsführung auf das ihm zur Nutzung überlassene Grundstück angewiesen ist, weil

▶ die Betriebsführung durch die Lage des Grundstücks bestimmt wird oder

▶ das Grundstück auf die Bedürfnisse des Betriebes zugeschnitten ist, vor allem wenn die aufstehenden Baulichkeiten für die Zwecke des Betriebsunternehmens hergerichtet oder gestaltet worden sind oder

▶ das Betriebsunternehmen aus anderen innerbetrieblichen Gründen ohne ein Grundstück dieser Art den Betrieb nicht fortführen könnte."

Nach der neueren Rechtsprechung hat ein Grundstück für das Betriebsunternehmen also nur dann keine oder nur eine geringe wirtschaftliche Bedeutung, wenn der Betrieb des Betriebsunternehmens nicht auf das betreffende Grundstück angewiesen ist, weil er auch ohne ein Grundstück dieser Art fortgeführt

145

---

1 BFH, Urteile v. 2.4.1997 - X R 21/93, BFHE 183 S. 100, BStBl 1997 II S. 565; v. 13.7.1998 - X B 70/98, BFH/NV 1999 S. 39, NWB WAAAA-62271; v. 2.3.2000 - IV B 34/99, BFH/NV 2000 S. 1084, NWB YAAAA-65623; v. 23.5.2000 - VIII R 11/99, BFHE 192 S. 474, BStBl 2000 II S. 621; v. 23.1.2001 - VIII R 71/98, BFH/NV 2001 S. 894, NWB AAAAA-67601; v. 3.4.2001 - IV B 111/00, BFH/NV 2002 S. 1252, NWB UAAAA-66991; v. 19.12.2001 - III B 117/00, StuB 2002 S. 558, NWB MAAAA-68219; v. 11.2.2003 - IX R 43/01, BFH/NV 2003 S. 910, NWB VAAAA-71579.

2 BFH, Urteil v. 18.9.2002 - X R 4/01, BFH/NV 2003 S. 41, NWB TAAAA-67891.

D. Voraussetzungen der Betriebsaufspaltung

werden kann.[1] Wesentlich für die Annahme, dass ein Grundstück nicht nur eine geringe wirtschaftliche Bedeutung hat, ist danach, ob das Grundstück die räumliche und funktionale Grundlage für die Geschäftstätigkeit der Betriebsgesellschaft bildet und es ihr ermöglicht, ihren Geschäftsbetrieb aufzunehmen und auszuüben.[2]

146–148   (Einstweilen frei)

(8) Einzelfälle

149   Der BFH hat in seiner Rechtsprechung in folgenden Fällen Grundbesitz als eine wesentliche Betriebsgrundlage des Betriebsunternehmens angesehen:

(8.1) Hotels, Restaurants, Cafés, Einzelhandelsunternehmen, Kaufhäuser

LITERATUR:

Bordewin, Anm. zum BFH-Urteil vom 5.9.1991 - IV R 113/90, BStBl 1992 II S. 349, RWP SG 1.3 S. 3836.

150   Hotelgrundstücke[3], Restaurants[4] und Cafés[5] sowie Einzelhandelsgeschäfte[6] und Kaufhausgrundstücke[7] sind für das Betriebsunternehmen eine wesentliche Betriebsgrundlage, weil – so die ältere Rechtsprechung – hier die Grundstücke nach ihrer Lage für den Betrieb besonders geeignet sind.[8]

---

1 BFH, Urteil v. 11.2.2003 - IX R 43/01, BFH/NV 2003 S. 910 (rechte Spalte), m. w. N, NWB VAAAA-71579.
2 BFH, Urteil v. 11.2.2003 - IX R 43/01, BFH/NV 2003 S. 910 (rechte Spalte), m. w. N, NWB VAAAA-71579.
3 BFH, Urteile v. 25.7.1968 - IV R 261/66, BFHE 93 S. 82, BStBl 1968 II S. 677; v. 30.10.1974 - I R 40/72, BFHE 114 S. 85, BStBl 1975 II S. 232; v. 5.9.1991 - IV R 113/90, BFHE 165 S. 420, BStBl 1992 II S. 349; v. 12.9.1991 - IV R 8/90, BFHE 166 S. 55, BStBl 1992 II S. 347; v. 27.8.1992 - IV R 13/91, BFHE 169 S. 231, BStBl 1993 S. 134; v. 4.11.1992 - XI R 1/92, BFHE 169 S. 452, BStBl 1993 II S. 245.
4 BFH, Urteile v. 12.9.1991 - IV R 8/90, BFHE 166 S. 55, BStBl 1992 II S. 347; v. 4.11.1992 - XI R 1/92, BFHE 169 S. 452, BStBl 1993 II S. 245.
5 BFH, Urteil v. 5.9.1991 - IV R 113/90, BFHE 165 S. 420, BStBl 1992 II S. 349.
6 BFH, Urteile v. 25.7.1968 - IV R 261/66, BFHE 93 S. 82, BStBl 1968 II S. 677; v. 24.6.1969 - I 201/64, BFHE 97 S. 125, BStBl 1970 II S. 17; v. 12.12.1969 - III R 198/64, BFHE 98 S. 450, BStBl 1970 II S. 395; v. 21.5.1974 - VIII R 57/70, BFHE 112 S. 391, BStBl 1974 II S. 613; v. 24.11.1978 - III R 121/76, BFHE 127 S. 214, BStBl 1979 II S. 366; v. 24.8.1989 - IV R 135/86, BFHE 158 S. 245, BStBl 1989 II S. 1014; v. 5.9.1991 - IV R 113/90, BFHE 165 S. 420, BStBl 1992 II S. 349; v. 12.9.1991 - IV R 8/90, BFHE 166 S. 55, BStBl 1992 II S. 347; v. 12.2.1992 - XI R 18/90, BFHE 167 S. 499, BStBl 1992 II S. 723; v. 4.11.1992 - XI R 1/92, BFHE 169 S. 452, BStBl 1993 II S. 245; vgl. auch OFD Cottbus, Vfg. v. 30.1.1995, FR 1995 S. 288; OFD München, Vfg. v. 21.12.1994, DB 1995 S. 118 ff.
7 BFH, Urteile v. 24.6.1969 - I 201/64, BFHE 97 S. 125, BStBl 1970 II S. 17; v. 12.12.1969 - III R 198/64, BFHE 98 S. 450, BStBl 1970 II S. 395; v. 24.11.1978 - III R 121/76, BFHE 127 S. 214, BStBl 1979 II S. 366.
8 BFH, Urteile v. 24.8.1989 - IV R 135/86, BFHE 158 S. 245, BStBl 1989 II S. 1014; v. 5.9.1991 - IV R 113/90, BFHE 165 S. 420, BStBl 1992 II S. 349.

Das FG Nürnberg[1] hat auch das Geschäftslokal eines alteingesessenen **Reisebüros** als wesentliche Betriebsgrundlage angesehen. 151

Wesentliche Betriebsgrundlagen werden nach dem BFH-Urteil v. 10.4.1997[2] auch in folgendem Fall zur Nutzung überlassen: Ein mit einer **Hotelanlage** bebautes Grundstück ist nach dem WEG in einzelne Hotelappartements aufgeteilt worden. Die Eigentümer der Appartementwohnungen haben als Eigentümergemeinschaft (§ 10 WEG) aufgrund einer Gebrauchsregelung (§ 15 WEG) einer aus ihnen bestehenden Betriebs-GmbH ihr Gemeinschaftseigentum (Hotelrezeption, Büro- und Wirtschaftsräume, Liegewiese, Tiefgarage, Aufenthalts- und Leseräume, Hotelhalle und Hotelbar) zur Nutzung zu überlassen. Ihre als Sonderbetriebsvermögen bei der Eigentümergemeinschaft zu behandelnden Appartementwohnungen haben die Wohnungseigentümer aufgrund der sich aus der Gebrauchsregelung ergebenden Verpflichtung an die Betriebs-GmbH vermietet. 152

Nach dem BFH-Urteil v. 12.2.1992[3] ist nach diesen Grundsätzen selbst das Geschäftslokal einer **Getränkeeinzelhandels-GmbH** eine wesentliche Betriebsgrundlage, weil ein Geschäft dieser Art nicht ohne Verkaufs- und Lagerraum geführt werden kann und das Geschäftslokal auch die Eigenart dieses Betriebs prägt.

(Einstweilen frei) 153–155

(8.2) Verbrauchermarkt und Kurheimbetrieb

Nach dem BFH-Urteil v. 23.7.1981[4] sind auch für besondere Zwecke eines **Verbrauchermarktes** errichtete Gebäude eine wesentliche Betriebsgrundlage. Das Gleiche gilt für den Grundbesitz und das Heimgebäude eines **Kurheimbetriebs**.[5] 156

In dem Urteil v. 4.11.1992[6] hat der BFH ausgeführt, dass das für einen **Lebensmittelsupermarkt** errichtete Gebäude eine wesentliche Betriebsgrundlage sei, weil es nach Ausgestaltung, Größe und Grundriss (Verkaufs-, Kühl-, Lager- und Personalräume, das Vorhandensein des Kundenparkplatzes) auf die besonderen Bedürfnisse des Betriebsunternehmens zugeschnitten sei. 157

(Einstweilen frei) 158–160

---

1 FG Nürnberg, Urteil v. 12.11.1997, EFG 1999 S. 330 (rkr.); BFH, Urteil v. 10.4.1997 - IV R 73/94, BFHE 183 S. 127, BStBl 1997 II S. 569.
2 BFH, Urteil v. 10.4.1997 - IV R 73/94, BFHE 183 S. 127, BStBl 1997 II S. 569.
3 BFH, Urteil v. 12.2.1992 - XI R 18/90, BFHE 167 S. 499, BStBl 1992 II S. 723.
4 BFH, Urteil v. 23.7.1981 - IV R 103/78, BFHE 134 S. 126, BStBl 1982 II S. 60.
5 BFH, Urteil v. 18.6.1980 - I R 77/77, BFHE 131 S. 388, BStBl 1981 II S. 39.
6 BFH, Urteil v. 4.11.1992 - XI R 1/92, BFHE 169 S. 452, BStBl 1993 II S. 245.

(8.3) Fabrikgrundstücke

LITERATUR:

Söffing, Fabrikgrundstück als wesentliche Betriebsgrundlage bei Betriebsaufspaltung, FR 1992 S. 170; *ders.*, Anm. zum BFH-Urteil vom 26.3.1992 - IV R 50/91, BStBl 1992 II S. 830, FR 1992 S. 592.

161 Fabrikgrundstücke sind regelmäßig für das Betriebsunternehmen eine wesentliche Betriebsgrundlage;[1] denn – so die ältere Rechtsprechung – bei ihnen sind die Gebäude durch ihre Gliederung oder sonstige Bauart i. d. R. dauernd für den Betrieb eingerichtet oder nach Lage, Größe und Grundriss auf den Betrieb des Betriebsunternehmens zugeschnitten.[2]

162 Die neuere Rechtsprechung kommt bereits in dem Urteil v. 5.9.1991[3] dadurch zum Ausdruck, dass in ihm die Ansicht vertreten wird, ein Fabrikgebäude sei in allen Fällen eine wesentliche Betriebsgrundlage. Im Gegensatz hierzu steht die ältere Rechtsprechung, nach der bei einem Fabrikgrundstück, das in unmittelbarem zeitlichen Zusammenhang mit seiner Vermietung an das Betriebsunternehmen errichtet worden ist[4] oder das ursprünglich für die Zwecke eines anderen Betriebs errichtet wurde, später vom Besitzunternehmen erworben und unmittelbar danach an das Betriebsunternehmen vermietet wird,[5] nur vermutet wird, dass es eine wesentliche Betriebsgrundlage ist.[6]

163 Die für Fabrikgrundstücke geltenden Grundsätze finden auch auf eine **Halle**, die sowohl der Lagerung von Handelswaren als auch der Produktion als auch der Reparatur dient, Anwendung.[7]

Der Beurteilung einer Fabrikhalle als wesentliche Betriebsgrundlage steht nicht entgegen, wenn es sich bei dem aufstehenden Gebäude um eine **Sys-**

---

[1] BFH, Urteile v. 12.3.1970 - I R 108/66, BFHE 98 S. 441, BStBl 1970 II S. 439; v. 8.11.1971 - GrS 2/71, BFHE 103 S. 440, BStBl 1972 II S. 63; v. 2.8.1972 - IV 87/65, BFHE 106 S. 325, BStBl 1972 II S. 796; v. 11.12.1974 - I R 260/72, BFHE 114 S. 433, BStBl 1975 II S. 266; v. 15.5.1975 - IV R 89/73, BFHE 116 S. 277, BStBl 1975 II S. 781; v. 26.6.1975 - IV R 59/73, BFHE 116 S. 160, BStBl 1975 II S. 700; v. 24.2.1981 - VIII R 159/78, BFHE 132 S. 472, BStBl 1981 II S. 379; v. 12.9.1991 - IV R 8/90, BFHE 166 S. 55, BStBl 1992 II S. 347.

[2] BFH, Urteil v. 26.3.1992 - IV R 50/91, BFHE 168 S. 96, BStBl 1992 II S. 830.

[3] BFH, Urteil v. 5.9.1991 - IV R 113/90, BFHE 165 S. 420, BStBl 1992 II S. 349; daran festhaltend BFH, Urteil v. 30.10.2019 - IV R 59/16, BStBl 2020 II S. 147, Rz. 41.

[4] BFH, Urteile v. 5.9.1991 - IV R 113/90, BFHE 165 S. 420, BStBl 1992 II S. 349; v. 28.1.1993 - IV R 39/92, BFH/NV 1993 S. 528, NWB FAAAA-97251.

[5] BFH, Urteil v. 26.3.1992 - IV R 50/91, BFHE 168 S. 96, BStBl 1992 II S. 830.

[6] BFH, Urteil v. 12.9.1991 - IV R 8/90, BFHE 166 S. 55, BStBl 1992 II S. 347; vgl. auch OFD Cottbus, Vfg. v. 30.1.1995, FR 1995 S. 288; OFD München, Vfg. v. 21.12.1994, DB 1995 S. 118 ff.

[7] BFH, Urteil v. 28.1.1993 - IV R 39/92, BFH/NV 1993 S. 528, NWB FAAAA-97251.

temhalle, d. h. um eine Halle handelt, die infolge von Umbaumöglichkeiten vielseitig verwendbar ist.[1]

Zusammenfassend kann man sagen, dass ein zu Fabrikationszwecken genutztes Grundstück nach der neueren Rechtsprechung nur dann keine wesentliche Betriebsgrundlage ist, wenn das aufstehende Gebäude lediglich eine untergeordnete Bedeutung hat. 164

(Einstweilen frei) 165–167

(8.4) Reparaturwerkstatt

Nach dem BFH-Urteil v. 24.8.1989[2] sind bei einer Kfz-Reparaturwerkstatt die Hallen für die Werkstatteinrichtungen und für die Bevorratung mit Kfz-Teilen, die Räume für den Aufenthalt von Kunden, Personal und für Verwaltungsarbeiten, Freiflächen für die An- und Abfahrt sowie Abstellplätze für neue und reparierte Fahrzeuge wesentliche Betriebsgrundlagen für das Betriebsunternehmen. 168

Im gleichen Zusammenhang steht das BFH-Urteil v. 26.11.1992,[3] nach dem für einen Kfz-Handel mit Reparaturbetrieb Werkstatt, Ausstellungsraum, Büro- und Sozialraum, Tankanlage und Abstellflächen jedenfalls dann, wenn sie auf zusammenhängenden Grundstücken errichtet sind, eine wesentliche Betriebsgrundlage bilden. 169

(Einstweilen frei) 170–172

(8.5) Bürogebäude, Verlagsgebäude, Lagerhallen und Ladenlokale

LITERATUR:

Valentin, Das Bürogebäude als wesentliche Betriebsgrundlage, DStR 1996 S. 241; *Kempermann*, Bürogebäude als wesentliche Betriebsgrundlage, DStR 1997 S. 1441; *Märkle*, Die Betriebsaufspaltung an der Schwelle zu einem neuen Jahrtausend, VII. Bürogebäude als wesentliche Betriebsgrundlage, BB 2000 Beilage 7, S. 9 ff.; *Richter/Stangel*, Die sachliche Verflechtung bei Bürogebäuden im Spiegel der jüngsten Rechtsprechung – eine kritische Bestandsaufnahme, BB 2000 S. 1166; *Apitz*, Betriebsaufspaltung mit Bürogebäuden, GmbH-StB 2002 S. 198; *Stapelfeld*, Die aktuelle BFH-Rechtsprechung der Büro- und Verwaltungsgebäude, DStR 2002 S. 161; *Patt*, Überlassung von Büroräumen in

---

1 BFH, Urteile v. 5.9.1991 - IV R 113/90, BFHE 165 S. 420, BStBl 1992 II S. 349; v. 28.1.1993 - IV R 39/92, BFH/NV 1993 S. 528, m. w. N., NWB FAAAA-97251.
2 BFH, Urteil v. 24.8.1989 - IV R 135/86, BFHE 158 S. 245, BStBl 1989 II S. 1014.
3 BFH, Urteil v. 26.11.1992 - IV R 15/91, BFHE 171 S. 490, BStBl 1993 II S. 876.

Einfamilienhäusern, EStB 2006 S. 454; *Bitz*, Zur Frage der Betriebsaufspaltung im Falle eines überlassenen Geschäftslokals eines Filialeinzelhandels als wesentliche Betriebsgrundlage, GmbHR 2009 S. 728; *Dötsch*, Einzelnes Filialgrundstück ist im Rahmen einer Betriebsaufspaltung grds. eine wesentliche Betriebsgrundlage, DB 2009 S. 1329; *Demuth*, Entwicklungen zur Betriebsaufspaltung, KÖSDI 2019 S. 21310; *Herkens*, Aktuelle Rechtsprechung zur Betriebsaufspaltung, EStB 2020 S. 108.

173 Bürogebäude, wie z. B. ein Verlagsgebäude, waren nach der älteren Rechtsprechung des BFH regelmäßig keine wesentlichen Betriebsgrundlagen im Rahmen der Betriebsaufspaltung.[1] Die Begründung dafür bestand darin, dass eine büromäßige Nutzung keine besonderen Einrichtungen erfordert und deshalb ein Bürogebäude auch nicht für die Zwecke der Büronutzung besonders hergerichtet werden muss und eine büromäßige Nutzung eines Gebäudes es auch nicht erforderlich macht, dass das Gebäude eine besondere Lage, Größe oder einen bestimmten Grundriss haben muss.

174 Bereits in dem Urteil des X. Senats des BFH v. 2.4.1997[2] kommt zum Ausdruck, dass dieser Senat an der dargestellten Rechtsprechung, wonach Bürogebäude keine wesentliche Betriebsgrundlage sind, nicht mehr festhalten will. Das ergibt sich aus den folgenden Urteilsausführungen:

„Der I. Senat des BFH hat auf Anfrage mitgeteilt, ein Rechtssatz des Inhalts, dass auch die Vermietung eines Bürogebäudes zur bloßen büro- und verwaltungsmäßigen Nutzung eine sachliche Verflechtung begründe, weiche von seinem Urteil in BFHE 100 S. 411, BStBl 1971 II S. 61 ab und dass er einer solchen Abweichung nicht zustimme. Der IV. Senat hat auf Anfrage ausgeführt, dass eine Auffangklausel, aufgrund derer jedwedes betrieblich genutzte Grundstück als wesentliche Betriebsgrundlage anzusehen sei, durch die Zustimmung des Senats zum Urteil des X. Senats in BFHE 171 S. 476, BStBl 1993 II S. 718 nicht gedeckt sei; (...)".

175 Anschließend führt der X. Senat in dem Urteil in Form eines obiter dictum aus, er lasse die Frage unerörtert, ob er der Unterscheidung zwischen „reinen", zu ausschließlich büro- oder verwaltungsmäßigen Nutzung vermieteten/verpachteten Bürogebäuden und sonstigen Gebäuden folgen könnte. Im Streitfall komme es darauf nicht an, weil es sich hier um ein zum Zwecke der büro- und verwaltungsmäßigen Nutzung durch das Betriebsunternehmen neu er-

---

1 BFH, Urteile v. 11.11.1970 - I R 101/69, BFHE 100 S. 411, BStBl 1971 II S. 61; v. 12.11.1985 - VIII R 342/82, BFHE 145 S. 396, BStBl 1986 II S. 299; v. 24.8.1989 - IV R 135/86, BFHE 158 S. 245, BStBl 1989 II S. 1014; OFD Cottbus, Vfg. v. 30.1.1995, FR 1995S. 288; OFD München, Vfg. v. 21.12.1994, DB 1995 S. 118 ff.
2 BFH, Urteil v. 2.4.1997 - X R 21/93, BFHE 183 S. 100, BStBl 1997 II S. 565.

richtetes Bürogebäude handele, dessen baulicher Zuschnitt für die besonderen Bedürfnisse des Betriebsunternehmens gestaltet worden sei.

Nach den in dem Urteil des X. Senats wiedergegebenen Feststellungen des FG war bei der Errichtung des Bauwerks auf die besondere Eigenart des Betriebsunternehmens (Werbeagentur) und auf die geplanten Betriebsabläufe Rücksicht genommen worden und nicht nur ein allgemein verwendbarer Zweckbau errichtet worden. Das Gebäude habe nach seiner äußeren und inneren Gestaltung – Außenanlagen, Fassadengestaltung – Mitarbeitern und Dritten „das Besondere der Werbeagentur" vermitteln sollen. Nach dem eigenen Selbstverständnis verlange der Unternehmenszweck als „Denkfabrik" Ideenreichtum und Kreativität. Das äußere Erscheinungsbild des Gebäudes sollte die Aufmerksamkeit der Kunden wecken. Auch das Innere des Gebäudes weise auf seine besondere Verwendung hin.

176

In dem BFH-Beschluss v. 2.3.2000[1] wird in einem obiter dictum die Ansicht vertreten, die Frage, ob und unter welchen Voraussetzungen Gebäude, die ausschließlich büromäßig genutzt werden, als wesentliche Betriebsgrundlage anzusehen sind, sei noch nicht abschließend entschieden. Es bestand insofern also Rechtsunsicherheit.[2]

177

Eine ähnliche steuerverschärfende Tendenz wie das Urteil des X. Senats v. 2.4.1997[3] weist das Urteil des VIII. Senats v. 23.5.2000[4] auf, in dem entschieden worden ist, dass ein Büro- und Verwaltungsgebäude jedenfalls dann eine wesentliche Betriebsgrundlage ist, wenn es die räumliche und funktionale Grundlage für die Geschäftstätigkeit der Betriebsgesellschaft bildet.

178

Zur Begründung wird in dem Urteil ausgeführt: Ein Grundstück sei eine wesentliche Betriebsgrundlage, wenn es für die Betriebsgesellschaft wirtschaftlich von nicht nur geringer Bedeutung sei. Eine hinreichende wirtschaftliche Bedeutung sei anzunehmen, wenn der Betrieb auf das Grundstück angewiesen sei, weil er ohne ein Grundstück dieser Art nicht fortgeführt werden könne. Ob dies auch für „reine" Büro- und Verwaltungsgebäude gelte, sei strittig. Übereinstimmung bestehe jedoch in der Rechtsprechung des BFH insoweit, dass Gebäude jedenfalls dann eine wesentliche Betriebsgrundlage seien, wenn ein neu errichtetes Gebäude zum Zwecke der büro- und verwaltungsmäßigen Nutzung an die Betriebsgesellschaft vermietet wird, für deren Zwe-

179

---

1 BFH, Beschluss v. 2.3.2000 - IV B 34/99, BFH/NV 2000 S. 1084, NWB YAAAA-65623.
2 Siehe auch *Richter/Stangel*, BB 2000 S. 1166.
3 BFH, Urteil v. 2.4.1997 - X R 21/93, BFHE 183 S. 100, BStBl 1997 II S. 565.
4 BFH, Urteil v. 23.5.2000 - VIII R 11/99, DB 2000 S. 2354, NWB CAAAA-88770.

cke es hergerichtet oder gestaltet worden ist. Denn auch Bürogebäude könnten eine besondere wirtschaftliche Bedeutung für das Betriebsunternehmen haben.

180 Entsprechend diesen Grundsätzen hat der VIII. Senat in dem zu entscheidenden Fall ein Bürogebäude als wesentliche Betriebsgrundlage angesehen, weil die Betriebs-GmbH das Gebäude für ihr Ingenieur- und Planungsbüro benötigte, das Gebäude für diese Zwecke geeignet und für die Betriebsführung der Betriebs-GmbH von besonderem Gewicht sei. Letztere Voraussetzung sei erfüllt, da die Betriebs-GmbH – unabhängig vom baulichen Zuschnitt des Bürogebäudes und seiner örtlichen Lage – ohne das Gebäude nur bei einschneidender Änderung ihrer Organisationsform hätte fortgeführt werden können. Unerheblich sei, dass die betrieblichen Anforderungen auch von einem anderen Gebäude hätten erfüllt werden können.

181 Entsprechend der in den vorbesprochenen BFH-Urteilen sich andeutenden verschärfenden Rechtsprechungsänderung haben der VIII. sowie der IV. Senat des BFH[1] entschieden, dass ein Bürogebäude (Verwaltungsgebäude) unabhängig vom Gegenstand des Unternehmens immer dann eine wesentliche Betriebsgrundlage ist, wenn es den räumlichen und funktionalen Mittelpunkt der Geschäftstätigkeit des Betriebsunternehmens bildet. Nicht erforderlich sei, dass das Gebäude in der Weise hergerichtet wird, dass es ohne bauliche Veränderungen für ein anderes Unternehmen nicht verwendbar ist oder dass die betrieblichen Anforderungen auch von einem anderen Verwaltungsgebäude hätten erfüllt werden können oder das angemietete Gebäude auch für andere Zwecke hätte genutzt werden können.[2]

182 **Ganze Bürogebäude** sind heute also in aller Regel wesentliche Betriebsgrundlagen i. S. der Betriebsaufspaltungs-Rechtsprechung, es sei denn, das Bürogebäude hat für das Betriebsunternehmen keine oder nur eine geringe wirtschaftliche Bedeutung.[3] Gleiches gilt für **Miteigentumsanteile an Bürogebäuden**.[4]

---

1 BFH, Urteile v. 23.5.2000 - VIII R 11/99, BFHE 192 S. 474, BStBl 2000 II S. 621; v. 16.10.2000 - VIII B 18/99, BFH/NV 2001 S. 438, NWB DAAAA-67532; v. 23.1.2001 - VIII R 71/98, BFH/NV 2001 S. 894, NWB AAAAA-67601; v. 29.11.2012 - IV R 37/10, BFH/NV 2013 S. 910, NWB UAAAE-35427; v. 29.7.2015 - IV R 16/13, BFH/NV 2016 S. 19, NWB PAAAF-08846.
2 BFH, Urteil v. 23.1.2001 - VIII R 71/98, BFH/NV 2001 S. 894, 895 (linke Spalte), NWB AAAAA-67601; Beschluss v. 24.11.2005 - VIII B 73/05, BFH/NV 2006 S. 540, NWB FAAAB-73910.
3 BFH, Urteile v. 23.5.2000 - VIII R 11/99, BFHE 192 S. 474, BStBl 2000 II S. 621; v. 1.7.2003 - VIII R 24/01, BFHE 202 S. 535, BStBl 2003 II S. 757, unter II.2.a; v. 29.11.2017 - X R 34/15, BFH/NV 2018 S. 623, NWB UAAAG-80013.
4 BFH, Urteile v. 10.11.2005 - IV R 7/05, BFHE 211 S. 312, BStBl 2006 II S. 176; v. 19.2.2019 - X R 42/16, BFH/NV 2019 S. 586, NWB RAAAH-13419, Rz. 17.

In Konsequenz dieser Rechtsprechungsverschärfung geht der BFH davon aus, dass selbst **einzelne Büroräume** eine wesentliche Betriebsgrundlage darstellen können.[1] Der BFH sah beispielsweise die sachliche Verflechtung in dem Fall als gegeben an, in dem ein Teil eines normalen Einfamilienhauses von den Gesellschaftern der Betriebs-GmbH an diese als Büro (Sitz der Geschäftsleitung) vermietet wird. Dies gelte auch dann, wenn die Räume für die Zwecke des Betriebsunternehmens nicht besonders hergerichtet und gestaltet sind. Eine Einschränkung könne dieser Grundsatz allenfalls dann erfahren, wenn der Gebäudeteil die in **§ 8 EStDV** genannten Grenzen **unterschreitet**.

183

Auch eine **Büroetage** kann nach neuer Rechtsprechung eine wesentliche Betriebsgrundlage sein.[2] Die funktionale Wesentlichkeit der Büroetage ergab sich im Streitfall daraus, dass die Betriebs-GbR dort ihre steuerberatende Tätigkeit ausübte. Unerheblich ist, dass ein Teil dieser Tätigkeit außerhalb der Büroetage ausgeübt wurde.

184

Wesentliche Betriebsgrundlage ist des Weiteren das **Dachgeschoss** eines mehrstöckigen Hauses, wenn es zusammen mit den übrigen Geschossen die räumliche und funktionale Grundlage für den Betrieb bildet.[3] Dies gilt unabhängig davon, dass das Dachgeschoss nur als Arbeitsplatz für Teilzeitkräfte dient und dort keine Geschäftsleitungstätigkeiten ausgeübt werden.

Und schließlich ist selbst für einen Büroraum in einem ansonsten zu eigenen Wohnzwecken genutzten Einfamilienhaus (**häusliches Arbeitszimmer**), die Eigenschaft als wesentliche Betriebsgrundlage bejaht worden, wenn sich dort der Mittelpunkt der Geschäftsleitung der Betriebs-Kapitalgesellschaft befindet.[4] Dies birgt nicht unerhebliche Risiken der Begründung einer (ungewollten) unechten Betriebsaufspaltung.

---

1 BFH, Urteile v. 13.7.2006 - IV R 25/05, BFHE 214 S. 343, BStBl 2006 II S. 804; v. 14.12.2006 - III R 64/05 (unter II. 3.a, BFH/NV 2007 S. 1659, NWB IAAAC-50798; v. 8.2.2007 - IV R 65/01 (unter II. 2.b), BFHE 216 S. 412, BFH/NV 2007 S. 948, NWB IAAAC-42137; v. 29.7.2015 - IV R 16/13, BFH/NV 2016 S. 19, NWB PAAAF-08846.
2 BFH, Urteil v. 10.6.2008 - VIII R 79/05, BFHE 222 S. 320, BStBl 2008 II S. 863.
3 BFH, Urteil v. 14.2.2007 - XI R 30/05, BFHE 216 S. 559, BStBl 2007 II S. 524.
4 BFH, Urteile v. 13.7.2006 - IV R 25/05, BFHE 214 S. 343, BStBl 2006 II S. 804; v. 29.11.2017 - X R 34/15, BFH/NV 2018 S. 623, NWB UAAAG-80013; im Ergebnis ebenso bereits BFH, Urteil v. 13.12.2005 - XI R 45/04, BFH/NV 2006 S. 1453, unter II.1., NWB DAAAB-88009; vgl. hierzu auch *Herkens*, EStB 2020 S. 108, 110.

D. Voraussetzungen der Betriebsaufspaltung

> **BEISPIEL:** A gründet als Alleingesellschafter die A-GmbH. Besitzt diese dinglich oder obligatorisch keine eigenen Verwaltungsräume, stellt sich die Frage, ob A der GmbH eigene Büroräume zur Nutzung überlässt und schon damit eine Betriebsaufspaltung begründet. Unerheblich ist hier zunächst, ob A Eigentum an Büroräumen besitzt oder nur auf schuldrechtlicher Grundlage nutzungsberechtigt ist.[1] Auch eine unentgeltliche Nutzungsüberlassung reicht des Weiteren für die Begründung einer Betriebsaufspaltung aus.[2] Dies bedeutet, dass schon die Nutzungsüberlassung eines häuslichen Arbeitszimmers des A an die A-GmbH eine Betriebsaufspaltung begründen würde.[3]
>
> Würde die GmbH nach einiger Zeit dann selbst Büroräume anmieten oder erwerben, würde das häusliche Arbeitszimmer seine Eigenschaft als wesentliche Betriebsgrundlage verlieren und die Betriebsaufspaltung durch Betriebsaufgabe i. S. des § 16 Abs. 3 Satz 1 EStG beendet werden.

185 Der Grundsatz, dass auch einzelne Büroräume wesentliche Betriebsgrundlagen sind, erfährt nur geringe **Einschränkungen**. Wie dargestellt, kann die Eigenschaft als wesentliche Betriebsgrundlage verneint werden, wenn der Büroraum einen untergeordneten Wert i. S. des **§ 8 EStDV** hat, dieser also nicht mehr als ein Fünftel des gemeinen Werts des gesamten Grundstücks und nicht mehr als 20.500 € beträgt. Dagegen dürfte das **Verhältnis des einzelnen Büroraums zur Gesamtfläche** keine Rolle spielen.[4] Zwar hat der BFH solche Büroräume als unwesentlich angesehen, die nur einen Anteil von 7,45 % an der Gesamtnutzfläche hatten.[5] Hieraus kann gleichwohl nicht geschlossen werden, dass jeder Nutzungsanteil unter 10 % dazu führt, dass eine wesentliche Betriebsgrundlage zu verneinen ist.

Maßgeblich bleibt eine räumliche und funktionale Betrachtung, was der BFH nur wenig später festgehalten hat. Auf die Wesentlichkeit (bezogen auf den Gesamtbetrieb) stellt nämlich eine neue Entscheidung des BFH zur Verpachtung eines **Ladenlokals** ab.[6] Während die Vorinstanz dessen Betriebsgrundlageneigenschaft noch verneint hatte, weil die pachtende Betriebs-GmbH in dem Ladenlokal lediglich eine ihrer insgesamt zehn Filialen betrieb,[7] ist nach Ansicht des BFH das einzelne Geschäftslokal eines Filialeinzelhandelsbetriebs

---

1 Vgl. BFH, Urteile v. 12.10.1988 - X R 5/86, BFHE 154 S. 566, BStBl 1989 II S. 152, unter 2.a; v. 18.8.2009 - X R 22/07, BFH/NV 2010 S. 208, unter II.1.c bb, NWB MAAAD-33308; v. 10.5.2016 - X R 5/14, BFH/NV 2017 S. 8, Rz 21 ff., m. w. N., NWB GAAAF-85884; v. 29.11.2017 - X R 34/15, BFH/NV 2018 S. 623, NWB UAAAG-80013.
2 BFH, Urteil v. 12.10.1988 - X R 5/86, BFHE 154 S. 566, BStBl 1989 II S. 152.
3 Zu Einschränkungen vgl. aber Rz. 187.
4 A. A. *Gluth* in Herrmann/Heuer/Raupach, § 15 EStG Rz. 814 „Arbeitszimmer".
5 BFH, Urteil v. 13.12.2005 - XI R 45/04, BFH/NV 2006 S. 1453, NWB DAAAB-88009.
6 BFH, Urteil v. 19.3.2009 - IV R 78/06, BFHE 224 S. 428; a. A. *Bitz*, GmbHR 2009 S. 728.
7 FG Köln, Urteil v. 9.3.2006 - 15 K 801/03, EFG 2006 S. 832 (rkr.), NWB NAAAB-83795; zur grds. möglichen Annahme einer wesentlichen Betriebsgrundlage bei einem Friseurlokal vgl. FG des Saarlandes, Urteil v. 13.9.2005 - 1 K 62/01 (rkr.), NWB HAAAB-68543.

in aller Regel auch dann eine wesentliche Betriebsgrundlage, wenn auf das Geschäftslokal weniger als 10 % der gesamten Nutzfläche des Unternehmens entfällt. Dies erscheint sachgerecht, weil ansonsten ggf. auch geringfügige Verschiebungen der Nutzungsverhältnisse eine Betriebsaufspaltung beenden könnten.

Auf das Flächen- bzw. Nutzungsverhältnis kommt es damit in keinem Fall an. Ebenso soll irrelevant sein, ob die betreffende Filiale lediglich Verluste zum Gesamtergebnis beigesteuert hat bzw. wie viel Umsatz dort erwirtschaftet wird. Auf der anderen Seite hat der BFH allerdings auch deutlich gemacht, dass eine sachliche Verflechtung nicht allein deshalb zu bejahen ist, weil eine (Aktien-)Gesellschaft an der Anschrift der überlassenen Büroräume ihren **Sitz** begründet hat.[1] Die Bestimmung der Wesentlichkeit der überlassenen Räumlichkeiten für die Betriebsgesellschaft bedarf auch in diesem Fall einer Gesamtabwägung aller Umstände des Einzelfalles. Für die Bestimmung der funktionalen Bedeutung der überlassenen Räumlichkeiten kann das Bestehen des gesellschaftsrechtlichen Sitzes nur ein Indiz sein. 186

Bei der Nutzungsüberlassung von einzelnen Büroräumen erscheint es sachgerecht, eine wesentliche Betriebsgrundlage nur unter den folgenden Einschränkungen anzunehmen: Die Rechtsprechung hat zu Recht darauf hingewiesen, dass sich in dem Büroraum der Mittelpunkt der Geschäftsleitung der Betriebs-Kapitalgesellschaft befinden muss.[2] 187

Vergegenwärtigt man sich, dass der Gesetzgeber in § 4 Abs. 5 Satz 1 Nr. 6b Satz 1 EStG den Begriff des häuslichen Arbeitszimmers in auslegungsbedürftiger und -fähiger Weise verwendet,[3] sprechen systematische Erwägungen dafür, einen Raum in der häuslichen Sphäre des Steuerpflichtigen nur dann als wesentliche Betriebsgrundlage anzusehen, wenn zusätzlich auch die zu § 4 Abs. 5 Satz 1 Nr. 6b Satz 1 EStG entwickelten Anforderungen erfüllt sind. Insbesondere ist dazu erforderlich, dass der Raum ausschließlich oder nahezu ausschließlich für Zwecke des Betriebsunternehmens genutzt wird.[4] Anderenfalls würden Wertungswidersprüche dergestalt entstehen, dass die Überlassung von Büroraum zwar eine Betriebsaufspaltung begründen kann, die Aufwendungen für den Büroraum aber einem Abzugsverbot unterliegen würden.

(Einstweilen frei) 188–191

---

1 BFH, Urteil v. 29.7.2015 - IV R 16/13, BFH/NV 2016 S. 19, NWB PAAAF-08846.
2 Vgl. bereits Rz. 184.
3 Vgl. hierzu etwa BFH, Urteil v. 26.2.2014 - VI R 40/12, BStBl 2014 II S. 568, m. w. N.
4 Vgl. BFH, Beschluss v. 27.7.2015 - GrS 1/14, BFHE 251 S. 408, BStBl 2016 II S. 265; BMF, Schreiben v. 2.3.2011, BStBl 2011 I S. 195, Tz. 3.

192 Hinsichtlich des **zeitlichen Anwendungsbereichs** der neueren schärferen Rechtsprechung zur Behandlung von **reinen**[1] Büro- und Verwaltungsgebäuden als wesentliche Betriebsgrundlage hatte die Finanzverwaltung mit den BMF-Schreiben v. 18.9.2001,[2] v. 20.12.2001[3] und v. 11.6.2002[4] folgende **Übergangsregelung** erlassen:

- ▶ Steuerliche Konsequenzen aus der geänderten Rechtsprechung waren auf Antrag erst für die Zeit nach dem 31.12.2002 zu ziehen.

- ▶ Wurde der Antrag gestellt und bestanden die Voraussetzungen für die Annahme einer Betriebsaufspaltung über den 31.12.2002 hinaus fort, waren die Wirtschaftsgüter beim Besitzunternehmen zum 1.1.2003 mit den Werten anzusetzen, mit denen sie zu Buche stehen würden, wenn von Anfang an zutreffend eine Betriebsaufspaltung angenommen worden wäre. Wurden die Wirtschaftsgüter mit den Restwerten aufgrund der tatsächlich in Anspruch genommenen AfA angesetzt, wurde dies von der Finanzverwaltung nicht beanstandet.

- ▶ Wurde der Antrag gestellt, und waren die Voraussetzungen für die Annahme einer Betriebsaufspaltung vor dem 1.1.2003 weggefallen, war die neuere Rechtsprechung nicht anzuwenden.

193 Auch reine **Lagerhallen** sind nach Ansicht der neuen Rechtsprechung regelmäßig wesentliche Betriebsgrundlagen i. S. der Betriebsaufspaltungs-Rechtsprechung, auch wenn es stets auf die tatrichterliche Würdigung im Einzelfall ankommt.[5]

194 Die früher von der Finanzverwaltung vertretene gegenteilige Ansicht dürfte überholt sein.[6] Das ergibt sich wohl auch aus dem Urteil des III. Senat des BFH,[7] in dem entschieden worden ist, dass eine **Betriebshalle mit Büroanlagen** eine wesentliche Betriebsgrundlage ist, weil das Hallengrundstück in der gegebenen Größe für die Zwecke des Betriebsunternehmens eingerichtet und geeignet war und sich aus der Art seines Einsatzes für das Betriebsunternehmen

---

1 Vgl. BFH, Urteil v. 29.11.2012 - IV R 37/10, BFH/NV 2013 S. 910, NWB UAAAE-35427.
2 BMF, Schreiben v. 18.9.2001, BStBl 2001 I S. 634.
3 BMF, Schreiben v. 20.12.2001, BStBl 2002 I S. 88.
4 BMF, Schreiben v. 11.6.2002, BStBl 2002 I S. 647; zum Vertrauensschutz vgl. auch BFH, Urteil v. 10.6.2008 - VIII R 79/05, BFHE 222 S. 320, BStBl 2008 II S. 863.
5 BFH, Beschlüsse v. 3.4.2001 - IV B 111/00, BFH/NV 2001 S. 1252, NWB UAAAA-66991; v. 13.9.2004 - XI B 10/04, BFH/NV 2005 S. 199, NWB JAAAB-40229; Urteil v. 29.11.2012 - IV R 37/10, BFH/NV 2013 S. 910, NWB UAAAE-35427.
6 OFD Cottbus, Vfg. v. 30.1.1995, FR 1995 S. 288; OFD München, Vfg. v. 21.12.1994, DB 1995 S. 118 ff.
7 BFH, Urteil v. 27.8.1998 - III R 96/96, BFH/NV 1999 S. 758, NWB MAAAA-63203.

ergab, dass die Halle zur Erreichung des Betriebszwecks des Betriebsunternehmens erforderlich war. Letzteres hat der III. Senat des BFH daraus geschlossen, dass mit Ausnahme der von dem Betriebsunternehmen durchgeführten Bauarbeiten alle betrieblichen Tätigkeiten einschließlich der Verwaltung und Geschäftsführung auf diesem Grundstück abgewickelt wurden und sich auf dem Grundstück sämtliche für den Betrieb erforderlichen Büro- und Sozialräume, Lagerflächen und Parkplätze befanden.

(Einstweilen frei) 195–197

(8.6) Gemischt genutzte Gebäude

Ein von einer Betriebs-GmbH genutztes Gebäude, das Lager-, Betriebs- und Verwaltungsräume umfasst, ist regelmäßig als wesentliche Betriebsgrundlage anzusehen.[1] Das gilt insbesondere dann, wenn es in einem zeitlichen Zusammenhang mit seiner Vermietung an das Betriebsunternehmen errichtet worden ist. Verwiesen wird hierzu auf die obigen Ausführungen unter Rz. 96 ff. (**Gesamtbildbetrachtung**). Des Weiteren ist Folgendes zu berücksichtigen: Wird ein Gebäude teils eigenbetrieblich, teils fremdbetrieblich, teils zu eigenen und teils zu fremden Wohnzwecken genutzt, ist jeder der vier unterschiedlich genutzten Gebäudeteile ein besonderes Wirtschaftsgut, weil das Gebäude in verschiedenen Nutzungs- und Funktionszusammenhängen steht.[2] Diese einzelnen Wirtschaftsgüter können folglich unabhängig voneinander wesentliche Betriebsgrundlage sein und eine sachliche Verflechtung begründen. 198

Gleiches gilt für Gebäudeteile, wenn sie in unterschiedlichem Nutzungs- und Funktionszusammenhang stehen. Dachintegrierte **Photovoltaikanlagen** (z. B. in Form von Solardachsteinen) sind dagegen wie selbständige bewegliche Wirtschaftsgüter zu behandeln.[3] Nicht zur Photovoltaikanlage, sondern zum Gebäude gehört dagegen die **Dachkonstruktion**. Diese kann wiederum als Gebäudeteil eine wesentliche Betriebsgrundlage darstellen und ebenso wie die Überlassung der Photovoltaikanlage als solche eine Betriebsaufspaltung begründen.[4] Wird das Besitzunternehmen in der Rechtsform einer Personengesellschaft betrieben, besteht hier die Gefahr, dass die (gewerbliche) Überlassung nach § 15 Abs. 3 Nr. 1 EStG zur Umqualifizierung der übrigen Gebäudeteile in Betriebsvermögen führt.

---

1 BFH, Beschluss v. 2.3.2000 - IV B 34/99, BFH/NV 2000 S. 1084, NWB YAAAA-65623.
2 Vgl. R 4.2 Abs. 4 EStR.
3 R 4.2 Abs. 3 Satz 4 EStR; siehe unten Rz. 209.
4 FG Sachsen-Anhalt, Beschluss v. 8.3.2018 - 3 V 496/17, EFG 2019 S. 784, Rz. 32 f. (rkr.).

d) Unbebaute Grundstücke

> **LITERATUR:**
> *o. V.*, Betriebsaufspaltung: Reservegelände und Besitzpersonenunternehmen, DB 1975 S. 326; *o. V.*, Betriebsaufspaltung: Sachliche Verflechtung auch durch Überlassung unbebauter Grundstücke möglich, Stbg 1990 S. 449; *Märkle*, Die Betriebsaufspaltung an der Schwelle zu einem neuen Jahrtausend, X.1.b. Unbebaute Grundstücke als wesentliche Betriebsgrundlage, BB 2000 Beilage 7, S. 14.

199   Die vorstehend dargestellten Grundsätze über bebaute Grundstücke als wesentliche Betriebsgrundlage gelten grds. auch für unbebaute Grundstücke,[1] nur mit dem im tatsächlichen Bereich liegenden Unterschied, dass unbebaute Grundstücke in einem geringeren Umfang als bebaute Grundstücke die räumliche und funktionale Grundlage für die Geschäftstätigkeit des Betriebsunternehmens bilden.

200   So ist z. B. ein unbebautes Grundstück, dass 35 km von der Betriebsstätte des Betriebsunternehmens entfernt liegt und überwiegend als Lager für Produktionsabfälle genutzt wird, – jedenfalls nach der älteren Rechtsprechung[2] – keine wesentliche Betriebsgrundlage für das Betriebsunternehmen.[3]

201   Wird ein unbebautes Grundstück vom Besitzunternehmer an das Betriebsunternehmen vermietet und ist dieses unbebaute Grundstück für sich gesehen keine wesentliche Betriebsgrundlage, so wird es zur wesentlichen Betriebsgrundlage, wenn es mit Zustimmung des Besitzunternehmens vom Betriebsunternehmen mit einem **Gebäude bebaut** wird, das auf die Bedürfnisse des Betriebsunternehmens zugeschnitten bzw. für die Zwecke des Betriebsunternehmens nach Lage, Größe oder Grundriss besonders geeignet ist.[4]

202   Das Gleiche gilt für den Fall, dass das Besitzunternehmen dem Betriebsunternehmen ein im Rohbau fertig gestelltes Gebäude zur Nutzung überlässt, in dem das Betriebsunternehmen die für seine Bedürfnisse noch fehlenden Vorrichtungen einbaut.[5]

203   Und in dem Urteil v. 5.9.1991[6] hat der BFH ganz allgemein ausgesprochen, dass es unerheblich ist, ob die besondere Gestaltung des Grundstücks für die

---

[1] BFH, Urteil v. 24.2.2000 - IV R 62/98, BFHE 191 S. 295, BStBl 2000 II S. 417.
[2] Siehe oben unter Rz. 106 ff.
[3] FG Münster, Urteil v. 25.7.1996 - 3 K 5462/93 E u. a., EFG 1997 S. 203 (rkr.).
[4] BFH, Urteile v. 24.8.1989 - IV R 135/86, BFHE 158 S. 245, BStBl 1989 II S. 1014; v. 23.1.1991 - X R 47/87, BFHE 163 S. 460, BStBl 1991 II S. 405; v. 22.6.2016 - X R 54/14, BFHE 254 S. 354, BStBl 2017 II S. 529, Rz. 18.
[5] BFH, Urteil v. 23.1.1991 - X R 47/87, BFHE 163 S. 460, BStBl 1991 II S. 405.
[6] BFH, Urteil v. 5.9.1991 - IV R 113/90, BFHE 165 S. 420, BStBl 1992 II S. 349.

Zwecke des mietenden Betriebsunternehmens teilweise vom Besitz- und teilweise vom Betriebsunternehmen vorgenommen worden ist.

In allen vorbeschriebenen Fällen spielt es keine Rolle, ob die aus den Baumaßnahmen des Betriebsunternehmens hervorgehenden Bauten oder Gebäudeteile in das Eigentum des Besitzunternehmens übergehen; denn die Umqualifizierung des unbebauten Grundstücks zu einer wesentlichen Betriebsgrundlage erfolgt allein schon durch die Gestaltung der Baumaßnahmen durch das Besitzunternehmen.[1]

204

(Einstweilen frei)

205–207

e) Bewegliche Wirtschaftsgüter

LITERATUR:

Schallmoser, Flugzeuge, Betriebsaufspaltung und Liebhaberei, DStR 1997 S. 49; *Ritzrow*, Kriterien der Betriebsaufspaltung, hier: Sachliche Verflechtung, StBp 2009 S. 54.

Auch bewegliche Wirtschaftsgüter des Anlagevermögens können (ebenso wie bei der Betriebsveräußerung, der Betriebsaufgabe und der Betriebsverpachtung) eine wesentliche Betriebsgrundlage darstellen.[2] Das dürfte – jedenfalls nach der älteren Rechtsprechung – i. d. R. zwar nicht für einzelne Wirtschaftsgüter, wohl aber für eine ganze maschinelle Einrichtung oder für das ganze Anlagevermögen zutreffen.

208

So hat z. B. das FG Düsseldorf[3] rechtskräftig entschieden, dass die Sachgesamtheit von Maschinen, Werkzeugen und Fahrzeugen auch bei einem **Stuckateurbetrieb**, bei dem Können der Mitarbeiter und dem technischen Know-how besondere Bedeutung zukommt, wesentliche Betriebsgrundlage ist. Gleiches gilt für dachintegrierte **Photovoltaik-Anlagen**,[4] wenn der Gegenstand der Betriebsgesellschaft im Betreiben und gewerblichen Ausnutzen solcher Anlagen besteht. Nutzt die Betriebsgesellschaft die Anlage dagegen im Wesentlichen zur Deckung ihres eigenen Strombedarfs, stellt die Anlage u. E. keine wesentliche Betriebsgrundlage dar, weil die Versorgung mit Strom am Energiemarkt ebenfalls möglich ist und die Anlage damit als austauschbar angesehen werden kann.

209

---

1 BFH, Urteil v. 23.1.1991 - X R 47/87, BFHE 163 S. 460, BStBl 1991 II S. 405.
2 BFH, Urteile v. 6.3.1997 - XI R 2/96, BFHE 183 S. 85, BStBl 1997 II S. 460; v. 2.2.2000 - XI R 8/99, BFH/NV 2000 S. 1135 (rechte Spalte), NWB OAAAA-65246; Beschluss v. 26.6.2007 - X B 69/06 (unter 1. b), BFH/NV 2007 S. 1707, NWB RAAAC-50769; v. 29.11.2017 - I R 7/16, BFH/NV 2018 S. 810, NWB AAAAG-83527.
3 FG Düsseldorf, Urteil v. 25.9.2003 - 11 K 5608/01 E, EFG 2004 S. 41 (rkr.).
4 Vgl. oben Rz. 198.

D. Voraussetzungen der Betriebsaufspaltung

210 Der BFH hat in folgenden Fällen eine wesentliche Betriebsgrundlage angenommen:

- ▶ bei einem Fabrikationsbetrieb die Betriebsvorrichtungen und die Maschinen nebst dem notwendigen Zubehör,[1]
- ▶ die Maschinen und die Geschäftsausstattung einer Druckerei,[2]
- ▶ die Spinnereimaschinen einer Kammgarnspinnerei,[3]
- ▶ bei einem Schlosserei- und Metallbauunternehmen die Betriebsausstattung, die Werkzeuge und die Geschäftswagen,[4]
- ▶ die Standardmaschinen eines Fabrikationsbetriebs[5] und
- ▶ bei der Dreschmaschine einer Lohndrescherei.[6]

211 Je nach Branche und Eigenart des Betriebs sowie nach den besonderen Umständen im Einzelfall hat der BFH die Maschinen und Einzeleinrichtungen einer Metzgerei[7] und einer Bäckerei, Konditorei mit Café-Restaurant und Hotel[8] als Betriebsvermögensgegenstände von untergeordneter Bedeutung beurteilt.

212 Nach dem BFH-Urteil v. 29.10.1992[9] sind das Inventar und der Warenbestand, die kurzfristig wiederbeschafft werden können, **keine** wesentlichen Betriebsgrundlagen. Gleiches gilt nach der älteren Rechtsprechung für einzelne kurzfristig wiederbeschaffbare Maschinen auch bei Fabrikationsbetrieben.[10]

213 Zweifelhaft ist, ob die neue verschärfende Rechtsprechung des BFH,[11] die nur zu Grundstücken ergangen ist,[12] sich auch auf die Behandlung einzelner beweglicher Wirtschaftsgüter als wesentliche Betriebsgrundlage auswirkt.

---

1 BFH, Urteil v. 13.12.1983 - VIII R 90/81, BFHE 140 S. 526, BStBl 1984 II S. 474, 479.
2 BFH, Urteil v. 27.3.1987 - III R 214/83, BFH/NV 1987 S. 578, 579 (mittlere Spalte), NWB RAAAB-29453; vgl. auch BFH, Urteil v. 29.11.2017 - I R 7/16, BFH/NV 2018 S. 810, NWB AAAAG-83527.
3 BFH, Urteil v. 25.6.1970 - IV 350/64, BFHE 99 S. 479, BStBl 1970 II S. 719, 720 (rechte Spalte).
4 BFH, Urteil v. 30.4.1985 - VIII R 203/80, BFH/NV 1986 S. 21, NWB LAAAB-28324.
5 BFH, Urteil v. 12.6.1996 - XI R 56, 57/95, BFHE 180 S. 436, BStBl 1996 II S. 527.
6 BFH, Beschluss v. 13.9.1994 - X B 157/94, BFH/NV 1995 S. 385, NWB VAAAB-35291.
7 BFH, Urteil v. 14.12.1978 - IV R 106/75, BFHE 127 S. 21, BStBl 1979 II S. 300, 302.
8 BFH, Urteil v. 7.8.1979 - VIII R 153/77, BFHE 129 S. 325, BStBl 1980 II S. 181, 184.
9 BFH, Urteil v. 29.10.1992 - III R 5/92, BFH/NV 1993 S. 233, NWB BAAAB-32940.
10 Zum Beispiel BFH, Urteil v. 26.5.1993 - X R 101/90, BFHE 171 S. 468, BStBl 1993 II S. 710.
11 Siehe oben unter Rz. 112 ff.
12 Siehe oben unter Rz. 105 ff.

II. Sachliche Verflechtung

BEISPIEL: A ist an einer Druckerei-GmbH mit 70 % beteiligt. Er hat an die GmbH eine Druckmaschine vermietet, die für diese ein wirtschaftliches Gewicht hat, weil die Maschine die funktionelle Grundlage für die Geschäftstätigkeit der GmbH ist. Eine Druckmaschine gleicher Art und Güte kann die GmbH am Markt jederzeit mieten oder kaufen.

LÖSUNG: Nach der älteren Rechtsprechung des BFH war die Druckmaschine für die GmbH keine wesentliche Betriebsgrundlage, weil sie für deren Betrieb nicht besonders hergerichtet und jederzeit ersetzbar war. Nach der neueren Rechtsprechung ist es zumindest zweifelhaft, ob die Druckmaschine nicht doch eine wesentliche Betriebsgrundlage ist, weil sie für die Betriebs-GmbH eine funktionale Grundlage bildet.[1]

214

Die Frage, ob die verschärfende neuere Rechtsprechung des BFH zum Problem der sachlichen Verflechtung bei der Überlassung von Grundstücken vom BFH auch auf die Vermietung von beweglichen Wirtschaftsgütern angewendet wird, kann – auch unter Berücksichtigung des Beschlusses v. 18.5.2004[2] – noch nicht abschließend beantwortet werden. Nach diesem Beschluss sind bewegliche Wirtschaftsgüter dann eine wesentliche Betriebsgrundlage, wenn sie zur Erreichung des Betriebszwecks erforderlich sind und ein besonderes wirtschaftliches Gewicht für die Betriebsführung haben.[3]

215

Das ist vor allem für Wirtschaftsgüter des Anlagevermögens anzunehmen, die für den Betriebsablauf unerlässlich sind, so dass ein Pächter des Betriebs diesen nur mit ihrer Hilfe in der bisherigen Form fortführen könnte.[4] Das könnte dafür sprechen, dass es auch hier nicht mehr auf die kurzfristige Wiederbeschaffbarkeit ankommt, so dass regelmäßig auch ein einzelnes Wirtschaftsgut (z. B. eine einzelne Maschine), die jederzeit wiederbeschafft werden kann, infolge der Verschärfung der bisherigen Rechtsprechung eine wesentliche Betriebsgrundlage ist, wenn sie zur Erreichung des Betriebszwecks erforderlich ist und ein besonderes wirtschaftliches Gewicht für die Betriebsführung hat.

216

Andererseits aber wird in dem Beschluss v. 18.5.2004[5] ausgeführt:

217

„Zusammenfassend lässt sich festhalten, dass die Rechtsprechung selbst bei Produktionsunternehmen (...) einzelne Maschinen, die kurzfristig wieder zu be-

---

1 Vgl. oben unter Rz. 112.
2 BFH, Beschluss v. 18.5.2004 - X B 167/03, BFH/NV 2004 S. 1262, NWB NAAAB-24486.
3 Vgl. auch BFH, Urteile v. 12.6.1996 - XI R 56, 57/95, BFHE 180 S. 436, BStBl 1996 II S. 527; v. 18.5.2004 - X B 167/03, BFH/NV 2004 S. 1262 (rechte Spalte), NWB NAAAB-24486; v. 2.12.2004 - III R 77/03, BStBl 2005 II S. 340.
4 BFH, Urteile v. 24.8.1989 - IV R 135/86, BFHE 158 S. 245, BStBl 1989 II S. 1014; v. 18.5.2004 - X B 167/03, BFH/NV 2004 S. 1262, 1263 (linke Spalte), NWB NAAAB-24486.
5 BFH, Beschluss v. 18.5.2004 - X B 167/03, BFH/NV 2004 S. 1262, 1263 (mittlere Spalte), NWB NAAAB-24486.

schaffen waren, nicht als wesentliche Betriebsgrundlagen eingestuft hat; eine andere Beurteilung wurde dann für notwendig erachtet, wenn durch die Veräußerung des gesamten Maschinenparks eine Produktion schlechterdings ausgeschlossen ist (...). Nichts anderes kann auch für Montage- und Reparaturbetriebe gelten. Im Streitfall hat das Finanzgericht (FG) auf der Grundlage dieser Rechtsprechung festgestellt, dass die Lkw-Kastenwagen mit Werkzeugausstattung nicht als wesentliche Betriebsgrundlage einzustufen sind."

Das spricht eher für die Beibehaltung der bisherigen Rechtsprechung bei beweglichen Wirtschaftsgütern.

f) Darlehen und stille Beteiligungen

LITERATUR:

Fichtelmann, Ausgewählte Fragen zur Betriebsaufspaltung, GmbHR 2006, 345; *Janisch*, Darlehen als funktional wesentliche Betriebsgrundlage, Bonner Bp-Nachrichten, Ausgabe 5/2011 S. 1; *Micker*, Aktuelle Praxisfragen der Betriebsaufspaltung, DStR 2012 S.589; *Micker*, Darlehensforderungen als wesentliche Betriebsgrundlagen, Ubg 2018 S. 490.

218 Teilweise wird vertreten, dass auch ein **Darlehen** als funktional wesentliche Betriebsgrundlage in Betracht kommen kann.[1] Hierfür könnte auf den ersten Blick sprechen, dass der Darlehenshingabe insbesondere dann ein hohes wirtschaftliches Gewicht für das Betriebsunternehmen zukommt, wenn andere Darlehensgeber als das Besitzunternehmen nicht verfügbar sind. Damit wäre ein Darlehen wesentliche Betriebsgrundlage, wenn die Betriebsgesellschaft hierauf besonders angewiesen ist, z. B. wenn sie ihr Anlagevermögen mit dem Darlehen beschafft hat oder der Betriebsmittelkredit auf Dauerdarlehen des Besitzunternehmens beruht.[2]

219 Überzeugend erscheint indes, die Qualität eines Darlehens als wesentliche Betriebsgrundlage abzulehnen.[3] Hierfür spricht zunächst, dass es sich bei Darlehen um sog. „neutrale Wirtschaftsgüter" handelt, da die Forderung des Besitzunternehmens ohnehin vom Betriebsunternehmen beglichen werden muss. Des Weiteren hat der BFH zum Problembereich der nachträglichen Anschaf-

---

[1] *Fichtelmann*, GmbHR 2006 S. 345, 349.
[2] In diesem Sinne *Janisch*, Bonner Bp-Nachrichten, Ausgabe 5/2011 S. 1; *Fichtelmann*, GmbHR 2006 S. 345, 349.
[3] Ebenso BFH, Urteile v. 1.12.1989 - III R 94/87, BStBl 1990 II S. 500; v. 9.7.2019 - X R 9/17, BFH/NV 2020 S. 124, NWB DAAAH-37570, Rz. 42; *Wacker* in Schmidt, EStG, 41. Aufl. 2022, § 15 Rz. 816; *Gluth* in Herrmann/Heuer/Raupach, § 15 EStG, Anm. 814 „Darlehen"; *Krumm* in Kirchhof, EStG, 19. Aufl. 2020, § 15 Rz. 97; *Roser*, EStB 2005 S. 191; *Micker*, DStR 2012 S. 589; eingehend hierzu auch *Micker*, Ubg 2018 S. 490.

fungskosten im Rahmen von § 17 EStG nie die Frage erörtert, ob eine Betriebsaufspaltung vorliegt, womit das Darlehen als notwendiges Betriebsvermögen des Besitzunternehmens steuerverstrickt wäre. Außerdem ist zu berücksichtigen, dass die Darlehenshingabe bei wirtschaftlicher Betrachtung lediglich die Überführung liquider Mittel bewirkt und mithin der Überlassung von Umlaufvermögen sehr nahekommt. Dies reicht zur Annahme einer wesentlichen Betriebsgrundlage gerade nicht aus.

Stille Beteiligungen sind ähnlich wie Darlehen bloße Finanzierungsinstrumente. Wie Darlehensforderungen stellen sie deshalb keine wesentlichen Betriebsgrundlagen dar.[1] Anderenfalls würde die Beendigung der stillen Beteiligung ggf. zu einer Beendigung der Betriebsaufspaltung führen. Dies ist nicht sachgerecht. 220

(Einstweilen frei) 221

g) Immaterielle Wirtschaftsgüter

LITERATUR:

o. V., Betriebsaufspaltung: Übergang vom Besitzunternehmen zur Betriebsaufspaltung, DB 1970 S. 276; *o. V.*, Zur Nichterfassung von Besitzunternehmen, DB 1970 S. 904; *Rosenau*, Kann ein Fabrikantenerfinder, der seine Erfindungen in der aus einer Betriebsaufspaltung hervorgegangenen Betriebs-GmbH verwertet, die Tarifvergünstigungen der Erfinderverordnung in Anspruch nehmen?, DB 1971 S. 1933; *Hoffmann*, Anm. zum BFH-Urteil IV R 16/69 vom 9.7.1970, GmbH-R 1972 S. 95; *Zinken*, Erfindervergünstigung trotz Betriebsaufspaltung?, BB 1972 S. 1226; *o. V.*, Verwertung von Erfindungen und Betriebsaufspaltung, DB 1973 S. 550; *o. V.*, Erfindervergünstigung: Es bedeutet keine Auswertung im fremden Betrieb, wenn der Erfinder die Erfindung gegen Lizenz in seiner durch Betriebsaufspaltung entstandenen GmbH auswertet, DB 1974 S. 265; *Irmler*, Erfindervergütungen im Falle der Betriebsaufspaltung, BB 1976 S. 1266; *Irmler*, Zur einkommen- und gewerbesteuerlichen Behandlung von Erfindervergütungen bei Betriebsaufspaltung, BB 1978 S. 397; *Kreß*, Betriebsaufspaltung und andere steuerliche Probleme bei Erfindern, DB 1978 S. 610; *Irmler*, Erfindervergütungen bei Betriebsaufspaltung, BB 1980 S. 1468; *Brandenberg*, Betriebsaufspaltung und Behandlung des Firmenwerts, JbFSt 1990 S. 235; *Fichtelmann*, Ausgewählte Fragen zur Betriebsaufspaltung, GmbHR 2006 S. 345.

(1) Geschützte Erfindungen

Auch immaterielle Wirtschaftsgüter können eine wesentliche Betriebsgrundlage sein,[2] sofern die Umsätze des Betriebsunternehmens in erheblichem Um- 222

---

[1] Gl. A *Gluth* in Herrmann/Heuer/Raupach, § 15 EStG Rz. 814 „Stille Beteiligung"; *Fichtelmann*, Die Betriebsaufspaltung im Steuerrecht, 10. Aufl. 1999, Rz. 123.
[2] BFH, Urteil v. 2.2.2000 - XI R 8/99, BFH/NV 2000 S. 1135 (rechte Spalte), NWB OAAAA-65246.

fang auf diesen Wirtschaftsgütern beruhen. Hierher rechnen z. B. **Schutzrechte**, zu denen insbesondere **Patente** gehören.[1] Den von *Ahmann*[2] hiergegen geäußerten Bedenken hat sich der BFH nicht angeschlossen.[3]

223 **BEISPIEL:** A betreibt eine Fabrik zur Herstellung von Rohren in der Rechtsform einer GmbH. Daneben ist A in einem von ihm betriebenen freiberuflichen Unternehmen tätig. Er macht im Rahmen dieses Unternehmens eine bahnbrechende Erfindung zur Herstellung von Rohren. Die Erfindung wird patentiert. A überlässt seiner GmbH die alleinige Verwertung der Erfindung gegen Entgelt.

224 **LÖSUNG:** Die der Betriebs-GmbH zur Nutzung überlassene patentierte Erfindung ist für die GmbH eine wesentliche Betriebsgrundlage, zumindest dann, wenn die Umsätze der Betriebs-GmbH in erheblichem Umfang auf der Ausnutzung der **Erfindung** beruhen.[4]

225 Ob die überlassenen Schutzrechte eine wesentliche Betriebsgrundlage sind oder nicht, richtet sich nach den Umsätzen, die das Betriebsunternehmen aufgrund der überlassenen Schutzrechte erzielt. Die Produktion des Betriebsunternehmens muss in erheblichem Umfang auf den Schutzrechten basieren.[5] In der Rechtsprechung wird hierzu ein Umsatzanteil von 25 % als ausreichend angesehen.[6]

226 Für die Beantwortung der Frage, ob ein überlassenes Patent eine wesentliche Betriebsgrundlage ist, spielt es keine Rolle, ob das Betriebsunternehmen auf der Grundlage der Erfindung selbst produziert oder ob es sich auf die weitere Verwertung der Erfindung beschränkt.[7]

---

1 BFH, Entscheidungen v. 1.6.1978 - IV R 152/73, BFHE 125 S. 280, BStBl 1978 II S. 545; v. 22.1.1988 - III B 9/87, BFHE 152 S. 539, BStBl 1988 II S. 537; v. 26.1.1989 - IV R 151/86, BFHE 156 S. 138, BStBl 1989 II S. 455; v. 24.8.1989 - IV R 135/86, BFHE 158 S. 245, BStBl 1989 II S. 1014; v. 6.11.1991 - XI R 12/87, BFHE 166 S. 206, BStBl 1992 II S. 415; v. 23.9.1998 - XI R 72/97 (unter II. 1. b), BFHE 187 S. 36, BStBl 1999 S. 281, 282 (linke Spalte); v. 20.7.2005 - X R 22/02, BFHE 210 S. 345, BStBl 2006 II S. 457; v. 2.2.2006 - XI B 91/05, BFH/NV 2006 S. 1266, NWB JAAAB-84323.
2 *Ahmann*, DStR 1988 S. 595.
3 BFH, Urteil v. 26.1.1989 - IV R 151/86, BFHE 156 S. 138, BStBl 1989 II S. 455.
4 BFH, Urteile v. 20.9.1973 - IV R 41/69, BFHE 110 S. 368, BStBl 1973 II S. 869; v. 1.6.1978 - IV R 152/73, BFHE 125 S. 280, BStBl 1978 II S. 545; v. 26.1.1989 - IV R 151/86, BFHE 156 S. 138, BStBl 1989 II S. 455; v. 11.7.1989 - VIII R 151/85, BFH/NV 1990 S. 99, NWB VAAAB-31153; v. 14.9.1989 - IV R 142/88, BFH/NV 1990 S. 522, NWB KAAAB-30954; v. 6.11.1991 - XI R 12/87, BFHE 166 S. 206, BStBl 1992 II S. 415.
5 BFH, Urteile v. 20.9.1973 - IV R 41/69, BFHE 110 S. 368, BStBl 1973 II S. 869; v. 1.6.1978 - IV R 152/73, BFHE 125 S. 280, BStBl 1978 II S. 545; v. 26.1.1989 - IV R 151/86, BFHE 156 S. 138, BStBl 1989 S. 455; v. 11.7.1989 - VIII R 151/85, BFH/NV 1990 S. 99, NWB VAAAB-31153; v. 6.11.1991 - XI R 12/87, BFHE 166 S. 206, BStBl 1992 II S. 415; v. 20.7.2005 - X R 22/02, BFHE 210 S. 345, BStBl 2006 II S. 457.
6 BFH, Urteile v. 20.9.1973 - IV R 41/69, BFHE 110 S. 368, BStBl 1973 II S. 869; v. 23.9.1998 - XI R 72/97, BFHE 187 S. 36, BStBl 1999 II S. 281, 282 (linke Spalte).
7 BFH, Urteil v. 6.11.1991 - XI R 12/87, BFHE 166 S. 206, BStBl 1992 II S. 415.

(2) Ungeschützte Erfindungen

LITERATUR:

Pietsch, Nutzung eines ungeschützten Erfinderrechts im Rahmen der Betriebsaufspaltung, StSem 1995 S. 116; *Fichtelmann*, Ausgewählte Fragen zur Betriebsaufspaltung, GmbHR 2006 S. 345; *Schulze zur Wiesche*, Freiberufliche Tätigkeit und Betriebsaufspaltung, DStZ 2018 S. 472.

Die Frage, ob auch nicht patentierte Erfindungen als wesentliche Betriebsgrundlagen im Rahmen der Betriebsaufspaltung in Betracht kommen können, wird vom BFH nicht einheitlich beantwortet. Nach dem BFH-Urteil v. 25.10.1988[1] ist eine nicht geschützte Erfindung keine wesentliche Betriebsgrundlage, weil sie von jedermann ausgenutzt werden darf. Das Betriebsunternehmen kann also auch bei Kündigung des zwischen ihm und dem Besitzunternehmen bestehenden Lizenzvertrags die ihm durch diesen Vertrag überlassene Erfindung weiter für sich nutzen. 227

Der XI. Senat des BFH hingegen hat mit Urteil v. 6.11.1991[2] unter Hinweis auf das BFH-Urteil v. 1.6.1978[3] entschieden, dass nicht patentierte Erfindungen eine wesentliche Betriebsgrundlage sein können, jedenfalls dann, wenn der Nutzungswillige auf den Abschluss eines Lizenzvertrags mit dem Besitzunternehmen angewiesen ist.[4] 228

Und in den Urteilen des BFH v. 21.10.1988[5] und v. 26.8.1993[6] wird auf die Unterscheidung zwischen geschützter und nicht geschützter Erfindung nicht eingegangen und werden demzufolge begründungslos auch ungeschützte Erfindungen als wesentliche Betriebsgrundlage behandelt. 229

Im Übrigen ist zu beachten, dass die Zugehörigkeit einer ungeschützten Erfindung zu einem Betriebsvermögen in dem Urteil v. 26.8.1993 nicht mit der Gewerblichkeit des Besitzunternehmens aufgrund der Betriebsaufspaltungs-Rechtsprechung, sondern damit begründet worden ist, dass das „Besitzunternehmen" von sich aus schon eine gewerbliche Tätigkeit ausübte.[7] 230

---

1 BFH, Urteil v. 25.10.1988 - VIII R 339/82, BFHE 154 S. 539; a. A. *Gluth* in Herrmann/Heuer/Raupach, § 15 EStG Rz. 814 „Lizenzen".
2 BFH, Urteil v. 6.11.1991 - XI R 12/87, BFHE 166 S. 206, BStBl 1992 II S. 415.
3 BFH, Urteil v. 1.6.1978 - IV R 152/73, BFHE 125 S. 280, BStBl 1978 II S. 545.
4 Ebenso BFH, Urteil v. 16.12.2009 - I R 97/08, BFHE 228 S. 203, BStBl 2010 II S. 808, unter II.1.b, m. w. N.
5 BFH, Urteil v. 21.10.1988 - III R 258/84, BFH/NV 1989 S. 321, NWB YAAAB-29468.
6 BFH, Urteil v. 26.8.1993 - I R 86/92, BFHE 172 S. 341, BStBl 1994 II S. 168.
7 BFH, Urteil v. 26.8.1993 - I R 86/92, BFHE 172 S. 341, BStBl 1994 II S. 168.

D. Voraussetzungen der Betriebsaufspaltung

231 Es besteht also die Gefahr, dass nach der oben unter Rz. 105 ff. dargestellten Rechtsprechungsänderung heute auch ungeschützte Erfindungen, wenn sie die funktionale Grundlage für die Geschäftstätigkeit des Betriebsunternehmens bilden und damit für dieses von wirtschaftlichem Gewicht sind, sich als wesentliche Betriebsgrundlage darstellen. Folgt man dem, erscheint es auf der anderen Seite jedoch als konsequent, ein **Auslaufen des Patentschutzes nicht** als Beendigung der sachlichen Verflechtung anzusehen.[1]

232–235 *(Einstweilen frei)*

(3) Urheberrechte, Marken und sonstige Schutzrechte

236 Auch Urheberrechte und sonstige Schutzrechte (vgl. z. B. den Fall des BFH-Urteils v. 1.6.1994[2]) können wesentliche Betriebsgrundlage im Rahmen einer Betriebsaufspaltung sein. Gleiches soll für **Marken** gelten.[3] Ebenso sollen eingeführte **Geschäftsbezeichnungen** eine wesentliche Betriebsgrundlage darstellen können,[4] ggf. auch der **Name** bzw. das **Zeichen** eines Betriebs,[5] z. B. der Name einer Apotheke.[6] Dies gilt nach der Rechtsprechung auch dann, wenn das jeweilige Recht nicht bilanzierungsfähig und nicht warenzeichenrechtlich bzw. markenrechtlich besonders geschützt ist. Maßgeblich ist vielmehr, ob das Recht nach seiner Funktion für das Betriebsunternehmen wesentlich ist.

237 Bei Marken und Bezeichnungen gilt jedoch einschränkend, dass die Überlassung einer Marke noch nicht anzunehmen ist bei bloßer Namensidentität einer Kapitalgesellschaft und ihrer Gesellschafter.[7] Danach begründet das **Logo eines Berufsverbandes** regelmäßig kein Markenrecht, das als wesentliche Betriebsgrundlage in Betracht kommen könnte. Des Weiteren hat der BFH hier klargestellt, dass eine Betriebsaufspaltung mittels Überlassung einer Geschäftschance noch nicht dadurch begründet wird, dass einer GmbH bestimmte wirtschaftliche Tätigkeiten im Zusammenhang mit dem Satzungszweck ihres Gesellschafters (Berufsverband) als eigener Unternehmensgegenstand übertragen werden.

238–239 *(Einstweilen frei)*

---

1 A. A. *Fichtelmann*, GmbHR 2006 S. 345, 347.
2 BFH, Urteil v. 1.6.1994 - X R 81/90, BFH/NV 1995 S. 154, NWB ZAAAB-35417.
3 *Wacker* in Schmidt, EStG, 41. Aufl. 2022, § 15 Rz. 808.
4 BFH, Urteil v. 20.3.2017 - X R 11/16, BFHE 258 S. 272, BStBl 2017 II S. 992, Rz. 23 ff.
5 BFH, Urteil v. 16.12.2009 - I R 97/08, BFHE 228 S. 203, BStBl 2010 II S. 808, unter II.1.b, m. w. N.
6 Vgl. BFH, Urteil v. 3.4.2014 - X R 16/10, BFH/NV 2014 S. 1038, NWB LAAAE-65757.
7 BFH, Urteil v. 25.8.2010 - I R 97/09, BFH/NV 2011 S. 312, NWB WAAAD-59084.

(4) Kundenstammrecht, Handelsvertretervertrag, Mandantenstamm, Firmenwert, Konzessionen, Geschäftsbeziehungen

Als wesentliche Betriebsgrundlage können auch andere immaterielle Wirtschaftsgüter wie ein **Kundenstammrecht**[1] oder **Handelsvertreterverträge**[2] sowie **eingeführte Geschäftsbeziehungen**[3] in Betracht kommen. Hierfür müssen die jeweiligen Beziehungen nicht vertraglich abgesichert sein.[4] Werden ein Kundenstammrecht oder eine Geschäftsbeziehung zur Nutzung überlassen, kann die sachliche Verflechtung entfallen, wenn sich die daraus gewonnen Vorteile „verflüchtigen". Hiervon kann nicht allein deswegen ausgegangen werden, dass neue Kunden- bzw. Geschäftsbeziehungen durch das Betriebsunternehmen akquiriert werden.[5]

240

Auch der **Mandantenstamm** eines Steuerberaters kann als eigenständiges Wirtschaftsgut Gegenstand eines Pachtvertrages sein, womit ihm die Qualität einer wesentlichen Betriebsgrundlage zukommen kann.[6] Der BFH hat in diesem Zusammenhang die Ansicht bestätigt, dass die Pachteinnahmen, die aus der Verpachtung des Mandantenstamms an eine Steuerberatungs-GmbH erzielt werden, der Gewerbesteuer unterliegen, weil im Streitfall eine freiberufliche Betriebsaufspaltung anzunehmen war.[7] Die Gewerblichkeit der Verpachtungseinkünfte resultierte im Streitfall daraus, dass die Betriebsgesellschaft eine GmbH war. Abzugrenzen sind hiervon Fälle, in denen das Betriebsunternehmen keinen Gewerbebetrieb zum Gegenstand hat. So hat der BFH nämlich auch entschieden, dass die Vermietung wesentlicher Betriebsgrundlagen an eine Freiberuflergesellschaft nicht zu einer mitunternehmerischen Betriebsaufspaltung führt.[8] Hätte das Betriebsunternehmen folglich keinen Gewerbebetrieb zum Gegenstand gehabt, hätte sich der BFH mit der Frage auseinandersetzen müssen, ob bereits die Verpachtung des Mandan-

---

1 BFH, Urteile v. 13.12.2005 - XI R 45/04, BFH/NV 2006 S. 1453; v. 26.11.2009 - III R 40/07, BStBl 2010 II S. 609; v. 29.11.2017 - I R 7/16, BFH/NV 2018 S. 810, NWB AAAAG-83527.
2 FG München, Urteil v. 20.3.2007 - 6 K 2112/05 (rkr.), NWB SAAAC-48956.
3 BFH, Urteil v. 20.3.2017 - X R 11/16, BStBl 2017 II S. 992, Rz. 23 ff.
4 BFH, Urteile v. 13.12.2005 - XI R 45/04, BFH/NV 2006 S. 1453, NWB DAAAB-88009, unter II.2.b; v. 29.11.2017 - I R 7/16, BStBl 2019 II S. 738, Rz. 57.
5 BFH, Urteil v. 29.11.2017 - I R 7/16, BStBl 2019 II S. 738, Rz. 56 ff.
6 BFH, Beschluss v. 8.4.2011 - VIII B 116/10, BFH/NV 2011 S. 1135, NWB JAAAD-83679; Urteil v. 21.11.2017 - VIII R 17/15, BFH/NV 2018 S. 1251, NWB JAAAG-79575; vgl. hierzu auch *Schulze zur Wiesche*, DStZ 2018 S. 472.
7 Zum Umfang der Umqualifizierung vgl. auch Rz. 1019.
8 BFH, Urteile v. 12.5.2004 - X R 59/00, BStBl 2004 II S. 607; v. 10.11.2005 - IV R 29/04, BStBl 2006 II S. 173.

tenstamms für sich genommen, also ohne Annahme einer Betriebsaufspaltung, zu gewerblichen Einkünften führt.[1]

Schließlich kann ein verpachteter **Firmenwert** eine wesentliche Betriebsgrundlage sein,[2] und zwar auch im Fall einer unentgeltlichen Nutzungsüberlassung.[3]

241 Hingegen soll nach einem Urteil des FG Münster[4] die entgeltliche Überlassung der Ausnutzung von **Handelsvertreterrechten** unter Zurückbehaltung des Kundenstammes und des Ausgleichsanspruchs nach § 89b HGB keine sachliche Verflechtung im Rahmen einer Betriebsaufspaltung begründen können, weil das Handelsvertreterrecht für sich allein nicht übertragbar sei.

242 Auch Konzessionen zur Betreibung des gewerblichen Kraftdroschkenverkehrs (**Taxikonzessionen**) sind eine wesentliche Betriebsgrundlage einer Betriebs-GmbH, deren Gegenstand u. a. der Betrieb von gewerblichem Kraftdroschkenverkehr ist.[5]

243 Gleiches gilt für die **Geschäftsbeziehungen** bei einem **Vermittlungsunternehmen**[6] sowie die Geschäftsbeziehungen eines **Bezirksvertreters** in einer mehrstufigen Vertriebsorganisation sowohl zu seinen Untervertretern als auch zu dem Geschäftsherrn.[7]

244–245 *(Einstweilen frei)*

(5) Warenzeichen, Rezepte, Know-how

LITERATUR:

Sauer, zur steuerlichen Behandlung von Know-how-Vergütungen bei Betriebsaufspaltung, StBp 1976 S. 5.

---

1 Bejahend *Brandt* in Herrmann/Heuer/Raupach, § 18 EStG Anm. 22.
2 BFH, Urteile v. 31.3.1971 - I R 111/69, BFHE 102 S. 73, BStBl 1971 II S. 536; v. 14.1.1998 - X R 57/93, BFHE 185 S. 230, NWB NAAAA-96781; v. 27.3.2001 - I R 42/00, BFHE 195 S. 536, BStBl 2001 II S. 771; v. 30.1.2002 - X R 56/99, BFHE 197 S. 535, BStBl 2002 II S. 387; v. 13.12.2005 - XI R 45/04, BFH/NV 2006 S. 1453, NWB DAAAB-88009; v. 8.2.2007 - IV R 65/01 (unter II. 2. b), BFHE 216 S. 412, BFH/NV 2007 S. 1004, NWB IAAAC-42137; Beschluss v. 26.6.2007 - X B 69/06 (unter 1. a), BFH/NV 2007 S. 1707, NWB RAAAC-50769; vgl. auch BFH, Urteil v. 5.6.2008 - IV R 79/05 (unter II. 3.a aa), BFHE 222 S. 20, BStBl 2009 II S. 15; v. 26.11.2009 - III R 40/07, BStBl 2010 II S. 609; v. 18.6.2015 - IV R 5/12, BStBl 2015 II S. 935.
3 BFH, Beschluss v. 26.6.2007 - X B 69/06 (unter 1. a), BFH/NV 2007 S. 1707, NWB RAAAC-50769.
4 FG Münster, Urteil v. 26.10.1994 - 13 K 4874/92 E, G, EFG 1995 S. 360 (rkr.); a. A. *Gluth* in Herrmann/Heuer/Raupach, § 15 EStG Rz. 814 „Handelsvertreterrechte".
5 FG Münster, Urteil v. 11.5.1995 - 11 K 1071/91 F, G, EFG 1996 S. 434 (rkr.).
6 BFH, Urteil v. 25.5.1988 - I R 92/84, BFH/NV 1989 S. 258, NWB ZAAAB-29673.
7 BFH, Urteil v. 9.10.1996 - XI R 71/95, BFHE 181 S. 452, BStBl 1997 II S. 236.

Nach dem BFH-Urteil v. 20.9.1973[1] können selbst Warenzeichen, Rezepte und Know-how[2] als wesentliche Betriebsgrundlage in Betracht kommen. 246

(Einstweilen frei) 247–249

(6) Umlaufvermögen

Umlaufvermögen stellt keine wesentliche Betriebsgrundlage dar. Nach der älteren Rechtsprechung wurde dies damit gerechtfertigt, dass Umlaufvermögen jederzeit austauschbar ist. Nach Aufgabe der Austauschbarkeits-Rechtsprechung[3] wird man darauf abzustellen haben, dass die Grundsätze der Betriebsaufspaltung sich nur auf Wirtschaftsgüter des Anlagevermögens beziehen können, weil Wirtschaftsgüter des Umlaufvermögens, also Wirtschaftsgüter, die zum Verbrauch oder zur Veräußerung bestimmt sind, nicht zur Nutzung überlassen werden können. 250

4. Überlassung von Wirtschaftsgütern
a) Abgrenzung der Nutzungsüberlassung zur Veräußerung

Da nur die Überlassung zur Nutzung, nicht aber auch die Veräußerung von Wirtschaftsgütern eine sachliche Verflechtung begründet, müssen beide Sachverhalte voneinander abgegrenzt werden. 251

Schwierigkeiten können hier insbesondere bei der Abgrenzung der Überlassung zur Nutzung oder Veräußerung von immateriellen Wirtschaftsgütern auftreten. Maßgebend für diese Abgrenzung ist allein, ob nach den vertraglichen Vereinbarungen[4] wirtschaftlich gesehen Rechte zeitlich begrenzt überlassen oder aber endgültig übertragen werden sollen.[5] Unerheblich hingegen ist, ob schuldrechtliche oder dingliche Nutzungsrechte vereinbart worden sind.[6]

Auch die Übertragung eines Patents selbst beseitigt nicht den Charakter einer Nutzungsüberlassung, sofern die Patentübertragung nicht endgültig erfolgen soll.[7] Ist ungewiss, ob und wann eine Rechtsübertragung enden wird, so ist ebenfalls nur eine zeitlich begrenzte Rechtsübertragung anzunehmen. Ande- 252

---

1 BFH, Urteil v. 20.9.1973 - IV R 41/69, BFHE 110 S. 368, BStBl 1973 II S. 869; vgl. auch BFH, Urteil v. 1.6.1978 - IV R 152/73, BFHE 125 S. 280, BStBl 1978 II S. 545.
2 Vgl. dazu BFH, Urteil v. 26.11.2009 - III R 40/07, BStBl 2010 II S. 609.
3 Siehe oben unter Rz. 109.
4 BFH, Urteil v. 7.12.1977 - I R 54/75, BFHE 124 S. 175, BStBl 1978 II S. 355.
5 BFH, Beschluss v. 22.1.1988 - III B 9/87, BFHE 152 S. 539, BStBl 1988 II S. 537.
6 BFH, Urteil v. 7.12.1977 - I R 54/75, BFHE 124 S. 175, BStBl 1978 II S. 355; Beschluss v. 22.1.1988 - III B 9/87, BFHE 152 S. 539, BStBl 1988 II S. 537.
7 BFH, Beschluss v. 22.1.1988 - III B 9/87, BFHE 152 S. 539, BStBl 1988 II S. 537.

D. Voraussetzungen der Betriebsaufspaltung

rerseits liegt keine zeitlich begrenzte Rechtsübertragung vor, wenn ein Rückfall der übertragenen Rechte nicht in Betracht kommt.[1]

253 In dem BFH-Beschluss v. 22.1.1988[2] hat der BFH eine zeitliche Begrenzung angenommen, weil nach den getroffenen Vereinbarungen im Verzugsfall, bei Eröffnung des Vergleichsverfahrens oder des Konkurs- bzw. Insolvenzverfahrens das übertragene Recht ersatzlos an das Besitzunternehmen zurückfallen sollte.

254 Das FG Münster hat in seinem Urteil v. 4.5.1999[3] eine nur zeitlich begrenzte Überlassung eines gewerblichen Schutzrechts auch für den Fall angenommen, dass der Überlassende auf den Rückfall des Rechts keinen Einfluss nehmen kann und die Übertragung lediglich für den Fall der Vertragsverletzung vereinbart worden ist. Dies wurde vom BFH bestätigt.[4]

255 Keine Überlassung zur Nutzung liegt vor, wenn es sich bei der Erfindung um eine sog. **Diensterfindung** i. S. des § 4 Abs. 2 ArbNehmErfG handelt, weil in einem solchen Fall das Betriebsunternehmen die Erfindung gem. § 6 ArbNehmErfG in Anspruch nehmen kann und demzufolge alle Rechte an der Diensterfindung nach § 7 Abs. 1 ArbNehmErfG auf das Betriebsunternehmen übergehen.[5]

256–258 *(Einstweilen frei)*

b) Nutzungsüberlassung eines fremden Wirtschaftsguts

259 Nicht erforderlich ist, dass sich die überlassene wesentliche Betriebsgrundlage im Eigentum des Besitzunternehmens befindet. Die Voraussetzung des Überlassens einer wesentlichen Betriebsgrundlage kann vielmehr auch dann erfüllt sein, wenn das Besitzunternehmen dem Betriebsunternehmen Wirtschaftsgüter zur Nutzung überlässt, die ihm selbst von Dritten zur Nutzung überlassen worden sind.[6] In einem solchen Fall gehört allerdings nicht das überlassene Wirtschaftsgut, sondern nur das Nutzungsrecht an dem überlassenen

---

1 BFH, Entscheidungen v. 23.5.1979 - I R 163/77, BFHE 128 S. 213, BStBl 1979 II S. 757; v. 22.1.1988 - III B 9/87, BFHE 152 S. 539, BStBl 1988 II S. 537; FG Münster, Urteil v. 4.5.1999, EFG 1999 S. 1282, 1283 (linke Spalte).
2 BFH, Beschluss v. 22.1.1988 - III B 9/87, BFHE 152 S. 539, BStBl 1988 II S. 537.
3 FG Münster, Urteil v. 4.5.1999 - 12 K 2504/97 F, EFG 1999 S. 1282.
4 BFH, Urteil v. 23.4.2003 - IX R 57/99, BFH/NV 2003 S. 1311, NWB LAAAA-71591.
5 BFH, Urteil v. 26.1.1989 - IV R 151/86, BFHE 156 S. 138, BStBl 1989 II S. 455.
6 BFH, Urteile v. 11.8.1966 - IV R 219/64, BFHE 86 S. 621, BStBl 1966 III S. 601; v. 17.3.1987 - VIII R 36/84, BFHE 150 S. 356, BStBl 1987 II S. 858; v. 12.10.1988 - X R 5/86, BFHE 154 S. 566, BStBl 1989 II S. 152; v. 24.8.1989 - IV R 135/86, BFHE 158 S. 245, BStBl 1989 II S. 1014; v. 9.6.2015 - X R 38/12, BFH/NV 2015 S. 1588, NWB WAAAF-01943; v. 29.11.2017 - X R 34/15, BFH/NV 2018 S. 623, Rz. 40 f.; FG Niedersachsen, Urteil v. 20.6.2007 - 2 K 52/04, EFG 2007 S. 1584 (rkr.), NWB FAAAC-96140.

Wirtschaftsgut zum Betriebsvermögen des Besitzunternehmens. Diese Grundsätze sind sowohl bei echten als auch bei unechten Betriebsaufspaltungen anzuwenden.[1] Betroffen sind insbesondere Fälle, in denen dem Besitzunternehmen das Nutzungsrecht aufgrund schuldrechtlicher Grundlage eingeräumt worden ist, z. B. durch Miet- oder Pachtverhältnisse oder Nießbrauchsbestellung.

Stehen dem Vermieter/Verpächter weder dingliche noch schuldrechtliche Rechte an der wesentlichen Betriebsgrundlage zu, kann eine Betriebsaufspaltung nicht angenommen werden. Das ergibt sich aus der Formulierung des BFH, dass der Vermieter bzw. Verpächter zur Nutzungsüberlassung „befugt" sein muss.[2] 260

Auch Wirtschaftsgüter, die zum **Sonderbetriebsvermögen** eines Gesellschafters des Besitzunternehmens gehören und die dem Betriebsunternehmen zur Nutzung überlassen worden sind, können eine wesentliche Betriebsgrundlage sein.[3] 261

Dabei spielt es bei bestehender Betriebsaufspaltung keine Rolle, ob das dem Gesellschafter der Besitzgesellschaft gehörende Wirtschaftsgut dem Betriebsunternehmen von der Besitzgesellschaft oder unmittelbar von dem Besitzgesellschafter zur Nutzung überlassen wird.[4] In dem Urteil des FG Münster v. 5.12.1995 zugrunde liegenden Fall hatte der Gesellschafter einer Besitzgesellschaft durch einen unmittelbar mit der Betriebs-GmbH abgeschlossenen Lizenzvertrag dieser ein Erfinderrecht zur Nutzung überlassen. 262

(Einstweilen frei) 263–265

c) Art der Nutzungsüberlassung

LITERATUR:

Lersch/Schaaf, Kann auch die unentgeltliche Überlassung von Wirtschaftsgütern an eine Betriebs-GmbH zur Annahme eines Besitzunternehmens i. S. der Betriebsaufspaltung führen?, FR 1972 S. 440; *Fichtelmann,* Betriebsaufspaltung bei unentgeltlicher Nutzungsüberlassung durch das Besitzunternehmen – Anm. zu dem BFH-Urteil vom 24.4.1991 - X R 84/88, GmbHR 1991 S. 442; *Schmidt,* Nutzungsüberlassung, Eigenkapi-

---

1 BFH, Urteil v. 10.5.2016 - X R 5/14, BFH/NV 2017 S. 8, NWB GAAAF-85884.
2 BFH, Urteile v. 12.10.1988 - X R 5/86, BFHE 154 S. 566, BStBl 1989, 152; v. 18.8.2009 - X R 22/07, BFH/NV 2010 S. 208, unter II.1.c bb, NWB MAAAD-33308; v. 10.5.2016 - X R 5/14, BFH/NV 2017 S. 8, Rz 21 ff., m. w. N., NWB GAAAF-85884; v. 29.11.2017 - X R 34/15, BFH/NV 2018 S. 623, NWB UAAAG-80013; kritisch *Fichtelmann,* GmbHR 2006 S. 345, 348.
3 BFH, Urteile v. 15.5.1975 - IV R 100/71, BFHE 116 S. 90, BStBl 1975 II S. 791; v. 10.4.1997 - IV R 73/94, BFHE 183 S. 127, BStBl II 1997, 569.
4 FG Münster, Urteil v. 5.12.1995 - 6 K 663/92 F, G, EFG 1996 S. 272 (rkr.).

talersatz und materielle Unterkapitalisierung, ZIP 1993 S. 161; *Märkle*, Die Betriebsaufspaltung an der Schwelle zu einem neuen Jahrtausend, X.1.a. Unentgeltlichkeit der Überlassung kein Betriebsaufspaltungshindernis, BB 2000 Beilage 7, S. 13 f.; *Fichtelmann*, Ausgewählte Fragen zur Betriebsaufspaltung, GmbHR 2006 S. 345; *Stamm/Lichtinghagen*, Der Nutzungsvorteil im Rahmen einer Betriebsaufspaltung, StuB 2007 S. 857.

266 Eine wesentliche Betriebsgrundlage wird überlassen, wenn sie vom Besitzunternehmen an das Betriebsunternehmen **vermietet, verpachtet** oder **verliehen** wird.[1]

267 Nach der bisherigen Rechtsprechung des BFH reichte damit auch eine **unentgeltliche Überlassung** für die Annahme einer Betriebsaufspaltung aus.[2] In diesem Fall erzielt das Besitzunternehmen zwar keine Einnahmen aus Vermietung und Verpachtung. Trotzdem ist bei ihm das für die Annahme eines Gewerbebetriebs erforderliche Merkmal der **Gewinnerzielungsabsicht** erfüllt, weil bei einer Betriebsaufspaltung regelmäßig die Beteiligung der beherrschenden Person oder Personengruppe am Betriebsunternehmen zum Betriebsvermögen des Besitzunternehmens gehört und demzufolge – bezogen auf die beherrschende Person oder Personengruppe – Ausschüttungen aus der Betriebs-Kapitalgesellschaft und Nutzungsentgelte des Betriebsunternehmens an das Besitzunternehmen weitgehend austauschbar sind.

Wird kein Nutzungsentgelt gezahlt, ist der zur Ausschüttung zur Verfügung stehende Betrag entsprechend größer. Dies wirft allerdings Fragen hinsichtlich der Anwendung von § 3c Abs. 2 EStG auf.[3] Für die Auffassung, dass eine Betriebsaufspaltung auch in den Fällen einer unentgeltlichen Überlassung von Wirtschaftsgütern vorliegt, spricht folgende Überlegung: Würde man eine Betriebsaufspaltung verneinen, würden die stillen Reserven der an das Betriebsunternehmen vermieteten Wirtschaftsgüter, außerhalb der Anwendungsbereiche von § 23 EStG und § 20 Abs. 2 EStG, nicht der Einkommensteuer unterliegen. Das wäre mit dem Sinn und Zweck der Betriebsaufspaltung nicht vereinbar. Denn dieser besteht nicht nur darin, die mit den überlassenen Wirtschaftsgütern erwirtschafteten Gewinne der Gewerbesteuer zu unterwerfen, sondern auch die stillen Reserven der überlassenen Wirtschaftsgüter einkommensteuerrechtlich zu erfassen.

---

1 BFH, Urteil v. 24.4.1991 - X R 84/88, BFHE 164 S. 385, BStBl 1991 II S. 713.
2 BFH, Urteile v. 24.4.1991 - X R 84/88, BFHE 164 S. 385, BStBl 1991 II S. 713; v. 30.3.2006 - IV R 31/03, BFHE 212 S. 563, BStBl 2006 II S. 652; FG Düsseldorf, Urteil v. 28.2.2007 - 7 K 6571/04 E, rkr., EFG 2007 S. 1503, NWB BAAAC-63659; FG Sachsen, Urteil v. 16.12.2021 - 8 K 625/21, juris (rkr.), NWB EAAAI-61080; a. A. *Schulze zur Wiesche*, BB 1997 S. 1229, 1230 (linke Spalte).
3 Vgl. unten Rz. 1527 ff.

Allerdings passt die vom BFH für die Annahme einer Gewinnerzielungsabsicht im Falle einer unentgeltlichen Überlassung gegebene Begründung nicht für die Fälle, in denen am Besitzunternehmen auch **Nur-Besitz-Gesellschafter** beteiligt sind; denn ein Nur-Besitz-Gesellschafter ist nicht auch am Betriebsunternehmen beteiligt und erhält mithin auch keine Gewinnausschüttungen aus der Betriebsgesellschaft. Er kann also kein Mitunternehmer des Besitzunternehmens sein, wenn die Überlassung von Wirtschaftsgütern an das Betriebsunternehmen unentgeltlich erfolgt.[1]

Ist das **Betriebsunternehmen** eine **Kapitalgesellschaft**, ist bei unentgeltlicher Nutzungsüberlassung eine Gewinnerzielungsabsicht allerdings zu verneinen, wenn die beherrschende Person oder Personengruppe mit den vereinbarten Nutzungsentgelten und den tatsächlichen und möglichen Ausschüttungen auf Dauer gesehen keine Kostendeckung erwarten kann.[2] Durch die unangemessen niedrigen Nutzungsentgelte müssen folglich höhere Gewinnausschüttungen zu erwarten sein, welche die Ausgaben des Besitzunternehmens übersteigen.[3] Sind Nur-Betriebs-Gesellschafter vorhanden, dürfen in diesem Zusammenhang die an diese möglichen Gewinnausschüttungen nicht mitberücksichtigt werden.[4] 268

Der BFH hat diese Grundsätze jüngst für den Fall konkretisiert, dass das **Betriebsunternehmen** eine **Personengesellschaft** ist: Erfolgt hier die Nutzungsüberlassung unentgeltlich oder zu einem nicht kostendeckenden Entgelt, kann ein höherer Gewinn der Betriebsgesellschaft nicht auf die Besitzgesellschaft durchschlagen.[5] Denn die Einkünfte aus der Betriebspersonengesellschaft werden deren Gesellschaftern unmittelbar gem. § 15 Abs. 1 Satz 1 Nr. 2 EStG als gewerbliche Beteiligungseinkünfte zugerechnet, auch wenn sie zugleich an der Besitzpersonengesellschaft beteiligt sind. Dies hat zur Folge, dass die nach § 15 Abs. 2 EStG erforderliche Gewinnerzielungsabsicht des Besitzunternehmens zu verneinen ist. Es erfolgt dann auch keine Umqualifizierung des Besitzunternehmens in einen Gewerbebetrieb. 269

Mit dieser Entscheidung wird klar, dass der Wechsel zwischen vormals entgeltlicher und danach unentgeltlicher Nutzungsüberlassung zum Wegfall der Vo- 270

---

1 Vgl. BFH, Beschluss v. 25.6.1984 - GrS 4/82, BFHE 141 S. 405, BStBl 1984 II S. 751.
2 BFH, Urteile v. 24.4.1991 - X R 84/88, BFHE 164 S. 385, BStBl 1991, 713; v. 14.1.1998 - X R 57/93, BFHE 185 S. 230, BB 1998 S. 1245, NWB NAAAA-96781.
3 BFH, Entscheidungen v. 17.1.2007 - IV B 38/05, NWB PAAAC-38206; v. 2.9.2009 - I R 20/09, BFH/NV 2010 S. 391, NWB IAAAD-35580; v. 12.4.2018 - IV R 5/15, NWB AAAAG-87921, DStR 2018 S. 1421.
4 BFH, Urteile v. 14.1.1998 - X R 57/93, BFHE 185 S. 230, NWB NAAAA-96781; v. 14.1.1998 - X R 57/93, BFHE 185 S. 230, NWB NAAAA-96781, BB 1998 S. 1245.
5 BFH, Urteil v. 12.4.2018 - IV R 5/15, BStBl 2020 II S. 118.

raussetzungen der Betriebsaufspaltung führen kann, jedenfalls wenn das Betriebsunternehmen eine Personengesellschaft ist. Im Fall einer mitunternehmerischen Betriebsaufspaltung würden in diesem Fall die der Betriebsgesellschaft überlassenen Wirtschaftsgüter nach § 6 Abs. 5 Satz 3 Nr. 2 EStG zum Buchwert in deren Sonderbetriebsvermögen übertragen werden. Die nicht überlassenen Wirtschaftsgüter der Besitzgesellschaft müssten dagegen in das Privatvermögen entnommen werden.

271 Die Überlassung wesentlicher Betriebsgrundlagen kann auch aufgrund einer **Gebrauchsregelung** nach § 15 WEG erfolgen. Das ist z. B. der Fall, wenn sich die Teilhaber einer Wohnungseigentümergemeinschaft in einer solchen Gebrauchsregelung verpflichten, statt individueller Vermietungen nur die einheitliche Vermietung an einen bestimmten Mieter vorzunehmen.[1]

272–274 *(Einstweilen frei)*

d) Erbbaurecht und Nießbrauch

LITERATUR:

o. V., Besitzpersonenunternehmen und Erbbaurechtsbestellung, DB 1974 S. 1048; *Fichtelmann*, Das Erbbaurecht als wesentliche Betriebsgrundlage bei der Betriebsaufspaltung, DStZ 1991 S. 131; *Märkle*, Die Betriebsaufspaltung an der Schwelle zu einem neuen Jahrtausend, VI. Erbbaurecht als wesentliche Betriebsgrundlage, BB 2000 Beilage 7, S. 9; *Meyer/Ball*, Erbbaurecht und Betriebsaufspaltung, DB 2002 S. 1597; *Schaumberger*, Schenkung eines Betriebsgrundstücks unter Nießbrauchsvorbehalt im Rahmen einer Betriebsaufspaltung, StB 2003 S. 124; *Schlegel*, Betriebsaufspaltung durch Grundstücksübertragung unter Vorbehaltsnießbrauch?, NWB 2012 S. 1654; *Spiegelberger*, Betrieblicher Nießbrauch: Steuerliche Gefahrenquellen, notar 2017 S. 419; *Korn*, Nießbrauch: Steuerfallen und Gestaltungsmöglichkeiten, KÖSDI 2018 S. 20597; *Stein*, Der Nachlassnießbrauch – eine (steuerlich) sinnvolle Gestaltung?, ZEV 2018 S. 127; *Stein*, Aktuelle ertragsteuerliche Fragestellungen zum Nießbrauchsvorbehalt an Gesellschaftsanteilen, ZEV 2019 S. 131.

275 Bei Erbbaurechtseinräumungen ist wie folgt zu unterscheiden: Bestellt der Eigentümer an einem unbebauten Grundstück ein Erbbaurecht und errichtet der Erbbauberechtigte ein Gebäude, das *er* an ein Betriebsunternehmen vermietet, fehlt zwischen dem Eigentümer und dem Betriebsunternehmen die für die Annahme einer Betriebsaufspaltung erforderliche sachliche Verflechtung.[2] Bestellt dagegen das Besitzunternehmen dem Betriebsunternehmen an einer we-

---

1 BFH, Urteil v. 10.4.1997 - IV R 73/94, BFHE 183 S. 127, BStBl 1997 II S. 569.
2 BFH, Urteil v. 24.9.2015 - IV R 9/13, BFHE 251 S. 227, BStBl 2016 II S. 154.

sentlichen Betriebsgrundlage ein Erbbaurecht, liegt eine Überlassung i. S. der Betriebsaufspaltung vor.[1] Zwar erwirbt das Betriebsunternehmen zivilrechtlich mit dem Erbbaurecht ein eigenes dingliches Recht, kraft dessen es das Wirtschaftsgut, an dem das Erbbaurecht bestellt ist, nutzt. Von diesem Standpunkt aus kann man nicht von einem „Überlassen zur Nutzung" durch das Betriebsunternehmen sprechen.

Abweichend von dieser Zivilrechtslage wird im Steuerrecht eine Erbbaurechtsbestellung aber lediglich als Überlassung eines Grundstücks auf Zeit, vergleichbar einem Miet- oder Pachtverhältnis, angesehen.[2] Hiervon ausgehend hat auch der BFH entschieden,[3] dass es sich bei einer Erbbaurechtsbestellung um eine „Überlassung" von Wirtschaftsgütern seitens des Besitzunternehmens an das Betriebsunternehmen handelt. 276

Zur Begründung wird in dem Urteil u. a. ausgeführt: Zwar sei das Erbbaurecht ein immaterielles Wirtschaftsgut, das entgeltlich erworben, veräußert oder vererbt werden könne; und das auf der Grundlage dieses Rechts erstellte Gebäude werde zivilrechtlich Eigentum des Erbbauberechtigten. Das ändere aber nichts daran, dass es für die Dauer seines Bestandes ein fortwährendes Nutzungsverhältnis mit Nutzungsbefugnis beim Berechtigten und Duldungspflichten beim Besteller begründe. Dieses Nutzungsverhältnis – und nicht sein verdinglichter Vollzug – sei auch die Grundlage für die sachliche Verflechtung des Besitzunternehmens mit dem Unternehmen der Betriebsgesellschaft. Denn es ermögliche den hinter den beiden Unternehmen stehenden Personen – neben der durch die persönliche Verflechtung gewährleisteten gesellschaftsrechtlichen Durchsetzung ihres Willens in beiden Unternehmen – eine laufende tatsächliche Einflussnahme auf die Betriebsführung des Betriebsunternehmens. Das Nutzungsverhältnis diene dazu, den Betrieb der Betriebsgesellschaft als funktionierende Einheit zu erhalten. 277

Gleiches gilt für die Fälle, in denen ein Besitzunternehmen dem Betriebsunternehmen an einer wesentlichen Betriebsgrundlage ein **Nießbrauchsrecht** bestellt; denn steuerrechtlich wird auch die Nießbrauchsbestellung als Nutzungsüberlassung behandelt.[4] Folglich kann die Einräumung eines Nießbrauchs ggf. 278

---

1 BFH, Urteil v. 19.3.2002 - VIII R 57/99 (unter II.B.2.a), BFHE 198 S. 137, BStBl 2002 II S. 662; a. A. Gluth in Herrmann/Heuer/Raupach, § 15 EStG Rz. 814 „Erbbaurecht", m. w. N.
2 Unter anderem BFH, Urteile v. 17.4.1985 - I R 132/81, BFHE 144 S. 213, BStBl 1985 II S. 617; v. 19.3.2002 - VIII R 57/99 (unter II.B.2.a aa), BFHE 198 S. 137, BStBl 2002 II S. 662.
3 BFH, Urteil v. 19.3.2002 - VIII R 57/99, BFHE 198 S. 137, BStBl 2002 II S. 662.
4 BFH, Urteil v. 27.6.1978 - VIII R 54/74, BFHE 125 S. 535, BStBl 1979 II S. 332.

die personelle Verflechtung und damit das Entstehen einer (unechten) Betriebsaufspaltung begründen bzw. beenden.

> **BEISPIEL:** A vermietet ein Grundstück an die Y-GmbH, deren Anteile zu 100 % von B gehalten werden. Räumt A dem B nunmehr ein Nießbrauchsrecht an dem Grundstück ein, wird dadurch eine Betriebsaufspaltung begründet. Die GmbH-Anteile werden notwendiges Betriebsvermögen des neu entstandenen Besitzunternehmens und sind nach § 6 Abs. 1 Nr. 5b EStG höchstens mit den Anschaffungskosten einzulegen. Das Nießbrauchsrecht darf dagegen wegen § 5 Abs. 2 EStG nicht bilanziert werden. Als Zuwendungsnießbraucher ist B nicht AfA-berechtigt. Da A keine Einkünfte mehr erzielt, kann auch er keine AfA mehr beanspruchen.

279 Umgekehrt lässt die unentgeltliche Übertragung einer wesentlichen Betriebsgrundlage eine bestehende Betriebsaufspaltung unberührt, wenn sich der Übertragende einen umfassenden Nießbrauch vorbehält.[1] Für die sachliche Verflechtung genügt es nämlich, dass der Besitzunternehmer eine Rechtsposition innehat, aufgrund derer er zur Nutzungsüberlassung an das Betriebsunternehmen befugt ist. Zivilrechtliches Eigentum ist hierfür nicht erforderlich.[2]

> **BEISPIEL:** X hält alle Anteile der X-GmbH. Er hatte bisher ein Grundstück im Rahmen einer Betriebsaufspaltung an die X-GmbH überlassen. Alle anderen wesentlichen Betriebsgrundlagen gehören der X-GmbH. Im Wege der vorweggenommenen Erbfolge überträgt X das Grundstück auf seine Tochter T und behält sich dabei den Nießbrauch an dem Grundstück vor. X überlässt das Grundstück weiterhin an die X-GmbH.
>
> **LÖSUNG:** Da X als Vorbehaltsnießbraucher weiterhin seinen Willen in Bezug auf das Grundstück durchsetzen kann, wird die personelle Verflechtung durch die Übertragung des Grundstücks auf T nicht aufgehoben. Hinsichtlich des Grundstücks liegt jedoch eine Entnahme i. S. des § 4 Abs. 1 Satz 2 EStG vor; hierdurch entsteht ein laufender (nicht begünstigter) Gewinn. Der Nießbrauch mindert den Entnahmewert nicht[3] und ist auch nicht bilanzierungsfähig. Als Vorbehaltsnießbraucher kann X weiterhin AfA in Anspruch nehmen.[4]

280 Werden im Wege der vorweggenommenen Erbfolge aber sowohl die wesentliche Betriebsgrundlage(n) und die Anteile an der Betriebsgesellschaft unter Einräumung eines Vorbehaltsnießbrauchs übertragen, führt dies zur Betriebsaufgabe i. S. des § 16 Abs. 3 Satz 1 EStG, weil in diesem Fall die notwendige

---

[1] FG Hamburg, Gerichtsbescheid v. 12.7.2012 - 1 K 132/08, NWB LAAAF-81552; *Stein*, ZEV 2019 S. 131, 133 f.
[2] BFH, Urteile v. 24.8.1989 - IV R 135/86, BStBl 1989 II S. 1014; v. 18.8.2009 - X R 22/07, BFH/NV 2010 S. 208, NWB MAAAD-33308.
[3] Vgl. H 4.3 (2-4) „Vorbehaltsnießbrauch" EStH.
[4] BMF, Schreiben v. 24.7.1998, BStBl 1998 I S. 914, Tz. 42.

personelle Verflechtung zwischen Besitz- und Betriebsunternehmen gelöst wird.[1] Gleiches gilt, wenn im Wege des Zuwendungsnießbrauchs ein Nießbrauch an der wesentlichen Betriebsgrundlage bestellt wird.

BEISPIEL: B hat bisher im Rahmen einer Betriebsaufspaltung ein bebautes Grundstück (wesentliche Betriebsgrundlage) an die von ihm beherrschte B-GmbH vermietet. Alle anderen wesentlichen Betriebsgrundlagen stehen im Eigentum der B-GmbH. B räumt seinem Sohn S unentgeltlich den Nießbrauch an dem Grundstück ein. S vermietet das Grundstück an die B-GmbH.

LÖSUNG: Durch die Bestellung des Zuwendungsnießbrauchs endet die personelle Verflechtung, da B fortan seinen Willen im Hinblick auf das Grundstück nicht mehr durchsetzen kann. Es liegt eine Betriebsaufgabe vor, so dass die stillen Reserven des Grundstücks und der Anteile an der B-GmbH aufgedeckt werden müssen (§ 16 Abs. 3 Satz 7 EStG). Da B keine Einnahmen aus dem Grundstück erzielt, entfällt seine AfA-Berechtigung. S erzielt Einkünfte nach § 21 Abs. 1 Nr. 1 EStG, darf aber ebenfalls keine AfA in Anspruch nehmen, da er lediglich die Stellung eines Zuwendungsnießbrauchers innehat.[2]

Wird ein Nießbrauch an den Anteilen der Betriebs-Kapitalgesellschaft bestellt, ist danach zu unterscheiden, ob das Nießbrauchsrecht auch die Ausübung des Stimmrechts beinhaltet.[3]

BEISPIEL: Im Rahmen einer Betriebsaufspaltung hat A bislang ein Grundstück (einzige wesentliche Betriebsgrundlage) an die von ihm zu 100 % beherrschte A-GmbH vermietet. Er will seiner Tochter T ein Nießbrauchsrecht im Hinblick auf die Beteiligung an der A-GmbH einräumen.

LÖSUNG: Wird das Nießbrauchsrecht so ausgestaltet, dass es sich lediglich auf die Erträge aus der Beteiligung bezieht, bleibt die Betriebsaufspaltung bestehen, weil A weiterhin durch Ausübung der Stimmrechte seinen Geschäftswillen in der A-GmbH durchsetzen kann. Dazu muss sich T als Erwerberin der Anteile verpflichten, ihr Recht auf Teilnahme an Gesellschafterversammlungen sowie ihr Stimmrecht dem A für die Dauer des Nießbrauchrechts zu überlassen und diesen unwiderruflich bevollmächtigen, nicht nur die mit dem Geschäftsanteil verbundenen Ladungen zu Gesellschafterversammlungen entgegenzunehmen, sondern auch die Stimmrechte ohne Beschränkungen in Gesellschafterversammlungen auszuüben.[4]

Umfasst das Nießbrauchsrecht dagegen auch die Ausübung des Stimmrechts, endet die Betriebsaufspaltung unter Anwendung von § 16 Abs. 3 Satz 1 EStG. Gleiche Grundsätze gelten beim sog. **Nachlassnießbrauch** (§ 1089 BGB) am Besitzunternehmen.[5] Sollen das Besitzunternehmen und die Besitzkapitalgesellschaft unentgeltlich

---

1 BFH, Urteil v. 21.1.2015 - X R 16/12, BFH/NV 2015 S. 815, NWB HAAAE-88363.
2 BMF, Schreiben v. 24.7.1998, BStBl 1998 I S. 914, Tz. 19, 24.
3 Vgl. auch unten Rz. 360.
4 Vgl. BFH, Urteil v. 25.1.2017 - X R 45/14, BFH/NV 2017 S. 1039, NWB AAAAG-48078; vgl. hierzu Korn, KÖSDI 2018 S. 20597, 20604.
5 Vgl. hierzu Stein, ZEV 2018 S. 127, 129.

unter Nießbrauchsvorbehalt übertragen werden, ist zweifelhaft, ob die Betriebsaufspaltung erhalten bleibt.[1] Überdies ist nach Auffassung des BFH bei einer unentgeltlichen Übertragung eines Einzelunternehmens die Vorschrift des § 6 Abs. 3 EStG nicht anzuwenden, wenn sich der Überträger einen Nießbrauch vorbehält.[2]

Als Gestaltungsmöglichkeit wird in Erwägung gezogen, zunächst das Besitzunternehmen nach § 24 UmwStG in eine GmbH & Co. KG einzubringen und danach die Anteile an dieser Gesellschaft unter Vorbehaltsnießbrauch unentgeltlich zu übertragen.[3] Nach Auffassung der Finanzverwaltung steht es der Buchwertfortführung gem. § 6 Abs. 3 EStG hier *nicht* entgegen, wenn der (Teil-)Mitunternehmeranteil unter **Vorbehalt eines Nießbrauchsrechts** übertragen und der neue Gesellschafter Mitunternehmer wird.[4] Dies wurde als unsicher angesehen, da der BFH in der unentgeltlichen Übertragung eines im Ganzen verpachteten gewerblichen Einzelunternehmens unter Vorbehalt eines Nießbrauchsrechts keinen von § 6 Abs. 3 EStG erfassten Vorgang erblickt, sondern eine Betriebsaufgabe annimmt.[5]

Bei der Gestaltung ist zu beachten, dass der neue Gesellschafter Mitunternehmerrisiko (Beteiligung an stillen Reserven, Haftung) tragen sowie Mitunternehmerinitiative (Stimmrecht, Verwaltungsrechte) entfalten muss, um die Buchwertfortführung nicht zu gefährden.[6] Beide Ausprägungen müssen vorliegen, wobei eine schwache Initiative durch ein stärkeres Risiko ausgeglichen werden kann und umgekehrt. Der neue Gesellschafter verfügt über eine ausreichende Mitunternehmerinitiative, wenn der Nießbraucher im Bereich der Grundlagengeschäfte mangels Stimmrechts nicht ohne den Gesellschafter handeln kann.[7]

Unschädlich ist es, wenn der Gesellschafter dem Nießbraucher eine Stimmrechtsvollmacht erteilt, denn auch hier bleibt der Gesellschafter Träger des Stimmrechts und ist im Verhältnis zur Gesellschaft auch weiterhin zur Ausübung seines Stimmrechts uneingeschränkt in der Lage.[8] Dagegen hat der Gesellschafter (Kommanditist) keine Mitunternehmerstellung, wenn er die Ausübung der Stimm- und Mitverwaltungsrechte dem Nießbraucher umfassend überlassen hat und dies auch für die Grundlagengeschäfte der Gesellschaft gilt.[9]

---

1 *Wachter*, GmbHR 2015 S. 779; vgl. auch *Korn*, KÖSDI 2018 S. 20597, 20604.
2 BFH, Urteil v. 25.1.2017 - X R 59/14, NWB LAAAG-47393, Rz. 36 f.; vgl. hierzu *Spiegelberger*, notar 2017 S. 419; dieses Problem stellt sich beim sog. Nachlassnießbrauch wohl nicht; vgl. *Stein*, ZEV 2018 S. 127, 129.
3 *Korn*, KÖSDI 2018 S. 20597, 20604; *Stein*, ZEV 2019 S. 131, 134.
4 BMF, Schreiben v. 20.11.2019, BStBl 2019 I S. 1291, Tz. 7, 18; gl. A. *Stein*, ZEV 2019 S. 131, 134; zu Gestaltungen und Risiken siehe auch *Felten*, ErbStB 2016 S. 117; *Bisle*, NWB 2017 S. 65; *Kraft*, NWB 2017 S. 2972; *Spiegelberger*, notar 2017 S. 419; *Söffing/Kranz*, SAM 2017 S. 131; zum Nachlassnießbrauch *Stein*, ZEV 2018 S. 127.
5 BFH, Urteil v. 25.1.2017 - X R 59/14, BStBl 2019 II S. 730; vgl. dazu *Kepper*, NZG 2019 S. 211; *Stein*, ZEV 2019 S. 131.
6 Vgl. hierzu *Götz*, FR 2019 S. 605; *Hermes*, FR 2019 S. 852.
7 Vgl. BFH, Urteile v. 16.12.2009 - II R 44/08, BFH/NV 2010 S. 690, NWB OAAAD-38559; v. 6.11.2019 - II R 34/16, DB 2020 S. 597, NWB MAAAH-42553, Rz. 34.
8 BFH, Urteil v. 6.11.2019 - II R 34/16, BStBl 2020 II S. 465, Rz. 37; FG Rheinland-Pfalz, Urteil v. 23.3.2021 – 3 K 1861/18, EFG 2021 S. 1356, nrkr. (Az. des BFH IV R 12/21), NWB EAAAH-82098.
9 BFH, Urteile v. 6.5.2015 - II R 34/13, BStBl 2015 II S. 821, Rz. 23; v. 4.5.2016 - II R 18/15, BFH/NV 2016 S. 1565, NWB CAAAF-82835, Rz. 26.

Um die Unentgeltlichkeit der Übertragung sowie die Anwendung der schenkungsteuerlichen Verschonungsregelungen nach §§ 13a ff., 19a ErbStG sicherzustellen, kann schließlich an eine Übertragung gegen Versorgungsleistungen nach § 10 Abs. 1a Nr. 2 EStG gedacht werden.

e) Zwischenvermietung (mittelbare Nutzungsüberlassung)

LITERATUR:

Märkle, Die Betriebsaufspaltung an der Schwelle zu einem neuen Jahrtausend, VIII. Gestaltungsmissbrauch bei Zwischenvermietung aus Haftungsgründen, BB 2000 Beilage 7, S. 11 f.

(1) Allgemeines

Wird ein Wirtschaftsgut, das für das Betriebsunternehmen eine wesentliche Betriebsgrundlage ist, von der Person oder der Personengruppe, die das Betriebsunternehmen beherrscht, an einen Dritten (Zwischenmieter) zur Nutzung überlassen, und überlässt der Dritte seinerseits das Wirtschaftsgut dem Betriebsunternehmen, so liegt grds. keine Überlassung im Sinne der Betriebsaufspaltung vor. 282

Etwas anderes gilt allerdings, wenn die Nutzungsüberlassung der wesentlichen Betriebsgrundlage an das Betriebsunternehmen nicht diesem, sondern der das Betriebsunternehmen beherrschenden Person oder Personengruppe zuzurechnen ist, die die wesentliche Betriebsgrundlage dem Dritten zur Nutzung überlassen hat. 283

Dies kann der Fall sein, 284

▶ wenn der Dritte gegenüber der das Betriebsunternehmen beherrschenden Person oder Personengruppe verpflichtet ist, die wesentliche Betriebsgrundlage an das Betriebsunternehmen weiterzuvermieten,[1] oder

▶ wenn der zwischengeschaltete Dritte mit der Person oder Personengruppe, die das Betriebsunternehmen beherrscht, identisch ist.[2]

(2) Verpflichtung des Zwischenmieters zur Weitervermietung an das Betriebsunternehmen

Dem BFH-Urteil v. 28.11.2001,[3] mit dem über einen solchen Fall der Verpflichtung eines Zwischenmieters entschieden worden ist, lag – vereinfacht dar- 285

---

[1] BFH, Urteil v. 28.11.2001 - X R 50/97, BFHE 197 S. 254, BStBl 2002 II S. 363.
[2] FG Nürnberg, Urteil v. 30.1.2002 - III 74/00, EFG 2002 S. 632 (rkr.), NWB UAAAB-11803.
[3] BFH, Urteil v. 28.11.2001 - X R 50/97, BFHE 197 S. 254, BStBl 2002 II S. 363.

gestellt – folgender Sachverhalt zugrunde: E war Eigentümer eines Grundstücks. Er vermietete dieses am 1.7.1981 an die E-GmbH, deren alleinige Anteilseignerin seine Schwester S war. Die E-GmbH durfte das Grundstück nur durch Weitervermietung nutzen. Sie vermietete es deshalb sofort (am 1.7.1981) an die A-GmbH, an der E mit 98 % beteiligt war.

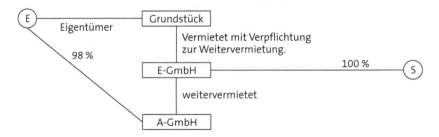

Zwar war in dem Zwischenmietvertrag zwischen E und der E-GmbH nicht ausdrücklich vereinbart worden, dass das Grundstück nur an die A-GmbH weitervermietet werden durfte. Der X. Senat des BFH hat aber unterstellt, dass nach der Interessenlage der Beteiligten der Zwischenmietvertrag einen solchen Inhalt hat.

286 Die Begründung des Urteils geht davon aus, dass – wie der Senat bereits in seinem Urteil v. 21.8.1996[1] ausgesprochen habe – die Überlassung einer wesentlichen Betriebsgrundlage an das Betriebsunternehmen „als unternehmerisches Instrument der Beherrschung" fungiere und dass sich der Begriff „Beherrschung" nicht ausschließlich an zivilrechtlichen Gegebenheiten orientieren dürfe. Vielmehr sei er ein an wirtschaftlichen Gegebenheiten orientierter Begriff, der auch den Fall abdecke, dass der Besitzunternehmer durch einen Vertrag mit dem Zwischenvermieter dafür Sorge trage, dass dem Betriebsunternehmen eine wesentliche Betriebsgrundlage zur Nutzung überlassen werde. Demzufolge sei nach den allgemeinen Grundsätzen steuerlicher Tatbestandsverwirklichung die Nutzungsüberlassung von der E-GmbH an die A-GmbH subjektiv dem E zuzurechnen; denn den Tatbestand der Einkunftsart Vermietung und Verpachtung verwirkliche, wer die rechtliche und tatsächliche Macht habe, eines der in § 21 Abs. 1 EStG genannten Wirtschaftsgüter einem anderen entgeltlich auf Zeit zu überlassen. Auf die Frage, ob die Zwischenvermietung ein Missbrauch von Gestaltungsmöglichkeiten des Rechts sei (§ 42 AO), komme es daher nicht an.

---

1 BFH, Urteil v. 21.8.1996 - X R 25/93, BFHE 181 S. 284, BStBl 1997 II S. 44.

Es kann dahingestellt bleiben, ob dieser Begründung des X. Senats unter rechtsstaatlicher Betrachtungsweise zugestimmt werden kann. Bedenken bestehen deshalb, weil die Urteilsbegründung auf einer Sachverhaltsfiktion beruht, für die es nach dem heute geltenden Recht nur die Vorschrift des § 42 AO gibt. Dem Ergebnis des Urteils ist trotzdem zuzustimmen, weil dieses sich auch bei einer Anwendung des § 42 AO erreichen lässt. Bei der Zwischenvermietung an die E-GmbH handelt es sich um eine unangemessene rechtliche Gestaltung, weil es keinen sachlichen Grund dafür gibt, dass E das Grundstück nicht direkt an die A-GmbH zur Nutzung überlassen hat. Die Zwischenvermietung an die E-GmbH kann daher nur den Grund haben, durch eine Vermeidung der Betriebsaufspaltung Steuern zu sparen. 287

(3) Wirtschaftliche Identität des Zwischenvermieters und der das Betriebsunternehmen beherrschenden Person oder Personengruppe

Nach einem Urteil des FG Nürnberg v. 30.1.2002[1] führt eine mittelbare Nutzungsüberlassung einer wesentlichen Betriebsgrundlage an das Betriebsunternehmen auch dann zu einer sachlichen Verflechtung, wenn der zwischengeschaltete Dritte derjenige ist, der die personelle Verflechtung begründet und sämtliche Vertragsverhältnisse steuern kann, also wenn der zwischengeschaltete Dritte wirtschaftlich mit der Person oder Personengruppe identisch ist, die das Betriebsunternehmen beherrscht. 288

Dem Urteil lag folgender Sachverhalt zugrunde: S war der alleinige Anteilseigner der A-GmbH. S und die A-GmbH waren Gesellschafter der S-GbR, deren Zweck die Verwaltung des Z-Grundstücks war. Die S-GbR vermietete das Grundstück an ein Einzelhandelsunternehmen (Großhandel) des S. Diese vermiete das Grundstück an die H-GmbH weiter, die auf dem Grundstück einen Fachmarkt betrieb. Alleiniger Anteilseigener der H-GmbH war S. 289

---

1 FG Nürnberg, Urteil v. 30.1.2002 - III 74/00, EFG 2002 S. 395 (rkr.), NWB UAAAB-11803.

D. Voraussetzungen der Betriebsaufspaltung

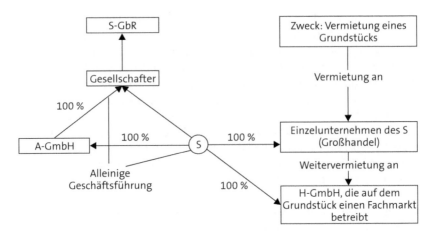

290 Das FG Nürnberg hat sein Urteil mit der im Steuerrecht geltenden wirtschaftlichen Betrachtungsweise begründet. Danach seien zivilrechtliche Gestaltungen unerheblich, wenn tatsächlich etwas anderes belegt sei. Dieser Grundsatz würde – so das FG weiter – nach dem BFH-Urteil v. 28.11.2001 - X R 50/97 auch dann gelten, wenn sich die Herrschaft über das Besitzunternehmen nur mittelbar auswirke. Auch in einem solchen Fall sei von einer Orientierung an den wirtschaftlichen Gegebenheiten auszugehen.

291 Gegen diese Begründung bestehen die gleichen rechtsstaatlichen Bedenken wie gegen die Begründung des vorstehend erörterten Urteils des X. BFH-Senats.[1] Es gibt im heute geltenden deutschen Steuerrecht außerhalb des § 42 AO keine gesetzliche Grundlage für eine Sachverhaltsumdeutung nach der wirtschaftlichen oder irgendeiner anderen Betrachtungsweise.

292 Dieser Ansicht ist wohl auch *Braun*,[2] der die Entscheidung des FG Nürnberg als einen Anwendungsfall des § 42 AO versteht. Das jedenfalls ergibt sich aus seiner folgenden Urteilsanmerkung: „Das FG hat einen ‚Königsweg' beschritten: Beherrscht die zwischengeschaltete Person kraft gesellschaftsrechtlicher Verquickungen das Gesamtgeschehen, liegt ein Fall des § 42 AO vor, so dass letztlich derjenige als Besitzunternehmen qualifiziert wird, in dessen Eigentum das Grundstück steht."

---

[1] Siehe oben Rz. 286.
[2] Anmerkung zu dem Urteil des FG Nürnberg in EFG 2002 S. 633.

(4) Überlassung an Dritten zur eigenen Nutzung

Schließlich ist aber auch auf ein Urteil des BFH v. 28.6.2006[1] hinzuweisen, welches den Anwendungsbereich mittelbarer Nutzungsüberlassungen im Rahmen einer Betriebsaufspaltung begrenzt. In dem vom BFH zu entscheidenden Fall war ein Grundstück einer zwischengeschalteten Personengesellschaft zunächst unentgeltlich zur eigenen Nutzung durch die Personengesellschaft überlassen worden. Erst nach dieser eigenen Nutzung vermietete die Personengesellschaft das Grundstück an eine Betriebs-GmbH weiter. Das Vorliegen der notwendigen sachlichen Verflechtung hat der BFH hier überzeugend mit dem Hinweis verneint, dass es nicht als rechtsmissbräuchlich zu werten sei, wenn der Kläger die Nutzungsvorteile aus dem Grundstück – auch nach Vermietung an die Betriebs-GmbH – wie bisher der Personengesellschaft als Gesellschafterbeitrag zugutekommen lassen wollte.

293

(5) Eigene Ansicht

Wird ein Wirtschaftsgut, das für das Betriebsunternehmen eine wesentliche Betriebsgrundlage ist, von der Person oder Personengruppe, die das Betriebsunternehmen beherrscht, nicht unmittelbar, sondern in der Weise mittelbar zur Nutzung überlassen, dass das Wirtschaftsgut zunächst an einen Dritten zur Nutzung überlassen wird, dann kann eine unmittelbare Überlassung im Sinne der Betriebsaufspaltung nur dann angenommen werden, wenn ein Anwendungsfall des § 42 AO vorliegt.

294

Das ist regelmäßig der Fall,

295

▶ wenn der Dritte zur Weitervermietung an das Betriebsunternehmen verpflichtet ist oder

▶ der Dritte mit der das Betriebsunternehmen beherrschenden Person oder Personengruppe wirtschaftlich identisch ist

und ein sachlicher Grund für die Zwischenvermietung fehlt.

(Einstweilen frei) 296–298

---

[1] BFH, Urteil v. 28.6.2006 - XI R 31/05 (unter II. 4.), BFHE 214 S. 302, BStBl 2007 II S. 378.

5. Schlussbemerkung

299 Während in der Rechtsprechung des BFH in den 1980er-Jahren, insbesondere in dem Urteil des VIII. Senats v. 12.11.1985[1] eine eher restriktive Auslegung des Merkmals der sachlichen Verflechtung erkennbar war,[2] ist seit Beginn der 1990er-Jahre ein entgegengesetzter Trend der Rechtsprechung des BFH zu beobachten,[3] der bis heute zu einer verschärfenden Rechtsprechungsänderung geführt hat. Es sind also Fälle denkbar, in denen – ohne Sachverhaltsänderungen – nach der älteren Rechtsprechung keine sachliche Verflechtung und damit auch keine Betriebsaufspaltung vorlag, nach der neueren Rechtsprechung aber eine solche anzunehmen ist.

300–302 *(Einstweilen frei)*

III. Personelle Verflechtung

LITERATUR:

Henninger, Beteiligungsverhältnisse und Besitzunternehmen – Zugleich eine Besprechung des BFH-Urteils I 231/63 vom 3.12.1969, FR 1970 S. 369; *Felix*, Gewerbesteuerpflichtiges Besitzunternehmen bei Vermietung wesentlicher Betriebsgrundlagen durch GmbH-Gesellschafter, die nicht Mitunternehmer sind, an die GmbH und Co.?, GmbHR 1971 S. 147; *Grieger*, Keine vollkommene Personenidentität bei der Betriebsaufspaltung – Beschluss des Großen Senats des BFH vom 8.11.1971 - GrS. 2/71, RWP-Blattei 14 Steuer-R D Betriebsaufspaltung II B 3a Einzelfragen; *Jüsgen*, Die Beteiligungsidentität bei der Betriebsaufspaltung – Bemerkungen zum BFH-Urteil IV R 16/1969 vom 9.7.1970, FR 1971, 147; *o. V.*, Minderbeteiligungen und Besitzpersonenunternehmen, DB 1972 S. 1848; *Schulze zur Wiesche*, Betriebsaufspaltung und Minderheitsgesellschafter, BB 1987 S. 1301; *ders.*, Grenze für das Vorliegen einer Betriebsaufspaltung enger gesteckt, bilanz & buchhaltung 1989 S. 335; *Fichtelmann*, Die Bedeutung von Stimmrechtsvereinbarungen für die personelle Verflechtung bei der Betriebsaufspaltung, DStZ 1990 S. 371; *Heidemann*, Die Nutzungsüberlassung an die GmbH durch ihren Gesellschafter, INF 1990 S. 409; *Heidner*, Stimmrechtsvereinbarungen bei der Betriebs-GmbH als Indiz für eine personelle Verflechtung im Rahmen einer Betriebsaufspaltung, DB 1990 S. 73; *Söffing*, Personelle Verflechtung bei der Betriebsaufspaltung – BFH-Urteil vom 10.12.1991 - VIII R 71/87, NWB Fach 3 S. 8331; *Heidemann*, Nutzungsüberlassung an die GmbH, INF 1992 S. 562; *Laule*, Voraussetzungen für die personelle Verflechtung, KFR F. 5 GewStG § 2, 1/93, S. 109; *Gosch*, Beherrschungsidentität bei der Betriebsaufspaltung, StBp 1994 S. 197; *Söffing*, Personelle Verflechtung bei Betriebsaufspaltung (§ 15 Abs. 2 EStG), FR 1994 S. 470; *Schoor*, Personelle Verflechtung bei der Betriebsaufspaltung und Einstimmigkeitsprinzip, StBp 2003 S. 42; *Stahl*, Beratungsfeld echte und unechte Betriebsaufspaltung III. Die personelle Verflechtung, KÖSDI 2003 S. 13794, 13797; *Fichtelmann*, Ausgewählte Fragen zur

---

[1] BFH, Urteil v. 12.11.1985 - VIII R 342/82, BFHE 145 S. 396, BStBl 1986 II S. 299.
[2] Vgl. auch *Schmidt*, FR 1986 S. 189.
[3] Vgl. insbesondere BFH, Urteil v. 23.1.1991 - X R 47/87, BFHE 163 S. 460, BStBl 1991 II S. 405.

Betriebsaufspaltung, GmbHR 2006 S. 345; *Heuermann*, Personelle Verflechtung trotz Selbstkontrahierungsverbot, HFR 2007 S. 113; *Kratzsch*, Aktuelle Entwicklung bei der Betriebsaufspaltung, StB 2007 S. 89; *Micker/Schwarz*, Betriebsaufspaltung – Aktuelle Entwicklungen und Praxisfragen, DB 2016 S. 1041; *Schulze zur Wiesche*, Die Betriebsaufspaltung in der BFH-Rechtsprechung der letzten beiden Jahre, StBp 2017 S. 144; *Micker/Schwarz*, Aktuelle Anwendungsfragen der Betriebsaufspaltung, FR 2018 S. 765; *Micker/Albermann*, Personelle Verflechtung im Rahmen einer Betriebsaufspaltung – Aktuelle Fragen zu Einstimmigkeitsabreden und (Vorsorge-)Vollmachten, DStZ 2020 S. 750; *Binnewies*, Aktuelles zur Betriebsaufspaltung, GmbH-StB 2022 S. 84; *Winkler*, Neue Rechtsentwicklungen zur Betriebsaufspaltung, kösdi 2022 S. 22738.

1. Begriff

Eine personelle Verflechtung zwischen Besitzunternehmen und Betriebsunternehmen liegt vor, wenn hinter den beiden rechtlich selbständigen Unternehmen eine Person oder Personengruppe steht, die in Bezug auf beide Unternehmen einen **„einheitlichen geschäftlichen Betätigungswillen"** hat und in der Lage ist, diesen in beiden Unternehmen durchzusetzen.[1] An diese Voraussetzung sind nach Auffassung des GrS des BFH strenge Anforderungen zu stellen,[2] was in der Rechtsprechung des BFH nicht immer beachtet wird.

303

Kann eine Person oder Personengruppe ihren einheitlichen geschäftlichen Betätigungswillen sowohl im Betriebsunternehmen als auch im Besitzunternehmen durchsetzen, dann spricht man auch von **Beherrschungsidentität**.[3]

304

---

1 BFH, Entscheidungen v. 8.11.1971 - GrS 2/71, BFHE 103 S. 440, BStBl 1972 S. 63; v. 14.1.1982 - IV R 77/79, BFHE 135 S. 325, BStBl 1982 II S. 476; v. 16.6.1982 - I R 118/80, BFHE 136 S. 287, BStBl 1982 II S. 662; v. 11.11.1982 - IV R 117/80, BFHE 137 S. 357, BStBl 1983 II S. 299; v. 9.11.1983 - I R 174/79, BFHE 140 S. 90, BStBl 1984 II S. 212; v. 18.2.1986 - VIII R 125/85, BFHE 146 S. 266, BStBl 1986 II S. 611; v. 1.12.1989 - III R 94/87, BFHE 159 S. 480, BStBl 1990 II S. 500; v. 26.11.1992 - IV R 15/91, BFHE 171 S. 490, BStBl 1993 II S. 876; v. 24.2.1994 - IV R 8 - 9/93, BFHE 174 S. 80, BStBl 1994 II S. 466; v. 21.8.1996 - X R 25/93, BFHE 181 S. 284, BStBl 1997 II S. 44; v. 29.1.1997 - XI R 23/96, BFHE 182 S. 216, BStBl 1997 II S. 437; v. 15.10.1998 - IV R 20/98, BFHE 187 S. 26, BStBl 1999 II S. 445; v. 21.1.1999 - IV R 96/96 (unter 1.), BFHE 187 S. 570, BStBl 2002 II S. 771; v. 28.11.2001 - X R 50/97 (unter II.3.), BFHE 197 S. 254, BStBl 2002 II S. 363; v. 1.7.2003 - VIII R 24/01 (unter II.2.b), BFHE 202 S. 535, BStBl 2003 II S. 757; Beschluss v. 11.6.2010 - IX B 231/09, BFH/NV 2010 S. 1843, NWB VAAAD-48080; v. 17.4.2019 - IV R 12/16, BStBl 2019 II S. 745, Rz. 35; v. 14.4.2021 – X R 5/19, BStBl 2021 II S. 851, Rz. 22.

2 BFH, Entscheidungen v. 8.11.1971 - GrS 2/71, BFHE 103 S. 440, BStBl 1972 II S. 63; v. 21.8.1996 - X R 25/93, BFHE 181 S. 284, BStBl 1997 II S. 44; v. 19.10.2006 - IV R 22/02 (unter II. 1. b), BFHE 215 S. 268, BFH/NV 2007 S. 149, NWB RAAAC-28426; v. 14.4.2021 – X R 5/19, BStBl 2021 II S. 851, Rz. 27.

3 BFH, Entscheidungen v. 8.11.1971 - GrS 2/71, BFHE 103 S. 440, BStBl 1972 II S. 63; v. 24.2.2000 - IV R 62/98, BFHE 191 S. 295, BStBl 2000 II S. 417.

2. Der einheitliche geschäftliche Betätigungswille

> LITERATUR:
>
> *Grieger*, Anm. zum BFH-Urteil vom 2.8.1972, IV 87/65, DStZ/A 1972 S. 389; *Leingärtner*, Der einheitliche geschäftliche Betätigungswille als Kriterium der Betriebsaufspaltung, FR 1972 S. 449; *Reuss*, Betriebsaufspaltung im Steuerrecht – Neue Probleme bei der Beherrschungsfrage zwischen Besitzunternehmen und Betriebsgesellschaft, BB 1972 S. 1131; *Söffing*, Der Beherrschungswille bei der Betriebsaufspaltung, BB 1998 S. 397; *ders.*, Aktuelles zur Betriebsaufspaltung, BB 2006 S. 1529.

a) Allgemeines

305 Es ist bisher noch nicht abschließend geklärt, auf was sich der einheitliche geschäftliche Betätigungswille beziehen muss. Selbstverständlich ist ein einheitlicher geschäftlicher Betätigungswille gegeben, wenn der Besitzunternehmer in der Lage ist, jede einzelne Maßnahme der Geschäftsführung bei dem Betriebsunternehmen unmittelbar durch seine Willensentscheidung zu bestimmen. Das ist stets der Fall, wenn eine **Einmann-Betriebsaufspaltung**[1] oder eine **Einheits-Betriebsaufspaltung**[2] vorliegt.

306 Anders kann es sich jedoch bei der **Mehrpersonen-Betriebsaufspaltung**[3] verhalten, nämlich dann, wenn innerhalb des Betriebsunternehmens oder des Besitzunternehmens unterschiedliche Stimmrechtsverhältnisse für verschiedene Geschäfte vereinbart worden sind.

307 Nach dem BFH-Urteil v. 28.1.1982[4] erfordert in derartigen Fällen der „einheitliche Betätigungswille" nicht, dass **jede einzelne Maßnahme der Geschäftsführung** bei dem Betriebsunternehmen unmittelbar durch eine Willensentscheidung der das Besitzunternehmen beherrschenden Person oder Personengruppe bestimmt ist. Es genügt, wenn sich aufgrund der Befugnis, die Mitglieder der geschäftsführenden Organe der Betriebsgesellschaft bestimmen und abberufen zu können, auf Dauer nur ein geschäftlicher Betätigungswille entfalten kann, der vom Vertrauen der das Besitzunternehmen beherrschenden Personen getragen ist und demgemäß mit deren geschäftlichen Betätigungswillen grds. übereinstimmt.

308 Demzufolge kann auch zwischen einem Besitzunternehmen und einer **Betriebs-AG**, jedenfalls soweit diese nicht den Vorschriften des Mitbestimmungs-

---

1 Vgl. unten Rz. 345.
2 Vgl. unten Rz. 346.
3 Vgl. unten Rz. 351 ff.
4 BFH, Urteile v. 28.1.1982 - IV R 100/78, BFHE 135 S. 330, BStBl 1982 II S. 479; v. 28.11.2001 - X R 50/97 (unter II.3.), BFHE 197 S. 254, BStBl 2002 II S. 363.

gesetzes, sondern nur den Bestimmungen des § 76 BetrVerfG 1952 unterliegt, eine personelle Verflechtung bestehen.[1]

Nach dem BFH-Urteil v. 28.1.1982 besteht aufgrund der vorstehenden Überlegungen auch ein einheitlicher geschäftlicher Betätigungswille zwischen einer **GmbH**, deren Geschäftsanteile in vollem Umfang von einer **AG** gehalten werden, und dem Mehrheitsaktionär dieser AG, der unmittelbar oder durch eine GbR, die er beherrscht, der GmbH wesentliche Betriebsgrundlagen überlässt.[2] 309

Bedenken gegen diese Folgerungen bestehen insofern, weil sie mit der vom GrS des BFH geforderten strengen Anforderung an die Voraussetzung der personellen Verflechtung wohl nicht vereinbar sind. 310

(Einstweilen frei) 311–313

b) Geschäfte des täglichen Lebens

Erstmals in dem BFH-Urteil v. 12.11.1985[3] ist ausgesprochen worden, dass es für eine Beherrschung im Sinne der Betriebsaufspaltung auf das für die Geschäfte des täglichen Lebens maßgebende Stimmrechtsverhältnis ankommt. Auch in späteren Urteilen des BFH wird diese Ansicht vertreten.[4] 314

Dabei weist der IV. Senat in seinem Urteil v. 27.8.1992[5] darauf hin, dass die dargestellte Meinung nur dahingehend zu verstehen sei, dass dort, wo das Mehrheitsprinzip für die Geschäfte des täglichen Lebens gilt, die Mehrheit der Stimmen auch dann zur Beherrschung ausreicht, wenn in besonderen Fällen Einstimmigkeit oder eine qualifizierte Mehrheit vereinbart worden ist. 315

In Übereinstimmung mit dieser Ansicht hat der IV. Senat des BFH in seinem Urteil v. 10.4.1997[6] entschieden, dass der Mehrheitsherrschaft in einer **Wohnungseigentümergemeinschaft** Grenzen gesetzt sind, etwa in der Art, dass für bauliche Veränderungen und Aufwendungen, die über die ordnungsgemäße Instandhaltung oder Instandsetzung des gemeinschaftlichen Eigentums hinausgehen, gem. § 22 Abs. 1 WEG Einstimmigkeit erforderlich ist. Maßgeblich 316

---

1 BFH, Urteil v. 28.1.1982 - IV R 100/78, BFHE 135 S. 330, BStBl 1982 II S. 479.
2 Anm. zu dem Urteil v. 28.1.1982 - IV R 100/78, a. a. O.: *Fichtelmann* in StRK-Anm., GewStG § 2 Abs. 1 R.348 sowie *o. V.* in StBp 1982 S. 179 und *Le* in RWP, Akt. Rspr Nr. 70/82.
3 BFH, Urteil v. 12.11.1985 - VIII R 240/81, BFHE 145 S. 401, BStBl 1986 II S. 296.
4 BFH, Urteile v. 27.8.1992 - IV R 13/91, BFHE 169 S. 231, BStBl 1993 II S. 134; v. 21.8.1996 - X R 25/93, BFHE 181 S. 284, BStBl 1997 II S. 44, m. w. N.; v. 10.4.1997 - IV R 73/94, BFHE 183 S. 127, BStBl 1997 II S. 569; vgl. auch BFH, Urteile v. 30.1.2013 - III R 72/11, BFHE 240 S. 541, BStBl 2013 II S. 684; v. 28.5.2020 - IV R 4/17, BStBl 2020 II S. 710, Rz. 28.
5 BFH, Urteil v. 27.8.1992 - IV R 13/91, BFHE 169 S. 231, BStBl 1993 II S. 134; ebenso BFH, Urteil v. 24.2.2000 - IV R 62/98, BFHE 191 S. 295, BStBl 2000 II S. 417.
6 BFH, Urteil v. 10.4.1997 - IV R 73/94, BFHE 183 S. 127, BStBl 1997 II S. 569.

ist vielmehr, dass zur ordnungsgemäßen Verwaltung (§ 21 Abs. 3 WEG) und der Regelung eines ordnungsgemäßen Gebrauchs (§ 15 Abs. 2 WEG) Mehrheitsentscheidungen genügen.

317 Dem Urteil des BFH v. 30.11.2005[1] lag der folgende Sachverhalt zugrunde: Der Kläger war Eigentümer eines Grundstücks. Ein auf diesem Grundstück befindliches Ladengeschäft hatte er an eine GmbH vermietet, die darin ein Einzelhandelsgeschäft betrieb. An der GmbH waren der Kläger mit 70 % und S mit 30 % beteiligt. Für Gesellschafterbeschlüsse war eine ¾-Mehrheit erforderlich. Der Kläger war alleiniger Geschäftsführer der GmbH.

318 Der BFH nimmt hier trotz fehlender stimmrechtsmäßiger Beherrschung die für die Betriebsaufspaltung notwendige personelle Verflechtung an. Der Kläger habe nämlich seinen Willen in der Betriebs-GmbH mit gesellschaftsrechtlichen Mitteln durchsetzen können, weil ihm die Geschäftsführung nicht gegen seinen Willen habe entzogen werden können und er die Geschäfte des täglichen Lebens beherrschte.

319 Die Entscheidung macht deutlich, dass das Erfordernis der personellen Verflechtung von der Rechtsprechung nicht so streng beurteilt wird, wie dies nach den Aussagen des GrS an sich erwartet werden konnte.[2] Es stellt vielmehr eine recht großzügige Beurteilung dar, wenn als Geschäft des täglichen Lebens auch die Nutzungsüberlassung wesentlicher Betriebsgrundlagen angesehen wird. Eine Betriebsaufspaltung liegt aber nach der Rechtsprechung immerhin dann nicht vor, wenn die Geschäftsführung dem Geschäftsführer gegen seinen Willen entzogen werden kann.

320 **BEISPIEL:** A ist alleiniger Eigentümer eines Grundstücks, das er an die ABC-GmbH vermietet. A ist zwar alleiniger Geschäftsführer der GmbH; er hält jedoch nur $1/3$ ihrer Anteile. Weitere Gesellschafter sind B und C, die jeweils $1/3$ der Anteile halten. Die Beschlüsse der GmbH sind mit einfacher Mehrheit zu fassen.

321 **LÖSUNG:** Eine personelle Verflechtung scheidet aus, da B und C dem A jederzeit die Geschäftsführung entziehen können. Er kann damit seinen Willen in der Betriebs-GmbH nicht durchsetzen.

322 Für die Annahme einer personellen Verflechtung ist es auf der anderen Seite jedoch wieder unschädlich, wenn ein Gesellschafter-Geschäftsführer nicht vom **Selbstkontrahierungsverbot** des § 181 BGB befreit ist. So hat der BFH eine personelle Verflechtung zwischen einer GbR und einer Betriebs-GmbH für den

---

[1] BFH, Urteil v. 30.11.2005 - X R 56/04, BFHE 212 S. 100, BStBl 2006 II S. 415.
[2] Vgl. BFH, Entscheidungen v. 8.11.1971 - GrS 2/71, BFHE 103 S. 440, BStBl 1972 II S. 63; v. 21.8.1996 - X R 25/93, BFHE 181 S. 284, BStBl 1997 II S. 44; v. 19.10.2006 - IV R 22/02 (unter II. 1. b), BFHE 215 S. 268, BFH/NV 2007 S. 149, NWB RAAAC-28426.

Fall angenommen, dass der Gesellschafter-Geschäftsführer der GbR, der alleiniger Geschäftsführer der GmbH ist, von der GbR nicht vom Verbot des Selbstkontrahierens befreit ist, aufgrund seiner beherrschenden Stellung in der Betriebs-GmbH aber bewirken kann, dass auf Seiten der GmbH nicht er selbst, sondern ein anderer (z. B. ein Prokurist) auftritt.[1]

(Einstweilen frei) 323–324

c) Das Überlassungsverhältnis

In einem gewissen Widerspruch zu der vorstehend unter Rz. 314 ff. dargestellten Rechtsprechung steht die Meinung des IV. Senats des BFH in dem Urteil v. 27.8.1992.[2] Dort ist ausgeführt: 325

„Das Erfordernis, dass hinter dem Besitz- wie auch hinter dem Betriebsunternehmen eine Person oder Personengruppe stehen muss, die in Bezug auf beide Unternehmen einen einheitlichen geschäftlichen Betätigungswillen durchsetzen kann, bezieht sich insbesondere auf das hinsichtlich der wesentlichen Betriebsgrundlagen bestehende Pachtverhältnis (sachliche Verflechtung). Dieses Pachtverhältnis soll nicht gegen den Willen der Person oder der Personengruppe, die das Besitzunternehmen beherrscht, aufgelöst werden können. Gerade aber die Auflösung dieses Pachtverhältnisses gehört zu den Geschäften, die über den gewöhnlichen Betrieb eines Handelsgeschäfts hinausgehen."

Unseres Erachtens ist diese Auffassung des IV. Senats mit der Rechtsprechung über die Maßgeblichkeit des für Geschäfte des täglichen Lebens geltenden Stimmrechtsverhältnisses nur dann vereinbar, wenn man folgende Ansicht vertritt: Das für die Geschäfte des täglichen Lebens vereinbarte (oder mangels einer solchen Vereinbarung gesetzlich geltende) Stimmrechtsverhältnis ist auch hinsichtlich der Durchsetzung eines einheitlichen Betätigungswillens maßgebend, wenn das gleiche Stimmrechtsverhältnis auch hinsichtlich des Rechtsverhältnisses gilt, das die Überlassung einer wesentlichen Betriebsgrundlage zum Gegenstand hat. Dem steht nicht entgegen, wenn für andere Angelegenheiten, z. B. die Auflösung der Gesellschaft oder besondere Geschäfte Einstimmigkeit oder eine qualifizierte Mehrheit vereinbart worden ist. Allerdings darf sich diese Einstimmigkeit oder qualifizierte Mehrheit nicht auf das Überlassungsverhältnis beziehen. 326

---

[1] BFH, Urteile v. 24.8.2006 - IX R 52/04, BFHE 215 S. 107, BStBl 2007 II S. 165; v. 28.5.2020 – IV R 4/17, BStBl 2020 II S. 710, Rz. 35; vgl. auch Rz. 462.
[2] BFH, Urteil v. 27.8.1992 - IV R 13/91, BFHE 169 S. 231, BStBl 1993 II S. 134; ebenso BFH, Urteil v. 24.2.2000 - IV R 62/98, BFHE 191 S. 295, BStBl 2000 II S. 417.

D. Voraussetzungen der Betriebsaufspaltung

327 Ist hingegen für die Geschäfte des täglichen Lebens das einfache Mehrheitsprinzip vereinbart, hingegen für die Begründung, Änderung und Beendigung des Überlassungsverhältnisses Einstimmigkeit erforderlich, dann muss es für die Entscheidung der Frage, ob eine personelle Verflechtung vorliegt, nach der hier vertretenen Auffassung auf die Einstimmigkeit ankommen, weil ansonsten hinsichtlich des nach der Ansicht des IV. Senats maßgebenden Überlassungsverhältnisses keine Beherrschung denkbar ist. Außerdem kann die Person oder Personengruppe, die das Besitzunternehmen beherrscht, nur so auch über die Überlassung einer wesentlichen Betriebsgrundlage[1] einen Einfluss auf das Betriebsunternehmen ausüben.[2]

328 Allerdings ist diese Folgerung aus der BFH-Rechtsprechung nicht mit dem Ergebnis des Urteils des X. Senats des BFH v. 21.8.1996[3] vereinbar.[4] Zwar wird in diesem Urteil auch davon ausgegangen, dass es für die Annahme einer Beherrschungsidentität auf das für die Geschäfte des täglichen Lebens maßgebende Stimmrechtsverhältnis ankommt und dass sich der Beherrschungswille – also die Stimmrechtsmacht – auf das Nutzungsverhältnis der wesentlichen Betriebsgrundlage beziehen muss. Unverständlicherweise kommt der X. Senat anschließend jedoch zu dem Ergebnis, dass eine Einstimmigkeitsvereinbarung für Gesellschafterbeschlüsse, die die Überlassung der wesentlichen Betriebsgrundlagen betreffen, unbeachtlich sein soll, wenn für die „Geschäfte des täglichen Lebens" nur das Mehrheitsprinzip maßgebend ist.

329 Ob es hingegen ausreicht, wenn der Besitzunternehmer nur hinsichtlich des Überlassungsverhältnisses auch in der Betriebsgesellschaft seinen Willen durchsetzen kann, ist zweifelhaft. Hiergegen bestehen insofern Bedenken, weil in einem solchen Fall durch andere Maßnahmen in der Betriebsgesellschaft, auf die der Besitzunternehmer keinen Einfluss hat, das Betriebsunternehmen in einer Weise umgestaltet werden kann, dass die Überlassung der wesentlichen Betriebsgrundlage seitens des Betriebsunternehmens überflüssig wird.

330–332 *(Einstweilen frei)*

---

1 Vgl. oben Rz. 87 ff.
2 A. A. *Wacker* in Schmidt, EStG, 41. Aufl. 2022, § 15 Rz. 823, unter Hinweis auf FG Schleswig-Holstein, Urteil v. 11.5.2011, EFG 2011 S. 1433 (rkr.); *Kempermann*, GmbHR 2005 S. 317.
3 BFH, Urteil v. 21.8.1996 - X R 25/93, BFHE 181 S. 284, BStBl 1997 II S. 44; siehe auch FG Nürnberg, Urteil v. 28.6.2005 - I 320/2001, DStRE 2006 S. 671 (rkr.), NWB KAAAB-72997.
4 Vgl. auch BFH, Urteile v. 24.9.2015 - IV R 9/13, BStBl 2016 II S. 154, Rz. 27; v. 28.5.2020 - IV R 4/17, BStBl 2020 II S. 710, Rz. 27.

d) Testamentsvollstrecker

LITERATUR:

o. V., Testamentsvollstreckung und Besitz-Personenunternehmen, DB 1973 S. 28; *Felix*, Anm. zum BFH-Urteil vom 13.12.1984 - VIII R 237/81, BFHE 143 S. 138, BStBl II 1985, 657, StRK R 3 GewStG 1978 § 2 Abs. 1 BetrAufsp; *Söffing*, Keine personelle Verflechtung durch Testamentsvollstreckung bei Betriebsaufspaltung – BFH-Urteil vom 13.12.1984 - VIII R 237/81, BStBl 1985 II S. 394, NWB Fach 18 S. 2761; *Lorz*, Einfluss einer Dauertestamentsvollstreckung auf die personelle Verflechtung, ZEV 2008 S. 498; *Kanzler*, Dauertestamentsvollstrecker ohne eigenen geschäftlichen Betätigungswillen bei Betriebsaufspaltung, FR 2009 S. 86; *Knatz*, Der Einfluss der Dauertestamentsvollstreckung auf die personelle Verflechtung im Rahmen der Betriebsaufspaltung, DStR 2009 S. 27; *Wacker*, Zusammentreffen von Betriebsaufspaltung und Testamentsvollstreckung, JbFfSt 2009/2010 S. 656.

Der einheitliche Betätigungswille der hinter beiden Unternehmen stehenden Person oder Personengruppe kann nach dem BFH-Urteil v. 13.12.1984[1] nicht durch einen Testamentsvollstrecker ersetzt werden; denn ein Testamentsvollstrecker ist nicht in der Lage, hinsichtlich der Erbengemeinschaft, zu der ein Betriebsunternehmen und ein Besitzunternehmen gehört, einen einheitlichen geschäftlichen Betätigungswillen zu entwickeln, weil er nur die Stellung eines Treuhänders hat. Seine Stellung ist in gewisser Beziehung der eines gesetzlichen Vertreters angenähert. Der Herr des Nachlasses ist der Erbe. Der Testamentsvollstrecker ist nur sein Verwalter. Er verfolgt keine eigenen Interessen. Er muss widerstreitende Interessen des Erben berücksichtigen. Die Testamentsvollstreckung kann daher einen einheitlichen geschäftlichen Betätigungswillen nicht **begründen**.

333

Dem BFH-Urteil v. 13.12.1984 lag folgender Sachverhalt zugrunde:

334

Frau M und ihr Bruder M waren Erben nach ihrer Mutter. Frau M hatte allein die Betriebs-GmbH geerbt. Das Besitzunternehmen gehörte in ungeteilter Erbengemeinschaft Frau M und M je zur Hälfte. Es waren bis zur Auseinandersetzung der Erbengemeinschaft zwei Testamentsvollstrecker eingesetzt worden.

Anders liegt der Fall, mit dem sich der BFH in seiner Entscheidung v. 5.6.2008[2] zu befassen hatte. Im Gegensatz zu dem zuvor geschilderten Fall ging es hier nicht um die **Begründung** einer personellen Verflechtung, sondern um den

335

---

[1] BFH, Urteil v. 13.12.1984 - VIII R 237/81, BFHE 143 S. 138, BStBl 1985 II S. 657; Anm. zu dem Urteil: *Le* in RWP, Akt. Inf. Steuerrecht SG 1.3; *Felix*, StRK-Anm., GewStG 1978 § 2 Abs. 1 Betriebsaufspaltung R.3; *o. V.*, HFR 1985 S. 322.
[2] BFH, Urteil v. 5.6.2008 - IV R 76/05, BStBl 2008 II S. 858; ablehnend *Knatz*, DStR 2009 S. 27, 28 f.

Streit, ob eine **bereits bestehende** Beherrschungsidentität durch die Testamentsvollstreckung aufgehoben wird.

336 Der BFH verneinte dies und entschied, dass das Handeln eines Testamentsvollstreckers den Erben auch im Rahmen der Beurteilung der personellen Verflechtung von Besitzunternehmen und Betriebsunternehmen zuzurechnen ist. Zur Begründung weist der IV. Senat darauf hin, dass der Erbe mit der Annahme der Erbschaft (oder deren Nichtausschlagung) zum Ausdruck bringe, dass er auch die mit der Ernennung eines Testamentsvollstreckers verbundene Beschränkung seiner Verwaltungs- und Verfügungsrechte gegen sich gelten lassen will. Eine personelle Verflechtung ist damit immer dann anzunehmen, wenn ihre Voraussetzungen ungeachtet einer Testamentsvollstreckung vorliegen.

337 Die Entscheidung des BFH ist aus Sicht des Steuerpflichtigen in den meisten Fällen vorteilhaft. Würde nämlich die bereits bestehende Beherrschungsidentität durch die Testamentsvollstreckung aufgehoben, würde dies im Ergebnis zu einer Betriebsaufgabe mit den daraus entstehenden Nachteilen führen.

338–340 *(Einstweilen frei)*

e) Zwangsverwaltung, gerichtlicher Vergleich, Insolvenz

341 In den Fällen einer Zwangsverwaltung, eines gerichtlichen Vergleichs oder einer Insolvenz kann nicht von einem einheitlichen geschäftlichen Betätigungswillen durch den Zwangsverwalter, Vergleichsverwalter oder Insolvenzverwalter ausgegangen werden, wenn der Verpächter einer wesentlichen Betriebsgrundlage mit dem pachtenden Betriebsunternehmen nichts zu tun hat, sondern für beide Bereiche, Pächter und Verpächter, lediglich zufällig dieselbe Person als Verwalter eingesetzt wird.[1]

342–344 *(Einstweilen frei)*

3. Durchsetzung des einheitlichen geschäftlichen Betätigungswillens

LITERATUR:

o. V., Beteiligungsverhältnisse sowie Beginn und Ende von Besitzunternehmen, DB 1970 S. 1350; *Birkholz*, Anm. zum BFH-Urteil I R 184/70 vom 18.10.1972, FR 1972 S. 539; *Lange*, Anm. zum Beschluss des Großen Senats des BFH vom 8.11.1971, BB 1972 S. 31; o. V., Durchsetzung des geschäftlichen Betätigungswillens bei Betriebsaufspaltung, GmbHR 1998 S. 1029.

---

[1] Vgl. BFH, Urteile v. 6.3.1997 - XI R 2/96, BFHE 183 S. 85, BStBl 1997 II S. 460; v. 5.6.2008 - IV R 76/05 (unter II. 2. c. cc. (3)), BStBl 2008 II S. 858.

III. Personelle Verflechtung

a) Die Einmann-Betriebsaufspaltung

Die Durchsetzbarkeit eines einheitlichen geschäftlichen Betätigungswillens (Beherrschung) ist in den Fällen, in denen das Besitzunternehmen ein **Einzelunternehmen** ist, gegeben, wenn der Besitzunternehmer auch alleiniger Inhaber der Betriebs-GmbH ist. Der Inhaber des Einzelunternehmens kann hier seinen einheitlichen geschäftlichen Betätigungswillen ungehindert sowohl im Besitzunternehmen als auch im Betriebsunternehmen durchsetzen. Man spricht hier von **Einmann-Betriebsaufspaltung**. Bei dieser steht der Annahme einer personellen Verflechtung nach Auffassung des BFH nicht entgegen, wenn an den Anteilen der Betriebs-GmbH ein **Nießbrauchsrecht** bestellt und dem Nießbraucher eine **Stimmrechtsvollmacht** erteilt wird.[1]

345

b) Einheits-Betriebsaufspaltung

Problemlos ist die Durchsetzung des einheitlichen geschäftlichen Betätigungswillens auch in den Fällen der sog. Einheits-Betriebsaufspaltung, also in den Fällen, in denen die Anteile an der Betriebsgesellschaft zum Gesellschaftsvermögen des Besitzunternehmens gehören.[2] Hier setzt die Person oder Personengruppe, die Besitzunternehmer ist, ihren einheitlichen geschäftlichen Betätigungswillen über das Besitzunternehmen in dem Betriebsunternehmen durch. Hier besteht also – wie bei einer Organschaft – ein Über- und Unterordnungsverhältnis. Das Besitzunternehmen hat die Stellung einer Muttergesellschaft. Das Betriebsunternehmen hat die Stellung einer Tochtergesellschaft.

346

In anderen Betriebsaufspaltungsfällen als denen der Einheits-Betriebsaufspaltung besteht zwischen Besitz- und Betriebsunternehmen kein Über- und Unterordnungsverhältnis, sondern ein **Gleichordnungsverhältnis**. Die Beteiligung am Betriebsunternehmen gehört nicht zum Gesellschaftsvermögen des Besitzunternehmens, sondern sie gehört der Person (den Personen) die das Besitzunternehmen beherrscht (beherrschen). Beide Unternehmen, Besitzunternehmen und Betriebsunternehmen werden von einer übergeordneten Person oder Personengruppe beherrscht. *Woerner*[3] spricht insofern von einer **Dreieckskonstruktion**.

347

(Einstweilen frei) 348–350

---

[1] BFH, Beschluss v. 2.7.2009 - X B 230/08, BFH/NV 2009 S. 1647, NWB YAAAD-27346; siehe auch Rz. 278.
[2] Siehe oben Rz. 305.
[3] *Woerner*, DB 1985 S. 1609, 1613.

c) Die Mehrpersonen-Betriebsaufspaltung

LITERATUR:

Neumann, Anm. zum BFH-Beschluss GrS 2/71 vom 8.11.1971, FR 1972 S. 160.

(1) Überblick

351 Bei der Mehrpersonen-Betriebsaufspaltung gehören die Anteile am Betriebsunternehmen und/oder am Besitzunternehmen mehreren Personen. Die Mehrpersonen-Betriebsaufspaltung kann in drei verschiedenen Formen auftreten:

- ▶ auf der Seite des Besitzunternehmens ist nur eine Person beteiligt, während auf der Seite des Betriebsunternehmens mehrere Personen beteiligt sind,
- ▶ auf der Seite des Besitzunternehmens sind mehrere Personen beteiligt, während auf der Seite des Betriebsunternehmens nur eine Person beteiligt ist, und
- ▶ sowohl auf der Seite des Besitzunternehmens als auch auf der Seite des Betriebsunternehmens sind mehrere Personen beteiligt.

352 Die Beteiligung mehrerer Personen kann auf der Seite des Besitzunternehmens in der Form einer Personengesellschaft oder einer Gemeinschaft (nach Ansicht des BFH und der Finanzverwaltung auch in der Form einer Kapitalgesellschaft[1]) erfolgen. Die Beteiligung auf der Seite des Betriebsunternehmens ist in der Form einer Kapitalgesellschaft oder einer Personengesellschaft möglich.[2]

(2) Das Stimmrechtsverhältnis

LITERATUR:

o. V., Beteiligungsverhältnisse bei Betriebsaufspaltung, GmbHR 1994 S. 608; *o. V.*, Abweichende Gewinnverteilung im Rahmen einer Betriebsaufspaltung, GmbHR 1995 S. 650; *Centrale-Gutachtendienst*, Vermeidung einer Betriebsaufspaltung trotz Stimmrechtsbeteiligung abweichender Gewinnbezugsrechte.

(2.1) Allgemeines

353 Sind am Besitzunternehmen oder am Betriebsunternehmen mehrere Personen beteiligt, so kommt es für die Beantwortung der Frage, ob eine Beherrschung im Sinne der Durchsetzbarkeit eines einheitlichen Betätigungswillens vorliegt,

---

1 Siehe hierzu unten Rz. 705 ff.
2 Siehe unten Rz. 764 ff.

grds. auf das Stimmrechtsverhältnis und darauf an,[1] ob für die maßgebenden Gesellschafterbeschlüsse eine einfache Mehrheit, eine qualifizierte Mehrheit oder Einstimmigkeit erforderlich ist. Dem steht bei einer **Betriebs-GmbH** nicht entgegen, dass hier die Geschäftsführung nicht den Gesellschaftern, sondern dem **Geschäftsführer** obliegt; denn in einer GmbH können – was für die Durchsetzung eines einheitlichen geschäftlichen Betätigungswillen ausreicht – die Gesellschafter den Geschäftsführer jederzeit in ihrem Sinne anweisen oder durch einen anderen ersetzen und damit die Geschäftsführung beeinflussen.

(2.2) Das Stimmrecht

Während der Wille einer natürlichen Person durch den Willensentschluss dieser Person gebildet wird, kann der Wille einer Gesellschaft oder einer Gemeinschaft nur durch einen Beschluss der Gesellschafter oder Teilhaber der Gemeinschaft zustande kommen. Das Recht der einzelnen Gesellschafter oder Teilhaber an dem Zustandekommen eines solchen Beschlusses (**Gesellschafterbeschluss**) mitzuwirken, ist das **Stimmrecht** des einzelnen Gesellschafters (Teilhabers). 354

Der Umfang des Stimmrechts eines Gesellschafters (Gemeinschafters) ergibt sich aus dem Gesellschaftsvertrag (der Vereinbarung der Teilhaber) oder – wenn gesellschaftsrechtliche Vereinbarungen über das Stimmrecht nicht vorhanden sind – aus dem Gesetz.[2] 355

Gehören Grundstücke oder andere Wirtschaftsgüter zum **Gesamtgut** von Ehegatten, die in **Gütergemeinschaft** (§ 1416 BGB) leben, so sind beide **Ehegatten** je zu ½ an dem Wirtschaftsgut beteiligt.[3] Zum Gesamtgut gehören auch Gesellschaftsanteile an einer Kapitalgesellschaft, wenn die in Gütergemeinschaft lebenden Ehegatten eine GmbH gründen. Das mit solchen GmbH-Anteilen verbundene Stimmrecht übt derjenige Ehegatte aus, dem die Verwaltung des Gesamtguts zusteht. Er muss dabei auch die Interessen des anderen Ehegatten berücksichtigen, dem die Mitwirkungsrechte nach §§ 1423 bis 1425 BGB und das sich aus § 1435 Satz 2 BGB ergebende Informationsrecht zustehen. 356

---

1 BFH, Urteile v. 1.12.1989 - III R 94/87, BFHE 159 S. 480, BStBl 1990, 500; v. 1.2.1990 - IV R 91/89, BFH/NV 1990 S. 562, NWB GAAAB-31667; v. 26.11.1992 - IV R 15/91, BFHE 171 S. 490, BStBl 1993 II S. 876; v. 29.1.1997 - XI R 23/96, BFHE 182 S. 216, BStBl 1997 II S. 437; v. 15.10.1998 - IV R 20/98, BFHE 187 S. 26, BStBl 1999 II S. 445; v. 29.8.2001 - VIII B 15/01, BFH/NV 2002 S. 185 (linke Spalte), NWB JAAAA-67530.
2 Siehe unten Rz. 440 ff.
3 BFH, Urteil v. 26.11.1992 - IV R 15/91, BFHE 171 S. 490, BStBl 1993 II S. 876.

357 Weichen **das Stimmrechtsverhältnis** und **das Verhältnis der Vermögensbeteiligung** voneinander ab, so kommt es auf den Umfang des Stimmrechts an.[1] Das Verhältnis des Stimmrechts ist auch dann maßgebend, wenn die **Gewinnverteilungsabrede** abweichend vom Stimmrechtsverhältnis und vom Verhältnis der Vermögensbeteiligung geregelt ist.

358 Streitig ist, wem das Stimmrecht für den Fall zusteht, dass ein **Nießbrauchsrecht** an einem Gesellschaftsanteil der Betriebs- oder Besitzgesellschaft bestellt ist.[2]

359 Die vom BFH vertretene Ansicht,[3] das Nießbrauchsrecht stehe der Annahme einer Betriebsaufspaltung nicht entgegen, ist in dieser Allgemeinheit zweifelhaft. Es kommt vielmehr darauf an, wie das Nießbrauchsrecht ausgestaltet ist und tatsächlich gehandhabt wird. Steht dem Nießbraucher aufgrund besonderer Vereinbarungen auch das Stimmrecht zu – was allerdings bei einer GmbH wegen des Verbots der Stimmrechtsabspaltung nicht möglich ist – so kann die Stimmrechtsmacht nicht zur Annahme einer personellen Verflechtung dem Gesellschafter zugerechnet werden, der seinen Anteil mit einem Nießbrauchsrecht belastet hat.

360 Hat der Eigentümer eines **GmbH-Anteils** diesen unter „Vorbehalt der Stimmrechte und sonstiger Verwaltungsrechte" auf einen Dritten übertragen, so führt dies nicht dazu, dass dem Veräußerer des Anteils die Stimmrechte bei der Beantwortung der Frage, ob eine personelle Verflechtung besteht, weiterhin zuzurechnen sind; denn der Vorbehalt widerspricht dem gesellschaftsrechtlichen Verbot der isolierten Abspaltung von Stimmrechten.[4]

Als Gestaltungsalternative bietet es sich hier an, dass der Gesellschafter der Betriebs-GmbH seine Anteile unter **Vorbehaltsnießbrauch** überträgt.[5] Die personelle Verflechtung bleibt in diesem Fall bestehen, wenn der Veräußerer auch weiterhin seinen Geschäfts- und Betätigungswillen im Betriebsunternehmen durchsetzen kann. Dies ist jedenfalls der Fall, wenn sich der Erwerber der Anteile verpflichtet, sein Recht auf Teilnahme an Gesellschafterversammlungen sowie sein Stimmrecht dem Veräußerer für die Dauer des Nießbrauchsrechts zu überlassen, und er diesen unwiderruflich bevollmächtigt, nicht nur die mit dem Geschäftsanteil verbundenen Ladungen zu Gesellschafterversammlungen

---

1 *Streck* in Kölner Handbuch, Rz. 213.
2 Vgl. bereits oben Rz. 278 ff.
3 BFH, Urteil v. 1.10.1996 - VIII R 44/95, BFHE 182 S. 327, BStBl 1997 II S. 530; Beschluss v. 2.7.2009 - X B 230/08, BFH/NV 2009 S. 1647, NWB YAAAD-27346.
4 BFH, Urteil v. 1.10.1996 - VIII R 44/95, BFHE 182 S. 327, BStBl 1997 II S. 530.
5 Vgl. bereits Rz. 281.

entgegenzunehmen, sondern auch die Stimmrechte ohne Beschränkungen in Gesellschafterversammlungen auszuüben.[1]

Treuhändisch gehaltene Gesellschaftsanteile sind steuerrechtlich nach § 39 Abs. 2 Nr. 1 Satz 2 AO dem Treugeber zuzurechnen. Nach zutreffender Rechtsprechung des BFH scheidet die Annahme einer personellen Verflechtung als Voraussetzung einer Betriebsaufspaltung deshalb aus, wenn eine mehrheitlich an einer Betriebsgesellschaft beteiligte Kommanditistin einer Besitzgesellschaft aufgrund der ihr als **Treuhänderin** gegenüber **Treugebern** obliegenden Treuepflicht in der Gesellschafterversammlung der Besitz-KG ihre eigenen Interessen überwiegend den Interessen der Treugeber unterzuordnen hat.[2]

361

Im der Entscheidung zugrunde liegenden Sachverhalt war eine Holding-GmbH mittelbar über verschiedene Kapitalgesellschaftsbeteiligungen an der operativ tätigen KG beteiligt, der von einer weiteren GmbH & Co. KG ein Grundstück zur Nutzung überlassen worden war. An dieser GmbH & Co. KG war die Holding zwar zivilrechtlich zu 100 % beteiligt, es wurden allerdings weniger als 50 % der Anteile auf eigene Rechnung und die übrigen Anteile treuhänderisch für andere Personen gehalten. Mit überzeugender Begründung lehnt der BFH in diesem Fall eine personelle Verflechtung ab, weil die aus gesellschaftsrechtlicher Sicht mehrheitlich an der GmbH & Co. KG beteiligte Holding – ungeachtet des Umstands, dass treuhändisch gehaltene Gesellschaftsanteile (im Streitfall die Kommanditanteile) steuerrechtlich nach § 39 Abs. 2 Nr. 1 Satz 2 AO dem Treugeber zuzurechnen sind – nach Maßgabe der im Streitfall getroffenen Regelungen im Emissionsprospekt, in den Treuhandverträgen und im Gesellschaftsvertrag der GmbH & Co. KG in den wesentlichen Fragen, insbesondere in Bezug auf den hinsichtlich der wesentlichen Betriebsgrundlage „Grundstück" bestehenden Nutzungsüberlassungsvertrag, bei der GmbH & Co. KG als potentiellem Besitzunternehmen nicht ihren Willen durchsetzen konnte.[3] Denn insbesondere die Kündigung von Gebäude- und Grundstücksmietverträgen war nach dem Gesellschaftsvertrag mit einfacher Mehrheit der in der Gesellschafterversammlung anwesenden und/oder vertretenen Stimmen zustimmungspflichtig. Dabei konnte die Holding jedoch nach dem Gesellschaftsvertrag über keine eigene Stimmenmehrheit verfügen, sondern allenfalls gemeinsam mit den Stimmen der Treugeber.

---

1 BFH, Urteil v. 25.1.2017 - X R 45/14, BFH/NV 2017 S. 1039, NWB AAAAG-48078.
2 BFH, Urteil v. 20.5.2021 - IV R 31/19, BStBl 2021 II S. 768, Rz. 30.
3 BFH, Urteil v. 20.5.2021 - IV R 31/19, BStBl 2021 II S. 768, Rz. 30; vgl. hierzu auch *Winkler*, kösdi 2022 S. 22738, 22747 f.

Das Urteil betrifft die Begründung von Treuhandverhältnissen an Anteilen einer möglichen Besitzgesellschaft. Es ist auf die umgekehrte Konstellation übertragbar, in der Gesellschafter einer Betriebsgesellschaft treuhänderisch an deren Anteilen beteiligt sind und aufgrund der Treuhandabrede den Interessen von (nicht oder nicht mehrheitlich an der Besitzgesellschaft) beteiligten Treugebern untergeordnet sind.

362–363 *(Einstweilen frei)*

(2.3) Einfache Mehrheit

(2.3.1) Personenmehrheit beim Besitz- oder Betriebsunternehmen

364 Soweit für Gesellschafterbeschlüsse die einfache Mehrheit ausreicht, ist eine **Beherrschung** eines Unternehmens grds. bei einer Beteiligung von **mehr als 50 %** gegeben.[1] Die früher vom I. Senat des BFH vertretene Meinung, dass eine Beteiligung von **75 %** erforderlich ist, ist aufgegeben worden.[2]

365 Maßgebend für die Frage, ob eine Beteiligung von mehr als 50 % vorliegt, ist sowohl beim Besitzunternehmen als auch beim Betriebsunternehmen das **Stimmrechtsverhältnis**.[3]

BEISPIEL:

	BesitzU	BetrU
A	100 %	über 50 %
B	0 %	unter 50 %
	100 %	100 %

LÖSUNG: Es liegt eine Betriebsaufspaltung vor, wenn in dem Betriebsunternehmen die Gesellschafterbeschlüsse mit einfacher Mehrheit gefasst werden; denn A beherrscht dann das Betriebsunternehmen und kann im Besitzunternehmen seinen geschäftlichen Betätigungswillen durchsetzen, weil er hier über 100 % Stimmrechtsmacht verfügt.

---

1 Siehe u. a. BFH, Urteile v. 2.8.1972 - IV R 87/65, BFHE 106 S. 325, BStBl 1972 II S. 796; v. 23.11.1972 - IV R 63/71, BFHE 108 S. 44, BStBl 1973 II S. 247; v. 20.9.1973 - IV R 41/69, BFHE 110 S. 368, BStBl 1973 II S. 869; v. 11.12.1974 - I R 260/72, BFHE 114 S. 433, BStBl 1975 II S. 266; v. 28.11.1979 - I R 141/75, BFHE 129 S. 279, BStBl 1980 II S. 162; v. 1.4.1981 - I R 160/80, BFHE 133 S. 561, BStBl 1981 II S. 738; v. 14.1.1982 - IV R 77/79, BFHE 135 S. 325, BStBl 1982 II S. 476; v. 16.6.1982 - I R 118/80, BFHE 136 S. 287, BStBl 1982 II S. 662; v. 26.7.1984 - IV R 11/81, BFHE 141 S. 536, BStBl 1984 II S. 714; v. 13.12.1984 - VIII R 19/81, BFHE 143 S. 106, BStBl 1985 II S. 601; v. 27.11.1985 - I R 115/85, BFHE 145 S. 221, BStBl 1986 II S. 362; v. 18.2.1986 - VIII R 125/85, BFHE 146 S. 266, BStBl 1986 II S. 611.

2 BFH, Urteile v. 28.11.1979 - I R 141/75, BFHE 129 S. 279, BStBl 1980 II S. 162; v. 16.6.1982 - I R 118/80, BFHE 136 S. 287, BStBl 1982 II S. 662; v. 27.11.1985 - I R 115/85, BFHE 145 S. 221, BStBl 1986 II S. 362.

3 Vgl. oben Rz. 353 ff.

III. Personelle Verflechtung

BEISPIEL:

	BesitzU	BetrU
A	über 50 %	100 %
B	unter 50 %	0 %
	100 %	100 %

Auch hier liegt eine personelle Verflechtung vor; denn A kann sowohl im Betriebsunternehmen als auch im Besitzunternehmen seinen einheitlichen geschäftlichen Willen durchsetzen.

Keine Betriebsaufspaltung liegt hingegen in dem folgenden Fall vor: 366

BEISPIEL:

	BesitzU	BetrU
A	100 %	50 %
B	0 %	50 %
	100 %	100 %

Zwar beherrscht hier A das Besitzunternehmen, er kann im Betriebsunternehmen aber seinen geschäftlichen Betätigungswillen nicht durchsetzen; denn er kann mit seinen 50 % Stimmanteilen den Gesellschafter B nicht überstimmen.[1] Dies gilt grds. selbst dann, wenn sowohl der Alleingesellschafter der Betriebs-GmbH als auch der nicht an der Betriebs-GmbH beteiligte Besitzgesellschafter Geschäftsführer der Betriebs-GmbH ist.[2]

(Einstweilen frei) 367–370

(2.3.2) Personenmehrheit bei beiden Unternehmen

(2.3.2.1) Die Personengruppentheorie

Es ist bereits erwähnt worden, dass es für die Beherrschung von Besitzunternehmen und Betriebsunternehmen ausreicht, wenn an beiden Unternehmen mehrere Personen beteiligt sind, die infolge ihrer Einheit und ihrer Doppelstellung auch ohne entsprechende vertragliche Bindungen in der Lage sind, 371

---

1 BFH, Urteile v. 13.12.1984 - VIII R 19/81, BFHE 143 S. 221, BStBl 1985 II S. 601; v. 27.2.1991 - XI R 25/88, BFH/NV 1991 S. 454, 455 (mittlere Spalte), NWB GAAAA-97203; v. 30.11.2005 - X R 56/04, BFHE 212 S. 100, BStBl 2006 II S. 415; v. 2.9.2008 - X R 32/05, BFHE 224 S. 217, BStBl 2009 II S. 634.
2 BFH, Urteil v. 7.12.1999 - VIII R 50, 51/96, BFH/NV 2000 S. 601, NWB SAAAA-97024.

beide Unternehmen nach Maßgabe ihrer Gesamtbeteiligung zu beherrschen (**Personengruppentheorie**[1]).

372 **BEISPIEL:**

Betriebsaufspaltung ist nach der Personengruppentheorie gegeben, weil die Personengruppe B, C und D an beiden Unternehmen mit 80 % beteiligt ist.

373 Der Personengruppentheorie steht die zur Anerkennung eines Arbeitsverhältnisses zwischen Ehegatten ergangene Entscheidung des BVerfG v. 7.11.1995[2] nicht entgegen. Das BVerfG hat es in diesem Beschluss für unzulässig erklärt, einen bereits als erwiesen erachteten Sachverhalt der Besteuerung nur deshalb nicht zugrunde zu legen, weil eines von mehreren, für den Nachweis des Sachverhalts in Betracht kommenden Indizien nicht gegeben ist. Ein Indiz darf nach dieser Entscheidung nicht in der Weise zu einem Tatbestandsmerkmal verselbständigt werden, dass das Fehlen dieses Merkmals den an sich als erfüllt angesehenen Tatbestand entfallen lässt. Mit anderen Worten, wird ein Tatbestandsmerkmal als erfüllt angesehen, kommt es nicht mehr darauf an, ob auch das fragliche Indizmerkmal gegeben ist.

374 Die Anteilsmehrheit der Sowohl-als-auch-Gesellschafter ist bei der Betriebsaufspaltung das entscheidende Tatbestandsmerkmal für die Annahme einer personellen Verflechtung. Deshalb ist es hier grds. unerheblich, ob der einheitliche geschäftliche Betätigungswille auch aus anderen Umständen abgeleitet werden könnte. Solche Umstände sind deshalb nicht geeignet, die aufgrund der Beteiligungsverhältnisse angenommene personelle Verflechtung „entfallen" zu lassen.[3]

---

1 BFH, Entscheidungen v. 2.8.1972 - IV 87/65, BFHE 106 S. 325, BStBl 1972 II S. 796; v. 28.5.1991 - IV B 28/90, BFHE 164 S. 543, BStBl 1991 II S. 801; v. 21.1.1999 - IV R 96/96, BFHE 187 S. 570, BStBl 2002 II S. 771; v. 24.2.2000 - IV R 62/98, BFHE 191 S. 295, BStBl 2000 II S. 417; v. 7.1.2008 - IV B 24/07, BFH/NV 2008 S. 784, NWB NAAAC-74107; v. 20.5.2021 – IV R 31/19, BStBl 2021 II S. 768, Rz. 23.

2 BVerfG, Beschluss v. 7.11.1995 - 2 BvR 802/90, BStBl 1996 II S. 34; *Pezzer*, StbJb 1996/97 S. 25, 42.

3 BFH, Urteil v. 24.2.2000 - IV R 62/98, BFHE 191 S. 295, BStBl 2000 II S. 417.

(2.3.2.2) Beteiligungsidentität und unterschiedliche Beteiligungsverhältnisse

LITERATUR:

Märkle, Die Betriebsaufspaltung an der Schwelle zu einem neuen Jahrtausend, Personelle Verflechtung bei Gesellschafteridentität, aber ungleicher Beteiligung an Besitz- und Betriebsgesellschaft, BB 2000 Beilage 7, S. 7.

Der einheitliche geschäftliche Betätigungswille tritt am klarsten zutage, wenn – wie in dem vorstehenden Beispiel – an beiden Unternehmen **dieselben Personen** im **gleichen Verhältnis beteiligt** sind (**Beteiligungsidentität**).[1]

375

Erforderlich ist dies für die Annahme einer personellen Verflechtung aber nicht; denn es können auch andere Umstände zu einem „einheitlichen geschäftlichen Betätigungswillen" hinsichtlich der beiden Unternehmen führen.[2] Demzufolge ist ein einheitlicher geschäftlicher Betätigungswille nicht nur dann vorhanden, wenn an beiden Unternehmen dieselben Personen im gleichen Verhältnis beteiligt sind, sondern auch dann, wenn die an den beiden Unternehmen beteiligten Personen an diesen mit **unterschiedlichen Quoten beteiligt** sind.[3] Erforderlich ist nur, dass die „Person oder Personengruppe,[4] die das Besitzunternehmen tatsächlich beherrscht, in der Lage ist, auch in der Betriebsgesellschaft ihren Willen durchzusetzen" (**Beherrschungsidentität**).[5] Ob diese Voraussetzungen, an die **strenge Anforderungen** zu stellen sind, vorliegen, ist nach den Verhältnissen des einzelnen Falls zu entscheiden.[6]

---

1 BFH, Entscheidungen v. 8.11.1971 - GrS 2/71, BFHE 103 S. 440, BStBl 1972 II S. 63; v. 16.6.1982 - I R 118/80, BFHE 136 S. 287, BStBl 1982 II S. 662; v. 5.9.1991 - IV R 113/90, BFHE 165 S. 420, BStBl 1992 II S. 349; v. 15.10.1998 - IV R 20/98, BFHE 187 S. 26, BStBl 1999 II S. 445; v. 24.2.2000 - IV R 62/98, BFHE 191 S. 295, BStBl 2000 II S. 417; v. 14.8.2001 - IV B 120/00, BFH/NV 2002 S. 1561 (rechte Spalte f.), NWB IAAAA-66995; v. 29.8.2001 - VIII R 34/00, BFH/NV 2002 S. 185, 187 (linke Spalte), NWB FAAAA-67592; v. 20.5.2021 - IV R 31/19, BStBl 2021 II S. 768, Rz. 24.
2 BFH, Urteil v. 16.6.1982 - I R 118/80, BFHE 136 S. 287, BStBl 1982 II S. 662.
3 BFH, Urteile v. 2.8.1972 - IV 87/65, BFHE 106 S. 325, BStBl 1972 II S. 796; v. 11.12.1974 - I R 260/72, BFHE 114 S. 433, BStBl 1975 II S. 266; v. 28.1.1993 - IV R 39/92, BFH/NV 1993 S. 528, NWB FAAAA-97251; v. 18.3.1993 - IV R 96/92, BFH/NV 1994 S. 15, 16 (mittlere Spalte), NWB TAAAA-98441; v. 24.2.1994 - IV R 8-9/93, BFHE 174 S. 80, BStBl 1994 II S. 466; v. 21.8.1996 - X R 25/93, BFHE 181 S. 284, BStBl 1997 II S. 44; v. 15.10.1998 - IV R 20/98, BFHE 187 S. 26, BStBl 1999 II S. 445.
4 Siehe hierzu auch unten Rz. 375 ff.
5 BFH, Urteile v. 8.11.1971 - GrS 2/71, BFHE 103 S. 440, BStBl 1972 II S. 63; v. 28.1.1982 - IV R 100/78, BFHE 135 S. 330, BStBl 1982 II S. 479; v. 16.6.1982 - I R 118/80, BFHE 136 S. 287, BStBl 1982 II S. 662; v. 9.11.1983 - I R 174/79, BFHE 140 S. 90, BStBl 1984 II S. 212; v. 24.2.2000 - IV R 62/98, BFHE 191 S. 295, BStBl 2000 II S. 417; v. 29.8.2001 - VIII R 34/00, BFH/NV 2002 S. 185, 187 (linke Spalte), NWB FAAAA-67592; v. 20.5.2021 - IV R 31/19, BStBl 2021 II S. 768, Rz. 24.
6 BFH, Entscheidungen v. 8.11.1971 - GrS 2/71, BFHE 103 S. 440, BStBl 1972 II S. 63; v. 30.7.1985 - VIII R 263/81, BFHE 145 S. 129, BStBl 1986 II S. 359.

D. Voraussetzungen der Betriebsaufspaltung

376 **BEISPIEL:** An dem Besitzunternehmen ist A mit 30 % beteiligt, B mit 40 %, C mit 20 % und D mit 10 %. Am Betriebsunternehmen sind A mit 30 %, B mit 30 %, D mit 10 % und E mit 30 % beteiligt.

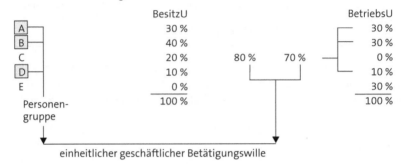

377 Es liegt in diesem Fall eine personelle Verflechtung vor; denn die Personengruppe A, B und D bilden nach der Rechtsprechung des BFH[1] eine „durch gleichgerichtete Interessen geschlossene Personengruppe", und diese ist mit über 50 % sowohl am Betriebsunternehmen als auch am Besitzunternehmen beteiligt.

378 Eine personelle Verflechtung liegt nach dem BFH-Urteil v. 15.5.1975[2] auch in dem folgenden Beispiel vor:

BEISPIEL:

		BesitzU	BetrU
A	Personen-	80 %	50 %
B	gruppe	20 %	50 %
		100 %	100 %

379 Auf der gleichen Ebene liegt das BFH-Urteil v. 24.2.2000,[3] dem folgende Beteiligungsverhältnisse zugrunde lagen:

	BesitzU	BetrU
M	40 %	60 %
F	60 %	40 %
	100 %	100 %

---

1 BFH, Urteil v. 16.6.1982 - I R 118/80, BFHE 136 S. 287, BStBl 1982 II S. 662.
2 BFH, Urteil v. 15.5.1975 - IV R 89/73, BFHE 116 S. 277, BStBl 1975 II S. 781.
3 BFH, Urteil v. 24.2.2000 - IV R 62/98, BFHE 191 S. 295, BStBl 2000 II S. 417.

Der BFH hat hier entschieden, dass ein einheitlicher geschäftlicher Betätigungswille regelmäßig auch dann anzunehmen sei, wenn die einzigen Gesellschafter des Besitz- und Betriebsunternehmens in der Weise an beiden Unternehmen beteiligt sind, dass der eine Gesellschafter über die Mehrheit der Anteile am Besitzunternehmen verfügt, der andere dagegen über die Mehrheit der Anteile am Betriebsunternehmen.[1]

Keine Betriebsaufspaltung hingegen ist in folgendem Fall gegeben: 380

BEISPIEL:

	BesitzU	BetrU
A	50 %	–
B	–	50 %
C	50 %	–
D	–	50 %
	100 %	100 %

Betriebsaufspaltung ist hier nicht gegeben, weil weder eine Person noch eine Personengruppe an beiden Unternehmen mit mehr als 50 % beteiligt ist.

Die vorstehend dargestellten Grundsätze gelten auch für den Fall, dass nicht die Beteiligung selbst, sondern die **Stimmrechte** der Beteiligten abweichend vom Beteiligungsverhältnis unterschiedlich geregelt sind.[2] 381

(Einstweilen frei) 382–385

(2.3.2.3) Rechtfertigung der Personengruppentheorie

LITERATUR:

Grieger, Anm. zum BFH-Urteil vom 2.8.1972, IV 87/65, DStZ/A 1972 S. 389.

Die Personengruppentheorie beruht auf der **Vermutung**, dass mehrere Personen, die sowohl an dem Besitzunternehmen als auch am Betriebsunternehmen beteiligt sind, **gleichgerichtete** Interessen haben und deshalb ihre Rechte auch gleichgerichtet ausüben. 386

---

1 Siehe auch BFH, Urteil v. 29.8.2001 - VIII R 34/00, BFH/NV 2002 S. 185, 187 (linke Spalte), NWB FAAAA-67592.
2 BFH, Urteil v. 14.8.2001 - IV B 120/00, BFH/NV 2001 S. 1561, 1562 (linke Spalte), NWB IAAAA-66995.

387 Diese Vermutung wird von den folgenden Überlegungen getragen:
- ▶ Nur bei der Verfolgung gleichgerichteter Interessen können die Sowohl-als-auch-Gesellschafter ihren Willen in beiden Unternehmen (dem Besitz- und dem Betriebsunternehmen) durchsetzen.[1]
- ▶ Ohne das Vorhandensein eines gleichgerichteten Betätigungswillens kann die Aufspaltung eines Unternehmens in eine Betriebsgesellschaft und ein Besitzunternehmen nicht vorgenommen werden.[2]
- ▶ Die Gesellschafter des Betriebsunternehmens sind nicht zufällig zusammengekommen, sondern sie haben sich auch beim Besitzunternehmen zur Verfolgung eines bestimmten wirtschaftlichen Zwecks zusammengefunden, so dass ihr Handeln durch gleichgerichtete Interessen bestimmt wird.[3]
- ▶ Die Missachtung der Interessen eines Sowohl-als-auch-Gesellschafters, der an einem der beiden Unternehmen nur geringfügig beteiligt ist, würde zur Blockierung der Willensbildung in dem anderen Unternehmen und damit zum Zerbrechen der ganzen Doppelgesellschaft führen.[4]
- ▶ Unerheblich sei, ob die mit entgegengesetzten Mehrheitsverhältnissen an dem Besitz- und Betriebsunternehmen beteiligten Personen **Eheleute** seien oder nicht; denn der Interessengleichklang ergebe sich nicht aus der ehelichen Beziehung, sondern aus dem zweckgerichteten Zusammenschluss derselben Personen in beiden Unternehmen.[5]

388 Es kommt nicht darauf an, welchen Einfluss jeder einzelnen Person oder Personengruppe innerhalb des „aufgespaltenen Unternehmens" zukommt. Deshalb ist es auch nicht erforderlich, dass die einzelnen Personen der Personengruppe am Besitzunternehmen und Betriebsunternehmen im **gleichen Verhältnis** beteiligt sind. Ausschlaggebend ist, dass die Gruppe in sich durch die Gleichrichtung ihrer Interessen einen geschlossenen Block bildet und auf diese Weise in der „Doppelgesellschaft" ihren Willen tatsächlich durchsetzen kann.[6] Durch die Gleichrichtung der Interessen wird die Personengruppe also als eine Einheit bei der Willensbildung angesehen.

---

1 BFH, Urteile v. 24.2.2000 - IV R 62/98, BFHE 191 S. 295, BStBl 2000 II S. 417; v. 29.8.2001 - VIII R 34/00, BFH/NV 2002 S. 185, 187 (mittlere Spalte), NWB FAAAA-67592.
2 FG Baden-Württemberg, Urteil v. 14.11.1996 - 6 K 7/97, EFG 1997 S. 532 (rkr.).
3 BFH, Entscheidungen v. 28.5.1991 - IV B 28/90, BFHE 164 S. 543, BStBl 1991 II S. 801; v. 24.2.2000 - IV R 62/98, BFHE 191 S. 295, BStBl 2000 II S. 417.
4 BFH, Urteil v. 24.2.2000 - IV R 62/98, BFHE 191 S. 295, BStBl 2000 II S. 417.
5 BFH, Urteil v. 29.8.2001 - VIII R 34/00, BFH/NV 2002 S. 185, 187 (mittlere Spalte), NWB FAAAA-67592.
6 BFH, Urteile v. 16.6.1982 - I R 118/80, BFHE 136, S. 287, BStBl 1982 II S. 662; v. 26.11.1992 - IV R 15/91, BFHE 171 S. 490, BStBl 1993 II S. 876.

Abgesehen von den Fällen einer extrem konträren Beteiligung der Sowohl-als-auch-Gesellschafter[1] lässt sich – nach Ansicht des BFH[2] – aus einer unterschiedlichen Beteiligung ein Interessengegensatz auch deshalb nicht herleiten, weil die an beiden Unternehmen beteiligten Personen nicht zufällig zusammengekommen seien, sondern sich zur Verfolgung eines bestimmten betrieblichen Zwecks auch beim Besitzunternehmen zusammengefunden hätten und deshalb eine zwischen den Gesellschaftern abgestimmte Willensbildung erforderlich sei, solange die – bewusst gebildete – Doppelgesellschaft Bestand haben solle.

389

In den Fällen, in denen eine Personengruppe aus Ehegatten oder Eltern und Kindern besteht, steht der Beschluss des BVerfG v. 12.3.1985[3] der Anwendung der Personengruppentheorie nicht entgegen.

390

(Einstweilen frei) 391–393

(2.3.2.4) **Widerlegung der Vermutung gleichgerichteter Interessen**

LITERATUR:

Fichtelmann, Anm. zum BFH-Urteil vom 15.5.1975, IV R 89/73, StRK-Anm. R 323 zu § 2 Abs. 1 GewStG.

Die Vermutung, dass die sowohl an dem Besitzunternehmen als auch am Betriebsunternehmen beteiligten Personen gleichgerichtete Interessen haben, kann **widerlegt** werden, wenn ständige **Interessengegensätze**, die verschiedene Ursachen haben können (z. B. Ausgestaltung der Gesellschaftsrechte, unterschiedliche Stimmrechte, wirtschaftliche oder familiäre Gegensätze), nicht nur möglich, sondern **konkret nachweisbar** sind.[4] Der früher vom I. Senat vertretene Standpunkt, wonach die Möglichkeit von Interessengegensätzen ausreichend sein sollte, ist aufgegeben worden.[5]

394

---

1 Vgl. hierzu unten Rz. 403 ff.
2 BFH, Urteile v. 2.8.1972 - IV 87/65, BFHE 106 S. 325, BStBl 1972 II S. 796; v. 18.3.1993 - IV R 96/92, BFH/NV 1994 S. 15, 16 (mittlere Spalte), NWB TAAAA-98441.
3 BVerfG, Beschluss v. 12.3.1985 - 1 BvR 571/81, BVerfGE 69 S. 188, BStBl 1985 II S. 475.
4 BFH, Urteile v. 15.5.1975 - IV R 89/73, BFHE 116 S. 277, BStBl 1975 II S. 781; v. 16.6.1982 - I R 118/80, BFHE 136 S. 287, BStBl 1982 II S. 662; v. 5.9.1991 - IV R 113/90, BFHE 165 S. 420, BStBl 1992 II S. 349; v. 28.1.1993 - IV R 39/92, BFH/NV 1993 S. 528, NWB FAAAA-97251; v. 10.4.1997 - IV R 73/94, BFHE 183 S. 127, BStBl 1997 II S. 569; v. 14.8.2001 - IV B 120/00, BFH/NV 2001 S. 1561, 1562 (linke Spalte), NWB IAAAA-66995; Beschluss v. 7.1.2008 - IV B 24/07, BFH/NV 2008 S. 784, NWB NAAAC-74107.
5 BFH, Urteil v. 16.6.1982 - I R 118/80, BFHE 136 S. 287, BStBl 1982 II S. 662.

395 Der Nachweis einer konkreten Interessenkollision ist z. B. möglich

- ▶ durch Rechtsstreitigkeiten zwischen den zu der Personengruppe gehörenden Personen,
- ▶ durch ein bestimmtes Verhalten eines Gesellschafters in der Gesellschafterversammlung oder
- ▶ durch Streitigkeiten bei der Geschäftsführung.

396 Aus **Meinungsverschiedenheiten** und Interessengegensätzen in **untergeordneten Fragen** zwischen den Gesellschaftern kann nicht auf das Fehlen eines einheitlichen geschäftlichen Betätigungswillens geschlossen werden,[1] denn derartige Meinungsverschiedenheiten ändern nichts an der Tatsache, dass die an beiden Unternehmen beteiligten Personen durch ihre gleichgerichteten Interessen schon der Natur der Sache nach eine geschlossene Personengruppe und damit eine Einheit darstellen, deren einheitliches Handeln wirtschaftlich gesehen keines Nachweises bedarf.[2] Das gilt nicht nur bei **Beteiligungsidentität**, sondern auch bei unterschiedlicher Beteiligung am Besitz- und Betriebsunternehmen.[3]

397 Bei einem Gesellschaftsverhältnis zwischen einem verwitweten Elternteil und den Kindern genügt die Wiederverheiratung des Elternteils allein nicht, um das Vorhandensein von Interessengegensätzen nachzuweisen.[4] Es genügt auch nicht, wenn die Beteiligten auf eine Bestimmung in der Satzung der GmbH verweisen, derzufolge deren Geschäftsführer für bestimmte Geschäfte der **Zustimmung der (personengleichen) Gesellschafter** bedürfen.[5] Auch gelegentliche Meinungsverschiedenheiten innerhalb einer **Eigentümergemeinschaft** über Jahresabrechnungen und Entlastung des Verwalters genügen nicht.

398 Die Vermutung gleichgerichteter Interessen wird auch nicht dadurch widerlegt, dass bei einer jeweils zweigliedrigen Besitz- und Betriebsgesellschaft der eine Gesellschafter beim Besitzunternehmen und der andere beim Betriebsunternehmen **Geschäftsführer** ist.

399 Entscheidend ist, dass der für das Betriebsunternehmen und das Besitzunternehmen wirtschaftlich an sich erforderliche Betätigungswille, ohne dessen Annahme eine Betriebsaufspaltung nicht vorgenommen werden würde, in allen

---

1 BFH, Urteile v. 11.12.1974 - I R 260/72, BFHE 114 S. 433, BStBl 1975 II S. 266; v. 24.2.2000 - IV R 62/98, BFHE 191 S. 295, BStBl 2000 II S. 417; Beschluss v. 7.1.2008 - IV B 24/07, BFH/NV 2008 S. 784, NWB NAAAC-74107.
2 BFH, Urteil v. 24.2.2000 - IV R 62/98, BFHE 191 S. 295, BStBl 2000 II S. 417.
3 BFH, Urteil v. 24.2.2000 - IV R 62/98, BFHE 191 S. 295, BStBl 2000 II S. 417.
4 BFH, Urteil v. 16.6.1982 - I R 118/80, BFHE 136 S. 287, BStBl 1982 II S. 662.
5 BFH, Urteil v. 5.9.1991 - IV R 113/90, BFHE 165 S. 420, BStBl 1992 II S. 349.

wesentlichen Fragen durch die Geltendmachung einseitiger, der Interessengemeinschaft zuwiderlaufender Interessen einzelner nachweisbar nicht verwirklicht werden kann.[1] Die an der Betriebsgesellschaft beteiligten Gesellschafter des Besitzunternehmens müssen sich bei der Willensbildung gegenseitig blockieren und damit die Geschlossenheit ihrer „Gruppe" aufheben.[2]

(Einstweilen frei) 400–402

(2.3.2.5) Extrem konträre Beteiligungsverhältnisse

LITERATUR:

Grieger, Anm. zum BFH-Urteil vom 2.8.1972, IV 87/65, DStZ/A 1972 S. 389; *Labus*, Anm. zum BFH-Urteil vom 23.11.1972, IV R 63/71, BB 1973 S. 375.

Ein einheitlicher geschäftlicher Betätigungswille liegt außerdem auch dann nicht vor, wenn die **Beteiligungen** bei der Besitzgesellschaft und der Betriebsgesellschaft der Höhe nach in **extrem konträrer Weise** voneinander abweichen. In einem solchen Fall ist die Zusammenfassung der Gesellschafter zu einer beherrschenden Gruppe ausgeschlossen,[3] weil sich in einem solchen Fall Interessenlagen herausstellen können, die im Ergebnis wirtschaftlich einer Fremdverpachtung des Besitzunternehmens entsprechen würden.[4] 403

BEISPIEL:

	BesitzU	BetrU
A	90 %	10 %
B	10 %	90 %
	100 %	100 %

Hingegen bestehen keine konträren Beteiligungsverhältnisse, wenn z. B. die beiden Gesellschafter an der Besitzgesellschaft im Verhältnis 50 : 50, an der Betriebs-GmbH dagegen im Verhältnis 88 : 12 beteiligt sind.[5] Ein weiteres Beispiel für das Nichtvorliegen von der Höhe nach in extremer Weise entgegengesetzten Beteiligungen enthält das BFH-Urteil v. 20.9.1973,[6] in welchem eine personelle Verflechtung in einem Fall angenommen worden ist, in dem inner- 404

---

1 BFH, Urteil v. 28.1.1993 - IV R 39/92, BFH/NV 1993 S. 528, NWB FAAAA-97251.
2 BFH, Urteil v. 10.4.1997 - IV R 73/94, BFHE 183 S. 127, BStBl 1997 II S. 569.
3 BFH, Urteile v. 2.8.1972 - IV 87/65, BFHE 106 S. 325, BStBl 1972 II S. 796; v. 23.11.1972 - IV R 63/71, BFHE 108 S. 44, BStBl 1973 II S. 247; v. 11.12.1974 - I R 260/72, BFHE 114 S. 433, BStBl 1975 II S. 266.
4 FG Baden-Württemberg, Urteil v. 14.11.1996 - 6 K 7/97, EFG 1997 S. 532 (rkr.).
5 BFH, Urteil v. 11.12.1974 - I R 260/72, BFHE 114 S. 433, BStBl 1975 II S. 266.
6 BFH, Urteil v. 20.9.1973 - IV R 41/69, BFHE 110 S. 236, BStBl 1973 II S. 869.

halb einer Personengruppe eine engere Gruppe in der Besitzgesellschaft die einfache Mehrheit (60 %) und in der Betriebs-Kapitalgesellschaft eine qualifizierte Mehrheit (99,27 %) besaß.

405 Das FG Baden-Württemberg hat in einem Fall,[1] in dem an der Betriebs-GmbH A mit 55 % und B mit 45 % und an dem Besitzunternehmen A mit 45 % und B mit 55 % beteiligt waren, keine konträre Beteiligung angenommen.

406 Aus den BFH-Urteilen v. 24.2.1994[2] und v. 13.12.2005[3] ist zu entnehmen, dass bei einer Beteiligung von zwei Gesellschaftern am Besitzunternehmen im Verhältnis 50 : 50 ein extrem konträres Beteiligungsverhältnis selbst dann abzulehnen ist, wenn einer der Gesellschafter am Betriebsunternehmen nur ganz geringfügig (unter 1 %) beteiligt ist. Auch bei einem Beteiligungsverhältnis von 60 : 40 am Besitzunternehmen und von 40 : 60 am Betriebsunternehmen liegt keine extrem unterschiedliche Beteiligung vor.[4]

407–409 *(Einstweilen frei)*

(2.3.2.6) Erbengemeinschaften

410 Bei einer ungeteilten Erbengemeinschaft steht ihr Vermögen den Beteiligten zur gesamten Hand zu (§ 1922, § 2033 BGB). Hieraus folgt, dass sie an den zum Nachlass gehörenden Gesellschaftsanteilen mitberechtigt und folglich Gesellschafter sind.[5] Dabei können sie ihre Rechte zwar grds. nur gemeinschaftlich ausüben,[6] nach herrschender zivilrechtlicher Auffassung gilt jedoch die sog. mittelbare einheitliche Rechtsausübung.[7] In diesem Fall ist abweichend vom Grundsatz gemeinschaftlicher Verwaltung der Erbengemeinschaft auf die Verteilung der Stimmrechte in der Erbengemeinschaft abzustellen.[8]

Die Personengruppentheorie gilt nach dem BFH-Urteil v. 28.1.1993[9] daher folgerichtig auch in den Fällen, in denen die Sowohl-als-auch-Gesellschafter ihre Beteiligungen durch **Erbfolge** erworben haben, also eine **Erbengemeinschaft** bilden.

---

1 FG Baden-Württemberg, Urteil v. 14.11.1996 - 6 K 7/97, EFG 1997 S. 532 (rkr.).
2 BFH, Urteil v. 24.2.1994 - IV R 8 - 9/93, BFHE 174 S. 80, BStBl 1994 II S. 466.
3 BFH, Urteil v. 13.12.2005 - X R 50/03 (unter II.3.b. cc), BFH/NV 2006 S. 1144, NWB WAAAB-82499.
4 BFH, Urteil v. 24.2.2000 - IV R 62/98, BFHE 191 S. 295, BStBl 2000 II S. 417.
5 BFH, Urteil v. 14.4.2021 - X R 5/19, BStBl 2021 II S. 851, Rz. 30.
6 Vergleiche etwa OLG Karlsruhe, Beschluss v. 16.12.2013 - 7 W 76/13, GmbHR 2014 S. 254, Rz 14, m. w. N.
7 BGH, Urteil v. 12.6.1989 - II ZR 246/88, BGHZ S. 108, 121, 130, NWB TAAAE-86363; *Schürnbrand*, NZG 2016 S. 241.
8 BFH, Urteil v. 14.4.2021 – X R 5/19, BStBl 2021 II S. 851, Rz. 30.
9 BFH, Urteil v. 28.1.1993 - IV R 39/92, BFH/NV 1993 S. 528, NWB FAAAA-97251.

III. Personelle Verflechtung

Zur Rechtfertigung der Personengruppentheorie[1] wird für die Fälle von Erbengemeinschaften in dem BFH-Urteil v. 28.1.1993[2] darauf hingewiesen, dass hier die Miterben nicht „zufällig" zusammengekommen seien, sondern bereits der Erblasser die Entscheidung getroffen habe, die wesentlichen Betriebsgrundlagen des Betriebsunternehmens von einem ihm gehörenden Besitzunternehmen zu mieten. Diese Entscheidung sei – so der BFH weiter – für die Erben maßgeblich.

Hieraus folgt, dass sich eine Betriebsaufspaltung, die zwischen Besitzunternehmer und Betriebs-GmbH bestand, nach dem Tod des Besitzeinzelunternehmers und dem Übergang des Nachlasses auf mehrere Erben unter diesen in Mitunternehmerschaft als Besitzgesellschaft fortsetzt, wenn die Beteiligungsverhältnisse nicht extrem unterschiedlich sind oder Interessengegensätze bestehen.[3] Umgekehrt entsteht eine Betriebsaufspaltung im Erbfall nicht, wenn die Gesellschafter der Besitzgesellschaft nicht – durch die Erbengemeinschaft hindurchgerechnet – auch die Betriebsgesellschaft beherrschen.[4]

411

(Einstweilen frei) 412–414

(2.4) Qualifizierte Mehrheit und Einstimmigkeit

LITERATUR:

Schmidt, Anm. zum BFH-Urteil vom 9.11.1983 - I R 174/79, FR 1984 S. 122; *Söffing*, Betriebsaufspaltung und Einstimmigkeit – BFH vom 29.10.1987 - VIII R 5/87, BStBl II 1989, 9, NWB Fach 18 S. 2935; *Meier*, Nur-Besitzgesellschafter und Einstimmigkeitsprinzip bei Prüfung der personellen Verflechtung im Rahmen der Betriebsaufspaltung – Auswirkungen des Meinungsstreits zwischen BFH-Rechtsprechung und der Auffassung der Finanzverwaltung, FR 1992 S. 676; *Märkle*, Die Betriebsaufspaltung an der Schwelle zu einem neuen Jahrtausend, Kann das Einstimmigkeitserfordernis der persönlichen Verflechtung entgegenstehen? – Trotz neuer Rechtsprechung weiterhin Rechtsunsicherheit, BB 2000 Beilage 7 S. 4 ff.; *Grützner*, Bedeutung von Einstimmigkeitsabreden bei Besitzunternehmen für das Vorliegen einer personellen Verflechtung im Rahmen einer Betriebsaufspaltung, StuB 2002 S. 1106; *Neumann*, Die Einstimmigkeitsfalle bei der Betriebsaufspaltung – BMF-Schreiben vom 7.10.2002 unzutreffend oder nur missverständlich?; *Schoor*, Personelle Verflechtung bei der Betriebsaufspaltung und Einstimmigkeitsprinzip, StBP 2003 S. 42; *Tiedtke/Szczeny*, Gesetzlicher Vertrauensschutz bei Beendigung einer Betriebsaufspaltung – BMF-Schreiben vom 7.10.2002 zur Bedeutung von Einstimmigkeitsabreden bei Besitzunternehmen, DStR 2003 S. 757; *Söffing*, Beherrschung einer GbR durch deren alleinigen Geschäftsführer – zugleich eine Besprechung des BFH-Urteils vom 1.7.2003 - VIII R 24/01, BB 2004 S. 1303; *Butz-Seidl*, Einstimmigkeitsabrede bei der Betriebsaufspaltung als Gestaltungsmittel nutzen, GStB 2009 S. 90.

---

1 Vgl. oben Rz. 386 ff.
2 BFH, Urteil v. 28.1.1993 - IV R 39/92, BFH/NV 1993 S. 528, NWB FAAAA-97251.
3 BFH, Urteil v. 21.4.2005 - III R 7/03, BFH/NV 2005 S. 1974, NWB VAAAB-66068.
4 BFH, Urteil v. 14.4.2021 – X R 5/19, BStBl 2021 II S. 851, Rz. 30.

(2.4.1) Allgemeines

415 Es ist bereits darauf hingewiesen worden, dass eine Betriebsaufspaltung nur dann angenommen werden kann, wenn sowohl das Betriebsunternehmen als auch das Besitzunternehmen von einer Person oder Personengruppe beherrscht wird, und dass eine solche Beherrschung grds. eine stimmrechtmäßige Beteiligung von mehr als 50 % (einfache Mehrheit) voraussetzt. Eine solche Mehrheit reicht jedoch nicht aus, wenn aufgrund einer gesellschaftsrechtlichen Vereinbarung oder aufgrund des Gesetzes für Gesellschafterbeschlüsse eine einfache Mehrheit nicht ausreicht, sondern eine qualifizierte Mehrheit oder gar Einstimmigkeit erforderlich ist.

(2.4.2) Die Einstimmigkeitsrechtsprechung

416 Hiervon ausgehend hat der I. Senat des BFH bereits in seinem Urteil v. 9.11.1983[1] zutreffend entschieden, dass keine personelle Verflechtung im Sinne einer Betriebsaufspaltung vorliegt, wenn die das Betriebsunternehmen beherrschende Person oder Personengruppe an einer Besitz-GbR zwar mit $^2/_3$ beteiligt ist, aber nach dem Gesellschaftsvertrag die Gesellschafterbeschlüsse einstimmig gefasst werden müssen; denn in einem solchen Fall reicht die **Stimmrechtsmacht** der betreffenden Person oder Personengruppe, die das Betriebsunternehmen beherrscht, nicht aus, um im Besitzunternehmen ihren Willen durchsetzen zu können (Einstimmigkeitsrechtsprechung).

417 Das gilt selbst dann, wenn ein nicht an beiden Unternehmen beteiligter Gesellschafter möglicherweise gleichgerichtete Interessen wie die beherrschende Personengruppe hat. Ein solcher Gesellschafter hat im eigenen Interesse gehandelt, wobei sein Interesse lediglich mit dem der beherrschenden Personengruppe in der Vergangenheit möglicherweise übereingestimmt hat.[2]

418 Diesem Ergebnis kann nicht entgegengehalten werden, dass der Besitzgesellschafter, der nicht an dem Betriebsunternehmen beteiligt ist (**Nur-Besitz-Gesellschafter**)[3] möglicherweise im Interesse der beherrschenden Personengruppe – der **Sowohl-als-auch-Gesellschafter**[4] gehandelt haben könnte.[5] Denn

---

1 BFH, Urteil v. 9.11.1983 - I R 174/79, BFHE 140 S. 90, BStBl 1984 II S. 212; Anm.: *Le* in RWP, Akt. Inf. Steuerrecht S 1.3; *o. V.*, INF 1984 S. 211; *o. V.*, KÖSDI 1984 S. 5391; *L. Schmidt*, FR 1984 S. 122, und *Felix* in StRK-Anm., GewStG 1978 § 2 Abs. 1 Betriebsaufspaltung R.1.
2 BFH, Urteil v. 10.12.1991 - VIII R 71/87, BFH/NV 1992 S. 551, NWB YAAAB-32513.
3 Siehe unten Rz. 459 f.
4 Siehe unter Rz. 460 f.
5 FG Baden-Württemberg, Urteil v. 4.2.1998 - 2 K 74/95, EFG 1998 S. 943, 944 (rechte Spalte) (rkr.).

die Vermutung „gleichgerichteter Interessen" bezieht sich nur auf die Sowohl-als-auch-Gesellschafter.[1]

Die spätere Rechtsprechung des BFH[2] hat an der Einstimmigkeits-Rechtsprechung festgehalten. Für die personelle Verflechtung ist nämlich entscheidend, dass die Geschicke des Besitzunternehmens in den wesentlichen Fragen durch die Person oder Personen bestimmt werden, die auch hinter dem Betriebsunternehmen stehen. Zu den wesentlichen Fragen gehören insbesondere die hinsichtlich der wesentlichen Betriebsgrundlagen bestehenden Nutzungsüberlassungsverträge, die nicht gegen den Willen der Person oder der Personengruppe aufgelöst werden sollen, die das Besitzunternehmen beherrscht. 419

Unvereinbar mit dieser Rechtsprechung ist das Urteil des FG München v. 24.4.1996,[3] dem folgender Sachverhalt zugrunde liegt: Im Gesellschaftsvertrag einer GbR war vereinbart worden, dass für Geschäfte, die der gewöhnliche Betrieb des Gewerbes der Gesellschaft mit sich bringt, eine **Einzelgeschäftsführungs- und Einzelvertretungsbefugnis** jedes Gesellschafters besteht. Nach Ansicht des FG München soll eine daneben vereinbarte Einstimmigkeitsabrede der Annahme einer personellen Verflechtung nicht entgegenstehen, weil zu den Geschäften des täglichen Lebens auch das An- und Vermieten von Wirtschaftsgütern gehöre und damit jeder Gesellschafter kraft seiner Einzelgeschäftsführungsbefugnis in diesem Bereich seinen einheitlichen geschäftlichen Betätigungswillen trotz der bestehenden Einstimmigkeitsvereinbarung durchsetzen könne. 420

Dieser Auffassung kann nicht zugestimmt werden. Sie verkennt, dass es nach der Rechtsprechung des BFH für die Annahme einer personellen Verflechtung auf die Stimmrechtsmacht und nicht auf die Geschäftsführungsbefugnis ankommt. Dass die Ansicht des BFH richtig ist, ergibt sich aus der Tatsache, dass durch Gesellschafterbeschluss jedes Geschäft des täglichen Lebens verhindert werden kann, welches der Geschäftsführer einer Gesellschaft aufgrund seiner Geschäftsführungsbefugnis ausüben kann.[4] 421

---

1 Siehe Rz. 386 ff.
2 BFH, Urteile v. 9.11.1983 - I R 174/79, BFHE 140 S. 90, BStBl 1984 II S. 212; v. 29.10.1987 - VIII R 5/87, BFHE 151 S. 457, BStBl 1989 II S. 96; v. 10.12.1991 - VIII R 71/87, BFH/NV 1992 S. 551, NWB YAAAB-32513; v. 21.1.1999 - IV R 96/98, BFHE 187 S. 570, BStBl 2002 II S. 771; v. 11.5.1999 - VIII R 72/96 (unter II.1.a), BFHE 188 S. 397, BStBl 2002 II S. 722; v. 15.3.2000 - VIII R 82/98, BFHE 191 S. 390, BStBl 2002 II S. 774; v. 1.7.2003 - VIII R 24/01 (unter II.2.b.aa), BFHE 202 S. 535, BStBl 2003 II S. 757; v. 8.9.2012 - IV R 44/07, BStBl 2012 II S. 136.
3 FG München, Urteil v. 24.4.1996 - 1 K 1652/93, EFG 1996 S. 748 (rkr.); ähnlich FG Nürnberg, Urteil v. 28.6.2005 - I 320/2001, DStRE 2006 S. 671.
4 Vgl. auch FG Düsseldorf, Urteil v. 12.4.1996 - 14 K 5291/92 E, EFG 1996 S. 704 (rkr.).

D. Voraussetzungen der Betriebsaufspaltung

422 Bedenken bestehen auch gegen das BFH-Urteil v. 1.7.2003,[1] in dem entschieden worden ist, der alleinige Gesellschafter-Geschäftsführer einer Betriebs-GbR könne diese auch dann beherrschen, wenn die Gesellschafterbeschlüsse einstimmig gefasst werden müssen. Dem Urteil lag folgender Sachverhalt zugrunde: An einer GbR waren zunächst HW mit 60 % und AK mit 40 % beteiligt. Zweck der Gesellschaft war die Errichtung und Vermietung eines Bürogebäudes an die T-GmbH. An dieser waren HW und AK mit 62,5 % beteiligt. Das Bürogebäude ist 1991 fertiggestellt und 1994 für die betrieblichen Zwecke der T-GmbH ausgebaut worden.

Kurz nach der Fertigstellung des Gebäudes haben HW und AK aus ihren Gesellschaftsanteilen jeweils 5 % des Gesellschaftskapitals unentgeltlich auf ihre Ehefrauen übertragen. Die Gesellschaftsanteile durften nur mit Zustimmung aller Gesellschafter veräußert werden. Gesellschafter-Beschlüsse waren einstimmig zu fassen. Alleiniger Geschäftsführer der GbR war HW. Die Ehefrauen hatten ihren Ehemännern bereits 1979 bzw. 1984 Generalvollmacht erteilt.

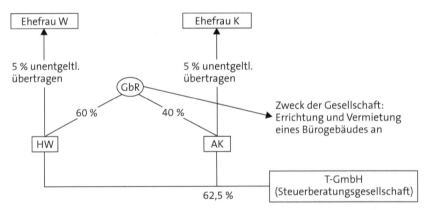

423 Der VIII. Senat hat seine Entscheidung wie folgt begründet: Bei der Allein-Geschäftsführungsbefugnis eines GbR-Gesellschafters seien die übrigen Gesellschafter gem. § 710 BGB von der Geschäftsführung ausgeschlossen. Das habe zur Folge, dass die übrigen Gesellschafter in Geschäftsführungsangelegenheiten nicht tätig werden dürften. Die übrigen Gesellschafter hätten in diesen Angelegenheiten auch kein Widerspruchsrecht, könnten dem Gesellschafter-Geschäftsführer keine Weisungen erteilen, und ihr Stimmrecht beschränke

---

[1] BFH, Urteil v. 1.7.2003 - VIII R 24/01, BFHE 202 S. 535, BStBl 2003 II S. 757; vgl. auch BFH, Urteil v. 24.8.2006 - IX R 52/04, BStBl 2007 II S. 165; FG Schleswig-Holstein, Urteil v. 11.5.2011 - 1 K 138/09, EFG 2011 S. 1433 (rkr.), NWB OAAAD-85883.

sich auf Beschlüsse in anderen Angelegenheiten als denen der Geschäftsführung. Die Geschäftsführungsbefugnis eines GbR-Geschäftsführers schließe die Möglichkeit ein, über ein von der GbR vermietetes Wirtschaftsgut zu verfügen; denn die von der Geschäftsführung ausgeschlossenen Gesellschafter hätten keinen Einfluss auf Verwaltungsgeschäfte einer GbR. Zu diesen Verwaltungsgeschäften gehörten alle rechtlichen und tatsächlichen Maßnahmen, soweit es sich nicht um sog. Grundlagengeschäfte handelte, also um Geschäfte, die zu einer Änderung des Bestandes oder der Organisation der GbR führten. Der BFH sei bisher in ständiger Rechtsprechung davon ausgegangen, dass eine nach der Begründung einer Betriebsaufspaltung vorgenommene Vermietung eines Grundstücks kein Grundlagengeschäft sei, weil für eine solche Vermietung kein Gesellschafterbeschluss erforderlich sei. Demzufolge beherrsche HW die Besitz-GbR. Allerdings beherrsche er allein nicht auch die Betriebs-GmbH (T-GmbH). Dieses stehe der Annahme einer persönlichen Verflechtung jedoch nicht entgegen, weil er zusammen mit AK eine Personengruppe bilde. Diese könnte in der T-GmbH aufgrund ihrer Stimmrechte und in der GbR aufgrund der Geschäftsführungsbefugnisse des HW ihren einheitlichen geschäftlichen Betätigungswillen durchsetzen.

Gegen diese Begründung bestehen insbesondere deshalb Bedenken, weil sie darauf beruht, dass im Streitfall die Vermietung des Grundstücks kein Grundlagengeschäft sei. Damit unvereinbar ist, dass im Streitfall der Gesellschaftszweck der GbR die Vermietung des von der GbR errichteten Bürogebäudes an die T-GmbH war. Die Kündigung des zwischen der GbR und der T-GmbH bestehenden Mietverhältnisses hätte also gegen den Gesellschaftszweck der GbR verstoßen. Aus diesem Grunde war HW aufgrund seiner Geschäftsführungsbefugnis zu einer solchen Kündigung nicht befugt; denn nach der in dem Besprechungsurteil zitierten Ansicht von *Sprau*,[1] ist der Inhalt und der Umfang der Geschäftsführungsbefugnis durch den Gesetzeszweck begrenzt. Der Gesellschafter-Geschäftsführer einer GbR darf also aufgrund seiner Geschäftsführungsbefugnis keine Geschäfte vornehmen, die dem Gesellschaftszweck zuwiderlaufen. Bei solchen Geschäften handelt es sich nicht um Geschäfte des täglichen Lebens, sondern um Grundlagengeschäfte. Das hat der VIII. Senat nicht hinreichend berücksichtigt.

424

Trotz der dargestellten Bedenken ist in der Rechtsanwendungspraxis zu berücksichtigen, dass die **Abbedingung** des **Einstimmigkeitserfordernisses** bei einer Übertragung nach § 710 BGB nach der Rechtsprechung des BFH angenommen werden kann. Des Weiteren hat der IV. Senat des BFH eine personelle

425

---

[1] Vgl. *Sprau* in Grüneberg (vormals Palandt), BGB, 81. Aufl. 2022, vor § 709, Rz. 1.

Verflechtung in einem Nur-Besitz-Gesellschafter-Fall bereits bejaht, wenn eine Person oder Personengruppe zwar nicht nach den Beteiligungsverhältnissen, wohl aber nach ihren Befugnissen zur Geschäftsführung bei der Besitz- und der Betriebsgesellschaft in Bezug auf die die sachliche Verflechtung begründenden Wirtschaftsgüter ihren Willen durchsetzen kann.[1]

Die vom BFH insoweit entschiedenen Fälle zeichnen sich aber dadurch aus, dass der zum Geschäftsführer bestimmte GbR-Gesellschafter – ggf. gemeinsam mit weiteren Personen, die ebenfalls an der Betriebs-GmbH beteiligt waren – zugleich die Anteilsmehrheit in der Besitz-GbR besessen hatte. Hierauf hat der X. Senat des BFH explizit hingewiesen und überzeugend ausgeführt, dass die Rechtsprechung des IV. Senats nicht dahingehend missverstanden werden darf, dass es für eine personelle Verflechtung generell bereits ausreicht, wenn ein Gesellschafter-Geschäftsführer der Betriebsgesellschaft nur über 50 % der Stimmrechte verfügt, soweit die Grundstücksüberlassung als ein Geschäft des täglichen Lebens zu qualifizieren wäre.[2]

Präzisierend hat der BFH darüber hinaus klargestellt, dass eine den Grundsätzen des § 710 BGB entsprechende Übertragung der gesamten GbR-Geschäftsführungsbefugnis durch einen nicht an der Betriebs-GmbH beteiligten Ehegatten auf den anderen Ehegatten **nicht** gegeben ist, wenn der nicht an der GmbH beteiligte Ehegatte jeweils nur von Fall zu Fall stillschweigend sein Einverständnis mit Geschäftsführungsentscheidungen des anderen Ehegatten erklärt.[3] Aus Gestaltungsperspektive ist deshalb darauf zu achten, die Willensbildung in der Gesellschaft ausreichend zu dokumentieren. Das gilt insbesondere für die Rechtsbeziehungen zwischen nahen Angehörigen und in Fällen der Einschaltung eines nur geringfügig beteiligten Nur-Besitzgesellschafters.

426–427   *(Einstweilen frei)*

(2.4.3)   Die Meinung der Finanzverwaltung

428   Die Finanzverwaltung hatte durch Schreiben v. 29.3.1985[4] und v. 23.1.1989[5] zunächst versucht, die Einstimmigkeits-Rechtsprechung dadurch zu verwässern, dass sie die Auffassung vertrat, es reiche für die personelle Verflechtung aus, wenn die Mehrheitspersonengruppe zwar nicht rechtlich, aber doch tat-

---

1 BFH, Urteil v. 28.5.2020 - IV R 4/17, BStBl 2020 II S. 710, Rz 29, m. w. N.; vgl. hierzu auch Rz. 459 ff.
2 BFH, Urteil v. 14.4.2021 - X R 5/19, BStBl 2021 II S. 851, Rz. 37.
3 BFH, Beschluss v. 15.6.2011 - X B 255/10, BFH/NV 2011 S. 1859, NWB YAAAD-90737.
4 BMF, Schreiben v. 29.3.1985, BStBl 1985 I S. 121.
5 BMF, Schreiben v. 23.1.1989, BStBl 1989 I S. 39.

sächlich in der Lage sei, ihren unternehmerischen Willen in der Besitzgesellschaft durchzusetzen.[1] Es sollte also mithilfe der faktischen Beherrschung die Einstimmigkeits-Rechtsprechung aus den Angeln gehoben werden.

Das aber war und ist nicht möglich, weil eine faktische Beherrschung – wie unten unter Rz. 535 ff. dargelegt – nach der neuen Rechtsprechung des BFH und der Aufgabe der Vermutungs-Rechtsprechung[2] – wenn überhaupt – nur noch in ganz extremen Ausnahmefällen zur Anwendung kommen kann. 429

Wohl deshalb und weil der BFH an seiner Einstimmigkeits-Rechtsprechung festgehalten hat, hat die Finanzverwaltung durch das BMF-Schreiben v. 7.10.2002[3] ihre frühere Ansicht aufgegeben.[4] Dieser Verwaltungsanweisung ist zu entnehmen, dass die Betriebsgesellschafter ihren Willen in der Besitzgesellschaft nur ausnahmsweise durch eine faktische Beherrschung durchsetzen können. Wörtlich heißt es unter III. des bezeichneten BMF-Schreibens: 430

„Ist an der Besitzgesellschaft neben der mehrheitlich bei der Betriebsgesellschaft beteiligten Person oder Personengruppe mindestens ein weiterer Gesellschafter beteiligt (Nur-Besitzgesellschafter) und müssen Beschlüsse der Gesellschafterversammlung wegen vertraglicher oder gesetzlicher Bestimmungen einstimmig gefasst werden, ist eine Beherrschungsidentität auf vertraglicher oder gesellschaftlicher Grundlage und damit eine personelle Verflechtung nicht gegeben.

Die mehrheitlich beteiligte Person oder Personengruppe ist infolge des Widerspruchsrechts des nur an der Besitzgesellschaft beteiligten Gesellschafters nicht in der Lage, ihren geschäftlichen Betätigungswillen in der Besitzgesellschaft durchzusetzen. 431

Dies gilt jedoch nur, wenn das Einstimmigkeitsprinzip auch die laufende Verwaltung der vermieteten Wirtschaftsgüter, die sog. Geschäfte des täglichen Lebens, einschließt. Ist die Einstimmigkeit nur bezüglich der Geschäfte außerhalb des täglichen Lebens vereinbart, wird die personelle Verflechtung dadurch nicht ausgeschlossen (BFH, Urteil v. 21.8.1996, BStBl 1997 II S. 44)."

Es muss darauf hingewiesen werden, dass die in dem letzten Absatz wiedergegebene Verwaltungsmeinung insoweit nicht mit dem BFH-Urteil v. 21.1.1999[5] 432

---

1 Vgl. BFH, Urteil v. 21.1.1999 - IV R 96/96, BFHE 198 S. 570, BStBl 2002 II S. 771.
2 Siehe unten Rz. 491 ff.
3 BMF, Schreiben v. 7.10.2002, BStBl 2002 I S. 1028.
4 Siehe unter V. Abs. 2 des BMF, Schreiben v. 7.10.2002, BStBl 2002 I S. 1028.
5 BFH, Urteil v. 21.1.1999 - IV R 96/96, BFHE 187 S. 570, BStBl 2002 II S. 771.

und dem BFH-Urteil v. 1.7.2003[1] übereinstimmt, als es in diesen Urteilen heißt, dass das Einstimmigkeitsprinzip jedenfalls dann gelte, wenn auch die laufende Verwaltung der vermieteten Wirtschaftsgüter, die sog. Geschäfte des täglichen Lebens, von diesem Prinzip erfasst werden.

433 Für die Fälle, in denen bisher aufgrund der BMF-Schreiben v. 29.3.1985[2] und v. 23.1.1989[3] steuerlich vom Vorliegen einer Betriebsaufspaltung ausgegangen worden ist, nach der Rechtsprechung und der neuen Verwaltungsanweisung aber keine Betriebsaufspaltung vorliegt, sind unter V. des BMF-Schreibens v. 7.10.2002[4] Übergangsregelungen getroffen worden.

434 Dort wird u. a. die Auffassung vertreten, dass § 174 Abs. 3 AO die Rechtsgrundlage dafür bietet, bestandskräftige Steuerbescheide in der Weise zu ändern, dass ein Entnahmegewinn steuerlich berücksichtigt wird, den das Finanzamt seinerseits wegen Nichtanwendung der BFH-Rechtsprechung zur Bedeutung von Einstimmigkeitsabreden bei der Betriebsaufspaltung nicht erfasst hat. Dieser Sichtweise ist der BFH mit überzeugender Argumentation entgegengetreten.[5]

435–437 *(Einstweilen frei)*

(2.4.4) Folgerungen aus der Einstimmigkeitsrechtsprechung für Besitzgesellschaften

LITERATUR:

Felix, Anm. zum BFH-Urteil vom 12.11.1985 – VIII R 240/81, BStBl 1986 II S. 296, StRK – Anm. EStG 1975 § 15 Abs. 1 Nr. 2 BetrAufsp. R 8; *Höhmann*, Betriebsaufspaltung bei Wohnungseigentümergemeinschaften, NWB 1997 S. 3758; *Weber*, Die Bruchteilsgemeinschaft als Besitzunternehmen im Rahmen einer mitunternehmerischen Betriebsaufspaltung, FR 2006 S. 572; *Wendt*, Abgrenzung zwischen (Sonder-)Betriebsvermögen der Besitzpersonengesellschaft und des überlassenden Gesellschafters bei der Betriebspersonengesellschaft bei einer mitunternehmerischen Betriebsaufspaltung, FR 2006 S. 25.

438 Das Urteil v. 9.11.1983[6] ist zwar nur für den Fall ergangen, dass das Besitzunternehmen eine **GbR** ist. Es gilt aber auch für die Fälle, in denen das Besitzunternehmen eine **OHG** oder **KG** ist. Es gilt ferner auch für andere Rechtsformen, die für das Besitzunternehmen in Betracht kommen, nämlich **Bruchteilsgemeinschaften, Erbengemeinschaften** und **Gütergemeinschaften**.

---

1 BFH, Urteil v. 1.7.2003 - VIII R 24/01, BFHE 202 S. 535, BStBl 2003 II S. 757.
2 BMF, Schreiben v. 29.3.1985, BStBl 1985 I S. 121.
3 BMF, Schreiben v. 23.1.1989, BStBl 1989 I S. 39.
4 BMF, Schreiben v. 7.10.2002, BStBl 2002 I S. 1028.
5 BFH, Beschluss v. 18.8.2005 - IV B 167/04, BFHE 210 S. 210, BStBl 2006 II S. 158.
6 BFH, Urteil v. 9.11.1983 - I R 174/79, BFHE 140 S. 90, BStBl 1984 II S. 212.

III. Personelle Verflechtung

Die Einstimmigkeitsrechtsprechung gilt außerdem nicht nur für Fälle, in denen Einstimmigkeit vereinbart worden ist, sondern auch dann, wenn bei fehlenden Vereinbarungen über das Stimmrechtsverhältnis Einstimmigkeit gesetzlich vorgeschrieben ist.[1] Insoweit gilt im Einzelnen Folgendes: 439

Nach dem gesellschaftsrechtlichen Regelstatut gilt für eine **GbR** das Einstimmigkeitsprinzip (§ 709 Abs. 1 BGB). Das ist nur dann anders, wenn die Gesellschafter gem. § 709 Abs. 2 BGB im Gesellschaftsvertrag vereinbart haben, dass die Beschlüsse mit der Mehrheit der Stimmen gefasst werden können.[2] Das Gesetz zur Modernisierung des Personengellschaftsrechts (MoPeG)[3] ändert hieran nichts. Bei der Beteiligung von Nur-Besitzgesellschaftern an der Besitzpersonengesellschaft liegt grds. keine personelle Verflechtung mit dem Betriebsunternehmen vor, wenn im Besitzunternehmen das Einstimmigkeitsprinzip gilt, da die beherrschende Person oder Personengruppe rechtlich ihren Willen in der Besitzgesellschaft nicht mehr durchsetzen kann. Das gilt jedenfalls dann, wenn das Einstimmigkeitsprinzip auch die laufende Verwaltung der vermieteten Wirtschaftsgüter, die sog. Geschäfte des täglichen Lebens, einschließt.[4]   440

Vor diesem Hintergrund hat der IV. Senat des BFH bereits eine personelle Verflechtung bejaht, wenn eine Person oder Personengruppe zwar nicht nach den Beteiligungsverhältnissen, wohl aber nach ihren Befugnissen zur Geschäftsführung bei der Besitz- und der Betriebsgesellschaft in Bezug auf die die sachliche Verflechtung begründenden Wirtschaftsgüter ihren Willen durchsetzen kann.[5] Des Weiteren muss die entsprechende Vereinbarung zivilrechtlich wirksam sein.[6] Stehen zugleich **Geschäftsführungsbefugnisse** im Besitzunternehmen und/oder Betriebsunternehmen nicht oder nicht ausschließlich den Mehrheitsgesellschaftern zu, so ist ausnahmsweise im Rahmen einer Gesamtwürdigung aller Umstände des Einzelfalles zu entscheiden, ob die Regelungen zur Geschäftsführung der Annahme einer Beherrschungsidentität entgegenstehen.[7]

BEISPIEL 1: ▶ An der ABC-GbR sind A und B zu jeweils 49 % beteiligt. Die restlichen 2 % hält C. Die ABC-GbR vermietet ein Grundstück an die AB-GmbH. An dieser sind A und B zu je 50 % beteiligt.

---

1 BMF, Schreiben v. 7.10.2002 (unter II. vor 1.), BStBl 2002 I S. 1028.
2 Vgl. u. a. BFH, Urteile v. 10.12.1991 - VIII R 71/87, BFH/NV 1992 S. 551, NWB YAAAB-32513; v. 11.5.1999 - VIII R 72/96, BFHE 188 S. 397, BStBl 2002 II S. 722; v. 24.9.2015 - IV R 9/13, BFHE 251 S. 227, BStBl 2016 II S. 154.
3 BGBl 2021 I S. 3436.
4 BFH, Urteile v. 21.1.1999 - IV R 96/96, BFHE 187 S. 570, BStBl 2002 II S. 771; v. 24.9.2015 - IV R 9/13, BFHE 251 S. 227, BStBl 2016 II S. 154.
5 BFH, Urteil v. 28.5.2020 - IV R 4/17, BStBl 2020 II S. 710, Rz 29, m. w. N.
6 Vgl. BFH, Urteil v. 13.12.2018 - III R 13/15, BFH/NV 2019 S. 1069, NWB YAAAH-28196, Rz. 30 f.
7 BFH, Urteil v. 16.5.2013 - IV R 54/11, BFH/NV 2013 S. 1557, NWB ZAAAE-42442.

D. Voraussetzungen der Betriebsaufspaltung

LÖSUNG: Mangels personeller Verflechtung liegt grundsätzlich keine Betriebsaufspaltung vor, wenn (1) im Gesellschaftsvertrag der ABC-GbR keine von § 709 Abs. 1 BGB abweichende Regelung enthalten ist oder (2) zwar das Mehrheitsprinzip vereinbart wurde, Einstimmigkeit aber im Hinblick auf Begründung, Änderung und Beendigung des Mietverhältnisses sowie Geschäfte des täglichen Lebens der GbR betreffend das Mietverhältnis erforderlich ist. Die Vereinbarung des Einstimmigkeitsprinzips stellt auch keinen Gestaltungsmissbrauch i. S. v. § 42 AO dar.[1] Dies gilt jedenfalls dann, wenn die gesetzlichen Regelungen nicht abbedungen werden.

Zu berücksichtigen ist indes, dass sich eine personelle Verflechtung nach der Rechtsprechung des BFH jedoch ergeben kann, wenn eine Person oder Personengruppe zwar nicht nach den Beteiligungsverhältnissen, aber nach ihren Befugnissen zur Geschäftsführung bei der Besitz- wie auch der Betriebsgesellschaft in Bezug auf die die sachliche Verflechtung begründenden Wirtschaftsgüter ihren Willen durchsetzen kann.[2] Da eine Beherrschungsidentität in diesem Zusammenhang vorliegt, wenn einer Person oder Personengruppe die alleinige Geschäftsführungsbefugnis für die laufende Verwaltung einschließlich der Nutzungsüberlassung in dem Besitz- und Betriebsunternehmen übertragen ist,[3] dürfen dem C die Geschäftsführungsbefugnisse in der ABC-GbR nicht entzogen werden, wenn die personelle Verflechtung vermieden werden soll. Diese kommt in diesem Fall nur noch in Betracht, wenn A und B die GbR faktisch beherrschen würden.

Eine faktische Beherrschung ist hier anzunehmen, wenn sich C aus wirtschaftlichen oder aus anderen Gründen dem Druck von A und B unterordnen muss.[4] Das ist nach dem BFH-Urteil v. 15.3.2000 dann der Fall, wenn C von seinen gesellschaftsrechtlichen Einwirkungsmöglichkeiten auf die Entscheidungen des Besitzunternehmens keinen Gebrauch mehr machen kann, weil ihm das Stimmrecht jederzeit entzogen werden kann, er nach den tatsächlichen Verhältnissen in der Besitzgesellschaft von seinem Stimmrecht ausgeschlossen ist oder wenn A und B dem C ihren Willen derart aufzwingen können, dass die Ausübung der Stimmrechte des C nicht mehr auf seinem eigenen geschäftlichen Willen beruht.[5]

Noch ungeklärt ist, ob eine personelle Verflechtung angenommen werden kann, wenn der **Nur-Besitzgesellschafter eine Kapitalgesellschaft** ist, die von den Sowohl-als-auch-Gesellschaftern beherrscht wird.

BEISPIEL 2: Wie Beispiel 1, an der ABC-GbR ist jedoch die C-GmbH zu 2 % beteiligt, an der wiederum A und B zu jeweils 50 % beteiligt sind.

---

1 BFH, Urteil v. 7.12.1999 - VIII R 50, 51/96, BFH/NV 2000 S. 601, NWB SAAAA-97024; a. A. *Meier*, FR 1992 S. 676, 679; *Weber-Grellet*, DStR 1984 S. 618; *Gosch*, StBp 1997 S. 54.
2 BFH, Urteile v. 16.5.2013 - IV R 54/11, BFH/NV 2013 S. 1557, NWB ZAAAE-42442, Rz 36; v. 28.5.2020 - IV R 4/17, BStBl 2020 II S. 710, Rz. 29.
3 Vgl. BFH, Entscheidungen v. 23.12.2003 - IV B 45/02, juris, NWB OAAAB-17482, Rz. 12; v. 24.8.2006 - IX R 52/04, BStBl 2007 II S. 165, Rz. 17; v. 28.5.2020 - IV R 4/17, BStBl 2020 II S. 710, Rz. 29.
4 BFH, Urteil v. 11.5.1999 - VIII R 72/96 (unter II.1.b), BFHE 188 S. 397, BStBl 2002 II S. 722.
5 BFH, Urteil v. 15.3.2000 - VIII R 82/98, BFHE 191 S. 390, BStBl 2002 II S. 774.

LÖSUNG: Nach teilweiser vertretener Auffassung liegt im Beispielfall eine Betriebsaufspaltung vor.[1] Dagegen konnte zunächst eingewandt werden, dass A und B die GbR hier (teilweise) nur mittelbar beherrschen. Auf der Seite des Besitzunternehmen hatte der BFH indes eine mittelbare Beherrschung durch eine GmbH für nicht ausreichend gehalten, eine personelle Verflechtung zu begründen.[2] Diese Rechtsprechung ist nunmehr mit der Konsequenz aufgegeben worden, dass auch eine Beteiligung der an der Betriebsgesellschaft beteiligten Gesellschafter an einer Besitzgesellschaft, die lediglich mittelbar über eine Kapitalgesellschaft besteht, für die Annahme einer personellen Verflechtung ausreicht.[3] Auf Grundlage dieser Rechtsprechung ist im Beispielsfall eine personelle Verflechtung anzunehmen.

Ist das Besitzunternehmen eine **OHG**, bedarf es für die über den gewöhnlichen Betrieb hinausgehenden Handlungen des Beschlusses aller Gesellschafter (§ 116 Abs. 2 HGB). Dieser Beschluss ist einstimmig zu fassen.[4] Auch hier ist also gesetzlich Einstimmigkeit vorgeschrieben. Für Handlungen, die den gewöhnlichen Betrieb des Handelsgewerbes betreffen, also für die Geschäfte des täglichen Lebens, kommt es bei einer OHG darauf an, wem die Geschäftsführung zusteht.

441

▶ Nach § 114 Abs. 1 HGB sind bei einer OHG alle Gesellschafter zur Geschäftsführung berechtigt und verpflichtet. In diesem Fall ist nach § 115 Abs. 1 Teilsatz 1 HGB zwar jeder Gesellschafter allein zum Handeln, also zur Vornahme von Geschäften des täglichen Lebens berechtigt. Jeder Gesellschafter kann aber aufgrund seiner Geschäftsführungsbefugnis der Vornahme der Handlungen eines anderen Gesellschafters widersprechen. Geschieht dies, hat die Handlung, der widersprochen wird, zu unterbleiben (§ 155 Abs. 1 Teilsatz 2 HGB). Deshalb kann man bei einer OHG, bei der alle Gesellschafter zur Geschäftsführung befugt sind, auch hinsichtlich der Geschäfte des täglichen Lebens von der Geltung des Einstimmigkeitsprinzips sprechen.

442

▶ Gültigkeit hat dieses Prinzip bei der OHG selbstverständlich auch dann für die Geschäfte des täglichen Lebens, wenn alle Gesellschafter zur Geschäftsführung befugt sind und nach den getroffenen gesellschaftsrechtlichen Vereinbarungen die Geschäfte des täglichen Lebens nur einstimmig vorgenommen werden dürfen (§ 115 Abs. 2 HGB).

443

---

1 *Wacker* in Schmidt, EStG, 41. Aufl. 2022, § 15 Rz. 825.
2 BFH, Urteile v. 27.8.1992 - IV R 13/91, BStBl 1993 II S. 134; v. 8.9.2011 - IV R 44/07, BStBl 2012 II S. 136; v. 28.1.2015 - I R 20/14, BFH/NV 2015 S. 1109, NWB IAAAE-91960, jeweils m. w. N.; vgl. auch unten Rz. 475.
3 BFH, Urteil v. 16.9.2021 - IV R 7/18, BFH/NV 2022 S. 377, NWB ZAAAI-03339; vgl. hierzu Rz. 475 ff.
4 BMF, Schreiben v. 7.10.2002 (unter II.2.), BStBl 2002 I S. 1028.

D. Voraussetzungen der Betriebsaufspaltung

444 ▶ Ist bei einer OHG ein Gesellschafter oder sind mehrere Gesellschafter von der Geschäftsführung ausgeschlossen, so haben diese hinsichtlich der von einem oder allen zur Geschäftsführung berechtigten Gesellschafter vorgenommenen Handlung des gewöhnlichen Geschäftsbetriebs kein Widerspruchsrecht. Hier besteht also hinsichtlich der Geschäfte des täglichen Lebens das Einstimmigkeitsprinzip nicht.

445 Bei **Kommanditgesellschaften** gilt das Einstimmigkeitsprinzip, soweit es um die Änderung oder Aufhebung des Miet- oder Pachtvertrags mit der Betriebsgesellschaft geht, weil es sich insoweit um außergewöhnliche Geschäfte handelt, die der Zustimmung aller Gesellschafter bedürften (§ 164 HGB).[1] Für die Geschäfte des täglichen Lebens ist dagegen die Zustimmung der Kommanditisten nicht erforderlich; insoweit gilt bei einer KG das Einstimmigkeitsprinzip nicht.[2] Hier vermittelt die Mehrheitsbeteiligung eines einzelnen Gesellschafters oder einer Personengruppe diesen grds. die erforderliche Mehrheit der Stimmen in der Gesellschafterversammlung und damit die Möglichkeit, in der KG ihren Willen durchzusetzen.[3]

> **BEISPIEL 1:** ▶ An der ABC-KG sind A und B zu jeweils 49 % als Komplementäre beteiligt. Die restlichen 2 % hält C als Kommanditist. Die ABC-KG vermietet ein Grundstück an die AB-GmbH. An dieser sind A und B zu je 50 % beteiligt.
>
> **LÖSUNG:** ▶ Es liegt eine Betriebsaufspaltung vor. A und B sind als Komplementäre zur Geschäftsführung berufen. Hinsichtlich der Geschäfte des täglichen Lebens ist die Zustimmung des Kommanditisten C grundsätzlich nicht erforderlich.
>
> Wird dem Kommanditisten C hingegen eine Prokura, die sich auf die Geschäfte des täglichen Lebens erstreckt, erteilt, steht ihm ein Widerspruchsrecht zu, so dass faktisch das Einstimmigkeitsprinzip gilt.
>
> **BEISPIEL 2:** ▶ An der ABC-KG sind A und B zu jeweils 49 % als Kommanditisten beteiligt. Die restlichen 2 % hält C als Komplementär. Die ABC-KG vermietet ein Grundstück an die AB-GmbH. An dieser sind A und B zu je 50 % beteiligt.
>
> **LÖSUNG:** ▶ Mangels personeller Verflechtung liegt keine Betriebsaufspaltung vor. A und B sind als Kommanditisten von der Geschäftsführung ausgeschlossen. Auch die Erteilung einer Prokura, die sich auf die Geschäfte des täglichen Lebens erstreckt, begründet lediglich ein Widerspruchsrecht der Kommanditisten, nicht aber die personelle Verflechtung.

---

1 BFH, Urteile v. 27.8.1992 - IV R 13/91, BFHE 169 S. 231, BStBl 1993 II S. 134; v. 30.10.2019 - IV R 59/16, BStBl 2020 II S. 147, Rz. 46.
2 BMF, Schreiben v. 7.10.2002 (unter II.3.), BStBl 2002 I S. 1028.
3 BFH, Urteil v. 20.5.2021 - IV R 31/19, BStBl 2021 II S. 768, Rz. 24; vgl. auch BFH, Urteil v. 27.8.1992 - IV R 13/91, BStBl 1993 II S. 134, unter II.2.b, zu einer Betriebs-Personengesellschaft.

Ist das Besitzunternehmen eine **Bruchteilsgemeinschaft**, so gelten die Vorschriften der §§ 744, 745 BGB. Nach § 744 Abs. 1 BGB steht zwar die Verwaltung des gemeinsamen Gegenstandes den Teilhabern gemeinschaftlich zu. Das bedeutet **Einstimmigkeit**. Von diesem Grundsatz enthält jedoch § 745 Abs. 1 BGB eine Ausnahme. Danach kann eine der Beschaffenheit des gemeinschaftlichen Gegenstandes entsprechende ordnungsmäßige Verwaltung und Benutzung mit **Stimmenmehrheit** beschlossen werden. Zu einer wesentlichen Veränderung des gemeinschaftlichen Gegenstandes hingegen ist wiederum **Einstimmigkeit** erforderlich.[1]

446

> **BEISPIEL:** An einem Grundstück sind A, B und C zu je einem Drittel beteiligt. Die Bruchteilsgemeinschaft aus A, B und C vermietet das Grundstück an die AB-GmbH. An dieser sind A und B zu je 50 % beteiligt.

> **LÖSUNG:** Zunächst ist zu prüfen, ob jeder Teilhaber seinen individuellen Bruchteil am Grundstück einzelvertraglich überlässt oder ob eine gemeinschaftliche Vermietung des Grundstücks gegeben ist. Liegt eine einzelvertragliche Überlassung vor, sind die Voraussetzungen einer Betriebsaufspaltung erfüllt. A und B beherrschen durch ihre Zwei-Drittel-Mehrheit sowohl die Bruchteilsgemeinschaft als auch die GmbH. Liegt hingegen eine gemeinschaftliche Vermietung durch A, B und C an die AB-GmbH vor, ist durch konkludentes Handeln eine GbR entstanden. Da für eine GbR das Einstimmigkeitsprinzip gilt, ist mangels personeller Verflechtung keine Betriebsaufspaltung gegeben. Es ist davon auszugehen, dass durch die konkludente Gründung keine von § 709 Abs. 1 BGB abweichende Regelung im Gesellschaftsvertrag enthalten ist.

Der VIII. Senat des BFH hat sich in dem Urteil v. 12.11.1985[2] der Meinung des IV. Senats[3] angeschlossen und ausgesprochen, dass für die Beantwortung der Frage, ob eine personelle Verflechtung zwischen einer Bruchteilsgemeinschaft als Besitzunternehmen und einem Betriebsunternehmen vorliegt, davon auszugehen sei, dass die Vermietung eines Wirtschaftsguts von einer Bruchteilsgemeinschaft an ein Betriebsunternehmen mit einfacher Mehrheit der Teilhaber beschlossen werden kann.

447

Daraus folgt: Ist eine Person oder eine Personengruppe, die die Betriebsgesellschaft beherrscht, mit mehr als 50 % an dem in der Rechtsform einer Bruchteilsgemeinschaft betriebenen Besitzunternehmen beteiligt, so ist eine personelle Verflechtung zu bejahen, wenn keine Vereinbarung zwischen den Teilhabern darüber getroffen worden ist, dass die Vermietung der gemeinsamen Wirtschaftsgüter nur einstimmig (mit qualifizierter Mehrheit, die die betreffende Person oder Personengruppe nicht erreicht) erfolgen darf.

448

---

1 § 745 Abs. 3 Satz 1 BGB.
2 BFH, Urteil v. 12.11.1985 - VIII R 240/81, BFHE 145 S. 401, BStBl 1986 II S. 296.
3 BFH, Urteil v. 2.8.1972 - IV 87/65, BFHE 106 S. 325, BStBl 1972 II S. 796.

449 Ist hingegen eine solche **Einstimmigkeitsvereinbarung** getroffen worden, dann kann eine personelle Verflechtung nicht angenommen werden, wenn an dem Besitzunternehmen ein Teilhaber beteiligt ist, der nicht gleichzeitig auch am Betriebsunternehmen beteiligt ist. Es besteht insoweit also de facto ein **Wahlrecht**.[1] Hinzuweisen ist auch auf das BFH-Urteil v. 29.10.1987,[2] in dem unter Hinweis auf das BFH-Urteil v. 9.11.1983[3] entschieden worden ist, dass keine personelle Verflechtung gegeben ist, wenn der Alleingesellschafter der Betriebs-GmbH an dem Besitzunternehmen, das die Rechtsform einer Bruchteilsgemeinschaft hat, mit $^2/_3$ beteiligt ist und in der Gemeinschaft in Bezug auf die Rechtsgeschäfte mit der GmbH Einstimmigkeit vereinbart wurde.

450 Mit BMF-Schreiben v. 23.1.1989[4] waren die Finanzämter angewiesen worden, diese Rechtsprechung nicht zu beachten, weil in ihr die Frage der faktischen Beherrschung nicht erörtert worden sei. Diese Verwaltungsanweisung ist später aufgehoben worden.[5]

451 Bei der **Erbengemeinschaft** besteht nach § 2038 BGB die gleiche Rechtslage wie bei der Bruchteilsgemeinschaft.[6]

452 Bei der **Gütergemeinschaft** hingegen ist kraft Gesetzes immer Einstimmigkeit erforderlich, wenn beide Ehegatten das Gesamtgut gemeinschaftlich verwalten. Ist in einem solchen Fall nur ein Ehegatte an der Betriebsgesellschaft beteiligt, liegt keine Betriebsaufspaltung vor, es sei denn, es sind besondere Beweisanzeichen[7] vorhanden, die ausnahmsweise eine Zusammenrechnung der Ehegattenanteile in dem Besitzunternehmen rechtfertigen.

453–455 *(Einstweilen frei)*

(2.4.5) Folgerungen aus der Einstimmigkeitsrechtsprechung für qualifizierte Mehrheiten

456 Die Überlegungen, auf denen die Einstimmigkeitsrechtsprechung beruht, zwingen dazu, eine personelle Verflechtung auch in anderen Fällen zu verneinen, in denen Betriebsgesellschafter trotz einer stimmrechtsmäßigen Beteiligung von über 50 % an dem Besitzunternehmen in diesem ihren geschäftlichen Betäti-

---

1 Siehe BFH, Beschluss v. 19.10.2007 - IV B 163/06, BFH/NV 2008 S. 212, NWB NAAAC-64802.
2 BFH, Urteil v. 29.10.1987 - VIII R 5/87, BFHE 151 S. 457, BStBl 1989 II S. 96.
3 BFH, Urteil v. 9.11.1983 - I R 174/79, BFHE 140 S. 90, BStBl 1984 II S. 212.
4 BMF, Schreiben v. 23.1.1989, BStBl 1989 I S. 39.
5 BMF, Schreiben v. 7.10.2002 (unter V. Abs. 2), BStBl 2002 I S. 1028.
6 BFH, Urteil v. 13.12.1983 - VIII R 90/81, BFHE 140 S. 526, BStBl 1984 II S. 474; näher hierzu Rz. 410 f.
7 Vgl. unten Rz. 493 ff.

gungswillen nicht durchsetzen können. Das ist z. B. der Fall, wenn die das Betriebsunternehmen beherrschenden Gesellschafter an der Besitzgesellschaft zwar mit 60 % beteiligt sind, hier aber ihren geschäftlichen Betätigungswillen deshalb nicht durchsetzen können, weil für Gesellschafterbeschlüsse eine qualifizierte Mehrheit von 66 $^2/_3$ % erforderlich ist.

Die Durchsetzbarkeit eines einheitlichen geschäftlichen Betätigungswillens ist also immer nur dann möglich, wenn die hinter beiden Unternehmen stehende Person oder Personengruppe über so viele Stimmen verfügt, wie bei zur Durchsetzbarkeit des einheitlichen Betätigungswillens erforderlich sind. 457

Keine personelle Verflechtung i. S. der Betriebsaufspaltung liegt demzufolge vor, wenn die das Betriebsunternehmen beherrschende Person oder Personengruppe an einer Besitz-GbR zwar mehrheitlich beteiligt ist (z. B. mit 66 $^2/_3$ %), aber nach dem handelsrechtlich maßgebenden Stimmrechtsverhältnis die Gesellschafterbeschlüsse mit einer Mehrheit von 75 % gefasst werden müssen; denn in einem solchen Fall reicht die Stimmrechtsmacht der an beiden Unternehmen beteiligten Person oder Personengruppe nicht aus, um im Besitzunternehmen ihren einheitlichen geschäftlichen Betätigungswillen durchzusetzen.[1]

(2.4.6) Auswirkungen der Einstimmigkeitsrechtsprechung auf Betriebsgesellschaften

Die eben dargestellten Grundsätze gelten auch für die Betriebsgesellschaft, wenn dort für Gesellschafterbeschlüsse Einstimmigkeit oder eine qualifizierte Mehrheit erforderlich ist.[2] 458

Allerdings ist hier zu beachten, dass dann, wenn die Betriebsgesellschaft die Rechtsform einer GmbH hat – was meist der Fall ist – nach § 47 Abs. 1 GmbHG für Gesellschafterbeschlüsse nur die einfache Stimmenmehrheit erforderlich ist, soweit keine anderen gesellschaftsrechtlichen Vereinbarungen vorliegen.

(2.4.7) Bedeutung der Einstimmigkeitsrechtsprechung

Die Bedeutung der Einstimmigkeitsrechtsprechung besteht darin, dass die Beteiligten durch die Gestaltung der Stimmrechtsverhältnisse in den Fällen, in denen am Besitzunternehmen auch Nur-Besitz-Gesellschafter bzw. am Be- 459

---

[1] BFH, Urteile v. 21.1.1999 - IV R 96/96, BFHE 187 S. 570, BStBl 2002 II S. 771; v. 11.5.1999 - VIII R 72/96, BFHE 188 S. 397, BStBl 2002 II S. 772; v. 7.12.1999 - VIII R 50, 51/96, BFH/NV 2000 S. 601, 602 (mittlere Spalte), NWB SAAAA-97024; v. 15.3.2000 - VIII R 82/98, BFHE 191 S. 390, BStBl 2002 II S. 774.

[2] BFH, Urteil v. 7.12.1999 - VIII 50, 51/96, BFH/NV 2000 S. 601, 602 (mittlere Spalte), NWB SAAAA-97024.

triebsunternehmen auch Nur-Betriebs-Gesellschafter beteiligt sind, de facto ein **Wahlrecht** haben, ob sie eine Betriebsaufspaltung herbeiführen oder nicht.

460 Dabei ist unter einem **Nur-Besitz-Gesellschafter** eine an der Besitzgesellschaft beteiligte Person zu verstehen, die an der Betriebsgesellschaft nicht beteiligt ist. Auf der Seite des Betriebsunternehmens entspricht dem Nur-Besitz-Gesellschafter **der Nur-Betriebs-Gesellschafter**. Er ist nur am Betriebsunternehmen, nicht auch am Besitzunternehmen beteiligt. Im Gegensatz zu dem Nur-Besitz-Gesellschafter und dem Nur-Betriebs-Gesellschafter steht der **Sowohl-als-auch-Gesellschafter**, also der Gesellschafter, der sowohl am Betriebsunternehmen als auch am Besitzunternehmen beteiligt ist.

461 Ist das Besitzunternehmen eine **Personengesellschaft**, an der auch Nur-Besitz-Gesellschafter beteiligt sind,[1] dann wird eine Betriebsaufspaltung grds. vermieden, wenn keine Vereinbarungen über das Stimmrechtsverhältnis getroffen werden bzw. wenn in Übereinstimmung mit den gesetzlichen Regelungen Einstimmigkeit vereinbart wird; denn in einem solchen Fall können die Sowohl-als-auch-Gesellschafter im Besitzunternehmen ihren einheitlichen geschäftlichen Betätigungswillen nicht durchsetzen. Das „Besitzunternehmen" hat Einkünfte aus Vermietung und Verpachtung.[2] Der hieraus abzuleitende Grundsatz, wonach die an beiden Unternehmen beteiligte Person ihren geschäftlichen Betätigungswillen in der Besitzpersonengesellschaft auch im Hinblick auf die laufende Verwaltung der Nutzungsüberlassung durchsetzen können muss, ist aber eingehalten, wenn der Mehrheitsgesellschafter der Besitzpersonengesellschaft personenidentisch mit dem **Rechtsträger des Betriebsunternehmens** ist. Denn der Mehrheitsgesellschafter kann dann in seiner Eigenschaft als Rechtsträger des Betriebsunternehmens verhindern, dass der (geschäftsführende) Nur-Besitzgesellschafter innerhalb der laufenden Verwaltung der Nutzungsüberlassung nachteilige Vertragsänderungen vornimmt.[3]

Zur Frage, ob in einem solchen Fall ein **Gestaltungsmissbrauch nach § 42 AO** vorliegen kann, wird auf das BFH-Urteil v. 7.12.1999[4] verwiesen. Wird im Besitzunternehmen hingegen eine **Stimmrechtsvereinbarung** getroffen, die es den Sowohl-als-auch-Gesellschaftern ermöglicht, bei Gesellschafterbeschlüs-

---

1 Vgl. zur Einstimmigkeit bei Vorhandensein eines Nur-Besitz-Gesellschafters auch Rz. 440.
2 BFH, Urteile v. 1.7.2003 - VIII R 24/01, BFHE 202 S. 535, BStBl 2003 II S. 757; v. 8.9.2011 - IV R 44/07, BFHE 235 S. 231, BStBl 2012 II S. 136; FG Hamburg, Urteil v. 31.10.2013 - 3 K 90/13, Rz. 80, NWB MAAAE-52833 (rkr.); BFH, Urteil v. 30.10.2019 - IV R 59/16, BStBl 2020 II S. 147, Rz. 45; FG Köln, Urteil v. 17.10.2019 - 6 K 832/16, NWB UAAAH-49785 (Az. des BFH: IV R 31/19).
3 BFH, Urteil v. 30.10.2019 - IV R 59/16, BStBl 2020 II S. 147, Rz. 47.
4 BFH, Urteil v. 7.12.1999 - VIII R 50, 51/96, BFH/NV 2000 S. 601, 603 (mittlere Spalte), NWB SAAAA-97024.

sen ihren Willen durchzusetzen, dann liegt eine Betriebsaufspaltung vor, und das Besitzunternehmen hat gewerbliche Einkünfte. Eine solche Stimmrechtsvereinbarung liegt noch nicht vor, wenn die Nur-Besitz-Gesellschafter die Ausübung ihres Stimmrechts mit der beherrschenden Personengruppe abgestimmt oder in anderer Weise ihre Gesellschafterstellung im Interesse der beherrschenden Gesellschafter wahrgenommen haben.[1]

Von diesem eben beschriebenen faktischen Wahlrecht gibt es nach der Rechtsprechung des BFH allerdings eine **Ausnahme**, wenn im Gesellschaftsvertrag der Besitzgesellschaft die gemeinschaftliche Geschäftsführung abbedungen und einem oder mehreren Gesellschaftern übertragen wurde.[2] In einem solchen Fall sind die übrigen Gesellschafter nach § 710 BGB von der Geschäftsführung ausgeschlossen. Das bedeutet, dass diese Gesellschafter zwar bei gesellschaftsfremden Angelegenheiten mitwirken müssen, dass sie aber keinen Einfluss auf die Verwaltungsgeschäfte nehmen können.

462

Zu diesen Verwaltungsgeschäften gehört zumindest nach Begründung einer Betriebsaufspaltung auch die Vermietung oder Verpachtung eines Grundstücks durch das Besitzunternehmen an das Betriebsunternehmen, so dass z. B. dort, wo Träger des Besitzunternehmens eine Bruchteilsgemeinschaft ist, es für Maßnahmen im Rahmen der Vermietung und Verpachtung nicht der nach § 745 Abs.3 Satz 1 BGB für ein Grundlagengeschäft erforderlichen Einstimmigkeit, sondern lediglich einer einfachen Mehrheit bedarf.[3]

Solange einem nach § 710 BGB berufenen Gesellschafter-Geschäftsführer die Geschäftsführungsbefugnis nicht durch einstimmigen Beschluss der übrigen Gesellschafter bei Vorliegen eines wichtigen Grundes (§ 712 BGB) entzogen ist, dürfen die anderen Gesellschafter in Angelegenheiten der Geschäftsführung nicht tätig werden. Sie haben weder ein Widerspruchsrecht gegen die von dem Geschäftsführer getroffenen Maßnahmen[4] noch können sie diesem unter Hinweis auf § 713 i. V. m. § 665 BGB und das zwischen den Gesellschaftern und dem Geschäftsführer bestehende Auftragsverhältnis Weisungen erteilen. Ihr Stimmrecht beschränkt sich auf Beschlüsse in anderen als Geschäftsführungsangelegenheiten.[5]

---

1 BFH, Urteil v. 10.12.1991 - VIII R 71/87, BFH/NV 1992 S. 551, NWB YAAAB-32513.
2 BFH, Urteile v. 16.5.2013 - IV R 54/11, BFH/NV 2013 S. 1557, NWB ZAAAE-42442, Rz 36; v. 28.5.2020 - IV R 4/17, BStBl 2020 II S. 710, Rz. 29.
3 BFH, Urteile v. 2.8.1972 I - IV 87/65, BFHE 106 S. 325, BStBl 1972 II S. 796; v. 12.11.1985 - VIII R 240/81, BFHE 145 S. 401, BStBl 1986 II S. 296.
4 Vgl. hierzu *Ulmer* in MünchKomm, § 710 Rz. 6, m. w. N.
5 *Ulmer* in MünchKomm, § 709 Rz. 28, § 713 Rz. 6, m. w. N.

Soll eine Betriebsaufspaltung vermieden werden, darf dem Nur-Besitzgesellschafter folglich nicht die Geschäftsführungsbefugnis entzogen werden.[1] Das FG Köln hatte trotz fehlender Geschäftsführungsbefugnis eines Nur-Besitzgesellschafters eine personelle Verflechtung allerdings abgelehnt, weil dieser seine ohne ihn zu je $1/3$ an der Betriebs-GmbH beteiligten und zur Geschäftsführung berufenen Mitgesellschafter weder ausdrücklich noch konkludent von den Beschränkungen des **Selbstkontrahierungsverbots** nach § 181 BGB befreit hatte.[2] Auch eine faktische Beherrschung könne nicht angenommen werden.[3] Die Ausführungen des FG zur rechtlichen Reichweite von § 181 BGB sind überzeugend und in der Sache nicht zu beanstanden.

Sie hatten vor dem BFH[4] im Ergebnis aber zu Recht keinen Bestand, da die Auswirkungen der fehlenden Befreiung auf die personelle Verflechtung zwischen zwei Unternehmen überschätzt wurden: So hatte der BFH schon früh festgehalten, dass es diesbezüglich nicht darauf ankommt, auf welchem gesellschaftsrechtlichen Wege die Gesellschafter in beiden Unternehmen ihren Willen durchsetzen können.[5] Dass es auf die fehlende Befreiung vom Selbstkontrahierungsverbot nicht ankommt, ergibt sich zudem daraus, dass die Gesellschafter der Betriebs-GmbH aufgrund ihrer 100%igen Beteiligung in der Lage sind, einen Gesellschafterbeschluss nach § 47 Abs. 1 GmbHG herbeizuführen, der es ermöglicht, dass auf Seiten der Betriebsgesellschaft jedenfalls nicht sie selbst als Vertreter auftreten.[6] Sie können beispielsweise Prokuristen oder Handlungsbevollmächtigte berufen. In diesem Fall kommt es auf die Beschränkungen des § 181 BGB nicht an. Dieser Ansicht hat sich der BFH angeschlossen und das Urteil des FG Köln aufgehoben.[7] Die Vorschrift wäre auch nicht analog anzuwenden. Die Prokuristen einer GmbH sind nämlich nicht als Unterbevollmächtigte des Geschäftsführers anzusehen, sondern erfüllen ihre Vertretungsaufgabe in eigener Verantwortung gegenüber der Gesellschaft.[8]

---

1 Vgl. BFH, Urteile v. 16.5.2013 - IV R 54/11, BFH/NV 2013 S. 1557, NWB ZAAAE-42442, Rz 36; v. 28.5.2020 - IV R 4/17, BStBl 2020 II S. 710, Rz. 29.
2 FG Köln, Urteil v. 7.12.2016 - 9 K 2034/14, EFG 2017 S. 593, NWB OAAAG-39201, aufgehoben durch BFH, Urteil v. 28.5.2020 - IV R 4/17, BStBl 2020 II S. 710.f
3 Gl. A *Gluth* in Herrmann/Heuer/Raupach, § 15 EStG Rz. 799.
4 BFH, Urteil v. 28.5.2020 - IV R 4/17, BStBl 2020 II S. 710, Rz. 35.
5 BFH, Urteil v. 26.1.1989 - IV R 51/86, BFHE 156 S. 138, BStBl 1989 II S. 455.
6 Vgl. BFH, Urteil v. 24.8.2006 - IX R 52/04, BFHE 215 S. 107, BStBl 2007 II S. 165, Rz. 20; vgl. bereits Rz. 322.
7 BFH, Urteil v. 28.5.2020 - IV R 4/17, NWB BAAAH-59199.
8 BGH, Urteil v. 13.6.1984 - VIII ZR 125/83, BGHZ 91 S. 334.

Ist das Besitzunternehmen eine **Bruchteilsgemeinschaft** oder eine **Erbengemeinschaft** und sind ein oder einige Teilhaber nicht am Betriebsunternehmen beteiligt (**Nur-Besitz-Teilhaber**), so besteht ebenfalls de facto ein **Wahlrecht**. Wird keine Vereinbarung getroffen oder wird einfache Stimmenmehrheit vereinbart, die die Sowohl-als-auch-Gesellschafter erreichen, dann liegt eine Betriebsaufspaltung vor. Wird Einstimmigkeit oder wird eine solche Mehrheit vereinbart, die die Sowohl-als-auch-Gesellschafter nicht erreichen, dann liegt keine Betriebsaufspaltung vor. 463

Für das **Betriebsunternehmen** gilt Entsprechendes, wobei zu beachten ist, dass ein Betriebsunternehmen meist in der Rechtsform einer GmbH geführt wird und dass nach dem Gesetz (§ 47 Abs. 1 GmbHG) bei einer GmbH die Gesellschafterbeschlüsse mit einfacher Mehrheit gefasst werden. Einstimmigkeit kann hier also nur durch gesellschaftsrechtliche Vereinbarungen erreicht werden.[1] 464

(Einstweilen frei) 465–467

4. Mittelbare Beherrschung

LITERATUR:

o. V., Betriebsaufspaltung bei Zwischenschaltung einer Stiftung, Anm. zum BFH-Urteil v. 16.6.1982 - I R 118/80, StBp 1983 S. 21; *Stochek/Sommerfeld*, Betriebsaufspaltung – Durchgriffsverbot (nur) auf der Seite des Besitzunternehmens?, DStR 2012 S. 215; *Böttcher*, Betriebsaufspaltung: geänderte Rechtsprechung des IV. Senats des BFH zur mittelbaren Beherrschung, GStB 2022 S. 72; *Broemel/Klein*, Neue BFH-Rechtsprechung zur Betriebsaufspaltung und erweiterten gewerbesteuerlichen Kürzung: Teilweise Abkehr vom sog. Durchgriffsverbot, DStR 2022 S. 857; *Hoheisel*, Mitunternehmerische Betriebsaufspaltung bei mittelbaren Beteiligungen, StuB 2022 S. 303; *Müller/Bauerfeld*, Betriebsaufspaltung im Wandel, EStB 2022 S. 139; *Reddig*, Betriebsaufspaltung - mittelbare Beherrschung der Besitzgesellschaft reicht!, DB 2022 S. 765; *Roser*, Die Betriebsaufspaltung in der Rechtsprechung – deutliche Risiken des Richterrechts, GmbHR 2022 S. 1020; *Rösen*, Personelle Verflechtung bei mittelbarer Beteiligung, NWB 2022 S. 1290; *Schlücke*, Neues zur personellen Verflechtung durch mittelbare Beteiligung am Besitzunternehmen, Ubg 2022 S. 344; *Winkler*, Neue Rechtsentwicklungen zur Betriebsaufspaltung, kösdi 2022 S. 22738.

a) Einführung

Es gibt Fälle, in denen die beherrschende Person oder Personengruppe nicht unmittelbar am Betriebsunternehmen oder Besitzunternehmen beteiligt ist, 468

---

[1] BFH, Urteil v. 27.2.1991 - XI R 25/88, BFH/NV 1991 S. 454, 455 (mittlere Spalte), NWB GAAAA-97203.

sondern nur mittelbar dadurch, dass zwischen sie und das Betriebsunternehmen bzw. das Besitzunternehmen eine andere Kapitalgesellschaft oder Personengesellschaft zwischengeschaltet ist.

469 **BEISPIEL:** A ist alleiniger Anteilseigner der X-GmbH. Diese ist mit 99 % an einer Betriebs-Kapitalgesellschaft beteiligt. A ist ferner alleiniger Anteilseigner der Y-GmbH. Diese ist mit 99 % an einer Besitz-Personengesellschaft beteiligt, die ein Fabrikgrundstück an die Betriebs-Kapitalgesellschaft vermietet hat.

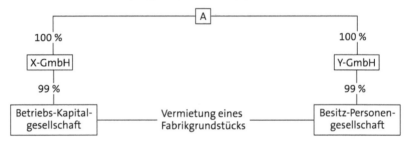

Es fragt sich, ob auch in diesen Fällen eine Beherrschung durch A möglich ist, so dass eine personelle Verflechtung vorliegt.

b) Mittelbare Beherrschung auf der Seite des Betriebsunternehmens

470 Auf der Seite des Betriebsunternehmens reicht eine mittelbare Beherrschung aus, wenn die das Besitzunternehmen beherrschende Person oder Personengruppe in dem zwischengeschalteten Unternehmen ihren einheitlichen geschäftlichen Betätigungswillen aufgrund ihrer Stimmrechtsmacht durchsetzen kann und das zwischengeschaltete Unternehmen seinerseits aufgrund seiner Stimmrechtsmacht in dem Betriebsunternehmen in der Lage ist, diesen Betätigungswillen auch im Betriebsunternehmen zu verwirklichen. Dies hatte der BFH zunächst für Fälle entschieden, in denen die Beherrschung durch eine Kapitalgesellschaft vermittelt wird.[1]

471 Der BFH hat in diesem Fall eine Betriebsaufspaltung angenommen.[2] Es ist grds. gleichgültig, ob es sich bei der zwischengeschalteten Kapitalgesellschaft um

---

[1] BFH, Entscheidungen v. 22.1.1988 - III B 9/87, BStBl 1988 II S. 537; v. 27.8.1992 - IV R 13/91, BFHE 169 S. 231, BStBl 1993 II S. 134, m. w. N.; v. 20.7.2005 - X R 22/02, BStBl 2006 II S. 457; v. 29.11.2007 - IV R 82/05 (unter II. 2. d), BFHE 220 S. 98, BStBl 2008 II S. 471; v. 29.11.2017 - X R 8/16, BStBl 2018 II S. 426, Rz. 48.

[2] BFH, Urteile v. 14.8.1974 - I R 136/70, BFHE 114 S. 98, BStBl 1975 II S. 112; v. 20.7.2005 - X R 22/02, BFHE 210 S. 345, BStBl 2006 II S. 457; v. 29.11.2017 - X R 8/16, BStBl 2018 II S. 426, Rz. 48; v. 16.9.2021 - IV R 7/18, BFH/NV 2022 S. 377, NWB ZAAAI-03339, Rz. 35.

eine GmbH oder eine AG handelt.[1] Nach dem BFH-Urteil vom 16.6.1982[2] sind die vorstehend dargestellten Grundsätze auch bei der Zwischenschaltung einer **Stiftung** anzuwenden.

Auch bei Zwischenschaltung einer **Personengesellschaft** ist auf der Seite des Betriebsunternehmens eine mittelbare Beherrschung möglich, wenn die das Betriebsunternehmen beherrschende Person oder Personengruppe in der zwischengeschalteten Personengesellschaft ihren einheitlichen geschäftlichen Betätigungswillen durchsetzen kann und die Personengesellschaft ihrerseits in der Lage ist, diesen Willen auch in dem Betriebsunternehmen aufgrund ihrer Stimmrechtsmacht zu verwirklichen. In vergleichbarer Weise ist eine personelle Verflechtung zu bejahen, wenn die Gesellschafter einer Besitz-GbR an der **Betriebs-KG** nur mittelbar über eine GmbH beteiligt sind.[3]

472

c) Mittelbare Beherrschung auf der Seite des Besitzunternehmens
(1) Die ältere BFH-Rechtsprechung

Auf der Seite des Besitzunternehmens hatte der BFH in seinem Urteil v. 27.8.1992[4] eine nur mittelbare Beherrschung durch eine GmbH für nicht ausreichend angesehen, weil die das Betriebsunternehmen beherrschende Person nicht Gesellschafter des Besitzunternehmens war und ein Durchgriff durch die zwischen diese Person und das Besitzunternehmen zwischengeschaltete GmbH nicht möglich gewesen sei.[5]

473

BEISPIEL: A ist Alleinanteilseigner einer Betriebs-GmbH und einer weiteren GmbH, der X-GmbH. Diese ist mit 90 % an der C-GbR beteiligt. Weiterer Gesellschafter der C-GbR mit 10 % ist C. Die C-GbR hat an die Betriebs-GmbH eine wesentliche Betriebsgrundlage vermietet.

474

---

1 BFH, Urteile v. 1.4.1981 - I R 160/80, BFHE 133 S. 561, BStBl 1981 II S. 738; v. 28.1.1982 - IV R 100/78, BFHE 135 S. 330, BStBl 1982 II S. 479.
2 BFH, Urteil v. 16.6.1982 - I R 118/80, BFHE 136 S. 287, BStBl 1982 II S. 662.
3 BFH, Urteile v. 5.6.2008 - IV R 76/05, BFHE 222 S. 284, BStBl 2008 II S. 858 (unter II.2.b); v. 29.11.2017 - X R 8/16, BStBl 2018 II S. 426, Rz. 48.
4 BFH, Urteil v. 27.8.1992 - IV R 13/91, BFHE 169 S. 231, BStBl 1993 II S. 134; bestätigt durch BFH, Urteil v. 8.9.2011 - IV R 44/07, BStBl 2012 II S. 136.
5 Ebenso BFH, Urteile v. 8.9.2011 - IV R 44/07, BStBl 2012 II S. 136; v. 28.1.2015 - I R 20/14, BFH/NV 2015 S. 1109, jeweils m. w. N., NWB IAAAE-91960.

D. Voraussetzungen der Betriebsaufspaltung

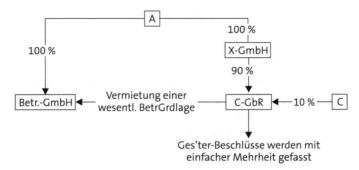

LÖSUNG: Nach dem BFH-Urteil v. 27.8.1992 lag keine Betriebsaufspaltung vor, weil A nicht Gesellschafter der C-GbR ist und ein Durchgriff durch die X-GmbH nicht möglich sei. Diese Auffassung war durch spätere Rechtsprechung des BFH bestätigt worden.[1]

Abzugrenzen hiervon sind Fälle, in denen eine Kapitalgesellschaft oder Genossenschaft Rechtsträgerin des Betriebsunternehmens und zugleich Mehrheitsgesellschafterin der Besitz-Personengesellschaft ist. In diesem Fall liegt die für eine Betriebsaufspaltung erforderliche enge personelle Verflechtung vor, wenn die Gesellschafter der Besitz-Personengesellschaft für Abschluss und Beendigung der Miet- oder Pachtverträge gemeinsam zur Geschäftsführung und Vertretung der Gesellschaft befugt sind und dabei mit Stimmenmehrheit nach Anteilen am Kapital der Gesellschaft entscheiden.[2] Denn die personelle Verflechtung ist gerade nicht auf Fälle beschränkt, in denen natürliche Personen an Besitz- und Personengesellschaften beteiligt sind.

Im Entscheidungsfall des BFH waren an einer Besitz-GbR eine Genossenschaft zu 99 % und eine GmbH zu 1 % beteiligt. Die Genossenschaft war zugleich Alleingesellschafterin der GmbH, welche folglich mangels Beteiligung an der Betriebsgesellschaft als Nur-Besitz-Gesellschafter anzusehen war.

(2) Kritik an der älteren Rechtsprechung

475 Unseres Erachtens bestanden gegen die ältere Ansicht des BFH Bedenken; denn die Begründung, warum auf der Seite des Betriebsunternehmens eine mittelbare Beherrschung ausreicht, rechtfertigt wohl auch die Annahme einer mittelbaren Beherrschung auf der Seite des Besitzunternehmens.[3] Hinzu kommt, dass die Frage der mittelbaren Beherrschung einer Untergesellschaft

---

1 BFH, Urteile v. 15.4.1999 - IV R 11/98, BFHE 188 S. 412, BStBl 1999 II S. 532; v. 29.11.2007 - IV R 82/05, BStBl 2008 II S. 471, unter II.2.d; v. 8.9.2011 - IV R 44/07, BStBl 2012 II S. 136, Rz. 24; v. 30.10.2019 - IV R 59/16, BStBl 2020 II S. 147, Rz. 44.
2 BFH, Urteil v. 8.9.2011 - IV R 44/07, BStBl 2012 II S. 136.
3 Ebenso *Wacker* in Schmidt, EStG, 41. Aufl. 2022, § 15, Rz. 835; *Söffing*, FR 1993 S. 61; *Söffing*, FR 2002 S. 334, 335; *Stoschek/Sommerfeld*, DStR 2012 S. 215.

mit der Frage des Durchgriffs durch eine Kapitalgesellschaft oder eine mitunternehmerische Personengesellschaft nicht das Geringste zu tun hat.

Im Übrigen passte das Urteil v. 27.8.1992 nicht zum BFH-Urteil v. 28.11.2001,[1] in dem eine mittelbare Beteiligung auf der Seite des Besitzunternehmens in folgendem – hier vereinfacht dargestellten – Sachverhalt angenommen worden ist:

> **BEISPIEL:** A war Eigentümer eines Grundstücks, das für die A-GmbH, an der A mit 98 % beteiligt war, eine wesentliche Betriebsgrundlage bildete. A hatte das Grundstück jedoch nicht unmittelbar an die A-GmbH, sondern an die E-GmbH vermietet, die es ihrerseits an die A-GmbH weitervermietet hatte.

476

In dem Mietvertrag zwischen A und der E-GmbH war eine Verpflichtung der E-GmbH an die A-GmbH zwar nicht ausdrücklich erwähnt worden. Der BFH hat trotzdem eine mittelbare Beherrschung angenommen, weil nach der Interessenlage der Beteiligten für die E-GmbH nur eine Weitervermietung des Grundstücks an die A-GmbH in Betracht kam.

Zu dem Begriff „Beherrschung" i. S. der Betriebsaufspaltung hat der BFH in diesem Zusammenhang ausgeführt, dass die Auslegung dieses Begriffs sich nicht ausschließlich an zivilrechtlichen Gegebenheiten orientieren dürfe, weil die Fähigkeit der das Besitzunternehmen beherrschenden Personen, ihren geschäftlichen Betätigungswillen in der Betriebsgesellschaft durchzusetzen, nicht notwendig einen bestimmten Anteilsbesitz an der Betriebsgesellschaft erfordere. Der vor allem an den wirtschaftlichen Gegebenheiten orientierte Begriff des „Beherrschens" decke auch Fälle ab, in denen der Besitzunternehmer durch einen Vertrag mit dem Zwischenvermieter dafür Sorge trage, dass dem Betriebsunternehmen eine wesentliche Betriebsgrundlage überlassen werde.

(3) Rechtsprechungsänderung und Konsequenzen
(3.1) Änderung der Rechtsprechung

Mit Urteil v. 16.9.2021 hat der IV. Senat seine Rechtsprechung aufgegeben und festgehalten, dass auch eine Beteiligung der an der Betriebsgesellschaft beteiligten Gesellschafter an einer Besitz-Personengesellschaft, die lediglich mittelbar über eine Kapitalgesellschaft besteht, bei der Beurteilung einer personellen Verflechtung als eine der Voraussetzungen einer Betriebsaufspaltung zu be-

477

---

[1] BFH, Urteil v. 28.11.2001 - X R 50/97, BFHE 197 S. 254, BStBl 2002 II S. 363.

rücksichtigen ist.[1] Nach jetziger Auffassung des IV. Senats sind jedenfalls in diesem Fall keine sachlichen Gründe für die von der bisherigen Rechtsprechung bei der Beantwortung der Frage einer personellen Verflechtung vertretene Unterscheidung zwischen einer mittelbaren Beteiligung über eine Kapitalgesellschaft am Betriebsunternehmen und einer solchen am Besitzunternehmen (hier als Personengesellschaft) ersichtlich.[2] Der III. Senat hat sich dieser Auffassung angeschlossen und hält ebenfalls nicht mehr an seiner gegenteiligen Rechtsprechung fest.[3] Der I. BFH-Senat hat mitgeteilt, dass seine Rechtsprechung der Rechtsprechungsänderung nicht entgegenstehe.[4]

(3.2) Konsequenzen und zeitlicher Anwendungsbereich der neuen Rechtsprechung

478 Da der BFH keine Übergangsfrist zur Anwendung der neuen Rechtsprechung gesetzt hat, ist sie grds. auf alle noch offenen Fälle anzuwenden. Bei bereits ergangenen Bescheiden, welche die ältere Rechtsprechung zugrunde gelegt haben, darf die geänderte Rechtsprechung nach § 176 Abs. 1 Satz 1 Nr. 3 AO nicht berücksichtigt werden. Eine darüberhinausgehende Gewährung von Vertrauensschutz wäre zwar im Billigkeitswege durch die FinVerw wünschenswert,[5] rechtlich aber nicht zwingend, da es sich um eine Änderung der Auslegung von § 15 Abs. 2 EStG handelt und damit um die Anwendung eines Gesetzes.[6]

Dem Vernehmen nach wird in der FinVerw aktuell aber über eine Vertrauensschutzregelung nachgedacht. Die neue Rechtsprechung muss zunächst auch für den Fall der **Zwischenschaltung einer mitunternehmerischen Personengesellschaft** gelten: Zwar besitzt eine mitunternehmerische Personengesellschaft nach dem Beschluss des GrS v. 25.2.1991[7] ebenso wie eine Kapitalgesellschaft eine – wenn auch nur eingeschränkte – Steuersubjektivität. Wenn man bei einer Kapitalgesellschaft ein Durchgriffsverbot nicht mehr annimmt, muss dies folgerichtig auch bei einer mitunternehmerischen Personengesellschaft gelten.

---

1 BFH, Urteil v. 16.9.2021 - IV R 7/18, BFH/NV 2022 S. 377, NWB ZAAAI-03339.
2 BFH, Urteil v. 16.9.2021 - IV R 7/18, BFH/NV 2022 S. 377, NWB ZAAAI-03339, Rz. 38.
3 Vgl. BFH, Urteil v. 16.9.2021 - IV R 7/18, BFH/NV 2022 S. 377, NWB ZAAAI-03339, Rz. 39.
4 Vgl. BFH, Urteil v. 16.9.2021 - IV R 7/18, BFH/NV 2022 S. 377, NWB ZAAAI-03339, Rz. 40; siehe hierzu auch *Winkler*, kösdi 2022 S. 22738, 22743.
5 Vgl. hierzu auch *Roser*, GmbHR 2022 S. 1020, 1025.
6 Gl. A. *Roser*, GmbHR 2022 S. 1020, 1024; tendenziell weitergehend *Schlücke*, Ubg 2022 S. 344, 349.
7 BFH, Beschluss v. 25.2.1991 - GrS 7/89, BFHE 163 S. 1, BStBl 1991 II S. 691.

III. Personelle Verflechtung

Bei einer unmittelbaren Betriebsaufspaltung sind die dem Besitzunternehmer gehörenden Anteile an der Betriebs-Kapitalgesellschaft notwendiges Betriebsvermögen im Besitzunternehmen. Handelt es sich bei dem Besitzunternehmen um eine Personengesellschaft oder eine Gemeinschaft, sind die Anteile der Gesellschafter (Teilhaber) an der Betriebs-Kapitalgesellschaft deren notwendiges **Sonderbetriebsvermögen II** bei dem Besitzunternehmen.[1]

479

Diese Rechtsfolge kann nach der Rechtsprechungsänderung nicht mehr dadurch vermieden werden, dass zwischen die das Betriebsunternehmen beherrschende Person oder Personengruppe und das eine wesentliche Betriebsgrundlage vermietende Besitzunternehmen eine Kapitalgesellschaft oder eine mitunternehmerische Personengesellschaft zwischengeschaltet wird. Dies gilt auch in Fällen, in denen die Beteiligung des beherrschenden Gesellschafters oder der beherrschenden Personengruppe an der Besitzpersonengesellschaft auch hinsichtlich der Kommanditistenstellung nur mittelbar über eine Kapitalgesellschaft besteht.[2]

Mit der neuen Rechtsprechung kann das Problem des sog. **Nur-Besitz-Gesellschafters**[3] nicht mehr vermieden werden. Nach der sog. Mitgegangen-mitgefangen-Rechtsprechung des BFH[4] ist auch ein solcher Nur-Besitz-Gesellschafter Mitunternehmer der Besitz-Personengesellschaft, obwohl er mit dem Betriebsunternehmen nicht personell verbunden ist. Diese Eigenschaft verliert der Nur-Besitz-Gesellschafter nun nicht mehr, wenn zwischen die Sowohl-als-auch-Gesellschafter, also zwischen die Gesellschafter, die sowohl am Besitzunternehmen als auch am Betriebsunternehmen beteiligt sind, und das Besitzunternehmen eine Kapitalgesellschaft oder eine mitunternehmerische Personengesellschaft zwischengeschaltet wird.

480

Die geänderte Rechtsprechung hat als weitere Konsequenz, dass die **erweiterte Grundbesitzkürzung** nach § 9 Nr. 1 Satz 2 GewStG nicht zu gewähren ist, wenn die personelle Verflechtung durch eine Beteiligung der an der Betriebsgesellschaft beteiligten Gesellschafter an einer Besitz-Personengesellschaft, die lediglich mittelbar über eine Kapitalgesellschaft besteht, begründet wird.[5] Die erweiterte Grundbesitzkürzung ist nämlich grds. ausgeschlossen, wenn die Verwaltung oder Nutzung des eigenen Grundbesitzes die Grenzen der Gewerblichkeit überschreitet. Dies ist insbesondere dann der Fall, wenn das Grund-

481

---

1 Vergleiche die Ausführungen unter Rz. 1094 ff.
2 Zweifelnd *Schlücke*, Ubg 2022 S. 344, 350.
3 Vgl. unten Rz. 1078 ff.
4 Vgl. unten Rz. 1078.
5 BFH, Urteil v. 16.9.2021 - IV R 7/18, BFH/NV 2022 S. 377, NWB ZAAAI-03339, Rz. 27.

stücksunternehmen infolge einer Betriebsaufspaltung als Besitzunternehmen (originär) gewerbliche Einkünfte erzielt, was nunmehr auch bei mittelbarer Beherrschung einer Besitz-Personengesellschaft der Fall ist.

Um die erweiterte Grundbesitzkürzung zu erhalten, wird vor diesem Hintergrund teilweise vorgeschlagen, die Besitzpersonengesellschaft in eine Besitzkapitalgesellschaft umzuwandeln.[1] Hintergrund dieses Vorschlags ist, dass eine kapitalistische Betriebsaufspaltung voraussetzt, dass die Besitzgesellschaft unmittelbar an der Betriebsgesellschaft vermögensmäßig und beherrschend beteiligt ist, während eine Schwestergesellschaftsstruktur keine personelle Verflechtung ermöglicht und damit keine kürzungsschädliche Betriebsaufspaltung nach sich zieht.[2] Nach der neuen Rechtsprechung des IV. Senats bestehen zwar gewisse Zweifel, ob die Gestaltung mit kapitalistischen Schwestergesellschaftsstrukturen tatsächlich noch eine Betriebsaufspaltung rechtssicher verhindern kann.[3] Dafür spricht indes, dass der I. Senat sich gerade in dem Sinne geäußert hat, dass seine dies bejahende Rechtsprechung durch die neue Rechtsprechung des IV. Senats nicht in Frage gestellt wird.[4]

482–485 *(Einstweilen frei)*

5. Zusammenrechnung von Angehörigenanteilen

LITERATUR:

Theisen, Ehe und Betriebsaufspaltung, GmbHR 1981 S. 216; *o. V.*, Keine Betriebsaufspaltung, wenn Personen, die das Betriebsunternehmen beherrschen, die Ehegatten der Personen sind, die das Besitzunternehmen beherrschen – Gewerbesteuerpflichtige Betriebsverpachtung bei Beibehaltung des Unternehmerrisikos durch die Verpächter, DB 1982 S. 881; *Buchbinder*, Die „enge Wirtschaftsgemeinschaft" als neues Tatbestandsmerkmal der Betriebsaufspaltung (BFH-Urteil vom 24.7.1986 - IV R 98 - 99/85, BStBl 1986 II S. 913), SteuerStud 1987 S. 202; *Dehmer*, Betriebsaufspaltung – Zusammenrechnung von Ehegattenanteilen –/Zusammenrechnung trotz Stimmrechtsausschlusses, KFR F. 3 EStG § 15, 7/89, S. 255; *ders.*, Betriebsaufspaltung – Zusammenrechnung von Ehegattenanteilen – Beweisanzeichen für gleichgerichtete Interessen, KFR F. 3 EStG § 15, 8/89, S. 289; *Kuhfuß*, Betriebsaufspaltung im Familien-Verbund, GmbHR 1990 S. 401; *o. V.*, Beteiligung von Angehörigen des Besitzunternehmers an Betriebs-GmbH, GmbHR 1991, R 85; *Pollmann*, Personelle Verflechtung bei Familien-Betriebsaufspaltung, KFR F. 3 EStG § 15, 15/91, S. 351; *o. V.*; Angehörigenbeteiligung bei Betriebs-

---

1 *Böttcher*, GStB 2022 S. 72, 74; *Rösen*, NWB 2022 S. 1290, 1295; *Winkler*, kösdi 2022 S. 22738, 22743.
2 Vgl. BFH, Urteil v. 20.8.2015 - I R 20/14, BFH/NV 2015 S. 1109, NWB IAAAE-91960; *Schlücke*, Ubg 2022 S. 344, 349; zu kapitalistischen Betriebsaufspaltung vgl. auch Rz. 705 ff.
3 Vgl. *Broemel/Klein*, DStR 2022 S. 857, 861; *Müller/Bauerfeld*, EStB 2022 S. 139, 143 f.
4 Vgl. hierzu auch *Hoheisel*, StuB 2022 S. 303, 305; *Reddig*, DB 2022 S. 765, 766; *Schlücke*, Ubg 2022 S. 344, 351.

aufspaltung, GmbHR 1998 S. 1077; *Patt*, Ertragsteuerliche Besonderheiten bei Beteiligung Angehöriger in Betriebsaufspaltungsfällen, sj 2008 S. 15; *Nöcker*, Aktuelle BFH-Rechtsprechung zur Betriebsaufspaltung, NWB 2021 S. 3868; *Vosseler/Udwari*, Vermeidung der Betriebsaufspaltung im „Wiesbadener Modell" mit minderjährigen Kindern durch Zuwendungspflegschaft, ZEV 2022 S. 135.

a) Die Rechtslage bis März 1985

Bei der Beantwortung der Frage, ob eine Person oder Personengruppe am Besitzunternehmen und am Betriebsunternehmen mit mehr als 50 % stimmrechtsmäßig beteiligt ist, wurden nach der bis März 1985 herrschenden Rechtsprechung des BFH[1] die Beteiligungen von **Ehegatten** sowie von **Eltern** und **minderjährigen Kindern** zusammengerechnet, weil nach der Lebenserfahrung widerlegbar **vermutet** wurde, dass ein Ehegatte die Rechte des anderen Ehegatten und seiner minderjährigen, wirtschaftlich von ihm abhängigen Kinder, die ebenfalls an der Besitz- und Betriebsgesellschaft beteiligt waren, in Gleichrichtung mit seinen eigenen Interessen wahrnimmt.[2]

486

Beispiel für die Zusammenrechnung von Ehegattenanteilen:

> **BEISPIEL:** An der Betriebs-GmbH sind A mit 49 % und B mit 51 % beteiligt. An der Besitzgesellschaft ist B nur mit 40 % und seine Ehefrau mit 60 % beteiligt.
>
> Werden die Anteile der **Ehegatten** nicht zusammengerechnet, so kann B in der Besitzgesellschaft seinen geschäftlichen Betätigungswillen nicht durchsetzen. Es liegt keine Betriebsaufspaltung vor. Anderes gilt hingegen, wenn die Anteile des B und seiner Ehefrau zusammengerechnet werden.

487

Beispiel für die Zusammenrechnung von Eltern- und Kinderanteilen:

> **BEISPIEL:** Am Besitzunternehmen waren A mit 40 %, seine Ehefrau mit 20 % sowie B mit 40 % beteiligt. Die Beteiligung an der Betriebs-GmbH betrug: A 40 %, Kind A 20 % und C 40 %

488

> **LÖSUNG:** Die Beteiligung von Frau A am Besitzunternehmen wurde dem A ebenso zugerechnet wie die Beteiligung des Kindes A an der Betriebs-GmbH, so dass A an beiden Unternehmen mit 60 % beteiligt war und somit eine personelle Verflechtung bestand.

489

---

1 Vgl. u. a. BFH, Urteile v. 18.10.1972 - I R 184/70, BFHE 107 S. 142, BStBl 1973 II S. 27; v. 1.4.1981 - I R 160/80, BFHE 133 S. 561, BStBl 1981 II S. 738.
2 BFH, Urteil v. 1.4.1981 - I R 160/80, BFHE 133 S. 561, BStBl 1981 II S. 738; vgl. hierzu auch *Nöcker*, NWB 2021 S. 3868, 3875.

490 Bei der Beteiligung **volljähriger Kinder, anderer Verwandter** und **Verschwägerter** des Unternehmers galt die Vermutung der Interessengleichrichtung dagegen nicht.[1]

b) Die Rechtslage ab März 1985

491 Die **Vermutungs-Rechtsprechung** des BFH hat das BVerfG durch seinen Beschluss v. 12.3.1985[2] hinsichtlich der Zusammenrechnung von Ehegattenanteilen für verfassungswidrig erklärt. Es sei, so hat das BVerfG ausgeführt, mit Art. 3 Abs. 1 i. V. m. Art. 6 Abs. 1 GG unvereinbar, wenn bei der Beurteilung der personellen Verflechtung zwischen Besitz- und Betriebsunternehmen als Voraussetzung für die Annahme einer Betriebsaufspaltung von der Vermutung ausgegangen werde, Ehegatten würden gleichgerichtete Interessen verfolgen, weil diese Vermutung zu einer Schlechterstellung von Ehegatten gegenüber Ledigen führte, was nicht zulässig sei.[3]

492 Eine Zusammenrechnung von Ehegattenanteilen ist heute demzufolge nur noch möglich, wenn die Ehegatten eine Personengruppe[4] bilden oder wenn besondere Beweisanzeichen für eine zusätzlich zur Ehe bestehende Wirtschaftsgemeinschaft zwischen den Ehegatten gegeben sind.[5]

c) Zusätzliche Beweisanzeichen

LITERATUR:

Tillmann, Die Suche nach Beweisanzeichen, Folgen aus den Beschlüssen des BVerfG zur Ehegatten-Betriebsaufspaltung, GmbHR 1985 S. 83; *Unverricht*, Beweisanzeichen für die Annahme einer personellen Verflechtung bei Eheleuten als Voraussetzung einer Betriebsaufspaltung, DB 1989 S. 995.

(1) Allgemeines

493 Das BVerfG hat am Ende seines Beschlusses ausgeführt, dass die Tatsache des Bestehens einer Ehe bei der Feststellung des Vorliegens einer personellen Ver-

---

1 BFH, Urteil v. 18.10.1972 - I R 184/70, BFHE 107 S. 142, BStBl 1973 II S. 27.
2 BVerfG, Beschluss v. 12.3.1985 - 1 BvR 571/81, BVerfGE 69 S. 188, BStBl 1985 II S. 475; BFH, Urteil v. 15.10.1998 - IV R 20/98, BFHE 187 S. 26, BStBl 1999 II S. 445.
3 Vgl. auch BFH, Urteile v. 27.11.1985 - I R 115/85, BFHE 145 S. 221, BStBl 1986 II S. 362; v. 18.2.1986 - VIII R 125/85, BFHE 146 S. 266, BStBl 1986 II S. 611.
4 Siehe oben Rz. 371 ff.
5 BFH, Urteile v. 27.2.1991 - XI R 25/88, BFH/NV 1991 S. 454, 455 (mittlere Spalte), NWB GAAAA-97203; v. 15.10.1998 - IV R 20/98, BFHE 187 S. 26, BStBl 1999 II S. 445; v. 24.2.2000 - IV R 62/98, BFHE 191 S. 295, BStBl 2000 II S. 417; FG Köln, Urteil v. 24.9.2008 - 2 V 2821/08, EFG 2009 S. 102 (rkr.), NWB FAAAD-93318; siehe auch nachfolgende Urteile unter Rz. 494 ff.

flechtung nicht völlig außer Betracht zu lassen ist. „Wenn" – so der Beschluss wörtlich – „aber zusätzlich zur ehelichen Lebensgemeinschaft Beweisanzeichen vorliegen, die für die Annahme einer personellen Verflechtung durch gleichgerichtete wirtschaftliche Interessen sprechen, wäre der Einwand unbegründet, Verheiratete seien gegenüber Ledigen schlechter gestellt". Eine Zusammenrechnung von Ehegattenanteilen ist danach nur noch dann möglich, wenn zusätzlich zur Ehe Beweisanzeichen (konkrete Umstände) vorliegen, die für die Annahme einer personellen Verflechtung durch gleichgerichtete wirtschaftliche Interessen sprechen.[1] Das BVerfG hat allerdings nicht gesagt, was es unter „zusätzlichen Beweisanzeichen" versteht.

(2) Die BFH-Urteile vom 27.11.1985 und vom 18.2.1986

Der I. Senat des BFH hat zu der Frage, wann zusätzliche Beweisanzeichen vorliegen, bereits kurze Zeit nach dem Ergehen des BVerfG-Beschlusses Stellung genommen.[2]

494

Danach sind die folgenden Umstände *keine* besonderen Beweisanzeichen:

▶ Jahrelanges **konfliktfreies Zusammenwirken** der Eheleute innerhalb der Betriebsgesellschaft und der Besitzgesellschaft;[3]

▶ die Ehefrau hat die Mittel, mit denen sie sich an der Betriebsgesellschaft ihres Mannes beteiligt, von diesem **schenkweise** erhalten. Der BFH begründet die Irrelevanz der Herkunft der Mittel damit, dass auch in den Fällen, in denen die Ehefrau die Mittel für ihre Beteiligung von ihrem Ehemann im Wege einer Schenkung erhalten hat, ihre Beteiligung ein eigenes Gewicht habe, was durch die Zuschreibung von Gewinnen und Verlusten auf dem Kapitalkonto oder einem ähnlichen Konto zum Ausdruck komme. Im Laufe der Zeit trete die Tatsache, dass die Mittel für die Beteiligung aus einer Schenkung des Ehemanns stammten, immer mehr in den Hintergrund.

▶ Für eine Beteiligung der Ehefrau am Besitzunternehmen dürfte nichts anderes gelten;

▶ der Ehemann führt die Geschäfte der Betriebsgesellschaft und verfügt über die **erforderliche Fachkenntnis** dazu, wodurch er der Betriebsgesellschaft

---

[1] BFH, Urteile v. 30.7.1985 - VIII R 263/81, BFHE 145 S. 129, BStBl 1986 II S. 359; v. 18.2.1986 - VIII R 125/85, BFHE 146 S. 266, BStBl 1986 II S. 611.
[2] BFH, Urteil v. 27.11.1985 - I R 115/85, BFHE 145 S. 221, BStBl 1986 II S. 362.
[3] Siehe auch BFH, Urteil v. 11.5.1999 - VIII R 72/96 (unter II.1.b), BFHE 188 S. 397, BStBl 2002 II S. 722.

das Gepräge gibt.[1] Nach Ansicht des I. Senats spielen Fachkenntnisse deshalb keine ausschlaggebende Rolle, weil es auch unter Fremden üblich ist, dass sich jemand, wenn er die Möglichkeit dazu erhält, an einem Unternehmen beteiligt, dessen Inhaber ein Erfolg versprechender Fachmann auf seinem Gebiet ist. Damit dürfte der I. Senat auch zum Ausdruck bringen wollen, dass er die Entscheidung des IV. Senats v. 29.7.1976[2] zur faktischen Beherrschung[3] nach dem Ergehen des BVerfG-Beschlusses v. 12.3.1985 nicht mehr für zutreffend hält;

- ▶ die Ehefrau ist als **Alleinerbin** des Ehemannes eingesetzt;
- ▶ die Ehegatten leben im Güterstand der **Zugewinngemeinschaft**;
- ▶ der Ehemann hat die Beteiligung seiner Frau in der Absicht begründet, ihr dadurch eine **Alterssicherung zu geben**.

495 Für die drei letztgenannten Fälle hat der BFH als Begründung angeführt, dass diese Umstände nicht notwendigerweise eine volle Übereinstimmung der Interessen der Ehefrau mit denen ihres Mannes bedingen oder die Ehefrau in wirtschaftlichen Dingen stets der Meinung ihres Mannes ist.

Selbstverständlich gelten diese Grundsätze auch, wenn an die Stelle der Ehefrau der Ehemann tritt.

496 Sind neben den an einer Betriebsgesellschaft oder einer Besitzgesellschaft beteiligten Eltern auch noch volljährige Kinder beteiligt und kann nicht ausgeschlossen werden, dass die Kinder zusammen mit einem Elternteil in der Lage sind, ihren eigenen Willen durchzusetzen, so kann in einem solchen Fall von einem Interessengleichklang zwischen den Ehegatten umso weniger gesprochen werden.[4]

497 Der VIII. Senat des BFH hat sich in dem Urteil v. 18.2.1986[5] ausdrücklich der vorerwähnten Rechtsprechung des I. Senats angeschlossen und zusätzlich ausgeführt, dass die in einem Gesellschaftsvertrag getroffene Vereinbarung, wonach ein Mietverhältnis nur bei gemeinsamem Handeln beider Ehegatten gekündigt werden kann, nicht zu dem Schluss zwingt, dass die Eheleute auch in anderen Geschäften des täglichen Lebens nur gemeinsam handeln.

---

1 Vgl. auch FG Köln, Urteil v. 24.9.2008 (unter 1. d) - 2 V 2821/08, EFG 2009 S. 102 (rkr.), NWB FAAAD-93318.
2 BFH, Urteil v. 29.7.1976 - IV R 145/72, BFHE 119 S. 462, BStBl 1976 II S. 750.
3 Vgl. unten Rz. 535 ff.
4 BFH, Urteil v. 27.11.1985 - I R 115/85, BFHE 145 S. 221, BStBl 1986 II S. 362.
5 BFH, Urteil v. 18.2.1986 - VIII R 125/85, BFHE 146 S. 266, BStBl 1986 II S. 611.

Aus den BFH-Urteilen v. 27.11.1985[1] und v. 18.2.1986[2] kann entnommen werden, dass eine zusätzlich zur Ehe bestehende, eine Zusammenrechnung von Ehegattenanteilen rechtfertigende Wirtschaftsgemeinschaft zwischen Ehegatten nur in Ausnahmefällen vorliegt, z. B. dann,   498

▶ wenn die Ehegatten vereinbart haben, dass der nur am Besitzunternehmen beteiligte Ehegatte immer im gleichen Sinne stimmen muss wie der andere Ehegatte (**Stimmrechtsbindung**) oder

▶ wenn der Nur-Besitz-Gesellschafter-Ehegatte dem anderen Ehegatten eine **unwiderrufliche Vollmacht** zur Stimmrechtsausübung erteilt hat.[3]

Eine **jederzeit widerrufliche Vollmacht** hingegen dürfte kein besonderes Beweisanzeichen i. S. des BVerfG-Beschlusses v. 12.3.1985[4] sein.   499

Felix[5] meint, ein Beweisanzeichen für zusätzlich zur Ehe gleichlaufende Interessen sei auch, wenn Mieten nicht oder nicht rechtzeitig gezahlt oder die Einkünfte aus dem Vermietungsvermögen und aus der Betriebsgesellschaft zwischen den Ehegatten vermischt würden. Hiergegen bestehen – jedenfalls bei der Betriebsaufspaltung – Bedenken. Insbesondere aus dem Vermischen von Ehegatteneinkünften darf nicht der Schluss gezogen werden, dass auch im Bereich der Einkünfteerzielung ein Interessengleichklang zwischen den Ehegatten besteht.   500

(3) Das Urteil des IV. Senats vom 24.7.1986

Der IV. Senat[6] hat als besonderes Beweisanzeichen angesehen, wenn die Ehegatten die wirtschaftlichen Verhältnisse mehrerer Unternehmen planmäßig gemeinsam gestalten. Im Gegensatz zum I. und VIII. Senat hat der IV. Senat damit versucht, den Begriff der „besonderen Beweisanzeichen" in profiskalischer Richtung auszudehnen.   501

Dem Urteil lag – vereinfacht dargestellt – folgender Sachverhalt zugrunde: 502

A und Frau A sind verheiratet. Sie waren bis Ende 1966 an der X-GmbH (Kfz-Reparatur und -Handel) beteiligt, und zwar A mit 80 % und Frau A mit 20 %. Außerdem waren sie an der Z-GmbH (Kfz-Handel) beteiligt. Ende 1966 über-

---

1 BFH, Urteil v. 27.11.1985 - I R 115/85, BFHE 145 S. 221, BStBl 1986 II S. 362.
2 BFH, Urteil v. 18.2.1986 - VIII R 125/85, BFHE 146 S. 266, BStBl 1986 II S. 611; siehe auch BFH, Urteil v. 11.5.1999 - VIII R 72/96 (unter II.1.b), BFHE 188 S. 397, BStBl 2002 II S. 722.
3 Vgl. hierzu auch *Woerner*, DStR 1986 S. 735, 740.
4 BVerfG, Beschluss v. 12.3.1985 - 1 BvR 571/81, BVerfGE 69 S. 188, BStBl 1985 II S. 475.
5 *Felix*, KÖSDI 1985 S. 5976, 5978.
6 BFH, Urteil v. 24.7.1986 - IV R 98-99/85, BFHE 147 S. 256, BStBl 1986 S. 913.

D. Voraussetzungen der Betriebsaufspaltung

trug A seinen Anteil an der Z-GmbH auf seine Frau A. Diese übertrug gleichzeitig ihren Anteil an der X-GmbH an A.

Von 1967 an waren mithin A zu 100 % an der X-GmbH und Frau A zu 100 % an der Z-GmbH beteiligt. A war außerdem alleiniger Anteilseigner der B-GmbH, der C-GmbH und der D-GmbH.

Die C-GmbH übernahm 1970 die vor dem Konkurs stehende Fa. C. Die D-GmbH übernahm 1970 den Betrieb der Fa. D. A und Frau A waren je zu ½ Eigentümer der Grundstücke 1, 2 und 3. Diese waren mit Werkshallen und Bürogebäuden bebaut und an die X-GmbH vermietet. Ein Grundstück 4 wurde von

A und Frau A 1968 je zu ½ erworben und an die B-GmbH vermietet. Das Betriebsgrundstück der aufgekauften Fa. C (Grundstück 5) erwarben A und Frau A 1970 je zur Hälfte von den ehemaligen Inhabern der Fa. C und vermieteten es an die C-GmbH. Ein Grundstück 6 erwarben die Eheleute 1970 ebenfalls zu je ½. Sie vermieteten es an die D-GmbH. Ein 1969 von den Eheleuten je zur Hälfte erworbenes Grundstück 7 wurde 1971 an die Z-GmbH vermietet. A und B erwarben noch weitere Grundstücke je zu ½.

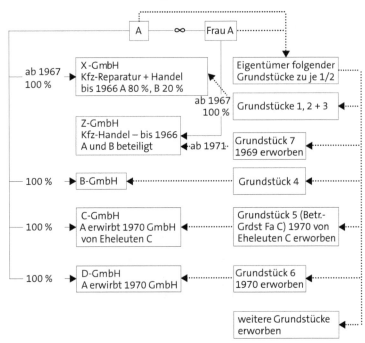

III. Personelle Verflechtung

Der IV. Senat hat in diesem Fall aufgrund folgender Überlegungen das Vorliegen eines „besonderen Beweisanzeichens" bejaht und die Anteile der Ehegatten an den Besitzgemeinschaften zusammengerechnet: Das Vorgehen der Eheleute bei der A-GmbH und beim Erwerb der weiteren Firmen und der dazugehörigen Grundstücke zeige ein planmäßiges, gemeinsames Handeln, das für die Annahme gleichgerichteter wirtschaftlicher Interessen spreche. Der Umschichtung der Beteiligungsverhältnisse bei den Betriebsunternehmen X-GmbH und Z-GmbH sei keine entsprechende Umschichtung der Beteiligungsverhältnisse bei den Besitzunternehmen gefolgt. Dieses planmäßige Handeln sei nur möglich gewesen, weil die Ehegatten über die Gemeinschaft der Ehe hinaus bewusst eine zusätzliche enge **Zweck- und Wirtschaftsgemeinschaft** hätten eingehen wollen und eingegangen seien.

503

Wörtlich heißt es in dem Urteil:

504

„Die sachliche Grundlage ihrer gleichgerichteten wirtschaftlichen Interessen waren die zahlreichen in ihrem gemeinsamen Miteigentum befindlichen bzw. hinzuerworbenen Grundstücke, die teils den Betriebs-GmbHs des Klägers, teils der Betriebs-GmbH der Klägerin und teils anderen Zwecken dienen. Diese nach dem Willen beider Ehegatten geschaffene und weiter verfolgte gemeinschaftliche sachliche Grundlage und deren Funktion als wesentliche Betriebsgrundlage der genannten Betriebsgesellschaften würde auch bei Nichtehegatten eine enge Wirtschaftsgemeinschaft mit gleichgerichteten Interessen begründen."

Der IV. Senat konstruiert also allein daraus, dass zwei Personen, die Alleinanteilseigner verschiedener GmbHs sind, gemeinsam Grundstücke erwerben, die sie an diese oder jene ihnen gehörende Betriebs-GmbH vermieten, einen Rechtsbindungswillen dieser Personen, der auf die Gründung einer die Gesamttätigkeit dieser Personen umfassende GbR gerichtet ist. Dabei spielt es nach Auffassung des IV. Senats keine Rolle, ob die beiden Beteiligten verheiratet sind oder nicht.

505

Das Urteil des IV. Senats v. 24.7.1986[1] zeigt eine überschießende Tendenz,[2] was schon an der Verwendung der Bezeichnung Zweck- und Wirtschaftsgemeinschaft zum Ausdruck kommt, ohne dass klar umrissen wird, was unter einer solchen Gemeinschaft zu verstehen ist. Soll eine solche Gemeinschaft eine GbR sein, die aufgrund des Verhaltens der Eheleute zustande kommt

506

---

1 BFH, Urteil v. 24.7.1986 - IV R 98-99/85, BFHE 147 S. 256, BStBl 1986 II S. 913.
2 Ähnlich auch Anm. *o. V.* in KÖSDI 1986 S. 6539; a. A. *Woerner*, DStR 1986 S. 735, 741.

D. Voraussetzungen der Betriebsaufspaltung

und zu deren Gesellschaftsvermögen alle GmbH-Anteile und alle Grundstücksbeteiligungen der Eheleute gehören?

507 Darüber hinaus bestehen auch Zweifel, ob – wie der IV. Senat meint – der dem Urteil zugrunde liegende Sachverhalt wirklich auch bei Nichtehegatten eine „enge Wirtschaftsgemeinschaft mit gleichgerichteten Interessen" begründet. Und schließlich ist noch darauf hinzuweisen, dass es zumindest sehr zweifelhaft ist, ob die Entscheidung des IV. Senats mit dem vom GrS in dessen Beschluss v. 8.11.1971[1] aufgestellten Grundsatz vereinbar ist, wonach an die Voraussetzungen der personellen Verflechtung strenge Anforderungen zu stellen sind.

(4) Das Urteil des VIII. Senats vom 17.3.1987

508 Es ist zu begrüßen, dass der VIII. Senat mit seinem Urteil v. 17.3.1987[2] einer ausufernden Rechtsprechung hinsichtlich des Merkmals eines zusätzlichen Beweisanzeichens einen Riegel vorgeschoben hat. Dem Urteil des VIII. Senats lag folgender – vereinfacht dargestellter – Sachverhalt zugrunde:

509 **BEISPIEL:** A und Frau A sind verheiratet. A betrieb bis 1970 einen Kfz-Einzelhandel. Ende 1970 gründete er zusammen mit seiner Frau eine GmbH. A war mit 90 %, Frau A mit 10 % beteiligt.

A und seine Frau hatten verschiedene Grundstücke als Miteigentümer je zu ½ erworben. Die Mittel für die Grundstückskäufe brachten die Eheleute aus ihrem gemeinschaftlichen Vermögen auf. Alle Grundstücke wurden von A und seiner Frau für Zwecke der GmbH bebaut und an diese ab 1971 vermietet. Zur Durchführung der Bebauung nahmen A und seine Frau als Gesamtschuldner einen Kredit auf. Ende 1971 verkaufte Frau A ihren GmbH-Anteil für 5.000 DM an ihren Mann. Gleichzeitig schenkte dieser seiner Frau je ½ Miteigentumsanteil an allen Grundstücken.

---

[1] BFH, Beschluss v. 8.11.1971 - GrS 2/71, BFHE 103 S. 440, BStBl 1972 II S. 63.
[2] BFH, Urteil v. 17.3.1987 - VIII R 36/84, BFHE 150 S. 356, BStBl 1987 II S. 858.

III. Personelle Verflechtung

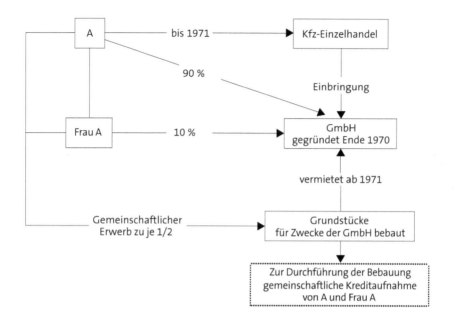

Der VIII. Senat hat ab 1972, also für die Zeit, in der A allein an der Betriebs-GmbH beteiligt war, wegen des Fehlens einer personellen Verflechtung keine Betriebsaufspaltung angenommen. Eine personelle Verflechtung liegt nicht vor, weil nach Auffassung des VIII. Senats keine besonderen Beweisanzeichen vorhanden sind, die eine Zusammenrechnung der Ehegattenanteile A und Frau A an dem Besitzunternehmen rechtfertigen.

510

Im Streitfall lägen – so der VIII. Senat – keine dem Urteil des IV. Senats v. 24.7.1986[1] vergleichbaren „besonderen Umstände" vor. Vielmehr handele es sich bei dem zu beurteilenden Sachverhalt

511

▶ zum Teil um Tatsachen, die nach den beiden Grundsatzentscheidungen des I. und VIII. Senats v. 27.11.1985[2] und v. 18.2.1986[3] keine besonderen Umstände seien, und

▶ zum Teil um solche, aus denen kein Schluss auf das Vorliegen gleichgerichteter Interessen möglich sei.

---

1 BFH, Urteil v. 24.7.1986 - IV R 98-99/85, BFHE 147 S. 256, BStBl 1986 II S. 913.
2 BFH, Urteil v. 27.11.1985 - I R 115/85, BFHE 145 S. 221, BStBl 1986 II S. 362.
3 BFH, Urteil v. 18.2.1986 - VIII R 125/85, BFHE 146 S. 266, BStBl 1986 II S. 611.

512 Gegen das Bestehen **einer Zweck- und Wirtschaftsgemeinschaft** im Sinne des Urteils des IV. Senats führt der VIII. Senat folgende Argumente an:

Durch den Zusammenhang des Verkaufs der GmbH-Anteile von Frau A an A für 5.000 DM und der schenkweisen Übertragung von/Miteigentumsanteilen an den Grundstücken ergäbe sich, dass beide Geschäfte zusammen als ein einheitlicher entgeltlicher Vorgang zu bewerten seien.

Die Tatsache, dass der IV. Senat sein Ergebnis auf die Häufung besonderer Umstände gestützt habe, würde es verbieten, gleichgerichtete Interessen bereits dann anzunehmen, wenn Ehegatten, wie es anders gar nicht möglich sei, die zur Spaltung eines Unternehmens erforderlichen Verträge „planmäßig und gemeinsam" abschließen.

(5) Zusammenfassung

513 Nach den dargestellten Grundsätzen sind folgende Umstände *nicht ausreichend* für die Annahme gleichgerichteter Interessen der Ehegatten:

- ▶ konfliktfreies Zusammenwirken der Eheleute innerhalb der Gemeinschaft;[1]
- ▶ Erbeinsetzung eines Ehegatten als Alleinerbe;[2]
- ▶ gesetzlicher Güterstand der Zugewinngemeinschaft;[3]
- ▶ Fachliche Kompetenz eines Ehegatten;[4]
- ▶ Herkunft der Mittel für die Beteiligung eines Ehegatten an der Betriebsgesellschaft von dem anderen Ehegatten;[5]
- ▶ Alterssicherung eines Ehegatten.[6]

514 Nach richtiger Ansicht kommen als besondere Beweisanzeichen nur außerhalb der Ehe liegende Umstände in Betracht, die auch bei Nichtverheirateten auf das Vorliegen gleichgerichteter Interessen schließen lassen. Ein solches besonderes Beweisanzeichen ist z. B. gegeben, wenn die Ehegatten vereinbart haben, dass der nur am Besitzunternehmen beteiligte Ehegatte immer im gleichen Sinne stimmen muss wie der andere Ehegatte (**Stimmrechtsbindung oder un-**

---

[1] BFH, Urteil v. 27.11.1985 - I R 115/85, BStBl 1986 II S. 362.
[2] Gl. A *Bitz* in Littmann/Bitz/Pust, § 15 Rz. 326; *Gluth* in Herrmann/Heuer/Raupach, § 15 EStG Rz. 805.
[3] Gl. A *Bitz* in Littmann/Bitz/Pust, § 15 Rz. 326; *Gluth* in Herrmann/Heuer/Raupach, § 15 EStG Rz. 805.
[4] BFH, Urteile v. 27.11.1985 - I R 115/85, BStBl 1986 II S. 362; v. 14.4.2021 - X R 5/19, BStBl 2021 II S. 851, Rz. 58.
[5] BFH, Urteil v. 1.12.1989 - III R 94/87, BStBl 1990 II S. 500.
[6] Gl. A *Gluth* in Herrmann/Heuer/Raupach, § 15 EStG Rz. 805.

widerrufliche Stimmrechtsvollmacht).[1] Nach dem BFH-Urteil v. 1.12.1989[2] können nämlich nur besondere Umstände ausnahmsweise eine Zusammenfassung von Ehegattenanteilen rechtfertigen. Auf Kapitalgesellschaften bezogene Stimmrechtsbindungsverträge können formlos geschlossen werden; ihre Wirksamkeit richtet sich nach personengesellschaftsrechtlichen Grundsätzen und verstößt nicht gegen zwingende Vorschriften des Kapitalgesellschaftsrechts.[3] Sie unterliegen daher auch dann nicht der für Gesellschaftsverträge von Kapitalgesellschaften geltenden notariellen Form (§ 2 Abs. 1 Satz 1 GmbHG; § 23 Abs. 1 Satz 1 AktG), wenn sie mit Änderungen des Gesellschaftsvertrags in Zusammenhang stehen.

Stets ist zudem die verfassungsrechtliche Problematik im Auge zu behalten: Je großzügiger Beweisanzeichen angenommen werden, desto näher liegt auch ein Verstoß gegen Art. 3 Abs. 1 i. V. m. Art. 6 Abs. 1 GG. Deren Kernaussage, Eheleute nicht zu benachteiligen, bleibt jedoch gewahrt, wenn man – wie im hier verstandenen Sinne – lediglich außerhalb der Ehe liegende Umstände als Beweisanzeichen berücksichtigt. Hierzu können des Weiteren gehören:

▶ Großgläubigerstellung eines Ehegatten;[4]

▶ Besitzunternehmen (100 % Ehefrau) und Anteile an der Betriebs-GmbH, an der Ehemann und Ehefrau zu jeweils 45 % beteiligt sind, gehören zum Gesamtgut der Gütergemeinschaft der Eheleute, innerhalb derer dem Ehemann die Verwaltung des Gesamtguts obliegt.[5]

d) Feststellungslast

Während unter der Herrschaft der Vermutungs-Rechtsprechung der Steuerpflichtige zur Vermeidung der Zusammenrechnung von Angehörigenanteilen im Rahmen der Betriebsaufspaltung nachweisen musste, dass zwischen den betreffenden Angehörigen entgegen der Vermutung kein Interessengleichklang bestand (Widerlegung der Vermutung), muss seit dem BVerfG-Beschluss v. 12.3.1985[6] nach dem im Steuerrecht geltenden Grundsatz der **objektiven**

515

---

1 BFH, Urteil v. 11.7.1989 - VIII R 151/85, BFH/NV 1990 S. 401, NWB VAAAB-31153; vgl. auch *Wacker* in Schmidt, EStG, 41. Aufl. 2022, § 15 Rz. 846; *Fichtelmann*, GmbHR 2006 S. 345 f.; zur Aufhebung der personellen Verflechtung durch Stimmrechtsbindungsverträge vgl. auch BFH, Urteil v. 13.12.2018 - III R 13/15, BFH/NV 2019 S. 1069, NWB YAAAH-28196, Rz. 17 f.
2 BFH, Urteil v. 1.12.1989 - III R 94/87, BFHE 159 S. 480, BStBl 1990 II S. 500.
3 BGH, Urteil v. 24.11.2008 - II ZR 116/08, BGHZ 179 S. 13.
4 BFH, Urteil v. 9.9.1986 - VIII R 198/84, BStBl 1987 II S. 28.
5 BFH, Urteil v. 26.11.1992 - VI R 15/91, BStBl 1993 II S. 876; *Gluth* in Herrmann/Heuer/Raupach, § 15 EStG Rz. 805.
6 BVerfG, Beschluss v. 12.3.1985 - 1 BvR 571/81, BVerfGE 69 S. 188, BStBl 1985 II S. 475.

Beweislast (Feststellungslast) das Vorliegen zusätzlicher Beweisanzeichen im vorstehenden Sinn von demjenigen dargelegt und nachgewiesen werden, der sich auf das Bestehen einer Betriebsaufspaltung beruft. Das dürfte i. d. R. die Finanzverwaltung sein.

516–518 *(Einstweilen frei)*

e) Anwendung auf Anteile minderjähriger Kinder

519 Teilweise wird eine Zusammenrechnung der Anteile von Eltern und minderjährigen Kindern generell abgelehnt.[1] Zu berücksichtigen ist indes, dass auch im Verhältnis zwischen Eltern und minderjährigen Kindern Umstände vorliegen können, die auch bei Nichtverwandten auf das Vorliegen gleichgerichteter Interessen schließen lassen. Daher ist es sachgerecht, die vorstehend unter Rz. 491 ff. dargestellten Grundsätze nicht nur für die Zusammenrechnung von Ehegattenanteilen, sondern auch für die Zusammenrechnung von Anteilen eines Elternteils mit Anteilen minderjähriger Kinder anzuwenden.[2] Daher können insbesondere Stimmrechtsbindungen oder unwiderrufliche Stimmrechtsvollmachten zu einer Zusammenrechnung der Anteile führen. Gleiches gilt bei einer Großgläubigerstellung der Eltern. Nicht ausreichend ist dagegen, dass den Eltern oder dem betreffenden Elternteil die **Vermögenssorge** obliegt.[3] Hierfür spricht zunächst, dass die Eltern ihr Vermögensverwaltungsrecht im Interesse des Kindes uneigennützig und verantwortungsgemäß ausüben müssen.[4] Zum anderen würde ein derart weites Verständnis der personellen Verflechtung Familien gegenüber fremden Dritten ohne ausreichenden Grund benachteiligen und damit gegen Art. 6 GG verstoßen.

520 In diesem Sinne ist es folgerichtig, dass nach Auffassung des BFH in dem Fall, dass sowohl ein Elternteil als auch dessen minderjähriges Kind an der Betriebskapitalgesellschaft beteiligt sind, die Stimmen des Kindes jedenfalls dann nicht dem Elternteil zuzurechnen sind, wenn in Bezug auf die Gesellschafterstellung des Kindes eine **Ergänzungspflegschaft** angeordnet ist.[5] Ein Ergänzungspfleger vertritt nämlich die Interessen der minderjährigen Kinder, unabhängig von den

---

1 *Knobbe-Keuk*, StbJb 1980/81 S. 335, 243; *Woerner*, BB 1985 S. 1609, 1617; *Kuhfus*, GmbHR 1990 S. 401; *Felix*, StB 1997 S. 145, 151.
2 Gl. A. *Gluth* in Herrmann/Heuer/Raupach, § 15 EStG Rz. 806; vgl. ach R 15.7 Abs. 8 EStR; *Kaligin*, DStZ 1986 S. 131, 136, zum Fall einer Dauerpflegschaft.
3 A. A. noch R 15.7 Abs. 8 EStR; *Ranft*, DStZ 1988 S. 79, 84.
4 *Felix*, StB 1997 S. 145, 151.
5 BFH, Urteil v. 14.4.2021 - X R 5/19, BStBl 2021 II S. 851.

Interessen der Eltern, so dass die Vermutung gleichgelagerter wirtschaftlicher Interessen nicht zum Tragen kommt.[1]

Hierfür spricht auch, dass gemäß § 1626 Abs. 1 Satz 2 BGB die elterliche Sorge zwar auch das Vermögen des Kindes umfasst. Ist jedoch ein Pfleger bestellt, erstreckt sich die elterliche Sorge gemäß § 1630 Abs. 1 BGB nicht auf Angelegenheiten des Kindes, für die ein Pfleger bestellt ist. Dies betrifft gerade das Verhältnis der Eltern zum Ergänzungspfleger nach § 1909 BGB.

Die Entscheidung des BFH betrifft einen Fall, in dem zunächst ein **Wiesbadener Modell** bestand, da die Ehefrau alleinige Eigentümerin eines an eine GmbH überlassenen Grundstücks war, deren Anteile vom Ehemann gehalten wurden. Nach dem Tod des Ehemanns bestand eine Erbengemeinschaft, an welcher die Ehefrau zu 50 %, ein minderjähriger Sohn zu 25 % und ein weiterer volljähriger Sohn zu ebenfalls 25 % beteiligt waren. Mit dem Tod des Ehemanns ging der Geschäftsanteil ohne Weiteres auf den minderjährigen Erben über; auch ohne Mitwirkung eines Ergänzungspflegers und ohne Genehmigung des Familiengerichts wird er nämlich Anteilsinhaber.[2]

521

Da die Ehefrau als Elternteil zur Geschäftsführerin bestellt werden sollte, hatte sie aufgrund des damit bestehenden Interessenkonflikts aber das Verbot des Insichgeschäfts gem. § 181 BGB zu beachten. Deshalb konnte sie sich nicht ohne Ergänzungspfleger mit den Stimmen des minderjährigen Kindes zur Geschäftsführerin bestellen lassen. Die fehlende Mitwirkung eines Ergänzungspflegers führte dazu, dass die Bestellung gem. § 1643 Abs. 3, § 1915 Abs. 1, § 1829 Abs. 1 BGB schwebend unwirksam war.[3] Eine Genehmigung war im Streitfall nicht erteilt worden, da die Ergänzungspflegerin den Beschluss in der Folgezeit nicht bestätigt hatte.

Die Entscheidung macht damit deutlich, dass eine Zusammenrechnung von Eltern und minderjährigen Kindern jedenfalls dann ausscheidet, wenn eine Ergänzungspflegschaft anzuordnen ist, was nach § 1909 Abs. 1 Satz 1 BGB die Verhinderung der Eltern voraussetzt. Diese Verhinderung kann auch auf einem gesetzlichen Ausschluss der Vertretungsmacht für das Kind bei bestimmten Rechtsgeschäften beruhen (§ 1629 Abs. 1 Satz 1 i. V. m. §§ 1795, 1796 BGB), wobei die Beschränkungen des § 181 BGB nach § 1795 Abs. 2 BGB stets eine

---

1 BFH, Urteil v. 14.4.2021 - X R 5/19, BStBl 2021 II S. 851, Rz. 43; vgl. hierzu auch *Nöcker*, NWB 2021 S. 3868, 3876.
2 Vgl. BFH, Urteil v. 14.4.2021 - X R 5/19, BStBl 2021 II S. 851, Rz. 51, mit Hinweis auf *Bürger*, RNotZ 2006 S. 156, 168.
3 BFH, Urteil v. 14.4.2021 - X R 5/19, BStBl 2021 II S. 851, Rz. 51, unter Hinweis auf BGH, Urteil v. 8.10.1975 - VIII ZR 115/74, NJW 1976 S. 104, unter II.1.b).

gesetzliche Verhinderung darstellen. Folglich können auch bei schenkweiser Übertragung einer Unternehmensbeteiligung die Eltern das Kind oftmals nicht vertreten, da die Schenkung einer Unternehmensbeteiligung i. d. R. nicht lediglich rechtlich vorteilhaft ist.[1] Auch insoweit scheidet die Zusammenrechnung der Anteile wegen des Erfordernisses der Bestellung eines Ergänzungspflegers folglich aus.

522 Ausdrücklich offen lassen konnte der BFH, ob die zu Ehegatten ergangene Rechtsprechung des BVerfG[2] für minderjährige Kinder entsprechend gilt.[3] Hierfür spricht, dass Art. 6 Abs. 1 GG neben der Ehe auch die Familie unter den besonderen Schutz der staatlichen Ordnung stellt. Hieraus folgt u. E., dass eine Zusammenfassung von Eltern und minderjährigen Kindern jedenfalls dann gegen Art. 6 Abs. 1 GG (i. V. m. Art. 3 Abs. 1 GG) verstößt, wenn durch die Zusammenrechnung eine Betriebsaufspaltung entstehen würde und keine zusätzlichen Beweisanzeichen für die Annahme einer gleichgerichteten Interessengemeinschaft vorliegen. Sieht man dies anders, könnte die Volljährigkeit eines Kindes zu einer Beendigung der Betriebsaufspaltung und Aufdeckung der stillen Reserven führen, was wiederum nicht der Fall wäre, wenn die Beteiligung von Familienfremden eine personelle Verflechtung von Vornherein ausgeschlossen hätte. Dies zeigt deutlich, dass eine Zusammenfassung von Eltern und minderjährigen Kindern diskriminierende Wirkung entfalten kann, die verfassungsrechtlich nicht zu rechtfertigen ist.

523 Teilweise wird allerdings auch vertreten, dass die Zusammenrechnung der Beteiligung von minderjährigen Kindern und Eltern nur dann ausscheidet, wenn dem Elternteil bzw. beiden Eltern eine eigenverantwortliche Entscheidung in Vermögensangelegenheiten des minderjährigen Kindes unmöglich ist, was (nur) anzunehmen sei, wenn die Beteiligung entweder einer Dauertestamentsvollstreckung oder (i. S. der BFH-Rechtsprechung) Ergänzungspflegschaft unterliegt oder dem mitbeteiligten Elternteil das Sorgerecht entzogen ist (§ 1666 Abs. 3 BGB).[4] Nach dieser u. E. zu weit gehenden Auffassung müsste damit im Einzelfall geprüft werden, ob tatsächlich ein Ergänzungspfleger bestellt werden muss, was etwa bei vermögensverwaltenden Besitzunternehmen unsicher ist.[5]

---

1 *Vosseler/Udwari*, ZEV 2022 S. 135, 137.
2 Vgl. hierzu oben Rz. 491 f.
3 BFH, Urteil v. 14.4.2021 - X R 5/19, BStBl 2021 II S. 851, Rz. 43.
4 *Vosseler/Udwari*, ZEV 2022 S. 135, 136; vgl. auch *Winkler*, kösdi 2022 S. 22738, 22746 f.
5 Vgl. hierzu *Vosseler/Udwari*, ZEV 2022 S. 135, 137; m. w. N. aus der zivilrechtlichen Rechtsprechung.

Des Weiteren ist darauf hinzuweisen, dass für die Vertretung des Minderjährigen als Gesellschafter gegenüber der Gesellschaft und den Mitgesellschaftern eine Ergänzungspflegschaft i. d. R. nicht erforderlich ist, da sie grds. nicht als Dauerpflegschaft ausgestaltet ist.[1] Auf Grundlage dieses Befunds wird teilweise davon ausgegangen, dass eine Betriebsaufspaltung entstehen kann, wenn der Minderjährige der Gesellschaft beigetreten ist und durch wenigstens einen Elternteil vertreten wird.[2] Dies würde u. E., wie dargestellt, gegen Art. 6 Abs. 1 GG verstoßen. Gestaltungsmöglichkeiten ergeben sich allerdings durch Anordnung einer sog. Zuwendungspflegschaft.[3]

(Einstweilen frei) 524–526

6. Wiesbadener Modell

LITERATUR:

Felix, Keine Betriebsaufspaltung bei fehlender Ehegattenbeteiligung, GmbHR 1973 S. 184; *Stahl*, Aufspaltung von Familienunternehmen nach dem „Wiesbadener Modell" – Steuerrecht – KÖSDI 1978 S. 2985; *Hanraths*, Ehegattengrundstücke und Betriebsaufspaltung – Stellungnahme zu den Ausführungen von Schulze zur Wiesche in DB 1982 S. 1689, DB 1982 S. 2267; *Schulze zur Wiesche*, Ehegattengrundstücke und Betriebsaufspaltung, DB 1982 S. 1689; *ders.*, Nochmals zur Betriebsaufspaltung bei Ehegattengrundstücken, DB 1983 S. 413; *ders.*, Betriebsaufspaltung und betrieblich genutztes Grundstück des anderen Ehegatten, BB 1984 S. 2184; *Söffing*, Keine Betriebsaufspaltung beim Wiesbadener Modell – BFH-Urteil vom 30.7.1985 – VIII R 263/81, BStBl 1986 II S. 359, NWB Fach 18 S. 2787; *Dehmer*, Betriebsaufspaltung – Wiesbadener Modell – Faktische Beherrschung in Ausnahmefällen, KFR F. 3 EStG § 15, 2/89 S. 103; *Husmann/Strauch*, Zur steuerlich optimalen Gestaltung einer Doppelgesellschaft – Ein erweitertes Wiesbadener Modell, StuW 2006 S. 221; *Kesseler*, Zivilrechtliche Fragen des Wiesbadener Modells, DStR 2015 S. 1189; *Vosseler/Udwari*, Vermeidung der Betriebsaufspaltung im „Wiesbadener Modell" mit minderjährigen Kindern durch Zuwendungspflegschaft, ZEV 2022 S. 135.

Beim Wiesbadener Modell handelt es sich um Fälle, in denen ein Ehegatte in einem Betriebsunternehmen seinen geschäftlichen Betätigungswillen durchsetzen kann und dieses Betriebsunternehmen eine wesentliche Betriebsgrundlage von dem anderen Ehegatten gemietet hat.[4] 527

---

1 BGH, Urteil v. 18.9.1975 - II ZB 6/74, NJW 1976 S. 49; vgl. dazu auch Staake, NJW 2021 S. 3691.
2 *Vosseler/Udwari*, ZEV 2022 S. 135, 138.
3 Vgl. dazu Rz. 1630.
4 Zu zivilrechtlichen Folgen, insbesondere bei Scheidung vgl. BGH, Urteile v. 21.2.2014 - V ZR 176/12, NJW 2014 S. 2177; v. 30.1.2015 - V ZR 171/13, NJW 2015 S. 1668; *Kesseler*, DStR 2015 S. 1189.

D. Voraussetzungen der Betriebsaufspaltung

528 **BEISPIEL:** Der Ehemann A ist allein Anteilseigner einer Betriebs-GmbH. Die Ehefrau ist Alleineigentümerin eines Grundstücks, das sie an die GmbH vermietet hat und in dem die GmbH ihr Unternehmen betreibt.

529 Hier liegt keine Betriebsaufspaltung vor.[1] Dies ergab sich nicht schon aus der Aufgabe der Vermutungs-Rechtsprechung;[2] denn beim Vorliegen „zusätzlicher Beweisanzeichen"[3] ist eine Zusammenrechnung von Ehegattenanteilen auch noch nach Aufgabe dieser Rechtsprechung möglich. Selbst aber wenn besondere Beweisanzeichen vorliegen, kommt nach dem BFH-Urteil v. 30.7.1985[4] beim Wiesbadener Modell keine personelle Verflechtung in Betracht, weil eine solche stets voraussetzt, dass die Ehegatten nebeneinander an wenigstens einem Unternehmen, also entweder an dem Besitzunternehmen oder an dem Betriebsunternehmen beteiligt sind; denn zusammengerechnet werden können immer nur die Anteile an einem Unternehmen.

530 Wie schon ausgeführt, setzt das Wiesbadener Modell voraus, dass ein Ehegatte nur am Besitzunternehmen, der andere Ehegatte hingegen nur an der Betriebsgesellschaft beteiligt ist. Folglich greift das Wiesbadener Modell nicht, wenn in **Gütergemeinschaft** lebende Ehegatten zum **Gesamtgut** gehörende wesentliche Betriebsgrundlagen an die Betriebsgesellschaft vermieten, wenn an dieser nur ein Ehegatte beteiligt ist, die Gesellschaftsbeteiligung aber ebenfalls zum Gesamtgut i. S. des § 1416 Abs. 1 BGB gehört.[5] Liegen diese Voraussetzungen vor, liegt in dem obigen Beispiel eine Betriebsaufspaltung vor, was wiederum durch Bestimmung der wesentlichen Betriebsgrundlage bzw. der Gesellschaftsbeteiligung zum Sonder- oder Vorbehaltseigentum vermieden werden kann.

531 Schließlich ist darauf hinzuweisen, dass das Wiesbadener Modell zwar zu Lebzeiten der Ehegatten eine Betriebsaufspaltung ausschließt, eine solche jedoch nach Ableben eines Ehegatten entstehen kann. Dies ist etwa bei der Umsetzung eines Berliner Testaments der Fall, in dem sich die Ehegatten gegenseitig zu Alleinerben einsetzen.[6] Zulasten des überlebenden Ehegatten entsteht dann eine Betriebsaufspaltung.

---

1 BFH, Urteile v. 30.7.1985 - VIII R 263/81, BFHE 145 S. 129, BStBl 1986 II S. 359; v. 9.9.1986 - VIII R 198/84, BFHE 147 S. 463, BStBl 1987 II S. 28; v. 12.10.1988 - X R 5/86 (unter 2.b), BFHE 154 S. 566, BStBl 1989 II S. 152; H 15.7. Abs. 7 EStH.
2 Siehe oben Rz. 491 ff.
3 Siehe oben Rz. 493 ff.
4 BFH, Urteil v. 30.7.1985 - VIII R 263/81, BFHE 145 S. 129, BStBl 1986 II S. 359.
5 BFH, Urteil v. 19.10.2006 - IV R 22/02, BFH/NV 2007 S. 149, NWB RAAAC-28426.
6 Vgl. hierzu *Vosseler/Udwari*, ZEV 2022 S. 135 f., und Rz. 1630.

In zivilrechtlicher Hinsicht ist darüber hinaus zu berücksichtigen, dass die vertraglichen Beziehungen zwischen den Ehegatten wirksam sind.[1] So hat der BGH im Zusammenhang mit einem Wiesbadener Modell entschieden, dass ein abgeschlossener notarieller Grundstücksnutzungs- und -übertragungsvertrag als sittenwidrig i. S. des § 138 Abs. 1 BGB anzusehen ist, wenn einer Vertragspartei ein Grundstücksübertragungsanspruch zusteht, ohne dass die Interessen der sämtliche Belastungen bis zur Übertragung eingehenden und tragenden Partei durch Erhalt einer Gegenleistung gewahrt werden.[2] Dagegen soll ein Vertrag, in dem sich ein Ehegatte verpflichtet, Grundstücke auf den anderen Ehegatten zu übertragen, nicht wegen sittenwidriger Übervorteilung nichtig sein, wenn eine Übertragung nur Zug um Zug entweder gegen Befreiung von auf den Grundstücken lastenden Darlehensverbindlichkeiten oder gegen Stellung einer entsprechenden werthaltigen Sicherheit stattfinden soll.[3]

532

(Einstweilen frei) 533–534

7. Faktische Beherrschung

LITERATUR:

Fichtelmann, Anm. zum Urteil des BFH IV R 145/72 vom 29.7.1976, BStBl 1976 II S. 750 in: StRK-Anm., GewStG § 2 Abs. 1 R. 332; *Söffing*, Die faktische Betriebsaufspaltung, DStZ 1983 S. 443; *ders.*, Anm. zum BFH-Urteil vom 26.7.1984 - IV R 11/81, FR 1985 S. 22; *Thoma*, Dauerthema Betriebsaufspaltung: Notizen zum Kriterium der „tatsächlichen Beherrschung", bilanz & buchhaltung 1987 S. 347; *Dehmer*, Betriebsaufspaltung – Wiesbadener Modell – Faktische Beherrschung in Ausnahmefällen, KFR F. 3 EStG § 15, 2/89, S. 103; *Pannen*, Entwicklungstendenzen bei der Betriebsaufspaltung – Das ungelöste Problem der faktischen Beherrschung des Besitzunternehmens, DB 1996 S. 1252; *Märkle*, Die Betriebsaufspaltung an der Schwelle zu einem neuen Jahrtausend, Lebt das „Institut" der faktischen Beherrschung noch?, BB 2000 Beilage 7 S.7 ff.; *Ritzrow*, Kriterien der Betriebsaufspaltung, StBp 2010 S. 48; *Micker/Albermann*, Personelle Verflechtung im Rahmen einer Betriebsaufspaltung - Aktuelle Fragen zu Einstimmigkeitsabreden und (Vorsorge-)Vollmachten, DStZ 2020 S. 750.

a) Einleitung

Ein weiteres Problem im Rahmen der personellen Verflechtung ist das der sog. faktischen Beherrschung.

535

---

1 Vgl. hierzu *Kesseler*, DStR 2015 S. 1189.
2 BGH, Urteil v. 21.2.2014 - V ZR 176/12, NJW 2014 S. 2177, NWB WAAAE-62917.
3 BGH, Urteil v. 30.1.2015 - V ZR 171/13, NJW 2015 S. 1668, NWB RAAAE-888189.

D. Voraussetzungen der Betriebsaufspaltung

Grundsätzlich setzt die Annahme einer Betriebsaufspaltung voraus, dass die das Besitzunternehmen beherrschende Person oder Personengruppe an dem Besitzunternehmen und dem Betriebsunternehmen **stimmrechtsmäßig beteiligt ist**.[1] Das heißt, die Durchsetzbarkeit des einheitlichen geschäftlichen Betätigungswillens im Besitzunternehmen und im Betriebsunternehmen muss grds. aufgrund einer **rechtlichen Beteiligung** an diesen Unternehmen möglich sein.

536 Im Gegensatz hierzu ist in der Literatur zum Teil die Auffassung vertreten worden,[2] es sei auch bei fehlender stimmrechtsmäßiger Beherrschung stets eine personelle Verflechtung dann anzunehmen, wenn die Besitzgesellschafter die Betriebsgesellschaft tatsächlich beherrschten.

537 Gegen die faktische Beherrschungsthese bestehen erhebliche Bedenken, weil sie zur Annahme eines Gewerbebetriebs bei Personen führt, denen das Betriebsunternehmen rechtlich weder mittelbar noch unmittelbar gehört. Das geht weit über den Sinn und Zweck der Betriebsaufspaltung hinaus, mit der vermieden werden soll, dass derjenige, der sein Unternehmen in zwei selbständige ihm gehörende Unternehmen aufspaltet, keine Vorteile gegenüber Einzelunternehmen und Mitunternehmerschaften haben soll, die ihren Betrieb in einem Unternehmen führen.

538 Ferner spricht gegen die faktische Beherrschung folgende Überlegung: Nach der h. L. kann ein Einzelunternehmen kein Betriebsunternehmen i. S. einer Betriebsaufspaltung sein.[3] Folglich kann auch die tatsächliche Beherrschung eines Einzelunternehmens durch einen Dritten niemals zu einer Betriebsaufspaltung zwischen dem Einzelunternehmen und dem Dritten führen. Wenn dem aber so ist, dann ist nicht einsichtig, warum eine faktische Beherrschung bei einer Betriebs-Personengesellschaft oder einer Betriebs-Kapitalgesellschaft möglich sein soll.

539 Es ist auch zweifelhaft, ob die faktische Beherrschungsthese – wie ihre Anhänger immer wieder behaupten – wirklich auf den Beschluss des GrS des BFH v. 8.11.1971[4] gestützt werden kann; denn in diesem Beschluss werden zwar die Worte „tatsächlich beherrschen" verwendet, aber nur in dem folgenden Zusammenhang:

---

1 BFH, Urteile v. 26.7.1984 - IV R 11/81, BFHE 141 S. 536, BStBl 1984 II S. 714; v. 9.9.1986 - VIII R 198/84, BFHE 147 S. 463, BStBl 1987 II S. 28.
2 *Wacker* in Schmidt, EStG, 41. Aufl. 2022, § 15, Rz. 836; *Beisse* in Festschrift für L. Schmidt, München 1993 S. 455, 465; *Bordewin*, NWB Fach 18 S. 2737.
3 Siehe unten Rz. 920.
4 BFH, Beschluss v. 8.11.1971 - GrS 2/71, BFHE 103 S. 440, BStBl 1972 II S. 63.

„Nach Auffassung des Großen Senats genügt es aber auch, dass die Person oder die Personen, die das Besitzunternehmen tatsächlich beherrschen, in der Lage sind, auch in der Betriebsgesellschaft ihren Willen durchzusetzen."

540

In dieser Formulierung beziehen sich die Worte „tatsächlich beherrschen" nur auf das Besitzunternehmen und nicht auch auf das Betriebsunternehmen. Und im Übrigen ist es wegen des Fehlens jeder Begründung sehr zweifelhaft, ob mit der Formulierung die faktische Beherrschungstheorie bejaht werden sollte.

Und schließlich spricht gegen die faktische Beherrschungsthese auch der Umstand, dass sie zu einer erheblichen Rechtsunsicherheit führt.[1] Da der Begriff der faktischen Beherrschung ein unbestimmter Rechtsbegriff ist, wird die Entscheidung bei Streitigkeiten darüber, ob im Einzelfall eine solche vorliegt, erst nach vielen Jahren – durch ein BFH-Urteil – fallen. Stellt man hingegen für die Frage, ob eine personelle Verflechtung vorliegt, auf das Stimmrechtsverhältnis ab, dann kann die Frage nach dem Vorliegen einer Betriebsaufspaltung zweifelsfrei von jedem beantwortet werden.

541

b) Die Rechtsprechung
(1) Die frühere Rechtsprechung

Die frühere Rechtsprechung des BFH neigte der vorstehend dargestellten faktischen Beherrschungsthese zu. Zwar findet sich auch hier schon die Formulierung, dass eine faktische Beherrschung nur in besonderen Ausnahmefällen zur Annahme einer personellen Verflechtung führen könne, doch haben diese Ausnahmefälle eine sehr weite Ausdehnung erfahren.

542

So ist z. B. in dem Urteil v. 29.7.1976[2] eine personelle Verflechtung in folgendem Fall angenommen worden: Eine atypisch stille Gesellschaft, an der die Eheleute A und die Eheleute B beteiligt sind, wird in eine KG umgewandelt. A und B scheiden aus der KG aus. Als Abfindung erhalten sie das Anlagevermögen der KG, das sie in eine GbR einbringen. Die GbR verpachtet das Anlagevermögen an die Betriebs-KG. An dieser sind Frau A mit 60 % und Frau B mit 40 % beteiligt. An der GbR sind A mit 60 % und B mit 40 % beteiligt. A und B sind Angestellte der KG und haben Einzelprokura. Sie sind für die KG in gleicher Weise tätig wie vorher für die atypisch stille Gesellschaft. Die Ehefrauen sind infolge fehlender Sachkenntnis nicht in der Lage, den Betrieb der KG allein zu führen.

543

---

1 Vgl. auch *Streck*, FR 1980 S. 83, 86.
2 BFH, Urteil v. 29.7.1976 - IV R 145/72, BFHE 119 S. 462, BStBl 1976 II S. 750.

D. Voraussetzungen der Betriebsaufspaltung

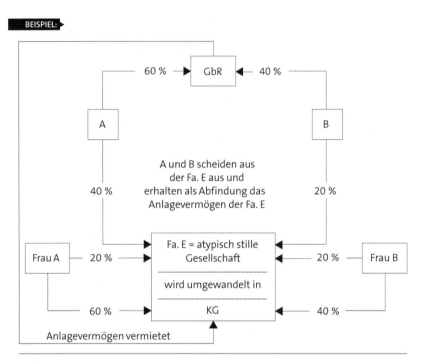

BEISPIEL:

544 **LÖSUNG:** Obwohl A und B an der Betriebs-KG nicht beteiligt sind, also in der KG keine Stimmrechte haben, hat der IV. Senat[1] in diesem Fall Betriebsaufspaltung angenommen, weil die Ehemänner aus fachlichen Gründen eine eindeutige Vorrangstellung in der Betriebs-KG hätten, die es den Gesellschafterinnen der Betriebs-KG, also den Ehefrauen „*im eigenen wohlverstandenen wirtschaftlichen Interesse zwingend nahe legt, sich bei der Ausübung ihrer Rechte als Gesellschafter der Betriebsgesellschaft weitgehend den Vorstellungen der ihnen nahe stehenden Besitzgesellschafter unterzuordnen.*"

545 In dem Urteil v. 16.6.1982[2] hat der I. Senat des BFH eine Betriebsaufspaltung durch faktische Beherrschung in folgendem – hier vereinfacht dargestellten – Sachverhalt angenommen: An der Besitz-KG waren der Sohn AY (52 Stimmen) und die Töchter BY und CY (je 24 Stimmen) beteiligt. Betriebsgesellschaft war die X-KG. Sie hatte ihr Anlagevermögen von der Besitz-KG gepachtet. An der X-KG waren mit 95 % eine Stiftung und mit 5 % eine die Geschäfte der X-KG führende Y-Verwaltungs-GmbH beteiligt. Geschäftsführer der Y-GmbH waren AY, BY und CY. Die Anteile an der Y-GmbH gehörten der Stiftung. Im Vorstand

---

1 BFH, Urteil v. 29.7.1976 - IV R 145/72, BFHE 119 S. 462, BStBl 1976 II S. 750.
2 BFH, Urteil v. 16.6.1982 - I R 118/80, BFHE 136 S. 287, BStBl II 1982 II S. 662.

der Stiftung waren AY, Frau DY (die Mutter der Kinder AY, BY und CY) und ein Dritter. Im Aufsichtsrat der Stiftung waren AY, BY, CY und DY.

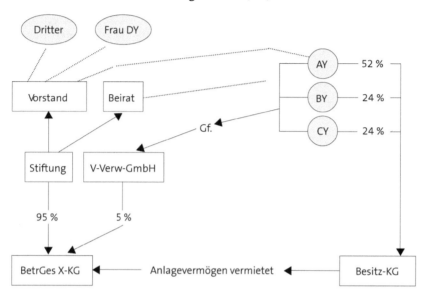

Wie aus den beiden vorbezeichneten BFH-Urteilen v. 29.7.1976 und v. 16.6.1982 zu entnehmen ist, sollte eine faktische Beherrschung zwar nur in Ausnahmefällen zur Annahme einer Betriebsaufspaltung führen. Andererseits aber befinden sich in dem Urteil v. 29.7.1976 auch die viel weitergehenden Sätze:

„Denn den geschäftlichen Betätigungswillen in der Betriebsgesellschaft durchzusetzen, erfordert nicht notwendig und ausnahmslos einen bestimmten Anteilsbesitz an der Betriebsgesellschaft. Dies kann auch möglich sein aufgrund einer z. B. durch die Position als Großgläubiger oder durch sonstige Umstände bedingte wirtschaftliche Machtstellung."

(2) Die neuere Rechtsprechung

In der neueren Rechtsprechung des BFH ist eine zunehmende Einschränkung der Annahme einer personellen Verflechtung aufgrund einer faktischen Beherrschung erkennbar.

D. Voraussetzungen der Betriebsaufspaltung

▶ Mit seinem Urteil v. 26.7.1984[1] hatte der BFH über folgenden Sachverhalt zu entscheiden:

▶ Der vom Vater als Einzelunternehmen geführte Betrieb wird von einer GmbH fortgeführt, deren Anteile den volljährigen Kindern gehören. Der Vater ist erster Geschäftsführer der GmbH und hat als solcher sehr weitgehende Rechte. Das unbewegliche und ein Teil des beweglichen Anlagevermögens des Einzelunternehmens werden an die GmbH verpachtet. Wahrscheinlich hatte der IV. Senat bei seiner Entscheidung über diesen Sachverhalt selbst erkannt, dass seine Formulierungen in dem Urteil v. 29.7.1976[2] sehr weit, wenn nicht zu weit gingen; denn er hat in dem vorstehend wiedergegebenen Sachverhalt keine Betriebsaufspaltung angenommen, weil es an einer Interessenidentität zwischen dem Vater und seinen volljährigen Kindern fehle und der Vater als Fremd-Geschäftsführer der GmbH nicht seine eigenen Interessen durchsetzen könne; denn einem **GmbH-Geschäftsführer** obliege gegenüber der GmbH eine **Treuepflicht**, die es ihm gebiete, fremde Interessen (nämlich die der Anteilseigner der GmbH) wahrzunehmen und diesen fremden Interessen ggf. eigene Interessen unterzuordnen.

548 ▶ Der VIII. Senat hatte in seinem Urteil v. 9.9.1986[3] über folgenden Sachverhalt zu entscheiden:

▶ A hatte ein Einzelunternehmen, das durch das Ausscheiden eines Gesellschafters aus einer KG entstanden war. Er verpachtete sein Anlagevermögen an die X-GmbH und verkaufte dieser sein Umlaufvermögen. Die X-GmbH übernahm alle Betriebsschulden und verpflichtete sich zur Zahlung von rd. 3 Mio. DM. A gewährte der X-GmbH diesen Betrag als Darlehen. Als Pacht für das überlassene Anlagevermögen und als Zinsen für das Darlehen erhielt A 7,5 % des Umsatzes der GmbH. Alleinige Gesellschafterin der GmbH war die Ehefrau des A. Geschäftsführer der GmbH waren zunächst die Eheleute A, später Frau A allein.

549 ▶ Der VIII. Senat hat in diesem Fall die Annahme einer faktischen Beherrschung aus folgenden Gründen abgelehnt: A habe in der X-GmbH keine „eindeutige Vormachtstellung auf dem Gebiet der infrage stehenden geschäftlichen Betätigung" gehabt, die es seiner Ehefrau als Gesellschafterin der Betriebs-

---

1 BFH, Urteil v. 26.7.1984 - IV R 11/81, BFHE 141 S. 536, BStBl 1984 II S. 714.
2 BFH, Urteil v. 29.7.1976 - IV R 145/72, BFHE 119 S. 462, BStBl 1976 II S. 750.
3 BFH, Urteil v. 9.9.1986 - VIII R 198/84, BFHE 147 S. 463, BStBl 1987 II S. 28; Anm. zu dem Urteil *G. Söffing*, NWB Fach 18 S. 2841; *Woerner*, BB 1986 S. 2322; *o. V.*, HFR 1987 S. 76; *Leingärtner*, RWP, Akt. Inf. Steuerrecht SG 1.3.

GmbH in ihrem „eigenen wohlverstandenen Interesse zwingend nahe gelegt habe, sich bei der Ausübung ihrer Rechte als Gesellschafterin der Betriebsgesellschaft weithin den Vorstellungen" des ihr nahe stehenden Gesellschafters „der Besitzgesellschaft unterzuordnen".[1] Denn Frau A sei hinsichtlich ihrer Betätigung in der X-GmbH nicht völlig fachunkundig gewesen.

▶ Auch aus der Darlehnsgewährung und der Verpachtung des Anlagevermögens könne eine faktische Beherrschung nicht hergeleitet werden.

▶ Soweit Frau A – solange A Mitgeschäftsführer gewesen sei – in Übereinstimmung mit ihrem Mann die Geschäfte geführt habe, könne daraus ebenfalls nicht auf eine faktische Beherrschung der GmbH durch A geschlossen werden; denn dieses übereinstimmende Handeln habe nicht darauf beruht, dass A seiner Frau seinen geschäftlichen Betätigungswillen als Besitzunternehmer aufgezwungen habe, sondern darauf, dass er als Geschäftsführer der GmbH einen Willen verwirklicht habe, der unter Zurückstellung seines geschäftlichen Betätigungswillens als Besitzunternehmer den von ihm wahrzunehmenden Interessen der GmbH entsprochen habe.

▶ Nach dem Urteil des X. Senats v. 12.10.1988[2] ist der extreme Ausnahmefall einer faktischen Beherrschung nur dann gegeben, wenn die gesellschaftsrechtlich Beteiligten darauf angewiesen sind, sich dem Willen eines anderen so unterzuordnen, dass sie keinen eigenen geschäftlichen Willen entfalten können.

▶ Im Einzelnen hat der X. Senat in seiner Entscheidung hierzu ausgeführt: Aus der Bemerkung des GrS in seinem Beschluss v. 8.11.1971,[3] es genüge, dass die Person oder Personengruppe, die das Besitzunternehmen tatsächlich beherrsche, in der Lage sei, auch in der Betriebsgesellschaft ihren Willen durchzusetzen, lasse sich die Tragweite der faktischen Beherrschung nicht entnehmen. Auf jeden Fall seien an die Voraussetzung einer faktischen Beherrschung strenge Anforderungen zu stellen. Im Hinblick auf die rechtliche und im Laufe der gesellschaftlichen Entwicklung weiter fortschreitenden tatsächlichen Gleichstellung der Frau (der Ehefrau), könne eine Lage, wie sie der IV. Senat in seinem Urteil v. 29.7.1976[4] beschrieben habe, nur in extremen Ausnahmefällen angenommen werden. Wenn sich eine (Ehe-)Frau im Wirtschaftsleben betätige, sei davon auszugehen, dass sie selbständig und eigenverantwortlich tätig werde.

550

---

1 Siehe BFH, Urteil v. 29.7.1976 - IV R 145/72, BFHE 119 S. 462, BStBl 1976 II S. 750.
2 BFH, Urteil v. 12.10.1988 - X R 5/86, BFHE 154 S. 566, BStBl 1989 II S. 152.
3 BFH, Beschluss v. 8.11.1971 - GrS 2/71, BFHE 103 S. 440, BStBl 1972 II S. 63.
4 BFH, Urteil v. 29.7.1976 - IV R 145/72, BFHE 119 S. 462, BStBl 1976 II S. 750.

D. Voraussetzungen der Betriebsaufspaltung

551 ▶ Verpachtet ein Steuerpflichtiger die wesentlichen Grundlagen seines Einzelunternehmens an eine GmbH, deren alleinige Anteilseignerin seine Ehefrau ist, so rechtfertigt dies nach dem Urteil des I. Senats des BFH v. 26.10.1988[1] auch dann keine Annahme einer personellen Verflechtung aufgrund einer faktischen Beherrschung, wenn der Steuerpflichtige als Geschäftsführer der GmbH angestellt wird und ihr aufgrund seiner beruflichen Ausbildung und Erfahrung das Gepräge gibt.

▶ Für die Durchsetzung eines einheitlichen geschäftlichen Betätigungswillens in dem Besitz- und Betriebsunternehmen sei – so der I. Senat zur Begründung des Urteils – i. d. R. die Mehrheit der Stimmen erforderlich. In besonderen Fällen könne allerdings die Fähigkeit, den Willen in dem Betriebsunternehmen durchzusetzen, auch ohne Anteilsbesitz durch eine besondere tatsächliche Machtstellung vermittelt werden. Dazu reiche jedoch die bloße eheliche Beziehung zu dem Mehrheitsgesellschafter der Betriebsgesellschaft nicht aus. Art. 6 GG verbiete die Vermutung, Ehegatten verfolgten regelmäßig gleichgerichtete wirtschaftliche Interessen. Es müssten **zusätzlich** zur ehelichen Lebensgemeinschaft **Beweisanzeichen** für die Annahme einer personellen Verflechtung durch gleichgerichtete wirtschaftliche Interessen sprechen.

552 Solche zusätzlichen Beweisanzeichen seien beim Vorliegen der folgenden Umstände **nicht** gegeben:

▶ Jahrelanges konfliktfreies Zusammenwirken der Eheleute innerhalb der Gesellschaft,[2]

▶ Herkunft der Mittel für die Beteiligung der Ehefrau an der Betriebsgesellschaft vom Ehemann,

▶ „Gepräge" der Betriebsgesellschaft durch den Ehemann,

▶ Erbeinsetzung der Ehefrau durch den Ehemann als Alleinerbin, gesetzlicher Güterstand der Zugewinngemeinschaft, beabsichtigte Alterssicherung.

553 Auch aus der Tatsache, dass im Streitfall der Steuerpflichtige Eigentümer des Betriebsvermögens sei, das der GmbH als wesentliche Grundlage ihres Betriebs diene, könne keine personelle Verflechtung hergeleitet werden, weil sich aus der Verpachtung keine über die Verpächterstellung hinausgehende Machtposition in Bezug auf die Durchsetzung eines geschäftlichen Betätigungswillens ergäbe. Das Gleiche gelte hinsichtlich der Stellung des Steuerpflichtigen als

---

[1] BFH, Urteil v. 26.10.1988 - I R 228/84, BFHE 155 S. 117, BStBl 1989 II S. 155.
[2] Vgl. auch BFH, Urteil v. 10.12.1991 - VIII R 71/87, BFH/NV 1992 S. 551, NWB YAAAB-32513.

alleinvertretungsberechtigter **Geschäftsführer der GmbH**. Denn es komme für die personelle Verflechtung nicht auf den Aufgabenbereich als Geschäftsführer, sondern auf die Fähigkeit an, einen bestimmten Betätigungswillen als Gesellschafter durchzusetzen. Diese Fähigkeit werde i. d. R. nur durch den **Anteilsbesitz** vermittelt, weshalb sich im Fall der faktischen Beherrschung die tatsächliche Machtstellung auf die Ausübung der Mehrheit der Gesellschafter beziehen müsse.

Aus der Tatsache, dass der Steuerpflichtige aufgrund seines erlernten Berufs und seiner langjährigen Tätigkeit der GmbH das „Gepräge" gegeben habe, könne keine personelle Verflechtung hergeleitet werden, weil dieser Umstand sich nicht auf die Ausübung von Gesellschaftsrechten bezieht.

▶ Dem Urteil des III. Senats v. 1.12.1989[1] lag – vereinfacht dargestellt – folgender Sachverhalt zugrunde:

▶ A gründete zusammen mit seiner Ehefrau und seinen drei Kindern im Rahmen einer Aufspaltung seines bisherigen Einzelunternehmens eine GmbH. Gleichzeitig beteiligten sich A, seine Ehefrau und seine Kinder an der GmbH als stille Gesellschafter. Die Mittel, die die Ehefrau und die Kinder für ihre Beteiligung an der GmbH und als stille Gesellschafter benötigten, hatte ihnen A geschenkt. Sein bisheriges Umlaufvermögen (Buchwert 956.000 DM) übertrug A an die GmbH. Nach Abzug der Beträge für die Kapitaleinlagen (200.000 DM) und die stillen Beteiligungen (300.000 DM), mit denen er seine Ehefrau und seine Kinder an der GmbH beteiligt hatte, verblieb ein Restbetrag von 456.000 DM. Diesen stellte A der GmbH verzinslich als Darlehen zur Verfügung. Nach den Bestimmungen des Darlehensvertrags sollten jährlich mindestens 10 % der Darlehenssumme getilgt werden. Außerdem war A berechtigt, „jederzeit Teilbeträge zurückzufordern sofern die GmbH dadurch nicht in finanzielle Schwierigkeiten geriet." In der GmbH waren A und seine Ehefrau jeweils alleinvertretungsberechtigte Geschäftsführer. Beide waren an die Beschlüsse und Weisungen der Gesellschafterversammlung gebunden. A bedurfte „für sämtliche Geschäfte" keiner besonderen Zustimmung der Gesellschafterversammlung.

---

[1] BFH, Urteil v. 1.12.1989 - III R 94/87, BFHE 159 S. 480, BStBl 1990 II S. 500.

D. Voraussetzungen der Betriebsaufspaltung

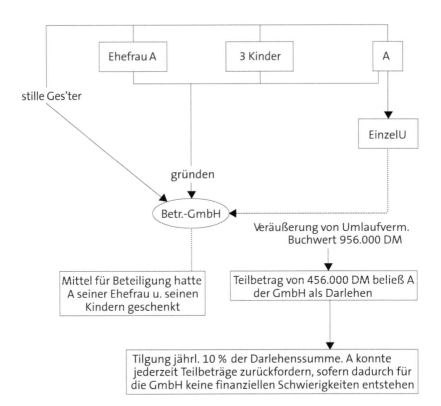

555 ▶ Der III. Senat hat in diesem Fall eine faktische Beherrschung des Klägers aus folgenden Gründen verneint: Die Position eines **Großgläubigers** begründe nur dann eine faktische Machtstellung, wenn er die Geschäftsführung des Unternehmens vollständig übernehme. Nicht ausreichend sei, wenn neben ihm ein zweiter Geschäftsführer vorhanden ist. Das gelte auch dann, wenn der Ehegatte des Großgläubigers Gesellschafter und zweiter Geschäftsführer ist und seine geschäftsführende Tätigkeit auch ohne den anderen Geschäftsführer ausüben kann. Dass der zweite Geschäftsführer bei gewissen Geschäften an die „Beschlüsse und Weisungen" der Gesellschafterversammlung gebunden sei, sei unerheblich, wenn er die Mehrheit der Anteile besitzt.

556 ▶ Für die Begründung einer faktischen Machtstellung reiche es auch nicht aus, wenn einem Großgläubiger die Möglichkeit eingeräumt werde, neben der Tilgung von jährlich mindestens 10 % der Darlehenssumme jederzeit

Teilbeträge zurückzufordern, sofern die GmbH dadurch nicht in finanzielle Schwierigkeiten gerate. Ferner sei für die Annahme einer faktischen Beherrschung nicht ausreichend, wenn der Großgläubiger aus fachlichen Gründen eine eindeutige Vorrangstellung auf dem Gebiet seiner geschäftlichen Betätigung einnehme, aber auch der zweite Gesellschafter-Geschäftsführer über ausreichende Kenntnisse verfüge.

▶ Schließlich führe auch die Tatsache, dass der Kläger seiner Ehefrau und seinen Kindern die Mittel für deren Beteiligung an der GmbH und als stille Gesellschafter geschenkt habe, nicht zur Annahme einer faktischen Beherrschung.

▶ Dem Urteil des XI. Senats des BFH v. 27.2.1991[1] lag folgender – vereinfacht dargestellter Sachverhalt – zugrunde: A und B waren zu je ½ an einer Betriebs-GmbH beteiligt. A war Geschäftsführer der GmbH und hatte dieser ein Darlehen gewährt. B war Handlungsbevollmächtigter der GmbH.

557

▶ Der BFH hat hier eine faktische Beherrschung des A mit folgender Begründung abgelehnt: Eine personelle Verflechtung kraft tatsächlicher Beherrschung sei nur in Ausnahmefällen zu bejahen. Eine solche Ausnahme wäre – was im Streitfall nicht vorliege – nur dann gegeben, wenn B von seiner gesellschaftsrechtlichen Einwirkungsmöglichkeit infolge der Einwirkungsmöglichkeiten des A keinen Gebrauch machen könnte. Die Darlehensgewährung des A rechtfertige nicht die Annahme einer faktischen Beherrschung. Eine solche ergäbe sich auch nicht daraus, dass nur A die fachlichen Kenntnisse für die Führung der Geschäfte der Betriebs-GmbH besessen habe. Denn dadurch sei B nicht an der Wahrnehmung seiner Rechte als Gesellschafter gehindert gewesen.

▶ Der XI. Senat des BFH hat in seinem Urteil v. 29.1.1997[2] in folgendem – vereinfacht wiedergegebenen Sachverhalt – eine faktische Beherrschung angenommen:

558

▶ Der Kläger, ein Bauingenieur, und sein Vater waren mit je 49 % an einer GmbH beteiligt, deren Unternehmensgegenstand u. a. der Tief-, Hoch- und Stahlbetonbau war. Alleinvertretungsberechtigter und von der Beschränkung des § 181 BGB befreiter Geschäftsführer der GmbH war der Kläger. Er war außerdem von seinem Vater bevollmächtigt worden, ihn in allen Angelegenheiten der GmbH zu vertreten, „alle Willenserklärungen abzugeben, Rechtsgeschäfte beliebigen Inhalts abzuschließen, insbesondere den

---

[1] BFH, Urteil v. 27.2.1991 - XI R 25/88, BFH/NV 1991 S. 454, NWB GAAAA-97203.
[2] BFH, Urteil v. 29.1.1997 - XI R 23/96, BFHE 182 S. 216, BStBl 1997 II S. 437.

Geschäftsanteil ganz oder teilweise zu veräußern und den Unterzeichneten in den Versammlungen der Gesellschaft zu vertreten und das Stimmrecht für ihn auszuüben". Die Vollmacht sollte über den Tod des Vaters hinaus gelten. 1984 verstarb der Vater des Klägers. Er wurde von seiner Ehefrau, der Mutter des Klägers beerbt. Diese beließ es bei der erteilten Vollmacht ihres verstorbenen Mannes. Sie übte allerdings in der Folgezeit im Rahmen der Gesellschafterbeschlüsse über den Jahresabschluss, die Ergebnisverwendung und die Entlastung des Geschäftsführers ihr Stimmrecht aus.

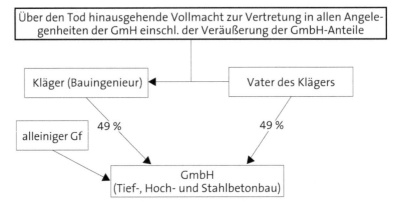

559 ▶ Nach Auffassung des XI. Senats reichen die Umstände, dass der Kläger alleiniger, von der Beschränkung des § 181 BGB befreiter Geschäftsführer der GmbH war und dass er die Sachkunde für die Führung der GmbH hatte, nicht zur Annahme einer faktischen Beherrschung aus. Eine solche hat der XI. Senat erst – i. V. m. weiteren Umständen – aufgrund der Tatsache angenommen, dass der Kläger jederzeit in der Lage war, die Stimmenmehrheit in der GmbH zu erlangen, indem er aufgrund der ihm erteilten Vollmacht ohne Weiteres die Anteile seiner Mutter erwerben und damit seinen Geschäftsanteil auf 98 % aufstocken konnte. Zwar sei – so der XI. Senat weiter – die Vollmacht widerruflich gewesen. Die im Streitjahr 78-jährige Mutter des Klägers habe von ihrem Widerrufsrecht jedoch keinen Gebrauch gemacht. Der Kläger habe den Geschäftsanteil seiner Mutter jederzeit ohne deren Mitwirkung ganz oder teilweise an sich selbst veräußern können. Er habe dazu weder die Zustimmung seiner Mutter gebraucht, noch habe er diese über eine solche Veräußerung informieren müssen, um ihr Gelegenheit zum Widerruf der Vollmacht zu geben. Da die Mutter die Vollmacht nicht widerrufen habe, sei davon auszugehen, dass sie sich in ihrem eigenen Interesse dem geschäftlichen Betätigungswillen des Klägers unter-

geordnet habe. Dagegen spreche nicht, dass sie ihr Stimmrecht in der Gesellschafterversammlung selbst wahrgenommen habe; denn sie habe es offensichtlich den Vorstellungen des Klägers entsprechend ausgeübt.
- ▶ Die Bedenken, die gegen das Urteil sprechen, lassen sich nur im Hinblick auf das hohe Alter der Mutter des Klägers zurückdrängen.
- ▶ Nach dem BFH-Urteil v. 15.10.1998[1] ist eine faktische Beherrschung nur dann anzunehmen, wenn die Gesellschafter des Betriebsunternehmens von ihren gesellschaftsrechtlichen Einwirkungsmöglichkeiten infolge der Einwirkungsmöglichkeiten der hinter dem Besitzunternehmen stehenden Personen keinen Gebrauch machen können. Eine faktische Beherrschung sei daher nicht gegeben, wenn die das Besitzunternehmen beherrschenden Ehemänner der an der GmbH beteiligten Gesellschafterinnen zugleich bei der GmbH angestellt seien, und der GmbH-Vertrag vorsehe, dass die Geschäftsanteile der Ehefrau bei Beendigung des Arbeitsverhältnisses des jeweiligen Ehemannes eingezogen werden könnten.

560

- ▶ In dem Urteil heißt es weiter: Daraus, dass die Ehefrauen nicht die zum Betrieb der GmbH erforderlichen Kenntnisse besessen hätten, könne eine faktische Beherrschung nicht hergeleitet werden. Denn hierdurch seien sie nicht an der Wahrnehmung ihrer Rechte als Gesellschafterinnen gehindert worden. Ein anderes Ergebnis lasse sich nicht aus dem BFH-Urteil v. 29.7.1976[2] herleiten. Dieses Urteil habe einen Fall betroffen, in dem die weiterhin über das Anlagevermögen verfügenden Ehemänner ihren Ehefrauen als Gesellschafterinnen einer KG das Unternehmen überlassen hätten, tatsächlich aber als Angestellte der KG den Betrieb fortgeführt hätten, was den Gedanken nahegelegt hätte, dass die Ehefrauen treuhänderisch für ihre Ehemänner tätig gewesen seien.

561

- ▶ In dem hier besprochenen Urteil hat der BFH es auch abgelehnt, eine faktische Beherrschung deshalb anzunehmen, weil die Ehemänner ihre Ehefrauen zwangsweise als Gesellschafter aus der Betriebs-GmbH hätten entfernen können, denn eine solche zwangsweise Entfernung sei privatrechtlich derart risikobehaftet, dass sie als Druckmittel auf die Ehefrauen nicht geeignet erscheine.

562

- ▶ Ein besonderer Fall, in dem eine faktische Beherrschung angenommen werden kann, liegt nach dem BFH-Urteil v. 11.5.1999[3] nur vor, wenn sich die ausschließlich an der Besitzgesellschaft beteiligten Gesellschafter aus wirt-

563

---

1 BFH, Urteil v. 15.10.1998 - IV R 20/98, BFHE 187 S. 26, BStBl 1999 II S. 445.
2 BFH, Urteil v. 29.7.1976 - IV R 145/72, BFHE 119 S. 462, BStBl 1976 II S. 750.
3 BFH, Urteil v. 11.5.1999 - VIII R 72/96 (unter II.1.b), BFHE 188 S. 397, BStBl 2002 II S. 722.

564 ▶ Nach dem BFH-Urteil v. 21.1.1999[1] sprechen gegen ein generelles Abstellen auf die reine tatsächliche Beherrschung insbesondere folgende Gründe:

▶ Erstens ließe sich das tatsächliche Beherrschungsverhältnis nur aus dem Verhalten der Vergangenheit ableiten, was aber keinen sicheren Schluss darauf zuließe, dass dieser Zustand auch künftig fortwirke.

▶ Zweitens sei unklar, welche Anforderungen in diesem Zusammenhang an eine tatsächliche Beherrschung zu stellen seien.

▶ Entschließe sich beispielsweise der jahrelang kooperative Nur-Besitzgesellschafter erstmals, eine von der Mehrheit gewünschte Entscheidung nicht mitzutragen, könnte angenommen werden, dass damit die tatsächliche Beherrschung durch die Mehrheitsgesellschafter ihr Ende gefunden habe. Das würde das sofortige Entfallen der Betriebsaufspaltung bedeuten. Angesichts der weitreichenden Folgen einer Beendigung der Betriebsaufspaltung, insbesondere im Hinblick auf die Besteuerung der stillen Reserven, würde die Betriebsaufspaltung unter solchen Umständen ein unkalkulierbares Risiko darstellen.

565 ▶ Diese Überlegungen, so wird in dem Urteil weiter ausgeführt, würden es jedoch nicht ausschließen, dass in besonderen Ausnahmefällen trotz fehlender rechtlicher Möglichkeiten zur Durchsetzung des eigenen Willens eine Person oder Personengruppe ein Unternehmen faktisch beherrschen könne. Eine solche faktische Beherrschung liege dann vor, wenn auf die Gesellschafter, deren Stimme zur Erreichung der im Einzelfall erforderlichen Stimmenmehrheit fehlten, aus wirtschaftlichen oder anderen Gründen Druck dahin gehend ausgeübt werden könne, dass sie sich dem Willen der beherrschenden Person oder Personengruppe unterordnen. Dazu könne es etwa kommen, wenn ein Gesellschafter der Gesellschaft unverzichtbare Betriebsgrundlagen zur Verfügung stelle, die er der Gesellschaft ohne Weiteres wieder entziehen könne. Das Vorliegen solcher besonderen Umstände müsse im Einzelfall festgestellt werden. Jahrelanges konfliktfreies Zusammenarbeiten mit dem Nur-Besitzgesellschafter allein lasse den Schluss auf eine faktische Beherrschung nicht zu. Die **objektive Feststellungslast** habe derjenige zu tragen, der aus der faktischen Beherrschung günstige Rechtsfolgen für sich ableite. Das ist i. d. R. die Finanzverwaltung.

---

1 BFH, Urteil v. 21.1.1999 - IV R 96/96, BFHE 187 S. 570, BStBl 2002 II S. 771.

▶ In dem BFH-Urteil v. 7.12.1999[1] wird darauf hingewiesen, dass allein eheliche Beziehungen zwischen den Gesellschaftern des Betriebsunternehmens und des Besitzunternehmens nicht ausreichen, um eine tatsächliche Machtstellung zu begründen. Das Gleiche gelte – so heißt es in dem Urteil weiter –, wenn die das Betriebsunternehmen beherrschende Ehefrau ihrem Ehemann den größten Teil der von ihm zu erbringenden Einlage geschenkt habe.

566

▶ Nach dem BFH-Urteil v. 15.3.2000[2] ist Voraussetzung für die Annahme einer faktischen Beherrschung eines Besitzunternehmens, dass sich die ausschließlich an der Besitz-Personengesellschaft beteiligten Gesellschafter (Nur-Besitz-Gesellschafter) aus wirtschaftlichen oder anderen Gründen dem Druck der beherrschenden Gesellschafter unterordnen müssen. Das ist nach den weiteren Urteilsausführungen nur dann der Fall, wenn die Nur-Besitz-Gesellschafter von ihren Einwirkungsmöglichkeiten als Gesellschafter und Geschäftsführer auf die Entscheidung des Besitzunternehmens keinen Gebrauch mehr machen können, weil ihnen das Stimmrecht jederzeit entzogen werden kann, sie nach den tatsächlichen Verhältnissen in der Besitzgesellschaft von ihrem Stimmrecht ausgeschlossen sind oder wenn der Sowohl-als-auch-Gesellschafter den Nur-Besitz-Gesellschaftern seinen Willen derart aufzwingen kann, dass die Ausübung der Stimmrechte der Nur-Besitz-Gesellschafter nicht mehr auf ihrem eigenen geschäftlichen Willen beruht.

567

– Der mit der Überlassung wesentlicher Betriebsgrundlagen an das Betriebsunternehmen verbundene Druck auf die Geschäftsführung des Betriebsunternehmens rechtfertigt nicht die Annahme einer faktischen Beherrschung. Das Finanzgericht Hessen hält in diesem Zusammenhang jedoch eine faktische Beherrschung für möglich, wenn ein Gesellschafter der Gesellschaft unverzichtbare Betriebsgrundlagen zur Verfügung stellt, die er der Gesellschaft ohne Weiteres wieder entziehen kann.[3]

– Diese Auffassung ist abzulehnen. Zum einen ist die Unterscheidung zwischen einer „wesentlichen" und einer „unverzichtbaren" Betriebsgrundlage kaum durchführbar, zumal die wirtschaftlichen Verhältnisse der Betriebsgesellschaft einem ständigen Wandel unterliegen. Zum anderen

---

1 BFH, Urteil v. 7.12.1999 - VIII R 50, 51/96, BFH/NV 2000 S. 601, 603 (mittlere Spalte), NWB SAAAA-97024.
2 BFH, Urteil v. 15.3.2000 - VIII R 82/98, BFHE 191 S. 390, BStBl 2002 II S. 774; vgl. auch FG Niedersachsen, Urteil v. 20.6.2007 - 2 K 52/04, EFG 2007 S. 1584 (rkr.), NWB FAAAC-96140.
3 FG Hessen, Urteil v. 24.3.2010 - 13 K 287/06, NWB XAAAD-93578, aufgehoben durch BFH, Urteil v. 7.11.2013 - X R 21/11, BFH/NV 2014 S. 676, NWB GAAAE-57209.

hatte der BFH die Austauschbarkeits-Rechtsprechung gerade aufgegeben. Wolle man das Kriterium der „Unverzichtbarkeit" nunmehr erneut in den Vordergrund stellen, würden sich Wertungswiderprüche zu dieser Rechtsprechungsaufgabe ergeben. Drittens soll nach zutreffender Auffassung des BFH ein allein schuldrechtlicher Druck gerade nicht zur Annahme einer faktischen Beherrschung führen.

568 ► In dem Beschluss v. 29.8.2001[1] wird ausgeführt, dass zur Annahme einer faktischen Beherrschung eine faktische Einwirkung auf die zur Beherrschung führenden Stimmrechte erforderlich ist und dass eine faktische Einwirkung auf die kaufmännische oder technische Betriebsführung, wie sie etwa der Geschäftsführer einer GmbH oder der Vorstand einer AG habe, nicht ausreicht.

569 ► Aus dem Beschluss des IX. Senats des BFH v. 23.1.2002[2] ist zu entnehmen, dass in dem folgenden Fall keine die Annahme einer personellen Verflechtung rechtfertigende faktische Beherrschung vorliegt: A und B waren als Gesellschafter einer GbR Eigentümer eines Grundstücks, das sie an eine GmbH vermietet hatten. Geschäftsführer der GmbH war B. Anteilseigner der GmbH waren ein Sohn von A und eine Tochter von B. Beide hatten bei der Gründung der GmbH jeweils ein unwiderrufliches Angebot abgegeben, ihren GmbH-Anteil jeweils an ihren Vater zum Nennwert zu übertragen.

570 ► Nach einem Beschluss des X. Senats des BFH scheidet eine faktische Beherrschung der Betriebsgesellschaft durch den Minderheitsgesellschafter außerdem dann aus, wenn dieser mangels Beteiligung am Besitzunternehmen die der Betriebsgesellschaft überlassene wesentliche Betriebsgrundlage nicht als „unternehmerisches Instrument der Beherrschung" gebrauchen kann.[3]

571–572 *(Einstweilen frei)*

573 Zusammenfassend lässt sich aufgrund der beschriebenen Kasuistik festhalten, dass die neuere Rechtsprechung die Möglichkeit tatsächlicher Beherrschung zutreffend nur in seltenen Ausnahmefällen als gegeben ansieht. Solche Fälle kommen nur in Betracht, wenn die Gesellschafter des Betriebsunternehmens von ihren gesellschaftsrechtlichen Einwirkungsmöglichkeiten infolge der Einflussmöglichkeiten der hinter dem Besitzunternehmen stehen-

---

1 BFH, Beschluss v. 29.8.2001 - VIII B 15/01, BFH/NV 2002 S. 185 (linke Spalte f), NWB JAAAA-67530.
2 BFH, Beschluss v. 23.1.2002 - IX B 117/01, BFH/NV 2002 S. 777, NWB HAAAA-68922.
3 BFH, Beschluss v. 27.9.2006 - X R 28/03, BFH/NV 2006 S. 2259, NWB GAAAC-18552.

den Personen keinen Gebrauch machen[1] und keinen eigenen geschäftlichen Willen entfalten können.[2]

Dagegen reicht wirtschaftlicher Druck aufgrund schuldrechtlicher Beziehungen – etwa durch die Möglichkeit, ein **Optionsrecht** auszuüben[3] – regelmäßig ebenso wenig aus wie der Umstand, dass de facto jahrelang alle Entscheidungen i. S. des Besitzunternehmens getroffen worden sind.[4]

574

Ein Problem der faktischen Beherrschung kann sich im Weiteren stellen, wenn fraglich ist, ob eine **Aktiengesellschaft** Betriebsunternehmen im Rahmen einer Betriebsaufspaltung ist. Im Grundfall ist hier die personelle Verflechtung auch im Verhältnis zwischen einem Mehrheitsaktionär und der Aktiengesellschaft begründet.[5] Eine mittelbare Beherrschung des Hauptaktionärs durch dessen Einfluss auf die Zusammensetzung des Aufsichtsrats reicht damit aus.

575

Offengelassen hat der BFH allerdings, ob bei einer der paritätischen Mitbestimmung unterliegenden Aktiengesellschaft der Einfluss des Hauptaktionärs unter die Schwelle der personellen Verflechtung sinken kann. In diesem Fall müsste folglich geprüft werden, ob eine personelle Verflechtung durch faktische Beherrschung zu begründen ist, z. B. durch die Vorstandsstellung des Mehrheitsaktionärs.[6] Angesichts der insoweit zurückhaltenden Rechtsprechung bleibt hier im Ergebnis wenig Raum für die Annahme einer personellen Verflechtung, zumal es noch nicht einmal ausreichen soll, wenn über eine längere Zeitdauer alle Entscheidungen im Sinne des Besitzunternehmens getroffen worden sind.

(Einstweilen frei) 576–577

c) Die Auffassung der Finanzverwaltung

Die zunächst von der Finanzverwaltung vertretene Ansicht,[7] nach der bei fehlender rechtlicher Beherrschungsmöglichkeit generell auf die tatsächliche Be-

578

---

1 Vgl. BFH, Urteile v. 27.2.1991 - XI R 25/88, BFH/NV 1991 S. 454, NWB GAAAA-97203; v. 1.12.1989 - III R 94/87, BFHE 159 S. 480, BStBl 1990 II S. 500; v. 15.10.1998 - IV R 20/98, BFHE 187 S. 260, BStBl 1999 II S. 445; FG Köln, Urteil v. 24.9.2008 (unter 1. d) - 7 K 1431/07, EFG 2009 S. 102 (rkr.), NWB LAAAD-00048.
2 Vgl. FG des Saarlandes, Urteil v. 13.9.2007 - 2 K 1223/03 (rkr.), NWB NAAAC-65210.
3 BFH, Urteil v. 14.10.2009 - X R 37/07, BFH/NV 2010 S. 406, NWB ZAAAD-36743.
4 BFH, Beschlüsse v. 29.8.2001 - VIII B 15/01, BFH/NV 2002 S. 185, NWB JAAAA-67530; v. 23.1.2002 - IX B 117/01, BFH/NV 2002 S. 777, NWB HAAAA-68922; vgl. auch *Wacker* in Schmidt, EStG, 39. Aufl. 2020, § 15 Rz. 839, m. w. N.
5 BFH, Urteil v. 23.3.2011 - X R 45/09, BStBl 2011 II S. 778; vgl. unten Rz. 764.
6 *Neu/Hamacher*, BB 2011 S. 2215.
7 Siehe hierzu auch BFH, Urteil v. 21.1.1999 - IV R 96/96 (unter 2.), BFHE 187 S. 570, BStBl 2002 II S. 771.

herrschungsmöglichkeit abzustellen ist, wurde durch das BMF-Schreiben v. 7.10.2002[1] aufgegeben. Unter Gliederungspunkt IV. dieses Schreibens werden die oben unter Rz. 547 ff. wiedergegebenen Ausführungen, die in dem BFH-Urteil v. 21.1.1999[2] zum Problem der faktischen Beherrschung enthalten sind, wiederholt.

d) Ergebnis

579 Nach alledem ist der Schluss gerechtfertigt, dass eine faktische Beherrschung des Betriebsunternehmens – wenn überhaupt – heute nur noch in ganz extremen Ausnahmefällen angenommen werden kann, nämlich nur dann, wenn ein Nichtgesellschafter gegenüber der Person oder Personengruppe, die rechtlich sowohl das Besitz- als auch das Betriebsunternehmen beherrscht, eine solche faktische Machtstellung hat, dass die Gesellschafter gezwungen sind, den Willen des faktisch Herrschenden bei der Ausübung ihrer Gesellschaftsrechte, insbesondere bei der Ausübung ihres Stimmrechts, in der Betriebs-GmbH zu befolgen. Eine solche Annahme ist nur beim Vorliegen konkreter Umstände möglich. Ein wohlverstandenes Interesse reicht nicht aus.

Folgende Grundsätze sind zu beachten:

580 ▶ Der Fremdgeschäftsführer einer GmbH (der an der GmbH nicht als Anteilseigner beteiligte Geschäftsführer) kann in der GmbH einen eigenen geschäftlichen Betätigungswillen nicht durchsetzen, weil er stets seine Interessen denen der Anteilseigner, die er treuhänderisch wahrzunehmen hat, hinten anstellen muss.[3]

581 ▶ Aus der Position als Großgläubiger heraus kann eine wirtschaftliche Machtstellung nur hergeleitet werden, wenn der Großgläubiger die Geschäftsführung in dem Unternehmen vollständig an sich zieht und im eigenen Interesse ausübt.

582 ▶ Aus dem Interesse eines Verpächters oder Darlehensgläubigers am Wohlergehen des Betriebs des Pächters oder Schuldners kann keine Beherrschung dieses Betriebs hergeleitet werden.

583 Für eine faktische Beherrschung nicht ausreichend ist die Zurverfügungstellung von Erfahrungen und Geschäftsbeziehungen.

---

1 BMF, Schreiben v. 7.10.2002, BStBl 2002 I S. 1028.
2 BFH, Urteil v. 21.1.1999 - IV R 96/96, BFHE 187 S. 570, BStBl 2002 II S. 771.
3 BFH, Urteil v. 26.7.1984 - IV R 11/81, BFHE 141 S. 536, BStBl 1984 II S. 714.

▶ Jahrelanges konfliktfreies Zusammenarbeiten mit dem Nur-Besitzgesellschafter lässt den Schluss auf eine faktische Beherrschung nicht zu.[1] 584

▶ Nicht ausreichend ist auch die Möglichkeit, aufgrund schuldrechtlicher Beziehungen (beispielsweise die Möglichkeit, ein **Optionsrecht** auszuüben) auf die Besitzgesellschafter wirtschaftlichen Druck ausüben zu können.[2] 585

▶ Gestaltungen wie die in dem Urteil des XI. Senats v. 29.1.1997[3] sollten vermieden werden. 586

▶ Die objektive Feststellungslast für das Bestehen einer faktischen Beherrschung hat derjenige zu tragen, der daraus für sich günstige Rechtsfolgen herleitet.[4] 587

Bisher von der Rechtsprechung nicht behandelt ist das Problem der faktischen Beherrschung in Fällen, in denen das Betriebsunternehmen in der Rechtsform einer Personengesellschaft geführt wird. Das erklärt sich daraus, dass es solche Fälle (**mitunternehmerische Betriebsaufspaltung**) bis zum Ergehen des BFH-Urteils v. 23.4.1996[5] nur in der Form einer mittelbaren Betriebsaufspaltung, also nur ganz selten gab. 588

Abgesehen davon, können die Überlegungen der Rechtsprechung des BFH zur faktischen Beherrschung einer Betriebs-GmbH nicht auf eine **Betriebs-Personengesellschaft** übertragen werden, weil hier eine faktische Beherrschung praktisch zum Verlust der Mitunternehmerinitiative der Personengesellschafter und damit zum Verlust der Miteigentümereigenschaft der betreffenden Gesellschafter führt. Aufgrund der gleichen Überlegungen können die von der Rechtsprechung entwickelten Grundsätze der faktischen Beherrschung einer Betriebs-GmbH auch nicht auf eine **Besitz-Personengesellschaft** oder **Besitz-Gemeinschaft** übertragen werden.[6] 589

Ist das Besitzunternehmen ein **Einzelunternehmen**, so sind die vom BFH entwickelten Überlegungen zur faktischen Beherrschung deshalb nicht anwendbar, weil hier die faktische Machtstellung über die an das Betriebsunternehmen vermieteten Wirtschaftsgüter wohl nur dann angenommen werden kann, wenn **wirtschaftliches Eigentum** vorliegt. 590

---

1 BFH, Urteil v. 21.1.1999 - IV R 96/96, BFHE 187 S. 570, BStBl 2002 II S. 771.
2 BFH, Urteil v. 23.1.2002 - IX B 117/01, BFH/NV 2002 S. 777, 778 (linke Spalte), NWB HAAAA-68922, m. w. N.
3 BFH, Urteil v. 29.1.1997 - XI R 23/96, BFHE 182 S. 216, BStBl 1997 II S. 437.
4 BFH, Urteil v. 21.1.1999 - IV R 96/96, BFHE 187 S. 570, BStBl 2002 II S. 771.
5 BFH, Urteil v. 23.4.1996 - VIII R 13/95, BFHE 181 S. 1, BStBl 1998 II S. 325.
6 Vgl. zu dem Problem auch *Pannen*, DB 1996 S. 1252.

591 Nicht unerhebliche Unsicherheiten und Unklarheiten wirft die Frage auf, ob und wann die **Einräumung von Vollmachten** eine personelle Verflechtung begründen kann.[1] Die Erteilung einer Vollmacht kann nach der Rechtsprechung des BFH unter bestimmten Umständen Einfluss auf die personelle Verflechtung nehmen und zur Begründung oder Beendigung einer Betriebsaufspaltung führen. Die personelle Verflechtung wird hierbei teilweise aus einer faktischen Beherrschung abgeleitet. Die Beherrschungsidentität ergibt sich danach aus einer tatsächlichen Beherrschung ohne Stimmrechtsmehrheit.[2] Eine besondere tatsächliche Machtstellung im Unternehmen kann demnach den fehlenden Besitz der Mehrheit der Anteile an der Betriebsgesellschaft ersetzen.

Vor diesem Hintergrund hat der XI. Senat des BFH entschieden, dass von einer faktischen Beherrschung auszugehen ist, wenn ein Besitzeinzelunternehmer jederzeit in der Lage ist, die Stimmenmehrheit in der GmbH zu erlangen.[3] Im Streitfall konnte der Besitzunternehmer aufgrund der ihm von seinem Vater über dessen Tod hinaus erteilten Vollmacht ohne Weiteres seinen 49%igen Geschäftsanteil auf über 50 % bis zu 98 % erhöhen.

Der X. Senat des BFH hat auf der anderen Seite festgehalten, dass eine Stimmrechtsvollmacht den Vollmachtgeber nicht hindert, die Gesellschaft weiterhin personell zu beherrschen.[4] Vielmehr habe der Vollmachtgeber durch das in der Regel zustande gekommene Auftragsverhältnis die Möglichkeit, seine Interessen über den Bevollmächtigten durchzusetzen. Nach einer weiteren Entscheidung des X. Senats soll eine bestehende personelle Verflechtung nicht beseitigt werden, wenn Anteile an einer Kapitalgesellschaft unter Vorbehaltsnießbrauch übertragen werden und sich der Erwerber der Anteile verpflichtet, sein Recht auf Teilnahme an Gesellschafterversammlungen sowie sein Stimmrecht dem Veräußerer für die Dauer des Nießbrauchrechts zu überlassen, und er diesen unwiderruflich bevollmächtigt, nicht nur die mit dem Geschäftsanteil verbundenen Ladungen zu Gesellschafterversammlungen entgegenzunehmen, sondern auch die Stimmrechte ohne Beschränkungen in Gesellschafterversammlungen auszuüben.[5]

---

1 Vgl. hierzu *Micker/Albermann*, DStZ 2020 S. 750, 755.
2 BFH, Urteil v. 11.5.1999 - VIII R 72/96, BFHE 188 S. 397, BStBl 2002 II S. 722; BFH, Urteil v. 21.1.1999 - IV R 96/96, BFHE 187 S. 570, BStBl 2002 II S. 771, BFH, Urteil v. 15.3.2000 - VIII R 82/98, BFHE 191 S. 390, BStBl 2002 II S. 774.
3 BFH, Urteil v. 29.1.1997 - XI R 23/96, BStBl 1997 II S. 437.
4 BFH, Beschluss v. 2.7.2009 - X B 230/08, BFH/NV 2009 S. 1647, NWB YAAAD-27346.
5 BFH, Urteil v. 25.1.2017 - X R 45/14, BFH/NV 2017 S. 1039, NWB AAAAG-48078, Rz. 26; ähnlich BFH, Urteil v. 24.1.2012 - IX R 51/10, BStBl 2012 II S. 308.

Die dargestellten Linien der BFH-Rechtsprechung machen deutlich, dass sich aus ihr kein vollumfänglich klarer Befund zur Beantwortung der Frage ableiten lässt, wann eine Bevollmächtigung die personelle Verflechtung begründen bzw. beenden kann. Überzeugend erscheint, dies im Regelfall abzulehnen, da der Stimmrechtsinhaber grundsätzlich die Möglichkeit besitzt, seine Interessen durchzusetzen sowie dem Bevollmächtigten die erteilte Vertretungsmacht wieder entziehen kann.

Gleiches gilt für die Einräumung von **Vorsorgevollmachten**.[1]   592

> **BEISPIEL:** A ist Alleineigentümer eines Grundstücks, das an die X-GmbH vermietet wird. Alleinige Anteilseignerin der X-GmbH ist B, die Ehefrau des A (Wiesbadener Modell; keine Betriebsaufspaltung). Kann eine personelle Verflechtung dadurch begründet werden, dass sich A und B wechselseitig Vorsorgevollmachten einräumen bzw. der Vorsorgefall eintritt?
>
> Eine Vorsorgevollmacht ist in der Regel so ausgestaltet, dass im Innenverhältnis eine Beschränkung auf den Fall der Betreuungsbedürftigkeit des Vollmachtgebers existiert. Diese Ausgestaltung führt dazu, dass vor Eintritt der Betreuungsbedürftigkeit keine faktische Beherrschung anzunehmen ist. Die erteilte Vollmacht entfaltet zu diesem Zeitpunkt keinerlei Wirkung. Die Beurteilung bei Eintritt der Betreuungsbedürftigkeit ist allerdings fraglich.
>
> Hinzu kommt regelmäßig, dass der Bevollmächtigte bei Eintritt der Betreuungsbedürftigkeit im Innenverhältnis verpflichtet wird, im Interesse des Vollmachtgebers zu handeln. Diese Beurteilung kann unter anderem dem Rechtsgedanken des § 181 BGB entnommen werden.

Wie dargestellt, geht der BFH in einem Urteil aus dem Jahr 1997 von einer faktische Beherrschung aus, wenn ein Gesellschafter der Betriebsgesellschaft, der noch keine Anteilsmehrheit besitzt, über eine Vollmacht verfügt, die es ihm ermöglicht, seinen Willen in der Betriebsgesellschaft durchzusetzen.[2] In dem Urteilsfall handelt es sich um eine widerruflich erteilte, auf die GmbH-Beteiligung bezogene Spezialvollmacht. Der BFH geht davon aus, dass sich die Mutter in ihrem eigenen Interesse dem geschäftlichen Betätigungswillen des Klägers untergeordnet habe, weil die Vollmacht ihrerseits nicht widerrufen wurde. Dieses Urteil ist mit seiner Urteilsbegründung nicht auf den Fall der Vorsorgevollmacht übertragbar, da es im Fall der Betreuungsbedürftigkeit dem Vollmachtgeber nicht mehr möglich ist, gezielte Willensentscheidungen zu treffen. Somit kann sich der Vollmachtgeber nicht mehr in seinem eigenen Interesse dem geschäftlichen Betätigungswillen das Bevollmächtigten unterordnen. Außerdem räumt eine Vorsorgevollmacht dem Bevollmächtigten nicht die Mög-

---
1 *Micker/Albermann*, DStZ 2020 S. 750, 755 f.
2 BFH, Urteil v. 29.1.1997 - XI R 23/96, BFHE 182 S. 216, BStBl 1997 II S. 437.

lichkeit ein, das Besitz- bzw. Betriebsunternehmen zu erwerben, was nach der Rechtsprechung zu Vollmachten Indiz für eine faktische Beherrschung sein soll. Gegen die Annahme einer personellen Verflechtung ist darüber hinaus die dargestellte Rechtsprechung ins Feld zu führen, wonach eine Stimmrechtsvollmacht den Vollmachtgeber nicht hindert, die Gesellschaft weiterhin personell zu beherrschen.[1] Vielmehr hat der Vollmachtgeber durch das in der Regel zustande gekommene Auftragsverhältnis die Möglichkeit, seine Interessen über den Bevollmächtigten durchzusetzen. Die Verpflichtung des Bevollmächtigten im Interesse des Vollmachtgebers zu handeln, müsste demnach dazu führen, dass auch bei Eintritt der Betreuungsbedürftigkeit keine faktische Beherrschung vorliegt. Durch die eingetretene Betreuungsbedürftigkeit kann der Vollmachtgeber zwar nicht mehr aktiv auf den Bevollmächtigten einwirken, allerdings hat dieser sich durch die Vollmacht regelmäßig verpflichtet, im Interesse des Vollmachtgebers zu handeln.

8. Stimmrechtsausschluss

LITERATUR:

Dehmer, Betriebsaufspaltung – Zusammenrechnung von Ehegattenanteilen –/Zusammenrechnung trotz Stimmrechtsausschlusses, KFR F. 3 EStG § 15, 7/89, S. 255; *o. V.*, Betriebsaufspaltung: Personelle Verflechtung trotz Stimmrechtsausschluss bei Geschäften zwischen Gesellschaft und Gesellschafter, DStR 1989 S. 355; *Söffing*, Stimmrechtsausschluss nach § 47 Abs. 4 GmbHG und Betriebsaufspaltung, FR 1989 S. 448; *Kempermann*, Betriebsaufspaltung: Beherrschung der Geschäfte des täglichen Lebens als Voraussetzung für personelle Verflechtung, GmbHR 2005 S. 317. *Bordewin*, Für die Frage der personellen Verflechtung im Rahmen einer Betriebsaufspaltung ist nicht ausschlaggebend, ob der beherrschende Gesellschafter der Betriebskapitalgesellschaft bei Beschlüssen über Geschäfte mit dem ihm zustehenden Besitzunternehmen vom Stimmrecht ausgeschlossen ist, RWP SG 1.3, S. 3022; *Leingärtner*, Zur Frage, ob es an der personellen Verflechtung zwischen der Grundstücksgemeinschaft und der Betriebs-GmbH als Voraussetzung für die Annahme einer Betriebsaufspaltung fehlt, wenn derjenige, der zu 100 % an der Betriebs-GmbH beteiligt ist, bei der Vornahme von Rechtsgeschäften der Grundstücksgemeinschaft mit der Kapitalgesellschaft von der Ausübung des Stimmrechts in der Gemeinschaft ausgeschlossen ist, RWP-Blattei SG 1-3, S. 1620;

593 Im Zusammenhang mit der personellen Verflechtung muss auch das Problem des Stimmrechtsausschlusses behandelt werden.

---

1 BFH, Beschluss v. 2.7.2009 - X B 230/08, BFH/NV 2009 S. 1647, NWB YAAAD-27346.

a) Das Zivilrecht

Nach § 34 BGB ist ein Mitglied eines **Vereins** nicht stimmberechtigt, wenn die Beschlussfassung die Vornahme eines Rechtsgeschäfts mit ihm betrifft. Das betreffende Mitglied darf also bei der Beschlussfassung über ein solches Rechtsgeschäft nicht mitstimmen. Es kann auf der Seite des Vereins hinsichtlich des Abschlusses, der Veränderung oder der Beendigung eines solchen Rechtsgeschäfts seinem Willen keine Geltung verschaffen.

594

Nach § 47 Abs. 4 Satz 2 GmbHG hat ein Gesellschafter einer **GmbH** kein Stimmrecht, wenn die Beschlussfassung die Vornahme eines Rechtsgeschäfts oder die Einleitung oder Erledigung eines Rechtsstreits gegenüber dem Gesellschafter betrifft. Hier gilt also das Gleiche wie beim Verein. Ähnliche Regelungen finden sich in § 43 Abs. 6 GenG.

595

Der BGH hat in seinem Urteil v. 29.3.1971[1] ausgeführt, die Rechtsprechung habe den Rechtsgedanken, der den vorerwähnten Vorschriften zugrunde liegt, auf die **GbR** und die **OHG** angewendet[2] und auch hier in bestimmten Fällen des Interessenwiderstreits die Stimmenthaltung der Beteiligten gefordert. Auch für **Erbengemeinschaften** sei anerkannt, dass ein Interessenwiderstreit dazu führen könne, einem Miterben in bestimmten ihn betreffenden Angelegenheiten das Stimmrecht zu versagen.

596

§ 34 BGB, § 47 Abs. 4 GmbHG und § 43 Abs. 6 GenG würde zwar das Stimmrecht stets ausschließen, wenn das Vereinsmitglied, der Gesellschafter oder Genosse unmittelbar auf der Gegenseite am Vertrag beteiligt sei. Nicht ausgeschlossen hingegen sei das Stimmrecht, wenn Vertragspartner des Rechtsgeschäfts, über das beschlossen werde, eine juristische Person sei, an der das Vereinsmitglied usw. beteiligt ist.

597

(Einstweilen frei) 598–600

b) Das Besitzunternehmen

Würde man entsprechend dieser zivilrechtlichen Rechtsprechung den in § 34 BGB und § 47 Abs. 4 Satz 2 GmbHG zum Ausdruck kommenden Rechtsgedanken auf die Fälle anwenden, in denen am Besitzunternehmen auch **Nur-Besitz-Gesellschafter** (Nur-Besitz-Teilhaber) beteiligt sind, dann wäre für diese Fälle das Institut der Betriebsaufspaltung obsolet; denn dann könnten die Sowohl-als-auch-Gesellschafter im Besitzunternehmen wegen ihres

601

---

1 BGH, Urteil v. 29.3.1971 - III ZR 255/68, BGHZ 56 S. 47.
2 RG, Urteile v. 3.5.1932 - II 438/31, RGZ 136 S. 236, 245; v. 20.12.1939 - II 88/39, RGZ 162 S. 370, 373.

Stimmrechtsausschlusses ihren einheitlichen geschäftlichen Betätigungswillen nicht durchsetzen.

602 Der VIII. Senat des BFH glaubte diesen Weg nicht gehen zu können. In dem Urteil v. 12.11.1985[1] hat er deshalb die Auffassung vertreten, man könne hinsichtlich der entsprechenden Anwendung des § 34 BGB auf **Bruchteilsgemeinschaften** und Personengesellschaften nicht von einer festgefügten zivilrechtlichen Auffassung sprechen, so dass es darauf ankomme, wie die Gesellschafter einer Personengesellschaft oder die Teilhaber einer Bruchteilsgemeinschaft die Frage des Stimmrechtsausschlusses tatsächlich handhaben.

603 Nach der Rechtsprechung[2] besteht also auch hier de facto ein **Wahlrecht** für die Fälle, in denen am Besitzunternehmen ein oder mehrere **Nur-Besitz-Gesellschafter** (Nur-Besitz-Teilhaber) beteiligt sind. Haben hier die Sowohl-als-auch-Gesellschafter bei der Vermietung oder Verpachtung an die Betriebsgesellschaft auf der Seite des Besitzunternehmens nicht mitgewirkt, dann kann keine Betriebsaufspaltung angenommen werden. Wirken hingegen die Sowohl-als-auch-Gesellschafter bei der Vermietung auf der Seite des Besitzunternehmens mit, dann ergibt sich aus dieser tatsächlichen Handhabung, dass sie vom Stimmrecht nicht ausgeschlossen waren. Eine personelle Verflechtung und damit eine Betriebsaufspaltung sind dann gegeben. Für bereits bestehende Betriebsaufspaltungen kommt es darauf an, ob von den Steuerpflichtigen dargelegt und nachgewiesen wird, ob die Sowohl-als-auch-Gesellschafter (-teilhaber) bei der Vermietung oder Verpachtung mitgewirkt haben oder nicht.[3]

604–606 *(Einstweilen frei)*

c) Das Betriebsunternehmen

(1) Allgemeines

607 Aufgrund der Ausführungen des VIII. Senats in dem Urteil v. 12.11.1985[4] sollte man eigentlich annehmen, dass bei einer Betriebs-GmbH, an der auch **Nur-Betriebs-Gesellschafter** beteiligt sind, die Sowohl-als-auch-Gesellschafter infolge des sich für sie aus § 47 Abs. 4 GmbHG **ergebenden Stimmrechtsausschlusses** einen einheitlichen geschäftlichen Betätigungswillen in der Betriebsgesellschaft nicht durchsetzen können und dass demzufolge in diesen Fällen

---

1 BFH, Urteil v. 12.11.1985 - VIII R 240/81, BFHE 145 S. 401, BStBl 1986 II S. 296.
2 BFH, Urteil v. 12.11.1985 - VIII R 240/81, BFHE 145 S. 401, BStBl 1986 II S. 296.
3 Zu Einzelheiten vgl. Rz. 459 ff.
4 BFH, Urteil v. 12.11.1985 - VIII R 240/81, BFHE 145 S. 401, BStBl 1986 II S. 296.

keine personelle Verflechtung vorliegen kann. Denn infolge des Stimmrechtsausschlusses haben die Sowohl-als-auch-Gesellschafter auf der Seite der Betriebs-GmbH keine Möglichkeit, durch Stimmrechtsabgabe in der Gesellschafterversammlung auf den Abschluss, die Veränderung oder die Beendigung eines Miet- oder Pachtvertrags mit dem Besitzunternehmen über eine wesentliche Betriebsgrundlage Einfluss zu nehmen. Sie können hier also ihren einheitlichen geschäftlichen Betätigungswillen nicht durchsetzen.

(2) Das Urteil des IV. Senats vom 26.1.1989

Anderer Meinung ist jedoch der IV. Senat des BFH, der in seinem Urteil v. 26.1.1989[1] entschieden hat, dass eine personelle Verflechtung nicht deshalb zu verneinen ist, weil der Sowohl-als-auch-Gesellschafter nach § 47 Abs. 4 Satz 2 GmbHG bei Gesellschafterbeschlüssen, die die Überlassung einer wesentlichen Betriebsgrundlage vom Besitzunternehmen an die Betriebs-GmbH betreffen, auf der Seite der Betriebs-GmbH nicht mitstimmen darf. 608

Der IV. Senat hat seine Ansicht, dass der Stimmrechtsausschluss der Annahme einer personellen Verflechtung nicht entgegensteht, wie folgt begründet: Aufgrund seiner Mehrheitsbeteiligung an der Betriebs-GmbH könne der Sowohl-als-auch-Gesellschafter – trotz des Umstandes, dass er sich gem. § 47 Abs. 4 GmbHG nicht an Beschlüssen beteiligen dürfe, welche die Vornahme von Rechtsgeschäften zwischen ihm und der GmbH zum Gegenstand haben – in der Betriebs-GmbH mit Mitteln des Gesellschaftsrechts (§ 47 Abs. 1 GmbHG) seinen Willen durchsetzen. Da der Abschluss von Miet- oder Pachtverträgen zwischen einer Betriebs-GmbH und einem Besitzunternehmen zur laufenden Geschäftsführung der GmbH gehöre (§§ 35, 37 GmbHG), bestehe kein Anlass, hierüber einen Beschluss der Gesellschafterversammlung herbeizuführen. 609

Es könne auch auf sich beruhen, wie im Streitfall die Geschäftsführerbefugnis der GmbH geregelt gewesen sei, insbesondere ob der Sowohl-als-auch-Gesellschafter als Geschäftsführer der GmbH dem Verbot des Selbstkontrahierens nach § 181 BGB unterlegen habe, was dem Abschluss von Miet- und Pachtverträgen zwischen ihm und der Betriebs-GmbH entgegengestanden haben würde. Für die personelle Verflechtung sei nur erforderlich, dass diejenigen Personen, die das Besitzunternehmen beherrschen, auch in der Betriebsgesellschaft ihren Willen durchsetzen könnten; auf welchem gesellschaftsrecht- 610

---

[1] BFH, Urteil v. 26.1.1989 - IV R 151/86, BFHE 156 S. 138, BStBl 1989 II S. 455; bestätigt durch: BFH, Urteil v. 21.8.1996 - X R 25/93, BFHE 181 S. 284, BStBl 1997 II S. 44; FG Köln, Urteil v. 23.11.2016 - 4 K 3688/12, EFG 2017 S. 400, Rz. 44 (rkr.), NWB YAAAG-38590; vgl. hierzu *Kahler*, EFG 2017 S. 404.

lichen Wege dies geschehe, sei unerheblich. Im Streitfall sei sichergestellt, dass sich in der GmbH auf Dauer nur ein geschäftlicher Betätigungswille habe entfalten können, der vom Vertrauen des Sowohl-als-auch-Gesellschafters getragen worden sei und damit auch seine Interessen als Besitzunternehmer berücksichtigt habe.

(3) Kritik an dem Urteil des IV. Senats vom 26.1.1989

611 Der Rechtsprechung kann nicht vollumfänglich zugestimmt werden. Denn ein Gesellschafter, der von seinem Stimmrecht ausgeschlossen ist, ist nicht in der Lage, mit gesellschaftsrechtlichen Mitteln seinen Willen in der Gesellschaft durchzusetzen, weil als gesellschaftsrechtliche Mittel in erster Linie die Stimmrechte in Betracht kommen. Dass auch der IV. Senat unter „gesellschaftsrechtlichen Mitteln" nur das Stimmrecht versteht, ergibt sich eindeutig aus dem Hinweis auf § 47 Abs. 1 GmbHG.

612 Der IV. Senat begründet die Durchsetzbarkeit eines einheitlichen geschäftlichen Betätigungswillens des Sowohl-als-auch-Gesellschafters auch nicht aus dessen Machtstellung als Geschäftsführer. Er erweckt mit einem Satz lediglich den Anschein als wolle er eine solche Möglichkeit bejahen. Anschließend gibt er durch den Hinweis, es könne dahingestellt bleiben, wie im Streitfall die Geschäftsführungsbefugnis geregelt gewesen sei, aber zu erkennen, dass er die Durchsetzbarkeit des Willens des Sowohl-als-auch-Gesellschafters auch nicht auf dessen Geschäftsführungsbefugnis stützt.

613 Das wäre auch gar nicht möglich, weil durch Gesellschafterbeschlüsse regelmäßig in die Geschäftsführung eingegriffen werden kann und ein Geschäftsführer einer GmbH nicht in seinem Interesse, sondern im Interesse der GmbH handeln muss.

614 Damit bleiben für eine Begründung nur noch die folgenden Ausführungen übrig: Es sei unerheblich, auf welchem gesellschaftsrechtlichen Wege die Personen, die das Besitzunternehmen beherrschen, ihren einheitlichen geschäftlichen Betätigungswillen in der Betriebs-GmbH durchsetzten. Im Streitfall sei sichergestellt,

„dass sich in der GmbH auf Dauer nur ein geschäftlicher Betätigungswille entfalten konnte, der vom Vertrauen des Klägers getragen wurde und damit auch seine Interessen als Inhaber der Erfindungen und Gebrauchsmuster berücksichtigte".

Dem Urteil des IV. Senats fehlt somit eine überzeugende Begründung, warum § 47 Abs. 4 GmbHG im Rahmen der Betriebsaufspaltung nicht ausschlaggebend sein soll.

Eine Begründung hierfür lässt sich auch nicht aus der zivilrechtlich umstrittenen Auslegung des § 47 Abs. 4 GmbHG herleiten; denn der Auslegungsstreit bezieht sich nur auf Rechtsgeschäfte mit gesellschaftsrechtlichem Charakter (sog. Sozialakte) wie z. B. die Wahl zum Organmitglied.[1] Bei Rechtsgeschäften mit individualrechtlichem Charakter, also z. B. beim Abschluss eines Miet- oder Pachtvertrags zwischen Gesellschaft und einem Gesellschafter, erfährt § 47 Abs. 4 GmbHG grds. keine Einschränkung.[2] 615

Berücksichtigt man diese Überlegungen, so ist das Urteil des IV. Senats v. 26.1.1989 nur unter dem Gesichtspunkt zu verstehen, dass der IV. Senat unter allen Umständen eine Einschränkung des Anwendungsbereichs der Betriebsaufspaltung vermeiden wollte. Eine solche Einschränkung würde nämlich eintreten, wenn der in § 47 Abs. 4 GmbHG verankerte Stimmrechtsausschluss bei der Durchsetzbarkeit eines einheitlichen geschäftlichen Betätigungswillens in der Betriebs-GmbH in allen Fällen, in denen Nur-Betriebs-Gesellschafter vorhanden sind, zu einer Verneinung einer personellen Verflechtung führen würde, wie dies nach rechtlichen Gesichtspunkten eigentlich geboten wäre. 616

(Einstweilen frei) 617–619

9. Mehrere Besitzunternehmen

LITERATUR:

o. V., Besitzunternehmen bei mehreren Mietverhältnissen, GmbHR 1971 S. 242; *o. V.*, Mehrfache Betriebsaufspaltung?, DB 1971 S. 738; *Fichtelmann*, Zur Zulässigkeit einer Betriebsaufspaltung mit mehreren Besitzunternehmen – Mehrfache Betriebsaufspaltung, FR 1983 S. 78; *ders.*, Betriebsaufspaltung mit mehreren Besitzunternehmen?, GmbHR 1996 S. 580; *Hoffmann*, Die doppelte Betriebsaufspaltung, GmbH-StB 1998 S. 198.

Da die sachliche Verflechtung bereits bei der Überlassung (nur) einer wesentlichen Betriebsgrundlage zu bejahen ist, kann ein Betriebsunternehmen grds. mit mehreren Besitzunternehmen, die der Betriebsgesellschaft ihrerseits wesentliche Betriebsgrundlagen überlassen, jeweils weitere Betriebsaufspaltun- 620

---

[1] Vgl. *Zöllner*, Die Schranken mitgliedschaftlicher Stimmrechtsmacht bei den privatrechtlichen Personenverbänden, 1963, S. 225; *Hübner*, Interessenkonflikt und Vertretungsmacht, S. 265 ff.; *Immenga/Werner*, GmbHR 1976 S. 54; *Schilling* in Festschrift für Ballerstedt, S. 257; *Wilhelm*, JZ 1976 S. 674.

[2] Unter anderem *Zöllner*, a. a. O., S. 225 ff.

gen begründen.[1] Die Personen-Gruppen-Theorie[2] beruht auf der widerlegbaren Vermutung, dass mehrere Personen, die sowohl an dem Besitzunternehmen als auch an dem Betriebsunternehmen beteiligt sind, gleichgerichtete Interessen haben und ihre Rechte auch gleichgerichtet ausüben.

Geht man hiervon aus, ergeben sich Schwierigkeiten, beim Vorhandensein von zwei oder noch mehr Besitzunternehmen einen **einheitlichen geschäftlichen Betätigungswillen** zu konstruieren, wenn an den Besitzunternehmen verschiedene Personen beteiligt sind.

621 **BEISPIEL:** An der X-GmbH sind A, B, C, D und E jeweils mit 20 % beteiligt. Die X GmbH betreibt eine Maschinenfabrik. 50 % des von ihr genutzten Grundbesitzes hat sie von der Y-GbR und 50 % von der Z-GbR gemietet. An der Y-GbR sind A, B und C jeweils mit 33 $^1/_3$ % und an der Z-GbR C, D und E ebenfalls jeweils mit 33 $^1/_3$ beteiligt.

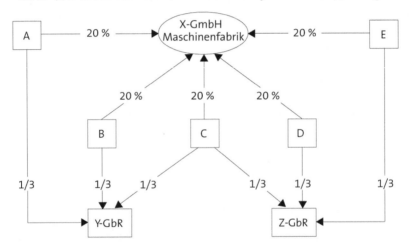

622 Um die Lösung dieses Falles zu finden, sollen zunächst einfachere Beispiele erörtert werden.

Wenn an einer Betriebs-GmbH A und B je zur Hälfte beteiligt sind, und A der GmbH eine wesentliche Betriebsgrundlage verpachtet, dann liegt keine Betriebsaufspaltung vor. A kann in der Betriebsgesellschaft seinen geschäftlichen Betätigungswillen nicht durchsetzen; denn er ist an der Betriebsgesellschaft nur mit 50 % beteiligt.

---

1 BFH, Urteile v. 18.6.2015 - IV R 11/13, BFH/NV 2015 S. 1398, NWB RAAAE-99377; IV R 12/13, BFH/NV 2015 S. 1401, NWB BAAAE-99378; IV R 13/13, BFH/NV 2015 S. 1405, NWB LAAAE-99379.
2 Siehe oben Rz. 371 ff.

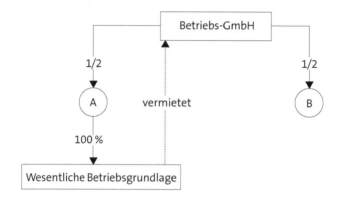

Der Fall ist nicht anders zu beurteilen, wenn zusätzlich auch B an die Betriebs-GmbH eine wesentliche Betriebsgrundlage verpachtet.

623

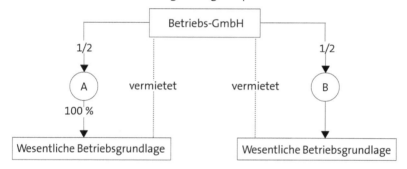

Beide, A und B sind an ihren „Besitzunternehmen" jeweils mit 100 % beteiligt und können dort ihren Willen durchsetzen. Sie können dies aber nicht in der Betriebs-GmbH, weil jeder von ihnen hier nur über die Hälfte der Stimmrechte verfügt, was zur Durchsetzung eines einheitlichen geschäftlichen Betätigungswillens nicht ausreicht. Eine Zusammenrechnung der Stimmen von A und B in der Betriebs-GmbH ist nicht möglich, weil es kein Besitzunternehmen gibt, an dem A und B **gemeinsam** beteiligt sind.

624

> **BEISPIEL:** A, B, C und D sind mit je 25 % an der X-GmbH (Betriebsgesellschaft) beteiligt. An dem Besitzunternehmen I sind A und B mit je 50 % und an dem Besitzunternehmen II sind C und D mit je 50 % beteiligt.

625

Auch in dem folgenden Fall kann man nicht zu einem anderen Ergebnis kommen:

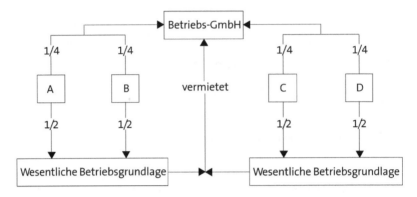

626 Es liegt keine Betriebsaufspaltung vor; denn weder die Personengruppe AB, noch die Personengruppe CD kann in der X-GmbH ihren geschäftlichen Betätigungswillen durchsetzen.

U. E. ist die Durchsetzbarkeit eines einheitlichen geschäftlichen Betätigungswillens auch dann nicht möglich, wenn, wie im Hauptbeispiel, C zusätzlich an der Betriebsgesellschaft und an beiden Besitzunternehmen beteiligt ist. Beim Vorhandensein von zwei Besitzunternehmen (im Beispiel A/B/C einerseits und C/D/E andererseits) sind insgesamt drei Unternehmen vorhanden. In einem solchen Fall bildet die Betriebsgesellschaft jeweils mit einem anderen Besitzunternehmen zusammen eine „Doppelgesellschaft". Es bestehen im Hauptbeispiel also zwei Doppelgesellschaften (X-GmbH und A/B/C einerseits und X-GmbH und C/D/E andererseits) mit je „einem einheitlichen geschäftlichen Betätigungswillen", so dass mathematisch gesehen „zwei einheitliche Betätigungswillen" vorhanden sind.

627 Das reicht unter Berücksichtigung der vom GrS[1] für die Annahme einer personellen Verflechtung verlangten strengen Anforderungen nicht aus; denn „zweimal ein einheitlicher Betätigungswille" sind eben nicht „ein einheitlicher Betätigungswille"; oder anders ausgedrückt, die Beteiligung des C an der Betriebsgesellschaft darf nicht berücksichtigt werden, weil nicht voraussehbar ist, welcher Personengruppe (A/B/C oder C/D/E) er im Konfliktfall seine Stimme geben wird. Man kann nichts vermuten.

---

[1] BFH, Beschluss v. 8.11.1971 - GrS 2/71, BFHE 103 S. 440, BStBl 1972 II S. 63.

III. Personelle Verflechtung

Für dieses Ergebnis spricht auch die Entscheidung des IV. Senats v. 7.11.1985,[1] der folgender Sachverhalt zugrunde lag:

BEISPIEL: An einer Betriebs-GmbH (X-GmbH) waren B (40 %) Frau B (25 %), U (25 %) und D (10 %) beteiligt. Das Unternehmen der X-GmbH wurde auf zwei Grundstücken betrieben. Eines davon gehörte B und U je zur Hälfte. Das andere Grundstück gehörte einer GbR, an der Frau B und U je zur Hälfte beteiligt waren.

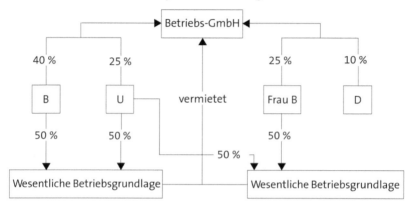

628

Der IV. Senat hat eine Betriebsaufspaltung zwischen der X-GmbH und der GbR verneint, weil die die GbR beherrschende Personengruppe Frau B und U in der X-GmbH einen einheitlichen geschäftlichen Betätigungswillen nicht durchsetzen können; denn Frau B und U sind an der GmbH zusammen nur mit 50 % beteiligt. Dass U zusammen mit B mit 65 % an der GmbH beteiligt ist, ist unerheblich, weil B nicht zu der die GbR beherrschenden Personengruppe Frau B/U gehört.

629

Ob Betriebsaufspaltung zwischen X-GmbH und B/U vorliegt, hatte der IV. Senat nicht zu entscheiden. Gegen eine solche Annahme bestehen Bedenken, wenn man den vom Großen Senat[2] geforderten strengen Maßstab anlegt. Wegen der Beteiligung des U an der Personengruppe Frau B/U ist die Vermutung eines Interessengleichklangs zwischen Frau B und U nicht möglich. Es lässt sich nicht vermuten und nicht voraussehen, welcher Personengruppe U sich im Konfliktfall anschließen wird.

630

Liegen nach den dargestellten Grundsätzen verschiedene Betriebsaufspaltungen zwischen einem Betriebsunternehmen und mehreren Besitzunternehmen vor, ist jede einzelne Betriebsaufspaltung rechtlich selbständig zu beurteilen.

631

---

1 BFH, Urteil v. 7.11.1985 - IV R 65/83, BFHE 145 S. 392, BStBl 1986 II S. 364.
2 BFH, Beschluss v. 8.11.1971 - GrS 2/71, BFHE 103 S. 440, BStBl 1972 II S. 63.

Fraglich ist, welchem Besitzunternehmen in diesem Fall die **Anteile an der Betriebs-Kapitalgesellschaft** zuzuordnen sind. Ein generelles Zuordnungswahlrecht besteht mangels gesetzlicher Grundlage nicht. Vielmehr richtet sich die Frage der Zuordnung gem. § 39 Abs. 1 AO zunächst nach dem zivilrechtlichen Eigentum an den Anteilen.

Schwierigkeiten bestehen aber, wenn eine natürliche Person (als Besitzeinzelunternehmer bzw. als Gesellschafter der Besitzpersonengesellschaften) zivilrechtlicher Eigentümer ist. Sachgerecht erscheint in diesem Fall eine Zuordnung zu dem Betriebsvermögen, das *zuerst* die Betriebsaufspaltung begründet hat.[1] Bei zeitgleichem Entstehen der Besitzunternehmen könnte an sich darüber nachgedacht werden, die Anteile nach qualitativen Kriterien quotal den Besitzunternehmen zuzuordnen. Dies dürfte indes zu praktisch kaum lösbaren Problemen führen. Aus diesem Grund ist es hier angemessen, dem Steuerpflichtigen ein Zuordnungswahlrecht zuzubilligen.[2]

632–633   *(Einstweilen frei)*

10. Mehrere Betriebsunternehmen

LITERATUR:

Fichtelmann, Beendigung einer Betriebsaufspaltung bei mehreren Betriebsgesellschaften, StSem 1997 S. 115; *Hoffmann*, Die doppelte Betriebsaufspaltung, GmbH-StB 1998 S. 198.

634   Der IV. Senat des BFH hat in seinem Urteil v. 11.11.1982[3] ausgesprochen, eine Betriebsaufspaltung könne auch zwischen einem Besitzunternehmen und mehreren Betriebs-Kapitalgesellschaften bestehen.[4] Diese Auffassung kann aber nur für solche Fälle gelten, in denen – wie in dem vom IV. Senat entschiedenen Fall – in beiden Betriebsgesellschaften und in der Besitzgesellschaft sich ein einheitlicher geschäftlicher Betätigungswille bilden kann.

---

1 Vgl. BFH, Urteil v. 10.5.2012 - IV R 34/09, BStBl 2013 II S. 471; gl. A. *Gluth* in Herrmann/Heuer/Raupach, § 15 EStG Rz. 782; *Wendt*, BFH-PR 2013.
2 Gl. A *Gluth* in Herrmann/Heuer/Raupach, § 15 EStG Rz. 782.
3 BFH, Urteil v. 11.11.1982 - IV R 117/80, BFHE 137 S. 357, BStBl 1983 II S. 299; siehe auch BFH, Urteile v. 25.8.1993 - XI R 6/93, BFHE 172 S. 91, BStBl 1994 II S. 23; v. 27.1.1994 - IV R 137/91, BFHE 173 S. 547, BStBl 1994 II S. 477.
4 Ebenso BFH, Urteil v. 25.11.1997 - VIII R 36/96, BFH/NV 1998 S. 691, NWB UAAAB-39321, in dem außerdem darauf hingewiesen wird, dass im Fall einer Betriebsaufspaltung zwischen einem Besitzunternehmen und mehreren Betriebsunternehmen ein Teilbetrieb gegeben sein könne, wenn an eine Betriebsgesellschaft räumlich abgrenzbare Grundstücksteile, die ausschließlich dieser Gesellschaft zuzuordnen sind, durch gesonderten Vertrag vermietet werden.

III. Personelle Verflechtung

BEISPIEL: S ist Anteilseigner der X-GmbH und der Y-GmbH. Die Anteile an der X-GmbH gehören zu 100 % S, die der Y-GmbH zu 75 % Die restlichen 25 % Anteile an der Y-GmbH hält die X-GmbH. S hat ein ihm allein gehörendes Grundstück an die X-GmbH und an die Y-GmbH vermietet.

635

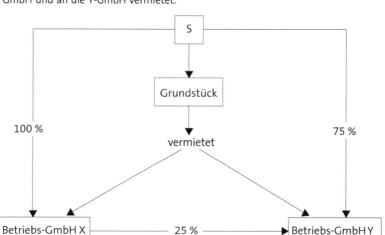

U. E. ist die Rechtserkenntnis des IV. Senats aber dann nicht anwendbar, wenn von einem einheitlichen Betätigungswillen in beiden Betriebsgesellschaften nicht mehr gesprochen werden kann, weil in den beiden Gesellschaften unterschiedliche Interessen vorliegen.

636

BEISPIEL: An einer Besitzbruchteilsgemeinschaft sind A, B, C, D und E je mit / beteiligt. Sie haben das der Gemeinschaft gehörende Grundstück an die Betriebs-GmbH X und die Betriebs-GmbH Y vermietet. An der X-GmbH sind A, B und C und an der Y-GmbH C, D und E jeweils mit $1/3$ beteiligt.

637

D. Voraussetzungen der Betriebsaufspaltung

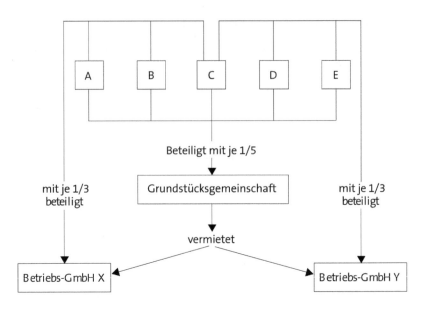

638 Die Probleme sind hier die gleichen wie in den vorstehend unter Rz. 620 ff. behandelten Fällen, in denen einer Betriebsgesellschaft mehrere Besitzunternehmen gegenüberstehen. Es kann insoweit auch bei mehreren Betriebsgesellschaften kein einheitlicher Betätigungswille angenommen werden.

639–641 *(Einstweilen frei)*

11. Stille Beteiligung

LITERATUR:

Böttcher/Hennerkens, Beteiligungsgleichheit bei Betriebsaufspaltung – Zugleich ein Beitrag zum BFH-Urteil I 231/63 vom 3.12.1969 – RWP-Blattei 14 Steuer – RD Betriebsaufspaltung II B 3 Einzelfragen; *Schulze zur Wiesche*, Betriebsaufspaltung und stille Beteiligung, DStR 1993 S. 1844; *Fichtelmann*, Ausgewählte Fragen zur Betriebsaufspaltung, GmbHR 2006 S. 345.

642 Ob eine stille Beteiligung zu einer Betriebsaufspaltung führen kann, kann nicht allgemein beantwortet werden.

BEISPIEL: Das Betriebsunternehmen ist eine GmbH. A ist an der GmbH als stiller Gesellschafter beteiligt. Seine Einlage als stiller Gesellschafter beträgt 510.000 €. Das Stammkapital der GmbH, deren Alleinanteilseigner B ist, beträgt 490.000 €. A hat ein ihm gehörendes Grundstück der GmbH & Still verpachtet.

> **LÖSUNG:** A hat keinerlei Stimmrechte und auch keine Geschäftsführungsbefugnis in der Betriebs-GmbH. Deshalb kann er in diesem Unternehmen keinen einheitlichen geschäftlichen Betätigungswillen durchsetzen. In einem solchen Fall liegt keine Betriebsaufspaltung vor.   643

Hingegen dürfte Betriebsaufspaltung anzunehmen sein, wenn A in der Betriebs-GmbH aufgrund besonderer Vereinbarungen (**atypisch stille Gesellschaft**) Stimmrechte zustehen, die es ihm ermöglichen, seinen einheitlichen geschäftlichen Betätigungswillen durchzusetzen.   644

Betriebsaufspaltung aufgrund faktischer Beherrschung dürfte anzunehmen sein, wenn A zum Geschäftsführer der Betriebs-GmbH bestellt ist und als solcher – aufgrund seiner nicht unerheblichen Beteiligung als stiller Gesellschafter – nicht nur die Interessen des B zu vertreten hat, sondern auch seine eigenen vertreten kann.   645

(Einstweilen frei)   646–648

12. Unterbeteiligung

Ebenfalls nicht allgemein kann die Frage beantwortet werden, ob eine Unterbeteiligung zur Annahme einer Betriebsaufspaltung führt. Auch hier kommt es auf die Gestaltung des Einzelfalls an.   649

> **BEISPIEL:** An der Betriebs-OHG sind A mit 90 % und B mit 10 % beteiligt. A hat an $^2/_3$ seines Anteils dem C eine Unterbeteiligung eingeräumt. C hat an die Betriebs-OHG eine wesentliche Betriebsgrundlage vermietet.

> **LÖSUNG:** Hat C in der Unterbeteiligungsgesellschaft eine solche Machtstellung, dass er bestimmenden Einfluss auf das Verhalten des A bei der Willensbildung in der Betriebs-OHG ausüben kann, dann kann C auf diesem Wege mithilfe der 90%igen Beteiligung des A auch in der Betriebs-OHG seinen einheitlichen geschäftlichen Betätigungswillen durchsetzen. Es liegt eine Betriebsaufspaltung vor.   650

(Einstweilen frei)   651–653

13. Gestaltungsmissbrauch

a) Allgemeines

Im Hinblick auf etwaige Gestaltungsmissbräuche ist wie folgt zu unterscheiden: Die bewusste Begründung einer (unechten) Betriebsaufspaltung wird   654 kaum als Verstoß gegen § 42 AO angesehen werden können.¹ Denn es bleibt einem Steuerpflichtigen grds. unbenommen, das angestrebte wirtschaftliche Ergebnis, hier die Minderung des Haftungsrisikos durch Einschaltung einer GmbH, durch entsprechende zivilrechtliche Vereinbarungen möglichst steueroptimierend zu gestalten.² Wann Gestaltungen zur Vermeidung einer personellen Verflechtung dagegen missbräuchlich i. S. des § 42 AO sind, lässt sich nicht allgemein sagen. Es kommt auf den Einzelfall an.

b) Das BFH-Urteil vom 13.3.1997

(1) Sachverhalt

655 Der BFH hat bei folgendem – hier vereinfacht dargestellten Sachverhalt – Gestaltungsmissbrauch i. S. des § 42 AO angenommen:³ A betrieb zusammen mit seinen Eltern ein Einzelhandelsgeschäft in der Rechtsform einer KG. Das Grundstück, auf dem dieses Geschäft betrieben wurde, hatten die Eltern 1973 im Wege der vorweggenommenen Erbfolge unter Nießbrauchsvorbehalt auf A übertragen. In Ausübung dieses Nießbrauchsrechts stellten die Eltern der KG die für das Einzelhandelsgeschäft erforderlichen Räume zur Verfügung. 1979 schieden die Eltern aus der KG aus. Zugleich wurde das Nießbrauchsrecht aufgehoben und durch eine Rente ersetzt. Mit Ablauf des Jahres 1979 wurde das Betriebsvermögen der KG in eine GmbH eingebracht. An dieser war A mit 99 % beteiligt. Im Januar 1980 räumte A seinen Eltern eine beschränkt persönliche Dienstbarkeit an den dem Einzelhandelsgeschäft dienenden Räumen ein. In Ausübung dieses Rechts vermieteten die Eltern die betreffenden Räume an die GmbH. Die vereinbarte Rente wurde nicht geleistet.

656 Das FA hat die Einräumung der beschränkt persönlichen Dienstbarkeit und die Vermietung der entsprechend belasteten Räume seitens der Eltern an die GmbH als Gestaltungsmissbrauch angesehen. Die hiergegen gerichtete Klage hatte keinen Erfolg. Der BFH ist dem FA und dem FG mit im Wesentlichen folgender Begründung gefolgt:

---

1 Vgl. BFH, Urteile v. 18.6.2015 - IV R 11/13, BFH/NV 2015 S. 1398, NWB RAAAE-99377; IV R 12/13, BFH/NV 2015 S. 1401, NWB BAAAE-99378; IV R 13/13, BFH/NV 2015 S. 1405, NWB LAAAE-99379.
2 BFH, Urteil v. 4.12.2014 - IV R 28/11, BFH/NV 2015 S. 495, NWB CAAAE-83687.
3 BFH, Urteil v. 13.3.1997 - III R 300/94, BFH/NV 1997 S. 659, 660 (rechte Spalte f), NWB AAAAA-97364.

(2) Entscheidungsgründe

Die gewählte Gestaltung habe lediglich der Steuerminderung dienen sollen, weil durch sie die nachteiligen steuerlichen Wirkungen der Betriebsaufspaltung hätten beseitigt werden sollen, die sich aufgrund der zuvor getroffenen Vereinbarungen ergeben hätten. Andere wirtschaftliche oder sonst beachtliche nichtsteuerliche Gründe seien nicht geltend gemacht worden und seien auch nicht erkennbar. Insbesondere sei die Einräumung der beschränkt persönlichen Dienstbarkeit im Hinblick auf die zuvor getroffene Rentenvereinbarung auch nicht zur Gewährleistung der Altersversorgung der Eltern erforderlich gewesen. 657

Die gewählte Gestaltung sei auch unangemessen, weil üblicherweise ein Grundstückseigentümer, der Räume eines Gebäudes für den Betrieb einer von ihm beherrschten GmbH benötige, nicht zunächst einem Dritten ein Nutzungsrecht einräume, um anschließend die benötigten Räume durch die GmbH zurück zu mieten. Unangemessen sei auch, dass im Streitfall eine Rentenverpflichtung durch die Einräumung einer beschränkt persönlichen Dienstbarkeit ersetzt worden sei und damit die Versorgungsberechtigten es übernommen hätten, durch die Vermietung der betreffenden Räume nunmehr selbst die für ihre Altersversorgung notwendigen Einkünfte zu erzielen. 658

(Einstweilen frei) 659–660

E. Besitzunternehmen

> **LITERATUR:**
>
> *Henninger*, Betriebsaufspaltung: Besteuerung von Besitzpersonenunternehmen, DB 1969 S. 637; *o. V.*, Unterbeteiligungen und Besitzunternehmen, DB 1970 S. 1105; *Schmidt*, Zur Identität von KG und Besitzgesellschaft, DB 1971 S. 2345; *o. V.*, Besitzpersonenunternehmen und Personenstandsveränderungen, DB 1973 S. 1875; *o. V.*, Nochmals: Besitzpersonenunternehmen und Personenstandsveränderungen, DB 1974 S. 214; *Brandmüller*, Betreibt ein Besitzunternehmen noch ein Handelsgewerbe?, BB 1976 S. 641; *Gaßner*, Die Genossenschaft als Pacht- und Besitzunternehmen, RPfleger 1980 S. 409; *Centrale Gutachtendienst*, Betriebsaufspaltung innerhalb einer GmbH & Co. KG, GmbHR 1997 S. 739; *Strahl*, Beratungsfeld echte und unechte Betriebsaufspaltung, III. Das Besitzunternehmen als steuerrechtliches Sondergebilde, KÖSDI 2002 S. 13794, 13799; *Weber*, Die Bruchteilsgemeinschaft als Besitzunternehmen im Rahmen einer mitunternehmerischen Betriebsaufspaltung, FR 2006 S. 572.

I. Allgemeines

Ein Besitzunternehmen kann im Rahmen einer Betriebsaufspaltung die Rechtsform   661

- ▶ eines **Einzelunternehmens**,[1]
- ▶ einer **Personengesellschaft**,[2]
- ▶ einer **Gemeinschaft**, die einer gewerblich tätigen Personengesellschaft wirtschaftlich vergleichbar ist,[3]
- ▶ eines (gemeinnützigen) **Vereins**,[4]
- ▶ einer **rechtsfähigen Stiftung**[5] oder
- ▶ einer **juristischen Person des öffentlichen Rechts**[6] haben.

---

1 Vgl. BFH, Urteile v. 1.4.1981 - I R 160/80, BFHE 133 S. 561, BStBl 1981 II S. 738; v. 27.2.1991 - XI R 25/88, BFH/NV 1991 S. 454, 455 (linke Spalte), NWB GAAAA-97203; v. 14.4.2021 - X R 5/19, BStBl 2021 II S. 851, Rz. 28.
2 Vgl. u. a. BFH, Urteil v. 29.7.1976 - IV R 145/72, BFHE 119 S. 285, BStBl 1976 II S. 750.
3 BFH, Urteile v. 14.1.1982 - IV R 77/79, BFHE 135 S. 325, BStBl 1982 II S. 476; v. 29.8.2001 - VIII R 34/00, BFH/NV 2002 S. 185, Rz. 15, m. w. N.; FG Hamburg, Urteil v. 24.11.2021 - 6 K 70/20, juris (rkr.), NWB GAAAI-04553.
4 BFH, Beschluss v. 5.6.1985 - I S 2/85, I S 3/85, BFH/NV 1986 S. 433, NWB MAAAB-28098; Urteile v. 21.5.1997 - I R 164/94, BFH/NV 1997 S. 825, NWB YAAAA-97369; v. 29.3.2006 - X R 59/00, BStBl 2006 II S. 661.
5 FG Düsseldorf, Urteil v. 17.9.2013 - 6 K 2430/13, EFG 2013 S. 1958 (rkr.), NWB EAAAE-47384; *Weidmann/Kohlepp*, DStR 2014 S. 1197.
6 Vgl. unten Rz. 756.

E. Besitzunternehmen

662 Gemeinschaften die einer gewerblich tätigen Personengesellschaft vergleichbar sind, können zum einen **Bruchteilsgemeinschaften** (§§ 741 ff. BGB)[1] und **Erbengemeinschaften** sein.[2] Bei einer Erbengemeinschaft beschränkt sich die gewerbliche Betätigung der Miterben grundsätzlich auf den zum Nachlass gehörenden Betrieb. Dabei kann es sich auch um ein schon innerhalb des Erblassers begründetes Besitzunternehmen im Rahmen einer Betriebsaufspaltung handeln.[3] Des Weiteren kommen auch eheliche **Gütergemeinschaften**[4] als Besitzunternehmen in Betracht. Hier können die Folgen einer Betriebsaufspaltung dadurch verhindert werden, dass die Anteile an der Betriebs-Kapitalgesellschaft durch Ehevertrag nach § 1418 Abs. 2 Nr. 1 BGB zum Vorbehaltsgut erklärt werden.[5]

663 Eine **Eigentümergemeinschaft** i. S. des § 10 WEG kann Besitzunternehmen im Rahmen der Betriebsaufspaltung sein, wenn die einzelnen Wohnungen aufgrund einer Gebrauchsregelung (§ 15 WEG) an eine personenidentische Betriebs-GmbH vermietet werden. Dabei ist es steuerlich unerheblich, ob die Eigentümergemeinschaft mit der herrschenden Meinung zivilrechtlich als Bruchteilsgemeinschaft oder als vereinsähnliches Gebilde anzusehen ist.[6]

664 Auf jeden Fall ist eine Eigentümergemeinschaft, deren Teilhaber ihre Wohnungen aufgrund einer Gebrauchsregelung i. S. des § 15 WEG einer Betriebs-GmbH vermieten, wirtschaftlich mit einer Bruchteilsgemeinschaft zu vergleichen, deren Teilhaber ein gemeinschaftliches Grundstück gemeinsam der Betriebsgesellschaft zur Nutzung überlassen und weitere Grundstücke, die ihnen jeweils allein gehören, jeder für sich an die Betriebsgesellschaft vermieten.[7]

665 Die Behandlung von Gemeinschaften als Besitzunternehmen wird vom BFH[8] damit gerechtfertigt, dass eine unterschiedliche Behandlung von Gesellschaf-

---

1 BFH, Urteile v. 15.12.1988 - IV R 36/84, BFHE 155 S. 538, BStBl 1989 II S. 363; v. 10.11.2005 - IV R 29/04 (unter 2.c, BFHE 211 S. 305, BStBl 2006 II S. 173; v. 18.8.2005 - IV R 59/04, BFHE 210 S. 415, BStBl 2005 II S. 830; Beschluss v. 2.2.2006 - XI B 91/05, BFH/NV 2006 S. 1266, NWB IAAAB-84323; FG Niedersachsen, Urteil v. 9.5.2007, EFG 2007 S. 1595 (rkr.); FG Hamburg, Urteil v. 24.11.2021 - 6 K 70/20, juris (rkr.), NWB GAAAI-04553.
2 BFH, Urteile v. 23.10.1986 - IV R 214/84, BFHE 148 S. 65, BStBl 1987 II S. 120; v. 21.4.2005 - III R 7/03, BFH/NV 2005 S. 1974, NWB VAAAB-66068.
3 BFH, Urteil v. 23.10.1986 - IV R 214/84, BStBl 1980 II S. 120; FG Köln, Urteil v. 18.12.2018 - 8 K 3086/16, EFG 2019 S. 602 (Az. des BFH: IV R 5/19).
4 BFH, Urteil v. 26.11.1992 - IV R 15/91, BFHE 171 S. 490, BStBl 1993 II S. 876; BFH, Urteil v. 19.10.2006 - IV R 22/02, BFHE 215 S. 268, BFH/NV 2007 S. 149, NWB RAAAC-28426.
5 Vgl. bereits oben Rz. 40.
6 BFH, Urteil v. 10.4.1997 - IV R 73/94, BFHE 183 S. 127, BStBl 1997 II S. 569; zur Teilrechtsfähigkeit siehe auch BFH, Urteil v. 20.9.2018 - IV R 6/16, BStBl 2019 II S. 260.
7 BFH, Urteil v. 10.4.1997 - IV R 73/94, BFHE 183 S. 127, BStBl 1997 II S. 569.
8 BFH, Urteil v. 13.12.1983 - VIII R 90/81, BFHE 140 S. 526, BStBl 1984 II S. 474.

ten und Gemeinschaften schon deshalb nicht gerechtfertigt ist, weil das Halten und Verwalten eines Grundstücks gleichermaßen Aufgabe einer Grundstücksgemeinschaft und einer Grundstücksgesellschaft sein kann.

Entscheidend ist indes, dass eine Gemeinschaft nur dann als gewerbliches Besitzunternehmen behandelt werden kann, wenn die Gemeinschaft gleichzeitig eine Mitunternehmerschaft ist. Da nach dem Wortlaut des § 15 Abs. 1 Satz 1 Nr. 2 Satz 1 EStG aber jede Mitunternehmerschaft eine Gesellschaft voraussetzt, kann eigentlich eine Gemeinschaft keine Mitunternehmerschaft und damit auch kein Besitzunternehmen i. S. der Betriebsaufspaltung sein. 666

Um die von der Rechtsprechung erstrebte Gleichbehandlung von Gesellschaft und Gemeinschaft erreichen zu können, war es daher – wie durch den Beschluss des GrS des BFH v. 25.6.1984[1] geschehen – erforderlich, für bestimmte Fälle die Gemeinschaft einer Gesellschaft gleichzustellen, nämlich dann, wenn sie – wie im Rahmen der Betriebsaufspaltung – einer Personengesellschaft wirtschaftlich vergleichbar ist. 667

Die jüngere Rechtsprechung scheint die beschriebene Argumentation ernst zu nehmen. Ihr ist indes nicht die Aussage zu entnehmen, dass eine bloße Gemeinschaft kein Besitzunternehmen i. S. der Betriebsaufspaltung sein kann. Vielmehr argumentiert der BFH damit, dass sich die Bruchteilsberechtigten zumindest **konkludent** zu einer **Gesellschaft bürgerlichen Rechts** zusammengeschlossen haben, wenn sie ein Grundstück als wesentliche Betriebsgrundlage an eine von ihnen beherrschte Betriebsgesellschaft vermieten.[2] 668

(Einstweilen frei) 669–670

II. Besitzunternehmen im Ausland

LITERATUR:

Gassner, Betriebsaufspaltung über die Grenze, BB 1973 S. 1352 ff.; *Günkel/Kussel*, Betriebsaufspaltung mit ausländischer Besitzgesellschaft, FR 1980 S. 553; *Piltz*, Betriebsaufspaltung über die Grenze?, DB 1981 S. 2044; *Kaligin*, Betriebsaufspaltung über die Grenze, Wpg 1983 S. 457; *Gebbers*, Zur Besteuerung der internationalen Betriebsaufspaltung, RIW 1984 S. 711; *Crezelius*, Die isolierende Betrachtungsweise, insbesondere die grenzüberschreitende Betriebsaufspaltung, StVj 1992 S. 322; *Holzinger*, Gewerbesteuerpflicht bei grenzüberschreitender Betriebsaufspaltung, PIStB 2005 S. 5; *Koch/Kiwitt*, Grenzüberschreitende Betriebsaufspaltung mit einem ausländischen Besitz-

---

1 BFH, Beschluss v. 25.6.1984 - GrS 4/82, BFHE 141 S. 405, BStBl 1984 II S. 751.
2 BFH, Urteil v. 18.8.2005 - IV R 59/04, BFHE 210 S. 415, BStBl 2005 II S. 830; vgl. auch BFH, Urteil v. 10.11.2005 - IV R 29/04 (unter 2.c), BFHE 211 S. 305, BStBl 2006 II S. 173, und BMF, Schreiben v. 7.12.2006, BStBl 2006 I S. 766.

unternehmen, PIStB 2005 S. 183; *Piltz*, Gewerbesteuer: Betriebsaufspaltung über die Grenze, IStR 2005 S. 173; *Schießl*, Die Veräußerung von unbeweglichem Vermögen im Inland bei grenzüberschreitender Betriebsaufspaltung mit einem ausländischen Besitzunternehmen, StuB 2005 S. 922; *Ruf*, Die Betriebsaufspaltung über die Grenze, IStR 2006 S. 232; *Schießl*, Die Betriebsaufspaltung über die Grenze, StW 2006 S. 43; *Gebhardt*, Neuregelung der Wegzugsbesteuerung, EStB 2007 S. 148; *Haverkamp*, Betriebsaufspaltung über die Grenze – Ein Steuersparmodell?, IStR 2008 S. 165; *Jarzynska/Klipstein*, Die Besteuerungsfolgen der grenzüberschreitenden Betriebsaufspaltung im Lichte der Doppelbesteuerungsabkommen, StB 2009 S. 239; *Schulze zur Wiesche*, Grenzüberschreitende Betriebsaufspaltung, BB 2013 S. 2463; *Baltromejus*, Die grenzüberschreitende Betriebsaufspaltung, IWB 2016 S. 25; *Mroz*, Die Betriebsaufspaltung über die Grenze, SWI 2017 S. 414; *ders.*, Die isolierende Betrachtungsweise – ein Anwendungsfall für die grenzüberschreitende Betriebsaufspaltung?, IStR 2017 S. 742; *Homuth*, Die grenzüberschreitende Betriebsaufspaltung, IWB 2018 S. 536; *Stiller*, Grenzüberschreitende Betriebsaufspaltung und ihre Beendigung, IStR 2018 S. 328; *Günkel*, Betriebsaufspaltung über die Grenze, Festschrift für Heinz-Klaus Kroppen zum 60. Geburtstag, 2020, S. 577.

1. Rechtslage bis VZ 2008

671 Streitig wird die Frage beantwortet, ob und wieweit eine Betriebsaufspaltung über die Grenze möglich ist.[1] Die Problematik soll anhand des folgenden Beispiels verdeutlicht werden:

672 **BEISPIEL:** A mit Wohnsitz im Ausland besitzt in Deutschland ein Grundstück, das gleichzeitig wesentliche Betriebsgrundlage für eine von ihm beherrschte GmbH ist. Für die Grundstücksnutzung zahlt die GmbH dem A eine Pacht.

673 Fraglich ist, wie die Pachterträge steuerlich zu qualifizieren sind. Hierzu werden verschiedene Auffassungen vertreten, die z. T. zu identischen Ergebnissen führen.[2] Zusammengefasst geht es darum, ob die Pachtzinsen Einkünfte aus Gewerbebetrieb i. S. des § 49 Abs. 1 Nr. 2 EStG oder Einkünfte aus Vermietung und Verpachtung gem. § 49 Abs. 1 Nr. 6 EStG sind. Vergleichbare Fragen stellen sich im Hinblick auf die Qualifikation von etwaigen Ausschüttungen der GmbH bzw. die Betriebsvermögenseigenschaft des Grundstücks sowie der GmbH-Beteiligung.[3]

---

1 In diesem Sinne BMF, Schreiben v. 24.12.1999, BStBl 1999 I S. 1076, Tz. 1.2.1.1; *Koch/Kiwitt*, PIStB 2005 S. 183; *Ruf*, IStR 2006 S. 232, 234 f.; zu einem Vergleich der Rechtslage in Deutschland und Österreich vgl. *Mroz*, SWI 2017 S. 414; vgl. auch unten Rz. 938.
2 Zum Meinungsstand *Bitz* in Littmann/Bitz/Pust, Das Einkommensteuerrecht, § 15 Rz. 316, m. w. N.
3 Vgl. auch unten Rz. 939 ff.

Hat ein Besitzunternehmen keine inländische Betriebsstätte und auch keinen ständigen inländischen Vertreter (§ 12 AO bzw. § 13 AO), liegen keine inländischen Einkünfte i. S. von § 49 Abs. 1 Nr. 2 Buchst. a EStG vor.[1] Dies ergibt sich aus der Überlegung, dass das Institut der Betriebsaufspaltung seine Wurzel darin hat, Schmälerungen der Gewerbesteuer zu verhindern.[2] Vor diesem Hintergrund erscheint es konsequent, das Institut der Betriebsaufspaltung in solchen Fällen nicht zur Anwendung kommen zu lassen, in denen ein im Inland betriebener Gewerbebetrieb i. S. des § 2 Abs. 1 Satz 1 GewStG schon begrifflich nicht vorliegen kann. Da Besitz- und Betriebsunternehmen keinen einheitlichen Betrieb bilden, kann ein ausländisches Besitzunternehmen deshalb nur unter den beschriebenen Voraussetzungen (inländische Betriebsstätte oder inländischer Vertreter) gewerblicher Betrieb sein.[3]

674

Fehlen diese Voraussetzungen, hat dies zur Folge, dass die Mieteinnahmen, die ein ausländisches Besitzunternehmen bezieht, beschränkt steuerpflichtige Einkünfte aus Vermietung und Verpachtung i. S. von § 49 Abs. 1 Nr. 6 EStG sind.

675

a) Konsequenzen für die Einordnung der Einkünfte

Aus dem zuvor Gesagten ergibt sich, dass die Miet- bzw. Pachteinnahmen des ausländischen Besitzunternehmens nicht per se als gewerbliche Einkünfte einzustufen sind.[4] Die Frage nach der Gewerblichkeit der Einkünfte ist am Maßstab des § 49 Abs. 1 Nr. 2 Buchst. a EStG, also am Betriebsstättenbegriff, zu beantworten. Ob ein ausländisches Besitzunternehmen eine inländische Betriebsstätte hat, kann unterschiedlich zu beurteilen sein, je nachdem, ob der Betriebsstättenbegriff des § 12 AO oder der Betriebsstättenbegriff des Art. 5 OECD-MA – soweit er in einem mit Deutschland abgeschlossenen DBA übernommen worden ist – anzuwenden ist.

676

Zwar stimmen die in beiden Regelungen enthaltenen generellen Begriffsbestimmungen (§ 12 Abs. 1 AO und Art. 5 Nr. 1 OECD-MA) im Wesentlichen überein. Gleiches gilt für die in § 12 Abs. 2 AO und in Art. 5 Nr. 2 bis 4 OECD-MA enthaltenen Positivkataloge. Der Betriebsstättenbegriff des Art. 5 OECD-MA ist insofern aber weiter als der des § 12 AO, als jener auch die sog. **Vertreterbetriebsstätte** kennt.[5] Das bedeutet, dass nach Art. 5 OECD-MA ein ausländisches Unternehmen auch dann eine inländische Betriebsstätte hat, wenn

677

---

[1] Vgl. auch *Wacker* in Schmidt, EStG, 41. Aufl. 2022, § 15 Rz. 862.
[2] Vgl. oben Rz. 11.
[3] Vgl. auch unten Rz. 676 ff.
[4] Vgl. BFH, Urteil v. 28.7.1982 - I R 196/79, BFHE 136 S. 547, BStBl 1983 II S. 77.
[5] Art. 5 Nr. 5 und 6 OECD-MA.

ein ständiger Vertreter anstelle des ausländischen Unternehmens in dessen Betrieb fallende Tätigkeiten im Inland vornimmt, sofern es sich nicht um ganz untergeordnete Hilfstätigkeiten handelt bzw. sich die Tätigkeit auf den Einkauf von Gütern oder Waren beschränkt und der Vertreter eine Vollmacht besitzt, im Namen des ausländischen Unternehmens Verträge abzuschließen.[1]

678 Der Betriebsstättenbegriff des OECD findet nur gegenüber einem Staat Anwendung, mit dem ein DBA abgeschlossen worden ist, in dem der Betriebsstättenbegriff des OECD-MA übernommen wurde. Er kann zur Auslegung nationalen Rechts nicht herangezogen werden.[2]

679 Sowohl nach § 12 AO als auch nach Art. 5 OECD-MA kommt als Betriebsstätte eines Besitzunternehmens der Ort der Geschäftsleitung in Betracht.[3] Wird der Betrieb des Besitzunternehmens vom Wohnsitz seines Inhabers geführt, muss dieser seinen Wohnsitz (§ 8 AO) im Inland haben.[4] Ein inländischer ständiger Vertreter (§ 13 AO) reicht nicht aus. Das ergibt sich auch aus § 49 Abs. 1 Nr. 2 Buchst. a EStG, wonach beschränkt steuerpflichtige Einkünfte aus Gewerbebetrieb nur dann vorliegen, wenn eine inländische Betriebsstätte unterhalten wird oder ein ständiger Vertreter bestellt ist.

680 **BEISPIEL:** A hat seinen Wohnsitz in Frankreich. Er ist Eigentümer eines Grundstücks in Deutschland, das eine wesentliche Betriebsgrundlage für die ihm gehörende deutsche GmbH darstellt. Er verpachtet das Grundstück an die GmbH.

681 **LÖSUNG:** Die Pachtzinsen sind nicht als gewerbliche Einkünfte i. S. des § 49 Abs. 1 Nr. 2 Buchst. a EStG zu qualifizieren, da das Besitzunternehmen in Deutschland keine Betriebsstätte i. S. des § 12 AO unterhält. Eine Gewerbesteuerpflicht scheitert an § 2 Abs. 1 GewStG (inländische Betriebsstätte). Die Einkünfte sind als Verpachtungseinkünfte i. S. von § 49 Abs. 1 Nr. 6 EStG zu versteuern. Veräußerungsgewinne sind darüber hinaus steuerpflichtig nach § 49 Abs. 1 Nr. 2 Buchst. f EStG.

682 Die Betriebsstätte des Betriebsunternehmens kommt nämlich nicht als Betriebsstätte des Besitzunternehmens in Betracht, da Besitzunternehmen und Betriebsunternehmen zwei getrennte Unternehmen sind.[5]

683 Nach Auffassung des FG Baden-Württemberg[6] hat eine ausländische Besitzgesellschaft einen betriebsstättenbegründenden Vertreter i. S. des OECD-MA

---

1 FG Baden-Württemberg, Urteil v. 21.4.2004 - 12 K 252/00, NWB ZAAAB-23296, EFG 2004 S. 1384 (rkr.).
2 *Musil* in Hübschmann/Hepp/Spitaler, § 12 AO, Rz. 49, mit Rechtsprechungshinweisen.
3 BFH, Urteil v. 28.7.1982 - I R 196/79, BFHE 136 S. 547, BStBl 1983 II S. 77, 80 (linke Spalte).
4 *Wacker* in Schmidt, EStG, 39. Aufl. 2020, § 15 Rz. 862.
5 BFH, Urteil v. 28.7.1982 - I R 196/79, BFHE 136 S. 547, BStBl 1983 II S. 77, 80 (linke Spalte).
6 FG Baden-Württemberg, Urteil v. 21.4.2004 - 12 K 252/00, NWB ZAAAB-23296, EFG 2004 S. 1384 (rkr.).

auch durch ein inländisches Betriebsunternehmen, wenn dieses über seine Pächterpflichten hinaus die wirtschaftlichen Interessen des verpachtenden Besitzunternehmens hinsichtlich der Erhaltung, Erneuerung oder Erweiterung übernommen hat, also Handlungen vornehmen kann, die in den betrieblichen Bereich des verpachtenden Besitzunternehmens fallen. Als bevollmächtigter abhängiger Vertreter sei ferner ein im Inland wohnender einzelzeichnungsberechtigter Prokurist des im Ausland wohnenden Besitzunternehmers anzusehen, der die Geschäfte des Besitzunternehmens im Inland führe.

Hinsichtlich der Beantwortung der Frage, ob eine inländische Betriebsstätte vorliegt oder nicht, kommt es schließlich nicht darauf an, ob der oder die Inhaber des Besitzunternehmens **Inländer** oder **Ausländer** sind.[1]   684

(Einstweilen frei)   685–690

2. Rechtslage ab VZ 2009

Einkünfte aus der zeitlich begrenzten Überlassung von Grundbesitz, Sachinbegriffen und Rechten mit Inlandsbezug konnten, wie dargestellt, bislang bei Fehlen einer inländischen Betriebsstätte oder eines ständigen Vertreters nur nach § 49 Abs. 1 Nr. 6 EStG versteuert werden. Durch das **Jahressteuergesetz 2009** ist der Tatbestand des § 49 Abs. 1 Nr. 2 Buchst. f EStG jedoch erweitert worden. Neben Veräußerungseinkünften werden nun auch Einkünfte aus Vermietung und Verpachtung als gewerbliche Einkünfte erfasst, wenn diese nach deutschem Verständnis gewerblichen Charakter haben.   691

Fraglich ist daher, ob in dem oben genannten Beispielsfall[2] nunmehr Einkünfte aus Gewerbebetrieb i. S. des § 49 Abs. 1 Nr. 2 Buchst. f EStG oder nach wie vor solche aus Vermietung und Verpachtung nach § 49 Abs. 1 Nr. 6 EStG vorliegen, da das Erfordernis einer inländischen Betriebsstätte nunmehr gesetzlich nicht mehr notwendig ist. Überwiegend wird nunmehr angenommen, dass auch eine grenzüberschreitende Betriebsaufspaltung unter den Tatbestand des § 49 Abs. 1 Nr. 2 Buchst. f EStG zu subsumieren ist.[3] Nach dieser Auffassung kommt es auf die isolierende Betrachtungsweise im Fall der Betriebsaufspaltung mit ausländischer Besitzgesellschaft nicht mehr an. Nach dieser Auffassung fallen auch Einkünfte aus der Vermietung von beweglichen Wirtschaftsgütern und der Überlassung von immateriellen Wirtschaftsgütern unter § 49   692

---

[1] BFH, Urteil v. 28.7.1982 - I R 196/79, BFHE 136 S. 547, BStBl 1982 II S. 77.
[2] Oben Rz. 680.
[3] *Gosch* in Kirchhof/Seer, EStG, 21. Aufl. 2022, § 49 Rz. 43; *Peffermann* in Herrmann/Heuer/Raupach, EStG, KStG, § 49 EStG Rz. 615; *Wacker* in Schmidt, EStG, 41. Aufl. 2022, § 15 Rz. 862; *Günkel*, Festschrift für Heinz-Klaus Kroppen zum 60. Geburtstag, 2020, S. 577, 590.

Abs. 1 Nr. 2 Buchst. f EStG.[1] Dabei ist zu berücksichtigen, dass Lizenzgebühren vom Steuerabzug des § 50a Abs. 1 Nr. 3 EStG erfasst werden, wobei der Abzugsteuersatz von 15 % durch DBA eingeschränkt sein kann.[2]

Nach h. M. fallen Gewinnausschüttungen dagegen nicht unter § 49 Abs. 1 Nr. 2 Buchst. f EStG.[3] Diese können nach herrschendem Verständnis nur über die isolierende Betrachtungsweise des § 49 Abs. 2 EStG unter § 49 Abs. 1 Nr. 5 EStG subsumiert werden. § 49 Abs. 1 Nr. 2 Buchst. f Doppelbuchst. bb EStG erfasst auch die Veräußerung von inländischem unbeweglichem Vermögen, so dass der Tatbestand nach h. M. auch erfüllt ist, wenn bei einer grenzüberschreitenden Betriebsaufspaltung im Inbound-Fall Grundstücke, die in Deutschland belegen sind, veräußert werden. Nach dem klaren Wortlaut wird die Veräußerung anderer Wirtschaftsgüter hingegen nicht erfasst, so dass im Hinblick auf die Veräußerung der Anteile an der deutschen Betriebs-Kapitalgesellschaft eine beschränkte Steuerpflicht nur unter den Voraussetzungen des § 49 Abs. 1 Nr. 2 Buchst. e EStG i. V. m. § 49 Abs. 2 EStG ausgelöst werden kann. Innerhalb der h. M. ist streitig, ob auch bei Wegfall der Voraussetzungen der Betriebsaufspaltung eine beschränkte Steuerpflicht nach § 49 Abs. 1 Nr. 2 Buchst. f Doppelbuchst. bb EStG ausgelöst werden kann.[4] Dies ist abzulehnen.[5] Denn bei Wegfall der Voraussetzungen der Betriebsaufspaltung liegt tatbestandlich eine Betriebsaufgabe i. S. des § 16 Abs. 3 Satz 1 EStG und gerade keine „Veräußerung" i. S. des § 49 Abs. 1 Nr. 2 Buchst. f Doppelbuchst. bb EStG vor, welche eine entgeltliche Übertragung verlangt.

693 Unseres Erachtens sprechen auch vor dem Hintergrund der Gesetzesänderung die besseren Gründe für eine Einordnung der Einkünfte als solche aus Vermietung und Verpachtung i. S. von § 49 Abs. 1 Nr. 6 EStG i. V. m. § 21 Abs. 1 EStG.[6] Etwaige Gewinnausschüttungen der Betriebskapitalgesellschaft sind nach unserem Verständnis als Einkünfte aus Kapitalvermögen nach § 49 Abs. 1 Nr. 5 EStG zu behandeln. Hierfür spricht, dass die Bildung des einheitlichen geschäftlichen Betätigungswillens im Ausland stattfindet, da das Besitzunternehmen dort ansässig ist. Die Einkünfte sind damit nicht als gewerblich einzuordnen.

---

1 *Günkel*, Festschrift für Heinz-Klaus Kroppen zum 60. Geburtstag, 2020, S. 577, 590.
2 *Günkel*, Festschrift für Heinz-Klaus Kroppen zum 60. Geburtstag, 2020, S. 577, 591.
3 *Günkel*, Festschrift für Heinz-Klaus Kroppen zum 60. Geburtstag, 2020, S. 577, 591.
4 Bejahend FinSen Berlin v. 21.7.2014 - III A – S 2300 – 2/2014, DStR 2014 S. 2569; *Gosch* in Kirchhof/Seer, EStG, 21. Aufl. 2022, § 49 Rz. 45.
5 Ebenfalls ablehnend *Peffermann* in Herrmann/Heuer/Raupach, EStG, KStG, § 49 EStG Rz. 620; *Reimer* in Brandis/Heuermann, § 49 EStG Rz. 74; *Günkel*, Festschrift für Heinz-Klaus Kroppen zum 60. Geburtstag, 2020, S. 577, 592.
6 Ebenso *Dehmer*, Betriebsaufspaltung, 4. Aufl. 2018, § 8 Rz. 55.

Dass die Regelung des § 49 Abs. 1 Nr. 2 Buchst. f EStG nicht auf Betriebsaufspaltungsfälle anzuwenden ist, zeigt sich zudem daran, dass sie lediglich die Vermietung bzw. Veräußerung von unbeweglichem Vermögen in den Blick nimmt und damit weitere wichtige Anwendungsfälle der Betriebsaufspaltung schon tatbestandlich nicht erfassen kann, z. B. den Fall, dass immaterielle Wirtschaftsgüter als wesentliche Betriebsgrundlagen zur Nutzung überlassen werden. Deshalb liegen auch nach der Gesetzesänderung Einkünfte aus Vermietung und Verpachtung vor, die beschränkt steuerpflichtig sind, wenn die Voraussetzungen des § 49 Abs. 1 Nr. 6 EStG erfüllt sind. Sie sind darüber hinaus wegen § 2 Abs. 1 Satz 3 GewStG nicht gewerbesteuerpflichtig. Denn Grundstücke oder Gebäude, die lediglich vermietet oder verpachtet sind, begründen keine Betriebsstätte des Verpächters.[1] Dies gilt auch unter der Annahme einer grenzüberschreitenden Betriebsaufspaltung.[2] Auch im Zusammenhang mit der Verpachtung stehende allgemeine Verwaltungstätigkeiten wie Kontrolle der verpachteten Anlagen und Einziehung des Pachtzinses begründen keine Betriebsstätte des Verpächters.[3]

Abschließend ist auf die **DBA-rechtliche Qualifikation** der Einkünfte im Fall einer Betriebsaufspaltung hinzuweisen. Nach Auffassung des BFH handelt es sich bei Einkünften aus Vermietung unbeweglicher und beweglicher Wirtschaftsgüter, die von einer gewerblich geprägtenaber vermögensverwaltend tätigen ungarischen Personengesellschaft erzielt werden, an der in Deutschland unbeschränkt steuerpflichtige Personen beteiligt sind, nicht um Unternehmensgewinne i. S. von Art. 7 Abs. 1 DBA-Ungarn. Gleichermaßen verhält es sich, wenn die vermögensverwaltend tätige Personengesellschaft als Besitzgesellschaft zu einer anderen ungarischen Personengesellschaft als Betriebsgesellschaft fungiert. Eine an sich vermögensverwaltende Tätigkeit (Vermietung und Verpachtung) kann damit abkommensrechtlich nicht deshalb als unternehmerische Tätigkeit angesehen werden, weil aus rein deutscher Perspektive die Voraussetzungen einer Betriebsaufspaltung vorliegen und das deutsche Recht dementsprechend gewerbliche Einkünfte annimmt (sog. abkommensautonome Auslegung).[4]

694

---

1 BFH, Urteile v. 10.2.1988 - VIII R 159/84, BStBl 1988 II S. 653, Rz. 20; v. 30.6.2005 - III R 76/03, BStBl 2006 II S. 84; v. 13.6.2006 - I R 84/05, BStBl 2007 II S. 94.
2 BFH, Urteil v. 4.7.2012 - II R 38/10, BStBl 2012 II S. 782; FG Münster, Urteil v. 12.4.2019 - 13 K 3645/16 G, EFG 2019 S. 1317 (rkr.).
3 BFH, Urteil v. 13.6.2006 - I R 84/05, BStBl 2007 II S. 94.
4 BFH, Urteile v. 24.8.2011 - I R 46/10, BStBl 2014 II S. 764, Rz. 16; v. 25.5.2011 - I R 95/10, BStBl 2014 II S. 760, Rz. 22; Beschluss v. 21.8.2015 - I R 63/13, BFH/NV 2016 S. 36, Rz. 12, NWB SAAAF-07646.

Diesen Entscheidungen, die nunmehr auch von der Finanzverwaltung befolgt werden,[1] kommt gleichermaßen Bedeutung für In- und Outbound-Fälle zu: Einkünfte aus der Vermietung unbeweglichen Vermögens sind folglich nach dem Belegenheitsprinzip (Art. 6 OECD-MA) dem Staat zuzuweisen, in dem das vermietete Grundstück belegen ist. Folglich steht Deutschland im Inbound-Fall als Belegenheitsstaat des Besteuerungsrecht zu. Bei der Überlassung von beweglichen Wirtschaftsgütern hat dagegen der Ansässigkeitsstaat das Besteuerungsrecht (Art. 21 OECD-MA). Ebenfalls im Ansässigkeitsstaat können Dividenden besteuert werden, wobei die Abkommenspraxis durchgängig ein beschränktes Quellensteuerrecht vorsieht (Art. 10 OECD-MA). Gleiches gilt für Einkünfte aus der Überlassung von immateriellen Wirtschaftsgütern (Art. 12 OECD-MA). Schließlich steht Deutschland nach Art. 13 Abs. 1, 5 OECD-MA nur insoweit ein Besteuerungsrecht zu, als ein etwaiger Veräußerungsgewinn auf inländisches unbewegliches Vermögen entfällt.

695 Wie dargelegt, erzielt ein Besitzunternehmen im Rahmen einer Betriebsaufspaltung keine Unternehmensgewinne i. S. der DBA. Daher sind für den Unternehmer oder den an der Besitzpersonengesellschaft beteiligten Mitunternehmer, der in einem anderen DBA-Staat ansässig ist, Einkünfte nach § 15 EStG nur dann als beschränkt steuerpflichtige Einkünfte anzusetzen bzw. festzustellen, wenn sich ein deutsches Besteuerungsrecht aus anderen DBA-Regelungen als denen des Artikels 7 OECD-MA ergibt.[2] Dies ist beispielsweise der Fall, wenn dem Betriebsunternehmen ein im Inland gelegenes Grundstück überlassen wird.

Ferner sind die allgemeinen **Entstrickungsvorschriften** zu prüfen (z. B. § 4 Abs. 1 Satz 3 und 4 EStG, § 16 Abs. 3a EStG, § 12 Abs. 1 KStG), wenn die Besteuerung des Gewinns aus der Veräußerung eines Wirtschaftsguts ausgeschlossen oder eingeschränkt wird, z. B. weil der bisher unbeschränkt steuerpflichtige Unternehmer oder Mitunternehmer der Besitzpersonengesellschaft in einem Staat ansässig wird, mit dem ein DBA besteht und auf Veräußerungsgewinne Art. 13 Abs. 2 OECD-MA (Zugehörigkeit des Wirtschaftsguts zu einer inländischen Betriebsstätte) oder Art. 13 Abs. 4 OECD-MA (zu irgendeinem Zeitpunkt in den 365 Tagen vor dem Wegzug beruhte der Wert dieser Anteile zu mehr als 50 % unmittelbar oder mittelbar auf in Deutschland gelegenen unbeweglichem Vermögen) nicht anwendbar ist. Sind Wirtschaftsgüter vor dem **29.6.2013** aufgrund einer Betriebsaufspaltung Betriebsvermögen eines Unternehmens geworden, das als Besitzunternehmen Einkünfte aus Gewerbebetrieb erzielt, gilt

---

1 BMF, Schreiben v. 26.9.2014, BStBl 2014 I S. 1258, Rz. 2.2.1, 2.3.3, 2.3.3.4, 2.3.3.5.
2 BMF, Schreiben v. 26.9.2014, BStBl 2014 I S. 1258, Rz. 2.3.3.4.

§ 50i Abs. 1 Satz 1 und 3 EStG entsprechend (§ 50i Abs. 1 Satz 4 EStG): § 50i Abs. 1 Satz 1 EStG besteuert stille Reserven aus der Veräußerung bzw. Entnahme von Anteilen i. S. des § 17 EStG sowie sonstiger Wirtschaftsgüter bei einem nicht in Deutschland ansässigen Steuerpflichtigen. § 50i Abs. 1 Satz 3 EStG erfasst zusätzlich auch die laufenden Einkünfte des Steuerpflichtigen aus dieser Personengesellschaft als steuerpflichtig.[1]

Die Betriebsaufspaltung muss vor dem 29.6.2013 begründet worden sein. Darüber hinaus muss es vor dem 1.1.2017 zu einem Verlust des deutschen Besteuerungsrechts gekommen sein.[2] Ist dies der Fall, sind die Einkünfte des Besitzunternehmens als gewerblich einzustufen. Dies gilt wegen des doppelten Verweises in § 50i Abs. 1 Satz 4 EStG sowohl im Hinblick auf die einmaligen Veräußerungs- bzw. Entnahmegewinne i. S. des § 50i Abs. 1 Satz 1 EStG als auch für alle sonstigen laufenden Einkünfte des Besitzunternehmens i. S. des § 50i Abs. 1 Satz 3 EStG.[3]

(Einstweilen frei) 696–697

3. Wegzug des Besitzunternehmens

Problematisch ist, welche Folgen der Wegzug eines Besitzunternehmens ins Ausland nach sich zieht. Man könnte sich hier auf den Standpunkt stellen, dass eine Betriebsaufgabe i. S. des § 16 Abs. 3 Satz 1 und Abs. 3a EStG bzw. eine Entstrickung nach § 4 Abs. 1 Satz 3 EStG vorliegt.[4] Es ist zudem aber auch die dargestellte Regelung des § 50i EStG zu beachten. 698

> **BEISPIEL 1:** A hat seit dem 1.3.2005 ein Grundstück in Münster sowie verschiedene betriebsnotwendige Maschinen an die von ihm beherrschte X-GmbH mit Sitz in Münster vermietet. Er verlegt im Januar 2015 seinen Wohnsitz in die Niederlande und gibt damit seine unbeschränkte Steuerpflicht in Deutschland auf. 699

> **LÖSUNG:** Es könnte hier durch die Aufgabe der unbeschränkten Steuerpflicht des A zu einer Entstrickung seines Besitzunternehmens kommen, zumal § 16 Abs. 3a EStG nunmehr ausdrücklich die Versteuerung der stillen Reserven anordnet. Allerdings handelt es sich hier um einen Anwendungsfall von § 50i Abs. 1 Satz 4 EStG, wonach die laufenden Einkünfte sowie die Veräußerungs-/Entnahmegewinne im späteren 700

---

1 Zur Vereinbarkeit mit höherrangigem Recht vgl. *Rehfeld* in Herrmann/Heuer/Raupach, § 50i EStG Rz. 4.
2 *Loschelder* in Schmidt, EStG 41. Aufl. 2022, § 50i Rz. 11; *Rehfeld* in Herrmann/Heuer/Raupach, § 50i EStG Rz. 25.
3 Zu Einzelheiten siehe u. a. FG Baden-Württemberg, Urteil v. 29.9.2021 - 14 K 880/20, juris (rkr.), NWB GAAAJ-22759; *Pohl*, IStR 2013 S. 699; *Schulze zur Wiesche*, BB 2013 S. 2463; *Töben*, IStR 2013 S. 682; *Bodden*, DB 2014 S. 2371; *Kudert/Kahlenberg/Mroz*, IStR 2014 S. 257; *Rödder/Kuhr/Heimig*, Ubg 2014 S. 477; *Lüdicke*, FR 2015 S. 128; *Schmittker*, FR 2015 S. 134.
4 Vgl. *Wacker* in Schmidt, EStG, 41. Aufl. 2022, § 16 Rz. 175.

Fall einer Beendigung der Betriebsaufspaltung in Deutschland versteuert werden müssen. Eine Sofortversteuerung ist damit nicht anzunehmen, so dass der Wegzug des A keine steuerliche Entstrickung auslöst.[1]

Problematisch sind jedoch zwei weitere Aspekte: Zum einen ist fraglich, ob § 50i Abs. 1 Satz 4 und 3 EStG bewirken, dass Deutschland etwaige Gewinnausschüttungen der X-GmbH voll versteuern darf. Vorzugswürdig erscheint, lediglich das nach dem DBA-Niederlande und auch sonst übliche Quellenbesteuerungsrecht von lediglich 15 % zur Anwendung zu bringen. Zweitens würde die Versteuerung von **sämtlichen** stillen Reserven der überlassenen Wirtschaftsgüter nach § 50i Abs. 1 Satz 4 und 1 EStG dazu führen, dass auch solche Wertsteigerungen in Deutschland zu erfassen sind, die nach dem Wegzug angefallen sind. Das dürfte nicht mit dem § 49 EStG innewohnenden Territorialitätsgedanken zu vereinbaren sein, so dass die Vorschrift insoweit teleologisch zu reduzieren ist.

701 **BEISPIEL 2:** B hat seit dem 1.3.2014 ein Grundstück in Düsseldorf sowie verschiedene betriebsnotwendige Maschinen an die von ihm beherrschte X-GmbH mit Sitz in Düsseldorf vermietet. Er verlegt im Januar 2015 seinen Wohnsitz in die Niederlande und gibt damit seine unbeschränkte Steuerpflicht in Deutschland auf.

702 **LÖSUNG:** Da die Betriebsaufspaltung nach dem 29.6.2013 begründet wurde, greift § 50i EStG im Hinblick auf das Grundstück nicht ein. § 16 Abs. 3a EStG greift nicht ein, weil nicht sämtliche stille Reserven durch den Wegzug gefährdet werden; denn nach Art. 6 DBA-Niederlande bleibt das deutsche Besteuerungsrecht erhalten. **Anderes gilt** jedoch wegen Art. 13 DBA-NL im Hinblick auf die **beweglichen Wirtschaftsgüter** und die **GmbH-Beteiligung**, da diesbezüglich der Wohnsitzstaat das Besteuerungsrecht erhält. Hinsichtlich dieser Wirtschaftsgüter könnte folglich § 4 Abs. 1 Satz 3 EStG mit der Folge anzuwenden sein, dass die stillen Reserven besteuert werden müssten. Eine solche Rechtsanwendung ist jedoch möglicherweise nicht mit den europarechtlichen Vorgaben der Niederlassungsfreiheit aus Art. 49 AEUV vereinbar.[2] Die Fiktion einer solchen Realisierung allein wegen Aufgabe der unbeschränkten Steuerpflicht kann insoweit gegen Art. 49 AEUV verstoßen, als es zur Sofortbesteuerung der stillen Reserven kommt.[3]

Die Besteuerung darf daher erst in dem Zeitpunkt vorgenommen werden, in dem die stillen Reserven tatsächlich realisiert werden. Zur Sicherstellung des deutschen Besteuerungsrechts kann der deutsche Fiskus nach der neueren EuGH-Rechtsprechung eine Sicherheitsleistung verlangen; auch eine Verzinsung des Anspruchs ist aus unionsrechtlicher Perspektive nicht ausgeschlossen. Der Gesetzgeber war insoweit zunächst noch untätig geblieben. Der durch die Entstrickung nach § 4 Abs. 1 Satz 3 EStG entstandene Entnahmegewinn konnte nämlich mangels unbeschränkter Steuerpflicht des Weggezogenen nicht nach § 4g EStG a. F. auf fünf Jahre verteilt werden (§ 4g Abs. 1 Satz 1 EStG a. F.). Eine ratierliche Stundung nach § 36 Abs. 5 EStG, die für

---

1 Ebenso *Dehmer*, Betriebsaufspaltung, 4. Aufl. 2018, § 8 Rz. 53.
2 Vgl. FG Köln, Urteil v. 18.3.2008 - 1 K 4110/04, NWB QAAAD-01108, EFG 2009 S. 259; bestätigt durch BFH, Urteil v. 28.10.2009 - I R 99/08, BStBl 2011 II S. 1019.
3 Vgl. EuGH, Urteil v. 29.11.2011 - Rs. C-371/10 „Gerritse" (*National Grid Indus*), NWB LAAAE-00703, DStR 2011 S. 2334; kritisch deshalb *Dehmer*, Betriebsaufspaltung, 4. Aufl. 2018, § 8 Rz. 54.

Fälle des § 16 Abs. 3a EStG vorgesehen ist, war nicht möglich, wenn die Wirtschaftsgüter in einem inländischen Betriebsvermögen verbleiben. Dies ist regelmäßig der Fall, wenn § 16 Abs. 3a EStG durch eine fiktive Teilbetriebsaufgabe bei einer 100 %-Beteiligung an einer Kapitalgesellschaft ausgelöst wird, die auch nach dem Wegzug dem inländischen Betriebsvermögen zuzuordnen ist.

Möglicherweise kann die unionsrechtliche Problematik der Sofortversteuerung aufgrund neuerer EuGH-Rechtsprechung inzwischen allerdings anders gesehen werden. Danach soll eine Regelung unionsrechtskonform sein, die im Fall der Überführung von Wirtschaftsgütern einer in diesem Mitgliedstaat ansässigen Gesellschaft in eine Betriebsstätte dieser Gesellschaft in einem anderen Mitgliedstaat vorsieht, dass die mit diesen Wirtschaftsgütern verbundenen, in diesem ersten Mitgliedstaat gebildeten stillen Reserven aufgedeckt und besteuert werden und die Steuer auf diese stillen Reserven auf zehn Jahre gestaffelt erhoben wird.[1]

Zudem ist darauf hinzuweisen, dass § 4g EStG durch das ATAD-Umsetzungsgesetz v. 25.6.2021[2] nunmehr insoweit geändert worden ist, als die Möglichkeit der Bildung des Ausgleichspostens nicht mehr allein unbeschränkt Steuerpflichtigen, sondern auch beschränkt Steuerpflichtigen zusteht. Zudem ist die Bildung eines Ausgleichspostens nicht mehr auf Wirtschaftsgüter des Anlagevermögens beschränkt, und auch Überführungen in Betriebsstätten in EWR-Staaten fallen in den Anwendungsbereich, sofern durch diese Amtshilfe i. S. des EU-Amtshilfegesetzes bzw. der Amtshilferichtlinie und gegenseitige Unterstützung bei der Beitreibung i. S. der Beitreibungsrichtlinie geleistet werden (§ 4g Abs. 2 Satz 2 EStG i. V. m. § 36 Abs. 5 Satz 1 EStG). Diese Änderungen sind nach § 52 Abs. 8a EStG in allen offenen Fällen anzuwenden.

(Einstweilen frei) 703–704

III. Das Besitzunternehmen ist eine Kapitalgesellschaft, optierende Gesellschaft oder Genossenschaft

LITERATUR:

Ebeling, Keine Betriebsaufspaltung bei Pachtverträgen zwischen Kapitalgesellschaften, in: A. Raupach (Hrsg.): Ertragsbesteuerung, München 1993; *Klein/Wienands*, Die Kapitalgesellschaft als Besitzgesellschaft im Rahmen der Betriebsaufspaltung zugleich eine Anmerkung zum BFH-Urteil vom 16.9.1994 – III R 45/92 –, GmbHR 1995 S. 499; *Brill*, KöMoG: Betriebsaufspaltung und Optionsmodell, NWB 2021 S. 2420; *Ott*, Asset Protection durch kapitalistische oder mittelbare Betriebsaufspaltung, DStZ 2021 S. 175.

---

[1] EuGH, Urteil v. 21.5.2015 - Rs. C-657/13 „*Verder Lab Tec*", NWB YAAAE-91181, DStR 2015 S. 1166; vgl. dazu u. a. *Gosch*, BFH/PR 2015 S. 296; *Kudert/Kahlenberg*, DB 2015 S. 1377; *Kahle/Beinert*, FR 2015 S. 585; *Schiefer*, NWB 2015 S. 2289; *Burwitz*, NZG 2015 S. 949.

[2] BGBl 2021 I S. 2035.

705 Eine **Kapitalgesellschaft** kann u. E. kein Besitzunternehmen im Rahmen einer Betriebsaufspaltung sein,[1] weil jede Kapitalgesellschaft kraft Rechtsform stets einen Gewerbebetrieb zum Gegenstand hat.[2] Hier tritt die Rechtsfolge, dass das Besitzunternehmen ein Gewerbebetrieb ist, also nicht durch das Richterrecht Betriebsaufspaltung, sondern kraft Gesetzes ein. Und Gesetzesrecht geht unzweifelhaft Richterrecht vor.

706 Hiervon abweichend geht die Rechtsprechung des BFH in den Urteilen v. 1.8.1979[3] und 22.10.1986[4] ohne Begründung davon aus, auch eine GmbH könne im Rahmen einer Betriebsaufspaltung Besitzunternehmen sein, wenn die Besitz-Kapitalgesellschaft an dem Betriebsunternehmen mit mehr als 50 % unmittelbar beteiligt sei. Wenn eine solche unmittelbare Beteiligung nicht vorliegt, also wenn keine Einheits-Betriebsaufspaltung gegeben ist, sondern an beiden Kapitalgesellschaften nur dieselbe Person oder Personengruppe beteiligt ist, dann kommt eine Kapitalgesellschaft als Besitzunternehmen nicht in Betracht. Der Besitz-Kapitalgesellschaft könnten – so der BFH – „weder die von ihren Gesellschaftern gehaltenen Anteile an der Betriebs-GmbH noch die mit diesem Anteilsbesitz verbundene Beherrschungsfunktion zugerechnet werden". Eine solche Zurechnung sei ein unzulässiger Durchgriff auf die hinter der Besitz-Kapitalgesellschaft stehenden Personen.[5]

Eine Schwestergesellschaftsstruktur ermöglicht folglich keine personelle Verflechtung, womit nach bisherigem Verständnis jedenfalls des I. Senats des BFH auch keine Betriebsaufspaltung vorliegt.[6] Somit kann nach der Rechtsprechung des BFH zwischen einer Mutter- und einer Tochtergesellschaft eine kapitalistische Betriebsaufspaltung bestehen, nicht aber bei Schwester-Kapitalgesellschaften.[7] In der Praxis wird eine kapitalistische Betriebsaufspaltung z. B. dazu genutzt, thesaurierte Gewinne bei einer wirtschaftlich erfolgreichen Betriebs-Kapitalgesellschaft vor einem Haftungszugriff zu schützen und steuerbegünstigt aus der Betriebs- in die Besitz-Kapitalgesellschaft zu transferieren (sog. Asset Protection).[8]

---

1 A. A. *Wacker* in Schmidt, EStG, 41. Aufl. 2022, § 15 Rz. 863; *Lange*, StWa 1979 S. 74, 75; *Leingärtner*, RWP Ausgabe B 1980, 191; *Klempt*, DStR 1981 S. 188, 191; *Fichtelmann*, FR 1983 S. 78.
2 § 8 Abs. 2 KStG, § 2 Abs. 2 GewStG.
3 BFH, Urteil v. 1.8.1979 - I R 111/78, BFHE 129 S. 57, BStBl 1980 II S. 77.
4 BFH, Urteil v. 22.10.1986 - I R 180/82, BFHE 148 S. 272, BStBl 1987 II S. 117.
5 A. A. *Bullinger*, BB 1985 S. 2171.
6 Vgl. BFH, Urteil v. 28.1.2015 - I R 20/14, BFH/NV 2015 S. 1109, NWB IAAAE-91960; *Schlücke*, Ubg 2022 S. 344, 349; zu Unsicherheiten nach Änderung der Rechtsprechung des IV. Senats zu mittelbaren Beteiligungen vgl. aber Rz. 481.
7 Vgl. BFH, Urteil v. 22.6.2016 - X R 54/14, BStBl 2017 II S. 529; *Ott*, DStZ 2021 S. 175.
8 Vgl. hierzu *Ott*, DStZ 2021 S. 175.

III. Besitzunternehmen ist eine KapGes, optierende Gesellschaft oder Genossenschaft

Trotz der vorstehend geäußerten Bedenken, dass Gesetzesrecht Richterrecht vorgeht, hat der BFH[1] an der dargestellten Ansicht bisher festgehalten, dass im Rahmen einer Einheits-Betriebsaufspaltung auch eine Kapitalgesellschaft Besitzunternehmen sein kann. Der BFH begründet seine Ansicht damit, dass im Rahmen der Betriebsaufspaltung weitere Rechtsfolgen möglich seien, die nicht eintreten würden, wenn man die Anerkennung der kapitalistischen Betriebsaufspaltung ablehne. Bei der normalen Betriebsaufspaltung, also in den Fällen, in denen das Besitzunternehmen nicht an dem Betriebsunternehmen beteiligt ist, sondern die Gesellschafter des Besitzunternehmens lediglich auch das Betriebsunternehmen beherrschen, kommt also eine Kapitalgesellschaft nicht als Besitzunternehmen in Betracht.

707

Folgt man der Ansicht der Rechtsprechung, kommt auch eine **Genossenschaft** als Besitzunternehmen im Rahmen einer Betriebsaufspaltung in Betracht, da auch eine Genossenschaft gem. § 17 Abs. 1 GenG juristische Person mit eigenen Rechten und Pflichten ist. Vom BFH entschieden wurde indes bislang nur der Fall, dass die Genossenschaft an einer Besitz-Personengesellschaft beteiligt ist.[2] Für die Annahme einer personellen Verflechtung kommt es hier darauf an, ob die Genossenschaft (und nicht die Genossen) ihren Betätigungswillen in der Betriebsgesellschaft entfalten kann.

708

Durch das Gesetz zur Modernisierung des Körperschaftsteuerrechts v. 25.6.2021[3] wurde u. a. § 1a KStG eingeführt, der Personenhandelsgesellschaften und Partnerschaftsgesellschaften die Möglichkeit einräumt, zur **Körperschaftsbesteuerung** zu **optieren**. Die Option, die erstmals für Wirtschaftsjahre ausgeübt werden kann, die nach dem 31.12.2021 beginnen (§ 34 Abs. 1a KStG), bewirkt u. a., dass die optierende Gesellschaft nach § 1a Abs. 1 Satz 1 KStG ertragsteuerlich wie eine Kapitalgesellschaft zu behandeln ist. Folgt man Rechtsprechung und h. M. zur kapitalistischen Betriebsaufspaltung, kann auch eine optierende Gesellschaft Besitzunternehmen im Rahmen einer Betriebsaufspaltung sein, wenn die qualifizierten Beherrschungsvoraussetzungen erfüllt sind.[4]

709

---

1 BFH, Urteile v. 16.9.1994 - III R 45/92, BFHE 176 S. 98, BStBl 1995 II S. 75, 78 (rechte Spalte); v. 20.5.2010 - III R 28/08, BFHE 229 S. 566, BStBl 2014 II S. 194.
2 BFH, Urteil v. 8.9.2011 - IV R 44/07, BStBl 2012 II S. 136.
3 BGBl 2021 I S. 2050.
4 Vgl. hierzu Rz. 706.

BEISPIEL: Die A-GmbH & Co. KG, an der A und B zu jeweils 50 % beteiligt sind, vermietet an die X-GmbH ein Grundstück, das für dieses eine wesentliche Betriebsgrundlage darstellt. An der X-GmbH sind A und B ebenfalls zu jeweils 50 % beteiligt. Es liegt mithin eine Betriebsaufspaltung vor. Das Grundstück gehört zum Betriebsvermögen der A-GmbH & Co. KG. Die Anteile an der X-GmbH gehören zum notwendigen Sonderbetriebsvermögen II bei der A-GmbH & Co. KG. Diese stellt nun den Antrag, als optierende Gesellschaft behandelt zu werden (§ 1a Abs. 1 Satz 2 KStG).

LÖSUNG: Wird die Optionsausübung ohne weitere Umstrukturierung vollzogen, würde die bislang bestehende Betriebsaufspaltung beendet werden, weil nunmehr eine Nutzungsüberlassung zwischen beteiligungsidentischen (Kapital-)Gesellschaften vorliegen würde,[1] was zur Annahme einer kapitalistischen Betriebsaufspaltung nicht ausreicht. Es ist indes ohnehin zu berücksichtigen, dass der Übergang zur Körperschaftsteuer nach § 1a Abs. 2 Satz 1 KStG als Formwechsel i. S. des § 1 Abs. 3 Nr. 3 UmwStG gilt, so dass die Vorschriften der §§ 1 und 25 UmwStG entsprechend anzuwenden sind (§ 1a Abs. 2 Satz 2 KStG). Um die Buchwertfortführung nach § 20 Abs. 2 UmwStG zu ermöglichen, müssen daher sämtliche (funktional) wesentlichen Betriebsgrundlagen, also auch die sich im Sonderbetriebsvermögen befindlichen Anteile an der X-GmbH zum Gegenstand der Einbringung gemacht werden. Geschieht dies nicht, ist hinsichtlich der Mitunternehmeranteile der Ansatz zum Buch- oder Zwischenwert ausgeschlossen, und es kommt zur Aufgabe des jeweiligen Mitunternehmeranteils (§ 16 Abs. 3 i. V. m. Abs. 1 Satz 1 Nr. 2, § 34 EStG) mit der Folge der vollständigen Aufdeckung der stillen Reserven.[2] Um dies zu vermeiden, müssen die dem Sonderbetriebsvermögen zugehörigen Anteile an der X-GmbH gesondert auf die optierende Personengesellschaft in zeitlichem und wirtschaftlichem Zusammenhang mit der Ausübung der Option übertragen werden. Dann liegt ein einheitlicher Vorgang vor, der insgesamt unter § 20 UmwStG fallen kann.[3] Mit dieser Strukturmaßnahme wäre dann auch sichergestellt, dass nach Optionsausübung eine kapitalistische Betriebsaufspaltung besteht, weil nunmehr das erforderliche Über-/Unterordnungsverhältnis zwischen optierender Gesellschaft und der X-GmbH bestünde.

710 *(Einstweilen frei)*

IV. Das Besitzunternehmen erfüllt die Voraussetzungen des § 15 Abs. 2 EStG

711 Ist das Besitzunternehmen ein Einzelunternehmen oder eine Personengesellschaft, das bzw. die auch ohne das Vorliegen einer sachlichen und personellen Verflechtung, also aufgrund ihrer Tätigkeit gem. § 15 Abs. 2 EStG ein Gewerbebetrieb ist, dann kommen die Rechtsfolgen der Betriebsaufspaltung u. E. ebenfalls nicht zum Zuge; denn auch hier ist für eine Umqualifizierung einer Ver-

---

1 A. A. möglicherweise *Brill*, NWB 2021 S. 2420, 2425 (wie hier aber auf S. 2429).
2 Vgl. BMF, Schreiben v. 10.11.2021, BStBl 2021 I S. 2212, Rz. 32.
3 BMF, Schreiben v. 10.11.2021, BStBl 2021 I S. 2212, Rz. 34.

mietertätigkeit in eine gewerbliche Tätigkeit kein Raum, weil es nichts zum Umqualifizieren gibt. Das Gesetzesrecht, aufgrund dessen das Besitzunternehmen ein Gewerbebetrieb ist (§ 15 Abs. 2 EStG), geht dem Richterrecht vor.

Anderer Ansicht ist aber der BFH,[1] der – allerdings ohne Begründung – die Ansicht vertritt, auch eine Personenhandelsgesellschaft, also eine unter § 15 Abs. 1 Satz 1 Nr. 2 Satz 1 EStG fallende Personengesellschaft, könne Besitzunternehmen i. S. der Betriebsaufspaltung sein.   712

(Einstweilen frei)   713–714

V. Besonderheiten bei der Einheits-Betriebsaufspaltung

LITERATUR:

o. V., Organschaftsverhältnis und Betriebsaufspaltung, DB 1975 S. 2107; *o. V.*, GmbH als Organ einer KG – Sog. „umgekehrte Betriebsaufspaltung", DB 1976 S. 1038; *Klempt*, Betriebsaufspaltung und Organschaft, DStZ 1981 S. 188; *Korn*, Erwünschte und unerwünschte Organschaft bei Betriebsaufspaltungen, Stbg 1996 S. 443; *Pache*, Der Tatbestand der wirtschaftlichen Eingliederung im Ertragsteuer- und im Umsatzsteuerrecht unter besonderer Berücksichtigung der Fallgruppe der Betriebsaufspaltung und der Holdinggesellschaften, GmbHR 1997 S. 926; *Wacker*, Zeitaspekte der gewerblichen Tätigkeit einer Organträger-PersGes: BFH v. 24.7.2013 - I R 40/12, JbFfSt 2014/2015 S. 461; *Ott*, Umwandlungssteuerrecht – § 20 UmwStG und Beendigung von Betriebsaufspaltung und Organschaft, Ubg 2019 S. 129.

1. Das Besitzunternehmen als Holding

In diesem Zusammenhang müssen auch die Fälle der sog. Einheits-Betriebsaufspaltung[2] erwähnt werden. Es ist bereits darauf hingewiesen worden, dass bei der Einheits-Betriebsaufspaltung ein Über- und Unterordnungsverhältnis besteht. Das Besitzunternehmen ist dem Betriebsunternehmen übergeordnet.   715

Zu untersuchen ist zunächst, inwieweit ein Besitzunternehmen als **Holding** einzuordnen ist. Die Tätigkeit einer Holding besteht im Halten von Beteiligungen, insbesondere an Kapitalgesellschaften, ggf. i. V. m. der Verwaltung des Vermögens und der Wahrnehmung der sich aus der Beteiligung ergebenden   716

---

1 BFH, Urteil v. 27.8.1992 - IV R 13/91, BFHE 169 S. 231, BStBl 1993 II S. 134.
2 Siehe oben Rz. 305.

E. Besitzunternehmen

Möglichkeiten. Je nach Art der Holding wird **zwischen vermögensverwaltender und geschäftsführender Holding** unterschieden.[1]

Eine verwaltende Holding beschränkt sich darauf, die Beteiligungen in der für Kapitalvermögen üblichen Art und Weise zu verwalten. Sie übt keine gewerbliche Tätigkeit aus, weil sie sich nicht am allgemeinen Wirtschaftsverkehr beteiligt.[2]

717 Eine geschäftsleitende Holding übt über die reine verwaltende Tätigkeit hinaus konzernleitend auch Einfluss auf die Geschäftsführung der Beteiligungsgesellschaften aus. Sie kann daher eine gewerbliche Tätigkeit ausüben, weil sich die einheitliche Leitung eines Konzerns nach der Rechtsprechung des BFH als Teilnahme am allgemeinen wirtschaftlichen Verkehr darstellen kann.[3] Das gilt jedoch nicht, wenn sich die konzernleitende Tätigkeit auf nur eine Beteiligungsgesellschaft beschränkt.

718 Aus diesen Erkenntnissen ergeben sich folgende Konsequenzen für die Einheits-Betriebsaufspaltung: Ist das Besitzunternehmen aufgrund seiner konzernleitenden Funktion eine gewerblich tätige Holding (die Konzernleitung erstreckt sich auf mehrere Beteiligungsgesellschaften) dann ist für eine Anwendung der Betriebsaufspaltungs-Grundsätze kein Raum. Denn in einem solchen Fall ist das Besitzunternehmen bereits aufgrund seiner Tätigkeit ein Gewerbebetrieb. Es kann daher nicht mehr durch die Betriebsaufspaltung zu einem solchen umqualifiziert werden. Die Betriebsaufspaltung hat hier nur subsidiäre Bedeutung. Allerdings dürfte dieser Fall sehr selten vorkommen.

719 Ist das Besitzunternehmen hingegen nur eine verwaltende Holding, dann ist es aufgrund des Haltens von Beteiligungen noch kein Gewerbebetrieb. Liegen die Voraussetzungen der Betriebsaufspaltung vor, dann kommt das Rechtsinstitut der Betriebsaufspaltung zur Anwendung, und das Besitzunternehmen wird aufgrund der Betriebsaufspaltung in einen Gewerbebetrieb umqualifiziert. Das Gleiche gilt für eine konzernleitende Holding, wenn sich ihre konzernleitende Funktion auf nur eine Beteiligungsgesellschaft erstreckt, weil in einem solchen Fall – wie dargestellt – die konzernleitende Tätigkeit keine gewerbliche ist.

---

1 Vgl. auch BFH, Urteil v. 30.11.2017 - IV R 22/15, BFH/NV 2018 S. 335, NWB YAAAG-71466; FG München, Beschluss v. 12.9.2000 - 6 V 1040/00, EFG 2001 S. 36 (rkr.), NWB PAAAB-10487.
2 BFH, Urteile v. 30.6.1971 - I R 57/70, BStBl 1971 II S. 753; v. 27.3.2001 - I R 78/99, BStBl 2001 II S. 449; v. 17.11.2020 - I R 72/16, BStBl 2021 II S. 484, Rz. 15; Beschluss v. 19.8.2002 - II B 122/01, BFH/NV 2003 S. 64, NWB VAAAA-68148.
3 BFH, Urteile v. 30.6.1971 - I R 57/70, BStBl 1971 II S. 753; v. 17.11.2020 - I R 72/16, BStBl 2021 II S. 484, Rz. 15; ähnlich EuGH, Urteil v. 10.1.2006 - C-222/04, EU:C:2006:8, Slg. 2006, I-289, Rz 143, NWB GAAAB-80332.

Die praktische Bedeutung der herausgearbeiteten Unterscheidung besteht darin, dass in dem Fall, in dem das Besitzunternehmen eine geschäftsführende Holding ist, dieses Unternehmen auch ohne das Vorliegen einer sachlichen Verflechtung ein Gewerbebetrieb ist.

(Einstweilen frei) 720–723

2. Verhältnis von Betriebsaufspaltung und Organschaft
a) Körperschaftsteuerliche Organschaft
(1) Rechtslage bis 2000

Bis einschließlich 2000 konnte eine körperschaftsteuerliche Organschaft zwischen Besitz- und Betriebsunternehmen nur in Ausnahmefällen angenommen werden. Voraussetzungen waren nämlich der wirksame Abschluss eines Gewinnabführungsvertrages sowie die finanzielle, wirtschaftliche und organisatorische Eingliederung. Das Erfordernis der **wirtschaftlichen Eingliederung** war nur erfüllt, wenn eine wirtschaftliche Zweckabhängigkeit des beherrschten Unternehmens von dem herrschenden Unternehmen vorlag. Das beherrschte Unternehmen musste folglich den Zwecken des herrschenden Unternehmens dienen, also die gewerblichen Zwecke des herrschenden Unternehmens fördern oder ergänzen. 724

Dies konnte bei der Betriebsaufspaltung jedoch kaum angenommen werden, wenn das Besitzunternehmen sich darauf beschränkt, wesentliche Betriebsgrundlagen an die Betriebsgesellschaft zu verpachten. Es war damit vielmehr davon auszugehen, dass das Besitzunternehmen dem Betriebsunternehmen diente und nicht umgekehrt. Die wirtschaftliche Eingliederung eines Betriebsunternehmens in das Besitzunternehmen wurde deshalb folgerichtig von der Rechtsprechung verneint.[1] 725

Von diesem Grundsatz gab es jedoch **Ausnahmen**, etwa für den Fall, dass das Besitzunternehmen eine eigene gewerbliche Tätigkeit entfaltete, die durch den Betrieb des Betriebsunternehmens gefördert wurde, wenn diese Tätigkeit nicht von untergeordneter Bedeutung war. Außerdem wurde die Organschaft bejaht, wenn das Besitzunternehmen die Voraussetzungen einer **geschäftsleitenden Holding**[2] erfüllte.[3] 726

---

[1] BFH, Urteile v. 18.4.1973 - I R 120/70, BFHE 110 S. 17, BStBl 1973 II S. 740; v. 26.4.1989 - I R 152/84, BFHE 157 S. 127, BStBl 1989 II S. 668; v. 13.9.1989 - I R 110/88, BFHE 158 S. 346, BStBl 1990 II S. 24; v. 28.4.2004 - I R 24/03, BFH/NV 2004 S. 1671, NWB BAAAB-27390.
[2] Vgl. oben Rz. 718.
[3] BFH, Urteil v. 17.12.1969 - I 252/64, BFHE 98 S. 152, BStBl 1970 II S. 257.

(2) Rechtslage ab 2001

727 Ab dem Veranlagungszeitraum 2001 sind die Erfordernisse der wirtschaftlichen und organisatorischen Eingliederung weggefallen. Folglich kann eine Organschaft i. S. des § 14 KStG zwischen Besitz- und Betriebsunternehmen nunmehr vorliegen, wenn das Besitzunternehmen den Sitz seiner Geschäftsleitung nach § 14 Abs. 1 Satz 1 Nr. 2 Satz 1 KStG im Inland hat, die Voraussetzung der finanziellen Eingliederung erfüllt ist und zwischen den Gesellschaften ein Gewinnabführungsvertrag auf mindestens fünf Jahre abgeschlossen wird.[1] Nach Auffassung von Rechtsprechung und Finanzverwaltung kommt eine Besitz-Personengesellschaft zudem als tauglicher Organträger in Betracht, weil ihr die betriebliche Tätigkeit der Betriebsgesellschaft mit der Konsequenz zugerechnet wird, dass die Besitzgesellschaft originär gewerblich tätig wird.[2] Eine eigene gewerbliche Tätigkeit des Organträgers ist mithin nicht erforderlich.[3] Zudem hat der BFH auch klargestellt, dass der Organträger einer ertragsteuerlichen Organschaft nicht bereits zu Beginn des Wirtschaftsjahrs der Organgesellschaft gewerblich tätig sein muss.[4]

728 Die Organschaft zwischen Besitz- und Betriebsunternehmen im Rahmen der Einheits-Betriebsaufspaltung ist folglich nach geltendem Recht unter Anwendung der von der Finanzverwaltung aufgestellten Grundsätze relativ einfach herzustellen. In jedem Einzelfall ist mithin zu untersuchen, inwieweit durch eine solche Gestaltung Vorteile generiert werden können.[5] Zum Teil wird angenommen, dass die Organschaft im Rahmen der Betriebsaufspaltung praktisch bedeutungslos ist, da durch sie der Vorteil der Haftungsbegrenzung entfalle.[6] Letzteres trifft zwar wegen der Verlustübernahmeverpflichtung aus § 302 AktG (analog) zu. Ob dadurch die Organschaft als Gestaltungsinstrument gänzlich ausscheidet, erscheint aber zweifelhaft, insbesondere wenn man im Hinblick auf die gewerbesteuerliche Organschaft bedenkt, dass durch sie Vorteile im Rahmen der §§ 8, 9 GewStG erzielt werden können.

---

[1] Vgl. BFH, Urteil v. 2.9.2009 - I R 20/09, BFH/NV 2010 S. 391, NWB IAAAD-35580; *Olbing* in Streck, KStG, 9. Aufl. 2018, § 14, Rz. 32; *Gluth* in Herrmann/Heuer/Raupach, § 15 EStG Rz. 772.

[2] BFH, Urteil v. 24.7.2013 - I R 40/12, BFHE 242 S. 139, BStBl 2014 II S. 272; BMF Schreiben v. 10.11.2005 - V B 7 - S 2770 - 24/05, BStBl 2005 I S. 1038, Tz. 16; a. A. *Frotscher* in Frotscher/Drüen, KStG, GewStG, UmwStG, § 14 KStG Rz. 164; vgl. auch *Bäuml*, FR 2013 S. 1121; *Wacker*, JbFfSt 2014/2015 S. 461.

[3] BFH, Urteil v. 2.9.2009 - I R 20/09, BFH/NV 2010 S. 391, NWB IAAAD-35580; FG Münster, Urteil v. 11.5.2022 - 9 K 848/20, NWB EAAAJ-20875, juris, rkr.

[4] BFH, Urteil v. 24.7.2013 - I R 40/12, BFHE 242 S. 139, BStBl 2014 II S. 272.

[5] Vgl. unten Rz. 1573, 1577, 1743.

[6] *Gluth* in Herrmann/Heuer/Raupach, § 15 EStG, Rz. 772.

b) Gewerbesteuerliche Organschaft

Seit dem Veranlagungszeitraum 2002 liegt eine gewerbesteuerliche Organschaft gem. § 2 Abs. 2 Satz 2 GewStG dann vor, wenn eine Kapitalgesellschaft finanziell in das Unternehmen des Organträgers eingegliedert und durch einen Gewinnabführungsvertrag i. S. des § 291 Abs. 3 AktG verpflichtet ist, ihren gesamten Gewinn an den Organträger abzuführen. Folglich gilt hier das Gleiche, wie oben zur körperschaftsteuerlichen Organschaft ausgeführt.[1] Vor dem Veranlagungszeitraum 2002 scheiterte die Annahme einer gewerbesteuerlichen Organschaft im Rahmen einer Betriebsaufspaltung i. d. R. an der fehlenden wirtschaftlichen Eingliederung.[2] Auch insoweit kann auf die obigen Ausführungen verwiesen werden. Liegen die Voraussetzungen einer gewerbesteuerlichen Organschaft vor, wird die Betriebs-Kapitalgesellschaft nach § 2 Abs. 2 Satz 2 GewStG zur Betriebsstätte des Besitzunternehmens. Wie bei der körperschaftsteuerlichen Organschaft können sich deshalb Nachteile durch die Verlustübernahmeverpflichtung ergeben.

729

(Einstweilen frei)

730

c) Umsatzsteuerliche Organschaft

LITERATUR:

Eberhard/Mai, Änderung der Rechtsprechung zur finanziellen Eingliederung bei der umsatzsteuerlichen Organschaft, UR 2010 S. 881; *Lohr/Görges*, Probleme und Zukunft der Organschaft, DB 2010 S. 744; *Serafini*, Die umsatzsteuerliche Organschaft: Neues zur finanziellen und organisatorischen Eingliederung, GStB 2010 S. 424; *Gotthardt/Boor*, Umsatzsteuerliche Organschaft – Keine finanzielle Eingliederung durch Anteilszurechnung oder Beherrschungsvertrag, DStR 2011 S. 1118; *Jacobs*, Umsatzsteuerliche Organschaft, NWB 2011 S. 2283; *Thietz-Bartram*, Ende der umsatzsteuerlichen Organschaft bei Schwestergesellschaften, DB 2011 S. 1077.

Liegen die Voraussetzungen einer umsatzsteuerlichen Organschaft i. S. des § 2 Abs. 2 Nr. 2 UStG vor, kann diese automatisch[3] mit einer bestehenden Betriebsaufspaltung einhergehen.[4] Voraussetzung ist, dass die Organgesellschaft

731

---

1 Siehe auch *Gluth* in Herrmann/Heuer/Raupach, § 15 EStG Rz. 772.
2 Vgl. etwa BFH, Urteil v. 14.10.2009 - X R 46/06, BFH/NV 2010 S. 677, NWB DAAAD-37718; FG Berlin-Brandenburg, Urteil v. 19.3.2008 - 12 K 6069/05 B, rkr., NWB DAAAC-79618.
3 Für ein Wahlrecht dagegen *Stadie* in Rau/Dürrwächter, § 2 Rz. 910.
4 BFH, Entscheidungen v. 22.11.2001 - V B 141/01, BFH/NV 2002 S. 550, NWB QAAAA-68410; v. 28.1.2002 - V B 39/01, BFH/NV 2002 S. 823, NWB UAAAA-68452; v. 18.1.2005 - V R 53/02, BStBl 2007 II S. 730; FG Rheinland-Pfalz, Urteil v. 23.1.2020 - 6 K 1497/16, EFG 2020 S. 423 (rkr.); FG Schleswig-Holstein, Urteil v. 28.5.2020 - 1 K 67/17, EFG 2021 S. 223, NWB UAAAH-66474, nrkr. (Az. des BFH: I R 27/20); FG Münster, Urteil v. 11.5.2022 - 9 K 848/20, NWB EAAAJ-20875, (rkr.); ebenso Abschnitt 2.8 Abs. 6b UStAE.

finanziell, wirtschaftlich und organisatorisch in das Unternehmen des Organträgers eingegliedert ist. Zu beachten ist, dass hier bei einer Betriebsaufspaltung die Voraussetzung der **wirtschaftlichen Eingliederung** regelmäßig zu bejahen ist.[1] Eine ausreichende wirtschaftliche Eingliederung ist hier beispielsweise schon dann anzunehmen, wenn die Besitzgesellschaft der Betriebskapitalgesellschaft ein Grundstück vermietet bzw. verpachtet, das für die Geschäftstätigkeit der Betriebsgesellschaft von nicht nur geringer Bedeutung ist.[2]

732 Es kommt nicht darauf an, ob sich das Betriebsunternehmen jederzeit am Markt ein gleichartiges Grundstück beschaffen könnte.[3] Ausreichend ist ferner, dass das Grundstück die räumliche und funktionale Grundlage der Geschäftstätigkeit der Organgesellschaft bildet.[4] Bei klassischen Betriebsaufspaltungen mit einer Kapitalgesellschaft als Betriebsgesellschaft ist eine umsatzsteuerliche Organschaft daher i. d. R. zu bejahen.[5] Auch eine Personengesellschaft kann taugliche Organgesellschaft sein.[6] Sie wird der Kapitalgesellschaft allerdings nur dann gleichgestellt, wenn zu den Gesellschaftern der Personengesellschaft nur der Organträger und die seinem Unternehmen finanziell eingegliederten Personen gehören.[7]

733 Als Konsequenz ist das Besitzunternehmen Organträger und muss damit sämtliche Umsätze versteuern. Die Pacht- bzw. Mietzahlungen sind als Innenumsätze nicht steuerbar. Die umsatzsteuerlichen Vorzüge betreffen damit zum einen eine technische Vereinfachung.[8]

734 Zum anderen kann sich die umsatzsteuerliche Organschaft vorteilhaft beim Eingreifen von **Steuerbefreiungstatbeständen** nach § 4 UStG auswirken.

---

1 BFH, Urteile v. 9.9.1993 - V R 124/89, BFHE 172 S. 541, BStBl 1994 II S. 129; v. 14.2.2008 - V R 12/06, BFH/NV 2008 S. 1365, NWB LAAAC-83317; Beschluss v. 11.11.2008 - XI B 65/08, BFH/NV 2009 S. 235, NWB YAAAD-02634; FG Düsseldorf, Urteil v. 19.2.2016 I- 5 K 1904/14 U, (rkr.), NWB UAAAG-45543.
2 BFH, Beschlüsse v. 22.11.2001 - V B 141/01, BFH/NV 2002 S. 550, NWB QAAAA-68410; v. 25.4.2002 - V B 128/01, BFH/NV 2002 S. 1058, NWB VAAAA-68404.
3 BFH, Urteil v. 26.5.1993 - X R 78/91, BFHE 171 S. 476, BStBl 1993 II S. 718.
4 BFH, Beschluss v. 13.10.2004 - V B 55/04, BFH/NV 2005 S. 390, NWB ZAAAB-40523; vgl. *Klenk* in Sölch/Ringleb, Umsatzsteuer, § 2 Rz. 122.
5 BFH, Beschlüsse v. 14.1.1988 - V B 115/87, BFH/NV 1988 S. 471, NWB CAAAB-29980; v. 2.10.1990 - V B 80/90, BFH/NV 1991 S. 417, NWB EAAAB-31766; Urteil v. 9.9.1993 - V R 124/89, BFHE 172 S. 541, BStBl 1994 II S. 129; Beschluss v. 6.3.1998 - V B 35/97, BFH/NV 1998 S. 1268, NWB RAAAB-39819.
6 BFH, Urteile v. 2.12.2015 - V R 25/13, BStBl 2017 II S. 547; v. 19.1.2016 - XI R 38/12, BStBl 2017 II S. 567.
7 BFH, Urteile v. 2.12.2015 - V R 15/14, BFHE 252 S. 158, BStBl 2017 II S. 553; v. 3.12.2015 - V R 36/13, BFHE 251 S. 556, BStBl 2017 II S. 5636.
8 Vgl. *Reiß* in Tipke/Lang, Steuerrecht, 24. Aufl. 2021, § 14 Rz. 133, m. w. N.

BEISPIEL: Eine Kommanditgesellschaft beabsichtigt, mit einer GmbH im Rahmen eines Joint Venture zusammenzuarbeiten und für diese Wohngebäude zu errichten. Die Wohnungen sollen von der GmbH als Eigentümerin an Nichtunternehmer zu Wohnzwecken vermietet werden (§ 4 Nr. 12 Buchst. a UStG). Erwartet wird eine jährliche Bausumme (Rechnungspreis für die GmbH) von ca. 10.000.000 € zuzüglich Umsatzsteuer. Bei der Kommanditgesellschaft fallen voraussichtlich 450.000 € Vorsteuern im Jahresdurchschnitt an. Ergeben sich Vorteile, wenn ein Organschaftsverhältnis i. S. von § 2 Abs. 2 Nr. 2 UStG begründet wird?

735

LÖSUNG: Ohne Begründung einer Organschaft würde die tatsächliche umsatzsteuerliche Belastung 1.900.000 € betragen. Bei Bestehen einer Organschaft mit der Kommanditgesellschaft als Organträgerin wäre die Vermietung dagegen steuerfrei. Die umsatzsteuerliche Belastung würde lediglich 450.000 € betragen.

736

Zu beachten ist, dass die Rechtsprechung zur tendenziell großzügigen Annahme einer umsatzsteuerlichen Organschaft im Jahr 2010 teilweise aufgegeben worden ist. Nunmehr wird die **finanzielle und organisatorische Eingliederung abgelehnt**, wenn die Betriebsgesellschaft nur mittelbar durch die Besitzgesellschaft über deren Gesellschafter beherrscht wird.[1]

737

BEISPIEL: Am Kommanditkapital der A/B/C-GmbH & Co. KG sind A, B und C zu jeweils 1/3 beteiligt. Die GmbH & Co. KG vermietet ein Grundstück (wesentliche Betriebsgrundlage) an die A-GmbH, an der identische Beteiligungsverhältnisse bestehen.

LÖSUNG: Eine umsatzsteuerliche Organschaft liegt mangels finanzieller und organisatorischer Eingliederung nicht vor. Der BFH begründet dieses Ergebnis damit, dass Betriebs- und Besitzgesellschaft als „feste Gesellschaften" zu betrachten seien. Das für die Annahme der Organschaft erforderliche eindeutige Über- und Unterordnungsverhältnis fehle.

Noch nicht entschieden ist der Fall, dass nur ein Gesellschafter über die Anteilsmehrheit an Besitz- und Betriebsgesellschaft verfügt und/oder ein Beherrschungs- und Gewinnabführungsvertrag geschlossen worden ist. Die Finanzverwaltung verneint in beiden Fällen das Vorliegen einer umsatzsteuerlichen Organschaft, also insbesondere auch im Fall der Einmann-GmbH & Co. KG. In Abschnitt 2.8 Abs. 5 UStAE ist zum zeitlichen Anwendungsbereich der neuen Rechtsprechung festgehalten, dass für die Zurechnung von vor dem 1.1.2012 ausgeführten Umsätzen es seitens der Finanzverwaltung nicht beanstandet wird, wenn die am (vermeintlichen) Organkreis beteiligten Unternehmer unter Berufung auf die bisherige Verwaltungsauffassung eine finanzielle und organisatorische Eingliederung annehmen. Dies folgt bereits aus § 176 Abs. 1 Satz 1

738

---

1 BFH, Urteile v. 1.12.2010 - XI R 43/08, BStBl 2011 II S. 600; v. 22.4.2010 - V R 9/09, BStBl 2011 II S. 597; v. 2.12.2015 - V R 15/14, BFHE 252 S. 158, BStBl 2017 II S. 553; v. 3.12.2015 - V R 36/13, BFHE 251 S. 556, BStBl 2017 II S. 563; vgl. auch FG Baden-Württemberg, Gerichtsbescheid v. 31.1.2018 -1 K 2444/16, EFG 2018 S. 1066 (rkr.), NWB KAAAG-80333.

Nr. 3 AO, wonach bei Aufhebung oder Änderung eines Steuerbescheides nicht zuungunsten des Steuerpflichtigen berücksichtigt werden darf, dass sich die Rechtsprechung eines obersten Gerichtshofes des Bundes geändert hat, die bei der bisherigen Steuerfestsetzung von der Finanzbehörde angewandt worden ist.[1]

739–740 *(Einstweilen frei)*

VI. Betriebsaufspaltung und Zinsschranke

LITERATUR:

Kirsch, Zinsschranke: Regelungs- und Problembereiche des BMF-Schreibens vom 4.7.2008, sj 2008, Nr. 21, 21; *Levedag*, Die Betriebsaufspaltung im Fadenkreuz der Unternehmensteuerreform 2008 und des Jahressteuergesetzes 2008 – eine Bestandsaufnahme, GmbHR 2008 S. 281; *Wälzholz*, Aktuelle Probleme der Betriebsaufspaltung, GmbH-StB 2008 S. 304; *o. V.*, Zinsschranke, § 4h EStG, JbFfSt 2008/2009 S. 382.

1. Abzugsbeschränkung

741 Gemäß §§ 4h EStG, 8a Abs. 1 KStG wird Zinsaufwand nur noch beschränkt zum Abzug zugelassen (Zinsschranke). Gemäß § 4h Abs. 1 Satz 1 EStG wird dieses Ziel dadurch erreicht, dass die den Zinsertrag übersteigenden Zinsaufwendungen eines Betriebs nur bis zu 30 % des um diesen Zinssaldo sowie die Abschreibungen erhöhten Gewinns (EBITDA) abziehbar sind. Dementsprechend nicht abzugsfähige Zinsaufwendungen können nach § 4h Abs. 1 Satz 2 EStG als Zinsvortrag in den folgenden Veranlagungszeiträumen abgezogen werden. Bei einer Betriebsaufspaltung kann die Zinsschranke daher Relevanz für die echten Darlehensbeziehungen zwischen Besitz- und Betriebsunternehmen sowie Schuldzinsen haben.[2]

2. Ausnahmen vom Abzugsverbot

742 Das Abzugsverbot gilt nach § 4h Abs. 2 EStG jedoch nicht, wenn der Zinssaldo weniger als 3 Mio. € beträgt (Freigrenze),[3] der Betrieb nicht oder nur anteilig zu einem **Konzern** gehört oder der Betrieb zwar zu einem Konzern gehört, seine Eigenkapitalquote aber gleich hoch oder höher ist als die des Konzerns (**Escape-**

---

[1] BFH, Urteil v. 26.6.2019 - XI R 3/17, BStBl 2021 II S. 953, Rz. 26 ff.
[2] BMF, Schreiben v. 4.7.2008, BStBl 2008 I S. 718, Tz. 11; *Levedag*, GmbHR 2008 S. 281, 285 f.
[3] Damit werden die meisten Betriebsaufspaltungen nicht in den Anwendungsbereich von § 4h EStG fallen; vgl. *Wälzholz*, GmbH-StB 2008 S. 304, 308.

Klausel). Von diesen Ausnahmen normiert § 8a Abs. 2, 3 KStG wiederum Rückausnahmen schädlicher Gesellschafterfremdfinanzierung.

Nicht zweifelsfrei ist die Frage zu beantworten, ob Besitz- und Betriebsunternehmen im Rahmen einer Betriebsaufspaltung einen Konzern i. S. des § 4h Abs. 2 EStG bilden. Hierfür könnte zunächst sprechen, dass § 4h Abs. 3 Sätze 5 und 6 EStG die Konzernzugehörigkeit anhand eines erweiterten Konzernbegriffs bestimmt[1] und die Betriebsaufspaltung damit vom Wortlaut her an sich erfasst ist.[2] Ein Konzern i. S. der Zinsschranke liegt nämlich vor, wenn nach dem zugrunde gelegten Rechnungslegungsstandard ein gemeinsamer Abschluss aufgestellt wird oder ein solcher gemeinsamer Abschluss aufgestellt werden könnte bzw. die Finanz- und Geschäftspolitik des Betriebs mit anderen Betrieben einheitlich bestimmt werden könnte.

743

Gleichwohl vertritt das BMF die Auffassung, dass kein Konzern i. S. der Zinsschranke vorliegt, wenn sich die Gewerblichkeit eines Besitzunternehmens nur aufgrund der personellen und sachlichen Verflechtung mit dem Betriebsunternehmen ergibt.[3] Damit ist wiederum auf den Begriff der Holding zurückzukommen.[4] Ist das Besitzunternehmen als **geschäftsleitende Holding** anzusehen, wird man zu dem Ergebnis kommen, dass es einen Konzern mit dem Betriebsunternehmen bildet. Ist das Besitzunternehmen dagegen als **verwaltende Holding** zu qualifizieren, liegt in aller Regel kein Konzern i. S. der Zinsschranke vor. Wiederum zu bejahen ist die Konzerneigenschaft bei der **kapitalistischen Betriebsaufspaltung**, da sich die Qualifikation des Besitzunternehmens als gewerblich hier bereits aus dem Gesetz ergibt.[5] Gleiches gilt für eine gewerblich geprägte oder gewerblich tätige Besitz-Personengesellschaft. Einschränkend gilt darüber hinaus, dass zwei Betriebe nach der Rechtsprechung des II. Senats *keinen* Gleichordnungskonzern bilden, wenn sie durch mehrere Personen beherrscht werden.[6]

744

(Einstweilen frei)

745–748

---

1 *Hey* in Tipke/Lang, Steuerrecht, 24. Aufl. 2021, § 11 Rz. 52.
2 *Heuermann* in Brandis/Heuermann, EStG, KStG, GewStG, § 4h EStG Rz. 66.
3 BMF, Schreiben v. 4.7.2008, BStBl 2008 I S. 718, Tz. 63; siehe auch die Gesetzesbegründung: BT-Drucks. 16/4841 S. 49.
4 Vgl. oben Rz. 717 ff.
5 Vgl. *Levedag*, GmbHR 2008 S. 281, 286.
6 BFH, Urteil v. 23.2.2021 - II R 26/18, BStBl 2022 II S. 72, Rz. 32.

VII. Gemeinnützige Einrichtungen und juristische Personen des öffentlichen Rechts

LITERATUR:

Sadrinna/Meier, Betriebsaufspaltung und Gemeinnützigkeit, DStR 1988 S. 737; *Herbert*, Betriebsaufspaltung und Gemeinnützigkeit, FR 1989 S. 298; *Lex*, Die Mehrheitsbeteiligung einer steuerbegünstigten Körperschaft an einer Kapitalgesellschaft – Vermögensverwaltung oder wirtschaftlicher Geschäftsbetrieb?, DB 1997 S. 349; *Wien*, Steuerbefreiung und Steuerermäßigung gemeinnütziger Körperschaften und die neuen Buchführungspflichten für Pflegeeinrichtungen, FR 1997 S. 366; *Streck/Mack/Schwerthelm*, Betriebsaufspaltungsprobleme bei Gemeinnützigkeit, AG 1998 S. 518; *Schick*, Die Beteiligung einer steuerbegünstigten Körperschaft an Personen- und Kapitalgesellschaften, DB 1999 S. 1187; *Schick*, Die Betriebsaufspaltung unter Beteiligung steuerbegünstigter Körperschaften und ihre Auswirkung auf die zeitnahe Mittelverwendung, DB 2008 S. 893; *Bitz*, Änderung der Rechtslage bei der Betriebsaufspaltung – Gefahren der Betriebsaufspaltung bei Verbänden/gemeinnützigen Organisationen, DStR 2002 S. 752; *Apitz*, Betriebsprüfungen bei gemeinnützigen Körperschaften, StBp 2004 S. 89; *Jost*, Betriebsaufspaltung im steuerfreien Bereich gemeinnütziger Körperschaften, DB 2007 S. 1664; *Karsten*, Tochtergesellschaften im Gemeinnützigkeitsrecht, SAM 2008 S. 5; *Schröder*, Die steuerpflichtige und die steuerbegünstigte GmbH im Gemeinnützigkeitsrecht, DStR 2008 S. 1069; *Vochsen*, Ertragsteuerliche Beurteilung der Überlassung einzelner Wirtschaftsgüter durch Kommunen an Betriebe gewerblicher Art, DStZ 2011 S. 360; *Schauhoff/Kirchhain*, Was bringt der neue AO-Anwendungserlass für gemeinnützige Körperschaften?, DStR 2012 S. 261; *Theuffel-Werhahn*, Ausgewählte Änderungen des Anwendungserlasses zur Abgabenordnung durch das BMF-Schreiben vom 17. Januar 2012, ZStV 2012 S. 121; *Becker/Sokollari*, Überführung steuerpflichtiger Servicegesellschaften in die Gemeinnützigkeit – Fallstrick Betriebsaufspaltung?, DStR 2021 S. 1849; *Kirchhain*, BFH bejaht grenzüberschreitende Betriebsaufspaltung – Relevanz für gemeinnützige Stiftungen, SB 2021 S. 156.

1. Vorüberlegungen

749 Der den §§ 14, 64 und 65 AO zugrunde liegende Konkurrenzgedanke erfordert, dass die Grundsätze der Betriebsaufspaltung auch bei gemeinnützigen Einrichtungen Anwendung finden.[1] Steuerbegünstigte Körperschaften können daher ebenfalls als Besitzunternehmen im Rahmen einer Betriebsaufspaltung in Betracht kommen.[2] Eine Tätigkeit, die sich äußerlich als Vermögensverwaltung darstellt, ist gleichwohl als steuerpflichtige wirtschaftliche Betätigung anzuse-

---

1 Vgl. BFH, Urteile v. 5.6.1985 - I S 2/85, BFH/NV 1986 S. 433, NWB MAAAB-28098; v. 21.5.1997 - I 164/94, BFH/NV 1997 S. 825, NWB YAAAA-97369; v. 25.8.2010 - I R 97/09, BFH/NV 2011 S. 312, NWB WAAAD-59084; FG Düsseldorf v. 17.9.2013 - 6 K 2430/13, EFG 2013 S. 1958, NWB EAAAE-47384; Hüttemann, Gemeinnützigkeits- u. Spendenrecht, 5. Aufl. 2021, § 6 Rz. 135, m. w. N.; zu grenzüberschreitenden Sachverhalten vgl. *Kirchhain*, SB 2021 S. 156.
2 *Boedicker*, NWB 23/2007 S. 1927; *Herbert*, FR 1989 S. 298; a. A. *Sadrinna/Meier*, DStR 1988 S. 737.

hen, wenn die eigentliche wirtschaftliche Tätigkeit im Wege einer Betriebsaufspaltung auf eine selbständige Kapitalgesellschaft ausgegliedert worden ist.[1]

2. Beteiligungen des steuerbegünstigten Besitzunternehmens

Wenn das Besitzunternehmen steuerbegünstigt ist, muss nach den Grundsätzen der Betriebsaufspaltung beachtet werden, dass die dem Betriebsunternehmen überlassenen wesentlichen Betriebsgrundlagen sowie die Beteiligung am Betriebsunternehmen dem gewerblichen Betrieb des Besitzunternehmens zugeordnet werden.[2] Die Beteiligung an der Betriebskapitalgesellschaft stellt also keine Vermögensverwaltung i. S. des § 14 Satz 3 AO, sondern einen wirtschaftlichen Geschäftsbetrieb dar.[3] Als Rechtsfolge unterliegt die gemeinnützige Besitzgesellschaft mit ihren aus der Betriebsaufspaltung bezogenen als gewerblich zu qualifizierenden Einkünften (Vermietungs- bzw. Verpachtungseinkünfte und Gewinnausschüttungen der Betriebskapitalgesellschaft) der partiellen Körperschaftsteuerpflicht.

750

3. Vermietungstätigkeit des steuerbegünstigten Besitzunternehmens

Im Hinblick auf die Nutzungsentgelte für die Überlassung der wesentlichen Betriebsgrundlagen sowie die Gewinnausschüttungen des Betriebsunternehmens liegen Betriebseinnahmen vor. Es handelt sich um einen steuerpflichtigen wirtschaftlichen Geschäftsbetrieb.[4] Zu berücksichtigen ist, dass eine Überlassung von Wirtschaftsgütern an die Betriebsgesellschaft gegen ein **geringeres als marktübliches Entgelt** als verbotene Mittelverwendung gem. § 55 Abs. 1 Nr. 3 AO die Gemeinnützigkeit insgesamt gefährden kann.[5]

751

> **BEISPIEL:** Eine gemeinnützige Muttergesellschaft vermietet ein Grundstück an deren nicht gemeinnützige Tochtergesellschaft gegen ein marktübliches Entgelt.

---

1 AOAE zu § 64 Abs. 1 Nr. 3; vgl. bereits OFD Hannover, Vfg. v. 16.2.1995, FR 1995 S. 293; v. 23.7.1998 - S 2729-87-StO 214, NWB YAAAA-85828.

2 OFD Koblenz, Vfg. v. 7.10.2003 - S 0174 A - St 33 1; OFD München, Vfg. v. 29.8.2003 - S 2729 - 41 St 42, NWB NAAAA-81870.

3 BFH, Urteile v. 30.6.1971 - I R 57/70, BFHE 103 S. 56, BStBl 1971 II S. 753; v. 17.11.2020 - I R 72/16, BStBl 2021 II S. 484, Rz. 17; vgl. auch BFH, Entscheidungen v. 5.6.1985 - I S 2/85, I S 3/85, BFH/NV 1986 S. 433, NWB MAAAB-28098; v. 21.5.1997 - I R 164/94, BFH/NV 1997 S. 825, NWB YAAAA-97369; v. 25.8.2010 - I R 97/09, BFH/NV 2011 S. 312, NWB WAAAD-59084; FG Hessen, Urteil v. 21.1.2016 - 4 K 2615/13, (rkr.), NWB XAAAF-75217.

4 BFH, Urteil v. 17.11.2020 – I R 72/16, BStBl 2021 II S. 484, Rz. 17; *Schauhoff* in Schauhoff/Kirchhain, Handbuch der Gemeinnützigkeit, 4. Aufl. 2022, § 6 Rz. 137; *Hüttemann*, Gemeinnützigkeits- u. Spendenrecht, 5. Aufl. 2021, Rz. 6.143; *Becker/Sokollari*, DStR 2021 S. 1849, 1850.

5 *Hüttemann*, Gemeinnützigkeits- u. Spendenrecht, 5. Aufl. 2021, Rz. 6.142.

> **LÖSUNG:** Die Voraussetzungen der Betriebsaufspaltung (sachliche und personelle Verflechtung) sind erfüllt. Auch eine gemeinnützige Muttergesellschaft kommt als Besitzunternehmen in Betracht. Es liegt auch keine schädliche Mittelverwendung i. S. des § 55 Abs. 1 Nr. 3 AO vor. Folglich sind die Vermietungseinkünfte und etwaige Ausschüttungen aus der Tochtergesellschaft dem steuerpflichtigen wirtschaftlichen Geschäftsbetrieb der Muttergesellschaft zuzuordnen. Gleiches gilt für die Zuordnung des Grundstücks und der Beteiligung an der Tochtergesellschaft.

752 Bei der Gestaltung ist zu beachten, dass die Gemeinnützigkeit nach Auffassung der Finanzverwaltung insgesamt zu versagen ist, wenn die steuerpflichtige wirtschaftliche Tätigkeit der Körperschaft das Gepräge gibt.[1] Maßgeblich ist in erster Linie die Mittelverwendung (insbesondere Zeit- und Personalbedarf).[2] Hier ist zu berücksichtigen, dass eine Überlassung von Wirtschaftsgütern an das Betriebsunternehmen gegen ein unangemessen niedriges Nutzungsentgelt als verbotene Mittelverwendung nach § 55 Abs. 1 Nr. 3 AO regelmäßig die Gemeinnützigkeit insgesamt gefährdet.[3]

4. Fälle der Unanwendbarkeit von Betriebsaufspaltungsgrundsätzen

753 Sind sowohl das Besitz- als auch das Betriebsunternehmen steuerbegünstigt, sind die Grundsätze der Betriebsaufspaltung nicht anzuwenden.[4] Gleiches gilt bei Umwandlung gemeinnütziger sozialer Einrichtungen, die bisher als Eigenbetrieb geführt worden sind, in Eigengesellschaften unter Zurückbehaltung wesentlicher Betriebsgrundlagen, wenn die zurückbehaltenen Wirtschaftsgüter einem (neuen) Betrieb gewerblicher Art zuzuordnen sind und sowohl die Eigengesellschaft als auch der (neue) Betrieb gewerblicher Art gemeinnützig sind.[5]

Dies ist darin begründet, dass die Tochtergesellschaft einen Gewerbebetrieb unterhalten muss. Diese Voraussetzung der Betriebsaufspaltung entfällt, wenn das Betriebsunternehmen selbst gemeinnützig und damit steuerbefreit wird. Tritt dieser Fall nach Begründung einer Betriebsaufspaltung ein, liegt auf Ebene des Besitzunternehmens eine Betriebsaufgabe i. S. des § 16 Abs. 3 Satz 1

---

1 BMF, Schreiben v. 15.2.2002, BStBl 2002 I S. 267.
2 OFD Rostock, Vfg. v. 12.7.2002, DStR 2002 S. 1484; OFD Frankfurt, Vfg. v. 8.12.2004, DStR 2005 S. 600.
3 *Hüttemann*, Gemeinnützigkeits- u. Spendenrecht, 5. Aufl. 2021, Rz. 6.143.
4 OFD Münster, Vfg. v. 26.7.1995, DB 1995 S. 1785; OFD Hannover, Vfg. v. 23.7.1998, FR 1998 S. 911; *Schauhoff* in Schauhoff/Kirchhain, Handbuch der Gemeinnützigkeit, 4. Aufl. 2022, § 19 Rz. 32; *Boedicker*, NWB 23/2007 S. 1927; *Apitz*, StBp 2004 S. 88, 91.
5 OFD Hannover, Vfg. v. 23.7.1998, FR 1998 S. 911.

EStG vor.¹ Nicht vollumfänglich geklärt ist, ob in diesem Fall die stillen Reserven der dem steuerpflichtigen wirtschaftlichen Geschäftsbetrieb zuzuordnenden Wirtschaftsgüter aufgedeckt werden müssen: Teilweise wird die Finanzverwaltung² in dem Sinne verstanden, dass auch bei Beendigung einer Betriebsaufspaltung die stillen Reserven nicht aufgedeckt werden müssen, sondern eine Buchwertfortführung nach § 13 Abs. 4 Satz 1 i. V. m. Abs. 5 KStG möglich ist.³ Sieht man dies anders, kann das Ergebnis der Buchwertfortführung ggf. über eine teleologische Extension von § 13 Abs. 4 Satz 1 i. V. m. Satz 5 KStG erreicht werden.⁴

Schließlich sind die Grundsätze der Betriebsaufspaltung nicht anzuwenden, wenn die Trägerkörperschaft der bisherigen gemeinnützigen Einrichtung die zurückbehaltenen wesentlichen Betriebsgrundlagen der Eigengesellschaft in ihrer Eigenschaft als juristische Person des öffentlichen Rechts verpachtet und daher steuerlich nicht in Erscheinung tretende Verpachtungseinnahmen (Vermögensverwaltung) erzielt.⁵

Diese Grundsätze hat die Finanzverwaltung näher konkretisiert.⁶ Nach ihrer Auffassung sind die Grundsätze der Betriebsaufspaltung nur **insoweit** unanwendbar, als die vom begünstigten Besitzunternehmen dem ebenfalls begünstigten Betriebsunternehmen überlassenen wesentlichen Betriebsgrundlagen bei Letzterem nicht in einem steuerpflichtigen wirtschaftlichen Geschäftsbetrieb eingesetzt werden. Die Frage, wie in einem solchen Fall zu verfahren ist, wird nicht beantwortet. Insbesondere bleibt offen, wie die Beteiligung an der Betriebsgesellschaft zu behandeln ist. Nach der Logik des Erlasses müsste an sich eine Aufspaltung dieser Beteiligung erfolgen.⁷

Des Weiteren ist zu berücksichtigen, dass die durch das JStG 2020 reformierte Vorschrift des § 57 Abs. 3 Satz 1 AO nunmehr vorsieht, dass eine Körperschaft ihre steuerbegünstigten Zwecke auch dann unmittelbar i. S. des § 57 Abs. 1 Satz 1 AO verfolgt, wenn sie satzungsgemäß durch planmäßiges Zusammenwirken mit mindestens einer weiteren Körperschaft, die im Übrigen die Voraussetzungen der §§ 51 bis 68 AO erfüllt, einen steuerbegünstigten Zweck verwirklicht. Ist wegen dieses planmäßigen Zusammenwirkens ein Zweck-

---

1 *Becker/Sokollari*, DStR 2021 S. 1849, 1850 f.
2 BMF, Schreiben v. 1.2.2022, BStBl 2002 I S. 221.
3 Zu Meinungsstand und Kritik *Becker/Sokollari*, DStR 2021 S. 1849, 1851 f.
4 *Becker/Sokollari*, DStR 2021 S. 1849, 1854 f.
5 OFD Hannover, Vfg. v. 23.7.1998, FR 1998 S. 911.
6 § 64 Nr. 3 AOAE; siehe hierzu *Schauhoff/Kirchhain*, DStR 2012 S. 261; *Theuffel-Werhahn*, ZStV 2012 S. 121.
7 Vgl. hierzu auch *Hüttemann*, Gemeinnützigkeits- u. Spendenrecht, 5. Aufl. 2021, Rz. 6.142.

betriebstatbestand (§§ 65 ff. AO) erfüllt, ist diese zweckbetriebliche Beurteilung nach § 57 Abs. 3 Satz 2 AO für alle beteiligten Körperschaften maßgeblich. Werden die Voraussetzungen des § 57 Abs. 3 Satz 1 AO nach Begründung einer Betriebsaufspaltung erfüllt, kann die Anwendung der Vorschrift dazu führen, dass eine vormals (wegen der Betriebsaufspaltung begründete) gewerbliche Leistung nunmehr nach § 57 Abs. 3 Satz 2 AO ebenfalls steuerbegünstigt sein kann.[1] Folglich kann wiederum eine Betriebsaufgabe mit den bislang nicht völlig geklärten Rechtsfolgen eintreten.[2]

5. Juristische Personen des öffentlichen Rechts

LITERATUR:

Wallenhorst, Vermietung von Büro- und Verwaltungsgebäuden juristischer Personen des öffentlichen Rechts an ihre Betriebe gewerblicher Art, DStZ 2002 S. 703; *Leippe*, Aktuelle Steuerprobleme der Kommunen als Steuerschuldner – Teil II, ZKF 2004 S. 92; *Vochsen*, Ertragsteuerliche Beurteilung der Überlassung einzelner Wirtschaftsgüter durch Kommunen an Betriebe gewerblicher Art, DStZ 2011 S. 360; *Leippe*, Beginn, Ende und Umstrukturierung von Betrieben gewerblicher Art, DStZ 2014 S. 607; *Hidien* in Hidien/Jürgens, Die Besteuerung der öffentlichen Hand, 2017, § 4 Rz. 458 ff.

756 Die Vermietung oder Verpachtung einzelner Wirtschaftsgüter durch eine juristische Person des öffentlichen Rechts begründet als steuerfreie Vermögensverwaltung grds. weder einen Betrieb gewerblicher Art (BgA) i. S. des § 4 Abs. 1 KStG noch i. S. des § 4 Abs. 4 KStG. Verpachtet eine juristische Person des öffentlichen Rechts aber eine wesentliche Betriebsgrundlage an eine **andere juristische Person des öffentlichen Rechts** oder an einen **eigenen BgA**, können die Grundsätze der Betriebsaufspaltung zur Anwendung kommen.[3] Im Verhältnis zwischen der juristischen Person und „ihrem" BgA kann eine Betriebsaufspaltung vorliegen, wenn sie ihrem BgA eine wesentliche Betriebsgrundlage **entgeltlich** zur Nutzung überlässt. Das hat die Rechtsprechung in folgenden Fällen bejaht:[4]

- ▶ Vermietung von Lagerräumen und Werkstätten durch eine Stadt an ihren Wasserwerk-BgA;[5]

---

[1] *Becker/Sokollari*, DStR 2021 S. 1849.
[2] Siehe Rz. 753.
[3] BFH, Urteile v. 14.3.1984 - I R 223/80, BStBl 1984 II S. 496; v. 6.11.1985 - I R 272/81, BFH/NV 1987 S. 123, NWB CAAAB-28071; v. 3.2.1993 - I R 61/91, BStBl 1993 II S. 459; BMF, Schreiben v. 15.11.2021, BStBl 2021 I S. 2483, Rz. 17; zur Konstellation, dass einzelne Wirtschaftsgüter durch die juristische Person an „ihren" BgA vermietet oder verpachtet werden vgl. *Vochsen*, DStZ 2011 S. 360; *Leippe*, DStZ 2014 S. 607.
[4] Vgl. *Hidien* in Hidien/Jürgens, Die Besteuerung der öffentlichen Hand, 2017, § 4 Rz. 461.
[5] BFH, Urteil v. 14.3.1984 - I R 223/80, BStBl 1984 II S. 496.

- Verpachtung von Grundstücken mit Wasserquellen durch eine Stadt an ihren Wasserwerk-BgA;[1]
- Verpachtung von Grundstücken durch eine Stadt an ihren Markt-BgA;[2]
- Überlassung von Grundstück und Gebäude durch eine Stadt an ihren Versorgungs-BgA.[3]

Es wird im Übrigen in der Literatur zu Recht darauf hingewiesen, dass auch die Überlassung anderer wesentlicher Betriebsgrundlagen (z. B. Verwaltungs- und Büroraum) nach diesen Grundsätzen eine Betriebsaufspaltung begründen kann,[4] nicht hingegen die Überlassung von **Hoheitsvermögen**.[5] Sind die Voraussetzungen der Betriebsaufspaltung erfüllt, treten folgende Rechtsfolgen ein:[6] Die überlassenen Wirtschaftsgüter gehören zum Betriebsvermögen des BgA. Die bei der Trägerkörperschaft angefallenen Aufwendungen führen beim BgA zu Betriebsausgaben. Die vom BgA geleistete Miete bzw. Pacht ist dem Einkommen des BgA als verdeckte Gewinnausschüttung nach § 8 Abs. 3 Satz 2 KStG wieder hinzuzurechnen,[7] wenn nicht die Ausnahmevorschrift des § 8 Abs. 7 KStG greift.[8]

Verpachtet die juristische Person des öffentlichen Rechts eine wesentliche Betriebsgrundlage an eine **Eigengesellschaft** oder eine **andere juristische Person** (z. B. öffentlich-rechtliche Stiftungen oder Kommunalunternehmen), sind die Grundsätze der Betriebsaufspaltung uneingeschränkt anwendbar, wenn personelle und sachliche Verflechtungen gegeben sind.[9] Ausgenommen sind Fälle unentgeltlicher Überlassung[10] und die Überlassung von Hoheitsvermögen. Liegen die Voraussetzungen der Betriebsaufspaltung unter Berücksichtigung dieser Restriktionen vor, ist eine wirtschaftliche, gewerbliche Tätigkeit der juristischen Person des öffentlichen Rechts (Besitzunternehmen) i. S. des § 2 GewStG und damit grds. ein BgA i. S. des § 4 Abs. 1 KStG anzunehmen, der auch als „Betriebsaufspaltungs-BgA" bezeichnet wird.[11] Zum notwendigen Betriebsver-

---

1 BFH, Urteil v. 6.11.1985 - I R 272/81, BFH/NV 1987 S. 123, NWB CAAAB-28071.
2 BFH, Urteil v. 3.2.1993 - I R 61/91, BStBl 1993 II S. 459.
3 BFH, Urteil v. 24.4.2002 - I R 20/1, BStBl 2003 II S. 412.
4 *Hidien* in Hidien/Jürgens, Die Besteuerung der öffentlichen Hand, 2017, § 4 Rz. 461.
5 BFH, Urteil v. 6.11.2007 - I R 72/06, BStBl 2009 II S. 246.
6 *Hidien* in Hidien/Jürgens, Die Besteuerung der öffentlichen Hand, 2017, § 4 Rz. 462 f.
7 BFH, Urteil v. 6.11.2007 - I R 72/06, BStBl 2009 II S. 246.
8 Vgl. Rz. 757.
9 *Hidien* in Hidien/Jürgens, Die Besteuerung der öffentlichen Hand, 2017, § 4 Rz. 464; *Gastl* in Musil/Küffner, Besteuerung der öffentlichen Hand, 2022, Rz. 9.129; *Krämer* in Dötsch/Pung/Möhlenbrock, § 4 KStG Rz. 78; *Wallenhorst*, DStZ 2002 S. 703; *Leippe*, ZKF 2004 S. 92.
10 *Hidien* in Hidien/Jürgens, Die Besteuerung der öffentlichen Hand, 2017, § 4 Rz. 465, m. w. N.
11 *Hidien* in Hidien/Jürgens, Die Besteuerung der öffentlichen Hand, 2017, § 4 Rz. 466; *Gastl* in Musil/Küffner, Besteuerung der öffentlichen Hand, 2022, Rz. 9.140.

mögen dieses BgA gehören nicht nur die verpachteten wesentlichen Betriebsgrundlagen, sondern auch die Beteiligung an der juristischen Person. Folglich gehört diese dann nicht zur steuerfreien Vermögensverwaltung, Erträge aus der Beteiligung unterliegen der Besteuerung beim BgA, ebenso wie Erträge aus der Veräußerung oder Entnahme.[1]

757 Noch nicht abschließend geklärt ist, ob und inwieweit auf Ebene eines Betriebsaufspaltungs-BgA § 8 Abs. 7 KStG zur Anwendung kommt, wenn die Betriebsgesellschaft (Eigengesellschaft der juristischen Person des öffentlichen Rechts) die in § 8 Abs. 7 Satz 2 KStG aufgeführten Tätigkeiten ausübt. § 8 Abs. 7 Satz 1 KStG ordnet privilegierend an, dass die Rechtsfolgen einer verdeckten Gewinnausschüttung

(1) bei Betrieben gewerblicher Art i. S. des § 4 KStG nicht bereits deshalb zu ziehen, weil sie ein Dauerverlustgeschäft ausüben;

(2) bei Kapitalgesellschaften nicht bereits deshalb zu ziehen sind, weil sie ein Dauerverlustgeschäft ausüben. Ein Dauerverlustgeschäft liegt nach § 8 Abs. 7 Satz 2 KStG vor, soweit aus verkehrs-, umwelt-, sozial-, kultur-, bildungs- oder gesundheitspolitischen Gründen eine wirtschaftliche Betätigung ohne kostendeckendes Entgelt unterhalten wird oder in den Fällen von § 8 Abs. 7 Satz 1 Nr. 2 KStG das Geschäft Ausfluss einer Tätigkeit ist, die bei juristischen Personen des öffentlichen Rechts zu einem Hoheitsbetrieb gehört.

BEISPIEL: Die A-Gemeinde ist zu 100 % an einer Betriebsgesellschaft beteiligt, die ein Sportzentrum betreibt (begünstigte Betätigung i. S. des § 8 Abs. 7 Satz 2 KStG). Die Gemeinde überlässt der Betriebsgesellschaft ein Grundstück gegen ein nicht kostendeckendes Pachtentgelt von 30.000 €.

LÖSUNG: Nach Auffassung der Finanzverwaltung ist § 8 Abs. 7 KStG jedenfalls auch auf einen Verpachtungs-BgA anzuwenden, wenn der Pächter selbst ausschließlich die in § 8 Abs. 7 Satz 2 KStG aufgeführten Tätigkeiten ausübt (Grundsätze der Merkmalsübertragung).[2] Erfolgt die Überlassung durch die juristische Person des öffentlichen Rechts im Rahmen einer Betriebsaufspaltung, die bei der überlassenden juristischen Person des öffentlichen Rechts zu einem Besitz-BgA i. S. des § 4 Abs. 1 KStG führt, und werden in diesen Fällen die in § 8 Abs. 7 Satz 2 KStG aufgeführten Tätigkeiten ausschließlich von der Betriebsgesellschaft ausgeübt, ist § 8 Abs. 7 KStG nach zutreffender Auffassung der Finanzverwaltung auf den Besitz-BgA anzuwenden. Folglich greift § 8 Abs. 7 Satz 1 KStG, so dass die Rechtsfolgen der verdeckten Gewinnausschüttung nicht zu ziehen sind.

---

1 *Hidien* in Hidien/Jürgens, Die Besteuerung der öffentlichen Hand, 2017, § 4 Rz. 466.
2 BMF, Schreiben v. 15.11.2021, BStBl 2021 I S. 2483, Rz. 47.

VIII. Gewinnermittlung

LITERATUR:

Schoor, Buchführungspflicht bei Betriebsaufspaltung, BBK Fach 4 S. 1799; *ders.*, Bilanzierung bei zunächst nicht erkannter Betriebsaufspaltung, StBp 2002 S. 208.

Die Art der Gewinnermittlung bei einem Besitzunternehmen richtet sich nach den allgemeinen Vorschriften. § 140 AO findet damit nur Anwendung, wenn das Besitzunternehmen die Voraussetzungen nach §§ 238 ff. HGB erfüllt.[1] Die Buchführungspflicht des Betriebsunternehmens färbt wegen der rechtlichen Eigenständigkeit der beiden Unternehmen nicht auf das Besitzunternehmen ab.[2] Eine Abfärbung bzw. abgeleitete Buchführungspflicht ist überdies nicht vom Wortlaut des § 140 AO und den Vorschriften der §§ 238 ff. HGB gedeckt. Hat das Besitzunternehmen nur eine Vermietungstätigkeit zum Gegenstand, finden die Buchführungs- und Bilanzierungsvorschriften des HGB damit keine Anwendung.[3] Deshalb muss ein Besitzunternehmen in diesem Fall nur dann Bücher führen und regelmäßig Abschlüsse machen, wenn es unabhängig von den Verhältnissen im Betriebsunternehmen die Grenzen des § 141 Abs. 1 AO (mehr als 600.000 € Umsatz oder mehr als 60.000 € Gewinn) überschreitet und vom FA zur Erfüllung der Buchführungspflicht nach § 141 AO aufgefordert worden ist. Fehlt es an einer dieser Voraussetzungen, hat der Besitzunternehmer ein Wahlrecht, ob er seinen Gewinn durch Überschussrechnung nach § 4 Abs. 3 EStG ermitteln oder ob er freiwillig Bücher führen und Abschlüsse machen will.

758

Wird fälschlicherweise keine Betriebsaufspaltung angenommen, so kann das FA bei einer späteren Korrektur der fehlerhaften Rechtsauffassung nach Auffassung des FG München[4] den Gewinn des Besitzunternehmens nach § 4 Abs. 3 EStG ermitteln, weil der Besitzunternehmer weder nach Handelsrecht Bücher führen und regelmäßig Abschlüsse machen muss, aber vom Finanzamt zur Führung von Büchern und zur Erstellung regelmäßiger Abschlüsse aufgefordert worden ist. Das dem Besitzunternehmer zustehende Wahlrecht soll

759

---

1 Gl. A. *Gluth* in Herrmann/Heuer/Raupach, § 15 EStG Rz. 821; *Fichtelmann*, Betriebsaufspaltung im Steuerrecht, 10. Aufl. 1999, Rz. 101; *Carlé/Bauschatz*, Die Betriebsaufspaltung, 2. Aufl. 2014, Rz. 417; a. A. BFH, Urteil v. 7. 10. 1997 - VIII R 63/95, BFH/NV 1998 S. 1202, NWB EAAAA-97380.
2 Gl. A. FG Hamburg, Urteil v. 10.8.2012 - 6 K 221/10, GmbHR 2012 S. 1372 (rkr.), NWB AAAAE-19721; *Gluth* in Herrmann/Heuer/Raupach, § 15 EStG Rz. 821; *Korn*, KÖSDI 2014 S. 19001, 19003.
3 BGH, Urteil v. 19.2.1990 - II ZR 42/89, WM 1990 S. 586; OLG Hamm, Beschluss v. 21.6.1993, BB 1993 S. 1615; offen gelassen durch FG Köln, Urteil v. 15.6.2011 - 7 K 3709/07, NWB PAAAD-93614, EFG 2012 S. 495 (rkr.).
4 FG München, Urteil v. 28.6.2000 - K 196/98, EFG 2000 S. 1190 (rkr.), NWB JAAAB-09858.

E. Besitzunternehmen

er nach Auffassung des FG dadurch ausgeübt haben, dass er die Art der vom FA gewählten Gewinnermittlung akzeptiert und nicht beanstandet hat. Nach Auffassung des BFH entfällt das Recht zur Wahl der Gewinnermittlung durch Einnahme-Überschussrechnung erst mit der Erstellung eines Abschlusses und nicht bereits mit der Einrichtung einer Buchführung oder der Aufstellung einer Eröffnungsbilanz.[1] Allerdings hat derjenige, der keinen Gewinn ermitteln will, schon keine Wahl zwischen den Gewinnermittlungsarten getroffen, so dass es in diesem Fall bei der Anwendung des Betriebsvermögensvergleichs nach § 4 Abs. 1 Satz 1 EStG bleiben muss. Dies interpretiert die OFD Niedersachsen in dem Sinne, dass bei zunächst unerkannter Betriebsaufspaltung nur die Gewinnermittlung durch Betriebsvermögensvergleich in Betracht kommt.[2] U. E. werden die Aussagen des BFH dadurch überdehnt, zumal dieser gerade hervorhebt, dass das Gesetz keine Ausschlussfrist für die Ausübung des Wahlrechts kennt.

760 Werden Verbindlichkeiten einer Betriebs-Kapitalgesellschaft durch eine Bürgschaft eines Besitzunternehmens oder durch Grundpfandrechte an Grundstücken des Besitzunternehmens gesichert, so kann das Besitzunternehmen in dem Zeitpunkt, in dem die Inanspruchnahme aus der gewährten Sicherheit droht, in Höhe der zu erwartenden Inanspruchnahme eine Rückstellung bilden.[3] Diese Rechtsansicht stimmt im Grundsatz mit der überein, die vom BFH für den Fall vertreten wird, dass ein Besitzgesellschafter für Verbindlichkeiten der Betriebsgesellschaft eine Bürgschaft übernimmt.[4]

761–763 *(Einstweilen frei)*

---

1 BFH, Urteil v. 19.3.2009 - IV R 57/07, BStBl 2009 II S. 659.
2 OFD Niedersachsen, Vfg. v. 17.2.2010 - S 2130-30-St 222/St 221, NWB UAAAD-39623.
3 BFH, Urteil v. 19.6.2001 - X R 104/98, BFH/NV 2002 S. 163, NWB IAAAA-66473.
4 Siehe unten Rz. 1132 ff.

F. Betriebsunternehmen

> **LITERATUR:**
>
> *Dehmer*, Betriebsaufspaltung auch bei vermögensverwaltender Tätigkeit der Betriebskapitalgesellschaft, KFR F. 3 EStG § 15, 1/89, S. 41; *Centrale Gutachtendienst*, Betriebsaufspaltung innerhalb einer GmbH & Co. KG, GmbHR 1997 S. 739.

I. Kapitalgesellschaft und optierende Gesellschaft als Betriebsunternehmen

> **LITERATUR:**
>
> *Schmidt*, Einzelfragen des Körperschaftsteuerrechts – Betriebsaufspaltung zwischen Kapitalgesellschaften, JbFSt 1982/83 S. 343; *Binnewies*, Betriebsaufspaltung zwischen Mehrheitsaktionär und Aktiengesellschaft, AG 2011 S. 621; *Wachter*, Betriebsaufspaltung mit einer Aktiengesellschaft, DStR 2011 S. 1599; *Ebeling*, Keine Betriebsaufspaltung bei Pachtverträgen zwischen Kapitalgesellschaften, Festschrift für L. Schmidt, S. 471; *Brill*, KöMoG: Betriebsaufspaltung und Optionsmodell, NWB 2021 S. 2420.

Unabhängig davon, ob eine mittelbare oder eine unmittelbare Betriebsaufspaltung vorliegt,[1] kann eine Kapitalgesellschaft Betriebsunternehmen sein. In den meisten Fällen ist das Betriebsunternehmen eine **GmbH**. Aber auch **Vor-GmbH**[2] und **AG** können als Betriebsunternehmen in Betracht kommen.[3] Zwischenzeitliche Änderungen des AktG bzw. HGB durch das TransPuG und das BilMoG hatten zwar zwischenzeitlich Zweifel aufkommen lassen, ob im Verhältnis des Aktionärs zur Aktiengesellschaft allein auf das Stimmrecht abzustellen ist. Diesen Zweifeln ist der BFH allerdings nicht gefolgt. Vielmehr ist nach seiner (bestätigenden) Rechtsprechung die personelle Verflechtung auch im Verhältnis zwischen Mehrheitsaktionär und der Aktiengesellschaft grds. zu bejahen.[4]

764

Wie bereits dargestellt,[5] wurde durch das Gesetz zur Modernisierung des Körperschaftsteuerrechts v. 25.6.2021[6] u. a. § 1a KStG eingeführt, der Personen-

765

---

1 Vgl. oben Rz. 66 ff.
2 BFH, Urteil v. 12.12.2007 - X R 17/05, BFHE 220 S. 107, BStBl 2008 II S. 579.
3 BFH, Urteil v. 28.1.1982 - IV R 100/78, BFHE 135 S. 330, BStBl 1982 II S. 479.
4 BFH, Urteil v. 23.3.2011 - X R 45/09, BStBl 2011 II S. 1614; vgl. dazu *Wachter*, DStR 2011 S. 1599; *Neu/Hamacher*, BB 2011 S. 1001; *Jungbluth*, EWiR 2011 S. 741; kritisch *Binnewies*, AG 2011 S. 621; *Bode*, FR 2011 S. 1001; zum Problem der faktischen Beherrschung vgl. oben Rz. 575.
5 Vgl. oben Rz. 709.
6 BGBl 2021 I S. 2050.

handelsgesellschaften und Partnerschaftsgesellschaften die Möglichkeit einräumt, zur **Körperschaftsbesteuerung** zu **optieren**. Die Option, die erstmals für Wirtschaftsjahre, die nach dem 31.12.2021 beginnen (§ 34 Abs. 1 KStG), ausgeübt werden kann, bewirkt u. a., dass die optierende Gesellschaft nach § 1a Abs. 1 Satz 1 KStG ertragsteuerlich wie eine Kapitalgesellschaft zu behandeln ist. Folglich kann durch die Optionsausübung einer Betriebspersonengesellschaft eine mitunternehmerische Betriebsaufspaltung in eine klassische Betriebsaufspaltung überführt werden.[1]

Eine bestehende Betriebsaufspaltung wird dadurch nicht beendet, es sei denn, es kommt zu einer Aufhebung der personellen Verflechtung durch Änderung der Stimmrechtsverhältnisse. Auf der anderen Seite kann die Optionsausübung eine Betriebsaufspaltung (neu) begründen.[2] Dies ist zum einen der Fall, wenn die Nutzungsüberlassung an eine Betriebs-Personengesellschaft unentgeltlich erfolgte. Die Optionsausübung bewirkt nämlich nach § 1a Abs. 1 Satz 1 KStG, dass die Personengesellschaft nun wie eine Kapitalgesellschaft zu behandeln ist. Und eine unentgeltliche Nutzungsüberlassung an eine Kapitalgesellschaft genügt für die Annahme einer Betriebsaufspaltung. Zum anderen würde eine Betriebsaufspaltung (bei personeller und sachlicher Verflechtung) durch die Optionsausübung begründet werden, wenn die das Wirtschaftsgut nutzende optierende Personengesellschaft vermögensverwaltend oder freiberuflich tätig ist. Denn die Optionsausübung würde zur Anwendung von § 8 Abs. 2 KStG führen, wodurch die Voraussetzung, dass das Betriebsunternehmen gewerblich sein muss, erfüllt wäre.

766–767 *(Einstweilen frei)*

II. Personengesellschaften als Betriebsunternehmen (mitunternehmerische Betriebsaufspaltung)

LITERATUR:

Fichtelmann, Anm. zum Urteil des BFH IV R 145/72 vom 29.7.1976, BStBl 1976 II S. 750 in: StRK-Anm., GewStG § 2 Abs. 1 R. 332; *Seithel*, Betriebsaufspaltung zwischen Personengesellschaften oder Besteuerung der Mitunternehmer nach § 15 Abs. 1 Ziff. 2 EStG?, FR 1978 S. 157; *Schmidt*, In den Grenzbereichen von Betriebsaufgabe, Betriebsverpachtung, Betriebsaufspaltung und Mitunternehmerschaft, DStR 1979 S. 671 und 699; *Fichtelmann*, Betriebsaufspaltung zwischen zwei Personengesellschaften und der Grundsatz der Subsidiarität im Rahmen des § 15 Abs. 1 Nr. 2 EStG – Anm. zu dem BFH-Urteil vom 18.7.1979, I R 199/75, FR 1980 S. 138; *Seithel*, Zur steuerlichen Liquida-

---

[1] Zur Notwendigkeit, Sonderbetriebsvermögen zum Gegenstand des Formwechsels zu machen vgl. bereits oben Rz. 709.
[2] Vgl. hierzu auch *Brill*, NWB 2021 S. 2420, 2428.

tion der mitunternehmerischen Betriebsaufspaltung, DStR 1981 S. 158; *Störzinger*, Mitunternehmerische Betriebsaufspaltung und/oder Mitunternehmerschaft, FR 1981 S. 587; *Paus*, Zu den Voraussetzungen einer mitunternehmerischen Betriebsaufspaltung, FR 1982 S. 532; *Rautenberg/Gerbig*, Ergebnisverlagerungen ins Sonderbetriebsvermögen – Möglichkeiten einer neuartigen Betriebsaufspaltung zur Umgehung des § 15a EStG, BB 1982 S. 342; *Schuhmann*, Die Betriebsaufspaltung zwischen Personengesellschaften, StBp 1982 S. 181; *Schulze zur Wiesche*, Betriebsaufspaltung und Mitunternehmerschaft im Ertragsteuerrecht, GmbHR 1982 S. 260; *Renz*, Nochmals: Die Betriebsaufspaltung zwischen Personengesellschaften, StBp 1983 S. 20; *Schuhmann*, Die mitunternehmerische Betriebsaufspaltung in der Rechtsprechung des BFH, StBp 1983 S. 206; *Knobbe-Keuk*, Aktuelle Rechts- und Steuerprobleme des mittelständischen Unternehmens – IV. Die „mitunternehmerische Betriebsaufspaltung" –, StbJb 1983/84 S. 88; *Schulze zur Wiesche*, Die mitunternehmerische Betriebsaufspaltung, StBp 1984 S. 40; *Wendt*, Mitunternehmerische Betriebsaufspaltung im Steuerrecht, GmbHR 1984 S. 19; *Felix*, Mitunternehmerische Tochter-Betriebsaufspaltung: Nauheimer Modell, KÖSDI 1991 S. 8493; *Pott/Rasche*, „Wiederauferstehung" der unmittelbaren mitunternehmerischen Betriebsaufspaltung? – Anmerkungen zum BFH-Urteil vom 10.2.1994 - IV R 37/92, DStR 1994 S. 933 und 1995 S. 46; *Janssen*, Mitunternehmerschaft und Betriebsaufspaltung, BB 1995 S. 25; *Berz/Müller*, Sonderbetriebsvermögen und mitunternehmerische Betriebsaufspaltung, DStR 1996 S. 1919; *Gosch*, Zur Bilanzierungskonkurrenz bei der mitunternehmerischen Betriebsaufspaltung, StBp 1996 S. 303; *Groh*, Sondervergütungen und Sonderbetriebsvermögen bei Leistungen zwischen Schwestergesellschaften, DStZ 1996 S. 673; *Neu*, Änderung der Rechtsprechung der mitunternehmerischen Betriebsaufspaltung – Urteilsanalyse und Beratungskonsequenzen zum BFH-Urteil VIII R 13/95 vom 23.4.1996, DStR 1996 S. 1757; *Neufang*, Vorrang der mitunternehmerischen Betriebsaufspaltung vor der Mitunternehmerschaft, INF 1996 S. 743; *Gassner*, Betriebsaufspaltung verdrängt Sonderbetriebsvermögen, KFR F. 3 EStG § 15, 1/97, S. 5; *Paus*, Neues bei der mitunternehmerischen Betriebsaufspaltung, FR 1997 S. 90; *Pott*, Mitunternehmerische Betriebsaufspaltung: Konsequenzen der Rechtsprechungsänderung auf Freibeträge, Staffelung der Gewerbesteuer-Messzahlen und Hebesätze, ZKF 1997 S. 247; *Pott/Rasche*, Über die neue BFH-Rechtsprechung zum Verhältnis zwischen Sonderbetriebsvermögen und unmittelbarer mitunternehmerischer Betriebsaufspaltung, GmbHR 1997 S. 481; *Schoor*; Mitunternehmerische Betriebsaufspaltung, Steuer-Seminar 1997 S. 13; *Schulze zur Wiesche*, Die mitunternehmerische Betriebsaufspaltung, BB 1997 S. 1229; *Gebhardt*, Aktuelle Entwicklungen bei der mitunternehmerischen Betriebsaufspaltung, GmbHR 1998 S. 1022; *Hoffmann*, Die Gewinnermittlungsabsicht als Steuergestaltungsinstrument bei der mitunternehmerischen Betriebsaufspaltung, GmbHR 1998 S. 824; *Schulze zur Wiesche*, Die steuerliche Behandlung der Rechtsbeziehungen zwischen Schwestergesellschaften – Erlass vom 28.4.1998, StBp 1998 S. 314; *Söffing*, Mitunternehmerische Betriebsaufspaltung – Divergenz in der Rechtsprechung des BFH, FR 1998 S. 358; *Strahl*, Besteuerung der mitunternehmerischen Betriebsaufspaltung, KÖSDI 1998 S. 11533; *Pott/Rasche*, Über die neue BFH-Rechtsprechung zum Verhältnis zwischen Sonderbetriebsvermögen und unmittelbarer mitunternehmerischer Betriebsaufspaltung, DStZ 1999 S. 127; *Bock*, Sonderbetriebsvermögen II und Betriebsaufspaltung, DStZ 2000 S. 42; *Kloster*, Zurechnung von Wirtschaftsgütern bei mitunternehmerischer Betriebsaufspaltung, GmbHR 2000 S. 111; *Kloster/Kloster*, Einkünfte- und Vermögenszuordnung bei der mitunternehmerischen

Betriebsaufspaltung – die Sicht des Rechtsanwenders, BB 2001 S. 1449; *Söffing,* Mit unternehmerische Betriebsaufspaltung – Anmerkungen zum BFH-Urteil vom 24.11.1998 VIII R 61/97, DStR 2001 S. 158; *Rätke,* Bilanzierungskonkurrenz bei Schwester-Personengesellschaften und mitunternehmerischer Betriebsaufspaltung, StuB 2006 S. 22; *Schulze zur Wiesche,* Freiberufliche Mitunternehmerschaft und Betriebsaufspaltung, BB 2006 S. 75; *Söffing,* Freiberuflich tätige Personengesellschaft – Betriebsaufspaltung, Abfärbevorschrift, Sonderbetriebsvermögen, DB 2006 S. 2479; *Doege,* Aktuelle Beratung von Mitunternehmerschaften: Betriebsaufspaltung, Abfärbung und Unternehmensnachfolge, INF 2007 S. 345; *Gebhardt,* Mitunternehmerische Betriebsaufspaltung, EStB 2007 S. 65; *Jurowsky,* Die Behandlung von Sonderbetriebsvermögen bei einer mitunternehmerischen Betriebsaufspaltung, sj 2007 S. 29; *Vernekohl,* Mitunternehmerische Betriebsaufspaltung: Vernichtung von Sonderbetriebsvermögen, ErbBstg 2007 S. 137.

1. Die früher herrschende Rechtsprechung

768 Nach der bis zum Ergehen des BFH-Urteils v. 23.4.1996[1] herrschenden Rechtsprechung[2] hatte in den Fällen der **mitunternehmerischen Betriebsaufspaltung**, also in den Fällen, in denen das Betriebsunternehmen eine Personengesellschaft ist, das Institut der Betriebsaufspaltung gegenüber der Vorschrift des § 15 Abs. 1 Satz 1 Nr. 2 Satz 1 EStG nur subsidiäre Bedeutung. Das heißt, erfüllte ein Sachverhalt sowohl die Voraussetzungen der Betriebsaufspaltung als auch die des § 15 Abs. 1 Satz 1 Nr. 2 Satz 1 EStG, so kamen nicht die Rechtsfolgen der Betriebsaufspaltung, sondern die des § 15 Abs. 1 Satz 1 Nr. 2 Satz 1 EStG zur Anwendung.

769 BEISPIEL: A ist zusammen mit T und S an der X-KG beteiligt. Der Anteil des A beträgt 60 %. Die X-KG betreibt ihren Betrieb in einem Gebäude, welches dem A gehört. A hat das Gebäude an die X-KG vermietet. Für Gesellschafterbeschlüsse in der KG genügt die einfache Mehrheit.

---

1 BFH, Urteil v. 23.4.1996 - VIII R 13/95, BFHE 181 S. 1, BStBl 1998 II S. 325.
2 BFH, Urteile v. 29.7.1976 - IV R 145/72, BFHE 119 S. 462, BStBl 1976 II S. 750; v. 25.4.1985 - IV R 36/82, BFHE 144 S. 20, BStBl 1985 II S. 622; v. 3.2.1994 - III R 23/89, BFHE 174 S. 372, BStBl 1994 II S. 709.

II. Personengesellschaften als Betriebsunternehmen

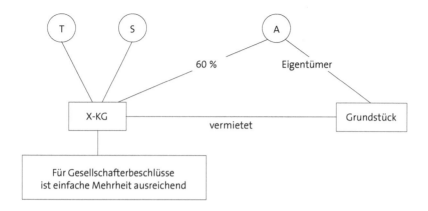

LÖSUNG NACH DER FRÜHER HERRSCHENDEN RECHTSPRECHUNG: Obwohl die Voraussetzungen für eine Betriebsaufspaltung erfüllt sind, lag nach der früher herrschenden Rechtsprechung kein Fall der Betriebsaufspaltung vor, sondern ein Fall des § 15 Abs. 1 Satz 1 Nr. 2 Satz 1 EStG, weil die Betriebsaufspaltung nach der früher herrschenden Rechtsprechung gegenüber § 15 Abs. 1 Satz 1 Nr. 2 Satz 1 EStG nur subsidiäre Bedeutung hatte; d. h. die Betriebsaufspaltung kam nicht zur Anwendung, wenn gleichzeitig die Voraussetzungen des § 15 Abs. 1 Satz 1 Nr. 2 Satz 1 EStG erfüllt waren. Das vermietete Gebäude war also Sonderbetriebsvermögen des A bei der X-KG. Die Mietzahlungen waren für A Einkünfte aus Gewerbebetrieb in der Form von Sondervergütungen i. S. des § 15 Abs. 1 Satz 1 Nr. 2 Satz 1 Halbsatz 2 EStG.

770

Etwas anderes galt nur in den Fällen einer mittelbaren Betriebsaufspaltung, wenn zwischen die beherrschende Person oder Personengruppe und die Betriebs-Personengesellschaft eine Kapitalgesellschaft zwischengeschaltet war.

771

BEISPIEL: A ist zu 51 %, B ist zu 49 % an der AB-GmbH beteiligt. Zum Betriebsvermögen dieser GmbH gehört eine 60%ige Beteiligung an der D-GmbH & Co. KG, bei der die Gesellschafterbeschlüsse mit einfacher Mehrheit zu fassen sind. Die KG betreibt ihren Geschäftsbetrieb auf einem Grundstück, das A an sie vermietet hat.

772

F. Betriebsunternehmen

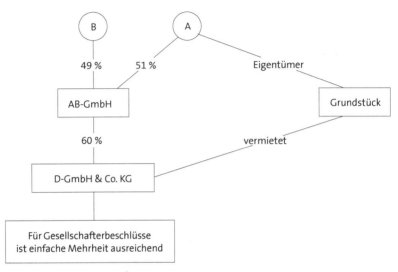

773 **LÖSUNG:** Es ist unstreitig, dass eine GmbH Gesellschafterin und Mitunternehmerin einer Personenhandelsgesellschaft sein kann. Folglich ist in dem vorstehenden Beispiel die AB-GmbH Mitunternehmerin der D-GmbH & Co. KG mit der Folge, dass zwischen A und der GmbH & Co. KG kein mitunternehmerisches Verhältnis besteht. Das Entgelt, das die D-GmbH & Co. KG an A für die Überlassung des Grundstücks zahlt, ist also keine Vergütung „die ein Gesellschafter von der Gesellschaft" erhält. § 15 Abs. 1 Satz 1 Nr. 2 Satz 1 EStG findet keine Anwendung. Folglich ist auch nach der früheren Rechtsprechung der Weg frei für die Prüfung der Frage, ob eine Betriebsaufspaltung vorliegt. Die Frage ist zu bejahen, weil A über die AB-GmbH die D-GmbH & Co. KG beherrscht.

774 Ist zwischen der das Besitzunternehmen beherrschenden Person oder Personengruppe und dem Betriebsunternehmen eine Personenhandelsgesellschaft geschaltet, so kam nach der früher herrschenden Rechtsprechung das Institut der Betriebsaufspaltung ebenfalls nicht in Betracht. Zwar ist auch eine Personenhandelsgesellschaft ein – wenn auch eingeschränktes – selbständiges Steuerrechtssubjekt, so dass ein Durchgriff durch sie nicht möglich ist. Es findet hier aber die Fiktion des § 15 Abs. 1 Satz 1 Nr. 2 Satz 2 EStG Anwendung, nach der bei doppelstöckigen Personengesellschaften der an der Untergesellschaft nicht beteiligte Gesellschafter der Obergesellschaft als Mitunternehmer der Untergesellschaft zu behandeln ist.

775 **BEISPIEL:** A ist zu 51 %, B ist zu 49 % an der AB-OHG beteiligt. Zum Betriebsvermögen dieser OHG gehört eine 60 %ige Beteiligung an der D-GmbH & Co. KG. Diese betreibt ihren Geschäftsbetrieb auf einem Grundstück, das A an sie vermietet hat.

II. Personengesellschaften als Betriebsunternehmen

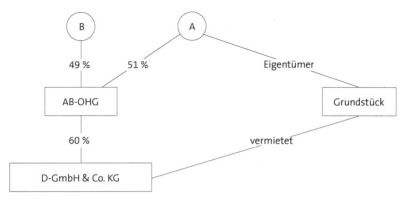

LÖSUNG: Obgleich A nicht an der D-GmbH & Co. KG beteiligt ist, wird er nach § 15 Abs. 1 Satz 1 Nr. 2 Satz 2 EStG als Mitunternehmer dieser Personengesellschaft fingiert, so dass das Entgelt, das die D-GmbH & Co. KG an A für die Überlassung des Grundstücks zahlt, eine Vergütung ist, „die ein Gesellschafter von der Gesellschaft" erhält. § 15 Abs. 1 Satz 1 Nr. 2 Satz 1 EStG findet Anwendung. Folglich war nach der früheren Rechtsprechung die Anwendung der Betriebsaufspaltungs-Grundsätze ausgeschlossen. Eine Personengesellschaft kam auch bei dieser Gestaltung als Betriebsunternehmen nach der früher herrschenden Rechtsprechung nicht in Betracht.

776

Das Ergebnis der früher herrschenden Rechtsprechung war, dass eine Personengesellschaft im Rahmen der Betriebsaufspaltung nur dann als Betriebsunternehmen in Betracht kam, wenn zwischen die das Besitzunternehmen beherrschende Person oder Personengruppe und die Betriebs-Personengesellschaft eine Kapitalgesellschaft zwischengeschaltet war (mittelbare Betriebsaufspaltung).

777

In allen anderen Fällen wurde die Anwendung der Betriebsaufspaltung durch die Anwendung des § 15 Abs. 1 Satz 1 Nr. 2 Satz 1 EStG ausgeschlossen.

2. Die abweichende Rechtsprechung des VIII. Senats
a) Das BFH-Urteil vom 23.4.1996

Mit seinem Urteil v. 23.4.1996[1] ist der VIII. Senat des BFH von der bis dahin herrschenden Rechtsprechung zur mitunternehmerischen Betriebsaufspaltung abgewichen. Der Rechtssatz dieses Urteils lautet:

778

„Die Qualifikation des Vermögens als Gesellschaftsvermögen der Besitzgesellschaft und der Einkünfte aus der Verpachtung dieses Vermögens als Einkünfte der Gesellschafter der Besitzgesellschaft hat bei einer mitunternehmerischen

---

[1] BFH, Urteil v. 23.4.1996 - VIII R 13/95, BFHE 181 S. 1, BStBl 1998 II S. 325.

Betriebsaufspaltung Vorrang vor der Qualifikation des Vermögens als Sonderbetriebsvermögen und der Einkünfte aus der Verpachtung als Sonderbetriebseinkünfte der Gesellschafter bei der Betriebsgesellschaft (Änderung der Rechtsprechung)."

b) Begründung des Urteils

779 Zur Begründung der abweichenden Rechtsprechung hat der VIII. Senat ausgeführt: § 15 Abs. 1 Satz 1 Nr. 2 Satz 1 EStG finde keine Anwendung, wenn eine Personenhandelsgesellschaft oder eine gewerblich geprägte Personengesellschaft Dienstleistungen an eine Schwestergesellschaft[1] erbringe oder ihr Wirtschaftsgüter zur Nutzung überlasse. Wie in diesen Fällen seien auch bei einer Besitzgesellschaft die von der Betriebsgesellschaft bezogenen Vergütungen Betriebseinnahmen bei einem Gewerbebetrieb, nämlich dem des Besitzunternehmens; denn die an sich vermögensverwaltende Tätigkeit des Besitzunternehmens werde infolge des Vorliegens der Voraussetzungen der Betriebsaufspaltung in eine gewerbliche Tätigkeit i. S. des § 15 EStG umqualifiziert. Diese Rechtsfolge werde nicht durch die Regelung des § 15 Abs. 1 Satz 1 Nr. 2 Halbsatz 2 EStG verdrängt. Vielmehr komme der Qualifikation des Vermögens als Gesellschaftsvermögen der Besitzgesellschaft und der Einkünfte aus der Verpachtung dieses Vermögens als gewerbliche Einkünfte der Gesellschafter der Besitzgesellschaft bei einer mitunternehmerischen Betriebsaufspaltung Vorrang vor der Qualifikation des Vermögens als Sonderbetriebsvermögen und der Einkünfte aus der Verpachtung als Sonderbetriebsvermögen der Gesellschafter bei der Betriebsgesellschaft zu.[2]

Wird dieser Vorrang von der Finanzverwaltung rechtsirrig nicht beachtet und von der Betriebsgesellschaft zuzuordnendem Sonderbetriebsvermögen ausgegangen mit der Folge, dass die Einkünfte von Gesellschaftern der Besitz-Personengesellschaft (nur) im Feststellungsbescheid gegen die Betriebs-Personengesellschaft zu erfassen sind, und wird der daraufhin ergangene unrichtige Bescheid nunmehr rückgängig gemacht, kann der richtige Folgebescheid gegen Gesellschafter, in welchem ihre Einkünfte aus der Beteiligung an der Besitz-Gesellschaft einheitlich und gesondert festgestellt werden,

---

[1] Schwestergesellschaften sind solche Personengesellschaften, bei denen die Gesellschafter ganz oder teilweise personenidentisch sind (BMF, Schreiben v. 28.4.1998, BStBl 1998 I S. 583, unter Nr. 1).

[2] Ebenso BFH, Urteile v. 5.11.2009 - IV R 99/06, BStBl 2010 II S. 593, Rz. 50, m. w. N.; v. 28.9.2021 - VIII R 12/19, BStBl 2022 II S. 260, Rz. 15; FG Baden-Württemberg, Urteil v. 15.6.2021 - 8 K 1764/18, EFG 2021 S. 1782, nrkr. (Az. des BFH: IV R 19/21), NWB GAAAH-88791.

nach Auffassung des FG Baden-Württemberg auf der Grundlage von § 174 Abs. 3 AO nachgeholt werden.[1]

(Einstweilen frei) 780–782

3. Bedenken gegen die Rechtsprechungsänderung
Gegen die Rechtsprechungsänderung bestehen erhebliche Bedenken. 783

a) Kontinuität der Rechtsprechung
Zunächst ist darauf hinzuweisen, dass der GrS des BFH in seinem Beschluss v. 25.6.1984[2] ausgeführt hat, dass er der Kontinuität der Rechtsprechung große Bedeutung beimesse und demzufolge eine ständige Rechtsprechung nur aus einem wichtigen Grund, z. B. wegen Änderung der tatsächlichen Verhältnisse, Änderung der Gesetzeslage oder grundlegender Rechtsprechungsänderung, verlassen werden sollte. Ein solcher wichtiger Grund lag im hier besprochenen Fall nicht vor. 784

Ein wichtiger Grund kann insbesondere nicht darin gesehen werden, dass in dem BFH-Urteil v. 22.11.1994[3] entschieden worden ist, die Fiktion des § 15 Abs. 3 Nr. 2 EStG – durch die eine vermögensverwaltende Personengesellschaft in eine gewerblich geprägte Personengesellschaft umqualifiziert wird – habe Vorrang vor der Anwendung des § 15 Abs. 1 Nr. 2 EStG. Denn zum einen handelt es sich hier nicht um eine Rechtsprechungsänderung. Zum Zweiten ist darauf hinzuweisen, dass sich aus dem erwähnten Urteil v. 22.11.1994 kein zwingender Grund für eine Änderung der früher herrschenden Rechtsprechung über die steuerrechtliche Behandlung der mitunternehmerischen Betriebsaufspaltung herleiten lässt. 785

Für das Abweichen des VIII. Senats von der herrschenden Rechtsprechung gibt es auch deshalb keinen wichtigen Grund, weil dieser Senat in seinem Urteil auf die Gründe, die die früher herrschende Rechtsprechung, also den Vorrang des § 15 Abs. 1 Satz 1 Nr. 2 Satz 1 EStG vor dem Institut der Betriebsaufspaltung, rechtfertigen, überhaupt nicht eingeht. Diese Gründe bestehen in folgenden Überlegungen: 786

---

1 FG Baden-Württemberg, Urteil v. 15.6.2021 - 8 K 1764/18, EFG 2021 S. 1782, nrkr. (Az. des BFH: IV R 19/21), NWB GAAAH-88791.
2 BFH, Beschluss v. 24.6.1984 - GrS 4/82, BFHE 141 S. 405, BStBl 1984 II S. 750, 764 (linke Spalte unten).
3 BFH, Urteil v. 22.11.1994 - VIII R 63/93, BFHE 177 S. 28, BStBl 1996 II S. 93.

- ▶ Weder der Wortlaut des Gesetzes noch seine Zwecksetzung bieten Anhaltspunkte dafür, dass § 15 Abs. 1 Satz 1 Nr. 2 Satz 1 EStG nicht anzuwenden ist, wenn die Überlassung von Wirtschaftsgütern zugleich die Voraussetzungen der Betriebsaufspaltung erfüllt.
- ▶ Für die Subsidiarität der Betriebsaufspaltung gegenüber § 15 Abs. 1 Satz 1 Nr. 2 Satz 1 EStG spricht auch, dass diese Regelung nicht nur eine Qualifikationsnorm, sondern auch eine Zuordnungsnorm ist.
- ▶ Das Richterrecht „Betriebsaufspaltung" kann nicht Gesetzesrecht, nämlich die Regelung des § 15 Abs. 1 Satz 1 Nr. 2 Satz 1 EStG, brechen.

787 In dem BFH-Urteil v. 24.11.1998[1] werden diese Überlegungen – nur so können die Urteilsausführungen verstanden werden – mit dem nicht überzeugenden Argument abgetan, die Betriebsaufspaltung sei kein Richterrecht. Die weiteren Ausführungen in dem Urteil, die den Vorrang der Betriebsaufspaltung vor § 15 Abs. 1 Satz 1 Nr. 2 Satz 1 EStG rechtfertigen sollen, beruhen auf dem im Folgenden dargestellten Zirkelschluss.

b) Zirkelschluss

788 Der Kern des Urteils besteht in folgenden Sätzen:

„Wie bei dieser (gemeint ist die gewerblich geprägte KG) sind aber auch bei einer Besitzgesellschaft die (...) von der Betriebsgesellschaft bezogenen Vergütungen als Einnahmen bei den Einkünften aus Gewerbebetrieb zu erfassen. Auch für sie treffen deshalb die Gründe, die zu einem ‚Durchgriff' durch das beschränkt rechtsfähige Steuersubjekt ‚Personengesellschaft' bei nichtgewerblicher Tätigkeit geführt haben, nicht zu."

Verständlich ausgedrückt heißt das: Weil die Vergütungen, die eine Betriebs-Personengesellschaft für die Überlassung von Wirtschaftsgütern an die Besitz-Personengesellschaft zahlt, bei dieser aufgrund der Betriebsaufspaltungs-Rechtsprechung Betriebseinnahmen sind, findet § 15 Abs. 1 Satz 1 Nr. 2 Satz 1 EStG keine Anwendung.

789 Diese Aussage aber ist ein Zirkelschluss; denn die Vergütungen, die das Besitzunternehmen erhält, sind bei ihm nur infolge der Anwendung des Richterrechts „Betriebsaufspaltung" Betriebseinnahmen. Der VIII. Senat rechtfertigt also die Vorrangstellung des Richterrechts „Betriebsaufspaltung" vor dem Ge-

---

[1] BFH, Urteil v. 24.11.1998 - VIII R 30/97, BFH/NV 1999 S. 771, 772 (rechte Spalte), NWB TAAAA-64443.

setzesrecht „§ 15 Abs. 1 Satz 1 Nr. 2 Satz 1 EStG" mit einer durch die Anwendung der Betriebsaufspaltung eintretenden Rechtsfolge.

Anders ausgedrückt: Es ist unzulässig, die Behandlung der Vergütungen als Betriebseinnahmen aufgrund des Richterrechts „Betriebsaufspaltung" zur Rechtfertigung einer Vorrangstellung des Richterrechts „Betriebsaufspaltung" gegenüber dem Gesetzesrecht „§ 15 Abs. 1 Satz 1 Nr. 2 Satz 1 EStG" zu verwenden. Eine andere Ansicht würde dazu führen, dass jedes Richterrecht, das in seiner Rechtsfolge weitergeht als das Gesetz, das auf denselben Sachverhalt anzuwenden ist, das Gesetzesrecht außer Kraft setzen könnte. Das aber ist nach unserem, auf den Grundsätzen der Gewaltenteilung beruhenden, Rechtsstaat verfassungsrechtlich nicht zulässig.

Die Rechtslage ist hier anders als bei der – vom VIII. Senat als Vergleich herangezogenen – Konkurrenz zwischen § 15 Abs. 1 Satz 1 Nr. 2 Satz 1 EStG und § 15 Abs. 3 Nr. 2 EStG; denn in diesem Fall handelt es sich um die Konkurrenz zwischen zwei gesetzlichen Regelungen. 790

Die vorstehenden Ausführungen zwingen zu dem Schluss, dass man bei der Frage, ob bei einem Sachverhalt, der sowohl die Voraussetzungen des § 15 Abs. 1 Satz 1 Nr. 2 Satz 1 EStG als auch die der Betriebsaufspaltung erfüllt, das eine oder das andere Rechtsinstitut Vorrang hat, nicht berücksichtigt werden darf, dass die Vermietung von Wirtschaftsgütern seitens der das Betriebsunternehmen beherrschenden Person oder Personengruppe an das Betriebsunternehmen eine gewerbliche Tätigkeit ist.

Es muss vielmehr davon ausgegangen werden, dass – ohne Anwendung des § 15 Abs. 1 Satz 1 Nr. 2 Satz 1 EStG und ohne Anwendung der Betriebsaufspaltung – die bloße Vermietung keine gewerbliche Tätigkeit ist und die Einkünfte aus dieser Tätigkeit solche aus Vermietung und Verpachtung wären, wenn es weder die Vorschrift des § 15 Abs. 1 Satz 1 Nr. 2 Satz 1 EStG noch das Richterrecht „Betriebsaufspaltung" gäbe. Geht man so vor, dann ist es zwangsläufig, dass das Gesetzesrecht „§ 15 Abs. 1 Satz 1 Nr. 2 Satz 1 EStG" Vorrang vor dem Richterrecht „Betriebsaufspaltung" hat. 791

Aus den vorstehenden Ausführungen folgt auch, dass aus den zu Schwestergesellschaften ergangenen BFH-Urteilen v. 16.6.1994[1] und v. 22.11.1996[2] – entgegen der von *Groh*[3] vertretenen Ansicht – keine Rückschlüsse auf die Behandlung der mitunternehmerischen Betriebsaufspaltung gezogen werden können; 792

---

[1] BFH, Urteil v. 16.6.1994 - IV R 48/93, BFHE 175 S. 109, BStBl 1996 II S. 82.
[2] BFH, Urteil v. 22.1.1996 - VIII R 63/93, BFHE 177 S. 28, BStBl 1996 II S. 93.
[3] *Groh*, DStZ 1996 S. 673, 674.

denn in diesen Entscheidungen geht es nur um die Beziehungen zwischen gewerblich tätigen Personengesellschaften, nicht aber um die Frage, ob eine Personengesellschaft aufgrund von Richterrecht als gewerblich einzustufen ist, oder ob statt dessen Gesetzesrecht, nach dem die Personengesellschaft keine gewerblich tätige Personengesellschaft ist, vorgeht.

793 Als Ergebnis ist also festzuhalten, dass durch die neue Rechtsprechung zur mitunternehmerischen Betriebsaufspaltung der Anwendungsbereich des § 15 Abs. 1 Satz 1 Nr. 2 Satz 1 EStG in unzulässiger Weise eingeschränkt wird.

794–796   *(Einstweilen frei)*

c) Nichtgewerblich tätige Personengesellschaft

797 Erheblichen Bedenken begegnet auch die in dem Urteil enthaltene Formulierung: „Durchgriff durch das beschränkt rechtsfähige Steuersubjekt ‚Personengesellschaft' bei nichtgewerblicher Tätigkeit".

Unter den Begriff „nichtgewerblich tätige Personengesellschaft" fallen neben Personengesellschaften, die eine land- und forstwirtschaftliche oder eine selbständige Tätigkeit zum Gegenstand haben, auch solche Personengesellschaften, die nur vermögensverwaltend tätig sind. Vermögensverwaltende Personengesellschaften aber sind nach der Rechtsprechung des BFH keine Steuersubjekte, auch keine nur beschränkt rechtsfähigen. Aus diesem Grunde ist bei einer solchen Personengesellschaft ein Durchgriff möglich. Auf eine solche Personengesellschaft findet § 15 Abs. 1 Satz 1 Nr. 2 Satz 1 EStG keine Anwendung. Sie ist keine Mitunternehmerschaft. Auf sie findet die sog. Einheitsbetrachtung keine Anwendung.

798 § 15 Abs. 1 Satz 1 Nr. 2 Satz 1 EStG und damit auch die Einheitsbetrachtung finden nur auf mitunternehmerische, also auf solche Personengesellschaften Anwendung, die eine betriebliche Tätigkeit zum Gegenstand haben. Nur diese sind Steuerrechtssubjekte. Nur bei diesen gilt ein Durchgriffsverbot. Es ist daher nicht richtig, im Hinblick auf vermögensverwaltende Personengesellschaften von einem Steuersubjekt zu sprechen.

d) Divergenz zu dem BFH-Urteil vom 3.2.1994

799 U. E. bestehen Bedenken, ob – wie bisher allgemein angenommen wird – sich durch das Urteil des VIII. Senats v. 23.4.1996[1] die Rechtsprechung des BFH tatsächlich geändert hat; denn die Entscheidung des VIII. Senats weicht von

---

[1] BFH, Urteil v. 23.4.1996 - VIII R 13/95, BFHE 181 S. 1, BStBl 1998 II S. 325.

der Entscheidung des III. Senats v. 3.2.1994[1] ab, ohne dass der III. Senat einer solchen Abweichung zugestimmt hat.

Allerdings geht der VIII. Senat in seinem Urteil v. 23.4.1996 davon aus, dass eine Zustimmung des III. Senats nicht erforderlich ist, weil die abweichenden Ausführungen im Urteil des III. Senats v. 3.2.1994 nicht zu den die Entscheidung tragenden Gründen gehörten. Gegen diese Ansicht bestehen jedoch Bedenken. 800

Der III. Senat hat in dem bezeichneten Urteil entschieden: 801

„Veräußert ein Einzelunternehmer das Anlage- und Umlaufvermögen seines Unternehmens an eine GmbH, deren alleiniger Anteilseigner er ist, und beteiligt er sich an deren Unternehmen als atypisch stiller Gesellschafter, so kann der dabei erzielte Veräußerungsgewinn auch dann gewerbesteuerfrei sein, wenn der bisherige Einzelunternehmer wesentliche Betriebsgrundlagen zurückbehält und diese der GmbH zur Nutzung überlässt, ohne die darin enthaltenen stillen Reserven aufzudecken."

Zur Begründung seiner Ansicht, dass der erzielte Veräußerungsgewinn nicht der Gewerbesteuer unterliege, hat der III. Senat u. a. ausgeführt: 802

„Nicht entscheidend ist auch, dass – nach der Meinung des FA – die vom Kläger zurückbehaltenen Wirtschaftsgüter wesentliche Grundlage des mitunternehmerischen Betriebs darstellen. Dies vorausgesetzt, dürften zwar – isoliert betrachtet – im Streitfall die Voraussetzungen einer Betriebsaufspaltung gegeben sein, mit der Folge, dass der Kläger (als Besitzunternehmer) weiterhin auch persönlich gewerbesteuerpflichtig wäre. Sofern sich aber – wie hier – die Überlassung der Betriebsgrundlage zur Nutzung im Rahmen des § 15 Abs. 1 Satz 1 Nr. 2 Halbsatz 2 EStG vollzieht, haben die Vorschriften über die steuerliche Behandlung der Sondervergütungen des Mitunternehmers Vorrang gegenüber dem Rechtsinstitut der Betriebsaufspaltung. Bei der sog. mitunternehmerischen Betriebsaufspaltung werden die Rechtsfolgen der Betriebsaufspaltung verdrängt, wenn sich die Überlassung wesentlicher Betriebsgrundlagen im Anwendungsbereich des Vorrangigen § 15 Abs. 1 Satz 1 Nr. 2 Halbsatz 2 EStG vollzieht (...). Das bedeutet, dass der Kläger im Streitfall auch unter dem Gesichtspunkt der Betriebsaufspaltung nicht mehr persönlich gewerbesteuerpflichtig ist."

Dieser letzte Satz in dem Urteil des III. Senats kann im Zusammenhang mit den vorausgegangenen Ausführungen keinesfalls so verstanden werden, als komme 803

---

[1] BFH, Urteil v. 3.2.1994 - III R 23/89, BFHE 174 S. 372, BStBl 1994 II S. 709.

eine persönliche Gewerbesteuerpflicht selbst bei Anwendung der Grundsätze der Betriebsaufspaltung nicht in Betracht. Sinnvollerweise muss der Satz wie folgt ergänzt werden:

„Das bedeutet, dass der Kläger im Streitfall auch unter dem Gesichtspunkt der Betriebsaufspaltung nicht mehr persönlich gewerbesteuerpflichtig ist, weil die Grundsätze der Betriebsaufspaltung infolge ihrer Subsidiarität gegenüber § 15 Abs. 1 Satz 1 Nr. 2 Halbsatz 2 EStG keine Anwendung finden."

Aus den übrigen Ausführungen des III. Senats ergibt sich zweifelsfrei, dass bei Anwendung der Grundsätze der Betriebsaufspaltung sehr wohl eine persönliche Gewerbesteuerpflicht zu bejahen wäre.

804 Damit aber haben die Ausführungen des III. Senats über die Subsidiarität der Betriebsaufspaltungsgrundsätze gegenüber § 15 Abs. 1 Satz 1 Nr. 2 Satz 1 Halbsatz 2 EStG sehr wohl entscheidungserhebliche Bedeutung und sind nicht nur – wie der VIII. Senat meint – ein obiter dictum. Das aber bedeutet, dass zwischen den beiden hier bezeichneten Urteilen des BFH Divergenz besteht. Der VIII. Senat hätte aufgrund der Vorschriften in § 11 Abs. 2 und Abs. 3 FGO nicht – wie geschehen – entscheiden dürfen.

805 Da er es trotzdem getan hat, ergibt sich die Konsequenz, dass jede Entscheidung, die in Zukunft von einem Senat des BFH zur mitunternehmerischen Betriebsaufspaltung getroffen werden wird, eine Divergenzentscheidung ist und zwar entweder gegenüber dem Urteil des III. Senats oder gegenüber dem Urteil des VIII. Senats. Je nachdem von welcher Auffassung der in Zukunft entscheidende Senat abweichen will, muss also der III. Senat oder der VIII. Senat zustimmen. Erfolgt eine solche Zustimmung nicht, muss der in Zukunft entscheidende Senat zwangsläufig den Großen Senat anrufen. Tut er dies nicht, ist sein Urteil mit einer Nichtigkeitsklage anfechtbar,[1] weil – infolge der Abweichung und der Regelung in § 11 FGO – nicht der gesetzliche Richter entschieden hat.

Eine fatale Situation, die durch eine Fehlinterpretation des Urteils des III. Senats des BFH v. 3.2.1994 durch den VIII. Senat des BFH entstanden ist. Sie führt zu einer großen Rechtsunsicherheit, die nur durch einen Nichtanwendungserlass der Finanzverwaltung beseitigt werden könnte.

806 Ein solcher Nichtanwendungserlass ist jedoch nicht ergangen. Vielmehr hat sich die Finanzverwaltung der Rechtsprechungsänderung angeschlossen.[2] Allerdings ist nach Ansicht der Finanzverwaltung im Falle einer unentgeltlichen

---

[1] § 134 FGO i. V. m. § 578 Abs. 1 und § 579 Abs. 1 Nr. 1 ZPO.
[2] BMF, Schreiben v. 28.4.1998, BStBl 1998 I S. 583, Tz. 1.

Überlassung von Wirtschaftsgütern auch nach der neuen Rechtsprechung keine mitunternehmerische Betriebsaufspaltung anzunehmen, weil es in diesem Fall an einer Gewinnerzielungsabsicht und damit an einer eigenen gewerblichen Tätigkeit der Besitzpersonengesellschaft fehlt. Diese Auffassung hat der BFH mittlerweile bestätigt.[1] Nicht betroffen von der neuen Rechtsprechung sind nach dem BMF-Schreiben v. 28.4.1998 auch die Fälle der **doppel- oder mehrstöckigen Personengesellschaften**, also derjenigen Fälle, in denen eine Personengesellschaft selbst unmittelbar oder mittelbar an einer anderen Personengesellschaft als Mitunternehmer beteiligt ist. In diesen Fällen verbleibt es bei der Anwendung der gesetzlichen Regelung des § 15 Abs. 1 Satz 1 Nr. 2 Satz 2 EStG zur doppelstöckigen Personengesellschaft.

e) Das BFH-Urteil vom 24.11.1998

Der VIII. Senat hat mit seinem Urteil v. 24.11.1998[2] seine neue Rechtsprechung endgültig bestätigt, allerdings wiederum ohne überzeugende Begründung. Die übrigen Senate des BFH sind – soweit zuständig – dem VIII. Senat gefolgt.[3]

807

(1) Die Urteilsbegründung

In dem Urteil v. 24.11.1998[4] wird im Wesentlichen ausgeführt: Die Rechtsfolge, dass die vermögensverwaltende Tätigkeit einer Besitz-GbR infolge der Betriebsaufspaltung als Gewerbebetrieb zu qualifizieren ist, werde nicht durch die Regelung des § 15 Abs. 1 Nr. 2 Halbsatz 2 EStG verdrängt. Dem Einwand der Kläger, § 15 Abs. 1 Satz 1 Nr. 2 Teilsatz 2 EStG erfasse auch die Nutzungsüberlassung durch eine Besitz-Personengesellschaft, könne der Senat nicht folgen. § 15 Abs. 1 Satz 1 Nr. 2 Halbsatz 2 EStG sei darauf gerichtet, Entgelte aufgrund unmittelbarer Leistungsbeziehungen zwischen dem Mitunternehmer und der Mitunternehmerschaft im Gesamtgewinn der Mitunternehmerschaft zu erfassen. Nach dem Zweck der Vorschrift würden ihr auch mittelbare Leistungen unterstehen, die ein Mitunternehmer über einen nicht gewerblich tätigen Personenzusammenschluss gegenüber der Mitunternehmerschaft erbringe. Wenn mithin der „Durchgriff" durch einen solchen ertragsteuerrechtlich beschränkt

808

---

1 BFH, Urteil v. 12.4.2018 - IV R 5/15, DStR 2018 S. 1421, NWB AAAAG-87921.
2 BFH, Urteil v. 24.11.1998 - VIII R 61/97, BFHE 187 S. 297, BStBl 1999 II S. 483; vgl. auch BFH, Urteil v. 24.11.1998 - VIII R 30/97, BFH/NV 1999 S. 771, NWB TAAAA-64443.
3 BFH, Urteile v. 26.11.1996 - VIII R 42/94, BFHE 182 S. 101, BStBl 1998 II S. 328; v. 3.7.1997 - IV R 31/96, BFHE 183 S. 509, BStBl 1997 II S. 690; v. 13.11.1997 - IV R 67/96, BFHE 184 S. 512, BStBl 1998 II S. 254; v. 16.12.1997 - VIII R 11/95, BFHE 185 S. 205, BStBl 1998 II S. 379; v. 24.11.1998 - VIII R 30/97, BFH/NV 1999 S. 771, NWB TAAAA-64443; v. 9.2.2011 - IV R 15/08, BStBl 2011 II S. 764.
4 BFH, Urteil v. 24.11.1998 - VIII R 61/97, BFHE 187 S. 297, BStBl 1999 II S. 483.

rechtsfähigen Personenzusammenschluss (Schwestergesellschaft) nicht unmittelbar dem Gesetz zu entnehmen sei, so müsse er andererseits dann ausgeschlossen sein, wenn die Einbindung mittelbarer Leistungen in den Regelungsbereich des § 15 Abs. 1 Satz 1 Nr. 2 EStG weder aus dem Wortlaut noch aus dem Sinn und Zweck dieser Vorschrift geboten sei. Deshalb sei die Selbständigkeit der Schwestergesellschaft als Gewinnerzielungssubjekt auch dann anzuerkennen, wenn es sich um eine Besitz-Personengesellschaft handelt, die aufgrund der Betriebsaufspaltung gewerblich tätig ist. Mithin schließe die gewerbliche Tätigkeit des Besitzunternehmens die Anwendbarkeit der Hinzurechnungsvorschrift des § 15 Abs. 1 Satz 1 Nr. 2 EStG aus, so dass kein Konkurrenzverhältnis zweier einander widerstreitender Normenbefehle bestehe.

(2) Urteilskritik

809 Zunächst ist zu dem Urteil anzumerken, dass sich aus ihm keine überzeugende Begründung dafür ergibt, warum der VIII. Senat dem Einwand der Kläger nicht folgen konnte, § 15 Abs. 1 Satz 1 Nr. 2 Halbsatz 2 EStG erfasse auch Nutzungsüberlassungen durch Besitz-Personengesellschaften. Zutreffend geht der VIII. Senat davon aus, dass eine (Besitz-)Personengesellschaft – ohne Anwendung der Betriebsaufspaltungsgrundsätze – nur vermögensverwaltend tätig ist. Eine vermögensverwaltende Personengesellschaft aber ist kein Gewinnermittlungssubjekt. Bei ihr ist daher ein Durchgriff geboten. Ohne Anwendung der Grundsätze der Betriebsaufspaltung wird ein einer Betriebs-Personengesellschaft zur Nutzung überlassenes Wirtschaftsgut mithin nicht von der Besitz-Personengesellschaft, sondern im Durchgriff durch diese von deren Gesellschaftern überlassen. Sind diese Gesellschafter – wie bei der Betriebsaufspaltung üblich – zugleich Mitunternehmer der Betriebs-Personengesellschaft, findet § 15 Abs. 1 Satz 1 Nr. 2 Halbsatz 2 EStG Anwendung.

810 Die Vergütungen, die die Betriebs-Personengesellschaft für die Überlassung eines Wirtschaftsguts an ihre Mitunternehmer als Gesellschafter der vermögensverwaltenden (Besitz-)Personengesellschaft zahlt, sind Sondervergütungen. Die überlassenen Wirtschaftsgüter gehören (ggf. anteilig) als Sonderbetriebsvermögen der Mitunternehmer zum Betriebsvermögen der Betriebs-Personengesellschaft. Nur wenn diese, sich aus dem Gesetz ergebende Rechtsfolge durch das Richterrecht „Betriebsaufspaltung" verdrängt würde, weil durch die Anwendung dieses Richterrechts die vermögensverwaltende (Besitz-)Personengesellschaft in einen Gewerbebetrieb, also in eine Mitunternehmerschaft umfunktioniert wird, kann man zu dem Ergebnis kommen, dass sich Besitz-Personengesellschaft und Betriebs-Personengesellschaft wie zwei gewerblich tätige Schwestergesellschaften gegenüberstehen.

Ein solches Ergebnis aber ist nur möglich, wenn – wie dargestellt – die Rechts- 811
folgen des § 15 Abs. 1 Satz 1 Nr. 2 Halbsatz 2 EStG durch das Richterrecht
„Betriebsaufspaltung" verdrängt werden, also wenn man dem Richterrecht
„Betriebsaufspaltung" Vorrang vor dem in § 15 Abs. 1 Satz 1 Nr. 2 Halbsatz 2 EStG verankerten Gesetzesrecht einräumt. Dem Ergebnis des hier besprochenen BFH-Urteils, es bestehe zwischen § 15 Abs. 1 Satz 1 Nr. 2 Halbsatz 2 EStG und dem Richterrecht „Betriebsaufspaltung" keine Normenkonkur-
renz, kann daher nicht zugestimmt werden.

Nicht zugestimmt werden kann auch den Urteilsausführungen, nach denen 812
der „Durchgriff" durch einen ertragsteuerlich beschränkt rechtsfähigen Personenzusammenschluss nicht unmittelbar dem Gesetzeswortlaut zu entnehmen, sondern das Ergebnis einer teleologischen Auslegung sei. Unter „ertragsteuerrechtlich beschränkt rechtsfähigen Personenzusammenschluss" kann
hier wohl nur eine Mitunternehmerschaft verstanden werden, weil nur Mitunternehmerschaften ertragsteuerrechtlich eine beschränkte Rechtsfähigkeit
als Gewinnerzielungs- und Gewinnermittlungssubjekt besitzen. Personengesellschaften, die nur vermögensverwaltend tätig sind, also keine Mitunternehmerschaften sind, haben diese Eigenschaften nicht. Bei ihnen ist ein Durchgriff
möglich. Bei Mitunternehmerschaften hingegen ist – entgegen den vorstehend
wiedergegebenen Urteilsausführungen – nach der Rechtsprechung des BFH[1]
ein Durchgriff nicht zulässig.

Möglicherweise um ein redaktionelles Versehen handelt es sich bei den beiden 813
in dem Urteil enthaltenen Sätzen, die unter II. 1. des Urteils am Ende des fünften und am Anfang des sechsten Absatzes stehen. Diese Sätze lauten:

„Da der Zweck dieser Vorschrift darin besteht, (...), unterstehen der Vorschrift
auch mittelbare Leistungen, die der Gesellschafter – (...) – über einen nicht
gewerblich tätigen Personenzusammenschluss gegenüber der Gesellschaft erbringt.

Ist mithin der ‚Durchgriff' durch einen solchen ertragsteuerrechtlich beschränkt rechtsfähigen Personenzusammenschluss (Schwestergesellschaft)
nicht unmittelbar dem Gesetzeswortlaut zu entnehmen, (...)".

Mit der im letzten Absatz des fünften Absatzes enthaltenen Formulierung 814
„nicht gewerblich tätiger Personenzusammenschluss" können nur vermögensverwaltende Personengesellschaften gemeint sein, bei denen ein Durchgriff
möglich ist. Durch die Verwendung der Worte „mithin" und „solche" in dem
ersten Satz des sechsten Absatzes sollte man meinen, dass in diesem Folgesatz

---

[1] BFH, Beschluss v. 25.2.1991 - GrS 7/89, BFHE 163 S. 1, BStBl 1991 II S. 691.

auch vermögensverwaltende Personengesellschaften angesprochen werden. Das aber ist nicht der Fall, denn in diesem Folgesatz werden infolge der verwendeten Formulierung „ertragsteuerrechtlich beschränkt rechtsfähigen Personenzusammenschluss" Mitunternehmerschaften angesprochen.

815 Demzufolge sind die hier erörterten beiden Sätze des Urteils wie folgt zu lesen:

„§ 15 Abs. 1 Satz 1 Nr. 2 EStG erfasst auch mittelbare Leistungen, die ein Gesellschafter über eine nicht rechtsfähige vermögensverwaltende Personengesellschaft seiner Mitunternehmerschaft erbringt, weil durch eine nur vermögensverwaltende Personengesellschaft ein Durchgriff möglich ist. Ist mithin ein Durchgriff durch eine solche Mitunternehmerschaft, nicht unmittelbar dem Gesetzeswortlaut zu entnehmen (...)".

Das ist in sich widersprüchlich.

816 Schwer nachvollziehbar ist auch die Schlussfolgerung, die in dem Urteil daraus gezogen wird, dass ein „Durchgriff" durch eine Mitunternehmerschaft nicht zulässig sei. „Demgemäß" – so wird in dem Urteil ausgeführt, also weil ein Durchgriff durch eine Mitunternehmerschaft nicht möglich sei, sei „die (ertragsteuerrechtliche) Selbständigkeit der Schwestergesellschaft (...) auch dann anzuerkennen, wenn es sich um eine Besitzgesellschaft" handele, die während des Bestehens der Betriebsaufspaltung als Gewerbebetrieb anzusehen sei. Schwer nachvollziehbar sind diese Urteilsausführungen, weil die Gewerblichkeit der Besitzgesellschaft sich nicht aus dem nicht zulässigen Durchgriff durch eine Mitunternehmerschaft ergibt, sondern allein aus dem Vorliegen der Voraussetzungen der Betriebsaufspaltung herzuleiten ist. Auch damit aber ist demzufolge – entgegen der Ansicht des VIII. Senats – die Konkurrenz zweier einander widerstreitender Normenbefehle, nämlich auf der einen Seite des Gesetzesrechts § 15 Abs. 1 Satz 1 Nr. 2 EStG und des Richterrechts „Betriebsaufspaltung" nicht beseitigt.

817 Die Bedenken gegen die hier erörterte Rechtsprechung des VIII. Senats bestehen mithin nach wie vor. Auch durch das Urteil v. 24.11.1999 sind weder diese Bedenken beseitigt noch die gegen diese Rechtsprechung vorgebrachten Argumente widerlegt worden.

818–820 *(Einstweilen frei)*

4. Folgerungen aus der Rechtsprechungsänderung

Die Rechtsprechungsänderung hat sich z. T. steuerverschärfend ausgewirkt.

a) Der Nur-Besitz-Gesellschafter

Dies gilt insbesondere für die Fälle einer mitunternehmerischen Betriebsaufspaltung, in denen Nur-Besitz-Gesellschafter vorhanden sind.[1]   821

> **BEISPIEL:** A und B betreiben in der Rechtsform einer OHG eine chemische Fabrik. Das Fabrikgrundstück gehört einer GbR, an der A, B und C je zu $^1/_3$ beteiligt sind. In der GbR genügt für Gesellschafterbeschlüsse die einfache Mehrheit.   822

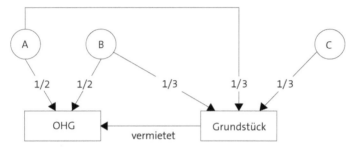

> **LÖSUNG:** Bisher waren die Anteile von A und B an der Grundstücks-GbR Sonderbetriebsvermögen bei der OHG. Der Anteil des C gehörte zu seinem Privatvermögen. Er hatte Einkünfte aus Vermietung und Verpachtung, die nicht der Gewerbesteuer unterlagen. Wurde das vermietete Grundstück veräußert, unterlag der auf C entfallende Veräußerungsgewinn nicht der Einkommensteuer.   823

Nach der Rechtsprechungsänderung ist die GbR als Besitzunternehmen ein Gewerbebetrieb. Die Anteile von A und B an der GbR sind nicht mehr Sonderbetriebsvermögen. Der Gesellschaftsanteil des C gehört nicht mehr zu seinem Privatvermögen, sondern C ist als Mitunternehmer an der Besitz-Personengesellschaft beteiligt. Er hat Einkünfte aus Gewerbebetrieb, die der Gewerbesteuer unterliegen. Wird das vermietete Grundstück veräußert, so unterliegt auch der auf C entfallende Teil des Veräußerungsgewinns der Einkommensteuer.   824

---

[1] Siehe BMF, Schreiben v. 28.4.1998, unter Tz. 2 Buchst. a, BStBl 1998 I S. 583, 584 (linke Spalte).

F. Betriebsunternehmen

b) Betriebsaufgabefälle

825 Eine weitere Verschärfung der Besteuerung ist durch die Änderung der Rechtsprechung in folgendem Fall eingetreten:

> **BEISPIEL:** A und B sind Gesellschafter einer vermögensverwaltenden GbR. Sie haben 1992 ein in Thüringen gelegenes gemischt genutztes Gebäude mit 40 Wohnungen und einem Geschäftslokal erworben. Das Gebäude haben A und B in den Jahren 1994 vollständig saniert und modernisiert. Für den dadurch entstandenen Aufwand haben sie in den Jahren 1994, 1995 und 1996 je 10 % Sonderabschreibungen nach dem FördG vorgenommen. In den Jahren 1997 und 1998 wollen sie jeweils weitere 10 % Sonderabschreibungen vornehmen. A und B waren weiterhin Gesellschafter einer Schlosserei-OHG. Die Schlosserei haben sie bis Mitte 1995 in dem Geschäftslokal des erworbenen und sanierten Grundstücks betrieben. Ein entsprechender Mietvertrag war zwischen der OHG und der GbR abgeschlossen worden.

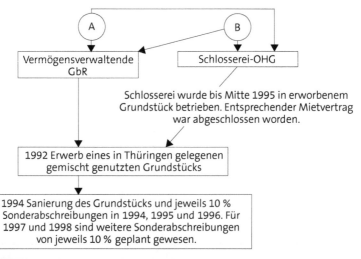

826 **LÖSUNG:** Nach der früheren Rechtsprechung ist das von der GbR an die Schlosserei-OHG vermietete Geschäftslokal bis Mitte 1995 (bis zur Beendigung des Mietverhältnisses) als Sonderbetriebsvermögen von A und B bei der Schlosserei-OHG behandelt worden.

827 Nach der Rechtsprechungsänderung, die wie jede Rechtsprechungsänderung grds. in die Vergangenheit zurückwirkt, ist das vermietete Geschäftslokal jedoch kein Sonderbetriebsvermögen mehr, vielmehr haben A und B im Rahmen der jetzt – rückwirkend – bestehenden Betriebsaufspaltung ein gewerbliches Besitzunternehmen. Zum Betriebsvermögen dieses Besitzunternehmens gehört gem. § 15 Abs. 3 Nr. 1 EStG das gesamte 1994 erworbene und sanierte Gebäude. Das hat zur Folge, dass mit der Beendigung des Mietvertrags Mitte

1995 rückwirkend zu diesem Zeitpunkt das Grundstück aus dem Betriebsvermögen des Besitzunternehmens infolge Betriebsaufgabe ins Privatvermögen von A und B übergeht. Da dieser Übergang zum Teilwert erfolgt, werden dadurch die bereits in Anspruch genommenen Sonderabschreibungen automatisch rückgängig gemacht und künftige Sonderabschreibungen können nicht mehr vorgenommen werden, weil die bisherige Bemessungsgrundlage „nachträgliche Herstellungskosten" steuerlich nicht mehr existiert.

c) Abfärbevorschrift

(1) In § 15 Abs. 3 Nr. 1 EStG wird bestimmt, dass eine Personengesellschaft, die auch gewerblich tätig ist, in vollem Umfang als Gewerbebetrieb gilt. Dieser sog. Abfärbevorschrift kam, unter der Herrschaft der Vorrangstellung des § 15 Abs. 1 Satz 1 Nr. 2 Satz 1 Halbsatz 2 EStG vor den Betriebsaufspaltungsgrundsätzen bei der mitunternehmerischen Betriebsaufspaltung, keine Bedeutung zu. 828

Nachdem aber jetzt das Richterrecht Betriebsaufspaltung der gesetzlichen Regelung des § 15 Abs. 1 Satz 1 Nr. 2 Satz 1 Halbsatz 2 EStG vorgehen soll, erhält die Abfärbevorschrift des § 15 Abs. 3 Nr. 1 EStG auch im Rahmen der mitunternehmerischen Betriebsaufspaltung erhebliche Bedeutung. Darauf wurde auch unter Nr. 2.b des BMF-Schreibens v. 28.4.1998 hingewiesen.[1] Die Anwendung der Abfärbevorschrift ist indes auf Tätigkeiten beschränkt, die die Mitunternehmer in ihrer gesamthänderischen Verbundenheit gemeinsam ausüben.[2] Eine gewerbliche Tätigkeit eines einzelnen oder mehrerer Mitunternehmer außerhalb ihrer gesamthänderischen Tätigkeit als Mitunternehmer ist für die Anwendung des § 15 Abs. 3 Nr. 1 EStG daher irrelevant. 829

BEISPIEL: A und B sind zu je ½ sowohl an der Z-Betriebs-KG als auch an einer GbR beteiligt, zu deren Gesellschaftsvermögen 10 Grundstücke gehören. Eines dieser Grundstücke ist an die Z-Betriebs-KG, die übrigen neun Grundstücke sind an fremde Dritte vermietet. 830

---

1 BMF, Schreiben v. 28.4.1998, BStBl 1998 I S. 583.
2 BFH, Urteil v. 28.6.2006 - XI R 31/05, BFHE 214 S. 302, BStBl 2007 II S. 378; siehe dazu *Söffing*, DB 2006 S. 2479, 2480 f.

F. Betriebsunternehmen

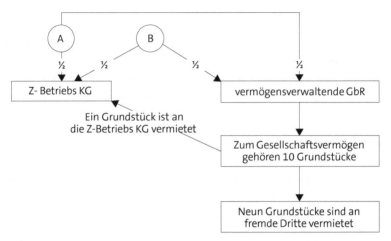

831 **LÖSUNG:** Das sich im Gesamthandsvermögen der GbR befindliche Grundstück, das an die Z-Betriebs-KG vermietet wird, war nach der früher herrschenden Ansicht Sonderbetriebsvermögen bei der Z-Betriebs-KG. Die übrigen fremdvermieteten Grundstücke gehörten zum Privatvermögen von A und B. Die Mieteinnahmen aus diesen Grundstücken waren Einkünfte aus Vermietung und Verpachtung.

832 Nach der Rechtsprechungsänderung ist das anders. Die Grundstücks-GbR ist als gewerbliches Besitzunternehmen anzusehen. Zum Betriebsvermögen dieses Gewerbebetriebs gehört nicht nur das an die Z-Betriebs-KG vermietete Grundstück, sondern, infolge der Abfärbevorschrift des § 15 Abs. 3 Nr. 1 EStG, auch alle neun fremdvermieteten Grundstücke.

833 Die gleichen Konsequenzen können sich ergeben, wenn eine Gesellschaft, die an sich **land- oder forstwirtschaftlich** oder **freiberuflich** tätig ist und im Rahmen einer Betriebsaufspaltung eine wesentliche Betriebsgrundlage an eine gewerbliche Betriebsgesellschaft vermietet bzw. verpachtet. Auch in diesem Fall sind über die Abfärbevorschrift sämtliche Einkünfte der Besitzgesellschaft als gewerblich zu qualifizieren.[1]

834 **BEISPIEL:** A, B und C sind gleichberechtigte Gesellschafter der A/B/C-Zahnarzt-GbR. Im Betriebsvermögen der GbR befindet sich ein Grundstück. Dieses wird an die Z-KG vermietet, die (gewerbliche) Labordienstleistungen erbringt.

---

1 BFH, Beschluss v. 6.11.2003 - IV ER-S-3/03, BStBl 2005 II S. 376; *Schulze zur Wiesche*, BB 2006 S. 751.

LÖSUNG: Vorausgesetzt es liegt eine personelle Verflechtung zwischen der GbR und der KG vor, ist eine Betriebsaufspaltung gegeben. Die Mieteinnahmen sind als gewerblich zu qualifizieren und infizieren die an sich freiberuflichen Einkünfte der GbR, so dass deren gesamte Tätigkeit als gewerblich einzustufen ist. 835

(Einstweilen frei) 836–838

(2) Andererseits aber kann die neue Rechtsansicht auch vorteilhaft sein, wie sich aus dem folgenden Beispiel ergibt: 839

BEISPIEL: A und B sind mit 75 % an der P-KG beteiligt. Die Gesellschafterbeschlüsse dieser Gesellschaft werden mit einfacher Mehrheit gefasst. A und B haben der P-KG zwei ihnen als Miteigentümern gehörende Grundstücke vermietet. Beide Grundstücke enthalten hohe stille Reserven. Eines der vermieteten Grundstücke wird von der P-KG nicht mehr gebraucht und soll deshalb fremdvermietet werden.

LÖSUNG: Nach der bisherigen Rechtsansicht waren beide Grundstücke Sonderbetriebsvermögen. Das hatte zur Folge, dass die Fremdvermietung – soweit nicht die Voraussetzungen für die Annahme von gewillkürtem Sonderbetriebsvermögen vorlagen – zu einer Entnahme des betreffenden Grundstücks und damit zu einer Realisierung der stillen Reserven führte. 840

Nach der neueren Ansicht ist dies nicht mehr der Fall, denn die vermieteten Grundstücke sind kein Sonderbetriebsvermögen mehr, sondern Betriebsvermögen eines eigenständigen Besitzunternehmens, das sowohl A und B zuzurechnen ist. Ist dieses Besitzunternehmen eine Personengesellschaft, dann findet auf diese die Abfärberegelung des § 15 Abs. 3 Nr. 1 EStG Anwendung. Die Folge ist, dass die Fremdvermietung des einen Grundstücks nicht zu einer Entnahme führt, weil es infolge der Abfärberegelung weiterhin Betriebsvermögen des Besitzunternehmens bleibt. 841

(Einstweilen frei) 842–844

d) Gewerbesteuerbefreiungen

Nach § 3 Nr. 20 GewStG sind unter bestimmten Voraussetzungen einige soziale Einrichtungen (z. B. Krankenhäuser und Altenheime) von der Gewerbesteuer befreit. Wird eine solche soziale Einrichtung von einer Personengesellschaft betrieben, und hatten deren Gesellschafter ihrer Gesellschaft Wirtschaftsgüter zur Nutzung überlassen, so waren diese Wirtschaftsgüter nach der bisher herrschenden Meinung Sonderbetriebsvermögen bei der gewerbesteuerfreien sozialen Einrichtung und wurden demzufolge von der Gewerbesteuerfreiheit miterfasst. 845

Nach der jetzt als maßgebend angesehenen Auffassung, sind die zur Nutzung überlassenen Wirtschaftsgüter kein Sonderbetriebsvermögen mehr. Sie gehö- 846 ren vielmehr zum Betriebsvermögen einer eigenständigen Besitz-Personengesellschaft. Auf diese fand nach der älteren Rechtsprechung des BFH[1] die Gewerbesteuerbefreiungsvorschrift des § 3 Nr. 20 GewStG keine Anwendung.[2] Diese Rechtsprechung ist jedoch mittlerweile aufgegeben worden.[3] Die steuerverschärfende Tendenz der neueren Rechtsprechung wurde damit in diesem Punkt wieder rückgängig gemacht.

e) Gewerbesteuerliche Doppelbelastung bei Darlehensgewährung

847 **BEISPIEL:** An der V-Betriebs-KG sind A und B je zu ½ beteiligt. Beide sind Eigentümer eines Grundstücks, das sie an die KG vermietet haben. Gleichzeit haben sie ihrer KG ein Darlehen von 100.000 € gewährt.

848 **LÖSUNG:** Nach der älteren Rechtsprechung gehörten sowohl das vermietete Grundstück als auch die Darlehensforderung von A und B zu ihren Sonderbetriebsvermögen bei der KG. Das hatte zur Folge, dass keine Hinzurechnung bezüglich des Entgelts für die Schuld stattfand, weil die Hinzurechnungsvorschrift des § 8 Nr. 1 Buchst. a GewStG auf Darlehensforderungen, die zum Sonderbetriebsvermögen gehören, keine Anwendung findet.[4]

849 Nach der geänderten Auffassung des VIII. Senats[5] hingegen sind vermietetes Wirtschaftsgut und Darlehensforderung kein Sonderbetriebsvermögen mehr, sondern gehören zum Betriebsvermögen eines Besitzunternehmens. Die Hinzurechnungsvorschrift des § 8 Nr. 1 Buchst. a GewStG findet also Anwendung.[6]

850–852 *(Einstweilen frei)*

f) Keine Saldierungsmöglichkeit

853 Bei der Ermittlung des Gewerbeertrags ist von dem Ergebnis der Gesamtbilanz der Personengesellschaft, also von dem Ergebnis auszugehen, dass sich aus den Sonderbilanzen der Gesellschafter und der nur das Gesellschaftsvermögen umfassenden Steuerbilanz der Personengesellschaft ergibt. Ein Verlust aus einem Sonderbetriebsvermögen ist demzufolge bei der Ermittlung des Gewerbeertrags einer Personengesellschaft mit Gewinnen aus dem Gesellschaftsvermögen auszugleichen.

---

1 Siehe hierzu Rz. 1326 ff.
2 BMF, Schreiben v. 28.4.1998, BStBl 1998 I S. 583, Tz. 2.c; BFH, Beschlüsse v. 30.9.1991 - IV B 21/91, BFH/NV 1992 S. 333, NWB SAAAB-32314; v. 18.12.1997 - X B 133/97, BFH/NV 1998 S. 743, NWB KAAAA-97420.
3 Vgl. unten Rz. 1361 ff.
4 *Hofmeister* in Brandis/Heuermann, EStG, KStG, GewStG, § 8 GewStG Rz. 36; BMF, Schreiben v. 28.4.1998, BStBl 1998 I S. 583, Tz. 2.d; vgl. auch unten Rz. 1577 ff.
5 BFH, Urteil v. 23.4.1996 - VIII R 13/95, BFHE 181 S. 1, BStBl 1998 II S. 325.
6 BMF, Schreiben v. 28.4.1998, BStBl 1998 I S. 583, Tz. 2.d; siehe unten Rz. 1577.

Die Ausgliederung von Sonderbetriebsvermögen in eine eigenständige Besitzgesellschaft aufgrund der Vorrangstellung der Betriebsaufspaltungsgrundsätze vor der Gesetzesregelung des § 15 Abs. 1 Satz 1 Nr. 2 Satz 1 Halbsatz 2 EStG macht eine solche Verlust-/Gewinn-Saldierung unmöglich.[1] Hier greift der Grundsatz, dass jedes Schuldverhältnis für sich betrachtet werden muss und Forderungen sowie Verbindlichkeiten somit grds. nicht saldiert zu beurteilen sind.[2] 854

(Einstweilen frei) 855–857

g) Sonderabschreibungen, Investitionszulagen

Sonderabschreibungen bei Wirtschaftsgütern, die bisher zum Sonderbetriebsvermögen einer Betriebs-Personengesellschaft gehörten, waren von dieser Gesellschaft vorzunehmen. Soweit diese Wirtschaftsgüter nach der neuen Ansicht nicht mehr Sonderbetriebsvermögen sind, sondern zum Betriebsvermögen einer eigenständigen Besitzgesellschaft gehören, ist diese abschreibungsberechtigt. 858

Entsprechendes galt hinsichtlich des Antragsrechts bei der Investitionszulage.

Eine Verschärfung der Besteuerung tritt dadurch nicht ein, weil nach Ansicht der Finanzverwaltung in beiden Fällen Merkmale, die für die Inanspruchnahme von Sonderabschreibungen oder Investitionszulagen erforderlich sind und beim Betriebsunternehmen verwirklicht werden, jedenfalls dann dem Besitzunternehmen zuzurechnen sind, wenn beide Unternehmen betriebsvermögensmäßig verbunden sind.[3] 859

(Einstweilen frei) 860–862

h) Tarifbegünstigung bei Betriebsveräußerung

Eine für Steuerpflichtige günstige Auswirkung hat die Rechtsprechungsänderung in folgendem Fall: 863

BEISPIEL: A ist mit 51 % und B mit 49 % an der H-OHG beteiligt. Gesellschafterbeschlüsse werden mit einfacher Mehrheit gefasst. A hat der OHG ein Grundstück vermietet, das für die OHG eine wesentliche Betriebsgrundlage ist. A veräußert seinen Anteil an der H-OHG. Das vermietete Grundstück wird jedoch nicht mitveräußert. A überführt es vielmehr zum Buchwert in einen anderen ihm gehörenden Betrieb.

---

1 Vgl. hierzu BMF, Schreiben v. 28.4.1998, BStBl 1998 I S. 583, Tz. 2.e.
2 BFH, Urteile v. 19.2.1991 - VIII R 422/83, BStBl 1991 II S. 765; v. 24.1.1996 - I R 160/94, BStBl 1996 II S. 328.
3 BMF, Schreiben v. 28.4.1998, BStBl 1998 I S. 583, Tz. 2. f.

F. Betriebsunternehmen

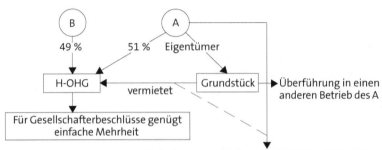

864 **LÖSUNG:** Nach bisheriger Auffassung konnte dem A für den durch die Veräußerung seines Mitunternehmeranteils erzielten Veräußerungsgewinn keine Tarifvergünstigung nach § 34 EStG gewährt werden, weil er nicht alle seinem Mitunternehmeranteil zuzurechnenden stillen Reserven realisiert hatte. Dies ist nach der neuen Rechtsprechung anders; denn das vermietete Grundstück hat danach nichts mehr mit dem veräußerten Mitunternehmeranteil zu tun. Es ist kein Sonderbetriebsvermögen bei der H-OHG, sondern Betriebsvermögen eines eigenständigen Besitzunternehmens. Folglich hat A mit der Veräußerung seines Mitunternehmeranteils alle stillen Reserven aufgelöst, so dass ihm die Tarifvergünstigung des § 34 EStG zusteht.

865–867 *(Einstweilen frei)*

i) Umbuchung

868 Geht man davon aus, dass die Rechtsprechungsänderung rechtens ist, dann sind in den betroffenen Fällen – wegen der Rückwirkung einer Rechtsprechungsänderung in der Vergangenheit – Wirtschaftsgüter fälschlicherweise als Sonderbetriebsvermögen der Betriebs-Personengesellschaft behandelt worden. Demzufolge ist eine Bilanzberichtigung vorzunehmen.

869 Die fälschlicherweise als Sonderbetriebsvermögen behandelten Wirtschaftsgüter sind zum Buchwert aus dem Sonderbetriebsvermögen bei der Betriebs-Personengesellschaft auszubuchen. Dadurch tritt für den betroffenen Gesellschafter eine erfolgsneutrale Minderung seines Kapitalkontos in seiner Sonderbilanz ein.

870 Gleichzeitig sind dieselben Wirtschaftsgüter mit ihren Buchwerten in die Bilanz der Besitz-Personengesellschaft einzubuchen. Dadurch entsteht für den betreffenden Gesellschafter der Besitz-Personengesellschaft erfolgsneutral ein entsprechend hohes Kapitalkonto.

871–873 *(Einstweilen frei)*

j) AfA-Fortführung

Die Besitz-Personengesellschaft hat hinsichtlich der zu Buchwerten übertragenen Wirtschaftsgüter die weitere AfA nach der bisherigen Bemessungsgrundlage und dem bisherigen Absetzungsverfahren zu bemessen.[1]

874

k) Sonderabschreibungen nach dem Fördergebietsgesetz

Die Besitz-Personengesellschaft darf hinsichtlich der zum Buchwert umgebuchten Wirtschaftsgüter Sonderabschreibungen nach dem FördG noch in Höhe und in dem Zeitraum vornehmen, wie es auch die Betriebs-Personengesellschaft noch hätte tun dürfen.

875

(Einstweilen frei) 876–878

l) Behandlung der Nur-Besitz-Gesellschafter

Es ist bereits oben unter Rz. 821 ff. darauf hingewiesen worden, dass die neue Rechtsansicht des VIII. Senats des BFH insbesondere für Nur-Besitz-Gesellschafter eine erhebliche Steuerverschärfung bedeutet. Diese Wirkung wird durch die folgende Anordnung der Finanzverwaltung[2] noch verschärft:

879

„Die o. g. Grundsätze zur Anwendung von R 14 Abs. 2 Satz 2 EStR gelten in diesen Fällen entsprechend mit der Maßgabe, dass es nicht beanstandet wird, wenn die Anteile an den Wirtschaftsgütern des ‚Nur-Besitz-Gesellschafters' (...) mit ihren Restwerten angesetzt werden."

Das bedeutet, dass die Nur-Besitz-Gesellschafter auch alle vor der Rechtsprechungsänderung bei ihnen entstandenen stillen Reserven bei einer späteren Veräußerung oder Entnahme versteuern müssen.

> **BEISPIEL:** A ist mit 51 %, B mit 49 % an der G-KG beteiligt. Gesellschafterbeschlüsse werden mit einfacher Mehrheit gefasst. Die G-KG hat von einer C-GbR ein Grundstück gemietet. An der C-GbR sind A mit 52 % und seine Ehefrau mit 48 % beteiligt. Das vermietete Grundstück enthält am 1.1.1999 10 Mio. € stille Reserven.

880

---

[1] BMF, Schreiben v. 28.4.1998, BStBl 1998 I S. 583, Tz. 4. Abs. 3 Satz 3.
[2] BMF, Schreiben v. 28.4.1998, BStBl 1998 I S. 583, Tz. 4. Abs. 4.

F. Betriebsunternehmen

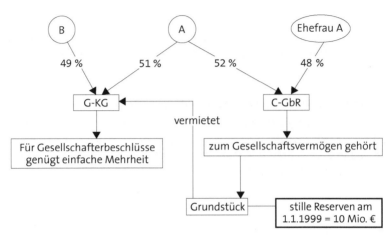

881 **LÖSUNG:** Nach der bisherigen Rechtsansicht war der Anteil des A an dem Grundstück als Sonderbetriebsvermögen zu behandeln. Dadurch waren 52 % der bei dem Grundstück vorhandenen stillen Reserven (= 520.000 €) steuerlich verhaftet. Die auf die Ehefrau A entfallenden stillen Reserven von 480.000 € waren steuerlich nicht verhaftet. Die Rechtsprechungsänderung hat infolge ihrer Rückwirkung zur Folge, dass auch die auf die Ehefrau entfallenden stillen Reserven von 480.000 €, die unter der Herrschaft der früheren Rechtsauffassung entstanden sind, rückwirkend steuerlich verhaftet sind. Das heißt, bei einer späteren Veräußerung oder Entnahme muss Frau A diese stillen Reserven versteuern.

882–884 *(Einstweilen frei)*

m) Antragsberechtigung bei der Investitionszulage

885 Die Betriebs-Personengesellschaft bleibt für die Inanspruchnahme der Investitionszulage von Wirtschaftsgütern, die die Besitz-Personengesellschaft vor der erstmaligen Anwendung der neuen Rechtsprechungsgrundsätze angeschafft oder hergestellt und der Betriebs-Personengesellschaft seit der Anschaffung oder Herstellung zur Nutzung überlassen hat, anspruchsberechtigt.[1]

n) Verbleibensvoraussetzungen usw.

886 Nach Ansicht der Finanzverwaltung hat die Änderung der Rechtsprechung allein keine Auswirkungen auf die Zugehörigkeits-, Verbleibens- und Verwendungsvoraussetzungen nach dem InvZulG und dem FördG. Zur Erläuterung

---

1 BMF, Schreiben v. 28.4.1998, BStBl 1998 I S. 583, Tz. 4. Abs. 5.

dieser Ansicht werden in dem BMF-Schreiben v. 28.4.1998[1] zwei Beispiele angeführt, auf die verwiesen wird.

(Einstweilen frei) 887–889

5. Übergangsregelungen

Das BMF-Schreiben v. 28.4.1998[2] enthielt unter Nr. 4 Verwaltungsanweisungen über die erstmalige Anwendung der neuen Rechtsprechung zur mitunternehmerischen Betriebsaufspaltung. 890

Danach galt der Grundsatz, dass die neue Rechtsprechung erstmals für Wirtschaftsjahre anzuwenden ist, die nach dem 31.12.1998 beginnen. Damit sollte den von der Rechtsprechungsänderung betroffenen Steuerpflichtigen Gelegenheit gegeben werden, ihre tatsächlichen Verhältnisse ggf. umzugestalten. Gerichte waren an diese Übergangsregelung indes nicht gebunden.[3]

(Einstweilen frei) 891–897

6. Vermeidung der Folgen der Rechtsprechungsänderung

a) Empfehlungen der Finanzverwaltung

Das BMF-Schreiben v. 28.4.1998[4] enthielt unter Tz. 5 selbst zwei Vorschläge, wie die Annahme einer mitunternehmerischen Betriebsaufspaltung in den Fällen vermieden werden kann, in denen bisher wegen der Vorrangstellung der gesetzlichen Regelung des § 15 Abs. 1 Satz 1 Nr. 2 Satz 1 Halbsatz 1 EStG keine Betriebsaufspaltung anzunehmen war. 898

(1) Erfolgsneutrale Überführung ins Gesellschaftsvermögen

Der erste Vorschlag der Finanzverwaltung geht dahin, die bisher als Sonderbetriebsvermögen behandelten Wirtschaftsgüter, die für die Betriebs-Personengesellschaft eine wesentliche Betriebsgrundlage sind, vor der erstmaligen Anwendung der neuen Rechtsprechungsansicht zum Buchwert gegen Gewährung von Gesellschaftsrechten ins Gesellschaftsvermögen der Betriebs-Personengesellschaft zu übertragen. Allerdings dürfen im Zusammenhang mit dieser Übertragung keine Verbindlichkeiten aus dem Sonderbetriebsvermögen ins Gesellschaftsvermögen mitübertragen werden, weil sich die Übernahme 899

---

1 BMF, Schreiben v. 28.4.1998, BStBl 1998 I S. 583.
2 BMF, Schreiben v. 28.4.1998, BStBl 1998 I S. 583.
3 Explizit BFH, Urteil v. 9.2.2011 - IV R 15/08, BStBl 2011 II S. 764.
4 BMF, Schreiben v. 28.4.1998, BStBl 1998 I S. 583.

von Verbindlichkeiten als Entgelt darstellt und insoweit nach Auffassung der Finanzverwaltung keine Buchwertübertragung möglich ist.[1]

(2) Einbringung nach § 24 UmwStG

900 Der zweite Vorschlag der Finanzverwaltung besteht darin, nach der erstmaligen Anwendung der neuen Rechtsprechungsauffassung die Anteile an der Besitz-Personengesellschaft nach § 24 UmwStG gegen Gewährung von Gesellschaftsrechten zu Buchwerten in die Betriebs-Personengesellschaft einzubringen.

901 Gegen diesen Vorschlag bestehen jedenfalls dann Bedenken, wenn Nur-Besitz-Gesellschafter vorhanden sind, oder wenn durch die Anwendung der Abfärbevorschrift des § 15 Abs. 3 Nr. 1 EStG zum Betriebsvermögen der Besitz-Personengesellschaft Wirtschaftsgüter gehören, die zuvor kein Sonderbetriebsvermögen waren.

b) Andere denkbare Vermeidungsmöglichkeiten

(1) Kein volles Entgelt

902 Da nach Auffassung der Finanzverwaltung[2] und des BFH[3] die neue Rechtsprechungsmeinung keine Anwendung findet, wenn infolge der Vereinbarung eines geringen Nutzungsentgelts bei der Besitz-Personengesellschaft keine Gewinnerzielungsabsicht vorliegt, kann auch durch die Vereinbarung eines entsprechend niedrigen Nutzungsentgelts die Annahme einer mitunternehmerischen Betriebsaufspaltung vermieden werden.

(2) Vermeidung der Anwendung der Abfärbevorschrift

903 Und schließlich ist noch darauf hinzuweisen, dass in den Fällen, in denen bei Anwendung der neuen Rechtsprechungsansicht eine mitunternehmerische Betriebsaufspaltung entsteht, die Anwendung der Abfärberegelung des § 15 Abs. 3 Nr. 2 EStG[4] dadurch vermieden werden kann, dass die vermietende Personengesellschaft in zwei personenidentische Personengesellschaften aufgespalten wird, von denen die eine den Zweck hat, Wirtschaftsgüter an die Betriebs-Personengesellschaft zu vermieten, während der Zweck der anderen in der Fremdvermietung von Wirtschaftsgütern besteht. Bei der Gesellschaft,

---

1 Vgl. hierzu unten Rz. 1216 ff.
2 BMF, Schreiben v. 28.4.1998, BStBl 1998 I S. 583 (rechte Spalte).
3 BFH, Urteil v. 12.4.2018 - IV R 5/15, BStBl 2020 II S. 118; vgl. auch oben Rz. 269.
4 Siehe oben Rz. 828 ff.

die dann ausschließlich die gewerbliche Tätigkeit ausüben soll, muss es sich um eine Schwestergesellschaft handeln. Es reicht dagegen nicht aus, wenn die gewerbliche Tätigkeit auf eine Untergesellschaft ausgegliedert wird.[1]

(Einstweilen frei) 904–906

7. Keine Anwendung der neuen Rechtsprechungsgrundsätze
a) Entgeltliche und teilentgeltliche Nutzungsüberlassung

Nach Ansicht der Finanzverwaltung soll die Vormachtstellung der Betriebsaufspaltung vor der gesetzlichen Regelung des § 15 Abs. 1 Satz 1 Nr. 2 Satz 1 Halbsatz 2 EStG dann nicht gelten, wenn das Besitzunternehmen dem Betriebsunternehmen eine oder mehrere wesentliche Betriebsgrundlagen unentgeltlich überlassen hat. Zur Begründung wird in dem BMF-Schreiben v. 28.4.1998[2] von der Finanzverwaltung angegeben, dass in diesen Fällen keine mitunternehmerische Betriebsaufspaltung vorliegen könne, weil es an einer Gewinnerzielungsabsicht und damit an einer eigenen gewerblichen Tätigkeit der Besitz-Personengesellschaft fehle. Das Gleiche gilt, wenn bei einer teilentgeltlichen Überlassung bei dem Besitzunternehmen keine Gewinnerzielungsabsicht vorliegt. Diese Auffassung hat der BFH mittlerweile ausdrücklich bestätigt.[3]

907

Dieser Ansicht steht das BFH-Urteil v. 24.4.1991[4] nicht entgegen. In diesem Urteil hat zwar der X. Senat des BFH entschieden, dass auch eine unentgeltliche Nutzungsüberlassung eine Betriebsaufspaltung begründen könne. Nach der Begründung dieses Urteils kann dies aber nur für die Fälle gelten, in denen das Betriebsunternehmen eine Kapitalgesellschaft ist, weil nur in diesen Fällen die Beteiligung der beherrschenden Person oder Personengruppe am Betriebsunternehmen zum Betriebsvermögen des Besitzunternehmens gehört und demzufolge – bezogen auf die beherrschende Person oder Personengruppe – Ausschüttungen aus dem Betriebsunternehmen und Nutzungsentgelte des Betriebsunternehmens an das Besitzunternehmen weitgehend austauschbar sind. Eine solche Austauschbarkeit ist nicht möglich, wenn das Betriebsunternehmen eine Personengesellschaft ist, weil die An-

908

---

1 BFH, Beschluss v. 6.11.2003 - IV ER - S - 3/03, BFHE 207 S. 462, BStBl 2005 II S. 376; Urteil v. 6.10.2004 - IX R 53/01, BFHE 207 S. 466, BStBl 2005 II S. 383; BMF, Schreiben v. 18.5.2005, BStBl 2005 I S. 698; Schulze zur Wiesche, BB 2006 S. 75, 77.
2 BMF, Schreiben v. 28.4.1998, BStBl 1998 I S. 583, Tz. 1.
3 BFH, Urteil v. 12.4.2018 - IV R 5/15, BStBl 2020 II S. 118.
4 BFH, Urteil v. 24.4.1991 - X R 84/88, BFHE 164 S. 385, BStBl 1991 II S. 713.

F. Betriebsunternehmen

teile an einer Personengesellschaft grds. nicht Sonderbetriebsvermögen II einer anderen Personengesellschaft sein können.

b) Mittelbare Beherrschungen

909 Die Begründung einer mitunternehmerischen Betriebsaufspaltung kann *nicht* mehr durch eine mittelbare Beherrschung vermieden werden.

(1) Mittelbare Beteiligung am Besitzunternehmen

910 Auf der Seite des Besitzunternehmens hatte der BFH in seinem Urteil v. 27.8.1992[1] eine nur mittelbare Beherrschung durch eine GmbH für nicht ausreichend angesehen, weil die das Betriebsunternehmen beherrschende Person nicht Gesellschafter des Besitzunternehmens war und ein Durchgriff durch die zwischen diese Person und das Besitzunternehmen zwischengeschaltete GmbH nicht möglich gewesen sei.[2]

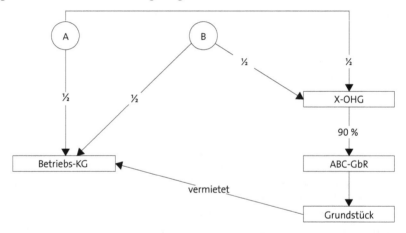

911 Mit Urteil v. 16.9.2021 hat der IV. Senat seine Rechtsprechung allerdings aufgegeben und festgehalten, dass auch eine Beteiligung der an der Betriebsgesellschaft beteiligten Gesellschafter an einer Besitz-Personengesellschaft, die lediglich mittelbar über eine Kapitalgesellschaft besteht, bei der

---

[1] BFH, Urteil v. 27.8.1992 - IV R 13/91, BFHE 169 S. 231, BStBl 1993 II S. 134; bestätigt durch BFH, Urteil v. 8.9.2011 - IV R 44/07, BStBl 2012 II S. 136; vgl. auch oben Rz. 473 f.
[2] Ebenso BFH, Urteile v. 8.9.2011 - IV R 44/07, BStBl 2012 II S. 136; v. 28.1.2015 - I R 20/14, BFH/NV 2015 S. 1109, jeweils m. w. N., NWB IAAAE-91960.

Beurteilung einer personellen Verflechtung als eine der Voraussetzungen einer Betriebsaufspaltung zu berücksichtigen ist.[1] Nach jetziger Auffassung des IV. Senats sind jedenfalls in diesem Fall keine sachlichen Gründe für die von der bisherigen Rechtsprechung bei der Beantwortung der Frage einer personellen Verflechtung vertretene Unterscheidung zwischen einer mittelbaren Beteiligung über eine Kapitalgesellschaft am Betriebsunternehmen und einer solchen am Besitzunternehmen (hier als Personengesellschaft) ersichtlich.[2]

Folge dieser Rechtsprechungsänderung ist, dass eine mitunternehmerische Betriebsaufspaltung nicht mehr dadurch vermieden werden kann, dass die Besitz-Gesellschaft durch eine Kapitalgesellschaft mittelbar beherrscht wird. Mithin kann auch die mittelbare Beherrschung der Besitz-Personengesellschaft eine personelle Verflechtung mit dem unmittelbar oder nur mittelbar beherrschten Betriebspersonen begründen.

912

Die neue Rechtsprechung muss zudem auch für den Fall der **Zwischenschaltung einer mitunternehmerischen Personengesellschaft** gelten: Zwar besitzt eine mitunternehmerische Personengesellschaft nach dem Beschluss des GrS v. 25.2.1991[3] ebenso wie eine Kapitalgesellschaft eine – wenn auch nur eingeschränkte – Steuersubjektivität. Wenn man bei einer Kapitalgesellschaft ein Durchgriffsverbot nicht mehr annimmt, muss dies folgerichtig auch bei einer mitunternehmerischen Personengesellschaft gelten.

(2) Mittelbare Beteiligung am Betriebsunternehmen

BEISPIEL: A und B sind je zu ½ Gesellschafter einer Grundstücks-GbR, die ihr Grundstück an die Y-Betriebs-KG vermietet hat. Das Grundstück ist für die Y-Betriebs-KG eine wesentliche Betriebsgrundlage. Die Anteile an der Y-Betriebs-KG gehören zum Gesellschaftsvermögen der X-OHG. An dieser sind A und B ebenfalls je zu ½ beteiligt.

913

---

1 BFH, Urteil v. 16.9.2021 - IV R 7/18, BFH/NV 2022 S. 377, NWB ZAAAI-03339; vgl. hierzu auch oben Rz. 477 ff.
2 BFH, Urteil v. 16.9.2021 - IV R 7/18, BFH/NV 2022 S. 377, Rz. 38, NWB ZAAAI-03339.
3 BFH, Beschluss v. 25.2.1991 - GrS 7/89, BFHE 163 S. 1, BStBl 1991 II S. 691.

F. Betriebsunternehmen

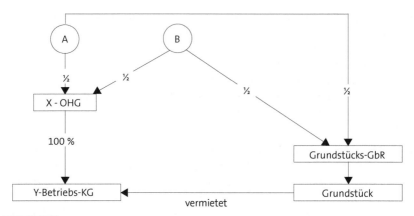

914 **LÖSUNG:** ▶ In diesem Beispiel liegen sowohl die Voraussetzungen des § 15 Abs. 1 Satz 1 Nr. 2 Satz 2 EStG als auch die der Betriebsaufspaltung vor. Letzteres deshalb, weil auf der Seite des Betriebsunternehmens schon immer eine mittelbare Beherrschung durch eine zwischengeschaltete Kapitalgesellschaft oder Personengesellschaft für die Annahme einer personellen Verflechtung als ausreichend angesehen worden ist. § 15 Abs. 1 Satz 1 Nr. 2 Satz 2 EStG findet Anwendung, weil die Y-Betriebs-KG eine mitunternehmerische Personengesellschaft ist.

915 Nun könnte angenommen werden, dass auch in einem solchen Falle die Grundsätze der Betriebsaufspaltung Vorrang vor der gesetzlichen Regelung in § 15 Abs. 1 Satz 1 Nr. 2 Satz 2 EStG haben. Das jedoch lehnt die Finanzverwaltung in dem BMF-Schreiben v. 28.4.1998[1] ab. Sie gibt in diesem Fall der gesetzlichen Regelung des § 15 Abs. 1 Satz 1 Nr. 2 Satz 2 EStG den Vorrang vor dem Richterrecht Betriebsaufspaltung.

916 Es besteht also das eigenartige Ergebnis, dass nach Auffassung der Finanzverwaltung das Richterrecht „Betriebsaufspaltung" zwar der gesetzlichen Regelung des § 15 Abs. 1 Satz 1 Nr. 2 Satz 1 Halbsatz 2 EStG, nicht aber auch der gesetzlichen Regelung des § 15 Satz 1 Nr. 2 Satz 2 EStG vorgeht.

917 Abschließend ist darauf hinzuweisen, dass eine mitunternehmerische Betriebsaufspaltung nicht durch **Zwischenschaltung einer Kapitalgesellschaft** als Gesellschafterin der Betriebsgesellschaft vermieden werden kann.[2] Die Herrschaft über die Betriebsgesellschaft braucht nämlich nach der Rechtsprechung des

---

[1] BMF, Schreiben v. 28.4.1998, BStBl 1998 I S. 583.
[2] FG Baden-Württemberg, Urteil v. 16.12.2019 - 1 K 2182/18, juris, NWB SAAAH-51409 (Az. des BFH: IV R 5/20).

BFH nicht auf einer unmittelbaren Beteiligung beruhen. Sie kann auch mittelbar über eine Beteiligungs-GmbH ausgeübt werden.[1] Es handelt sich dann um eine sog. **mittelbare mitunternehmerische Betriebsaufspaltung**. In diesen Fällen stellte sich wegen der Zwischenschaltung einer Beteiligungs-GmbH bereits vor Änderung der Rechtsprechung zum Vorrang der Betriebsaufspaltung nicht die Frage, ob die Rechtsfolgen des § 15 Abs. 1 Satz 1 Nr. 2 EStG die Rechtsfolgen der Betriebsaufspaltung verdrängen.[2]

(Einstweilen frei) 918–919

III. Einzelunternehmen als Betriebsunternehmen

Ein Einzelunternehmen kann bei der Betriebsaufspaltung kein Betriebsunternehmen sein. 920

> **BEISPIEL:** Der Einzelunternehmer A ist an der X-GbR mit 60 % beteiligt. Das Vermögen der X-GbR besteht aus einem Grundstück, das an das Einzelunternehmen des A vermietet ist und hier eine wesentliche Betriebsgrundlage bildet.

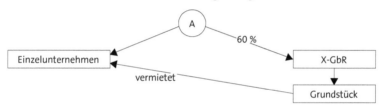

A muss in seinem Einzelunternehmen seinen Anteil an den überlassenen Wirtschaftsgütern (§ 39 Abs. 2 Nr. 2 AO) als notwendiges Betriebsvermögen aktivieren.[3] Dadurch gibt es nichts zum Umqualifizieren. Für die Annahme eines Besitzunternehmens und damit auch für die Behandlung eines Einzelunternehmens als Betriebsunternehmen i. S. der Betriebsaufspaltung ist damit kein Platz. 921

Zu einem anderen Ergebnis müsste man allerdings kommen, wenn man die Überlegungen des Urteils des VIII. Senats des BFH v. 23.4.1996[4] auch hier anwenden würde. Eine solche Anwendung ist nicht von der Hand zu weisen; denn wenn man – wie dies der VIII. Senat getan hat – der Betriebsaufspal- 922

---

1 Vgl. BFH, Urteile v. 23.7.1981 - IV R 103/78, BStBl 1982 II S. 60; v. 10.11.1982 - I R 178/77, BStBl 1983 II S. 136; siehe auch oben Rz. 468 ff.
2 Vgl. BFH, Urteile v. 27.8.1992 - IV R 13/91, BStBl 1993 II S. 134; v. 26.8.1993 - IV R 48/91, BFH/NV 1994 S. 265, NWB MAAAB-33862.
3 BFH, Urteil v. 26.1.1978 - IV R 160/73, BFHE 124 S. 335, BStBl 1978 II S. 299.
4 Vgl. oben Rz. 778 ff.

tungs-Rechtsprechung den Vorrang vor der Behandlung eines Wirtschaftsguts als Sonderbetriebsvermögen einräumt, dann kann man auch der Betriebsaufspaltungs-Rechtsprechung den Vorrang vor der Behandlung eines Wirtschaftsguts als Betriebsvermögen einräumen.

923 Übertragen auf das vorstehende Beispiel würde dies bedeuten, dass das an das Einzelunternehmen des A vermietete Grundstück nicht zum Betriebsvermögen des Einzelunternehmens gehört, sondern als Besitzunternehmen einen eigenen Gewerbebetrieb neben dem als Betriebsunternehmen anzusehenden Einzelunternehmen bildet.

Ein solches Ergebnis ist jedoch wenig einleuchtend. Es zeigt vielmehr, dass die neue Rechtsprechung zur mitunternehmerischen Betriebsaufspaltung auch unter dem Vergleich mit einem Einzelunternehmen erheblichen Bedenken begegnet.

924–926 *(Einstweilen frei)*

IV. Gemeinschaft als Betriebsunternehmen

927 Auch eine Gemeinschaft kann als Betriebsunternehmen in Betracht kommen, wenn die Gemeinschaft wirtschaftlich einer mitunternehmerisch tätigen Personengesellschaft vergleichbar ist. Hier gelten die gleichen Überlegungen wie in den Fällen, in denen das Betriebsunternehmen die Rechtsform einer Personengesellschaft hat.[1]

928–930 *(Einstweilen frei)*

V. Muss das Betriebsunternehmen einen Gewerbebetrieb zum Gegenstand haben?

LITERATUR:

o. V., Besteht die Gewerbesteuerpflicht des Besitzunternehmens nach einer Betriebsaufspaltung auch, wenn der Betriebsinhaber vor der Betriebsaufspaltung freiberuflich tätig war?, DB 1977 S. 2306; *Kudert/Mroz*, Die Betriebsaufspaltung im Spannungsverhältnis zwischen gesetzlichen Regelungen und richterlicher Rechtsfortbildung, StuW 2016 S. 146.

931 Unstreitig ist, dass ein in der Rechtsform einer Kapitalgesellschaft geführtes Betriebsunternehmen nicht die Voraussetzungen des § 15 Abs. 2 EStG erfüllen muss, seine Tätigkeit sich also nicht als eine gewerbliche darstellen muss. Es

---

[1] BFH, Urteil v. 23.4.1996 - VIII R 13/95, BStBl 1998 II S. 325.

V. Muss das Betriebsunternehmen einen Gewerbebetrieb zum Gegenstand haben?

genügt, dass es sich um einen Gewerbebetrieb kraft Rechtsform gem. § 8 Abs. 2 KStG handelt. Dies hat der BFH damit begründet, dass die Annahme einer Betriebsaufspaltung nicht voraussetzt, dass anderenfalls das Gewerbesteueraufkommen konkret gefährdet wäre.[1]

Handelt es sich bei dem Betriebsunternehmen hingegen um eine Personengesellschaft oder eine wirtschaftlich vergleichbare Gemeinschaft – und diese Fälle sind nach der Rechtsprechungsabweichung des VIII. Senats bei der mitunternehmerischen Betriebsaufspaltung durch das BFH-Urteil v. 23.4.1996[2] viel häufiger als früher –, so war es insbesondere in der Literatur noch nicht abschließend geklärt, ob die Annahme einer Betriebsaufspaltung tatbestandsmäßig voraussetzt, dass das Betriebsunternehmen einen Gewerbebetrieb i. S. des § 15 Abs. 2 EStG zum Gegenstand haben muss. 932

Stellte man, wie dies in dem BFH-Urteil v. 12.11.1985[3] geschieht, als Rechtfertigung der Betriebsaufspaltungs-Rechtsprechung isoliert das Vorhandensein einer sachlichen und personellen Verflechtung in den Vordergrund, dann musste man zu dem Ergebnis kommen, dass eine Betriebsaufspaltung auch dann anzunehmen ist, wenn das Betriebsunternehmen eine Land- und Forstwirtschaft oder eine selbständige Tätigkeit zum Gegenstand hat.[4] Stellte man hingegen, wie dies in anderen Entscheidungen des BFH geschieht, darauf ab, dass die Gewerblichkeit des Besitzunternehmens aus der Gewerblichkeit des Betriebsunternehmens herzuleiten ist, dann konnte Betriebsaufspaltung nur dann vorliegen, wenn das Betriebsunternehmen einen Gewerbebetrieb zum Gegenstand hat. 933

Diese Sichtweise wird von zwei jüngeren Entscheidungen des BFH gestützt.[5] Danach kann die Vermietung wesentlicher Betriebsgrundlagen an eine Freiberuflergesellschaft nicht zu einer mitunternehmerischen Betriebsaufspaltung führen.[6] Diese Sichtweise ist konsequent. Schließlich würde auch niemand den Ansatz verfolgen, dass eine Betriebsaufspaltung in der Weise möglich ist, dass das vermietende Besitzunternehmen unabhängig von der beruflichen 934

---

1 BFH, Urteile v. 18.6.2015 - IV R 11/13, BFH/NV 2015 S. 1398, NWB RAAAE-99377; IV R 12/13, BFH/NV 2015 S. 1401, NWB BAAAE-99378; IV R 13/13, BFH/NV 2015 S. 1405, NWB LAAAE-99379.
2 BFH, Urteil v. 23.4.1996 - VIII R 13/95, BFHE 181 S. 1, BStBl 1998 II S. 325.
3 BFH, Urteil v. 12.11.1985 - VIII R 240/81, BFHE 145 S. 401, BStBl 1986 II S. 296.
4 Vgl. unten Rz. 956 ff.
5 Vgl. auch *Kudert/Mroz*, StuW 2016 S. 146, 151 f.
6 BFH, Beschluss v. 12.5.2004 - X R 59/00 (unter B.IV.5.b), BFHE 206 S. 179, BStBl 2004 II S. 607; Urteil v. 10.11.2005 - IV R 29/04 (unter 2.d.ee), BFHE 211 S. 305, BStBl 2006 II S. 173; a. A. *Reiß* in Kirchhof/Seer, EStG, 19. Aufl. 2020, § 15 Rz. 88; *Patt/Rasche*, DStZ 1999 S. 127.

Qualifikation der Besitzgesellschafter Einkünfte i. S. des § 18 EStG erzielt. Wenn keine gewerblichen Einkünfte des Betriebsunternehmens vorliegen, wäre es ähnlich inkonsequent, die Vermietungstätigkeit der Besitzgesellschaft als gewerblich umzuqualifizieren.

935–937 *(Einstweilen frei)*

VI. Ausländische Betriebsgesellschaft

LITERATUR:

Ruf, Die Betriebsaufspaltung über die Grenze, IStR 2006 S. 232; *Homuth*, Die grenzüberschreitende Betriebsaufspaltung, IWB 2018 S. 536; *Stiller*, Grenzüberschreitende Betriebsaufspaltung und ihre Beendigung, IStR 2018 S. 328; *Günkel*, Betriebsaufspaltung über die Grenze, Festschrift für Heinz-Klaus Kroppen zum 60. Geburtstag, 2020 S. 577; *Herbst/Kunert*, Anmerkung zum Urteil des BFH vom 17.11.2020, I R 72/16, ISR 2021 S. 352; *Mitschke*, Urteilsanmerkung zu BFH, Urteil v. 17.11.2020 - I R 72/16, IStR 2021 S. 442; *Schade/Poerschke*, Die Betriebsaufspaltung auf (Auslands-)Reise, IWB 2021 S. 628; *Binnewies*, Aktuelles zur Betriebsaufspaltung, GmbH-StB 2022 S. 84.

938 Nach Auffassung des BFH[1] und der h. M. in der Literatur[2] ist eine **Betriebsaufspaltung über die Grenze** auch ohne inländische Betriebsstätte möglich. Für den BFH ist hierfür maßgeblich, dass der einheitliche geschäftliche Betätigungswille die Vermietungstätigkeit des Besitzunternehmens deutlich von einer „normalen" Vermietung mit der Folge abhebt, dass hinsichtlich der Tätigkeit des Besitzunternehmens von einer originär gewerblichen Tätigkeit i. S. des § 15 Abs. 1 Satz 1 Nr. 1 Abs. 2 EStG auszugehen ist. Auf dieser dogmatischen Grundlage gebe es keinen sachlichen Grund, bei der Qualifikation der Einkünfte des Besitzunternehmens danach zu differenzieren, ob sich die überlassenen Wirtschaftsgüter aus Sicht des Besitzunternehmen vor oder hinter der Landesgrenze befinden.[3]

939 BEISPIEL: C, D und E sind zu je $^1/_3$ Gesellschafter der nach deutschem Recht gegründeten X-GbR mit Sitz in Frankfurt. Die X-GbR ist Eigentümerin von mehreren in Großbritannien belegenen Grundstücken. Diese werden an die F-Limited, einer nach britischem Recht gegründeten Kapitalgesellschaft mit Sitz in London, vermietet. Gesellschafter der F-Limited sind C und D mit jeweils 50 % der Anteile. Neben den Vermietungseinkünften bezieht die X-GbR Gewinnausschüttungen von der F-Limited. Fraglich ist, wie die Einkünfte zu qualifizieren sind.

---

1 BFH, Urteil v. 17.11.2020 - I R 72/16, BFH/NV 2021 S. 863, NWB IAAAH-78531; zustimmend *Mitschke*, IStR 2021 S. 442.
2 *Gluth* in Herrmann/Heuer/Raupach, § 15 EStG Rz. 785; *Krumm* in Kirchhof/Seer, EStG, 22. Aufl. 2022, § 15 Rz. 113; *Bachmann*, Die internationale Betriebsaufspaltung, 2004 S. 188; *Ruf*, IStR 2006 S. 232, 235; *Haverkamp*, IStR 2008 S. 165, 170; *Kußmaul/Schwarz*, GmbHR 2012 S. 834, 840; vgl. zu einem ausländischen Besitzunternehmen oben Rz. 671 ff.
3 BFH, Urteil v. 17.11.2020 - I R 72/16, BFH/NV 2021 S. 863, Rz. 27, NWB IAAAH-78531.

VI. Ausländische Betriebsgesellschaft

Für die hier gegebene Konstellation der Betriebsaufspaltung über die Grenze – Besitzgesellschaft im Inland, Betriebsgesellschaft im Ausland – war vor der Entscheidung des BFH nicht abschließend geklärt, ob für die Besteuerung im Inland die Rechtsfolgen einer Betriebsaufspaltung überhaupt eingreifen. Ein Teil der Literatur lehnt die Annahme einer Betriebsaufspaltung ab, weil das Betriebsunternehmen im Inland keine Betriebsstätte i. S. des § 2 Abs. 1 Satz 3 GewStG unterhalte und die Einkünfte von vornherein nicht der Gewerbesteuer unterliegen,[1] oder weil die ausländischen Vermietungseinkünfte nicht zu gewerblichen Einkünften umqualifiziert werden dürften.[2]

940

Nach Auffassung des BFH und der h. M. ist jedoch auch hier an den Grundsätzen der Betriebsaufspaltung festzuhalten.[3] Zudem sei die Frage der Einkünftequalifikation von der Frage nach dem Besteuerungsrecht der Bundesrepublik Deutschland zu trennen.[4] Die inländische Besitzgesellschaft ist nach dieser Auffassung nicht mehr vermögensverwaltend tätig, sondern erzielt Einkünfte aus Gewerbebetrieb i. S. des § 15 EStG, wobei allerdings abkommensrechtliche Besteuerungsrechte zu berücksichtigen sind.[5]

941

Nach dieser Auffassung sind im Beispielsfall folglich sowohl die Vermietungseinkünfte als auch die Gewinnausschüttungen als gewerbliche Einkünfte zu qualifizieren. Letztere unterliegen dem Teileinkünfteverfahren nach §§ 3 Nr. 40 Buchst. d, 3c Abs. 2 EStG. Es wird zudem nach § 2 Abs. 1 GewStG eine Gewerbesteuerpflicht im Inland begründet, soweit im Inland eine Betriebsstätte i. S. des § 12 AO begründet wird. Dies kann nach § 12 Satz 2 Nr. 1 AO die Stätte der Geschäftsleitung sein. Liegen keine ausländischen Betriebsstätten vor, was

---

1 So noch *Wacker* in Schmidt, EStG, 39. Aufl. 2020, § 15 Rz. 862 i. V. m. Rz. 856; in der aktuellen 41. Aufl. ist diese Auffassung aufgegeben worden.

2 *Dehmer*, Betriebsaufspaltung, 4. Aufl. 2018, § 9 Rz. 14; *Haverkamp*, IStR 2008 S. 165, 170, für die Vermietung eines Grundstücks, in Fußnote 54 allerdings mit gegenteiligem Ergebnis, wenn eine bewegliche Mietsache vorliegt.

3 BFH, Urteil v. 17.11.2020 - I R 72/16, BFH/NV 2021 S. 863, Rz. 27, NWB IAAAH-78531; FG Hessen, Urteil v. 26.3.2015 - 10 K 2347/09, EFG 2015 S. 1454 (rkr.), NWB XAAAE-93938; *Kaligin*, Die Betriebsaufspaltung, 12. Aufl. 2022, Rz. 711; *Bünning/Kaligin/Naujok* in Lademann, EStG/KStG, § 15 EStG Rz. 344/13; *Streck/Binneweis* in Streck, KStG, 10. Aufl. 2022, Beratungs-ABC „Betriebsaufspaltung", Rz. 11; *Kußmaul/Schwarz*, GmbHR 2012 S. 834, 840; *Stiller*, IStR 2018 S. 328, 330; *Homuth*, IWB 2018 S. 536, 543 f.

4 *Ruf*, IStR 2006 S. 232, 243 f.

5 BFH, Urteil v. 17.11.2020 - I R 72/16, BFH/NV 2021 S. 863, Rz. 24 f., NWB IAAAH-78531; *Gluth* in Herrmann/Heuer/Raupach, § 15 EStG Rz. 776; *Reiß* in Kirchhof/Seer, EStG, 21. Aufl. 2022, § 15 Rz. 106 a/d; *Kempermann* in Wassermeyer/Richter/Schnittker, Personengesellschaften im Internationalen Steuerrecht, 2010, Rz. 3.71; *Weggenmann* in Wassermeyer/Richter/Schnittker, Personengesellschaften im Internationalen Steuerrecht, 2. Aufl. 2015, Rz. 8.104; *Bachmann*, Die internationale Betriebsaufspaltung, 2004, S. 185 ff.; *Schulze zur Wiesche*, BB 2013 S. 2463, 2464; *Schießl*, StW 2006 S. 43, 47; *Becker/Günkel* in Festschrift für Ludwig Schmidt, 1993, S. 483, 484 bis 489.

häufig der Fall ist, weil die Betriebsstätten der ausländischen Betriebsgesellschaft keine Betriebsstätten der inländischen Besitzgesellschaft sind,[1] greift auch eine Kürzung nach § 9 Nr. 3 GewStG nicht. Die Beteiligung an der F-Limited gehört des Weiteren zum Betriebsvermögen der X-GbR mit der Konsequenz, dass die daraus resultierenden Gewinnausschüttungen als Einkünfte aus Gewerbebetrieb dort zu erfassen sind.[2] Eine Kürzung des Gewerbeertrags bezüglich dieser Gewinnausschüttungen erfolgt bei 15 %iger Beteiligung während des gesamten Erhebungszeitraums nach § 9 Nr. 7 GewStG oder im DBA-Fall nach § 9 Nr. 8 GewStG.[3]

Wäre zur Vermeidung der Doppelbesteuerung die Anrechnungsmethode anzuwenden, würden der deutschen Steuer entsprechende Steuern nach Maßgabe von § 34c Abs. 1 bzw. 6 EStG auf die deutsche Steuer angerechnet. Im nächsten Schritt wird die Steuer um den Ermäßigungsbetrag des § 35 EStG reduziert, wodurch die grenzüberschreitende Betriebsaufspaltung im Vergleich zur rein nationalen Betriebsaufspaltung einer höheren Gewerbesteuerbelastung ausgesetzt sein kann.[4]

Im Beispielsfall ist aber das DBA-Großbritannien anzuwenden. Abkommensrechtlich ist allerdings auch im Hinblick auf das DBA-GB darauf abzustellen, ob abkommensrechtliche Unternehmensgewinne erzielt werden.[5] Dementsprechend ist nicht maßgeblich, dass im Verhältnis X-GbR als Besitzgesellschaft und F-Limited als Betriebsgesellschaft nach deutschem Rechtsverständnis eine Betriebsaufspaltung über die Grenze vorliegt und die X-GbR danach Einkünfte aus Gewerbebetrieb erzielet.[6] Abkommensrechtlich erzielt die X-GbR vielmehr Einkünfte aus Vermietung und Verpachtung eines Grundstücks, Art. 12 DBA-GB, und Kapitalvermögen/Dividenden, Art. 6 DBA-GB. Die gewerblichen Einkünfte der F-Limited sind ihr dagegen nicht zuzurechnen (intransparente britische Kapitalgesellschaft). Würden sonstige Wirtschaftsgüter (z. B.

---

1 *Günkel*, Festschrift für Heinz-Klaus Kroppen zum 60. Geburtstag, 2020 S. 577, 588; *Binnewies*, GmbH-StB 2022 S. 84, 89.
2 BFH, Urteil v. 17.11.2020 - I R 72/16, BFH/NV 2021 S. 863, Rz. 31, NWB IAAAH-78531; FG Hessen, Urteil v. 26.3.2015 - 10 K 2347/09, EFG 2015 S. 1454 (rkr.), NWB XAAAE-93938; vgl. auch *Reiß* in Kirchhof/Seer, EStG, 21. Aufl. 2022, § 15 Rz. 106 a/d; *Schulze zur Wiesche*, BB 2013 S. 2463, 2464; *Bachmann*, Die internationale Betriebsaufspaltung, 2004, S. 188 f.; *Schießl*, StW 2006 S. 43, 47.
3 Vgl. auch *Binnewies*, GmbH-StB 2022 S. 84, 89.
4 Vgl. hierzu *Stiller*, IStR 2018 S. 328, 331.
5 BFH, Urteil v. 17.11.2020 - I R 72/16, BFH/NV 2021 S. 863, Rz. 31, NWB IAAAH-78531.
6 BFH, Urteil v. 17.11.2020 - I R 72/16, BFH/NV 2021 S. 863, Rz. 31, NWB IAAAH-78531; vgl. bereits BFH, Urteile v. 9.12.2010 - I R 49/09, BStBl 2011 II S. 482, Rz. 18; v. 24.8.2011 - I R 46/10, BStBl 2014 II S. 764, Rz. 16; v. 25.5.2011 - I R 95/10, BStBl 2014 II S. 760, Rz. 22; dieser Rechtsprechung nunmehr allgemein folgend auch BMF, Schreiben v. 26.9.2014, BStBl 2014 I S. 1258, Rz. 2.2.1, 2.3.3, 2.3.3.4, 2.3.3.5.

bewegliche oder immaterielle Wirtschaftsgüter) vermietet, sind abweichende DBA-Regeln (Art. 21, 12 OECD-MA) anzuwenden.[1] Da das inländische Besitzunternehmen im Ausland i. d. R. keine Betriebsstätte begründet, wären die Einkünfte in Deutschland zu versteuern und unterlägen hier der Einkommen- und Gewerbesteuer.[2]

In der Regel wird das Besteuerungsrecht insoweit dem Ansässigkeitsstaat zugewiesen.[3] Gleiches gilt für Beteiligungserträge. Entfallen die Voraussetzungen einer Betriebsaufspaltung, z. B. durch Auflösung der personellen Verflechtung, wäre aus deutscher Perspektive eine Betriebsaufgabe nach § 16 Abs. 3 Satz 1 EStG anzunehmen, die nicht der Gewerbesteuer unterliegt. Der Vorgang löst nach ausländischem Steuerrecht dagegen keine Steuerfolgen aus, wenn dieses eine Betriebsaufspaltung nicht kennt.[4] Ausgenommen sind Fälle, in denen die Betriebsaufspaltung durch Veräußerung der ausländischen Wirtschaftsgüter endet. In diesem Fall entscheiden dann wiederum die einschlägigen Verteilungsartikel des DBA darüber, welchem Staat das Besteuerungsrecht zugewiesen wird: Handelt es sich um unbewegliches Vermögen, ist dem Belegenheitsstaat das Besteuerungsrecht zugewiesen (Art. 13 Abs. 1 OECD-MA). Veräußerungs- bzw. Entnahmegewinne bezogen auf die Anteile an der ausländischen Betriebskapitalgesellschaft oder sonstige überlassene Wirtschaftsgüter stehen Deutschland zu (Art. 13 Abs. 2 und 5 OECD-MA), da diese Gewinne nicht einer ausdrücklichen Zuweisung des Besteuerungsrechts an den ausländischen Staat unterliegen und – bezogen auf das Besitzunternehmen – keine Betriebsstätte im ausländischen Staat vorliegt.[5]

Da es sich bei der Betriebsaufspaltung um Richterrecht handelt – ist nach der hier vertretenen Auffassung von einer engen Auslegung auszugehen und zu verlangen, dass auch das Betriebsunternehmen eine inländische Betriebsstätte haben muss.[6] Es ist nämlich zu berücksichtigen, dass § 2 Abs. 1 Satz 1 GewStG eindeutig davon spricht, dass der Gewerbesteuer nur ein solcher Gewerbebetrieb unterliegt, der im Inland betrieben wird. Konkretisierend macht § 2 Abs. 1 Satz 3 GewStG deutlich, dass ein Gewerbebetrieb nur dann im Inland betrieben wird, wenn für ihn im Inland eine Betriebsstätte unterhalten wird. Der Sinn der Betriebsaufspaltungslehre besteht darin, Schmälerungen der Ge-

942

---

1 Vgl. auch *Günkel*, Festschrift für Heinz-Klaus Kroppen zum 60. Geburtstag, 2020 S. 577, 587.
2 *Binnewies*, GmbH-StB 2022 S. 84, 89.
3 Zum DBA-Polen siehe *Stiller*, IStR 2018 S. 328, 331 f.
4 Vgl. hierzu *Stiller*, IStR 2018 S. 328, 332 f.
5 *Günkel*, Festschrift für Heinz-Klaus Kroppen zum 60. Geburtstag, 2020 S. 577, 589; *Binnewies*, GmbH-StB 2022 S. 84, 89 f.
6 Kritisch zur Rechtsprechung auch *Schade/Poerschke*, IWB 2021 S. 628, 633 ff.

F. Betriebsunternehmen

werbesteuer vorzubeugen. Vor dem Hintergrund dieser Zielsetzung erscheint es logisch, eine Betriebsaufspaltung über die Grenze nur dann zur Anwendung kommen zu lassen, wenn inländische Gewerbesteuer überhaupt anfallen kann, also auch eine inländische Betriebsstätte vorliegt. Das ist hier aber gerade nicht der Fall.[1]

943 Im vorliegenden Beispiel liegen folglich aus nationaler Perspektive Einkünfte aus Vermietung und Verpachtung nach § 21 Abs. 1 Nr. 1 EStG bzw. Kapitaleinkünfte nach § 20 Abs. 1 Nr. 1 EStG vor. Die jeweiligen Einkunftsquellen stellen Privatvermögen dar. DBA-rechtlich sind ohnehin die Verteilungsartikel betreffend Einkünfte aus unbeweglichem Vermögen bzw. Kapitalvermögen anzuwenden.[2]

944–946 *(Einstweilen frei)*

---

[1] Wegen des Begriffs der Betriebsstätte vgl. bereits oben Rz. 676 ff.
[2] Gleiches Ergebnis wie oben unter Rz. 941.

G. Rechtsfolgen der Betriebsaufspaltung

LITERATUR:

Wulff, Ist die gewerbesteuerliche Behandlung des Aufspaltungs-Besitzunternehmens praktisch ein Schlag ins Wasser?, StBp 1970 S. 88; *Paus*, Die Betriebsaufspaltung: Voraussetzungen und Rechtsfolgen, StWa 1989 S. 57; *Brandenberg*, Betriebsaufspaltung und Behandlung des Firmenwerts, JbFfSt 1990 S. 235; *Schneeloch*, Betriebsaufspaltung – Voraussetzungen und Steuerfolgen, DStR 1991 S. 761 und 804; *Böth/Busch/Harle*, Die Betriebsaufspaltung – Teil II: Steuerliche Konsequenzen und Beendigung der Betriebsaufspaltung, SteuerStud 1992 S. 131; *Schulze zur Wiesche*, Betriebsaufspaltung in der jüngsten Rechtsprechung – Voraussetzungen und Konsequenzen, bilanz & buchhaltung, 1992 S. 267; *Micker/Schwarz*, Betriebsaufspaltung – Aktuelle Entwicklungen und Praxisfolgen, DB 2016 S. 1041; *Schulze zur Wiesche*, Die Betriebsaufspaltung in der BFH-Rechtsprechung der letzten beiden Jahre, StBp 2017 S. 144; *Micker/Schwarz*, Aktuelle Anwendungsfragen der Betriebsaufspaltung, FR 2018 S. 765.

I. Grundsätzliches

1. Kein einheitlicher Gewerbebetrieb

LITERATUR:

Risse, Betriebsaufspaltung und „einheitlicher Organismus", GmbHR 1970 S. 178; *Voss*, Ertragsteuerliche Behandlung der Veräußerung von Anteilen an einer Betriebskapitalgesellschaft, DB 1991 S. 2411.

Die Rechtsfolge der Betriebsaufspaltung besteht nicht darin, dass das Besitzunternehmen und das Betriebsunternehmen als ein **einheitliches gewerbliches Unternehmen** angesehen werden. Besitzunternehmen und Betriebsunternehmen bleiben zwei selbständige Unternehmen,[1] die ihren Gewinn unabhängig voneinander ermitteln. Das gilt selbst bei Personenidentität und gleichen Beteiligungsverhältnissen in beiden Unternehmen.

947

Im Gegensatz hierzu findet sich in den RFH-Urteilen v. 26.10.1938[2] und v. 16.11.1944[3] die Auffassung, dass im Fall einer Betriebsaufspaltung unter Um-

948

---

1 BFH, Entscheidungen v. 8.11.1971 - GrS 2/71, BFHE 103 S. 440, BStBl 1972 II S. 63; v. 23.1.1980 - I R 33/77, BFHE 130 S. 173, BStBl 1980 II S. 356; v. 5.2.1981 - IV R 165-166/77, BFHE 132 S. 466, BStBl 1981 II S. 376; v. 16.6.1982 - I R 118/80, BFHE 136 S. 287, BStBl 1982 II S. 662; v. 17.7.1991 - I R 98/88, BFHE 165 S. 369, BStBl 1992 II S. 246; v. 14.1.1998 - X R 57/93, BFHE 185 S. 230, BFH/NV 1998 S. 1160, NWB NAAAA-96781; v. 2.2.2005 - II R 4/03, BFHE 208 S. 421, BStBl 2005 II S. 426; v. 17.4.2018 - IX R 24/17, BFH/NV 2018 S. 929, NWB YAAAG-89747, Rz. 22.
2 RFH, Urteil v. 26.10.1938 - VI 501/38, RStBl 1939 S. 282.
3 RFH, Urteil v. 16.11.1944 - III 22/44, RStBl 1945 S. 34.

G. Rechtsfolgen der Betriebsaufspaltung

ständen ein einheitlicher Gewerbebetrieb in Frage kommt. Und in dem BFH-Urteil v. 24.11.1978[1] heißt es:

„In der älteren Rechtsprechung (...) wurde die gewerbliche Tätigkeit einer Besitzgesellschaft (...) darauf gegründet, dass zwischen der Besitzgesellschaft und der Betriebsgesellschaft wirtschaftlich ein einheitliches Unternehmen gegeben sei (vgl. Entscheidung v. 24.6.1969 - I 201/64, BStBl 1970 II S. 17)."

949 Diese Auffassung ist durch den Beschluss des GrS des BFH v. 8.11.1971[2] aufgegeben worden.

Eine Konsequenz der Tatsache, dass bei der Betriebsaufspaltung zwei Unternehmen vorhanden sind, ist, dass das im Wege der Betriebsaufspaltung entstandene Betriebsunternehmen ohne Einvernehmen mit dem FA ein vom Kalenderjahr **abweichendes Wirtschaftsjahr** wählen kann, weil keine Umstellung eines Wirtschaftsjahrs, sondern eine Neugründung der abgespaltenen Betriebsgesellschaft vorliegt.[3] Aufgrund der Selbständigkeit des Betriebs- gegenüber dem Besitzunternehmen können des Weiteren **verdeckte Gewinnausschüttungen** nach allgemeinen Grundsätzen des § 8 Abs. 3 Satz 2 KStG angenommen werden, z. B. wenn **Entschädigungszahlungen** vom Grundstückseigentümer, der im Rahmen einer Betriebsaufspaltung gleichzeitig Gesellschafter der Betriebs-GmbH ist, nicht an die Betriebs-GmbH weitergeleitet werden. Dies setzt allerdings voraus, dass die entschädigungsrechtlichen Ansprüche entstanden sind.[4]

Ist dies nicht der Fall, kommt eine verdeckte Gewinnausschüttung in Betracht, wenn der Betriebs-GmbH die **Geschäftschance** zum Abschluss einer Entschädigungsvereinbarung zu ihren Gunsten genommen wurde. Davon ist auszugehen, wenn bei einer hypothetischen Betrachtung im Falle einer förmlichen Enteignung der Gesellschafter, der GmbH ein eigener gesetzlicher Entschädigungsanspruch zugestanden hätte.[5]

950 Eine weitere Konsequenz der grundsätzlichen Selbständigkeit von Besitz- und Betriebsunternehmen besteht darin, dass hinsichtlich der Zuständigkeit für die Erteilung einer **verbindlichen Auskunft** maßgebend ist, bei welchem Unternehmen sich die unmittelbaren steuerlichen Auswirkungen zeigen.[6] Gegebenen-

---

1 BFH, Urteil v. 24.11.1978 - III R 121/76, BFHE 127 S. 214, BStBl 1979 II S. 366.
2 BFH, Beschluss v. 8.11.1971 - GrS 2/71, BFHE 103 S. 440, BStBl 1972 II S. 63.
3 BFH, Urteile v. 27.9.1979 - IV R 89/76, BFHE 129 S. 25, BStBl 1980 II S. 94; v. 17.7.1991 - I R 98/88, BFHE 165 S. 369, BStBl 1992 II S. 246; *Brandmüller*, BB 1980 S. 722; *Koevius*, DB 1981 S. 1308.
4 BFH, Urteil v. 4.5.2022 - I R 26/19, juris, Rz. 37.
5 BFH, Urteil v. 4.5.2022 - I R 26/19, juris, Rz. 38.
6 Bayerisches Landesamt für Steuern v. 4.7.2018 - S 0224.2.1-21/4 St43, NWB LAAAG-89773, Tz. 6.

falls hat sich das für das Besitzunternehmen zuständige Finanzamt mit dem für das Betriebsunternehmen zuständigen Finanzamt abzustimmen.

(Einstweilen frei) 951–952

2. Umqualifizierung des Besitzunternehmens

LITERATUR:

Dürkes, Die Doppelgesellschaft, BB 1949 S. 65 und 266; *Keuk, Brigitte,* Gewerbesteuerpflicht des Besitzunternehmens bei Betriebsaufspaltung?, DB 1974 S. 205; *Bordewin,* Gewerbliche Einkünfte der Besitzpersonengesellschaft bei Betriebsaufspaltung, NWB 1998, S 1597; *Esskandari/Bick,* Auswirkungen der Betriebsaufspaltung auf das Sozialversicherungsrecht, NWB 2013 S. 1584.

Die Rechtsfolge der Betriebsaufspaltung besteht nach der Rechtsprechung des BFH insbesondere darin, dass eine Vermietungs- oder Verpachtungstätigkeit in eine gewerbliche Tätigkeit (in einen Gewerbebetrieb) umqualifiziert wird.[1] Der Inhaber bzw. die Gesellschafter des Besitzunternehmens haben keine **Einkünfte aus Vermietung und Verpachtung**, sondern **gewerbliche Einkünfte**. Die ihm bzw. ihnen gehörenden Wirtschaftsgüter gehören nicht zum Privatvermögen, sondern sind Betriebsvermögen. Das Besitzunternehmen unterliegt der **Gewerbesteuer**.[2] 953

Das gilt nach der Rechtsprechung des BFH[3] auch für diejenigen Gesellschafter des Besitzunternehmens, die an der Betriebsgesellschaft nicht beteiligt sind (**Nur-Besitz-Gesellschafter**).[4] Ist das Besitzunternehmen eine Bruchteilsgemeinschaft, gilt nichts anderes. Wegen der Bedenken gegen diese Auffassung wird auf die Ausführungen unter Rz. 1082 ff. verwiesen. 954

Der Umqualifizierung des Besitzunternehmens in einen Gewerbebetrieb steht nichts entgegen, wenn die Betriebs-Kapitalgesellschaft aus einem vor der Betriebsaufspaltung bestehenden freiberuflich tätigen Gesamtunternehmen her- 955

---

1 BFH, Urteile v. 16.6.1982 - I R 118/80, BFHE 136 S. 287, BStBl 1982 II S. 662; v. 10.4.1997 - IV R 73/94, BFHE 183 S. 127, BStBl 1997 II S. 569; v. 14.1.1998 - X R 57/93, BFHE 185 S. 230, BB 1998 S. 1245; v. 15.10.1998 - IV R 20/98, BFHE 187 S. 26, BStBl 1999 II S. 445; v. 14.9.1999 - III R 47/98, BStBl 2000 II S. 255; v. 29.7.2015 - IV R 16/13, NWB PAAAF-08846, BFH/NV 2016 S. 19; v. 20.8.2015 - IV R 26/13, BStBl 2016 II S. 408; v. 12.4.2018 - IV R 5/15, BStBl 2020 II S. 118; v. 14.4.2021 - X R 5/19, BStBl 2021 II S. 851, Rz. 22.
2 BFH, Urteile v. 26.1.1989 - IV R 151/86, BFHE 156 S. 138, BStBl 1989 II S. 455; v. 16.9.2021 - IV R 7/18, BFH/NV 2022 S. 377, NWB ZAAAI-03339.
3 BFH, Urteile v. 2.8.1972 - IV 87/65, BFHE 106 S. 325, BStBl 1972 II S. 796; v. 12.11.1985 - VIII R 240/81, BFHE 145 S. 401, BStBl 1986 II S. 296; v. 28.5.2020 - IV R 4/17, BStBl 2020 II S. 710.
4 Vgl. hierzu auch *Wendt,* GmbHR 1983 S. 20, 25; *Micker,* FR 2009 S. 852.

G. Rechtsfolgen der Betriebsaufspaltung

vorgegangen ist.[1] In dem dem Urteil v. 18.6.1980 zugrunde liegenden Sachverhalt hatte eine Heilpädagogin ein Kinderkurheim betrieben. Die Einkünfte daraus waren als solche aus selbständiger Arbeit behandelt worden. Später gründete die Heilpädagogin zusammen mit ihrem Ehemann eine GmbH, die den Betrieb des früheren Einzelunternehmens fortführte. Das unbewegliche Vermögen des früheren Einzelunternehmens wurde an die GmbH verpachtet.

956 Die Rechtsfolge der Umqualifizierung eines vermögensverwaltenden Besitzunternehmens tritt nicht ein, wenn das Betriebsunternehmen kein gewerbliches Unternehmen ist, sondern eine **Land- und Forstwirtschaft** oder eine **selbständige Tätigkeit** zum Gegenstand hat.[2]

> **BEISPIEL:** An dem in Form einer GbR geführten land- und forstwirtschaftlichen Betrieb L sind A mit 60 % und B mit 40 % beteiligt. A hat an die GbR ein Grundstück vermietet.

957 Die Grundstücksvermietung ist in dem Beispielsfall – obgleich die Voraussetzungen für eine Betriebsaufspaltung (sachliche und personelle Verflechtung) vorliegen – keine land- und forstwirtschaftliche Betätigung, sondern nur Vermietung und Verpachtung. Zwar würden bei einer Anwendung der Betriebsaufspaltungsgrundsätze auf Fälle, in denen das Betriebsunternehmen eine Land- und Forstwirtschaft oder eine selbständige Tätigkeit zum Gegenstand hat, auch die zum Vermögen des Besitzunternehmens gehörenden Wirtschaftsgüter hinsichtlich ihrer Substanzvermehrung der Einkommensteuer unterliegen. Das Institut der Betriebsaufspaltung ist aber nur für den Gewerbebetrieb entwickelt worden. Es hat keine gesetzliche Grundlage und ist deshalb reines Richterrecht, was nicht extensiv ausgelegt werden darf. Für diese Ansicht spricht auch der in dem BFH-Urteil v. 18.6.1980[3] enthaltene Satz:

„Der gewerbliche Charakter der Betriebsgesellschaft bestimmt die Qualifikation der Vermietertätigkeit."

958 Soweit sich gegen die hier vertretene Auffassung Zweifel aus den BFH-Urteilen v. 12.11.1985[4] und v. 18.2.1986[5] ergaben, dürfte der BFH diese mittlerweile selbst ausgeräumt haben.[6]

---

1 BFH, Urteil v. 18.6.1980 - I R 77/77, BFHE 131 S. 388, BStBl 1981 II S. 39.
2 Vgl. auch oben Rz. 931 ff.
3 BFH, Urteil v. 18.6.1980 - I R 77/77, BFHE 131 S. 388, BStBl 1981 II S. 39.
4 BFH, Urteil v. 12.11.1985 - VIII R 240/81, BFHE 145 S. 401, BStBl 1986 II S. 296.
5 BFH, Urteil v. 18.2.1986 - VIII R 125/85, BFHE 146 S. 266, BStBl 1986 II S. 611.
6 BFH, Beschluss v. 12.5.2004 - X R 59/00 (unter B.IV.5.b), BFHE 206 S. 179, BStBl 2004 II S. 607; Urteil v. 10.11.2005 - IV R 29/04 (unter 2.d.ee), BFHE 211 S. 305, BStBl 2006 II S. 173; vgl. bereits oben Rz. 934.

Abschließend ist darauf hinzuweisen, dass in anderen Rechtsgebieten mögli-   959
cherweise andere Wertungen anzustellen sind. Auch wenn eine sog. Betriebsaufspaltung vorliegt und die Einkünfte deshalb von der Finanzverwaltung als
Einkünfte aus Gewerbebetrieb gewertet werden, handelt es sich z. B. nach
einem Urteil des LSG Baden-Württemberg **sozialversicherungsrechtlich** um Ar-
beitseinkommen i. S. des § 15 Abs. 1 Satz 1 SGB IV.[1]

(Einstweilen frei)   960–962

II. Bedenken gegen die Umqualifizierung

LITERATUR:

Söffing, Günter, Ausgeuferte Betriebsaufspaltung: Systematik, Modellfälle, Grundsatzbedenken in Einzelpunkten, KÖSDI 1984 S. 5756; *Weilbach,* Zivilrechtlicher Sündenfall
bei der Betriebsaufspaltung: Kann Nutzungsüberlassung dem Eigentum gleichgestellt
werden?, GmbHR 1991 S. 56; *Thissen,* Betriebsaufspaltung in der Landwirtschaft, StSem
1996 S. 123.

1. Allgemeines

Gegen die Umqualifizierung des Besitzunternehmens in einen Gewerbebetrieb   963
bestehen aus verschiedenen Gründen, insbesondere wegen des GmbH &
Co. KG-Beschlusses des GrS des BFH v. 25.6.1984[2] und wegen des Fehlens der
für die Annahme eines Gewerbebetriebs (§ 15 Abs. 2 EStG) erforderlichen Voraussetzung der Beteiligung am allgemeinen wirtschaftlichen Verkehr bei dem
Besitzunternehmen Bedenken.

2. Der GmbH & Co. KG-Beschluss

LITERATUR:

Felix, Über einige Auswirkungen des „GmbH & Co. KG-Beschlusses 1984 des Großen
Senats" auf das Rechtsinstitut der Betriebsaufspaltung, DStZ 1984 S. 575; *Felix,* Anm.
zum BFH-Urteil vom 12.11.1985 - VIII R 240/81, BStBl 1986 II S. 296, StRK - Anm. EStG
1975 § 15 Abs. 1 Nr. 2 BetrAufsp. R 8.

---

1 LSG Baden-Württemberg, Urteil v. 13.11.2012 - L 11 KR 5353/11, NWB IAAAE-55409, DStR 2013 S. 664; vgl. dazu *Esskandari/Bick*, NWB 2013 S. 1584.
2 BFH, Beschluss v. 25.6.1984 - GrS 4/82, BFHE 141 S. 405, BStBl 1984 II S. 751.

G. Rechtsfolgen der Betriebsaufspaltung

964 Die Rechtsprechung des BFH – zumindest die des I. Senats[1] – hat die Betriebsaufspaltung stets damit gerechtfertigt, dass das Besitzunternehmen deshalb ein Gewerbebetrieb ist, weil der einheitliche geschäftliche Betätigungswille der hinter beiden Unternehmen stehenden Person oder Personengruppe auf die Ausübung eines Gewerbebetriebs gerichtet sei und dieser Wille in dem Besitzunternehmen durch die Verpachtung einer für das Betriebsunternehmen wesentlichen Betriebsgrundlage verwirklicht werde.

965 Nach dieser Rechtfertigung der Betriebsaufspaltung sind es letztlich also drei Merkmale, die die Umqualifizierung des Besitzunternehmens in einen Gewerbebetrieb bewirken:

- ▶ die gewerbliche Betätigung des Betriebsunternehmens,
- ▶ die personelle Verflechtung zwischen Betriebsunternehmen und Besitzunternehmen durch die hinter beiden stehende Person oder Personengruppe und
- ▶ der Umstand, dass das verpachtete Wirtschaftsgut für das gewerblich tätige Betriebsunternehmen eine wesentliche Betriebsgrundlage ist.

966 Sind diese außerhalb des Besitzunternehmens liegenden Voraussetzungen vorhanden, dann wird zwar nicht – worauf in dem BFH-Urteil v. 12.11.1985[2] zutreffend hingewiesen wird – die gewerbliche Tätigkeit der Betriebsgesellschaft dem Besitzunternehmen „zugerechnet". Aber die Person oder Personengruppe, die hinter beiden Unternehmen steht und in beiden Unternehmen mit einem einheitlichen geschäftlichen Betätigungswillen handelt, wird auch im Besitzunternehmen gewerblich tätig, weil dieser einheitliche geschäftliche Betätigungswille dann, wenn die Betriebsgesellschaft ein Gewerbebetrieb ist, auf eine gewerbliche Betätigung ausgerichtet ist. Diese Auffassung dürfte auch *Woerner*[3] mit der Formulierung zum Ausdruck bringen:

„Die Qualifikation des Besitzunternehmens ist letztlich bestimmt durch den Endzweck, zu dem es von dem Unternehmer oder den Unternehmern eingesetzt wird."

967–976 *(Einstweilen frei)*

---

1 BFH, Urteile v. 12.3.1970 - I R 108/66, BFHE 98 S. 441, BStBl 1970 II S. 439; v. 18.6.1980 - I R 77/77, BFHE 131 S. 388, BStBl 1981 II S. 39, 40; v. 16.6.1982 - I R 118/80, BFHE 136 S. 287, BStBl 1982 II S. 662, 663; v. 10.11.1982 - I R 178/77, BFHE 137 S. 67, BStBl 1983 II S. 136.
2 BFH, Urteil v. 12.11.1985 - VIII R 240/81, BFHE 145 S. 401, BStBl 1986 II S. 296.
3 *Woerner*, BB 1985 S. 1609, 1612.

II. Bedenken gegen die Umqualifizierung

Diese Rechtfertigung der Betriebsaufspaltungs-Rechtsprechung, auf die in dem BFH-Urteil v. 12.11.1985[1] nicht eingegangen wird, macht es schwer, zu einer Vereinbarkeit dieser Rechtsprechung mit dem GmbH & Co. KG-Beschluss des GrS des BFH v. 25.6.1984[2] zu kommen. Der GrS hat in diesem Beschluss ausgesprochen, dass die Art der Einkünfte der Gesellschafter einer Personengesellschaft in erster Linie durch die Tätigkeit der Gesellschafter in ihrer gesamthänderischen Verbundenheit, mithin durch die Tätigkeit der Gesellschaft bestimmt wird. Und an einer anderen Stelle des Beschlusses heißt es:

977

„Bei der Frage nach dem Vorliegen eines gewerblichen Unternehmens der Personengesellschaft ist allein auf deren Tätigkeit, wie sie sich in der gemeinschaftlichen Tätigkeit ihrer Gesellschafter darstellt, abzustellen." Außerhalb dieser Tätigkeit liegende Umstände dürfen bei der Bestimmung der Einkunftsart einer Personengesellschaft nicht berücksichtigt werden.

Diese Rechtsansicht hat den GrS in seinem GmbH & Co. KG-Beschluss v. 25.6.1984 zu dem Ergebnis geführt, dass eine ihrer Art nach vermögensverwaltend tätige GmbH & Co. KG selbst dann nur Einkünfte aus Vermietung und Verpachtung hat, wenn an ihr nur Kapitalgesellschaften, also nur solche Personen beteiligt sind, die – weil sie kraft Rechtsform Gewerbetreibende sind – nur gewerblich handeln können. Denn die Gewerblichkeit der an einer nur vermögensverwaltend tätigen Personengesellschaft beteiligten Kapitalgesellschaften liegt außerhalb der Tätigkeit der Personengesellschaft und hat deshalb auf die Bestimmung der Art der Tätigkeit der Personengesellschaft keinen Einfluss.

978

Überträgt man diesen Rechtsgrundsatz auf die Betriebsaufspaltungs-Rechtsprechung, so liegt der Schluss nahe, dass die vorstehend angeführten drei Merkmale, die die Umqualifizierung der Besitzgesellschaft bewirken, auch außerhalb der Besitz-Personengesellschaft liegen. Denn weder die gewerbliche Betätigung des Betriebsunternehmens noch die personelle Verflechtung (die Durchsetzbarkeit eines einheitlichen geschäftlichen Betätigungswillens) noch die sachliche Verflechtung (Vermietung einer für die Betriebsgesellschaft wesentlichen Betriebsgrundlage) hat mit der Tätigkeit der Betriebsgesellschaft etwas zu tun.

979

---

1 BFH, Urteil v. 12.11.1985 - VIII R 240/81, BFHE 145 S. 401, BStBl 1986 II S. 296.
2 BFH, Beschluss v. 25.6.1984 - GrS 4/82, BFHE 141 S. 405, BStBl 1984 II S. 751.

3. Das BFH-Urteil vom 12.11.1985

a) Die Begründung des Urteils

980 Trotz dieser Unvereinbarkeit kommt der VIII. Senat in dem Urteil v. 12.11.1985[1] zu dem Ergebnis, der Beschluss des GrS v. 25.6.1984[2] mit der Betriebsaufspaltungs-Rechtsprechung vereinbar ist. Zur Begründung dieser Ansicht wird ausgeführt:

981 (1) Die Rechtsprechung zur Betriebsaufspaltung rechne nicht die gewerbliche Tätigkeit der Betriebsgesellschaft der Besitzgesellschaft zu. Sie beruhe vielmehr darauf, dass die Vermietung oder Verpachtung beim Vorliegen einer sachlichen und personellen Verflechtung der Besitzgesellschaft und der Betriebsgesellschaft nicht mehr als Vermögensverwaltung, sondern als eine gewerbliche Tätigkeit anzusehen sei.

982 (2) Die Auffassung des GrS im Beschluss v. 25.6.1984, dass sich die Art der Einkünfte der Gesellschafter einer Personengesellschaft regelmäßig nach der Tätigkeit der Gesellschaft bestimmt, hindere nicht die Annahme einer personellen Verflechtung in den Fällen, in denen die Anteile an der Betriebs-Kapitalgesellschaft nicht der Besitzgesellschaft, sondern deren Gesellschaftern gehörten. Denn bei der Prüfung der personellen Verflechtung sei auch das Sonderbetriebsvermögen der Personengesellschaft zu berücksichtigen. Sonderbetriebsvermögen liege vor, wenn Wirtschaftsgüter der Gesellschafter dazu bestimmt und geeignet seien, dem Betrieb der Gesellschaft zu dienen. Im Fall der Betriebsaufspaltung genüge es, dass die Anteile an der Betriebs-Kapitalgesellschaft dazu dienten, den einheitlichen geschäftlichen Betätigungswillen in der Betriebs-Kapitalgesellschaft durchzusetzen. Das träfe auf die Anteile an der Betriebs-Kapitalgesellschaft zu, die den Gesellschaftern der Besitz-Personengesellschaft gehörten.

983 (3) Obgleich es sich bei der sachlichen Verflechtung um eine Voraussetzung handele, die im Unternehmen der Betriebsgesellschaft verwirklicht werde, dürfe sie berücksichtigt werden. Denn das Abstellen auf die Tätigkeit der Personengesellschaft bei der Bestimmung der Art der Einkünfte ihrer Gesellschafter bedeute nicht, dass die besonderen Umstände, die die Annahme einer gewerblichen Tätigkeit durch Vermietung oder Verpachtung rechtfertigten, ausschließlich in der Besitzgesellschaft vorhanden sein müssten. Es genüge, dass die Besitzgesellschaft die Tätigkeit des Vermie-

---

[1] BFH, Urteil v. 12.11.1985 - VIII R 240/81, BFHE 145 S. 401, BStBl 1986 II S. 296.
[2] BFH, Beschluss v. 25.6.1984 - GrS 4/82, BFHE 141 S. 405, BStBl 1984 II S. 751.

tens oder Verpachtens entfalte. Die besonderen Umstände der sachlichen Verflechtung und der personellen Verflechtung seien nicht Teil dieser Tätigkeit, sondern verliehen ihr lediglich die Eigenschaft eines Gewerbebetriebs.

b) Kritische Überlegungen

(1) Gegen die Auffassung des VIII. Senats in seinem Urteil v. 12.11.1985[1] bestehen aufgrund der folgenden Überlegungen Bedenken: Wenn man, wie es der VIII. Senat tut, die Rechtfertigung der Behandlung des Besitzunternehmens als Gewerbebetrieb von dem Charakter des Betriebsunternehmens als Gewerbebetrieb völlig löst und allein die von der Art der Tätigkeit des Betriebsunternehmens abstrahierten Merkmale der sachlichen und personellen Verflechtung als maßgeblich ansieht, um das Besitzunternehmen zu einem Gewerbebetrieb zu machen,[2] dann hat dies zur Folge, dass sich auch in dem folgenden Beispiel die Grundstücksverpachtung als ein Gewerbebetrieb darstellt: 984

BEISPIEL: Die X-GbR betreibt eine Land- und Forstwirtschaft. An ihr sind A mit 40 % und B mit 60 % beteiligt. B hat Grundstücke an die X-GbR verpachtet, welche für diese Gesellschaft eine wesentliche Betriebsgrundlage sind. 985

LÖSUNG: Zwischen B und der X-GbR liegen die Voraussetzungen einer sachlichen und personellen Verflechtung vor, so dass die Vermietungstätigkeit des B ein Gewerbebetrieb ist, obgleich die Mieterin, die X-GbR, kein Gewerbebetrieb, sondern nur eine Land- und Forstwirtschaft betreibt. 986

Vom Sinn und Zweck der Betriebsaufspaltung her gesehen, besteht in diesem Beispiel aber überhaupt kein Grund dafür, das Besitzunternehmen als Gewerbebetrieb zu behandeln. Es ist keine Rechtfertigung dafür vorhanden, warum bei der Aufspaltung eines Betriebs der Land- und Forstwirtschaft in ein Betriebsunternehmen und ein Besitzunternehmen dieses als Restbetrieb des bisherigen einheitlichen land- und forstwirtschaftlichen Unternehmens als Gewerbebetrieb behandelt werden soll.

(2) Abgesehen davon ist der Widerspruch zum GmbH & Co. KG-Beschluss durch eine Loslösung der Einkunftsart des Besitzunternehmens von der des Betriebsunternehmens und ein bloßes Abstellen auf die Merkmale der 987

---

1 BFH, Urteil v. 12.11.1985 - VIII R 240/81, BFHE 145 S. 401, BStBl 1986 II S. 296.
2 Vgl. auch BFH, Urteil v. 8.3.1989 - X R 9/86, BFHE 156 S. 443, BStBl 1989 II S. 714.

sachlichen und personellen Verflechtung – so wie es der VIII. Senat tut – nicht aus der Welt; denn auch die Merkmale einer sachlichen und personellen Verflechtung liegen nicht im Tätigkeitsbereich des Besitzunternehmens, sondern außerhalb desselben.

988 (3) Für die sachliche Verflechtung ergibt sich dies aus den folgenden Überlegungen: Eine sachliche Verflechtung ist dann gegeben, wenn die vom Besitzunternehmen an das Betriebsunternehmen vermieteten oder verpachteten Wirtschaftsgüter eine wesentliche Betriebsgrundlage für das Betriebsunternehmen sind. Dieses Merkmal ist unstreitig in dem Betriebsunternehmen und nicht im Besitzunternehmen verwirklicht. Der Umstand, dass die vermieteten oder verpachteten Wirtschaftsgüter für das Betriebsunternehmen eine wesentliche Grundlage sind, hat mit der gemeinschaftlichen Tätigkeit der Gesellschafter der Besitzgesellschaft also nichts zu tun.

989 In dem Urteil v. 12.11.1985[1] wird zur Lösung dieses Widerspruchs die Auffassung vertreten, dass das Abstellen auf die gemeinschaftliche Tätigkeit der Gesellschafter des Besitzunternehmens nicht bedeutet, dass die besonderen Umstände der sachlichen Verflechtung und der personellen Verflechtung ausschließlich in der Besitzgesellschaft vorhanden sein müssten. Die sachliche Verflechtung und die personelle Verflechtung seien nicht Teil der Tätigkeit des Vermietens oder Verpachtens des Besitzunternehmens, sondern würden dieser Tätigkeit lediglich die Eigenschaft eines Gewerbebetriebs verleihen.

990 Das aber ist keine Begründung, die mit dem Beschluss des GrS v. 25.6.1984[2] vereinbar wäre; denn nach der früheren, durch diesen Beschluss aufgegebenen Gepräge-Rechtsprechung waren die besonderen Umstände, die zur Annahme eines Gewerbebetriebs bei der an und für sich nur vermögensverwaltend tätigen GmbH & Co. KG führten, nämlich die Gewerblichkeit der allein persönlich haftenden und geschäftsführenden Kapitalgesellschaft, auch nicht Teil der Vermietungs- oder Verpachtungstätigkeit der GmbH & Co. KG, sondern prägten diese Tätigkeit lediglich als eine gewerbliche, verliehen also dieser Tätigkeit lediglich den Charakter einer gewerblichen. Dass dabei zwischen „Verleihen" und „Prägen" kein Unterschied besteht, wird niemand bestreiten können.

991 (4) Hinsichtlich der personellen Verflechtung ist das Abstellen des VIII. Senats auf die Behandlung der Anteile der Personengesellschafter an der Betriebs-Kapitalgesellschaft als Sonderbetriebsvermögen II aus folgenden Gründen

---

1 BFH, Urteil v. 12.11.1985 - VIII R 240/81, BFHE 145 S. 401, BStBl 1986 II S. 296.
2 BFH, Beschluss v. 25.6.1984 - GrS 4/82, BFHE 141 S. 405, BStBl 1984 II S. 751.

nicht geeignet, den Widerspruch gegenüber dem GmbH & Co. KG-Beschluss[1] zu beseitigen: Wie in dem Urteil v. 12.11.1985[2] zutreffend ausgeführt wird, liegt nach der Rechtsprechung des BFH Sonderbetriebsvermögen vor, wenn Wirtschaftsgüter der Gesellschafter dazu bestimmt und geeignet sind, dem Betrieb der Gesellschaft zu dienen.

Dabei muss jedoch berücksichtigt werden, dass dies nur dann gilt, wenn die Gesellschafter Mitunternehmer sind, also wenn die Personengesellschaft einen Betrieb zum Gegenstand hat. Die Gesellschafter einer Personengesellschaft können, wenn die Personengesellschaft nur vermögensverwaltend tätig ist, kein Sonderbetriebsvermögen haben. Das Vorhandensein von Wirtschaftsgütern der Gesellschafter einer vermögensverwaltenden Personengesellschaft, die dazu bestimmt und geeignet sind, der Vermögensverwaltung der Personengesellschaft zu dienen, kann entgegen der in dem Urteil v. 12.11.1985[3] zum Ausdruck kommenden Ansicht keinen Betrieb der Personengesellschaft begründen. 992

Mit anderen Worten, die Erweiterung des Betriebsvermögens einer Personengesellschaft um das Kapital und die Wirtschaftsgüter, welche die Gesellschafter der Gesellschaft zur Nutzung überlassen haben, setzt das Vorhandensein von Betriebsvermögen voraus, aber kann es nicht begründen. Die Existenz eines Betriebs ist die Voraussetzung für die Annahme von Sonderbetriebsvermögen und nicht umgekehrt. Das bedeutet, dass bei der Prüfung der personellen Verflechtung Wirtschaftsgüter, die der Personengesellschaft von ihren Gesellschaftern überlassen worden sind (bei der Betriebsaufspaltung die Anteile an der Betriebskapitalgesellschaft), nur berücksichtigt werden können, wenn zuvor feststeht, dass als Folge des Vorliegens einer sachlichen und personellen Verflechtung das Besitzunternehmen ein Gewerbebetrieb ist. 993

(5) U. E. ist also durch das Urteil des VIII. Senats v. 12.11.1985[4] die Divergenz zwischen dem GmbH & Co. KG-Beschluss und der Betriebsaufspaltungsrechtsprechung nicht beseitigt worden. 994

c) Wertende Betrachtungsweise

Auch der in dem BFH-Urteil v. 17.7.1991[5] unter Hinweis auf *L. Schmidt* angestellte Versuch, die Betriebsaufspaltung mit einem „in wertender Betrach- 995

---

1 BFH, Beschluss v. 25.6.1984 - GrS 4/82, BFHE 141 S. 405, BStBl 1984 II S. 751.
2 BFH, Urteil v. 12.11.1985 - VIII R 240/81, BFHE 145 S. 401, BStBl 1986 II S. 296.
3 BFH, Urteil v. 12.11.1985 - VIII R 240/81, BFHE 145 S. 401, BStBl 1986 II S. 296.
4 BFH, Urteil v. 12.11.1985 - VIII R 240/81, BFHE 145 S. 401, BStBl 1986 II S. 296.
5 BFH, Urteil v. 17.7.1991 - I R 98/88, BFHE 165 S. 369, BStBl 1992 II S. 246.

tungsweise verstandenen Begriff des Gewerbebetriebs" zu rechtfertigen, ist nicht akzeptabel, weil nicht erkennbar ist, worin der Unterschied zwischen einem Gewerbebetrieb i. S. des § 15 Abs. 2 Satz 1 EStG und einem „in wertender Betrachtungsweise zu verstehenden Gewerbebetrieb" bestehen soll.

4. Lösungsvorschlag

LITERATUR:

Söffing, Günter, Gedanken zur Rechtfertigung der Betriebsaufspaltung, DStR 1996 S. 1225; *Micker,* Anwendung von Zebra-Gesellschafts-Regeln bei der Betriebsaufspaltung, FR 2009 S. 852.

996 Der aufgezeigte Widerspruch zwischen der Betriebsaufspaltungs-Rechtsprechung und dem GmbH & Co. KG-Beschluss des GrS lässt sich vielleicht mit Hilfe folgender Überlegungen lösen: Eine Besitzgesellschaft selbst hat keine gewerblichen Einkünfte, sondern nur solche aus Vermietung und Verpachtung. Auf der Ebene der Gesellschafter jedoch werden die ihnen zugerechneten Anteile an den Vermietungs- und Verpachtungseinkünften wegen der in der Person der betreffenden Gesellschafter vorhandenen Merkmale der sachlichen und personellen Verflechtung in gewerbliche Einkünfte umqualifiziert, wie dies auch bei einer an einer vermögensverwaltenden Personengesellschaft beteiligten Kapitalgesellschaft oder dann der Fall ist, wenn eine natürliche Person ihre Beteiligung an der vermögensverwaltenden Personengesellschaft in einem Betriebsvermögen hält (**Zebragesellschaft**).

997 Wie in diesen Fällen liegt auch bei der Betriebsaufspaltung der Grund für die Umqualifizierung in der Person eines Gesellschafters. Nur sind bei der Betriebsaufspaltung nicht die Rechtsform des Gesellschafters bzw. das Halten der Beteiligung in einem Betriebsvermögen, sondern seine beherrschende Stellung sowohl im Betriebsunternehmen als auch im Besitzunternehmen und die Vermietung einer wesentlichen Betriebsgrundlage ausschlaggebend. Diese Umstände führen beim Gesellschafter zur Annahme eines Gewerbebetriebs, zu dessen Betriebsvermögen sowohl seine Beteiligung an der Betriebsgesellschaft als auch an der Besitzgesellschaft gehören.

998 Eine solche Konstruktion würde auch das unten unter Rz. 1078 ff. behandelte Problem der **Nur-Besitz-Gesellschafter** lösen; denn bei diesen wäre – weil die Voraussetzungen der sachlichen und personellen Verflechtung nicht vorliegen – kein Gewerbebetrieb anzunehmen. Bei ihnen würden folglich die ihnen aus der Besitzgesellschaft anteilig zuzurechnenden Vermietungseinkünfte nicht umqualifiziert.

Die vorgeschlagene Lösung würde der Behandlung eines Steuerpflichtigen beim gewerblichen Grundstückshandel entsprechen, der an mehreren vermögensverwaltenden Personengesellschaften beteiligt ist. 999

BEISPIEL: A ist an der AB-GbR, der AC-GbR und der AD-GbR beteiligt. Jede dieser Gesellschaften hat innerhalb von fünf Jahren drei Grundstücke erworben und wieder veräußert. A selbst hat in diesem Zeitraum keine Grundstücksgeschäfte getätigt. 1000

LÖSUNG: Nach dem Beschluss des GrS des BFH v. 3.7.1995[1] sind alle drei Personengesellschaften nur vermögensverwaltend tätig, weil sie die Drei-Objekt-Grenze nicht überschritten haben. Die Grundstücksaktivitäten der drei Gesellschaften werden aber dem Gesellschafter A zugerechnet, so dass bei A ein gewerblicher Grundstückshandel vorliegt, obgleich er selbst keine Grundstücke veräußert hat. 1001

(Einstweilen frei) 1002–1004

5. Beteiligung am allgemeinen wirtschaftlichen Verkehr
a) Allgemeines

Nach der in § 15 Abs. 2 Satz 1 EStG enthaltene Legaldefinition ist für die Annahme eines Gewerbebetriebs u. a. die Beteiligung am allgemeinen wirtschaftlichen Verkehr erforderlich. Dieses Merkmal ist erfüllt, wenn eine Tätigkeit – Güter oder Leistungen – am Markt gegen Entgelt für Dritte äußerlich erkennbar angeboten wird.[2] Der Steuerpflichtige muss am Markt gegen Entgelt Güter oder Leistungen anbieten. 1005

Dieses Merkmal ist bei einem Besitzunternehmen nicht gegeben. Denn ein Besitzunternehmen bietet die Vermietung von Wirtschaftsgütern nicht am Markt an. Es ist nicht bereit, das an das Betriebsunternehmen vermietete Wirtschaftsgut auch an einen Dritten zu vermieten. Eine Vermietung kommt – unter den Voraussetzungen der Betriebsaufspaltung – für das Besitzunternehmen nur an das Betriebsunternehmen in Betracht.[3] 1006

Wenn die Rechtsprechung trotzdem beim Besitzunternehmen einen Gewerbebetrieb annimmt, dann ist das nur erklärbar, wenn dem Besitzunternehmen entweder die Beteiligung des Betriebsunternehmens am allgemeinen wirtschaftlichen Verkehr zugerechnet wird oder wenn man es als fortwirkenden Betrieb des vor der Betriebsaufspaltung bestehenden einheitlichen Betriebs ansieht. 1007

---

1 BFH, Beschluss v. 3.7.1995 - GrS 1/93, BFHE 178 S. 86, BStBl 1995 II S. 617.
2 U. a. BFH, Urteile v. 20.12.1963 - VI R 313/62 U, BFHE 78 S. 352, BStBl 1964 III S. 137; v. 9.7.1986 - I R 85/83, BFHE 147 S. 245, BStBl 1986 II S. 851; v. 6.3.1991 - X R 39/88, BFHE 164 S. 53, BStBl 1991 II S. 631; v. 12.7.1991 - III R 47/88, BFHE 165 S. 498, BStBl 1992 II S. 143, 146; v. 28.10.1993 - IV R 66-67/91, BFHE 173 S. 313, BStBl 1994 II S. 463; *Mössner*, Stbg 1997 S. 1, 4 (rechte Spalte).
3 *Mössner*, Stbg 1997 S. 1, 4 (rechte Spalte).

b) Zurechnung der Beteiligung am allgemeinen wirtschaftlichen Verkehr des Betriebsunternehmens

1008 Nachdem die frühere Ansicht, nach der bei einer Betriebsaufspaltung Betriebsunternehmen und Besitzunternehmen als wirtschaftlich einheitliches Unternehmen betrachtet wurden, aufgegeben worden ist, wird heute einhellig davon ausgegangen, dass Besitzunternehmen und Betriebsunternehmen zwei selbständige Betriebe sind. Beide also müssen die Voraussetzungen des § 15 Abs. 2 Satz 1 EStG erfüllen. Beide müssen sich also selbständig, nachhaltig mit Gewinnerzielungsabsicht am allgemeinen wirtschaftlichen Verkehr beteiligen.

1009 Es gibt keine gesetzliche Vorschrift, wonach eines dieser Merkmale, das beim Betriebsunternehmen erfüllt ist, auch dem Besitzunternehmen zugerechnet werden kann. Durch Richterrecht kann eine solche fehlende gesetzliche Regelung nicht ersetzt werden, weil es sich bei dem Steuerrecht um Eingriffsrecht handelt und hier eine verschärfende Gesetzesauslegung verboten ist.[1]

Um eine solche verschärfende Gesetzesauslegung aber handelt es sich, wenn man allein aufgrund der von der Rechtsprechung erfundenen Voraussetzung einer personellen und sachlichen Verflechtung das nur beim Betriebsunternehmen vorhandene Merkmal der Beteiligung am allgemeinen wirtschaftlichen Verkehr auch dem Besitzunternehmen zurechnet, so wie es der XI. Senat des BFH in seinem Urteil v. 23.9.1998[2] mit den Worten: *„das Besitzunternehmen beteiligt sich über das Betriebsunternehmen am allgemeinen wirtschaftlichen Verkehr, (...)"* getan hat.

1010 Im Übrigen verbietet sich eine Zurechnung des beim Betriebsunternehmen verwirklichten Tatbestandsmerkmals der Beteiligung am allgemeinen wirtschaftlichen Verkehr beim Betriebsunternehmern auch nach dem vom GrS des BFH[3] aufgestellten Rechtsgrundsatz, nach dem sich die Art der Einkünfte der Gesellschafter einer Personengesellschaft allein durch die Tätigkeit der Gesellschaft, hier also allein durch die Tätigkeit der Besitzgesellschaft, bestimmt.[4]

c) Zurechnung der Betriebseigenschaft des früheren einheitlichen Betriebs
(1) Echte Betriebsaufspaltung

1011 Nun könnte allerdings die fehlende Voraussetzung der Beteiligung am allgemeinen wirtschaftlichen Verkehr durch folgende Überlegungen ersetzt wer-

---
1 Vgl. hierzu *Gluth* in Herrmann/Heuer/Raupach, § 15 EStG, Anm. 774, m. w. N.; *Mössner*, Stbg 1997 S. 1, 5.
2 BFH, Urteil v. 23.9.1998 - XI R 72/97, BFHE 187 S. 36, BStBl 1999 II S. 281.
3 BFH, Urteil v. 25.6.1984 - GrS 4/82, BFHE 141 S. 404, BStBl 1984 II S. 751.
4 Vgl. oben Rz. 964 ff.

den: Der bis zum Beginn der Betriebsaufspaltung bestehende einheitliche Gewerbebetrieb geht durch die Betriebsaufspaltung nicht unter, sondern er besteht nach der Betriebsaufspaltung in der Form eines Restbetriebs als Besitzunternehmen fort, wenn zwischen diesem Restbetrieb (Besitzunternehmen) und dem Betriebsunternehmen eine personelle und sachliche Verflechtung besteht. Nur aufgrund dieses **Restbetriebsgedankens** ist es auch möglich, hinsichtlich des „Restbetriebs" infolge der Betriebsaufspaltung keine Betriebsaufgabe anzunehmen und die Versteuerung der im Restbetrieb (dem Besitzunternehmen) verbliebenen stillen Reserven zu vermeiden.[1]

Besteht aber der Restbetrieb – zugunsten des Steuerpflichtigen – fort, so müssen auch die nach § 15 Abs. 2 Satz 1 EStG für die Annahme eines Gewerbebetriebs erforderlichen Voraussetzungen und damit auch die Voraussetzung der Beteiligung am allgemeinen wirtschaftlichen Verkehr als fortbestehend angesehen werden.

1012

(2) Unechte Betriebsaufspaltung

Allerdings sind diese Überlegungen nicht anwendbar auf die Fälle der unechten Betriebsaufspaltung; denn in diesen Fällen gibt es keinen vorausgegangenen einheitlichen Gewerbebetrieb, der als durch die Betriebsaufspaltung fortbestehender Restbetrieb angesehen werden könnte.

1013

In den Fällen der unechten Betriebsaufspaltung entsteht das Besitzunternehmen vielmehr originär im Zeitpunkt der Überlassung einer wesentlichen Betriebsgrundlage an das Betriebsunternehmen. Hier lässt sich die Gewerblichkeit der „Vermietertätigkeit" daher nicht mit dem Gedanken des Fortbestehens eines früheren einheitlichen Betriebs als Restbetrieb rechtfertigen.

Man muss daher zu dem Ergebnis kommen, dass sich das Bestehen der Voraussetzung „Beteiligung am allgemeinen wirtschaftlichen Verkehr" für die Fälle der echten Betriebsaufspaltung allenfalls mit dem „Restbetriebsgedanken" rechtfertigen lässt. Hingegen gibt es für die Fälle der unechten Betriebsaufspaltung keine Rechtfertigung. Aus diesem Grund werden in berechtigte Bedenken gegen die unechte Betriebsaufspaltung geltend gemacht.[2]

1014

(Einstweilen frei) 1015–1017

---

[1] Vgl. BFH, Urteil v. 16.4.1991 - VIII R 63/87, BFHE 164 S. 513, BStBl 1991 II S. 832 (rechte Spalte).
[2] *Gluth* in Herrmann/Heuer/Raupach, § 15 EStG, Anm. 774; *Felix*, StB 1997 S. 145; *Mössner*, Stbg 1997 S. 1 ff.; *G. Söffing*, DStR 1996 S. 1225 ff.

III. Umfang der Umqualifizierung

LITERATUR:

O. V., Besteht die Gewerbesteuerpflicht des Besitzunternehmens nach einer Betriebsaufspaltung auch, wenn der Betriebsinhaber vor der Betriebsaufspaltung freiberuflich tätig war?, DB 1977 S. 2306; *Neufang*, Umfang des Betriebsvermögens beim Besitzunternehmen einer Betriebsaufspaltung, GmbHR 1992 S. 358; *Abele*, Niedersächsiches FG: Unbekannte Grunddienstbarkeit als notwendiges Betriebsvermögen einer Besitzgesellschaft, BB 2022 S. 1458.

1018 Der Umfang der Umqualifizierung der Vermietungstätigkeit in ein gewerbliches Besitzunternehmen ist unterschiedlich, je nachdem, ob das Besitzunternehmen ein Einzelunternehmen, eine Personengesellschaft oder eine Gemeinschaft ist.

1. Das Besitzunternehmen ist ein Einzelunternehmen

a) Grundsätzliches

LITERATUR:

Märkle, Die Betriebsaufspaltung an der Schwelle zu einem neuen Jahrtausend, XIII. Bilanzsteuerliche Behandlung von Wirtschaftsgütern, die neben der (den) die Betriebsaufspaltung begründenden wesentlichen Betriebsgrundlage(n) an Betriebsgesellschaft/Dritte zur Nutzung überlassen werden, BB 2000 Beilage 7 S. 19 ff.

1019 Ist das Besitzunternehmen ein Einzelunternehmen, dann gehören zum notwendigen Betriebsvermögen dieses Besitzunternehmens alle Beziehungen, die ihre Grundlage im einheitlichen geschäftlichen Betätigungswillen innerhalb des Besitz- und Betriebsunternehmens haben, also auf der Betriebsaufspaltung beruhen.[1] Notwendigerweise zum Betriebsvermögen eines Besitz-Einzelunternehmens gehören also

▶ Wirtschaftsgüter, die das Besitzunternehmen dem Betriebsunternehmen zur Nutzung überlassen hat,[2]

▶ Wirtschaftsgüter, die dazu bestimmt sind, die Vermögens- und Ertragslage der Betriebsgesellschaft zu verbessern,[3]

---

[1] BFH, Urteile v. 23.1.1980 - I R 33/77, BFHE 130 S. 173, BStBl 1980 II S. 356; v. 23.7.1981 - IV R 103/78, BFHE 134 S. 126, BStBl 1982 II S. 60; v. 29.11.2017 - I R 7/16, BStBl 2019 II S. 738.

[2] BFH, Urteile v. 21.9.1977 - I R 39-40/74, BFHE 123 S. 464, BStBl 1978 II S. 67; v. 6.11.1991 - XI R 12/87, BFHE 166 S. 206, BStBl 1992 II S. 415; v. 29.11.2017 - I R 7/16, BStBl 2019 II S.738.

[3] BFH, Urteile v. 7.3.1978 - VIII R 38/74, BFHE 124 S. 533, BStBl 1978 II S. 378; v. 23.9.1998 - XI R 72/97, BFHE 187 S. 36, BStBl 1999 II S. 281; v. 19.10.2000 - IV R 73/99, BFHE 193 S. 354, BStBl 2001 II S. 335; v. 2.12.2004 - III R 77/03, BFHE 208 S. 215, BStBl 2005 II S. 340; v. 29.11.2017 - I R 7/16, BStBl 2019 II S. 738.

- ▶ dem Besitzunternehmer gehörenden Anteile an der Betriebs-Kapitalgesellschaft[1] und
- ▶ regelmäßig auch Darlehensforderungen des Besitzunternehmens oder des Besitzunternehmers gegen das Betriebsunternehmen.[2]
- ▶ Besteht neben dem Besitzunternehmen noch eine weitere (ggf. freiberufliche Tätigkeit), sind die Tätigkeiten soweit wie möglich getrennt zu betrachten und jeweils einer Einkunftsart zuzuordnen.[3] Das gilt selbst dann, wenn zwischen den Tätigkeiten sachliche und wirtschaftliche Bezugspunkte bestehen, sofern die Verflechtung nicht so eng ist, dass sich die Tätigkeiten gegenseitig unlösbar bedingen.[4] Sind allerdings beide Tätigkeitsarten derart miteinander verflochten, dass sie sich gegenseitig unlösbar bedingen, so liegt eine einheitliche Tätigkeit (gemischte Tätigkeit ohne Trennungsmöglichkeit) vor, die steuerlich danach zu qualifizieren ist, ob das freiberufliche oder das gewerbliche Element vorherrscht.[5] Diese Grundsätze gelten auch, wenn ein Freiberufler gewerbliche Einkünfte aus der Nutzungsüberlassung eines **Mandantenstamms** neben einer daneben fortgeführten freiberuflichen Tätigkeit erzielt.[6]

b) Dem Betriebsunternehmen überlassene Wirtschaftsgüter

Liegen die Voraussetzungen der Betriebsaufspaltung vor, d. h. ist neben einer personellen Verflechtung auch eine sachliche Verflechtung gegeben, weil die das Betriebsunternehmen beherrschende Person oder Personengruppe dem Betriebsunternehmen eine wesentliche Betriebsgrundlage zur Nutzung überlassen hat, so gehören zum Betriebsvermögen des Besitzunternehmens nicht nur die Wirtschaftsgüter, die für das Betriebsunternehmen eine wesentliche Betriebsgrundlage sind, sondern auch solche dem Betriebsunternehmen überlassene Wirtschaftsgüter, die für sich gesehen keine wesentlichen Betriebsgrundlagen sind, wenn die Überlassung dieser Wirtschaftsgüter in einem un-

1020

---

1 BFH, Urteile v. 21.5.1974 - VIII R 57/70, BFHE 112 S. 391, BStBl 1974 II S. 613; v. 29.11.2017 - I R 7/16, BStBl 2019 II S. 738.
2 BFH, Urteile v. 7.3.1978 - VIII R 38/74, BFHE 124 S. 533, BStBl 1978 II S. 378; v. 10.11.1994 - IV R 15/93, BFHE 176 S. 535, BStBl 1995 II S. 452.
3 BFH, Urteil v. 21.11.2017 - VIII R 17/15, BFH/NV 2018 S. 522, NWB AAAAG-83527, Rz. 38.
4 Zu diesen Kriterien vgl. z. B. BFH, Urteil v. 8.10.2008 - VIII R 53/07, BFHE 223 S. 272, BStBl 2009 II S. 143.
5 BFH, Beschluss v. 22.1.2009 - VIII B 153/07, BFH/NV 2009 S. 758, NWB TAAAD-16005.
6 BFH, Entscheidungen v. 8.4.2011 - VIII B 116/10, BFH/NV 2011 S. 1135, NWB JAAAD-83679; v. 21.11.2017 - VIII R 17/15, BFH/NV 2018 S. 522, NWB AAAAG-83527, Rz. 38.

mittelbaren wirtschaftlichen Zusammenhang mit der Überlassung wesentlicher Betriebsgrundlagen steht.[1]

1021 **BEISPIEL:** A ist alleiniger Anteilseigner einer GmbH, die ihren Betrieb in einem Gebäude betreibt, das ihr A vermietet hat. Mitvermietet worden ist eine Fensterreinigungsanlage für das Gebäude.

1022 **LÖSUNG:** Die Fensterreinigungsanlage ist für die GmbH keine wesentliche Betriebsgrundlage. Sie steht aber in unmittelbarem Zusammenhang mit der Vermietung des Gebäudes, das eine wesentliche Betriebsgrundlage für die GmbH ist.

1023 Der BFH hat in seinem Urteil v. 23.9.1998[2] diese Auffassung damit gerechtfertigt, dass ein unmittelbarer Zusammenhang zwischen der Überlassung des Fertigungsgebäudes (der wesentlichen Betriebsgrundlage) und der Überlassung des Patentes und des Know-how (nicht wesentliche Betriebsgrundlagen) deshalb gegeben sei, weil die Patentüberlassung wie die Grundstücksüberlassung derselben gewerblichen Betätigung des A am allgemeinen wirtschaftlichen Verkehr diene und daher die Grundstücksüberlassung ergänze und so die Marktchancen des Betriebsunternehmens steigere.

1024 Das FG Münster[3] hat diese Rechtsprechung auf die Fälle ausgedehnt, in denen mehrere vermietete wesentliche Betriebsgrundlagen **teilweise** ihre Eigenschaft als wesentliche Betriebsgrundlage verlieren. In dem Urteilsfall hatte der Besitzunternehmer seiner Betriebs-GmbH Grundstücke und Patente zur Nutzung überlassen. Das FG hat die Patente auch noch zum Betriebsvermögen des Besitzunternehmens gerechnet, nachdem sie keine wesentliche Betriebsgrundlage mehr bildeten, weil das Besitzunternehmen durch die Grundstücksvermietung fortbestand. Der BFH[4] hat das Urteil des FG Münster bestätigt.

1025 Ist ein Grundstück mit **Werkswohnungen** bebaut und ist nur ein Teil dieser Wohnungen an Arbeitnehmer des Betriebsunternehmens, ein anderer Teil an Fremde vermietet, so besteht das Gebäude aus zwei Wirtschaftsgütern, nämlich aus einem eigenbetrieblich genutzten (an das Betriebsunternehmen vermieteten) Teil und einem zu fremden Wohnzwecken vermieteten Teil.

---

1 BFH, Entscheidungen v. 30.4.1975 - I R 111/73, BFHE 115 S. 500, BStBl 1975 II S. 582; v. 23.1.1991 - X R 47/87, BFHE 163 S. 460, BStBl 1991 II S. 405; v. 23.9.1998 - XI R 72/97, BFHE 187 S. 36, BStBl 1999 II S. 281, 282; v. 2.2.2000 - XI R 8/99, BFH/NV 2000 S. 1135, 1136 (linke Spalte), NWB OAAAA-65246; v. 3.5.2005 - X B 125/04, NWB QAAAB-55625; v. 20.4.2005 - X R 58/04, BFH/NV 2005 S. 1774, NWB BAAAB-60402; v. 14.12.2006 - III R 64/05, BFH/NV 2007 S. 1659, NWB IAAAC-50798.
2 BFH, Urteil v. 23.9.1998 - XI R 72/97, BFHE 187 S. 36, BStBl 1999 II S. 281, 282 (rechte Spalte).
3 FG Münster, Urteil v. 17.9.1997 - 7 K 5492/94 G, EFG 1998 S. 96 (rkr.).
4 BFH, Urteil v. 23.9.1998 - XI R 72/97, BFHE 187 S. 36, BStBl 1999 II S. 281.

Nur jener Gebäudeteil ist notwendiges Betriebsvermögen des Besitzeinzelunternehmens.[1]

Ausnahmsweise sollen nach dem BFH-Urteil v. 23.10.1986[2] auch fremdvermietete Wirtschaftsgüter zum Betriebsvermögen eines Besitzunternehmens gehören, nämlich dann, wenn diese Wirtschaftsgüter bei dem ursprünglich als Einzelunternehmen geführten vor der Betriebsaufspaltung bestehenden Gesamtunternehmen als **gewillkürtes Betriebsvermögen** behandelt worden sind und – so die Begründung des BFH – der Inhaber des ursprünglichen Gesamtunternehmens

1026

„diese Grundstücke als Bestandteil des Besitzunternehmens zurückbehalten und dadurch erreicht hat, dass eine sonst anzunehmende Betriebsaufgabe und damit eine Gewinnverwirklichung entsprechend § 16 Abs. 3 EStG vermieden wurde. Damit bleibt auch der fremdvermietete Grundstücksteil Betriebsvermögen der Besitzgesellschaft."

Diese Begründung ist nicht überzeugend; denn Betriebsaufspaltung ist nicht deshalb anzunehmen, weil keine Betriebsaufgabe erfolgt ist. Es hätte näher gelegen, eine Entnahme der fremdvermieteten Wirtschaftsgüter durch schlüssiges Handeln im Zeitpunkt der Entstehung der Betriebsaufspaltung anzunehmen oder die fremdvermieteten Wirtschaftsgüter deshalb weiterhin als Betriebsvermögen zu behandeln, weil sie nicht entnommen worden sind.

1027

Werden **verschiedenartige Wirtschaftsgüter** (z. B. Grundstücke und Patente) einem Betriebsunternehmen zur Nutzung überlassen, so besteht nur ein einheitliches Besitzunternehmen, wenn die überlassenen Wirtschaftsgüter denselben Besitzunternehmern gehören.[3] Wegen der Fälle, in denen die überlassenen Wirtschaftsgüter verschiedenen Besitzunternehmern gehören, wird auf Rz. 620 ff. verwiesen.

1028

Wird ein zum Betriebsvermögen des Besitzunternehmens gehörendes Wirtschaftsgut vom Besitzunternehmer an Dritte veräußert oder unentgeltlich übertragen, und vermietet der Dritte das Wirtschaftsgut weiter an die Betriebs-GmbH, so scheidet das Wirtschaftsgut aus dem Betriebsvermögen des Besitzunternehmens aus.[4]

1029

Zahlt das Betriebsunternehmen dem Inhaber des Besitzunternehmens eine **Vergütung für seine Tätigkeit** im Dienst des Betriebsunternehmens, so gehört

1030

---

1 Vgl. hierzu auch BFH, Urteil v. 21.9.1977 - I R 39-40/74, BFHE 123 S. 464, 126, BStBl 1978 II S. 67.
2 BFH, Urteil v. 23.10.1986 - IV R 214/84, BFHE 148 S. 65, BStBl 1987 II S. 120.
3 BFH, Urteil v. 23.9.1998 - XI R 72/97, BStBl 1999 II S. 281.
4 BFH, Beschluss v. 5.8.1997 - VIII B 54/96, BFH/NV 1998 S. 326, NWB XAAAB-39291.

diese Vergütung nicht zum Gewinn des Besitzunternehmens, sondern ist bei dessen Inhaber Einkunft aus nichtselbständiger Tätigkeit.[1]

1031 Zum notwendigen Betriebsvermögen eines Besitzunternehmens gehören auch solche Wirtschaftsgüter, die dazu bestimmt sind, die **Vermögens- und Ertragslage der Betriebsgesellschaft** zu verbessern und damit den Wert der Beteiligung daran zu erhalten oder zu erhöhen.[2] Vermietet etwa eine **Bruchteilsgemeinschaft**, an der der Besitzeinzelunternehmer beteiligt ist, Wirtschaftsgüter an die Betriebs-GmbH, kann dies aus Sicht des Besitzeinzelunternehmers dazu dienen, die Vermögens- und Ertragslage der Betriebsgesellschaft zu verbessern und damit den Wert der Beteiligung daran zu erhalten oder zu erhöhen.[3] In diesem Fall gehört sein Miteigentumsanteil am vermieteten Wirtschaftsgut nach § 39 Abs. 2 Nr. 2 AO zum notwendigen Betriebsvermögen seines Besitzeinzelunternehmens.[4]

Der Besitzeinzelunternehmer kann mit der Vermietung jedoch auch einen anderen Zweck verfolgen, etwa möglichst hohe Einkünfte aus Vermietung und Verpachtung zu erzielen. In diesem Fall ist das anteilige Eigentum des Besitzunternehmers am Wirtschaftsgut nicht dem Betriebsvermögen seines Einzelunternehmens, sondern seinem privaten Bereich zuzuordnen. Das gilt entsprechend, wenn der Gesellschafter einer Besitzpersonengesellschaft der Betriebs-GmbH ein Grundstück überlässt.[5]

1032 Ob die Überlassung des Wirtschaftsguts dem betrieblichen oder dem privaten Bereich zuzuordnen ist, ist unter Heranziehung aller Umstände des Einzelfalls zu beurteilen. Indizien für den Veranlassungszusammenhang der Nutzungsüberlassung mit den betrieblichen Interessen des Besitzeinzelunternehmens können sich daraus ergeben, dass das Nutzungsverhältnis eindeutig durch die Interessen der Betriebskapitalgesellschaft bestimmt wird. Dies trifft etwa zu,

▶ wenn der Betriebs-GmbH ein Wirtschaftsgut zu Bedingungen überlassen wird, die nicht dem unter Fremden Üblichen entsprechen,

---

[1] BFH, Urteil v. 9.7.1970 - IV R 16/69, BFHE 99 S. 533, BStBl 1970 II S. 722.
[2] BFH, Urteile v. 7.3.1978 - VIII R 38/74, BFHE 124 S. 533, BStBl 1978 II S. 378; v. 23.9.1998 - XI R 72/97, BFHE 187 S. 36, BStBl 1999 II S. 281; v. 19.10.2000 - IV R 73/99, BFHE 193 S. 354, BStBl 2001 II S. 335; v. 2.12.2004 - III R 77/03, BFHE 208 S. 215, BStBl 2005 II S. 340; v. 29.11.2017 - I R 7/16, BStBl 2019 II S. 738.
[3] BFH, Urteil v. 29.11.2017 - I R 7/16, BFH/NV 2018 S. 810, NWB AAAAG-83527.
[4] BFH, Urteile v. 8.3.1990 - IV R 60/89, BFHE 160 S. 443, BStBl 1994 II S. 559; v. 29.11.2017 - I R 7/16 BStBl 2019 II S. 738.
[5] BFH, Urteile v. 2.12.2004 - III R 77/03, BFHE 208 S. 215, BStBl 2005 II S. 340; v. 29.11.2017 - I R 7/16, BStBl 2019 II S. 738.

▶ oder wenn das Wirtschaftsgut seiner Zweckbestimmung nach nur an das Betriebsunternehmen vermietet werden kann,

▶ oder wenn es für das Betriebsunternehmen unverzichtbar ist.[1]

Indizien für eine betriebliche Veranlassung können aber auch aus Umständen hergeleitet werden, die mit dem Besitzeinzelunternehmen selbst zusammenhängen, z. B. wenn die Nutzungsüberlassung in engem zeitlichen Zusammenhang mit der Begründung der Betriebsaufspaltung steht.[2] Für die **private Veranlassung der Gebrauchsüberlassung** kann danach sprechen, wenn der Mietvertrag erst längere Zeit nach der Betriebsaufspaltung geschlossen wird oder der Besitzeinzelunternehmer zivilrechtlich keinen oder nur geringen Einfluss auf die Beschlüsse der Grundstücksgemeinschaft nehmen kann. Dabei ist zu berücksichtigen, dass der Besitzeinzelunternehmer bei einer Miteigentumsquote von 50 v. H. zwar seinen Willen in der Grundstücksgemeinschaft nicht durchsetzen, aber ein Tätigwerden des anderen Miteigentümers gegen seine Interessen verhindern kann.[3] Ebenso kann er bei einer Vermietung auf unbestimmte Zeit verhindern, dass der Mietvertrag gekündigt wird.[4]

(Einstweilen frei) 1033

c) Die Anteile an der Betriebs-Kapitalgesellschaft als Betriebsvermögen des Besitzunternehmens

LITERATUR:

Barth, Werden GmbH-Anteile bei Betriebsaufspaltung zu Betriebsvermögen? (Zur Grundsatz-Entscheidung des IV. Senats des BFH IV R 139/67 vom 15.11.1967), GmbHR 1967 S. 14 ff.; *Henninger,* Verdeckte Gewinnausschüttung bei Betriebsaufspaltungen, GmbHR 1968 S. 251 ff.; *Schorr,* Einlage von GmbH-Anteilen bei Gründung einer Betriebsaufspaltung, StSem 1996 S. 57; *Mitsch,* Fallstricke bei der Unternehmensnachfolge im Falle einer Betriebsaufspaltung, INF 2006 S. 749; *Schulze zur Wiesche,* Beteiligungen als Sonderbetriebsvermögen II, DStZ 2007 S. 602; *Schulze zur Wiesche,* Anteile an einer Betriebs-GmbH und an der Komplementär-GmbH als wesentliche Betriebsgrundlage des Sonderbetriebsvermögens, GmbHR 2008 S. 238; s. auch Rz. 1116 ff.

---

1 BFH, Urteile v. 2.12.2004 - III R 77/03, BFHE 208 S. 215, BStBl 2005 II S. 340; v. 29.11.2017 - I R 7/16, BStBl 2019 II S. 738.
2 Vgl. BFH, Urteile v. 13.10.1998 - VIII R 46/95, BFHE 187 S. 425, BStBl 1999 II S. 357; v. 10.6.1999 - IV R 21/98, BFHE 189 S. 117, BStBl 1999 II S. 715.
3 BFH, Urteil v. 29.11.2017 - I R 7/16, BStBl 2019 II S. 738.
4 BFH, Urteile v. 2.12.2004 - III R 77/03, BFHE 208 S. 215, BStBl 2005 II S. 340; v. 29.11.2017 - I R 7/16, BStBl 2019 II S. 738.

G. Rechtsfolgen der Betriebsaufspaltung

1034 Es steht außer Frage, dass bei einer Einmann-Betriebsaufspaltung[1] die 100 %ige Beteiligung des Besitzunternehmers an der Betriebs-Kapitalgesellschaft zum Betriebsvermögen des Besitzunternehmens gehört; denn diese Beteiligung dient dem Besitzunternehmen.[2] Die Anteile sind darüber hinaus wesentliche Betriebsgrundlagen i. S. des § 16 EStG, weil sie die Durchsetzung des einheitlichen geschäftlichen Betätigungswillens gewährleisten und damit im Dienst einer gesicherten Vermögensnutzung durch das Besitzunternehmen stehen.[3] Dies ist für die Frage bedeutsam, ob eine nach §§ 16, 34 EStG privilegierte Veräußerung vorliegt oder eine (nicht privilegierte) Veräußerung einzelner Wirtschaftsgüter des Betriebs:

1035 Die Veräußerung eines Betriebs i. S. dieser Vorschrift setzt nämlich voraus, dass **alle** wesentlichen Betriebsgrundlagen Gegenstand der Veräußerung sind. Für das Vorliegen einer steuerbegünstigten Betriebsveräußerung ist es daher notwendig, dass auch die Anteile an der Betriebsgesellschaft veräußert werden.

1036 Wenn das Besitzunternehmen in **Teilbetriebe** aufgegliedert ist,[4] stellt sich die Frage, welchem Teilbetrieb die Beteiligung an dem Betriebsunternehmen zuzuordnen ist.[5] Sachgerecht erscheint, insoweit dieselben Grundsätze anzuwenden wie bei mehreren Besitzunternehmen.[6]

1037 Die Anteile der Betriebs-Kapitalgesellschaft gehören auch dann zum Betriebsvermögen des Besitzunternehmens, wenn der Inhaber mit weniger als 100 % an der Betriebs-Kapitalgesellschaft beteiligt ist. In diesen Fällen gehört sein unter 100 % liegender Anteil an der Betriebs-Kapitalgesellschaft zum Betriebsvermögen des Besitz-Einzelunternehmens.

1038 Ebenfalls zum notwendigen Betriebsvermögen des Besitzunternehmens gehören dessen Anteile an einer **anderen Kapitalgesellschaft**, welche intensive und dauerhafte Geschäftsbeziehungen zur Betriebs-Kapitalgesellschaft unterhält.[7] Solche Geschäftsbeziehungen sind nämlich geeignet, das operative Geschäft

---

1 Siehe oben Rz. 345.
2 Siehe u. a. BFH, Entscheidungen v. 14.9.1999 - III R 47/98, BFHE 190 S. 315, BStBl 2000 II S. 255; v. 2.9.2008 - X R 32/05, BFHE 224 S. 217, BStBl 2009 II S. 634; v. 20.3.2006 - X B 192/05, BFH/NV 2006 S. 1093, NWB YAAAB-82014; v. 24.9.2008 - X B 192/07, BFH/NV 2009 S. 43, NWB TAAAC-97210; v. 29.11.2017 - I R 7/16, BStBl 2019 II S. 738; v. 13.12.2018 - III R 13/15, BFH/NV 2019 S. 1069, NWB YAAAH-28196, Rz. 15.
3 BFH, Urteile v. 23.7.1981 - IV R 103/78, BFHE 134 S. 126, BStBl 1982 II S. 60; v. 4.7.2007 - X R 49/06 (unter II.c.cc), BFHE 218 S. 316, BStBl 2007 II S. 772.
4 Vgl. hierzu Rz. 1643 f.
5 A. A. *Schulze zur Wiesche*, GmbHR 2008 S. 238, 239, der die Zuordnung zu einem Teilbetrieb ablehnt.
6 Vgl. hierzu Rz. 631.
7 BFH, Urteil v. 20.4.2005 - X R 2/03, BFHE 210 S. 29, BStBl 2005 II S. 694.

der Betriebskapitalgesellschaft in erheblichem Maß zu fördern. Maßgeblich ist damit die nähere Konturierung von „intensiven und dauerhaften Geschäftsbeziehungen". Anerkannt ist, dass solche vorliegen, wenn wesentliche betriebswirtschaftliche Funktionen von der anderen Kapitalgesellschaft für die Betriebsgesellschaft übernommen werden, z. B. der **Vertrieb**.[1]

Die Unterhaltung von Geschäftsbeziehungen, wie sie üblicherweise auch mit anderen Unternehmen bestehen, reicht dagegen grds. nicht aus, um Anteile des Gesellschafters der Personengesellschaft an der Kapitalgesellschaft, mit der die Personengesellschaft Geschäftsbeziehungen unterhält, als notwendiges Sonderbetriebsvermögen anzusehen.[2] Vielmehr wird eine Beteiligung unmittelbar für eigenbetriebliche Zwecke genutzt, wenn sie *entweder* dazu bestimmt ist, die **gewerbliche (branchengleiche) Betätigung** des Steuerpflichtigen entscheidend zu fördern, oder den Absatz von Produkten des Steuerpflichtigen gewährleistet.[3] Bei einer besonderen Förderung des Absatzes des Einzelunternehmens durch die Beteiligungsgesellschaft ist es nicht erforderlich, dass an dieser eine Mehrheitsbeteiligung besteht.[4]

In der höchstrichterlichen Rechtsprechung ist des Weiteren – nicht nur im Hinblick auf Aufträge, die ein Einzelunternehmer direkt von einer GmbH erhält, sondern auch in Bezug auf Geschäftsbeziehungen zwischen einer Betriebs-GmbH und einer anderen GmbH, an der der Inhaber des Besitz-Einzelunternehmens beteiligt ist – schon bei einem **Umsatzanteil** von deutlich unter 50 % notwendiges Betriebsvermögen erwogen worden.[5] Dies gilt beispielsweise für Umsatzanteile von 12,5 %[6], 19 %[7] oder in einer Größenordnung von ca. 30 bis 50 %.[8] Dagegen gehören die Anteile an einer anderen Kapitalgesellschaft nicht zum notwendigen Betriebsvermögen des Besitzunternehmens, wenn die Kapitalgesellschaft neben ihren geschäftlichen Beziehungen zur Betriebsgesellschaft **einen erheblichen eigenen Geschäftsbetrieb** unterhält.[9]

---

1 BFH, Urteil v. 29.7.2015 - X R 37/13, BFH/NV 2016 S. 536, NWB ZAAAF-67271.
2 BFH, Urteil v. 2.9.2008 - X R 32/05, BStBl 2009 II S. 634; vgl. *Richter* in Herrmann/Heuer/Raupach, § 6 EStG Rz. 517.
3 Vgl. BFH, Urteil v. 10.4.2019 - X R 28/16, BStBl 2019 II S. 474.
4 BFH, Urteil v. 10.4.2019 - X R 28/16, BStBl 2019 II S. 474; FG München, Urteil v. 29.5.2017 - 7 K 1437/15, NWB YAAAG-59083, (rkr.).
5 Vgl. BFH, Entscheidungen v. 26.8.2005 - X B 98/05, BFHE 210 S. 434, BStBl 2005 II S. 833; v. 20.4.2005 - X R 2/03, BFHE 210 S. 29, BStBl 2005 II S. 694.
6 BFH, Urteil v. 8.12.1993 - XI R 18/93, BFHE 173 S. 137, BStBl 1994 II S. 296.
7 BFH, Beschluss v. 26.8.2005 - X B 98/05, BFHE 210 S. 434, BStBl 2005 II S. 833.
8 BFH, Urteil v. 20.4.2005 - X R 2/03, BFHE 210 S. 29, BStBl 2005 II S. 694.
9 Vgl. BFH, Urteile v. 7.7.1992 - VIII R 2/87, BStBl 1993 II S. 328; v. 23.2.2012 - IV R 13/08, BFH/NV 2012 S. 1112, NWB XAAAE-10325; v. 21.12.2021 - IV R 15/19, BFH/NV 2022 S. 492, SAAAI-05466.

In diesem Kontext ist schließlich zu beachten, dass möglicherweise auch die Beteiligung an einer **Komplementär-GmbH** zum notwendigen Betriebsvermögen eines Betriebsaufspaltungs-Besitzunternehmens gehören kann. Diese wird jedenfalls nicht schon dadurch ausgeschlossen, dass die Komplementär-GmbH weder zum Besitzunternehmen noch zur Betriebs-Kapitalgesellschaft unmittelbare Geschäftsbeziehungen unterhält.[1] In derartigen Fällen setzt eine Zuordnung zum notwendigen Betriebsvermögen voraus, dass die Komplementär-GmbH entscheidenden Einfluss auf den Geschäftsbetrieb der Gesellschaft (GmbH & Co. KG) besitzt, die aufgrund ihrer intensiven und dauerhaften Geschäftsbeziehungen zum Betriebsunternehmen die gewerbliche Betätigung des Steuerpflichtigen entscheidend fördert. Weiterhin ist erforderlich, dass der Steuerpflichtige seinerseits durch das Halten der Beteiligung an der Komplementär-GmbH in der Lage ist, deren Einfluss auf das geschäftliche Verhalten der GmbH & Co. KG maßgeblich zu fördern.[2]

1039 Mit der Frage, wann ein Anteil an einer Kapitalgesellschaft, durch den eine Betriebs-Personengesellschaft (mittelbar) beherrscht wird, zum Betriebsvermögen eines Besitz-Einzelunternehmens gehört, hat sich der BFH in dem Urteil v. 23.7.1981[3] beschäftigt. Der Entscheidung lag folgender – vereinfacht dargestellter – Sachverhalt zugrunde:

1040 A (80 %) und B (20 %) waren Gesellschafter der X-KG. Diese war mit 90 % an der A-GmbH beteiligt. Die restlichen 10 % der Beteiligung an der A-GmbH gehörten dem A. A war außerdem mit 100 % an der C-GmbH und mit 24 % an der B-GmbH beteiligt. An der B-GmbH waren außerdem die minderjährigen Kinder des A mit zusammen 26 % und ein Dritter mit 50 % beteiligt. An der Y-KG waren beteiligt: die A-GmbH und die B-GmbH mit je 49 % und die C-GmbH mit 2 %. A hatte der Y-KG ein Grundstück vermietet.

1041 Die Vermietung des Grundstücks von A an die Y-KG stellt sich bei A als Besitz-Einzelunternehmen dar. Zum Betriebsvermögen dieses Einzelunternehmens gehören die Beteiligungen des A an der A-GmbH (10 %) und an der C-GmbH (100 %), weil A durch diese Beteiligungen die Betriebs-Personengesellschaft (Y-KG) beherrscht.

1042 Anders verhält es sich mit dem Anteil des A an der B-GmbH. Hier verfügt A – selbst unter Berücksichtigung der Anteile seiner minderjährigen Kinder – nicht über mehr als die Hälfte der Stimmrechte. Diese Beteiligung ist daher zur

---

1 BFH, Urteil v. 12.6.2013 - X R 2/10, BFHE 242 S. 28, BStBl 2013 II S. 907; vgl. hierzu *Schulze zur Wiesche*, DStZ 2014 S. 753.
2 BFH, Urteil v. 12.6.2013 - X R 2/10, BFHE 242 S. 28, BStBl 2013 II S. 907.
3 BFH, Urteil v. 23.7.1981 - IV R 103/78, BFHE 134 S. 126, BStBl 1982 II S. 60.

III. Umfang der Umqualifizierung

Beherrschung der Y-KG nicht geeignet. Also gehören diese Anteile nicht zum Betriebsvermögen des Besitzunternehmens.

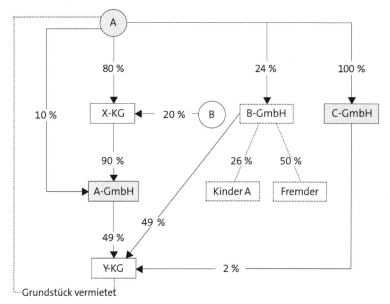

....Grundstück vermietet

Auch die in den Anteilen der Betriebs-Kapitalgesellschaft ruhenden **stillen Reserven** gehören zum Betriebsvermögen des Besitzunternehmens, soweit dieses beteiligt ist. Die Zulassung eines Dritten zur **Kapitalerhöhung** bei der Betriebskapitalgesellschaft bewirkt daher gem. §§ 4 Abs. 1 Satz 2, 6 Abs. 1 Nr. 4 EStG bei dem Besitzunternehmen eine **Entnahme** in Höhe der Differenz zwischen dem Wert des übernommenen Anteils abzüglich der geleisteten Einlage.[1]

1043

Gleiches gilt, wenn ein bisher schon an der Betriebskapitalgesellschaft, nicht aber an der Besitzgesellschaft beteiligter **Angehöriger** seine Beteiligungsquote vergrößern kann.[2]

1044

> **BEISPIEL:** A ist Inhaber des Besitzunternehmens. An der Betriebs-GmbH waren zunächst A zu 80 % und sein Sohn B zu 20 % beteiligt. Später beschloss die Gesellschafterversammlung der Betriebs-GmbH eine Kapitalerhöhung um 100.000 €. A und B übernahmen die neuen Stammeinlagen, so dass nach der Kapitalerhöhung A nur noch mit 60 % und B zu 40 % an der Betriebs-GmbH beteiligt waren.

1045

---

1 BFH, Urteil v. 17.11.2005 - III R 8/03, BFHE 212 S. 72, BStBl 2006 II S. 287.
2 BFH, Urteil v. 15.12.2005 - III R 35/04, BFH/NV 2006 S. 1262, NWB RAAAB-84329; FG München, Urteil v. 29.12.2005 - 15 K 214/02, EFG 2006 S. 490 (rkr.), NWB MAAAB-77640.

1046 **LÖSUNG:** 20 % der stillen Reserven der Betriebs-GmbH sind im Zuge der Kapitalerhöhung als Entnahme auf B übergegangen. Der Gewinn des A ist um den entsprechenden Entnahmegewinn zu erhöhen.

1047 Hinsichtlich der Bewertung der Beteiligung gilt Folgendes: Nach § 6 Abs. 1 Nr. 2 Satz 1 EStG ist sie grds. mit den Anschaffungskosten zu bewerten. Ist der **Teilwert** aufgrund einer voraussichtlich dauernden Wertminderung niedriger, so kann dieser angesetzt werden (§ 6 Abs. 1 Nr. 2 Satz 2 EStG). Teilwert ist dabei der Betrag, den ein Erwerber des ganzen Betriebs –bei beabsichtigter Fortführung des Unternehmens – im Rahmen des Gesamtkaufpreises für das einzelne Wirtschaftsgut (die Beteiligung) ansetzen würde (§ 6 Abs. 1 Nr. 1 Satz 3 EStG). Die Abschreibung einer Beteiligung auf den niedrigeren Teilwert setzt – soweit nicht der Fall einer von Anfang an bestehenden Fehlmaßnahme vorliegt – deshalb voraus, dass der innere Wert der Beteiligung im Nachhinein gesunken ist.[1] Voraussichtlich dauernd ist die Wertminderung, wenn der Teilwert nachhaltig unter den maßgeblichen Buchwert gesunken ist und deshalb aus Sicht des Bilanzstichtags aufgrund objektiver Anzeichen ernstlich mit einem langfristigen Anhalten der Wertminderung gerechnet werden muss.[2]

Wird die Beteiligung im Rahmen einer Betriebsaufspaltung vom Besitzunternehmen gehalten, hat ihre funktionale Bedeutung für die Wertbestimmung besonderes Gewicht. Denn die Tätigkeit der Kapitalgesellschaft ist Bestandteil der unternehmerischen Betätigung der sowohl Besitz- als auch Betriebsunternehmen beherrschenden Person oder Personengruppe. Ein gedachter Erwerber des Besitzunternehmens würde den anteilig für die Kapitalbeteiligung zu zahlenden Preis vorwiegend danach bestimmen, welche Ertragsaussichten für die abgestimmte Tätigkeit von Besitz- und Betriebsunternehmen bestehen. Der sich dabei ergebende Wert kann erheblich von dem Betrag abweichen, den derjenige zu zahlen bereit wäre, der lediglich die Anteile an der Betriebskapitalgesellschaft erwirbt.[3]

Aus der Berücksichtigung der funktionalen Bedeutung der Beteiligung an der Betriebsgesellschaft folgt für deren Bewertung, dass eine **Gesamtbetrachtung der Ertragsaussichten** von Besitz- und Betriebsunternehmen anzustellen ist.[4] Weist der Steuerpflichtige nach, dass diese in einem solchen Maße gesunken sind, dass ein Erwerber des Besitzunternehmens für die zu dessen Betriebsver-

---

[1] BFH, Urteil v. 27.7.1988 - I R 104/84, BFHE 155 S. 56, BStBl 1989 II S. 274.
[2] BFH, Urteil v. 21.9.2011 - I R 89/10, BFHE 235 S. 263, BStBl 2014 II S. 612, m. w. N.
[3] BFH, Urteil v. 6.11.2003 - IV R 10/01, BFHE 204 S. 438, BStBl 2004 II S. 416.
[4] BFH, Urteil v. 7.5.2014 - X R 19/11, BFH/NV 2014 S. 173, NWB RAAAE-72844; FG Bremen, Urteil v. 14.12.2016 - 1 K 59/15 (5), NWB AAAAG-89460, rkr.; zu Darlehensforderungen vgl. unten Rz. 1052.

mögen gehörenden Anteile an der Besitzkapitalgesellschaft einen hinter den Anschaffungskosten zurückbleibenden Preis zahlen würde, kann eine diesbezügliche Teilwertabschreibung vorgenommen werden, wenn nicht die im Hinblick auf den Vermögenswert ebenfalls vorzunehmende Gesamtbetrachtung dem entgegensteht.[1]

(Einstweilen frei) 1048–1049

d) Darlehensforderungen

LITERATUR:

o. V., Betriebsaufspaltung: Darlehensforderung gegen Betriebs-GmbH – Zugehörigkeit zum notwendigen Betriebsvermögen des Besitzunternehmens, DB 1973 S. 2373; *o. V.*, Betriebsaufspaltung: Qualifikation von Darlehen, die vom Inhaber des Besitzunternehmens an die Betriebsgesellschaft gewährt werden – Betriebs- oder Privatvermögen?, DB 1980 S. 137; *Neufang*, Darlehensverträge und Betriebsaufspaltung, StBp 1989 S. 86; *Pietsch*, Gesellschafterdarlehen an die Betriebs-GmbH im Rahmen einer Betriebsaufspaltung, StSem 1996 S. 298; *Schmitz-Herscheidt*, Substanzverluste von Gesellschafterdarlehen, NWB 2013 S. 2537; *Harle*, Der steuerliche Umgang mit Gesellschafterdarlehen bis 2014 und ab 2015, BB 2015 S. 2841; *Zaisch*, Erweiterung des Teilabzugsverbots auf Gesellschafterdarlehen und verbilligte Nutzungsüberlassung, NWB 2015 S. 2453; *Ott*, Verbilligte Nutzungsüberlassungen an Kapitalgesellschaften und Wertverluste von Gesellschafterdarlehen nach § 3c Abs. 2 EStG, DStZ 2016 S. 14.

Gewährt der Inhaber eines Besitz-Einzelunternehmens dem Betriebsunternehmen ein Darlehen, so gehört die Darlehensforderung nicht in jedem Fall zum Betriebsvermögen des Besitzunternehmens. Die Zugehörigkeit der Darlehensforderung zum Betriebsvermögen lässt sich nicht schon deshalb bejahen, weil die Beteiligung an der Betriebsgesellschaft notwendiges Betriebsvermögen des Besitzunternehmens ist oder weil die Mittel für die Darlehensgewährung aus Gewinnausschüttungen der Betriebsgesellschaft stammen.[2] 1050

Die Zurechnung der Darlehensforderung zum Betriebsvermögen und damit auch die Behandlung der Darlehenszinsen als Betriebseinnahmen beim Besitzunternehmen ist dann gerechtfertigt, 1051

▶ wenn das Darlehen im **Zusammenhang mit der Betriebsaufspaltung gewährt** wurde und seine Grundlage in dem einheitlichen geschäftlichen Betätigungswillen des Besitzunternehmers auch in der Betriebsgesellschaft hat[3] oder

---

1 BFH, Urteil v. 7.5.2014 - X R 19/11, BFH/NV 2014 S. 1736, NWB RAAAE-72844.
2 BFH, Urteil v. 7.3.1978 - VIII R 38/74, BFHE 124 S. 533, BStBl 1978 II S. 378.
3 BFH, Urteil v. 21.5.1974 - VIII R 57/70, BFHE 112 S. 391, BStBl 1974 II S. 613.

▶ wenn das Darlehen dazu dient, die **Vermögens- und Ertragslage der Betriebsgesellschaft zu verbessern** und damit den Wert der Beteiligung des Besitzunternehmens an der Betriebsgesellschaft zu erhalten oder zu erhöhen.[1]

Wegen der Fälle, in denen ausnahmsweise Darlehensforderungen wegen privater Veranlassung nicht zum Betriebsvermögen gehören ist auf das BFH-Urteil v. 10.11.1994[2] zu verweisen.

1052 Hinsichtlich der Bewertung der Forderung gilt Folgendes: Nach § 6 Abs. 1 Nr. 2 Satz 1 EStG ist sie grds. mit den Anschaffungskosten zu bewerten. Eine **Teilwertabschreibung** kommt nach § 6 Abs. 1 Nr. 2 Satz 2 EStG bei einer voraussichtlich dauernden Wertminderung in Betracht. Die Bemessung des Teilwerts der Darlehensforderung ist nach der Rechtsprechung des BFH nach denselben Kriterien zu bestimmen, die für die Bewertung der Anteile an der Kapitalgesellschaft gelten.[3] Dies gilt auch für eigenkapitalersetzende Darlehen. Folglich ist eine Gesamtbetrachtung der Ertragsaussichten von Besitz- und Betriebsunternehmen anzustellen. Eine Bewertung mit dem niedrigeren Teilwert kommt folglich nur in Betracht, wenn die Ertragsaussichten beider Unternehmen dauerhaft so gering sind, dass ein fiktiver Erwerber des Besitzunternehmens für die Anteile an dem Betriebsunternehmen einen Preis zahlen würde, welcher unter dem Buchwert der Beteiligung am Betriebsunternehmen liegt. Eine **Krise des Betriebsunternehmens** ist nach diesen Grundsätzen zu verneinen, solange das Besitzunternehmen noch kreditwürdig ist und seinen Kredit vereinbarungsgemäß und nach Bedarf dem Betriebsunternehmen zur Verfügung stellt.[4]

1053 Bis zum **VZ 2014** wirkte sich die Teilwertabschreibung auf die Darlehensforderung steuerlich voll aus. Gleiches galt für den Verzicht auf die Darlehensforderung. Denn der BFH hatte entschieden, dass Substanzverluste von im Betriebsvermögen gehaltenen Gesellschafterdarlehen aufgrund von Wertminderungen, wie sie durch Teilwertabschreibungen abgebildet werden, unterliegen – unabhängig von der Frage der Fremdüblichkeit der Darlehensüberlassung und

---

1 BFH, Urteile v. 7.3.1978 - VIII R 38/74, BFHE 124 S. 533, BStBl 1978 II S. 378; v. 10.11.1994 - IV R 15/93, BFHE 176 S. 535, BStBl 1995 II S. 452; v. 20.4.2005 - X R 2/03, BFHE 210 S. 29, BStBl 2005 II S. 694; v. 10.11.2005 - IV R 13/04, BFHE 211 S. 294, BStBl 2006 II S. 618.
2 BFH, Urteil v. 10.11.1994 - IV R 15/93, BFHE 176 S. 535, BStBl 1995 II S. 452.
3 BFH, Urteile v. 6.11.2003 - IV R 10/01, BStBl 2004 II S. 416; v. 14.10.2009 - X R 45/06, BStBl 2010 II S. 274.
4 BFH, Urteil v. 11.10.2017 - IX R 51/15, BFH/NV 2018 S. 329, NWB HAAAG-70585.

einer etwaigen Veranlassung durch das Gesellschaftsverhältnis – mangels wirtschaftlichen Zusammenhangs mit nach § 3 Nr. 40 EStG steuerbefreiten Beteiligungserträgen nicht dem Abzugsverbot des § 3c Abs. 2 Satz 1 EStG unterliegen.[1] In gleicher Weise unterfallen nach dieser Rechtsprechung substanzbezogene Wertminderungen von Rückgriffsforderungen aus der Inanspruchnahme aus im Betriebsvermögen gehaltenen Bürgschaften eines Gesellschafters für seine Gesellschaft sowie eine Rückstellungsbildung für die drohende Inanspruchnahme aus solchen Bürgschaften **nicht** dem Abzugsverbot des § 3c Abs. 2 Satz 1 EStG.

Die Finanzverwaltung hat diese Aussagen letztlich akzeptiert.[2] Wird auf die Darlehensforderung nachträglich ganz oder teilweise verzichtet, kommt es in Höhe des werthaltigen Teils der Forderung zu einer steuerneutralen Einlage bei der Betriebsgesellschaft.[3] Das Besitzunternehmen hat in Höhe dieser Einlage nachträgliche Anschaffungskosten auf die Anteile an der Betriebskapitalgesellschaft. Dies bedeutet, dass nur in Höhe des Differenzbetrags zwischen Nennwert und werthaltigem Teil ein Aufwand bei der Besitz- sowie ein korrespondierender Ertrag bei der Betriebskapitalgesellschaft zu verbuchen ist. Kommt es nach diesen Grundsätzen zu einem Ertrag bei der Betriebs-Kapitalgesellschaft, welcher nicht nach § 8 Abs. 3 Satz 3 KStG kompensiert werden kann, kann eine Steuerneutralität ggf. nach § 8 Abs. 1 KStG i. V. m. § 3a EStG erreicht werden. Für gewerbesteuerliche Zwecke ist dann § 7b GewStG anzuwenden.

Mit Wirkung ab **VZ 2015**[4] hat der Gesetzgeber durch das **Zollkodex-AnpG** v. 22.12.2014[5] den Anwendungsbereich des § 3c Abs. 2 EStG durch die gesetzliche Neuregelung in § 3c Abs. 2 Satz 2 bis 5 EStG auch auf die Fälle von Substanzverlusten aufgrund der Hingabe von Darlehen an die Körperschaft zu aus gesellschaftsrechtlichen Gründen nicht fremdüblichen Konditionen ausgedehnt.[6] Die Neuregelung missachtet dabei, dass es wirtschaftlich kaum Sinn macht, Erträge in der Betriebskapitalgesellschaft anfallen zu lassen, um deren Ausschüttung dann durch das Teileinkünfteverfahren privilegieren zu können. In der Regel wird versucht, in der Betriebskapitalgesell-

1054

---

1 BFH, Urteile v. 18.4.2012 - X R 7/10, BFHE 237 S. 119, BStBl 2013 II S. 791; X R 5/10, BFHE 237 S. 106, BStBl 2013 II S. 785; entgegen BMF, Schreiben v. 8.11.2010, BStBl 2010 I S. 1292, Nr. 2; zu verbilligter Wirtschaftsgut-Überlassung vgl. unten Rz. 1527 ff.
2 BMF, Schreiben v. 23.10.2013, BStBl 2013 I S. 1269.
3 BFH, Beschluss v. 9.6.1997 - GrS I/94, BStBl 1998 II S. 307.
4 Vgl. § 52 Abs. 5 Satz 2 EStG.
5 BGBl 2014 I S. 2417.
6 Vgl. hierzu u. a. *Ott*, DStZ 2016 S. 14; *Zaisch*, NWB 2015 S. 2453.

schaft Aufwendungen in den Grenzen der verdeckten Gewinnausschüttung zu generieren. Im Übrigen sind entsprechende Erträge, die in der Betriebsgesellschaft gebucht werden, ohnehin in aller Regel nicht ausschüttungsfähig, sondern bloße Buchungsgewinne.

Nach § 3c Abs. 2 Satz 2 EStG ist das Teilabzugsverbot nun auch für Betriebsvermögensminderungen oder Betriebsausgaben im Zusammenhang mit einer Darlehensforderung oder aus der Inanspruchnahme von Sicherheiten anzuwenden, die für ein Darlehen hingegeben wurden, wenn das Darlehen oder die Sicherheit von einem Steuerpflichtigen gewährt wird, der zu mehr als einem Viertel unmittelbar oder mittelbar am Grund- oder Stammkapital der Körperschaft, für die das Darlehen gewährt wurde, beteiligt ist oder war. § 3c EStG wird mithin auf Substanzverluste bei Darlehensverhältnissen ausgedehnt. Das Abzugsverbot gilt auch für die Inanspruchnahme des Gesellschafters aus einer Bürgschaft, wenn der Gesellschafter die Beteiligung im Betriebsvermögen hält und die Bürgschaftsaufwendungen deshalb grds. Betriebsausgaben wären. Nach § 3c Abs. 2 Satz 3 EStG ist Satz 2 insoweit nicht anzuwenden, als nachgewiesen wird, dass auch ein fremder Dritter das Darlehen bei sonst gleichen Umständen gewährt oder nicht zurückgefordert hätte; dabei seien nur die eigenen Sicherungsmittel der Körperschaft zu berücksichtigen.

Die Fremdüblichkeit muss sowohl im Hinblick auf die Verzinsung als auch auf die Besicherung gegeben sein, wobei auch fremdüblich hingegebene Darlehen, die in der Krise stellen gelassen werden, nicht fremdüblich sein sollen.[1] Der Nachweis dürfte bei einem ungesicherten Darlehen allenfalls dann gelingen, wenn die Bonität der Betriebskapitalgesellschaft bei Darlehenshingabe so gut war, dass sie nur mit eigenen Sicherungsmitteln, also ohne die Bürgschaft des Gesellschafters, ein Darlehen in gleicher Höhe von einem fremden Dritten erhalten hätte.[2]

§ 3c Abs. 2 Satz 5 EStG regelt schließlich, dass Gewinne aus dem Ansatz des nach § 6 Abs. 1 Nr. 2 Satz 3 maßgeblichen Wertes bei der Ermittlung der Einkünfte außer Ansatz bleiben, soweit auf die vorangegangene Teilwertabschreibung Satz 2 angewendet worden ist. Dies bedeutet, dass Gewinne aus einer Teilwertaufholung sich nicht auswirken, **soweit** auf die vorangegangene Teilwertabschreibung Satz 2 angewendet wurde, also grds. zu 40 %.[3]

---

1 Kritisch zu Recht *Levedag* in Schmidt, EStG, 41. Aufl. 2022, § 3c, Rz. 16.
2 *V. Beckerath* in Kirchhof/Seer, EStG, 21. Aufl. 2022, § 3c, Rz. 30b.
3 *V. Beckerath* in Kirchhof/Seer, EStG, 21. Aufl. 2022, § 3c, Rz. 30c.

III. Umfang der Umqualifizierung

BEISPIEL: A ist zu 100 % an der X-GmbH beteiligt, der er seit Jahren ein bebautes Grundstück verpachtet hat, so dass die Voraussetzungen der Betriebsaufspaltung vorliegen. A hat der X-GmbH ein Darlehen i. H. v. 100.000 € zur Verfügung gestellt. Er nimmt eine Teilwertabschreibung auf die Darlehensforderung vor:

(a) im Jahr 2014,

(b) im Jahr 2015.

LÖSUNG: In beiden Fällen löst die Teilwertabschreibung innerbilanziell einen Verlust i. H. v. 100.000 € im Besitzunternehmen des A aus. In der Alternative (a) kommt § 3c Abs. 2 EStG nicht zur Anwendung. In der Alternative (b) bewirkt § 3c Abs. 2 Satz 2 EStG n. F., dass es zu einer außerbilanziellen Hinzurechnung i. H. v. 40.000 € kommt, wenn nicht der Gegenbeweis i. S. des § 3c Abs. 2 Satz 3 EStG gelingt.

e) Betriebseinnahmen beim Besitzunternehmen

LITERATUR:

Hoffmann, Fritz, Anm. zum BFH-Urteil IV R 16/69 vom 9.7.1970, GmbHR 1972 S. 95.

(1) Die **Pachteinnahmen (Mieteinnahmen)**, die das Besitzunternehmen von der Betriebsgesellschaft erhält, sind infolge der Zugehörigkeit der verpachteten Wirtschaftsgüter zum Betriebsvermögen des Besitzunternehmens keine Einkünfte aus Vermietung und Verpachtung, sondern solche aus Gewerbebetrieb. Das gilt grds. auch für alle anderen Betriebseinnahmen, die das Besitzunternehmen von der Betriebsgesellschaft erhält.[1] Demzufolge sind in dem BFH-Urteil v. 24.1.1968[2] **Kapitalerträge** aus der zum Betriebsvermögen des Besitzunternehmens gehörenden Beteiligung an der Betriebs-GmbH dem Gewerbeertrag des Besitzunternehmens zugerechnet worden.[3] Der Anspruch auf solche Kapitalerträge (**Gewinnausschüttungen**) entsteht in dem Zeitpunkt, in dem die Gesellschafter der Betriebs-GmbH eine Gewinnausschüttung beschließen. Dieser Zeitpunkt ist auch maßgebend für die Qualifikation der Einkunftsart, wenn die Beteiligung an der Betriebs-GmbH vor der Fassung des **Gewinnverteilungsbeschlusses** vom Privatvermögen ins Betriebsvermögen des Besitzunternehmens übergegangen ist, und auch für die Beurteilung der Frage, wem die Einnahmen aus dem **Gewinnauszahlungsanspruch** zustehen.[4] Des Weiteren wird auf die Ausführungen unten unter Rz. 1391 ff. verwiesen.

1055

---

1 BFH, Urteil v. 11.8.1966 - IV R 219/64, BFHE 86 S. 621, BStBl 1966 III S. 601.
2 BFH, Urteil v. 24.1.1968 - I 76/64, BFHE 91 S. 368, BStBl 1968 II S. 354.
3 Siehe auch BFH, Urteil v. 14.9.1999 - III R 47/98, BFHE 190 S. 315, BStBl 2000 II S. 255.
4 BFH, Urteil v. 14.9.1999 - III R 47/98, BFHE 190 S. 315, BStBl 2000 II S. 255.

G. Rechtsfolgen der Betriebsaufspaltung

1056 **BEISPIEL:** W ist alleiniger Anteilseigner der W-GmbH. Am 24.8.1993 erwirbt W ein Grundstück, das an die W-GmbH verpachtet ist. W setzt den Pachtvertrag fort. Am 19.12.1993 beschließt W als Gesellschafter der W-GmbH eine Gewinnausschüttung für 1992. Am 21.12. wird der Gewinn an W ausbezahlt.

1057 **LÖSUNG:** Der Gewinnauszahlungsanspruch für das Wirtschaftsjahr 1992 ist durch den Gewinnverteilungsbeschluss v. 19.12.1993 entstanden. In diesem Zeitpunkt gehörte die Beteiligung des W an der W-GmbH bereits zum Betriebsvermögen seines Besitzunternehmens, welches am 24.8.1993 durch den Erwerb des an die W-GmbH verpachteten Grundstücks durch unechte Betriebsaufspaltung entstanden war. Infolgedessen handelt es sich bei dem ausgeschütteten Gewinn für 1992 um gewerbliche Betriebseinnahmen des W in seinem Besitzunternehmen, obgleich die Beteiligung des W an der W-GmbH 1992 noch zu seinem Privatvermögen gehört hatte.

1058 Soweit eine Darlehensforderung zum Betriebsvermögen eines Besitzunternehmens gehört, sind die von dem Betriebsunternehmen gezahlten **Zinsen** Betriebseinnahmen. Das Gleiche gilt für **Avalprovisionen** und **verdeckte Gewinnausschüttungen**, die dem Besitzunternehmen vom Betriebsunternehmen zufließen.[1]

1059 (2) Etwas anderes gilt nur dann, wenn die Leistungen der Betriebsgesellschaft nicht spezifisch auf der Betriebsaufspaltung beruhen.[2] Deshalb gehören Zahlungen, die die Betriebsgesellschaft an den Inhaber des Einzelunternehmens als **Vergütung für seine Tätigkeit** im Dienst der Betriebsgesellschaft leistet, nicht zum Gewinn des Besitzunternehmens, sondern sind bei dessen Inhaber Einkünfte aus nichtselbständiger Arbeit.[3]

1060 Auch Darlehenszinsen, die das Betriebsunternehmen an das Besitzunternehmen für Darlehen bezahlt, die nach den oben unter Rz. 1050 ff. genannten Grundsätzen nicht zum Betriebsvermögen des Besitzunternehmens gehören, sind keine Betriebseinnahmen des Besitzunternehmens, sondern Einnahmen des Inhabers des Besitzunternehmens aus Kapitalvermögen.

1061 (3) Keine Betriebseinnahmen bei einer Besitzgesellschaft sind nach dem BFH-Urteil v. 1.10.1996[4] die Anteile der Besitzgesellschafter an den Mieteinnahmen einer **Grundstücksgemeinschaft**, an der sie mit 50 % beteiligt sind, wenn die Grundstücksgemeinschaft und nicht die Besitzgesellschaft ein Grundstück an die Betriebsgesellschaft vermietet hat, weil – so die Begründung des BFH – eine Bruchteilsgemeinschaft wie eine Personengesellschaft

---

1 BFH, Urteil v. 21.5.1974 - VIII R 57/70, BFHE 112 S. 391, BStBl 1974 II S. 613.
2 BFH, Urteil v. 21.5.1974 - VIII R 57/70, BFHE 112 S. 391, BStBl 1974 II S. 613.
3 BFH, Urteile v. 9.7.1970 - IV R 16/69, BFHE 99 S. 533, BStBl 1970 II S. 722; v. 23.1.1980 - I R 33/77, BFHE 130 S. 173, BStBl 1980 II S. 356.
4 BFH, Urteil v. 1.10.1996 - VIII R 44/95, BFHE 182 S. 327, BStBl 1997 II S. 530.

als solche nicht nur selbständiges „Subjekt der Gewinnerzielung", sondern auch selbständiges „Subjekt der Erzielung von Überschüssen aus Vermietung und Verpachtung" sein kann, soweit sie die Merkmale des Besteuerungstatbestandes des § 21 EStG erfüllt. Etwas anderes soll nach dem Urteil nur dann gelten, wenn die Vermietung durch die Grundstücksgemeinschaft an die Betriebsgesellschaft durch die Besitzgesellschaft veranlasst ist, weil sich in diesem Fall die anteiligen Mieteinnahmen als Sonderbetriebseinnahmen der Besitzgesellschafter darstellten.

Dem Urteil ist im Ergebnis zuzustimmen, wenn die Anteile der Besitzgesellschafter an der Grundstücksgemeinschaft nicht zum Gesellschaftsvermögen der Besitzgesellschaft gehören. Gehören hingegen die Anteile an der Grundstücksgesellschaft zum Gesellschaftsvermögen der Besitzgesellschaft, dann sind die anteiligen Mieteinnahmen bei dieser Gesellschaft auch Betriebseinnahmen. 1062

(Einstweilen frei) 1063–1065

2. Das Besitzunternehmen ist eine Personengesellschaft

LITERATUR:

Richter/Chuchra/Dorn, Die Abfärbewirkung des § 15 Abs. 3 Nr. 1 EStG in der steuerlichen Abwehr- und Gestaltungsberatung, NWB 2016 S. 3548; *Richter/Chuchra/Dorn*, Offene Fragen und Probleme bei Anwendung der sog. „Aufwärtsfiktion" des § 15 Abs. 3 Nr. 1 Alt. 2 EStG, DStR 2016 S. 2944; *Weiss*, Gewerblichkeitsfiktionen des § 15 Abs. 3 EStG, NWB 2016 S. 3148; *Korn/Scheel*, (Keine) Zukunft der gewerblichen Infektion von Personengesellschaften, DStR 2019 S. 1665; *Weiss*, Keine GewSt-Pflicht bei Aufwärtsabfärbung nach § 15 Abs. 3 Nr. 1 EStG, DB 2019 S. 2316; *Strecker*, Gewerbliche Infektion und deren Vermeidung, KÖSDI 2020 S. 24560; *Abele*, Niedersächsiches FG: Unbekannte Grunddienstbarkeit als notwendiges Betriebsvermögen einer Besitzgesellschaft, BB 2022 S. 1458.

a) Die nicht an das Betriebsunternehmen vermieteten Wirtschaftsgüter

Ist das Besitzunternehmen eine Personengesellschaft, dann gehören, anders als bei einem Besitz-Einzelunternehmen, nicht nur die an das Betriebsunternehmen zum Gebrauch überlassenen Wirtschaftsgüter zum Betriebsvermögen der Besitz-Personengesellschaft, sondern auch alle anderen Wirtschaftsgüter der Besitzgesellschaft, also auch diejenigen, die an fremde Dritte vermietet sind. Das ist eine zwangsläufige Folge der in § 15 Abs. 3 Nr. 1 EStG enthaltenen 1066

Regelung, wonach eine Personengesellschaft, die teils gewerblich, teils nichtgewerblich tätig ist, insgesamt Einkünfte aus Gewerbebetrieb erzielt (**Infektionstheorie – Abfärbetheorie**).[1]

1067 Zum gewerblichen Betriebsvermögen einer Besitz-Personengesellschaft gehören also alle Wirtschaftsgüter die zum **Gesellschaftsvermögen** und zu **den Sonderbetriebsvermögen** der Gesellschafter dieser Personengesellschaft gehören. Die Zugehörigkeit zum Betriebsvermögen ist hier also nicht auf die Wirtschaftsgüter beschränkt, die an das Betriebsunternehmen vermietet oder verpachtet sind.[2] Das gilt nicht nur für Personenhandelsgesellschaften, sondern auch für BGB-Gesellschaften unabhängig davon, ob es sich um eine Innengesellschaft oder eine Außengesellschaft handelt.[3] Unmaßgeblich ist zudem, ob die Besitz-Personengesellschaft Kenntnis von den jeweiligen Wirtschaftsgütern besitzt, so dass z. B. auch unbekannte Grunddienstbarkeiten notwendiges Betriebsvermögen der Besitzgesellschaft darstellen.[4]

1068 **BEISPIEL:** A und B sind jeweils mit 30 % an der X-GmbH beteiligt. Gleichzeitig betreiben sie in der Rechtsform einer KG die Vermietung von zehn Bürogebäuden. Eines dieser Bürogebäude ist an die X-GmbH vermietet und ist für diese eine wesentliche Betriebsgrundlage.

1069 **LÖSUNG:** Auch die neun fremdvermieteten Gebäude gehören zum Betriebsvermögen des Besitzunternehmens.[5] Diese Wirkung ist eine Folge der in § 15 Abs. 3 Nr. 1 EStG zum Ausdruck kommenden sog. „Infektionstheorie", die besagt, dass eine teilweise gewerbliche Betätigung einer Personengesellschaft zur Folge hat, dass die Gesellschaft in vollem Umfang gewerblich tätig ist.

1070 Wegen eines weiteren Beispiels sei verwiesen auf das BFH-Urteil v. 21.9.1977.[6] In dem Urteilsfall war von einer Besitz-Personengesellschaft ein Mietwohngebäude teilweise an **Werksangehörige** des Betriebsunternehmens, teilweise an fremde Dritte vermietet worden.

1071 Die Abfärbewirkung tritt selbst dann ein, wenn die im Vermieten an das Betriebsunternehmen bestehende Tätigkeit der Besitz-Personengesellschaft im

---

1 BFH, Urteile v. 13.11.1997 - IV R 67/96, BFHE 184 S. 512, BStBl 1998 II S. 254; v. 24.11.1999 - VIII R 61/97, BFHE 187 S. 297, BStBl 1999 S. 483.
2 BFH, Urteil v. 13.11.1997 - IV R 67/96, BFHE 184 S. 512, BStBl 1998 II S. 254; Beschluss v. 8.9.2005 - IV B 23/04, BFH/NV 2006 S. 51, NWB NAAAB-69111.
3 BFH, Urteil v. 13.11.1997 - IV R 67/96, BFHE 184 S. 512, BStBl 1998 II S. 254.
4 FG Niedersachsen, Urteil v. 16.2.2022 - 4 K 89/20, EFG 2022 S. 911, NWB HAAAJ-16685; vgl. dazu Abele, BB 2022 S. 1458.
5 BFH, Urteil v. 16.6.1982 - I R 118/80, BFHE 136 S. 287, BStBl 1982 II S. 662.
6 BFH, Urteil v. 21.9.1977 - I R 39-40/74, BFHE 123 S. 464, BStBl 1978 II S. 67.

Verhältnis zu der übrigen an sich nicht gewerblichen Tätigkeit der Besitz-Personengesellschaft nur **geringfügig** ist.[1] Bei einem „**äußerst geringen Anteil**" originär gewerblicher Einkünfte soll aus Gründen der Verhältnismäßigkeit allerdings keine Seitwärts-Infektion erfolgen.[2] Der BFH hat diese Ausnahme in drei Urteilen dahingehend konkretisiert, dass die Abfärbewirkung eintritt, wenn die gewerblichen Nettoumsatzerlöse entweder 3 % der Gesamtnettoumsatzerlöse der Gesellschaft oder den Betrag von 24.500 € übersteigen.[3]

Diese Rechtsprechung betrifft die Infizierung von freiberuflichen Einkünften. Nicht geklärt war, ob die für die Abfärbung auf freiberufliche Einkünfte entwickelte relative Bagatellgrenze von 3 % der schädlichen Nettoerlöse auch auf vermögensverwaltende Einkünfte übertragen werden kann, ob dort das Überschreiten einer Bagatellgrenze erst nach einem längeren Beobachtungszeitraum zur Abfärbung führen dürfte und welcher Einkunftsart die schädlichen Einkünfte bei Unterschreiten einer Bagatellgrenze zuzuordnen wären.[4] Auch wenn die relative Bagatellgrenze für das Institut der Betriebsaufspaltung von tendenziell untergeordneter Bedeutung ist, sprechen Gleichbehandlungsgesichtspunkte dafür, bei vermögensverwaltenden Einkünften dieselben Grundsätze anzuwenden, wie sie zum freiberuflichen Bereich entwickelt worden sind. Hierfür lässt sich überdies die Vereinfachungsfunktion des § 15 Abs. 3 Nr. 1 EStG ins Feld führen.[5] Dieser Sichtweise hat sich nunmehr auch der BFH angeschlossen.[6]

Nach überzeugender Auffassung des BFH führten **negative Einkünfte** aus einer gewerblichen Tätigkeit nicht zu einer Umqualifizierung.[7] Durch Gesetz v. 12.12.2019[8] wurde dieser Rechtsprechung die Grundlage entzogen. Nunmehr regelt § 15 Abs. 3 Nr. 1 Satz 2 EStG, dass die Infizierung unabhängig davon eintritt, ob aus der Tätigkeit i. S. des § 15 Abs. 1 Satz 1 Nr. 1 EStG ein Gewinn oder Verlust erzielt wird oder die gewerblichen Einkünfte i. S. des § 15 Abs. 1

---

1 BFH, Urteile v. 10.8.1994 - I R 133/93, BFHE 175 S. 357, BStBl 1995, 171; v. 13.11.1997 - IV R 67/96, BFHE 184 S. 512, BStBl 1998 II S. 254.
2 BFH, Urteile v. 11.8.1999 - XI R 12/98, BStBl 2000 II S. 229 (Anteil von 1,25 % nicht ausreichend für Infektion); v. 29.11.2001 - IV R 91/99, BStBl 2002 II S. 221; Beschluss v. 8.3.2004 - IV B 212/03, BFH/NV 2004 S. 954 (Anteil von 2,81 % ist unschädlich), NWB PAAAB-20745; Urteil v. 10.8.1994 - I R 133/93, BStBl 1995 II S. 171 (Anteil von 6,27 % ist schädlich).
3 BFH, Urteile v. 27.8.2014 - VIII R 41/11, BFHE 247 S. 506, BStBl 2015 II S. 999; VIII R 16/11, BFHE 247 S. 499, BStBl 2015 II S. 996; VIII R 6/12, BFHE 247 S. 513, BStBl 2015 II S. 1002.
4 Ausdrücklich offen gelassen durch BFH, Urteil v. 12.4.2018 - IV R 5/15, BStBl 2020 II S. 118.
5 Vgl. BVerfG, Beschluss v. 15.1.2008 - 1 BvL 2/04, NWB CAAAC-80313.
6 BFH, Urteil v. 30.6.2022 - IV R 42/19, NWB EAAAJ-25061.
7 BFH, Urteil v. 12.4.2018 - IV R 5/15, BStBl 2020 II S. 118; BFH, Urteil v. 30.6.2022 - IV R 42/19, NWB EAAAJ-25061.
8 BGBl 2019 I S. 2451.

Satz 1 Nr. 2 EStG positiv oder negativ sind. Die Neuregelung ist nach § 52 Abs. 23 Satz 1 EStG auch für Veranlagungszeiträume vor 2019 anzuwenden. Dies stellt eine unzulässige echte Rückwirkung dar, soweit durch die Neuregelung nachteilige Steuerfolgen entstehen. Unklar ist zudem, ob bei negativen Einkünften der Untergesellschaft überhaupt ein „Bezug" von Gewinnanteilen i. S. des § 15 Abs. 1 Satz 1 Nr. 2 EStG aus dieser gewerblichen Mitunternehmerschaft vorliegt, was die Vorschrift auch nach der Gesetzesänderung voraussetzt.[1]

Die Bagatellgrenze ist auch bei negativen Einkünften anzuwenden.[2] Des Weiteren können die negativen Einkünfte dazu führen, dass eine Gewinnerzielungsabsicht fehlt. Auch in diesem Fall kommt eine Infizierung nicht in Betracht.[3] Nach § 15 Abs. 3 Nr. 1 Teilsatz 2 EStG steht einer teilweise gewerblichen Tätigkeit eine unmittelbare oder mittelbare Beteiligung an einer OHG, KG oder anderen Gesellschaft, bei der die Gesellschafter als Mitunternehmer anzusehen sind (§ 15 Abs. 1 Satz 1 Nr. 2 EStG), gleich. Das bedeutet, dass die Abfärberegelung auch dann anzuwenden ist, wenn eine Personengesellschaft an einer gewerblich geprägten oder gewerblich tätigen Personengesellschaft beteiligt ist und aus dieser Beteiligung gewerbliche Einkünfte bezieht (sog. **Aufwärtsinfektion**).

Bei Beteiligung einer vermögensverwaltenden Personengesellschaft an einer gewerblich tätigen Mitunternehmerschaft mit **abweichendem Wirtschaftsjahr** tritt die Abfärbewirkung allerdings nur ein, wenn der Obergesellschaft im betreffenden Kalenderjahr nach Maßgabe des § 4a Abs. 2 Nr. 2 EStG ein Gewinnanteil i. S. von § 15 Abs. 1 Satz 1 Nr. 2 EStG zugewiesen ist.[4] Bei der Aufwärtsinfektion sind die zu § 15 Abs. 3 Nr. 1 1. Halbsatz EStG entwickelten **Bagatellgrenzen** nicht anzuwenden.[5] Auch vor diesem Hintergrund hat der BFH keine verfassungsrechtlichen Bedenken gegen die Vorschrift. Er hat allerdings festgehalten, dass die Regelung des § 2 Abs. 1 GewStG verfassungskonform dahin einschränkend auszulegen sei, dass die Aufwärtsinfektion nicht dazu führt, dass die Muttergesellschaft gewerbesteuerlich ein **gewerbliches Unternehmen**

---

1 Dagegen FG Berlin-Brandenburg, Urteil v. 11.3.2021 - 6 K 6322/17, EFG 2021 S. 2065, nrkr. (Az. des BFH: IV R 10/21).
2 *Korn/Scheel*, DStR 2019 S. 1670; *Strecker*, KÖSDI 2020 S. 21560, Rz. 10.
3 *Wacker* in Schmidt, EStG, 41. Aufl. 2022, § 15 Rz. 188; *Strecker*, KÖSDI 2020 S. 21560, Rz. 10.
4 BFH, Urteil v. 26.6.2014 - IV R 5/11, BFHE 246 S. 319, BStBl 2014 II S. 972; vgl. hierzu *Wendt*, FR 2014 S. 978.
5 BFH, Urteil v. 6.6.2019 - IV R 30/16, BFH/NV 2019 S. 994, NWB HAAAH-24029; ebenso FG Köln, Urteil v. 26.6.2020 - 4 K 3437/11, EFG 2021 S. 857, nrkr., NWB GAAAH-77042 (Az. des BFH: IV R 24/20).

darstellt. Dies entspricht nicht der Rechtsauffassung der Finanzverwaltung, die das Urteil insoweit nicht über den entschiedenen Fall hinaus anwenden will.

Die Infektion kann dadurch vermieden werden, dass eine zweite Personengesellschaft gegründet wird, zu deren Gesellschaftsvermögen die fremdvermieteten Wirtschaftsgüter gehören. Das ist selbst dann möglich, wenn an beiden Personengesellschaften dieselben Gesellschafter im selben Verhältnis beteiligt sind.[1] Beide Gesellschaften unterscheiden sich durch ihre verschiedenen Zwecke. Der Zweck der einen Gesellschaft ist auf Vermietung und Verpachtung, der der anderen auf einen Gewerbebetrieb gerichtet. Für das Vorliegen von zwei oder mehreren Gesellschaften spricht indiziell eine getrennte Ergebnisermittlung.[2] Die Finanzverwaltung will eine Ausgliederung überdies nur dann anerkennen, wenn der Gesellschaftsvertrag so gestaltet ist, dass die Gesellschaften wirtschaftlich, organisatorisch und finanziell unabhängig voneinander sind, getrennte Aufzeichnungen und Bücher geführt werden, besondere Bank- und Kassenkonten eingerichtet sind und eigene Rechnungsformulare verwendet werden und die Wirtschaftsgüter getrennt gelagert werden.[3]

1072

Werden Tätigkeiten auf Schwestergesellschaften ausgegliedert, muss schließlich vermieden werden, dass die vermögensverwaltende/freiberufliche/land- und forstwirtschaftlich tätige Gesellschaft wesentliche Betriebsgrundlagen an die gewerbliche Personengesellschaft zur Nutzung überlässt. Anderen Falls entsteht eine **mitunternehmerische Betriebsaufspaltung**, die ebenfalls zu einer Umqualifizierung der Einkünfte sowie zur Gewerblichkeit der Wirtschaftsgüter führen würde.[4] Diese kann aber z. B. dadurch vermieden werden, dass die Überlassung der Wirtschaftsgüter unentgeltlich erfolgt.[5] In diesem Fall müssen die Wirtschaftsgüter aber nach Anwendung von § 39 Abs. 2 Nr. 2 AO als Sonderbetriebsvermögen der Personengesellschaft qualifiziert werden. Wird die gewerbliche Tätigkeit auf eine GmbH ausgegliedert, kann die Betriebsaufspaltung nur vermieden werden, wenn keine wesentliche Betriebsgrundlagen an diese überlassen werden.

Eine weitere Möglichkeit, wie die Anwendung der Abfärbevorschrift des § 15 Abs. 3 Nr. 1 EStG im Rahmen der Betriebsaufspaltung vermieden werden

1073

---

1 BFH, Urteile v. 10.11.1983 - IV R 86/80, BFHE 140 S. 44, BStBl 1984 II S. 152; v. 8.12.1994 - IV R 7/92, BFHE 176 S. 555, BStBl 1996 II S. 264; v. 13.11.1997 - IV R 67/96, BFHE 184 S. 512, BStBl 1998 II S. 254.
2 BFH, Urteil v. 25.6.1996 - VIII R 28/94, BFHE 181 S. 133, BStBl 1997 II S. 202, unter II.1.a; v. 12.6.2002 - XI R 21/99, BFH/NV 2002 S. 1554, 1555, linke Spalte, NWB VAAAA-68002.
3 BMF, Schreiben v. 14.5.1997, Nr. 4, BStBl 1997 I S. 566.
4 Vgl. hierzu *Seer/Drüen*, BB 2000 S. 2182; *Strecker*, KÖSDI 2020 S. 21560, Rz. 42.
5 BFH, Urteil v. 12.4.2018 - IV R 5/15, BStBl 2020 II S. 118.

G. Rechtsfolgen der Betriebsaufspaltung

1074 kann, kann aus dem BFH-Urteil v. 27.8.1998[1] entnommen werden. Dem Urteil lag – vereinfacht dargestellt – folgender Sachverhalt zugrunde:

An der Betriebs-GmbH sind A mit ¾ und B mit ¼ beteiligt. Beiden gehört außerdem ein bebautes Grundstück (A 7/8 und B 1/8). Das Grundstück besteht aus zwei Wirtschaftsgütern, nämlich einem betrieblich genutzten und einem Wohnzwecken dienenden Teil. Der Wohnzwecken dienende Teil ist von der Grundstücksgemeinschaft A/B an Dritte vermietet. Den betrieblich genutzten Teil hat eine GbR an die Betriebs-GmbH vermietet, an der A mit ¾ und B mit ¼ beteiligt sind.

Der zu Wohnzwecken genutzte Teil des Grundstücks gehört nicht zum Gesellschaftsvermögen der Besitz-GbR und auch nicht zum Sonderbetriebsvermögen deren Gesellschafter.

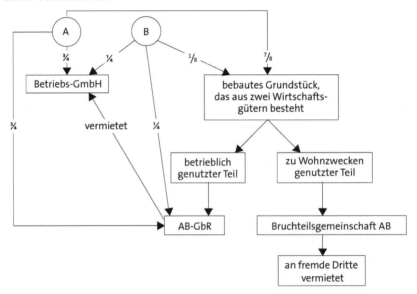

1075–1077 *(Einstweilen frei)*

---

[1] BFH, Urteil v. 27.8.1998 - IV R 77/97, BFHE 186 S. 422, BStBl 1999 II S. 279.

b) Nur-Besitz-Gesellschafter

LITERATUR:

O. V., Mitvermieter als Besitzunternehmer?, DB 1972 S. 2089; *o. V.*, Betriebsaufspaltung: Sind an der Betriebs-GmbH nichtbeteiligte Mitvermieter Besitzunternehmer?, DB 1975 S. 376; *Fichtelmann*, Anm. zum Urteil des BFH IV R 145/72 vom 29.7.1976, BStBl 1976 II S. 750 in: StRK-Anm., GewStG § 2 Abs. 1 R. 332; *Mannhold*, Körperschaftsteuerreform und Gewerbesteuerpflicht der Nur-Besitz-„Unternehmer" von Betriebsaufspaltungen, GmbHR 1979 S. 256; *o. V.*, Betriebsaufspaltung: Mitvermieter als Besitzunternehmer?, DB 1980 S. 1371; *Meier*; „Nur-Besitzgesellschafter und Einstimmigkeitsprinzip bei Prüfung der personellen Verflechtung im Rahmen der Betriebsaufspaltung – Auswirkungen des Meinungsstreits zwischen BFH-Rechtsprechung und der Auffassung der Finanzverwaltung, FR 1992 S. 676; *Micker*, Anwendung von Zebra-Gesellschafts-Regeln bei der Betriebsaufspaltung, FR 2009 S. 852; *Wachter*, Steuerrechtliche Betriebsaufspaltung und § 181 BGB, DB 2020 S. 2648; *Nöcker*, Aktuelle BFH-Rechtsprechung zur Betriebsaufspaltung, NWB 2021 S. 3868.

(1) Die Mitgegangen-Mitgefangen-These

1078 Die heutige Betriebsaufspaltungs-Rechtsprechung dehnt die Umqualifizierungswirkung auch auf die sog. Nur-Besitz-Gesellschafter aus, also auch auf die Gesellschafter der Besitz-Personengesellschaft, die nicht am Betriebsunternehmen beteiligt sind.[1]

1079 **BEISPIEL:** A und B sind je zu 50 % Anteilseigner der Betriebs-GmbH. An dem Besitzunternehmen aber sind sie nur mit 70 % beteiligt. Die restlichen 30 % gehören dem C.

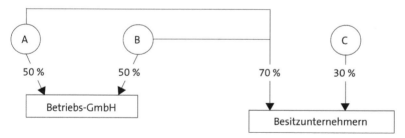

1080 **LÖSUNG:** Obwohl C nicht an der Betriebs-GmbH beteiligt ist, hat auch er hinsichtlich seines Gewinnanteils aus der Besitzgesellschaft Einkünfte aus Gewerbebetrieb. Der IV. Senat hat diese Mitgegangen-Mitgefangen-These in seinem Urteil v. 2.8.1972[2] wie folgt gerechtfertigt: Die Einordnung der Besitzgesellschaft als Gewerbebetrieb sei von der Mehrheit der Gesellschafter abhängig, die auch die Betriebsgesellschaft be-

---

1 Vgl. etwa BFH, Urteil v. 28.5.2020 - IV R 4/17, BStBl 2020 II S. 710; *Wachter*, DB 2020 S. 2648; und oben Rz. 459 ff., 481 ff.
2 BFH, Urteil v. 2.8.1972 - IV 87/65, BFHE 106 S. 325, BStBl 1972 II S. 796.

herrschten. Die Minderheit der Gesellschafter, die an der Betriebsgesellschaft nicht beteiligt sind, teilten diese nach der beherrschenden Mehrheit ausgerichtete Zuordnung in der Besitzgesellschaft, solange sie ihr angehörten, von der Möglichkeit ihres Ausscheidens also keinen Gebrauch machten.

1081 Der VIII. Senat[1] hat diese Rechtsprechung für den Fall übernommen, dass nicht alle Teilhaber einer Grundstücksgemeinschaft an dem Betriebsunternehmen beteiligt sind und dazu ausgeführt: Der einem Besitzteilhaber zustehende Anteil an der Betriebs-GmbH diene dazu, in der Grundstücksgemeinschaft und in der GmbH einen einheitlichen geschäftlichen Betätigungswillen durchzusetzen. Er sei daher Sonderbetriebsvermögen der Grundstücksgemeinschaft geworden. Das führe zur Umqualifizierung der Einkünfte der Grundstücksgemeinschaft in gewerbliche Einkünfte, da diese Einkünfte allen Teilhabern zuzurechnen seien. Dieses Ergebnis werde durch den Beschluss des GrS v. 25.6.1984[2] bestätigt; denn nach diesem Beschluss komme es bei der Bestimmung der Einkunftsart der Gesellschafter einer Personengesellschaft oder der Teilhaber einer Gemeinschaft regelmäßig auf die Tätigkeit der Gesellschaft oder Gemeinschaft an.

(2) Bedenken gegen die Mitgegangen-Mitgefangen-These

1082 Unseres Erachtens ist die Mitgegangen-Mitgefangen-These nicht mit dem Beschluss des GrS v. 25.6.1984[3] vereinbar.[4] Zwar ist es richtig, dass sich nach diesem Beschluss die Einkunftsart der Gesellschafter der Personengesellschaft nach der Tätigkeit der Personengesellschaft bestimmt. Der VIII. Senat hat aber nicht berücksichtigt, dass nach dem Beschluss v. 25.6.1984 die Tätigkeit einer Personengesellschaft gleich der Tätigkeit ist, die ihre Gesellschafter in ihrer gesamthänderischen Bindung gemeinsam ausüben.

1083 Geht man hiervon aus, dann ist beim Vorhandensein eines Nur-Besitz-Gesellschafters eine Umqualifizierung der vermögensverwaltenden Tätigkeit des Besitzunternehmens in eine gewerbliche schon deshalb nicht möglich, weil die Gesellschafter eines Besitzunternehmens, an dem auch Nur-Besitz-Gesellschafter beteiligt sind, gemeinsam nicht gewerblich tätig sein können, da die Nur-Besitz-Gesellschafter nicht die Eigenschaft der Sowohl-als-auch-Gesellschafter haben, die das Handeln der Besitzgesellschaft zu einer qualifizierten, also einer gewerblichen Vermietung machen könnte. In einem solchen Fall kann also das

---

1 BFH, Urteil v. 12.11.1985 - VIII R 240/81, BFHE 145 S. 401, BStBl 1986 II S. 296.
2 BFH, Beschluss v. 25.6.1984 - GrS 4/82, BFHE 141 S. 405, BStBl 1984 II S. 751.
3 BFH, Beschluss v. 25.6.1984 - GrS 4/82, BFHE 141 S. 405, BStBl 1984 II S. 751.
4 Vgl. zum Ganzen *Micker*, FR 2009 S. 852.

Besitzunternehmen als solches nur auf dem kleinsten gemeinsamen Nenner, also nur vermietend und verpachtend, und damit vermögensverwaltend tätig sein. Es fehlt an einer personellen Verflechtung zwischen dem Betriebsunternehmen und den gesamthänderisch verbundenen Gesellschaftern des Besitzunternehmens (= der Besitz-Personengesellschaft).

Da nach dem GmbH & Co. KG-Beschluss – wie dargestellt – die Einkunftsart einer Personengesellschaft sich nach der gemeinsamen Tätigkeit ihrer Gesellschafter bestimmt, kann die Mitgegangen-Mitgefangen-These damit nicht vereinbar sein; denn sie besagt, dass die Einkunftsart einer Personengesellschaft gerade nicht nach der gemeinsamen Tätigkeit ihrer Gesellschafter, sondern nach der Mehrheit ihrer Gesellschafter zu bestimmen ist.

1084

Der VIII. Senat löst in seinem Urteil v. 12.11.1985[1] diesen Widerspruch nicht. Er nimmt zu dem Problem keine Stellung.

Zur Rechtfertigung der Mitgegangen-Mitgefangen-These kann auch nicht – wie *Woerner*[2] es tut – auf § 15 Abs. 3 Nr. 1 EStG hingewiesen werden; denn diese Vorschrift besagt lediglich, dass wenn eine Personengesellschaft, d. h. wenn alle ihre Gesellschafter in ihrer gesamthänderischen Verbundenheit, nur ein wenig gewerblich tätig sind, ihre gesamte Tätigkeit als Gewerbebetrieb gilt. Hingegen betrifft die Vorschrift nicht den Fall, dass ein Teil der Gesellschafter einer Personengesellschaft gewerblich tätig ist, ein anderer Teil nicht. Wäre § 15 Abs. 3 Nr. 1 EStG so auszulegen, wie *Woerner* meint, wäre der Beschluss des GrS des BFH v. 25.6.1984[3] nicht richtig.

1085

Zu welchen unverständlichen Ergebnissen die Einbeziehung der Nur-Besitz-Gesellschafter in den Kreis der Gewerbetreibenden führt, zeigt sich an dem folgenden Beispiel.

1086

BEISPIEL: A, B und C betreiben in der Rechtsform einer GbR die Vermietung eines Bürohauses. A und B sind an der GbR mit je 30 % und C mit 40 % beteiligt. Für Gesellschafterbeschlüsse in der GbR reicht nach dem Gesellschaftsvertrag die einfache Mehrheit aus. Das Bürohaus ist an die X-GmbH vermietet. An dieser GmbH ist der O mit 60 % beteiligt. O stirbt. A und B erben den GmbH-Anteil des O.

LÖSUNG: Nach der Rechtsprechung werden allein durch die Erbschaft, die A und B machen, die Einkünfte des C, die bis zum Tode des O solche aus Vermietung und Verpachtung waren, zu gewerblichen. Mit dem Tode des O wird der Anteil des C einem Betriebsvermögen zugerechnet.

1087

---

1 BFH, Urteil v. 12.11.1985 - VIII R 240/81, BFHE 145 S. 401, BStBl 1986 II S. 296.
2 *Woerner*, DStR 1986 S. 735, 737.
3 BFH, Beschluss v. 25.6.1984 - GrS 4/82, BFHE 141 S. 405, BStBl 1984 II S. 751.

G. Rechtsfolgen der Betriebsaufspaltung

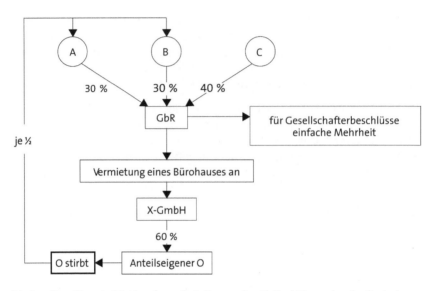

Verkauft später A 15 % seines Anteils an der X-GmbH, wodurch die beherrschende Stellung der Personengruppe A und B in der X-GmbH und damit auch die personelle Verflechtung zwischen der X-GmbH und der GbR wegfällt, verliert C nach der heutigen Rechtsprechung wieder seine Stellung als Gewerbetreibender und wird zum einfachen Vermieter mit der Konsequenz, dass er die mittlerweile entstandenen stillen Reserven versteuern muss. Die Einkunftsart des C hinsichtlich seiner Einkünfte aus der GbR hat nach der heutigen Rechtsprechung also zweimal aufgrund des Verhaltens Dritter gewechselt. Das kann nicht richtig sein.

1088 Solange die Rechtsprechung trotz erheblicher Bedenken daran festhält,[1] dass auch ein Nur-Besitz-Gesellschafter gewerbliche Einkünfte erzielt, muss zur Vermeidung dieser Rechtsfolge in unserem Beispiel folgende Konstruktion erwogen werden: Die GbR wird in eine Bruchteilsgemeinschaft umgewandelt. A und B gründen eine neue GbR und bringen in diese die Anteile der Bruchteilsgemeinschaft ein. C, der an der GbR nicht beteiligt ist, überlässt dieser gegen ein angemessenes Entgelt die Nutzung des Gebäudes hinsichtlich seines Anteils an diesem Gebäude. Die GbR vermietet anschließend das Gebäude an die GmbH.

---

1 Vgl. oben Rz. 1082 ff.

III. Umfang der Umqualifizierung

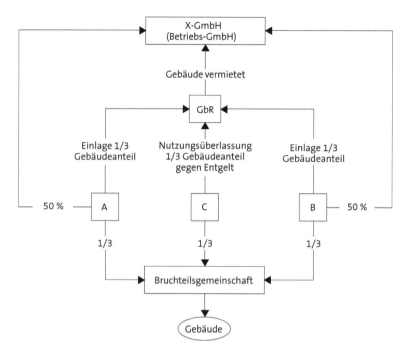

Als Besitzunternehmen kommt nur die GbR in Betracht, so dass nur die Anteile des A und B an dem vermieteten Gebäude Betriebsvermögen sind. Bei der GbR ist zwar die ganze von der GmbH vereinnahmte Miete Betriebseinnahme. Dieser Betriebseinnahme steht aber die an C zu zahlende Miete als Betriebsausgabe gegenüber, so dass dieser Teil der Miete nicht der Gewerbesteuer unterliegt.

1089

Eine Steuerumgehung kann in dieser Konstruktion nicht gesehen werden, denn der BFH[1] selbst hat die Möglichkeit zugelassen, dass der Nur-Besitz-Gesellschafter zur Vermeidung seiner Gewerbesteuerpflicht aus der Besitzgesellschaft ausscheidet. Insoweit ist auch auf die Ausführungen oben unter Rz. 1078 ff. zu verweisen.

1090

(Einstweilen frei)

1091–1093

---

1 BFH, Urteil v. 2.8.1972 - IV 87/65, BFHE 106 S. 325, BStBl 1972 II S. 796.

c) Sonderbetriebsvermögen

LITERATUR:

Schmidt, Ludwig, Anm. zum BFH-Urteil vom 23.1.1980 - I R 33/77, FR 1980 S. 331; *Söffing*, Sonderbetriebsvermögen bei der Betriebsaufspaltung und der Vererbung von Mitunternehmeranteilen, StbJb 1992/93 S. 151; *Schoor*, Einlage von GmbH-Anteilen bei Gründung einer Betriebsaufspaltung, StSem 1996 S. 156; *Lutterbach*, Sonderbetriebsvermögen II bei Betriebsaufspaltung – Anmerkung zu den BFH-Urteilen vom 23.9.1998 XI R 72/97, vom 13.10.1998 VIII R 46/95 und vom 10.6.1999 IV R 21/98, DB 1999 S. 2332; *Bock*, Sonderbetriebsvermögen II und Betriebsaufspaltung, DStZ 2000 S. 42; *Höhmann*, Bürgschaften von Gesellschaftern bei Betriebsaufspaltung als negatives Sonderbetriebsvermögen II, NWB 2003 S. 367; *Schulze zur Wiesche*, Betriebsaufspaltung: Umfang von Betriebsvermögen und Sonderbetriebsvermögen der Besitzgesellschaft, StB 2006 S. 55.

(1) Überlassung von Wirtschaftsgütern

1094 Die Abfärbewirkung des § 15 Abs. 3 Nr. 1 EStG[1] tritt nicht nur dann ein, wenn das Besitzunternehmen dem Betriebsunternehmen Wirtschaftsgüter überlässt, die zum Gesellschaftsvermögen der Besitzgesellschaft gehören, sondern auch dann, wenn es sich um Wirtschaftsgüter des Sonderbetriebsvermögens des Besitzunternehmens handelt.[2]

1095 **BEISPIEL:** Eine in der Rechtsform einer GbR aus A und B bestehende Praxissozietät hat von einer anderen GbR, an der die Gesellschafter der Praxissozietät beteiligt sind, ein Grundstück gemietet. Die Praxissozietät vermietet das Grundstück weiter an eine GmbH, deren Anteilseigner ebenfalls die Gesellschafter der Praxissozietät sind.

---

[1] Siehe auch oben Rz. 828 ff.
[2] BFH, Urteile v. 13.11.1997 - IV R 67/96, BFHE 184 S. 512, BStBl 1998 II S. 254; v. 17.12.2008 - IV R 65/07, BFHE 224 S. 91, BStBl 2009 II S. 371.

III. Umfang der Umqualifizierung

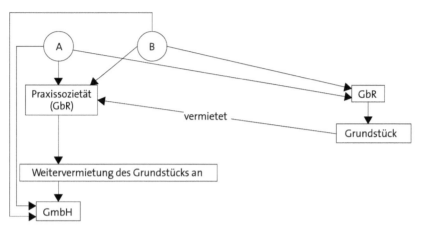

LÖSUNG: Die Praxissozietät erzielt Einkünfte aus selbständiger Arbeit, also betriebliche Einkünfte. Auf sie findet § 15 Abs. 1 Satz 1 Nr. 2 EStG infolge der Verweisung in § 18 Abs. 4 Satz 2 EStG Anwendung. Die Praxissozietät hat mithin Betriebsvermögen und kann damit auch Sonderbetriebsvermögen haben. Das von ihr angemietete Grundstück gehört zum Sonderbetriebsvermögen. Durch die Vermietung dieses Grundstücks an die GmbH entsteht eine Betriebsaufspaltung mit der Wirkung, dass die Vermietung gewerblich ist. Das wiederum hat zur Folge, dass die gesamte Tätigkeit der Praxissozietät gem. § 15 Abs. 3 Nr. 1 EStG gewerblich wird. 1096

Hinsichtlich der Frage, ob dieses Ergebnis vermeidbar ist, wenn die GbR, zu deren Gesellschaftsvermögen das Grundstück gehört, dieses direkt an die GmbH vermietet hätte, siehe unten unter Rz. 1100 ff. 1097

BEISPIEL: Zum Gesellschaftsvermögen einer GbR gehören die Grundstücke 2, 3 und 4. An der GbR sind A (51 %) und B (49 %) beteiligt. A und B sind gleichzeitig Anteilseigner der X-GmbH mit zusammen über 50 % A hat das Grundstück 4, das ihm allein gehört, der GbR zur Nutzung überlassen. B hat das ihm allein gehörende Grundstück 5 der GbR zur Nutzung überlassen. Die GbR hat die Grundstücke 1 bis 4 an die X-GmbH und das Grundstück 5 an einen fremden Dritten vermietet. 1098

G. Rechtsfolgen der Betriebsaufspaltung

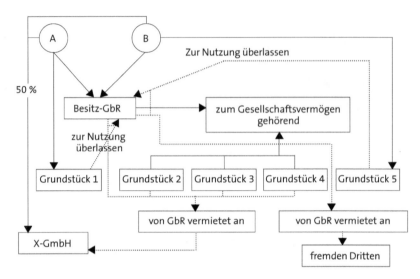

1099 **LÖSUNG:** Alle fünf Grundstücke gehören zum gewerblichen Betriebsvermögen der Besitz-GbR.

Die Zugehörigkeit des fremdvermieteten Grundstücks 5 zum Betriebsvermögen der Besitz-GbR kann dadurch vermieden werden, dass dieses Grundstück von B direkt an den fremden Dritten verpachtet wird. Das Grundstück 5 gehört dann nicht zum Sonderbetriebsvermögen des B bei der Besitz-GbR, sondern zu seinem Privatvermögen.[1] Hinsichtlich dieses Grundstücks liegen folglich auch keine gewerblichen Einkünfte vor, sondern solche aus Vermietung und Verpachtung. Hinsichtlich des Grundstücks 1 lässt sich ein solches Ergebnis durch eine Direktvermietung ebenfalls erreichen, es sei denn, A wäre mit über 50 % an der Betriebs-GmbH beteiligt. Für diesen Fall würde zwischen ihm und der GmbH eine Betriebsaufspaltung vorliegen.

1100 Für die Fälle, in denen ein Gesellschafter einer Besitz-Personengesellschaft ein ihm allein gehörendes Wirtschaftsgut unmittelbar dem Betriebsunternehmen zur Nutzung überlässt, entsteht die Frage, ob das betreffende Wirtschaftsgut als Sonderbetriebsvermögen II des überlassenden Gesellschafters bei der Besitz-Personengesellschaft zu behandeln ist. Die Beantwortung dieser Frage ist davon abhängig, ob der Einsatz des Wirtschaftsguts im Betriebsunternehmen letztlich durch den Betrieb der Besitz-Personengesellschaft oder durch eine anderweitige (eigenbetriebliche oder private) Tätigkeit des Gesellschafters ver-

---

1 Siehe hierzu aber auch unten Rz. 1100 ff.

III. Umfang der Umqualifizierung

anlasst ist, mit anderen Worten, ob der Besitzgesellschafter mit der unmittelbaren Überlassung des Wirtschaftsguts an das Betriebsunternehmen sein eigenes wirtschaftliches Interesse verfolgt, oder damit seine Beteiligung an der Besitz-Personengesellschaft stärkt. Hingegen sind der Wert des überlassenen Wirtschaftsguts und dessen Bedeutung für die Betriebsführung des Betriebsunternehmens keine geeigneten Kriterien für die Beantwortung der aufgeworfenen Frage.[1]

Ein wesentliches Indiz für einen Veranlassungszusammenhang der Nutzungsüberlassung mit den betrieblichen Interessen der Besitz-Personengesellschaft, also für die Behandlung des überlassenen Wirtschaftsguts als Sonderbetriebsvermögen II, soll nach dem BFH-Urteil v. 13.10.1998[2] sein, wenn der Betriebs-GmbH ein Wirtschaftsgut zu Bedingungen überlassen wird, die nicht den unter Fremden üblichen entsprechen oder wenn die Nutzungsüberlassung von der Dauer der Beteiligung an der Betriebs-GmbH abhängig ist oder wenn ein enger zeitlicher Zusammenhang zwischen dem Abschluss des Überlassungsvertrags über das Wirtschaftsgut und der Begründung der Betriebsaufspaltung besteht oder wenn das Wirtschaftsgut schon vor der Betriebsaufspaltung an den bisherigen Betriebsinhaber für die betrieblichen Zwecke des Unternehmens vermietet worden war und nach seiner Zweckbestimmung auch nur an den jeweiligen Betriebsinhaber vermietet werden konnte.[3]

1101

Anderes kann nach dem zitierten Urteil anzunehmen sein, wenn der Überlassungsvertrag mit der Betriebs-GmbH erst längere Zeit nach der Begründung der Betriebsaufspaltung abgeschlossen wird oder wenn bei der Überlassung eines Grundstücks durch eine Eigentümergemeinschaft die Gesellschafter der Besitzgesellschaft zivilrechtlich keinen Einfluss auf die Beschlüsse der Grundstücksgemeinschaft über die Verwaltung des Grundstücks nehmen können.

1102

Entsprechend diesen Grundsätzen hat der BFH bereits in einem Urteil v. 15.5.1975[4] entschieden, dass in dem folgenden Fall bei der unmittelbaren Vermietung eines Grundstücks von einem Gesellschafter der Besitzgesellschaft an die

1103

---

1 BFH, Urteile v. 1.10.1996 - VIII R 44/95, BFHE 182 S. 327, BStBl 1997 II S. 530; v. 13.10.1998 - VIII R 46/95, BFHE 187 S. 426, BStBl 1999 II S. 357; v. 17.12.2008 - IV R 65/07 (unter II. 2.c.cc), BFHE 224 S. 91, BStBl 2009 II S. 371.
2 BFH, Urteile v. 13.10.1998 - VIII R 46/95, BFHE 187 S. 425, BStBl 1999 II S. 357; v. 17.12.2008 - IV R 65/07, BFH/NV 2009 S. 645, BFHE 224 S. 91, BStBl 2009 II S. 371, BFH/NV 2009 S. 469, NWB YAAAD-13540; vgl. auch BFH, Urteil v. 10.6.1999 - IV R 21/98, BFHE 189 S. 117, BStBl 1999 II S. 715.
3 Siehe auch BFH, Urteil v. 17.12.2008 - IV R 65/07, BFHE 224 S. 91, BStBl 2009 II S. 371.
4 BFH, Urteil v. 15.5.1975 - IV R 89/73, BFHE 116 S. 277, BStBl 1975 II S. 781.

Betriebs-GmbH das unmittelbar verpachtete Grundstück als Sonderbetriebsvermögen dieser Gesellschafter bei der Besitz-Personengesellschaft anzusehen ist:

1104 An dem bisherigen Einheitsunternehmen, einer OHG, waren fünf Gesellschafter beteiligt. Der mit dem Betriebsgebäude bebaute Grundbesitz gehörte einer aus drei Gesellschaftern bestehenden Grundstücksgemeinschaft. Diese hatte den Grundbesitz an die OHG verpachtet. Als die bisherige Einheits-OHG in eine Betriebs-GmbH und ein Besitzunternehmen aufgespalten wurde, trat die Betriebs-GmbH in den mit der Grundstücksgemeinschaft bestehenden Mietvertrag über den Grundbesitz ein. Der BFH hat den Grundbesitz als Sonderbetriebsvermögen des Besitzunternehmens behandelt. Zur Begründung ist in dem Urteil ausgeführt:

1105 „Verpachtet eine OHG im Rahmen der Betriebsaufspaltung das gesamte ihr gehörende Betriebsvermögen an eine Betriebs-GmbH und wird dabei auch das Betriebsgrundstück, das einigen Gesellschaftern der OHG zu Miteigentum gehört, von diesen an die GmbH vermietet, so gehören die Einkünfte aus der Vermietung des Grundstücks zum gewerblichen Steuerbilanzgewinn der OHG, wenn das Grundstück mit seinen speziellen Gebäulichkeiten und Anlagen, aufgrund seiner nicht geänderten betrieblichen Zweckbestimmung, als Beitrag der betreffenden Gesellschafter zur Förderung auch des neuen gemeinsamen Gesellschaftszwecks Betriebsvermögen der OHG (Sonderbetriebsvermögen) geblieben ist."

1106 Zu erwähnen ist in diesem Zusammenhang auch noch das BFH-Urteil v. 27.8.1998.[1] Das Urteil betraf einen Fall, in dem zwei Brüdern, die sowohl am Betriebsunternehmen als auch am Besitzunternehmen beteiligt waren, ein Grundstück als Bruchteilseigentum gehörte. Dieses Grundstück, das kein Gesellschaftsvermögen des Besitzunternehmens war, hatten die Brüder (teilweise) unmittelbar an die Betriebs-GmbH vermietet. Der BFH hat entschieden, dass der vermietete Grundstücksteil kein Sonderbetriebsvermögen bei dem Besitzunternehmen ist.

---

1 BFH, Urteil v. 27.8.1998 - IV R 77/97, BFHE 186 S. 422, BStBl 1999 II S. 279.

III. Umfang der Umqualifizierung

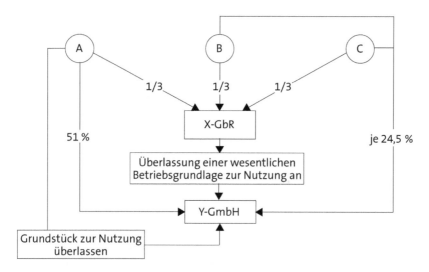

Schließlich hatte sich der BFH mit Urteil v. 17.12.2008[1] mit dem Fall zu beschäftigen, dass der Kommanditist einer Besitz-Personengesellschaft ein Grundstück zu Alleineigentum erworben hatte, das er der Betriebs-GmbH überließ. Der BFH verneinte hier die Zugehörigkeit des Grundstücks zum Sonderbetriebsvermögen II bei der Besitz-Personengesellschaft, weil nach den Tatsachenfeststellungen der Vorinstanz der Kommanditist seine eigenen wirtschaftlichen Interessen verfolgte und nicht seine Beteiligung an der Besitz-Personengesellschaft stärkte. Insbesondere liege keines der Indizien vor, das für den notwendigen Veranlassungszusammenhang sprechen könnte.   1107

Bisher noch nicht entschieden ist die Frage, wie zu verfahren ist, wenn auch hinsichtlich der unmittelbaren Überlassung einer wesentlichen Betriebsgrundlage von einem Gesellschafter der Besitz-Personengesellschaft an ein Betriebsunternehmen die Voraussetzungen der Betriebsaufspaltung erfüllt sind, also wenn zwei Besitzunternehmen vorliegen.   1108

■ **BEISPIEL:** A, B und C sind zu je $^1/_3$ Gesellschafter der X-GbR. Diese hat der Y-GmbH eine wesentliche Betriebsgrundlage zur Nutzung überlassen. An der Y-GmbH sind A mit 51 % und B und C mit je 24,5 % beteiligt. A hat der Y-GmbH ein Grundstück zur Nutzung überlassen.   1109

■ **LÖSUNG:** Zweifellos besteht zwischen der X-GbR (Besitz-Personengesellschaft) und der Y-GmbH (Betriebsunternehmen) eine Betriebsaufspaltung. Die Voraussetzungen für eine Betriebsaufspaltung sind aber auch im Verhältnis zwischen A und der Y-   1110

---

1 BFH, Urteil v. 17.12.2008 - IV R 65/07, BFHE 224 S. 91, BStBl 2009 II S. 371.

G. Rechtsfolgen der Betriebsaufspaltung

GmbH gegeben; denn neben der Personengruppe A, B und C beherrscht auch A allein die Y-GmbH. Nach den Ausführungen oben unter Rz. 620 ff. bestehen erhebliche Bedenken, ob in einem solchen Fall, in dem zwei Besitzunternehmen vorhanden sind, überhaupt auch nur eine Betriebsaufspaltung vorliegt.

1111 Gelöst werden kann das Problem nur dadurch, dass man – entgegen der neueren Rechtsprechung des BFH – hinsichtlich der Vorrangstellung der Betriebsaufspaltung gegenüber § 15 Abs. 1 Satz 1 Nr. 2 Teilsatz 2 EStG[1] – hier die zwischen A und der Y-GmbH bestehende Betriebsaufspaltung ignoriert und das von A der Y-GmbH unmittelbar überlassene Wirtschaftsgut ggf. als Sonderbetriebsvermögen II des A bei der X-GbR (Besitzunternehmen) behandelt.

1112 Wenn es sich bei dem Betriebsunternehmen nicht um eine Kapital-, sondern um eine Personengesellschaft handelt, an der der überlassende Gesellschafter beteiligt ist, sind die oben unter Rz. 1100 ff. dargestellten Grundsätze nicht anwendbar. Das überlassene Wirtschaftsgut stellt in diesem Fall Sonderbetriebsvermögen I des Gesellschafters bei der Betriebs-Personengesellschaft dar. Diese Zuordnung geht der als Sonderbetriebsvermögen II bei der Besitz-Personengesellschaft vor.[2]

1113–1115 *(Einstweilen frei)*

(2) Die Anteile an der Betriebskapitalgesellschaft als notwendiges Sonderbetriebsvermögen II des Besitzunternehmers

LITERATUR:

Grieger, Anteile an der Betriebs-GmbH als notwendiges Betriebsvermögen, BB 1960 S. 1377; *Schulze zur Wiesche*, Verdeckte Gewinnausschüttung und Betriebsaufspaltung, DStR 1991 S. 137; s. auch Rz. 1034 ff.; *Färber*, Verdeckte Gewinnausschüttungen und Verrechnungskonten bei Betriebsaufspaltung, BuW 1994 S. 186.

1116 Der BFH[3] hat in ständiger Rechtsprechung entschieden, dass die einem Besitzgesellschafter gehörenden Anteile an der Betriebs-Kapitalgesellschaft zum notwendigen Sonderbetriebsvermögen II des betreffenden Gesellschafters bei der Besitzgesellschaft gehören. Dies gilt auch in Fällen einer sog. **doppelten Betriebsaufspaltung**. So hat der BFH die Zuordnung der Anteile zum notwendigen Sonderbetriebsvermögen II des betreffenden Gesellschafters bei der Be-

---

1 Siehe oben Rz. 778 ff.
2 BFH, Urteil v. 18.8.2005 - IV R 59/04, BFHE 210 S. 415, BStBl 2005 II S. 830.
3 BFH, Urteile v. 23.7.1981 - IV R 103/78, BFHE 134 S. 126, BStBl 1982 II S. 60; v. 12.2.1992 - XI R 18/90, BFHE 167 S. 499, BStBl 1992 II S. 723; v. 10.5.2012 - IV R 34/09, BFHE 239 S. 485, BStBl 2013 II S. 471; v. 4.12.2014 - IV R 28/11, BFH/NV 2015 S. 495, NWB CAAAE-83687; v. 24.4.2014 - IV R 20/11, BFH/NV 2014 S. 1519, NWB GAAAE-72194; v. 28.5.2020 - IV R 17/17, BFH/NV 2020 S. 1401, Rz. 18, NWB TAAAH-59770.

sitzgesellschaft auch angenommen, wenn zwei Betriebsunternehmen vorliegen und eines davon eine Personengesellschaft ist. Hier besteht kein Wahlrecht, die Anteile der Betriebs-GmbH bei der Betriebs-Personengesellschaft als Sonderbetriebsvermögen II der Gesellschafter zu bilanzieren.[1] Der BFH[2] rechtfertigt die dargestellten Grundsätze mit dem einheitlichen geschäftlichen Betätigungswillen der sowohl am Besitzunternehmen als auch am Betriebsunternehmen beteiligten Person oder Personengruppe.

Hiergegen könnten gewisse Bedenken erhoben werden, weil diese Rechtfertigung nicht aus der üblichen von der Rechtsprechung entwickelten Definition des Begriffs „Sonderbetriebsvermögen II" abgeleitet werden kann. 1117

Im Einkommensteuerrecht versteht man unter Sonderbetriebsvermögen II Wirtschaftsgüter, die dem Gesellschafter einer Personengesellschaft gehören und zur Begründung oder Stärkung der Beteiligung des betreffenden Gesellschafters an der Personengesellschaft eingesetzt werden.[3] Dieser Begriff des Sonderbetriebsvermögens II stimmt – wie sich aus dem vorgenannten BFH-Urteil ergibt – mit dem für die Einheitsbewertung des Betriebsvermögens geltenden Begriff des I überein, der – ausgehend von § 95 Abs. 1 BewG – voraussetzt, dass die dem Gesellschafter einer Personengesellschaft gehörenden Wirtschaftsgüter dem Hauptzweck der Personengesellschaft dienen. Das ist z. B. bei einer GmbH & Co. KG dann nicht der Fall, wenn die Tätigkeit der Komplementär-GmbH, an der ein Kommanditist beteiligt ist, nicht auf die Geschäftsführung der KG beschränkt ist und die von der GmbH daneben ausgeübte Tätigkeit nicht nur von ganz untergeordneter Bedeutung ist.[4]

Aus dieser Begrenzung des Sonderbetriebsvermögens II könnte man unter Umständen entgegen der bisherigen Rechtsprechung herleiten, dass auch eine Betriebs-Kapitalgesellschaft über ihre Verbindung mit dem Besitzunternehmen hinaus in einem erheblichen Umfang tätig ist und demzufolge – wie bei der GmbH & Co. KG – die Anteile an der Betriebs-Kapitalgesellschaft nicht Sonderbetriebsvermögen II sein können. 1118

Gehören bei einer Betriebsaufspaltung die Anteile eines Besitzgesellschafters an der Betriebskapitalgesellschaft zu seinem Sonderbetriebsvermögen bei der 1119

---

1 BFH, Urteil v. 10.5.2012 - IV R 34/09, BFHE 239 S. 485, BStBl 2013 II S. 471.
2 Vgl. u. a. BFH, Urteile v. 21.5.1974 - VIII R 57/70, BFHE 112 S. 391, BStBl 1974, 613; v. 8.3.1989 - X R 9/86, BFHE 156 S. 443, BStBl 1989 II S. 714; v. 28.5.2020 - IV R 17/17, BFH/NV 2020 S. 1401, Rz. 18, NWB TAAAH-59770.
3 BFH, Urteil v. 31.10.1989 - VIII R 374/83, BFHE 159 S. 434, BStBl 1990 II S. 677, m. w. N.
4 BFH, Urteile v. 7.12.1984 - III R 35/79, BFHE 143 S. 87, BStBl 1985 II S. 236; v. 7.5.1986 - II R 137/79, BFHE 147 S. 70, BStBl 1986 II S. 615; v. 21.12.2021 - IV R 15/19, BFH/NV 2022 S. 492, NWB SAAAI-05466.

Besitzgesellschaft, so sind damit auch die auf diese Anteile entfallenden Gewinnausschüttungen Sonderbetriebseinnahmen des betreffenden Mitunternehmers.[1] Die Dividendenforderung ist im Zeitpunkt des rechtsverbindlichen Beschlusses über die Gewinnausschüttung zu aktivieren, auch wenn dieser bereits vor der Erstellung des Jahresabschlusses gefasst worden ist (Realisationsprinzip). Die Vereinbarung einer inkongruenten Gewinnausschüttung an einen ausscheidenden Gesellschafter in Höhe des dem ausscheidenden Gesellschafter zustehenden Anteils an den thesaurierten Gewinnen kann ohne weitere Anhaltspunkte weder als Scheingeschäft noch als Missbrauch von rechtlichen Gestaltungsmöglichkeiten beurteilt werden.[2]

1120–1122 *(Einstweilen frei)*

(3) Darlehensforderungen

1123 Ist das Besitzunternehmen eine Personengesellschaft und steht ihm eine Darlehensforderung gegen die Betriebs-Kapitalgesellschaft zu, so gehört diese Darlehensforderung regelmäßig zum notwendigen Betriebsvermögen der Besitz-Personengesellschaft.[3] Etwas anderes soll nach dem BFH-Urteil v. 7.3.1978[4] nur dann gelten, wenn festgestellt werden kann, dass für die Darlehenshingabe lediglich private Zwecke maßgebend waren, z. B. der Wunsch nach einer besseren Kapitalanlage. In diesem Zusammenhang ist auch auf das BFH-Urteil v. 19.10.2000[5] hinzuweisen.

1124 In Fortführung dieser Grundsätze hat der BFH entschieden, dass auch ein Darlehen, das die Besitz-Personengesellschaft einem Geschäftspartner der Betriebs-GmbH gewährt, grds. als betrieblich veranlasst angesehen und damit dem notwendigen Betriebsvermögen der Besitzgesellschaft zugeordnet werden muss.[6] Etwas anderes könne nur gelten, wenn zwischen Besitzgesellschafter und Geschäftspartner **persönliche Beziehungen** bestehen, ein wirtschaftlicher Nutzen des Darlehens für die Betriebs-GmbH nicht zu erkennen ist und außerdem das Darlehen unter Bedingungen gewährt wurde, unter denen die Besitzgesellschaft einem fremden Dritten keine finanziellen Mittel zur Ver-

---

1 BFH, Urteil v. 31.10.2000 - VIII R 19/94, BFH/NV 2001 S. 447, 448 (linke Spalte), NWB CAAAA-67580.
2 BFH, Urteil v. 4.12.2014 - IV R 28/11, BFH/NV 2015 S. 495, NWB CAAAE-83687.
3 BFH, Urteile v. 10.11.1994 - IV R 15/93, BFHE 176 S. 535, BStBl 1995 II S. 452, 453 (rechte Spalte); v. 18.12.2001 - VIII R 27/00, BFHE 197 S. 483, BStBl 2002 II S. 733, 735 (linke Spalte); v. 25.11.2004 - IV R 7/03, BFHE 208 S. 207, BStBl 2005 II S. 354.
4 BFH, Urteil v. 7.3.1978 - VIII R 34/74, BFHE 124 S. 533, BStBl 1978 II S. 378.
5 BFH, Urteil v. 19.10.2000 - IV R 73/99, BFHE 193 S. 354, BStBl 2001 II S. 335.
6 BFH, Urteil v. 25.11.2004 - IV R 7/03 (unter 1.d), BFHE 208 S. 207, BStBl 2005 II S. 354.

fügung gestellt haben würde. Liegen diese Voraussetzungen vor, ist das Darlehen als **Entnahme** zu behandeln.

Ist Darlehensgläubiger nicht die Besitz-Personengesellschaft, sondern einer ihrer Gesellschafter, so ist bisher noch nicht abschließend entschieden, ob auch hier regelmäßig die Darlehensforderung zum Betriebsvermögen der Besitz-Personengesellschaft – in der Form von Sonderbetriebsvermögen II – gehört. Der BFH hat in seinem Urteil v. 10.11.1994[1] festgehalten, dass das jedenfalls dann der Fall ist, wenn der Gesellschafter der Besitzgesellschaft der Betriebs-GmbH bei deren Gründung ein Darlehen zu nicht marktüblichen Bedingungen gewährt und die Laufzeit des Darlehens an die Dauer der Beteiligung des Gesellschafters an der GmbH gebunden ist. 1125

Das FG München versteht in seinem Urteil v. 28.7.1999[2] das BFH-Urteil v. 10.11.1994[3] so, dass auch bei der Gewährung eines Darlehens von einem Gesellschafter der Besitz-Personengesellschaft an das Betriebsunternehmen zu unterscheiden sei, ob die Darlehensgewährung lediglich durch eigene (private oder berufliche) Interessen des Gesellschafters veranlasst ist oder (auch) durch betriebliche Interessen der Besitz-Personengesellschaft. Im letzteren Fall soll das Darlehen stets zum Sonderbetriebsvermögen II gehören, weil es der Stärkung der Beteiligung des Gesellschafters an der Besitz-Personengesellschaft diene. Ein solches betriebliches Interesse liegt nach Ansicht des FG München immer dann vor, wenn ein Darlehen nach Art eines **Zero-Bonds** verzinslich ist. 1126

Die gegen das Urteil eingelegte Revision hatte aus den folgenden Gründen keinen Erfolg:[4] Die Darlehensforderung eines Gesellschafters eines Besitzunternehmens gehört immer dann zu dessen Sonderbetriebsvermögen II, wenn die Gewährung des Darlehens durch die betrieblichen Interessen der Besitzgesellschaft veranlasst ist. Indizien dafür sind das Fehlen fremdüblicher Darlehensbedingungen und ein enger zeitlicher Zusammenhang zwischen dem Abschluss des Darlehensvertrages und der Begründung der Betriebsaufspaltung. 1127

---

1 BFH, Urteil v. 10.11.1994 - IV R 15/93, BFHE 176 S. 535, BStBl 1995 II S. 452; siehe auch FG Hamburg, Urteil v. 28.11.2006 - 7 K 108/05, EFG 2007 S. 761 (rkr.), NWB LAAAC-35611.
2 FG München, Urteil v. 28.7.1999 - 1 K 2845/96, EFG 1999 S. 1210 (rkr.).
3 BFH, Urteil v. 10.11.1994 - IV R 15/93, BFHE 176 S. 535, BStBl 1995 II S. 452; ebenso FG Hamburg, Urteil v. 28.11.2006 - 7 K 108/05, EFG 2007 S. 761 (rkr.), NWB LAAAC-35611.
4 BFH, Urteil v. 19.10.2000 - IV R 73/99, BFHE 193 S. 354, BStBl 2001 II S. 335.

1128 Auf das Indiz fehlender fremdüblicher Darlehensbedingungen hebt schließlich auch das FG Hamburg ab.[1] Einschränkend hebt es jedoch hervor, dass die Darlehen für die Betriebsgesellschaft in der Weise wesentlich sein müssen, dass sie die wirtschaftliche Existenzgrundlage der Besitzgesellschaft sicherstellen. Danach ist folglich im Einzelfall zu untersuchen, ob der Betriebsgesellschaft nicht auf anderem Wege ausreichende liquide Mittel zur Verfügung standen. In diesem Fall wird die Existenzgrundlage der Besitzgesellschaft durch die Hingabe des Darlehens gerade nicht sichergestellt.

1129 Eine Teilwertabschreibung der Darlehensforderung nach § 6 Abs. 1 Nr. 2 Satz 2 EStG ist unter den bereits dargestellten Voraussetzungen möglich.[2]

1130–1131 *(Einstweilen frei)*

(4) Besicherung von gegen das Betriebsunternehmen gerichteten Forderungen durch einen Besitzgesellschafter

1132 Zum negativen Sonderbetriebsvermögen II eines Gesellschafters der Besitzgesellschaft können auch **Bürgschaften** gehören, die ein Gesellschafter des Besitzunternehmens für Verbindlichkeiten des Betriebsunternehmens übernommen hat, wenn die Übernahme der Bürgschaft zu nicht marktüblichen (fremdüblichen) Bedingungen erfolgt.[3] Rückstellungen für Verpflichtungen aus derartigen Bürgschaften sind daher in der Sonderbilanz des betreffenden Gesellschafters auszuweisen. Das Gleiche gilt für die mit den Bürgschaftsverpflichtungen korrespondierenden Befreiungs- und Ersatzansprüche, wenn diese denn bilanziell auszuweisen sind.[4]

1133 Die Zugehörigkeit von Gesellschafterbürgschaften zum Sonderbetriebsvermögen II ergibt sich nach Ansicht des BFH[5] daraus, dass die Bürgschaften dazu dienen, die Vermögens- und Ertragslage der Betriebsgesellschaft zu verbessern. Sie stärkten dadurch – so der BFH weiter – zugleich die Beteiligung des Gesellschafters an der Besitzgesellschaft auf zweifache Weise: Zum einen diene die Bürgschaft der Stützung der Betriebsgesellschaft zur Sicherung und Erhaltung der laufenden Pachteinnahmen des Besitzunternehmens.

---

1 FG Hamburg, Urteil v. 28.11.2006 - 7 K 108/05, EFG 2007 S. 761 (rkr.), NWB LAAAC-35611, mit Hinweis auf BFH, Urteil v. 10.6.1999 - IV R 21/98, BFHE 189 S. 117, BStBl 1999 II S. 715; vgl. auch BFH, Urteil v. 17.12.2008 - IV R 65/07, BFHE 224 S. 91, BStBl 2009 II S. 371.
2 Vgl. oben Rz. 1052.
3 BFH, Urteil v. 18.12.2001 - VIII R 27/00, BFHE 197 S. 483, BStBl 2002 II S. 733.
4 BFH, Urteil v. 18.12.2001 - VIII R 27/00, BFHE 197 S. 483, BStBl 2002 II S. 733, 735 (linke Spalte).
5 BFH, Urteil v. 18.12.2001 - VIII R 27/00, BFHE 197 S. 483, BStBl 2002 II S. 733, 735 (rechte Spalte).

Zum anderen führe die Bürgschaft auch zu einer Stärkung der Mitunternehmerstellung des Gesellschafters in der Besitzgesellschaft, indem die Bürgschaften – gleichsam reflexartig – den Wert der zum Sonderbetriebsvermögen II des Gesellschafters gehörenden Anteile an der Betriebskapitalgesellschaft erhalte oder sogar erhöhe. Letzteres erhelle auch aus der Erwägung, dass sich die Kapitalgesellschaft infolge der Unentgeltlichkeit der Bürgschaftsübernahme Aufwendungen erspare und ein dadurch verursachter höherer Gewinn zu Ausschüttungen führen könne, die im Hinblick auf die Zugehörigkeit der Anteile zum Sonderbetriebsvermögen Sonderbetriebseinnahmen darstellten und damit den Gesamtgewinn des Besitzunternehmens erhöhten.

1134

Wird der Besitzgesellschafter-Bürge später aus der Bürgschaft in Anspruch genommen, so stellt sich der ihm dadurch entstehende Aufwand nicht als **nachträgliche Anschaffungskosten** dar, sondern ist als Betriebsausgaben sofort abziehbar. Die Rechtsprechung zu § 17 EStG (bzw. nunmehr die gesetzliche Regelung in § 17 Abs. 2a EStG) steht dem nicht entgegen, weil der Anschaffungskostenbegriff des § 17 Abs. 2a EStG über den Anschaffungskostenbegriff des § 255 Abs. 1 HGB hinausgeht und außerhalb des § 17 EStG nicht anwendbar ist.[1]

1135

(Einstweilen frei)   1136–1138

(5) Gewillkürtes Sonderbetriebsvermögen

LITERATUR:

Henninger, Beim Besitzunternehmen kann auch ein gewillkürtes Betriebsvermögen anerkannt werden, RWP-Blattei 14 Steuer-R D Betriebsaufspaltung II B 1a.

Wirtschaftsgüter, die den Gesellschaftern einer Besitz-Personengesellschaft gehören, können auch gewillkürtes Sonder-Betriebsvermögen sein.[2] Das gilt auch für fremdvermieteten Grundbesitz, soweit er durch eine unmissverständliche Bekundung der Zuordnungsentscheidung als Betriebsvermögen des Besitzunternehmens ausgewiesen wird. Das ist regelmäßig der Fall, wenn das Grundstück in der Bilanz der Besitz-Personengesellschaft als Betriebsvermögen ausgewiesen wird und wenn die Aufwendungen als betrieblicher Aufwand behandelt werden.[3] Gleiches kann möglicherweise für den Gesellschaftern der Besitz-Personengesellschaft gehörende Beteiligungen an Kapitalgesellschaften

1139

---

1 BFH, Urteil v. 18.12.2001 - VIII R 27/00, BFHE 197 S. 483, BStBl 2002 II S. 733, 735 (rechte Spalte).
2 BFH, Urteil v. 27.8.1998 - IV R 77/97, BFHE 186 S. 422, BStBl 1999 II S. 279.
3 BFH, Urteil v. 27.10.1993 - XI R 5/93, BFH/NV 1994 S. 472, NWB MAAAB-34737.

gelten,[1] wobei der BFH jüngst ausdrücklich offen gelassen hat, ob hieran im Hinblick auf die verfassungsrechtlichen Grenzen richterlicher Rechtsfortbildung festzuhalten ist.[2]

(6) Überentnahmen nach § 4 Abs. 4a EStG

LITERATUR:

Dornheim, Latentes (Sonder-)Betriebsvermögen, Ubg 2012 S. 41; *Wagner*, Der Entnahmebegriff für den Schuldzinsenabzug, NWB 2012 S. 670.

1140 Nach der Rechtsprechung des BFH ist die Begrenzung des Schuldzinsenabzugs nach § 4 Abs. 4a EStG betriebsbezogen auszulegen, so dass jede Überführung eines Wirtschaftsguts aus dem betrieblichen Bereich des Steuerpflichtigen in einen anderen betrieblichen Bereich desselben oder eines anderen Steuerpflichtigen grds. eine Entnahme beim abgebenden und eine Einlage beim aufnehmenden Betrieb darstellt. Da Besitz- und Betriebsunternehmen selbständige Unternehmen bleiben, die ihren Gewinn unabhängig voneinander ermitteln, war zweifelhaft, ob die geänderte betriebsvermögensmäßige Zuordnung eines Wirtschaftsguts während des Bestehens einer mitunternehmerischen Betriebsaufspaltung eine Entnahme beim abgebenden Betrieb bzw. eine Einlage beim aufnehmenden Betrieb i. S. des § 4 Abs. 4a EStG darstellt.

1141 Der BFH hat dies für den Fall verneint, dass der Vorgang zum Buchwert (nach § 6 Abs. 5 Satz 3 EStG) stattgefunden hat.[3] Dies ist konsequent, weil keine endgültige Überführung eines Wirtschaftsguts auf ein anderes Betriebsvermögen stattfindet. Denn die bilanzielle Zuordnung von verpachteten Wirtschaftsgütern zum Betriebsvermögen der Besitz-Personengesellschaft führt in der Tat nicht dazu, dass diese Wirtschaftsgüter ihre Eigenschaft als Sonderbetriebsvermögen bei der Betriebs-Personengesellschaft verlieren. Vielmehr lebt die Eigenschaft als Sonderbetriebsvermögen mit der Beendigung der Betriebsaufspaltung wieder auf.[4]

1142–1144 *(Einstweilen frei)*

---

1 Vgl. BFH, Urteil v. 20.9.2018 - IV R 39/11, BStBl 2019 II S. 131, Rz. 29.
2 BFH, Urteil v. 28.5.2020 - IV R 17/17, BFH/NV 2020 S. 1401, Rz. 18, NWB TAAAH-59770.
3 BFH, Urteil v. 22.9.2011 - IV R 33/08, BStBl 2012 II S. 10; ebenso BMF, Schreiben v. 2.11.2018, BStBl 2018 I S. 1207, Rz. 12.
4 Vgl. bereits BFH, Urteil v. 6.3.2002 - XI R /01, BStBl 2002 II S. 737.

3. Das Besitzunternehmen ist eine Gemeinschaft

LITERATUR:

Höhmann, Betriebsaufspaltung bei Wohnungseigentümergemeinschaften, NWB Blickpunkt Steuern 10/97 S. 3758.

Ist das Besitzunternehmen eine Gemeinschaft (Bruchteilsgemeinschaft, Erbengemeinschaft usw.), so gelten grds. die obigen Ausführungen unter Rz. 1066 ff. Allerdings hat das FG Rheinland-Pfalz[1] entschieden, dass die von den Mitgliedern einer **Erbengemeinschaft** (Besitzunternehmen) der Betriebs-GmbH gewährten Darlehen regelmäßig zum Privatvermögen der Kreditgeber gehören. 1145

Lediglich die Ausführungen unter Rz. 1066 ff. finden in den Fällen, in denen ein Besitzunternehmen eine Gemeinschaft ist, keine Anwendung, weil die Abfärberegelung des § 15 Abs. 3 Nr. 1 EStG auf Gemeinschaften keine Anwendung findet. Für die Zugehörigkeit von Wirtschaftsgütern zum Betriebsvermögen einer Besitzgemeinschaft gilt das Gleiche wie in den Fällen, in denen das Besitzunternehmen ein Einzelunternehmen ist. Fremdvermietete Grundstücke gehören hier also niemals zum Betriebsvermögen des Besitzunternehmens. 1146

BEISPIEL: Erben nach E sind je zu $1/3$ A, B und C. Zum Gesamthandsvermögen der Erbengemeinschaft gehören fünf Fabrikgrundstücke, von denen das Grundstück 1 an die X-GmbH vermietet ist. Die Miterben A und B erwerben in ihrem Privatvermögen je 50 % Anteile an der X-GmbH. 1147

LÖSUNG: Vom Zeitpunkt des Anteilserwerbs an wird die Vermietung des Grundstücks 1 ein gewerbliches Besitzunternehmen. Die Grundstücke 2 bis 5 hingegen bleiben Privatvermögen der Erbengemeinschaft. 1148

Auch in den Fällen, in denen das Besitzunternehmen eine Gemeinschaft ist, gilt also wie bei Personengesellschaften nach der Rechtsprechung des BFH[2] der Grundsatz, dass auch diejenigen Miteigentümer des an die Betriebsgesellschaft verpachteten Wirtschaftsguts, die nicht an der Betriebsgesellschaft beteiligt sind (**Nur-Besitz-Gemeinschafter**), gewerbliche Mitunternehmer der als Besitzunternehmen anzusehenden Gemeinschaft sind. 1149

BEISPIEL: A (60 %) und B (40 %) sind Miteigentümer eines Grundstücks, das an die X-GmbH verpachtet worden ist. A ist gleichzeitig zu 52 % Anteilseigner der X-GmbH. 1150

LÖSUNG: Die Grundstücksgemeinschaft AB ist ein gewerbliches Besitzunternehmen, zu dessen Betriebsvermögen auch der 40%ige Grundstücksanteil des B gehört. 1151

---

1 FG Rheinland-Pfalz, Urteil v. 13.2.1986 - 3 K 73/85, EFG 1986 S. 437 (rkr.).
2 BFH, Urteil v. 2.8.1972 - IV 87/65, BFHE 106 S. 325, BStBl 1972 II S. 796.

1152 Der VIII. Senat des BFH[1] hat diese Auffassung bestätigt und damit die Rechtsprechung des IV. Senats[2] für den Fall übernommen, dass nicht alle Teilhaber einer Grundstücksgemeinschaft an der Betriebsgesellschaft beteiligt sind. Zur Begründung hat der VIII. Senat ausgeführt: Die nur einem Teilhaber zustehenden Anteile an der Betriebs-GmbH dienten dazu, in der Grundstücksgemeinschaft und in der GmbH einen einheitlichen geschäftlichen Betätigungswillen durchzusetzen. Sie seien daher Sonderbetriebsvermögen der Grundstücksgemeinschaft. Das führe zur Umqualifizierung der Einkünfte der Grundstücksgemeinschaft in gewerbliche, da diese Einkünfte allen Teilhabern zuzurechnen seien. Dieses Ergebnis werde durch den Beschluss des GrS des BFH v. 25.6.1984[3] bestätigt; denn nach diesem Beschluss komme es bei der Bestimmung der Einkunftsart der Gesellschafter einer Personengesellschaft oder der Teilhaber einer Gemeinschaft regelmäßig auf die Tätigkeit der Gesellschaft oder Gemeinschaft an. Wegen der Bedenken gegen diese Argumentation wird auf die Ausführungen unter Rz. 963 ff. und Rz. 1082 ff. verwiesen.

1153–1155 *(Einstweilen frei)*

IV. Korrespondierende Bilanzansätze

LITERATUR:

O. V., Sachwertdarlehen und Pachtanlagenerneuerung bei Betriebsaufspaltung, DB 1973 S. 2424; *Schaaf*, Zur Bewertung der Pachterneuerungsforderung und -rückstellung bei Betriebsaufspaltung, RWP-Blattei 1974, 14 Steuer-R, D Betriebsaufspaltung II B 6, Einzelfragen, Bewertung der Pachterneuerungsforderung; *o. V.*, Betriebsaufspaltung – Bilanzierung der Mietgegenstände bei Besitzunternehmen, Anm. zum BdF-Erlass vom 26.12.1973 - IV B 2 - S 2179-2/73, BB 1974 S. 25; *Schaaf*, Bewertung von Forderungen und Verbindlichkeiten bei Betriebsaufspaltung (§ 6 ESt), RWP-Blattei 1975, 14 Steuer-R, D Betriebsaufspaltung II B 7, Einzelfragen, Bewertung von Forderungen und Verbindlichkeiten; *o. V.*, Sachwertdarlehen und Pachtanlagenerneuerung bei Betriebsaufspaltung, DB 1976 S. 699; *Woerner*, Die „korrespondierende Bilanzierung" von Wirtschaftsgütern bei der Betriebsaufspaltung – Zur Problematik einer wertenden Betrachtungsweise bei der Auslegung von Gesetzen, in: Handelsrecht und Steuerrecht, Festschrift für Döllerer, Düsseldorf 1988, S. 741; *Schmidt*, Grundsatzurteil: Bilanzierung von Rechtsbeziehungen zwischen Besitzunternehmen und Betriebsgesellschaft bei Betriebsaufspaltung, FR 1989 S. 396; *Grobshäuser*, Korrespondierende Bilanzierung bei Mitunternehmerschaft und Betriebsaufspaltung, sj 2006 S. 24; *Crezelius*, „Einheitsbilanzierung" bei Betriebsaufspaltung?, DB 2012 S. 651.

---

1 BFH, Urteil v. 12.11.1985 - VIII R 240/81, BFHE 145 S. 401, BStBl 1986 II S. 296.
2 BFH, Urteil v. 2.8.1972 - IV 87/65, BFHE 106 S. 325, BStBl 1972 II S. 796.
3 BFH, Beschluss v. 25.6.1984 - GrS 4/82, BFHE 141 S. 405, BStBl 1984 S. 751.

1. Die frühere Rechtsprechung des BFH

Eine weitere Rechtsfolge der Betriebsaufspaltung ist nach der früheren Rechtsprechung des BFH die Notwendigkeit der korrespondierenden Bilanzansätze beim Besitz- und Betriebsunternehmen.

1156

BEISPIEL: ▶ A verpachtet sein Einzelunternehmen an die A-GmbH, deren alleiniger Anteilseigner er ist. Nach dem Pachtvertrag werden alle Wirtschaftsgüter des Anlagevermögens (Buchwert 1,2 Mio. €) und alle Waren – Rohstoffe, Hilfsstoffe und sonstige Waren – (Buchwert 800.000 €) verpachtet. Die A-GmbH ist verpflichtet, das Anlagevermögen instandzuhalten und zu erneuern und den an sie übergegangenen Warenbestand in gleicher Menge und Beschaffenheit durch ständige Neuanschaffungen zu erhalten. Nach Pachtende ist das verpachtete Betriebsvermögen in einem, den vorstehend genannten Verpflichtungen entsprechendem Zustand zurückzugeben.

1157

LÖSUNG: ▶ Die A-GmbH darf die gepachteten Anlagegüter nicht aktivieren. Sie muss aber für ihre Verpflichtung zum kostenlosen Ersatz eine **Rückstellung** bilden. Die Höhe dieser Rückstellung wird durch die Abnutzung der gepachteten Wirtschaftsgüter während der Pachtzeit und durch die Wiederbeschaffungskosten bestimmt. Hinsichtlich der „verpachteten" Waren muss die A-GmbH ihre Sachleistungsverpflichtung auf Warenrückgabe passivieren.

1158

A muss hinsichtlich des verpachteten Anlagevermögens seinen **Ersatzbeschaffungsanspruch** und hinsichtlich der „verpachteten" Waren seinen **Sachleistungsanspruch** aktivieren. Beide Aktivposten müssen nach der Rechtsprechung des BFH[1] betragsmäßig mit den entsprechenden Passivposten bei der A-GmbH übereinstimmen.

1159

Der BFH[2] hat diese **Korrespondenzthese** wie folgt begründet: Der für das Rechtsinstitut der Betriebsaufspaltung kennzeichnende einheitliche geschäftliche Betätigungswille für zwei zivilrechtlich selbständige Unternehmen gebiete es – auch im Hinblick auf das verfassungsrechtliche Gebot, wirtschaftlich gleichartige Sachverhalte grds. auch steuerrechtlich gleich zu behandeln –, unabhängig, welche Rechtsgrundsätze bei Betriebsverpachtungen zwischen Fremden Gültigkeit hätten, vom Besitzunternehmen einen Wertansatz zu verlangen, der dem Wertansatz für den Ansatz einer entsprechenden Verpflichtung bei dem Betriebsunternehmen entspräche. Im Hinblick auf die gegebene wirtschaftliche Einheit der formal-juristisch getrennten Unternehmen könne es keine unterschiedlichen Wertansätze geben.[3]

1160

---

1 BFH, Urteil v. 26.6.1975 - IV R 59/73, BFHE 116 S. 160, BStBl 1975 II S. 700.
2 BFH, Urteil v. 26.6.1975 - IV R 59/73, BFHE 116 S. 160, BStBl 1975 II S. 700.
3 BFH, Urteile v. 2.11.1965 - I 51/61 S, BFHE 84 S. 171, BStBl 1966 III S. 61; v. 21.12.1965 - IV 228/64 S, BFHE 84 S. 407, BStBl 1966 III S. 147; v. 23.6.1966 - IV 75/64, BFHE 86 S. 625, BStBl 1966 III S. 589; v. 26.6.1975 - IV R 59/73, BFHE 116 S. 160, BStBl 1975 II S. 700.

2. Kritik an der früheren Rechtsprechung

1161 *Woerner*[1] lehnt die Korrespondenzthese des BFH im Wesentlichen aus folgenden Gründen ab: Die verfassungsrechtliche Argumentation des IV. Senates laufe auf eine verfassungskonforme Auslegung hinaus, wobei allerdings nicht gesagt werde, welche Vorschrift verfassungskonform ausgelegt werden solle. In Betracht dafür könne nur § 6 Abs. 1 EStG kommen, wonach Wirtschaftsgüter grds. mit den Anschaffungs- oder Herstellungskosten anzusetzen seien. Höhere Werte dürften nicht angesetzt werden. Die Korrespondenz-These des BFH laufe jedoch auf einen über den Anschaffungs- oder Herstellungskosten liegenden Wert beim Besitzunternehmen, nämlich einen Ansatz mit den Wiederbeschaffungskosten, hinaus. Das sei durch eine verfassungskonforme Auslegung nicht gedeckt; denn diese sei nur „bis zur Grenze des Wortlauts (möglichen Wortsinns)" einer Vorschrift zulässig.

1162 Es sei auch falsch, wenn der IV. Senat zwei zur selbständigen Bilanzierung verpflichtete Unternehmen mit einem Einzelunternehmen vergleiche; denn bei einem Einzelunternehmen könnten die Probleme einer korrespondierenden Bilanzierung nicht auftreten. Die Korrespondenz-These des BFH vernachlässige die zweite Komponente der Betriebsaufspaltung, nämlich die sachliche Verflechtung. Fehle diese, so bestehe keine Betriebsaufspaltung und es brauche – trotz vorhandener personeller Verflechtung – nicht korrespondierend bilanziert zu werden.

1163 Der Kritik von *Woerner* ist zuzustimmen. Das sich angeblich aus Art. 3 GG ergebende Gebot einer korrespondierenden Bilanzierung läuft im Ergebnis darauf hinaus, dass Richterrecht Gesetzesrecht bricht. Das ist unmöglich. Der IV. Senat hat seine Kompetenz überschritten. Er hält § 6 Abs. 1 EStG in den Fällen der korrespondierenden Bilanzierung für mit der Verfassung nicht vereinbar und wendet ihn nicht an.

1164 Die Berufung des IV. Senats auf den einheitlichen geschäftlichen Betätigungswillen muss auch als überholt angesehen werden; denn in späteren Entscheidungen hat der BFH in ähnlichen Fällen nicht auf den einheitlichen geschäftlichen Betätigungswillen abgestellt, sondern die Tatsache als entscheidend angesehen, dass es sich bei Besitzunternehmen und Betriebsunternehmen um zwei selbständige Unternehmen handelt.[2] In dem Urteil des I. Senats v. 13.10.1983[3] ist unter Hinweis darauf, dass es sich bei Besitzunternehmen und

---

[1] *Woerner* in Handelsrecht und Steuerrecht, Festschrift für Döllerer, S. 741, 746 ff.
[2] Vgl. BFH, Urteile v. 13.10.1983 - I R 187/79, BFHE 139 S. 406, BStBl 1984 II S. 115; v. 12.11.1985 - VIII R 282/82, BFH/NV 1986 S. 362, NWB XAAAB-28346.
[3] BFH, Urteil v. 13.10.1983 - I R 187/79, BFHE 139 S. 406, BStBl 1984 II S. 115.

Betriebsunternehmen um zwei selbständige Unternehmen handele, einem Besitzunternehmen, welches ein Sanatorium an die Betriebsgesellschaft verpachtet hatte, die Befreiung nach § 11 GewStDV 1968 versagt worden, obwohl bei dem Betriebsunternehmen die Voraussetzungen für die Gewerbesteuerbefreiung vorlagen. Hätte der I. Senat den vorhandenen einheitlichen geschäftlichen Betätigungswillen in den Vordergrund gestellt, hätte er zu einem anderen Ergebnis kommen müssen. Der VIII. Senat hat in seinem Urteil v. 12.11.1985[1] hinsichtlich der Gewerbesteuerfreiheit einer Internatsschule diese Rechtsprechung des I. Senats übernommen.

Würde man unter diesen Umständen die Korrespondenzthese des IV. Senats als noch geltend ansehen, so müsste sich der BFH den Vorwurf gefallen lassen, ohne überzeugende Begründung einmal den als Richterrecht kreierten „einheitlichen geschäftlichen Betätigungswillen" und ein anderes Mal den sich aus dem Gesetz ergebenden Umstand, dass es sich bei Besitzunternehmen und Betriebsunternehmen um zwei rechtlich selbständige Unternehmen handelt, in den Vordergrund zu stellen und entscheidungserheblich sein zu lassen. 1165

Die Korrespondenzthese des IV. Senats ist heute also überholt. Das Besitzunternehmen muss seine Ansprüche nach § 6 Abs. 1 EStG und nicht korrespondierend mit dem entsprechenden Verpflichtungsansatz beim Betriebsunternehmen ausweisen. 1166

3. Das BFH-Urteil vom 8.3.1989

Ein Wandel in der Rechtsprechung des BFH kann aus dem Urteil des X. Senats v. 8.3.1989[2] entnommen werden. Hier wird ausgeführt, es gäbe keinen allgemeinen Grundsatz, nach dem bei einer Betriebsaufspaltung durchgängig korrespondierend bilanziert werden müsse. Die frühere, eine korrespondierende Bilanzierung zulassende Rechtsprechung könne nicht herangezogen werden, weil sie noch von dem Gedanken der wirtschaftlichen Einheit von Besitz- und Betriebsvermögen getragen sei. 1167

Nach dem Beschluss des GrS v. 25.6.1984[3] habe die Rechtsprechung mehrfach betont, dass Besitz- und Betriebsunternehmen getrennte Unternehmen seien. Beide ermittelten ihren Gewinn selbständig.

Die Auffassung des IV. Senats würde – wenn man sie als Grundsatz versteht – zu dem Ergebnis führen, Forderungen des Besitzunternehmens gegen die not- 1168

---

1 BFH, Urteil v. 12.11.1985 - VIII R 282/82, BFH/NV 1986 S. 362, NWB XAAAB-28346.
2 BFH, Urteil v. 8.3.1989 - X R 9/86, BFHE 156 S. 443, BStBl 1989 II S. 714.
3 BFH, Beschluss v. 25.6.1984 - GrS 4/82, BFHE 141 S. 405, BStBl 1984 II S. 751.

leidend gewordene Betriebs-Kapitalgesellschaft nur deshalb mit dem vollen Wert anzusetzen, weil die Betriebs-Kapitalgesellschaft ihrerseits die Verpflichtung in voller Höhe passivieren müsse. Nicht zu überzeugen vermöge der Hinweis auf die Konsolidierungsvorschriften des § 331 Abs. 1 Nr. 4 AktG 1965 und des § 303 Abs. 1 HGB i. d. F. des BiRiLiG, wonach Forderungen und Verbindlichkeiten zwischen Konzernunternehmen weggelassen würden. Besitz- und Betriebsunternehmen bildeten keinen Konzernkreis.

1169 Andererseits könne der einheitliche geschäftliche Betätigungswille der hinter dem Besitz- und Betriebsunternehmen stehenden Person oder Personengruppe bei der Bilanzierung nicht unbeachtet bleiben. So müsse z. B. die Nutzungsdauer eines Wirtschaftsguts in beiden Unternehmen übereinstimmend geschätzt werden. Widersprüchlich wäre es auch, ein Wirtschaftsgut beiden oder keinem Unternehmen zuzurechnen oder in einem Unternehmen eine Verpflichtung anzunehmen, aber den entsprechenden Anspruch in dem anderen Unternehmen zu leugnen. In diesem Rahmen sei eine korrespondierende Bilanzierung geboten.

1170 Eine solche finde allerdings ihre Begrenzung in den zwingenden handelsrechtlichen und steuerrechtlichen Bilanzierungsvorschriften. Demzufolge sei z. B. auch ein Anspruch des Besitzunternehmens gegen das Betriebsunternehmen (im Streitfall ging es um einen Gewinnausschüttungsanspruch) erst dann zu aktivieren, wenn er in rechtlich oder zumindest wirtschaftlich gesicherter Form entstanden sei.

4. Aufgabe der korrespondieren Bilanzierung durch die BFH-Urteile vom 17.7.1991, 14.1.1998 und 12.2.2015

1171 Die vom X. Senat eingeleitete Rechtsprechungsänderung wurde zunächst in den Urteilen v. 17.7.1991[1] und v. 14.1.1998[2] durch den Hinweis bestätigt, dass es bei der Betriebsaufspaltung keinen allgemeinen Grundsatz gibt, wonach Besitzunternehmen und Betriebsunternehmen korrespondierend bilanzieren müssen. Mit Urteil v. 12.2.2015 hat der BFH diese Rechtsprechungslinie bestätigt.[3] Übernimmt der Pächter vertraglich die nach der gesetzlichen Regelung dem Verpächter obliegende Instandhaltungspflicht der verpachteten Sache, ist der Instandhaltungsanspruch des Verpächters nach Auffassung des IV. Senats auch dann nicht zu aktivieren, wenn sich der Pächter mit der Instandhaltung im Rückstand befindet. Dies gelte auch dann, wenn im Fall einer

---

[1] BFH, Urteil v. 17.7.1991 - I R 98/88, BFHE 165 S. 369, BStBl 1992 II S. 246.
[2] BFH, Urteil v. 14.1.1998 - X R 57/93, BFHE 185 S. 230, BFH/NV 1998 S. 1160, NWB NAAAA-96781; ebenso FG Hamburg, Urteil v. 10.8.2012 - 6 K 221/10 (rkr.), NWB AAAAE-19721.
[3] BFH, Urteil v. 12.2.2015 - IV R 29/12, BStBl 2017 II S. 668.

Betriebsaufspaltung die Betriebsgesellschaft eine Rückstellung für die Instandhaltungsverpflichtung gebildet hat, denn es bestehe bei einer Betriebsaufspaltung keine allgemeine Pflicht zur korrespondierenden Bilanzierung. Zu beachten ist schließlich, dass das Betriebsunternehmen eine **Instandhaltungsrückstellung** nur im Hinblick auf unterlassene Instandhaltungsmaßnahmen bilden darf. Bei unterlassenen Instandhaltungsmaßnahmen muss es sich um Erhaltungsmaßnahmen handeln, die bis zum Bilanzstichtag bereits erforderlich gewesen wären, aber erst nach Bilanzstichtag durchgeführt werden.[1]

Die Aufgabe der korrespondierenden Bilanzierung hat des Weiteren Konsequenzen für die Bilanzierung von **Substanzerneuerungsverpflichtungen** des Betriebsunternehmens: Ist dieses verpflichtet, unbrauchbar geworden durch das Besitzunternehmen überlassene Gegenstände zu ersetzen, ist eine Rückstellung zu bilden, und zwar auch dann, wenn die Verpflichtung noch nicht fällig ist. Entsprechend muss das Besitzunternehmen den dieser Verpflichtung entsprechenden, noch nicht fälligen Pachterneuerungsanspruch aktivieren. Steigen die Wiederbeschaffungskosten, ist die Rückstellung für Substanzerhaltung im Betriebsunternehmen sowie die Forderung auf Substanzerhaltung im Besitzunternehmen an dem jeweiligen Bilanzstichtag laufend anzupassen.

1172

BEISPIEL: A vermietet eine Spezialmaschine (wesentliche Betriebsgrundlage) an die A-GmbH, an der er zu 100 % beteiligt ist. Die Anschaffungskosten der Maschine haben 100.000 € betragen. Die Mietzeit ist unbefristet und beginnt am 1.7.2005 (monatliche Miete: 500 €). Nach dem Mietvertrag ist die A-GmbH zum Substanzerhalt der Maschine verpflichtet. Ihre Nutzungsdauer beträgt 20 Jahre.

LÖSUNG: Für die Verpflichtung zur Ersatzbeschaffung muss die A-GmbH eine Rückstellung bilden. Die Höhe der Rückstellung ermittelt sich aus der laufenden Abnutzung und der Wiederbeschaffungskosten am Bilanzstichtag.[2] Dabei ist für die Wiederbeschaffungskosten mindestens der Teilwert (= 100.000 €) anzusetzen. Zum 31.12.2005 beträgt der Wertverzehr 2,5 % (6 Monate Abnutzung bei 240 Monaten Nutzungsdauer). Damit ergibt sich zum 31.12.2005 eine Substanzerhaltungsverpflichtung von 2.500 € (= 100.000 € x 2,5 %). Dieser Betrag ist gem. § 6 Abs. 1 Nr. 3a Buchst. e EStG mit einem Zinssatz von 5,5 % abzuzinsen. Für die Abzinsung ist der Zeitraum vom Bilanzstichtag (= 31.12.2005) bis zum Beginn der voraussichtlichen Erneuerung der Spezialmaschine (= 30.6.2025) maßgeblich. Gemäß der Tabelle 2 des BMF-Schreibens v. 26.5.2005[3] ist für eine Laufzeit von 19,5 Jahren ein Vervielfältiger von 0,3525 (interpoliert) anzuwenden. Die A-GmbH muss damit eine Substanzerhaltungsrückstellung i. H. v. 881,25 € (= 2.500 € x 0,3525) bilden und A einen Substanzerhaltungsanspruch aktivieren. In der Bilanz des A ist zum 31.12.2005 ein Betrag von 2.500 € zu aktivieren. Die Forderung ist nicht abzuzinsen.

---

1 R 5.7 Abs. 11 EStR.
2 Vgl. BFH, Urteil v. 5.5.1976 - I R 166/74, BStBl 1976 II S. 717.
3 BStBl 2005 I S. 699.

1173 Im Falle der **Ersatzbeschaffung** ist der Erlös für das ausgeschiedene Wirtschaftsgut als Betriebseinnahme des Betriebsunternehmens zu behandeln. Die Anschaffungs- und Herstellungskosten des Ersatzgutes sind bis zur Höhe der Rückstellung mit dieser zu verrechnen; ein übersteigender Betrag wird als Wertausgleichsanspruch aktiviert. Beim Besitzunternehmen ist das Ersatzgut mit den Anschaffungskosten und den Herstellungskosten des Betriebsunternehmens zu aktivieren; gleichzeitig hat das Besitzunternehmen den **Pachterneuerungsanspruch** aufzulösen.[1]

1174 *(Einstweilen frei)*

V. Buchwertfortführung – Buchwertübertragung

LITERATUR:

Pflüger, Aufdeckung aller stillen Reserven bei Begründung einer Betriebsaufspaltung, GStB 2005 S. 14; *Micker*, Die Umstrukturierung von Personengesellschaften durch Überführung und Übertragung von Einzelwirtschaftsgütern, Ubg 2019 S. 504.

1. Einführung

1175 Das Problem der Buchwertfortführung (Buchwertübertragung) tritt bei der Betriebsaufspaltung sowohl bei deren Begründung als auch während ihres Bestehens auf.

Wird eine echte Betriebsaufspaltung begründet, so betrifft das Problem die Frage, ob und inwieweit Wirtschaftsgüter des bisherigen Einheitsunternehmens zum Buchwert auf das neu gegründete Betriebsunternehmen übertragen werden können.

Während des Bestehens einer Betriebsaufspaltung besteht das Problem der Buchwertübertragung in der Frage, ob Wirtschaftsgüter des Besitzunternehmens in das Betriebsunternehmen oder vice versa zum Buchwert übertragen werden können.

1176 Bei der Beantwortung dieser Fragen müssen drei verschiedene Rechtslagen[2] unterschieden werden, nämlich die Rechtslage bis 1998, also die Rechtslage vor dem Inkrafttreten des § 6 Abs. 5 EStG i. d. F. des StEntlG 1999/2000/2002, die Rechtslage in den Veranlagungszeiträumen 1999 und 2000, also die Rechtslage unter der Herrschaft des § 6 Abs. 5 EStG in der vorbezeichneten

---

1 Vgl. BFH, Urteil v. 17.2.1998 - VIII R 28/95, BStBl 1998 II S. 505; BMF, Schreiben v. 21.2.2002, BStBl 2002 I S. 262.
2 Zur Rechtslage vor Inkrafttreten des § 6 Abs. 5 EStG in seiner aktuellen Fassung vgl. 7. Auflage.

Fassung, und die Rechtslage ab 2001, also die Rechtslage nach dem Inkrafttreten des § 6 Abs. 5 Sätze 3 bis 6 EStG i. d. F. des StSenkG.[1]

2. Buchwertfortführung bzw. Buchwertübertragung bei der Begründung einer echten Betriebsaufspaltung

a) Buchwertfortführung im Besitzunternehmen

1177 Hinsichtlich der Wirtschaftsgüter des bisherigen Einheitsunternehmens, die bei der Begründung einer Betriebsaufspaltung nicht auf das Betriebsunternehmen übertragen werden, sondern in dem als Besitzunternehmen fortgeführten Restbetrieb des bisherigen Einheitsunternehmens verbleiben und von diesem an das Betriebsunternehmen vermietet werden, gilt hinsichtlich der Buchwertfortführung – unabhängig davon, ob die Betriebsaufspaltung vor 1999, vor 2001 oder nach 2000 begründet worden ist – Folgendes: Das Besitzunternehmen muss die Buchwerte fortführen, weil insoweit weder eine Veräußerung noch eine Entnahme noch eine Betriebsaufgabe vorliegt.[2] Eine Buchwertaufstockung ist hier also nicht möglich.

b) Buchwertübertragung in das Betriebsunternehmen

(1) Allgemeines

1178 Werden Wirtschaftsgüter von dem bisherigen Einheitsunternehmen in das Betriebsvermögen des Betriebsunternehmens übertragen, muss danach unterschieden werden, ob es sich bei dem Betriebsunternehmen um eine Kapitalgesellschaft oder eine Personengesellschaft handelt.

(2) Kapitalgesellschaften als Betriebsunternehmen

1179 Ist das Betriebsunternehmen eine Kapitalgesellschaft, können Wirtschaftsgüter des bisherigen Einheitsunternehmens nicht zum Buchwert in das Betriebsunternehmen übertragen werden: Die Regelung des § 6 Abs. 5 EStG erlaubt nicht die steuerneutrale Übertragung zwischen einem Personenunternehmen auf eine Kapitalgesellschaft. Die stillen Reserven sind vielmehr nach § 6 Abs. 6 Satz 1 oder 2 EStG aufzudecken.

1180 Die Aufdeckung stiller Reserven ist vermeidbar, wenn alle (wesentlichen) Betriebsgrundlagen beim Besitzunternehmen verbleiben und im Rahmen einer

---

1 Vgl. § 52 Abs. 1 EStG i. d. F. des StEntlG 1999/2000/2001 und § 52 Abs. 16a EStG i. d. F. des StSenkG.
2 BFH, Urteil v. 16.4.1991 - VIII R 63/87, BFHE 164 S. 513, BStBl 1991 II S. 832.

Betriebsverpachtung[1] an das Betriebsunternehmen verpachtet werden. Gegebenenfalls kann dieses Modell so ausgestaltet werden, dass die verpachteten Wirtschaftsgüter fortlaufend durch Ersatzinvestitionen im Betriebsunternehmen ersetzt werden, so dass sich beim Besitzunternehmen das Anlagevermögen verringert und zu einem Betrieb schrumpft, der irgendwann lediglich Grundbesitz und Geschäftswert verpachtet (sog. **Schrumpfungsmodell**).[2] Bei dieser Gestaltung kann es erforderlich sein, den ursprünglich vereinbarten Pachtzins zu reduzieren, da dieser ursprünglich auch die überlassenen Wirtschaftsgüter erfasste, eine Vergütung aber nicht mehr angemessen ist, wenn das Besitzunternehmen diese Wirtschaftsgüter später anschafft oder least.[3]

(3) Das Betriebsunternehmen ist eine Personengesellschaft

1181 Für die Übertragung von Wirtschaftsgütern von einem bisherigen Einheitsunternehmen auf eine Betriebs-Personengesellschaft im Zusammenhang mit der Begründung einer Betriebsaufspaltung ist zu unterscheiden, ob das bisherige Einheitsunternehmen ein Einzelunternehmen oder eine Personengesellschaft ist.

1182 Ist das bisherige Einheitsunternehmen ein Einzelunternehmen, so ist eine Buchwertübertragung nach § 6 Abs. 5 Satz 3 Nr. 1 EStG i. V. m. § 6 Abs. 5 Satz 1 EStG zwingend, weil hier ein Mitunternehmer der Betriebs-Personengesellschaft ein Wirtschaftsgut aus seinem bisherigen Einheitseinzelunternehmen in das Gesamthandsvermögen der Betriebs-Personengesellschaft überträgt.

1183 Das gilt auch dann, wenn die Übertragung des Wirtschaftsguts gegen Gewährung von Gesellschaftsrechten der Betriebs-Personengesellschaft geschieht. Zwar wird in § 6 Abs. 6 Satz 1 EStG bestimmt, dass bei der Übertragung eines einzelnen Wirtschaftsguts im Wege des Tausches sich die Anschaffungskosten nach dem gemeinen Wert des hingegebenen Wirtschaftsguts, also bei der Übertragung gegen Gewährung von Gesellschaftsrechten nach deren Wert bemessen. Die Regelungen über die Buchwertübertragungen in § 6 Abs. 5 EStG sind aber nach § 6 Abs. 6 Satz 4 EStG gegenüber der Grundsatzvorschrift in § 6 Abs. 6 EStG lex specialis, so dass sie § 6 Abs. 6 EStG vorgehen.

1184 Ist das bisherige Einzelunternehmen eine Mitunternehmerschaft, ist str., ob auf die Übertragung von Wirtschaftsgütern im Rahmen der Begründung einer

---

1 Siehe unten Rz. 1600 ff.
2 Vgl. hierzu *Frystatzki*, EStB 1999 S. 94; *Hörger/Mentel/Schulz*, DB 1999 S. 565; *Hörger/Pauli*, GmbHR 2001 S. 1139.
3 *Gluth* in Herrmann/Heuer/Raupach, § 15 EStG Rz. 831.

echten Betriebsaufspaltung von der bisherigen Einheits-Personengesellschaft auf die neu gegründete Betriebs-Personengesellschaft § 6 Abs. 5 EStG Anwendung findet: Übertragungen zwischen den Gesamthandsvermögen beteiligungsidentischer Schwesterpersonengesellschaften dürfen nach Auffassung des I. Senats des BFH und der Finanzverwaltung nicht nach § 6 Abs. 5 Satz 3 EStG mit dem Buchwert angesetzt werden.[1] Über die verfassungsrechtliche Problematik der Frage liegt ein anhängiges Verfahren beim Bundesverfassungsgericht vor.[2] Nach Auffassung des IV. Senats des BFH ist die Buchwertfortführung in **analoger Anwendung von § 6 Abs. 5 Satz 1 EStG** möglich,[3] was in der Literatur überwiegend geteilt wird.[4] Für diese Auffassung spricht, dass es in der Tat mit dem aus Art. 3 Abs. 1 GG zu entnehmenden Gebot der Folgerichtigkeit nicht zu vereinbaren ist, für die Übertragung zwischen beteiligungsidentischen Personengesellschaften keine Buchwertfortführung zuzulassen, obgleich § 6 Abs. 5 Satz 3 EStG in zahlreichen anderen Fällen, in denen stille Reserven (sogar) auf ein anderes Rechtssubjekt überspringen, eine Steuerneutralität ermöglicht.[5] Dieser Gedanke trägt allerdings nur bei Übertragungen zwischen beteiligungsidentischen Schwestergesellschaften und nicht bei Übertragungen zwischen nur teilweise personenidentischen Personengesellschaften.[6]

Die Vorschrift des § 6 Abs. 5 Satz 3 EStG verstößt nach der hier vertretenen Auffassung allerdings nicht gegen Art. 3 Abs. 1 GG, da sie in verfassungskonformer Weise angewandt werden kann.[7] Hierzu ist keine analoge Anwendung von § 6 Abs. 5 Satz 1 EStG erforderlich, die im Übrigen Übertragungen zwischen Schwestergesellschaften privilegieren würde, da bei Überführungen nach § 6 Abs. 5 Satz 1 EStG die Sperrfrist nach § 6 Abs. 5 Satz 4 EStG nicht greift. Auch spricht gegen die Anwendung von § 6 Abs. 5 Satz 1 EStG, dass dort Überführungen ohne Rechtsträgerwechsel geregelt werden, was bei der Über-

1185

---

1 Vgl. BFH, Urteil v. 25.11.2009 - I R 72/08, BStBl 2010 II S. 471; BMF, Schreiben v. 29.10.2010, BStBl 2010 I S. 1206; BMF, Schreiben v. 8.12.2011, BStBl 2011 I S. 1279, Rz. 18 Satz 2; gl. A. *Wißborn*, NWB 2010 S. 4275; *Gosch*, DStR 2010 S. 1173, 1175; *Brandenberg*, FR 2010 S. 731.
2 Az. des BVerfG: 2 BvL 8/13; zweifelnd im Hinblick auf die Zulässigkeit der konkreten Normenkontrolle *Kulosa* in Schmidt, EStG, 41. Aufl. 2022, § 6 Rz. 807.
3 BFH, Beschluss v. 15.4.2010 - IV B 105/09, BStBl 2010 II S. 971, mit Anm. *Koch*, BB 2010 S. 1466; *Siegmund/Ungemach*, NWB 2010 S. 2206; *Wacker*, NWB 2010 S. 2383, 2388; vgl. Aussetzungsbeschluss des BFH, Beschluss v. 27.12.2013 - IV R 28/12, NWB HAAAE-54608.
4 Vgl. u. a. *Danz*, Das Subjektsteuerprinzip in der Einkommensteuer, 2017, S. 189 ff.; *Wendt*, FR 2010 S. 386, 387; *Wacker*, NWB 2010 S. 2382, 2388; *Kanzler*, FR 2010 S. 761, 762; *Leisner-Egensperger*, DStZ 2010 S. 900; *Bareis*, FR 2011 S. 153; *Weber-Grellet*, BB 2015 S. 43, 49.
5 *Micker*, Ubg 2019 S. 504, 513.
6 So aber FG Düsseldorf, Urteil v. 4.12.2014 - 14 K 2968/09 F, EFG 2015 S. 551 (rkr.), NWB IAAAE-85386; zu Gestaltungsmöglichkeiten in diesem Fall siehe *Cropp*, DStR 2014 S. 1855.
7 Gl. A. *Kulosa* in Schmidt, EStG, 41. Aufl. 2022, § 6 Rz. 808.

tragung zwischen Gesamthandsvermögen zweifelsfrei nicht der Fall ist. Vorzugswürdig erscheint vor diesem Hintergrund, dem Steuerpflichtigen eine **doppelte Nutzung von § 6 Abs. 5 Satz 3 Nr. 2 EStG** einzuräumen.[1]

1186 In diesem Fall geht es um die Übertragung aus dem Gesamthandsvermögen in das Allein- oder Bruchteilseigentum des/der Gesellschafter(s) und damit in das Sonderbetriebsvermögen des Gesellschafters bei der abgebenden oder der aufnehmenden Personengesellschaft und die sich daran anschließende Übertragung in das Gesamthandsvermögen der aufnehmenden Personengesellschaft.[2] Beide Vorgänge sind nach § 6 Abs. 5 Satz 3 Nr. 2 EStG zum Buchwert möglich. Nach dem Rechtsgedanken der Abkürzung des Vertragsweges wird diese Gestaltung auch bei unmittelbarer Übertragung in das Gesamthandsvermögen der Schwesterpersonengesellschaft als gegeben angesehen.[3] Nach Verwaltungsauffassung könnten der Buchwertfortführung bei einer solchen Kettenübertragung zwar die **Gesamtplanrechtsprechung** oder andere missbräuchliche Gestaltungen i. S. des § 42 AO entgegenstehen.[4] Dies passt allerdings erstens nicht zu den jüngsten Entscheidungen des BFH, der der Gesamtplanrechtsprechung deutlich engere Grenzen gesetzt hat. Und zweitens zwingt, wie bereits dargestellt, eine verfassungskonforme Auslegung der Vorschrift dazu, Übertragungen zwischen beteiligungsidentischen Personengesellschaften zu ermöglichen. Anderenfalls erscheint § 6 Abs. 5 Satz 3 EStG als nicht mit dem Gebot der Folgerichtigkeit vereinbar.

1187 Möglich ist des Weiteren die **gewinnrealisierende Veräußerung des Wirtschaftsguts** mit anschließender Übertragung der durch die Veräußerung realisierten stillen Reserven nach **§ 6b EStG** auf die von der **Schwesterpersonengesellschaft** aufgewendeten Anschaffungskosten.[5] Nach R 6b.2 Abs. 7 Nr. 4 EStR kann das veräußerte Wirtschaftsgut zugleich das Reinvestitionsgut sein.[6] Veräußert die Personengesellschaft ein Wirtschaftsgut des Gesamthandsvermögens an die neu entstehende Betriebs-Personengesellschaft, an der einer ihrer Gesellschafter ebenfalls als Mitunternehmer beteiligt ist, kann der auf

---

1 *Micker*, Ubg 2019 S. 504, 513.
2 Vgl. hierzu bereits *Rödder/Schumacher*, DStR 2001 S. 1634, 1636; *Schulze zur Wiesche*, DStZ 2002 S. 740, 744; *Siegmund/Ungemach*, NWB 2010 S. 2206, 2209.
3 *Ley*, DStR 2011 S. 1208.
4 Vgl. BMF, Schreiben v. 8.12.2011, BStBl 2011 I S. 1279, Rz. 19; einen hinreichenden zeitlichen Abstand zwischen den Übertragungen empfehlen deshalb *Kulosa* in Schmidt, EStG, 41. Aufl. 2022, § 6 Rz. 809; *Bogenschütz/Hierl*, DStR 2003 S. 1097, 1101; *Strahl*, KÖSDI 2003 S. 13918, 13927; *Korn*, KÖSDI 2007 S. 15711, 15716.
5 Vgl. bereits OFD Münster, Vfg. v. 2.4.2004, DStR 2004 S. 1041; zu Gestaltungen mit § 6b EStG siehe auch *Prinz/Ludwig*, FR 2019 S. 493; *Weiss*, Ubg 2019 S. 337.
6 Vgl. auch BMF, Schreiben v. 8.12.2011, BStBl 2011 I S. 1279, Rz. 20.

den Doppelgesellschafter entfallende Veräußerungsgewinn auch nach Ansicht des BFH unter den Voraussetzungen des § 6b EStG im Umfang des Anteils des Doppelgesellschafters am Gesamthandsvermögen der Schwestergesellschaft auf die Anschaffungskosten des nämlichen Wirtschaftsguts übertragen werden.[1] Der nach § 6b EStG übertragbare Gewinn ergibt sich aus dem Betrag, um den der Veräußerungspreis nach Abzug der Veräußerungskosten den Buchwert übersteigt, mit dem das veräußerte Wirtschaftsgut zum Zeitpunkt der Veräußerung anzusetzen gewesen wäre. Bei der danach erforderlichen Ermittlung des fiktiven Buchwerts auf den Zeitpunkt der Veräußerung sind alle Bewertungsregeln des § 6 EStG zu beachten, auch die Regelungen zur Wertaufholung. Zu beachten ist allerdings, dass die Rücklage nach § 6b EStG vor der Anschaffung oder Herstellung eines Reinvestitionswirtschaftsguts nicht auf einen anderen Betrieb des Steuerpflichtigen übertragen werden kann.[2]

Bei der Gestaltung des Übertragungsvorgangs ist zu berücksichtigen, dass § 6b Abs. 2 EStG eine **Veräußerung** voraussetzt; Entnahmen werden von der Vorschrift nicht begünstigt. Vor diesem Hintergrund ist zu empfehlen, vor der Veräußerung ein Wertgutachten einzuholen.[3] Bei der Finanzierung des Kaufpreises muss zudem darauf geachtet werden, dass die erwerbende Schwestergesellschaft tatsächlich wirtschaftlich mit dem Kaufpreis belastet wird. Eine derartige wirtschaftliche Belastung kann insbesondere dann fraglich sein, wenn die Kaufpreisforderungen zu fremdunüblichen Bedingungen (insbesondere ohne Sicherheiten) gestundet werden oder in einem zeitlichen Zusammenhang der Restkaufpreis aus der veräußernden Mitunternehmerschaft entnommen, in die erwerbende Mitunternehmerschaft eingelegt wird, und sodann wieder an den Veräußerer als vermeintliche Kaufpreistilgung zurückfließt.[4] Vorzugswürdig erscheint es, die Erwerberin mit einer starken Eigenkapitalbasis auszustatten, so dass sie den Kaufpreis entweder mit Eigenkapital oder mit einem Bankkredit finanzieren kann, wobei die Darlehenstilgung aus von der Erwerberin generierten Mitteln erfolgen sollte.[5]

1188

Noch nicht abschließend geklärt ist, ob Gestaltungen nach § 6b EStG auch in Betracht kommen, wenn die Übertragung zwischen den Schwestergesellschaften gegen **Gewährung von Gesellschaftsrechten** erfolgt.

1189

---

1 BFH, Urteil v. 9.11.2017 - IV R 19/14, BStBl 2018 II S. 575; vgl. dazu u.a. *Kanzler*, FR 2018 S. 370; *Kanzler/Buchholz/Neumann*, Ubg 2018 S. 240; *Strahl*, NWB 2018 S. 1290.
2 BFH, Urteil v. 22.11.2018 - VI R 50/16, BStBl 2019 II S. 313; vgl. hierzu u. a. *Kanzler*, FR 2019 S. 274; *Krüger*, HFR 2019 S. 270; *Adrian*, StuB 2019 S. 305; *Weiss*, EStB 2019 S. 77.
3 Ebenso *Strahl*, NWB 2018 S. 1290, 1293.
4 *Strahl*, NWB 2018 S. 1290, 1294 f., m. w. N.
5 *Strahl*, NWB 2018 S. 1290, 1295.

G. Rechtsfolgen der Betriebsaufspaltung

BEISPIEL:[1] A und B führen in der Rechtsform einer GbR einen Betrieb, zu dessen Betriebsvermögen ein Grundstück gehört. Dieses Grundstück soll aus dem Gesamthandsvermögen der GbR in eine neu gegründete Betriebs-GmbH & Co. KG (die Kommanditanteile halten die Ehegatten zu jeweils 50 %) übertragen werden. Die Übertragung soll gegen Gewährung von Gesellschaftsrechten an A und B erfolgen (Buchung auf dem jeweiligen Kapitalkonto I von A und B bei der GmbH & Co. KG).

LÖSUNG: Nach Auffassung der Finanzverwaltung ist eine Anwendung von § 6b EStG in diesem Fall nicht möglich.[2] Begründet wird dies damit, dass im Ergebnis nur eine „Verschiebung" von bisher schon bestehenden Gesellschaftsrechten (hier bei der GbR) und gerade keine Gewährung von zusätzlichen (neuen) Gesellschaftsrechten (hier bei der GmbH & Co. KG) vorliege. Folglich fehle es an einem tausch- oder veräußerungsähnlichen Vorgang. Diese Auffassung überzeugt nicht.[3] Der Fall ist vielmehr genauso zu behandeln wie eine Barzahlung der aufnehmenden an die übertragende Gesellschaft. Denn auch dort kommt es zu einer Verschiebung der liquiden Mittel. Es ist kein einleuchtender Grund ersichtlich, die beiden Konstellationen unterschiedlich zu behandeln.

1190–1200   *(Einstweilen frei)*

3. Buchwertübertragung während des Bestehens einer Betriebsaufspaltung

a) Übertragungen auf Betriebs-Kapitalgesellschaften

1201   Buchwertübertragungen von Wirtschaftsgütern zwischen einem Besitzunternehmen und einem Betriebsunternehmen sind auch nach dem 31.12.2000 nicht mehr zulässig, wenn das Betriebsunternehmen eine Kapitalgesellschaft ist. Dies ergibt sich aus § 6 Abs. 6 Satz 1 oder 2 EStG. Als Alternative sind deshalb Betriebsverpachtungsmodelle (keine Übertragung der Wirtschaftsgüter) bzw. die Einbringung nach § 20 UmwStG in Betracht zu ziehen.[4]

b) Umstrukturierung von Besitz- und Betriebs-Personengesellschaften

(1) Begünstigte Übertragungen

1202   § 6 Abs. 5 EStG enthält drei steuerneutrale Übertragungsmöglichkeiten: **§ 6 Abs. 5 Satz 3 Nr. 1 EStG** betrifft die Übertragung von Wirtschaftsgütern aus dem Einzelunternehmen in das Gesamthandsvermögen und umgekehrt. Die Buchwertfortführung ist hier nicht auf den ideellen Anteil des Mitunterneh-

---

1 *Micker*, Ubg 2019 S. 504, 514.
2 OFD Frankfurt/M., v. 10.4.2019 - S 2241 A-117-St 213, NWB AAAAH-16034, a. E.
3 Gl. A. *Kulosa* in Schmidt, EStG, 41. Aufl. 2022, § 6 Rz. 809.
4 Vgl. oben Rz. 1180 f.

mers am Wirtschaftsgut des Gesamthandsvermögens begrenzt.[1] Wie im Anwendungsbereich von § 6 Abs. 5 Satz 1 und 2 EStG können die Wirtschaftsgüter aus einem der Gewerbesteuer unterliegenden Betriebsvermögen in ein freiberufliches oder land- und forstwirtschaftliches Betriebsvermögen übertragen werden (und umgekehrt).[2] Bei einem Ausscheiden des Gesellschafters gegen Sachabfindung eines Wirtschaftsguts in das Betriebsvermögen bzw. Sonderbetriebsvermögen des Ausscheidens ist § 6 Abs. 5 Satz 3 Nr. 1 (und 2) EStG nicht anzuwenden. Die Übertragung des Wirtschaftsguts erfolgt hier nach **Realteilungsgrundsätzen**.[3] Dem folgt nunmehr auch die Finanzverwaltung.[4] Die Anwendung von § 16 Abs. 3 Satz 2 EStG kann sich hierbei insbesondere deshalb als vorteilhaft erweisen, weil im Rahmen einer Realteilung die Übernahme von Verbindlichkeiten keine (Teil-)Entgeltlichkeit auslöst,[5] was im Anwendungsbereich von § 6 Abs. 5 Satz 3 EStG nach wie vor umstritten ist.

Für die Gestaltungsberatung besondere Bedeutung besitzt **§ 6 Abs. 5 Satz 3 Nr. 2 EStG**, wonach die Übertragung aus einem Sonderbetriebsvermögen in ein Gesamthandsvermögen und umgekehrt erfolgen kann. Denn die Regelung eröffnet u. a. die Möglichkeit, Wirtschaftsgüter des Sonderbetriebsvermögens einer Betriebs-Personengesellschaft nach sog. **Ausgliederungsmodellen** in das Gesamthandsvermögen einer gewerblich geprägten Einmann-GmbH & Co. KG zu übertragen, um die spätere Disposition über den Mitunternehmeranteil (z. B. nach § 6 Abs. 3 EStG oder § 24 UmwStG) zu ermöglichen, ohne dass das Sonderbetriebsvermögen zum Gegenstand dieser Disposition gemacht wird.[6] 1203

Erfolgt die Übertragung des Einzelwirtschaftsguts aufgrund einer einheitlichen Planung und in einem engen sachlichen und zeitlichen Zusammenhang mit der weiteren Disposition, war zwischen Finanzverwaltung und Rechtsprechung lange streitig, ob ein **Gestaltungsmissbrauch** vorliegt. 1204

> **BEISPIEL 1:** A ist Kommanditist der A-GmbH & Co. KG. Er überlässt dieser ein Grundstück, das von der GmbH & Co. KG zu Betriebszwecken genutzt wird und damit eine wesentliche Betriebsgrundlage darstellt. Im Januar 2019 gründet A die B-GmbH & Co. KG, deren alleiniger Zweck darin besteht, das Grundstück zu halten (und dieses an die A-GmbH & Co. KG entgeltlich zu überlassen). A überträgt im Februar 2019 das

---

1 BMF, Schreiben v. 8.12.2011, BStBl 2011 I S. 1279, Rz. 17.
2 Vgl. bereits BFH, Urteil v. 25.4.1985 - IV R 83/83, BStBl 1986 II S. 350; *Wendt*, FR 2002 S. 53, 58.
3 BFH, Urteil v. 30.3.2017 - IV R 11/15, BStBl 2019 II S. 29.
4 BMF, Schreiben v. 19.12.2018, BStBl 2019 I S. 6, Rz. 2 und 8; vgl. hierzu u. a. *Stenert*, DStR 2019 S. 245; zu nach wie vor bestehenden Ungleichbehandlungen zwischen echter und unechter Realteilung *Dorn/Müller*, DStR 2019 S. 726.
5 Vgl. etwa *Strahl*, KÖSDI 2013 S. 18528, 18534.
6 Vgl. hierzu *Brandenberg*, NWB 2010 S. 2699.

Grundstück nach § 6 Abs. 5 Satz 3 EStG in das Gesamthandsvermögen der B-GmbH & Co. KG. Anschließend überträgt er seinen Kommanditanteil an der A-GmbH & Co. KG unentgeltlich auf seine Tochter T.

LÖSUNG: Nach bisheriger Auffassung der Finanzverwaltung konnte die Übertragung des Kommanditanteils von A an T nicht nach § 6 Abs. 3 Satz 1 EStG zu Buchwerten erfolgen.[1] A muss nach dieser Auffassung die stillen Reserven seines Kommanditanteils nach § 16 Abs. 3 Satz 1 EStG (Aufgabe eines Mitunternehmeranteils) aufdecken und versteuern. Eine Übertragung des Grundstücks (bisher Sonderbetriebsvermögen bei der A-GmbH & Co. KG) zum Buchwert nach § 6 Abs. 5 Satz 3 EStG war auch nach Auffassung der Finanzverwaltung möglich.

Da die Übertragung des Grundstücks aber in einem wirtschaftlichen und zeitlichen Zusammenhang mit der Schenkung des Kommanditanteils steht, war nach Verwaltungsauffassung eine Übertragung des Kommanditanteils nach § 6 Abs. 3 Satz 1 EStG nicht möglich, da A nicht seinen gesamten Mitunternehmeranteil mit dem funktional wesentlichen Sonderbetriebsvermögen übertragen hat. Nicht abschließend geklärt ist, ab wann nach dieser Ansicht nicht mehr von einem unmittelbaren wirtschaftlichen Zusammenhang gesprochen werden kann. Dies ist angesichts der gesetzlichen Wertung des § 6 Abs. 3 Satz 4 EStG dann der Fall, wenn zwischen den jeweiligen Übertragungen mehr als drei Jahre vergangen sind. Gegebenenfalls muss aber auch ein geringerer zeitlicher Rahmen akzeptiert werden, wenn der Steuerpflichtige außersteuerliche Gründe für die Übertragung nach § 6 Abs. 5 Satz 3 EStG ins Feld führen kann.

Nach Auffassung des BFH ist für die Übertragung des Mitunternehmeranteils an der A-GmbH & Co. KG dagegen § 6 Abs. 3 Satz 1 EStG anzuwenden, da § 6 Abs. 5 und 3 EStG nebeneinander anzuwenden seien.[2] Die Finanzverwaltung hatte hierauf mit einem Nichtanwendungserlass reagiert und Verfahrensruhe angeordnet.[3]

1205 Mittlerweile geht auch die Finanzverwaltung davon aus, dass § 6 Abs. 3 Satz 1 EStG anzuwenden ist, wenn **im Zeitpunkt der Übertragung des Anteils am Gesamthandsvermögen** funktional wesentliches Betriebsvermögen/Sonderbetriebsvermögen nach **§ 6 Abs. 5 Satz 3 EStG** zum Buchwert übertragen oder nach **§ 6 Abs. 5 Satz 1 oder Satz 2 EStG** in ein anderes Betriebsvermögen/Sonderbetriebsvermögen des Steuerpflichtigen überführt wird.[4] Nach Auffassung der Finanzverwaltung soll dies jedoch nicht gelten, wenn nach der Aus-

---

1 Vgl. BMF, Schreiben v. 3.3.2005, BStBl 2005 I S. 458, Rz. 7.
2 BFH, Urteil v. 2.8.2012 - IV R 41/11, BStBl 2019 II S. 715; vgl. auch BFH, Urteil v. 14.7.2016 - IV R 19/13, BFH/NV 2016 S. 1702, NWB BAAAF-84224, Rz. 21.
3 BMF, Schreiben v. 12.9.2013, BStBl 2013 I S. 1164.
4 BMF, Schreiben v. 20.11.2019, BStBl 2019 I S. 1291, Tz. 10; ergänzt durch BMF, Schreiben v. 5.5.2021, BStBl 2021 I S. 696; zur Änderung der Verwaltungsauffassung vgl. *Kotzenberg/Riedel*, DStR 2020 S. 13; *Kraft*, NWB 2020 S. 20; *Lorenz*, FR 2020 S. 237; *Schiffers*, Ubg 2020 S. 48; *Vees*, DB 2020 S. 130; *Viskorf/Wegener*, ZEV 2020 S. 85; *Werthebach*, DStR 2020 S. 6.

lagerung von funktional wesentlichem Betriebsvermögen/Sonderbetriebsvermögen gem. § 6 Abs. 5 EStG **keine funktionsfähige betriebliche Einheit** mehr besteht.[1] Für die Buchwertfortführung gem. § 6 Abs. 3 EStG sei deshalb jeweils zeitpunktbezogen zu prüfen, ob auch nach der Auslagerung gem. § 6 Abs. 5 EStG noch eine funktionsfähige betriebliche Einheit nach § 6 Abs. 3 EStG übertragen werden kann.

Voraussetzung hierfür ist nach Verwaltungsauffassung, dass das nach der Auslagerung vorliegende Betriebsvermögen noch die Voraussetzungen des § 16 EStG erfüllt. Stellt das nach der Auslagerung gem. § 6 Abs. 5 EStG verbleibende „Restbetriebsvermögen" keine funktionsfähige betriebliche Einheit mehr dar, liegt nach dieser Auffassung hinsichtlich des verbleibenden „Restbetriebsvermögens" eine Betriebszerschlagung und damit grundsätzlich eine nicht nach § 16 Abs. 4, § 34 EStG steuerbegünstigte Betriebsaufgabe vor, da eine im zeitlichen und sachlichen Zusammenhang stehende Übertragung oder Überführung einer wesentlichen Betriebsgrundlage zu Buchwerten nach § 6 Abs. 5 EStG die Inanspruchnahme der Vergünstigungen nach § 16 Abs. 4, § 34 EStG ausschließe.

Offen bleibt noch, ob die Annahme eines Gesamtplans auch im Anwendungsbereich der §§ 20, 24 UmwStG aufgegeben wird. Die Gesamtplan-Rechtsprechung des BFH wäre dann nur noch bei Beantwortung der Frage nach der Gewährung der Tarifbegünstigung nach § 34 EStG auf einen Veräußerungsgewinn i. S. des § 16 EStG anwendbar.[2] Offene Fälle werden momentan bis zum Ergehen einer geänderten Verwaltungsanweisung zurückgestellt.

BEISPIEL 2: Wie Beispiel 1; allerdings bringt A seinen Mitunternehmeranteil an der A-GmbH & Co. KG nach Übertragung des Grundstücks auf die B-GmbH & Co. KG in die C-GmbH bzw. die C-GmbH & Co. KG ein.

LÖSUNG: Nach bisheriger Auffassung der Finanzverwaltung ist in diesem Fall das Wahlrecht auf Buchwertfortführung nach § 20 Abs. 2 UmwStG bzw. § 24 Abs. 2 UmwStG nicht anwendbar, da keine Sachgesamtheit eingebracht wird. Folglich müssten die stillen Reserven des eingebrachten (Teil-)Mitunternehmerteils als laufender, nicht begünstigter Gewinn versteuert werden. Überzeugend erscheint indes, die Grundsätze, die der BFH im Anwendungsbereich von § 6 Abs. 3 Satz 1 EStG aufgestellt hat, auch auf Einbringungsvorgänge zu übertragen.[3] Zum einen bleibt die Besteuerung der stillen Reserven sichergestellt. Zum anderen geht es bei

---

1 BMF, Schreiben v. 20.11.2019, BStBl 2019 I S. 1291, Tz. 12.
2 Grundlegend hierzu BFH, Urteil v. 6.9.2000 - IV R 18/99, BStBl 2001 II S. 229; vgl. auch BFH, Urteile v. 9.12.2014 - IV R 36/13, BStBl 2015 II S. 529; v. 17.12.2014 - IV R 57/11, BStBl 2015 II S. 536; siehe aber auch BFH, Urteil v. 28.5.2015 - IV R 26/12, BStBl 2015 II S. 797, zur Aufgabe einer Sachgesamtheit nach Ausgliederung einer anderen Sachgesamtheit.
3 *Micker*, Ubg 2019 S. 504, 506 f.

den Einbringungsvorgängen wie im Anwendungsbereich von § 6 Abs. 3 Satz 1 EStG um die Übertragung von Sachgesamtheiten.

Ein Mitunternehmerteil liegt im Zeitpunkt der Einbringung indes auch vor, wenn *zeitlich vor* der Einbringung wesentliche Betriebsgrundlagen in ein anderes Betriebsvermögen ausgegliedert worden sind. Das jeweilige Wirtschaftsgut darf nach der hier vertretenen Auffassung allerdings *nicht zeitgleich* mit der Einbringung in ein anderes Betriebsvermögen übertragen werden.[1] Insoweit besteht nämlich eine Parallelität zu Fällen, in denen ein Wirtschaftsgut vor der unentgeltlichen Übertragung bzw. Einbringung veräußert bzw. in das Privatvermögen des Steuerpflichtigen entnommen wird. Unschädlich für die steuerneutrale Einbringung ist es hier nur, wenn wesentliche Betriebsgrundlagen zeitlich *vor* der Einbringung veräußert oder entnommen werden. So hat der BFH für den Fall einer Einbringung nach § 24 UmwStG entschieden, dass gegen die Einbringung weder § 42 AO noch die Rechtsfigur des Gesamtplans ins Feld geführt werden kann, wenn vor der Einbringung eine wesentliche Betriebsgrundlage des einzubringenden Betriebs unter Aufdeckung stiller Reserven veräußert wird und diese Veräußerung auf Dauer angelegt ist.[2] Hieran fehlt es, wenn die wesentliche Betriebsgrundlage *zeitgleich* mit der Einbringung in das Privatvermögen überführt wird.[3] Diese Grundsätze sind auch im Anwendungsbereich von § 6 Abs. 5 Satz 3 EStG anzuwenden.

1208 Schließlich ordnet **§ 6 Abs. 5 Satz 3 Nr. 3** EStG die zwingende Buchwertfortführung für den Fall einer unentgeltlichen Übertragung zwischen den jeweiligen Sonderbetriebsvermögen verschiedener Mitunternehmer derselben Mitunternehmerschaft an.[4] Für die Anwendung der Vorschrift genügt es, wenn der Empfänger des Wirtschaftsguts erstmals zeitgleich mit der Übertragung Mitunternehmer wird.[5] Dies ist nicht der Fall, wenn die Personengesellschaft zeitgleich mit bzw. vor der Übertragung beendet wird.[6]

1209–1215 *(Einstweilen frei)*

---

1 Gl. A. BFH, Urteil v. 10.9.2020 - IV R 14/18, BStBl 2021 II S. 367, Rz. 32 f.; FG Schleswig-Holstein, Urteil v. 26.3.2019 - 4 K 83/16, EFG 2019 S. 1508 (rkr.), NWB SAAAH-27764, jeweils zur Kombination von § 6 Abs. 3 und 5 EStG.
2 BFH, Urteile v. 25.11.2009 - I R 72/08, BStBl 2010 II S. 471; v. 9.11.2011 - X R 60/09, BStBl 2012 II S. 638; v. 9.12.2014 - IV R 29/14, NWB CAAAE-83408, DStR 2015 S. 215; die Finanzverwaltung hat sich dieser Auffassung angeschlossen; vgl. BMF, Schreiben v. 11.11.2011, BStBl 2011 I S. 1314, Tz. 20.06, Fn. 1; zur steuerneutralen Übertragung eines Mitunternehmeranteils nach § 6 Abs. 3 EStG.
3 BFH, Urteil v. 29.11.2017 - I R 7/16, BFH/NV 2018 S. 810, NWB AAAAG-83527.
4 Vgl. hierzu BMF, Schreiben v. 3.3.2005, BStBl 2005 I S. 458, Rz. 20.
5 BFH, Urteile v. 6.12.2000 - VIII R 21/00, BStBl 2003 II S. 194; v. 24.6.2009 - IV R 47/06, BFH/NV 2010 S. 181, NWB VAAAD-33318.
6 OFD Frankfurt/M., Vfg. v. 10.4.2019 - S 2241 A-117-St 213, NWB AAAAH-16034, Rz. 21, mit Anwachsungs-Beispiel.

(2) Unentgeltliche Übertragungen

Die Übertragung eines Wirtschaftsguts erfolgt unentgeltlich, soweit keine Gegenleistung hierfür erbracht wird. Eine Gegenleistung kann sowohl durch die Hingabe von Aktiva als auch durch die Übernahme von Passiva (z. B. Verbindlichkeiten) erfolgen.[1] Der Begriff des Entgelts hat sich damit an einer wirtschaftlichen Betrachtungsweise zu orientieren. Die Übertragung ist damit auch dann entgeltlich, wenn dem Übertragenden eine Darlehensforderung eingeräumt wird.[2] Mithin ist von entscheidender Bedeutung, ob die Einbuchung des Wirtschaftsguts gegen ein Fremd- oder Eigenkapitalkonto erfolgt.[3] Auch die Übernahme von Verbindlichkeiten löst ein Entgelt aus. Zu einer teilweisen Gewinnrealisierung kann es hier indes nur kommen, wenn man der von der Finanzverwaltung vertretenen **Trennungstheorie** folgt oder die übernommene Verbindlichkeit höher valutiert als der Buchwert des positiven übertragenen Wirtschaftsguts. Da das Entgelt nach wirtschaftlichen Kriterien zu bemessen ist, kann eine Entgeltlichkeit des Übertragungsvorgangs auch angenommen werden, wenn dem Übertragenden aufgrund der Übertragung ein Pensionsanspruch oder eine typisch stille Beteiligung eingeräumt wird.[4] Schließlich ist vertretbar, eine Entgeltlichkeit anzunehmen, wenn dem Übertragenden eine Forderung in einem anderem, ihm zuzurechnenden Betriebsvermögen eingeräumt wird.[5]

1216

Bei der Übertragung des Wirtschaftsgutes in das Gesamthandsvermögen einer Personengesellschaft im Wege der **verdeckten Einlage** handelt es sich dagegen um einen unentgeltlichen Vorgang, wenn die Zuführung auf einem gesamthänderisch gebundenen Kapitalrücklagekonto gutgeschrieben oder handelsrechtlich als Ertrag gebucht wird.[6] Gleiches gilt für eine Einbuchung des übertragenen Wirtschaftsguts auf dem Kapitalkonto II, wenn dieses Eigenkapitalcharakter hat.[7] Etwas anderes gilt aber auch hier, wenn die Einbuchungen auf dem jeweiligen Eigenkapitalkonto mit einer festen Gewinnvorabregelung ver-

1217

---

1 OFD Frankfurt/M., Vfg. v. 10.4.2019 - S 2241 A-117-St 213, NWB AAAAH-16034, Rz. 15.
2 BFH, Urteil v. 24.1.2008 - IV R 37/06, BStBl 2011 II S. 617.
3 Vgl. hierzu u. a. BFH, Urteil v. 16.10.2008 - IV R 98/06, BStBl 2009 II S. 272; BMF, Schreiben v. 30.5.1997, BStBl 1997 II S. 627.
4 Dies wird auch als „sonstige Gegenleistung" i. S. des §§ 20, 24 UmwStG angesehen; vgl. dazu *Haarmann*, DStZ 2015 S. 438; *Ettinger/März*, GmbHR 2016 S. 154, 158.
5 Vgl. *Rogall/Dreßler*, DB 2015 S. 1981, 1982; *Nöcker*, DB 2016 S. 72, 75; zweifelnd *Ettinger/März*, GmbHR 2016 S. 154, 157 f., jeweils zum Begriff von sonstigen Gegenleistungen in Einbringungsfällen.
6 BMF, Schreiben v. 26.11.2004, BStBl 2004 I S. 1090; v. 11.7.2011, BStBl 2011 I S. 713.
7 Gl. A. für den Bereich sonstiger Gegenleistungen *Korn*, KÖSDI 2016 S. 19862, 19863.

bunden wird, die nicht durch sonstige Leistungen des übertragenden Gesellschafters gerechtfertigt werden können.

1218 Eine Gegenleistung wird, wie dargestellt, auch in der **Übernahme von Verbindlichkeiten** gesehen.[1] Erreicht die Gegenleistung nicht den Verkehrswert des Wirtschaftsguts, hat dies nach der von der Finanzverwaltung vertretenen Bruttobetrachtung bzw. **Trennungstheorie** die Aufspaltung der **teilentgeltlichen Übertragung** in einen entgeltlichen und einen unentgeltlichen Vorgang zur Folge.[2]

1219 **BEISPIEL:** A überträgt ein Grundstück (Buchwert 100.000 €, Verkehrswert 1.000.000 €), welches mit 100.000 € Verbindlichkeiten belastet ist, aus seinem Sonderbetriebsvermögen in das Sonderbetriebsvermögen seiner Tochter T.

LÖSUNG: Übernimmt T die Verbindlichkeiten, liegt nach Auffassung der Finanzverwaltung nach dem Verhältnis der Gegenleistung zum Verkehrswert des Grundstücks eine teilentgeltliche Übertragung vor:

unentgeltlich	entgeltlich
900/1.000 = 90 % ↓ Buchwertfortführung nach § 6 Abs. 5 Satz 3 Nr. 3 EStG	100/1.000 = 10 % ↓ Veräußerung
Buchwert 90.000 €	Veräußerungspreis 100.000 € Buchwert 10.000 € laufender Gewinn 90.000 €

1220 Teile der Literatur[3] lehnen die Anwendung der Trennungstheorie unter Hinweis darauf ab, dass auch Verbindlichkeiten – negative – Wirtschaftsgüter sind, die nach § 6 Abs. 5 EStG zu Buchwerten übergehen können. Auch der IV. Senat des BFH hat entgegen der Verwaltungsauffassung entschieden, dass die teilentgeltliche Übertragung eines Wirtschaftsguts des Sonderbetriebsvermögens in das Gesamthandsvermögen der Personengesellschaft nicht zur Realisierung eines Gewinns führt, wenn das Entgelt den Buchwert nicht übersteigt.[4] Übersteigt der noch valutierende Teil des Darlehens folglich nicht den Buchwert des fremdfinanzierten Wirtschaftsguts, kommt eine Gewinnrealisierung nicht in Betracht. Allerdings hat die Finanzverwaltung auch in diesem Fall

---

1 BMF, Schreiben v. 28.4.1998, BStBl 1998 I S. 583, Tz. 5a; v. 7.6.2001, BStBl 2001 I S. 367, Tz. 5; v. 8.12.2011, BStBl 2011 I S. 1279, Rz. 15; a. A. *Scharfenberg*, DB 2012 S. 193, 195.
2 BMF, Schreiben v. 13.1.1993, BStBl 1993 I S. 80, Rz. 34; v. 3.3.2005, BStBl 2005 I S. 458, Rz. 17; FG Düsseldorf, Urteil v. 4.5.2005 - 13 K 5044/04 F, EFG 2005 S. 1763 – rkr.; siehe dazu auch *Ley/Brandenberg*, Ubg 2010 S. 767, 773 ff.
3 Vgl. z. B. *Böhme/Forster*, BB 2003 S. 1979; *Schulze zur Wiesche*, DB 2004 S. 1388.
4 BFH, Urteil v. 19.9.2012 - IV R 11/12, BFH/NV 2012 S. 1880, NWB TAAAE-19330.

V. Buchwertfortführung – Buchwertübertragung

bisher Verfahrensruhe angeordnet.[1] Der X. Senat des BFH hatte den Großen Senats zu der Frage angerufen, wie der Gewinn bei teilentgeltlichen Übertragungen eines Wirtschaftsguts aus einem Einzelbetriebsvermögen eines Mitunternehmers in das Gesamthandsvermögen der Mitunternehmerschaft (§ 6 Abs. 5 Satz 3 Nr. 1 EStG) zu ermitteln ist.[2] Das Verfahren vor dem Großen Senat ist mittlerweile eingestellt, da die Finanzverwaltung dem Kläger abgeholfen hat.[3]

Allerdings hat der X. Senat in einem weiteren Urteil entscheiden, dass die (strenge) Trennungstheorie jedenfalls dann anzuwenden ist, wenn die aufnehmende Personengesellschaft das Wirtschaftsgut mit dem Teilwert ansetzt und ein sog. Mischentgelt vorliegt (im Streitfall Schuldübernahme und Gewährung von Gesellschaftsrechten), aber die Buchwertfortführung nach § 6 Abs. 5 Satz 3 EStG nur für einen Teil des Mischentgelts (im Streitfall Gewährung von Gesellschaftsrechten) in Betracht kommt.[4] Die Finanzverwaltung wendet in Fällen der teilentgeltlichen Übertragung eines einzelnen Wirtschaftsguts weiterhin die strenge Trennungstheorie an. Zur Frage der Anwendung der strengen Trennungstheorie bei teilentgeltlicher Übertragung eines Wirtschaftsguts nach § 6 Abs. 5 Satz 3 EStG ist beim BFH das Revisionsverfahren unter dem Az. IV R 16/19 anhängig, so dass Einspruchsverfahren weiterhin kraft Gesetzes nach § 363 Abs. 2 Satz 2 AO ruhen.

Vor diesem Hintergrund bietet sich ggf. folgende Gestaltungsalternative an: Im so genannten **Ausgliederungsmodell** – Übertragung von Einzelwirtschaftsgütern des Sonderbetriebsvermögens in das Gesamthandsvermögen einer gewerblich geprägten Personengesellschaft – lässt sich die mit der Schuldübernahme verbundene Teilentgeltlichkeit dadurch vermeiden, dass die Verbindlichkeiten von der aufnehmenden Ein-Mann-GmbH & Co. KG nicht übernommen werden. **Schuldner bleibt unverändert der übertragende Gesellschafter** mit der Folge, dass die Verbindlichkeiten aus seinem Sonderbetriebsvermögen bei der bisherigen Personengesellschaft in das Sonderbetriebsvermögen II bei der aufnehmenden Ein-Mann-GmbH & Co. KG wechseln. Dies folgt aus der mit der unentgeltlichen Übertragung des Einzelwirtschaftsguts verbundenen **Schuldumwidmung** – die Verbindlichkeit dient nunmehr der Finanzierung der

1221

---

1 BMF, Schreiben v. 12.9.2013, BStBl 2013 I S. 1164.
2 BFH, Urteil v. 27.10.2015 - X R 28/12, BStBl 2016 II S. 81.
3 BFH, Beschluss v. 30.10.2018 - GrS 1/16, BStBl 2019 II S. 70; vgl. hierzu *Dräger/Dorn*, NWB 2019 S. 17; *Förster*, BFH/PR 2019 S. 421; *Becker*, DB 2019 S. 326.
4 BFH, Urteil v. 15.1.2020 - X R 18/18, X R 19/18, BStBl 2020 II S. 538, Rz. 47.

Beteiligung an der Ein-Mann-GmbH & Co. KG.[1] Die Schuldzinsen sind Sonderbetriebsausgaben in der Ein-Mann-GmbH & Co. KG.[2]

1222 **BEISPIEL:** F ist alleiniger Kommanditist einer A-GmbH & Co. KG. Er hatte der Gesellschaft ein Grundstück unentgeltlich überlassen. Der Erwerb des Grundstücks war fremdfinanziert. F übertrug zum 1.1.2017 das Grundstück unentgeltlich nach § 6 Abs. 5 Satz 3 Nr. 2 EStG zum Buchwert in das Gesamthandsvermögen der B-GmbH & Co. KG, an der F zu 70 % beteiligt war. Die Darlehensverbindlichkeit wurde nicht in das Gesamthandsvermögen der B-GmbH & Co. KG übertragen.

LÖSUNG: Nach Auffassung der Finanzverwaltung war das Darlehen in diesem Fall nur noch zu 70 % betrieblich veranlasst. Nach Auffassung des BFH stellt die Verbindlichkeit dagegen in vollem Umfang Sonderbetriebsvermögen des F bei der B-GmbH & Co. KG dar, da der Finanzierungszusammenhang der Verbindlichkeit mit dem Wirtschaftsgut durch die Einlage in das Gesamthandsvermögen nicht verloren gegangen sei.[3] Unerheblich sei daher auch, dass das Grundstück nach der Übertragung auf die B-GmbH & Co. KG dem F nach § 39 Abs. 2 Nr. 2 AO nur i. H. v. 70 % zuzurechnen sei.

Alternativ kann die mit der Schuldübernahme verbundene Realisierung der stillen Reserven durch Rücklagenbildung nach **§ 6b EStG** und deren Übertragung auf die von der Ein-Mann-GmbH & Co. KG aufgewendeten Anschaffungskosten neutralisiert werden.[4]

1223–1225 *(Einstweilen frei)*

(3) Gewährung/Minderung von Gesellschaftsrechten

1226 In den Fällen des § 6 Abs. 5 Satz 3 Nr. 1 und 2 EStG kann die Übertragung alternativ gegen Gewährung oder Minderung von Gesellschaftsrechten in das oder aus dem Gesamthandsvermögen erfolgen.[5] Die insofern gebotene Abgrenzung zwischen Beteiligungs- und Darlehenskonto richtet sich nach den Grundsätzen, welche die Rechtsprechung zu § 15a EStG aufgestellt hat.[6] Wesentliches Indiz für das Vorliegen eines **Eigenkapitalkontos** ist, dass darauf nach den gesellschaftsvertraglichen Vereinbarungen auch Verluste gebucht werden.[7]

---

1 Vgl. BFH, Urteil v. 7.7.1998 - VIII R 5/96, BStBl 1999 II S. 209, zur Einbringung eines Betriebs in eine GmbH unter Zurückbehaltung der Betriebsschulden.
2 *Pauli*, DB 2005 S. 1021, 1023.
3 BFH, Beschluss v. 27.4.2017 - IV B 53/16, BFH/NV 2017 S. 1032, NWB LAAAG-48566; vgl. dazu *Steger/Raible*, NWB 2018 S. 426.
4 BMF, Schreiben v. 8.12.2011, BStBl 2011 I S. 1279, Rz. 20.
5 Vgl. dazu BMF, Schreiben v. 8.12.2011, BStBl 2011 I S. 1279, Rz. 16.
6 Vgl. insoweit BFH, Urteil v. 16.10.2008 - IV R 98/06, BStBl 2009 II S. 272; BMF, Schreiben v. 30.5.1997, BStBl 1997 I S. 627; v. 26.11.2004, BStBl 2004 I S. 1090; v. 11.7. 2011, BStBl 2011 I S. 713.
7 Vgl. hierzu u.a. *Carlé/Bauschatz*, FR 2002 S. 1153; *Crezelius*, DB 2004 S. 397, 399; *Ley*, KÖSDI 2009 S. 16678.

Nach neuerer Rechtsprechung des BFH ist die ausschließliche Einbuchung des Wirtschaftsguts über das **Kapitalkonto II** als Einlage und nicht als entgeltliches Geschäft zu behandeln.[1] Damit hat der BFH in diesen Urteilen ausdrücklich der nunmehr überholten Rechtsauffassung der Finanzverwaltung widersprochen.[2] Nach Auffassung des BFH sind Einbringungen in Personengesellschaften gegen Buchung auf einem Gesellschafterkonto nur dann entgeltliche Vorgänge und führen nur dann zur Gewährung von Gesellschaftsrechten, wenn ein Kapitalkonto angesprochen wird, nach dem sich die maßgebenden Gesellschaftsrechte, insbesondere das Gewinnbezugsrecht, richten. Das ist in der Regel das Kapitalkonto I. Danach führt jedenfalls die ausschließliche Buchung auf dem Kapitalkonto II nicht zu einem entgeltlichen Vorgang und damit nicht zur Gewährung von Gesellschaftsrechten, sondern ist als (unentgeltliche) Einlage zu behandeln. 1227

Die BFH-Urteile sind in allen noch offenen Fällen anzuwenden.[3] Die ältere Auffassung der Finanzverwaltung ist demnach insoweit überholt, als danach sowohl eine Buchung, die ausschließlich auf einem variablen Kapitalkonto (insbesondere dem Kapitalkonto II) erfolgt, als auch eine Buchung, die teilweise auf einem variablen Kapitalkonto (insbesondere dem Kapitalkonto II) und teilweise auf einem gesamthänderisch gebundenen Rücklagenkonto erfolgt, zu einer Gewährung von Gesellschaftsrechten und damit zu einem entgeltlichen Vorgang führt.

(Einstweilen frei) 1228–1230

(4) (Rückwirkender) Ansatz des Teilwertes – Sperrfristen

Nach § 6 Abs. 5 Satz 4 EStG ist rückwirkend (verfahrensrechtlich auf Grundlage von § 175 Abs. 1 Satz 1 Nr. 2 AO) auf den Zeitpunkt der Übertragung der Teilwert anzusetzen, wenn das nach Satz 3 übertragene Wirtschaftsgut innerhalb einer **Sperrfrist** von drei Jahren veräußert oder entnommen wird. Diese Sperrfrist beginnt mit dem Tag der Abgabe der Steuererklärung des Übertragenden (Eingangsdatum beim Finanzamt) für den Veranlagungszeitraum der Übertragung. Tag der Übertragung ist der Tag, an dem vereinbarungsgemäß das wirt- 1231

---

1 BFH, Urteile v. 29.7.2015 - IV R 15/14, BStBl 2016 II S. 593; v. 4.2.2016 - IV R 46/12, BStBl 2016 II S. 607.
2 BMF, Schreiben v. 11.7.2011, BStBl 2011 I S. 713.
3 BMF, Schreiben v. 26.7.2016, BStBl 2016 I S. 684.

schaftliche Eigentum übergegangen ist.[1] In der Übertragungsvereinbarung sollten vor dem Hintergrund dieser Regelung die Rechte und Pflichten des Übernehmers und Übergebers für den Fall der vorzeitigen Veräußerung oder Entnahme genau geregelt werden, denn die durch den Übernehmer ausgelöste Steuerbelastung trifft diesen nicht selbst (hier entstehen vielmehr nur steuerliche Vorteile: höhere AfA, geringerer Veräußerungs- bzw. Entnahmegewinn), sondern den Übertragenden.[2]

1232 **Keine Sperrfristverletzung** löst die Veräußerung des Mitunternehmeranteils[3] sowie die erneute Übertragung nach § 6 Abs. 5 Satz 3 EStG zu Buchwerten aus; vielmehr beginnt für diese Übertragung eine erneute Sperrfrist.[4] Bei einer nachfolgenden Überführung nach § 6 Abs. 5 Satz 1 und 2 EStG liegt ebenfalls keine Verletzung der Sperrfrist vor; vielmehr läuft hier die ursprüngliche Sperrfrist weiter.[5] Der Anwendungsbereich von § 6 Abs. 5 Satz 4 EStG ist des Weiteren nicht eröffnet, wenn bei einer Realteilung für die übertragenen Wirtschaftsgüter eine neue Sperrfrist ausgelöst wird oder wenn das Wirtschaftsgut aufgrund höherer Gewalt (Zerstörung, Untergang etc.) aus dem Betriebsvermögen ausgeschieden ist.[6] **Sperrfristverletzend** sind dagegen Einbringungen und Formwechsel nach §§ 20, 24, 25 UmwStG, da es sich um – wenn auch möglicherweise buchwertprivilegierte – Veräußerungen handelt.[7] Gleiches gilt für „fiktive" Entnahmen i. S. von § 4 Abs. 1 Satz 3 EStG und „fiktive" Veräußerungen i. S. von § 12 Abs. 1 KStG.[8]

Nach § 6 Abs. 3 Satz 4 EStG kommt es nicht zu einem rückwirkenden Ansatz des Teilwerts, wenn die bis zur Übertragung entstandenen stillen Reserven durch Aufstellung einer **Ergänzungsbilanz** dem übertragenden Gesellschafter zugeordnet worden sind. Gemeint sind Korrekturen der Gesamthandsbilanz. Mithin greift die Ausnahme nicht bei Übertragungen aus dem Gesamthandsvermögen in Einzel- oder Sonderbetriebsvermögen.[9] Gleiches gilt für Übertra-

---

1 BMF, Schreiben v. 8.12.2011, BStBl 2011 I S. 1279, Rz. 11.
2 Vgl. *Wendt*, FR 2002 S. 53, 65.
3 BFH, Urteil v. 15.7.2021 - IV R 36/18, BFH/NV 2021 S. 1588, Rz. 50, NWB OAAAH-93543.
4 *Kulosa* in Schmidt, EStG, 41. Aufl. 2022, § 6 Rz. 825; vgl. auch BMF, Schreiben v. 8.12.2011, BStBl 2011 I S. 1279, Rz. 23.
5 OFD Frankfurt/M., Vfg. v. 10.4.2019 - S 2241 A-117-St 213, NWB AAAAH-16034, Rz. 23.
6 OFD Frankfurt/M., Vfg. v. 10.4.2019 - S 2241 A-117-St 213, NWB AAAAH-16034, Rz. 23.
7 BMF, Schreiben v. 8.12.2011, BStBl 2011 I S. 1279 Rz. 33; für teleologische Reduktion dagegen *Crezelius*, FR 2011 S. 401, 408; für Billigkeitsmaßnahmen bei Einbringungen nach § 24 UmwStG *Kulosa* in Schmidt, EStG, 41. Aufl. 2022, § 6 Rz. 825; *Goebel/Ungemach/Reifarth*, DStZ 2011 S. 561; *Schmudlach*, NWB 2015 S. 3382, 3386.
8 OFD Frankfurt/M., Vfg. v. 10.4.2019 - S 2241 A-117-St 213, NWB AAAAH-16034, Rz. 23.
9 Gl. A. *Kulosa* in Schmidt, EStG, 41. Aufl. 2022, § 6 Rz. 816; a. A. *Hoffmann*, GmbHR 2002 S. 125, 132; *Paus*, FR 2003 S. 59, 61.

gungen nach § 6 Abs. 5 Satz 3 Nr. 3 EStG.[1] Mit dem Wortlaut der Vorschrift ist auf der anderen Seite vereinbar, bei Gewinnermittlung nach § 4 Abs. 3 EStG die Zuordnung von stillen Reserven in einer Ergänzungsrechnung ausreichen zu lassen.[2] Hierfür sprechen überdies systematische Erwägungen (keine Schlechterstellung aufgrund Wahl der Gewinnermittlungsart) sowie der Zweck der Ausnahmeregelung. Denn auch bei einem Ausweis der stillen Reserven in einer Ergänzungsrechnung ist sichergestellt, dass die bis zur Übertragung entstandenen stillen Reserven in der Person des übertragenden Mitunternehmers versteuert werden. Noch nicht abschließend geklärt ist, ob eine Ergänzungsbilanz nachgereicht werden kann, um die Rechtsfolgen des § 6 Abs. 5 Satz 4 EStG ausschließen zu können. Nach überzeugender Ansicht unterliegt die Nachholung nicht den Regeln der Bilanzänderung nach § 4 Abs. 2 Satz 2 EStG, wenn zuvor eine Bilanz mit Buchwerten eingereicht worden ist.[3] Die Nachreichung ist somit in offenen Fällen noch möglich.

Der BFH hatte bereits im Jahr 2013 entschieden, dass bei Einbringung eines Wirtschaftsguts durch den an einer KG zu 100 % beteiligten Kommanditisten (Einmann-GmbH & Co. KG) die Buchwertfortführung nach § 6 Abs. 5 Satz 3 Nr. 1 EStG nicht dadurch rückwirkend aufgehoben wird, dass die KG – bei unveränderten Beteiligungsverhältnissen – das Wirtschaftsgut innerhalb der Sperrfrist des § 6 Abs. 5 Satz 4 EStG veräußert.[4] Dies gilt auch dann, wenn das Wirtschaftsgut in der Gesamthandsbilanz der KG mit dem bisherigen Buchwert ausgewiesen wurde und deshalb für den Einbringenden keine negative Ergänzungsbilanz erstellt worden ist. Mit Urteil v. 26.6.2014 hat der IV. Senat dies auch für die Fälle bestätigt, in denen ein Wirtschaftsgut durch den an einer KG zu 100 % beteiligten Kommanditisten (ebenfalls Einmann-GmbH & Co. KG) aus dessen Sonderbetriebsvermögen unentgeltlich in das Gesamthandsvermögen derselben KG übertragen wird.[5] Da beide Urteile zwischenzeitlich beanstandungslos im BStBl veröffentlicht worden sind, war an sich davon auszugehen, dass auch nach Auffassung der Finanzverwaltung bei Übertragungen auf eine Einmann-GmbH & Co. KG die Anwendung der Sperrfrist vermieden werden kann.[6] Die OFD Frankfurt hat indes kürzlich erneut die Gegenauf-

1233

---

1 Gl. A. *Kulosa* in Schmidt, EStG, 41. Aufl. 2022, § 6 Rz. 816; vgl. a. A. *Wendt*, FR 2002 S. 53, 63.
2 Gl. A. *Wendt*, FR 2002 S. 53, 61; *Ley*, StbJb 2003/2004 S. 135, 156; a. A. *Kulosa* in Schmidt, EStG, 41. Aufl. 2022, § 6 Rz. 816.
3 *Karrenbrock/Laschewski*, DStR 2019 S. 1391, 1392.
4 BFH, Urteil v. 31.7.2013 - I R 44/12, BStBl 2015 II S. 450.
5 BFH, Urteil v. 26 6.2014 - IV R 31/12, BStBl 2015 II S. 463.
6 Vgl. H 6.15 EStH 2017.

fassung vertreten.[1] Diese Auffassung ist weder mit dem Wortlaut des § 6 Abs. 5 Satz 4 EStG noch seiner Zielrichtung vereinbar.

1234 Der Teilwert ist nach **§ 6 Abs. 5 Satz 5 EStG** auch anzusetzen, *soweit* bei der Übertragung der **Anteil einer Körperschaft**, Personenvereinigung oder Vermögensmasse an dem Wirtschaftsgut unmittelbar oder mittelbar (über eine Mitunternehmerschaft)[2] begründet wird oder sich dieser erhöht. Dies ist ausgeschlossen, wenn die Körperschaft, Personenvereinigung oder Vermögensmasse zu 100 % vermögensmäßig am Gesamthandsvermögen einer Mitunternehmerschaft beteiligt ist und die Übertragung des Wirtschaftsguts aus dem (Sonder-)Betriebsvermögen dieses Körperschaftsteuersubjekts in das Gesamthandsvermögen der Mitunternehmerschaft oder umgekehrt erfolgt. Gleiches gilt, wenn die Körperschaft nicht am Vermögen der Mitunternehmerschaft beteiligt ist, auf die das Wirtschaftsgut übertragen wird oder wenn sich durch die Übertragung ihr ideeller Anteil am Wirtschaftsgut verringert.[3] Dagegen stellt die Übertragung eines Wirtschaftsguts aus dem Sonderbetriebsvermögen einer Körperschaft in das Sonderbetriebsvermögen einer anderen Körperschaft bei derselben Mitunternehmerschaft nach § 6 Abs. 5 Satz 3 Nr. 3 EStG nach Auffassung der Finanzverwaltung einen Anwendungsfall von § 6 Abs. 5 Satz 5 EStG dar.[4] Dies entspricht dem Wortlaut der Regelung, nicht aber ihrem Zweck, den Übergang von stillen Reserven von natürlichen Personen auf Körperschaftsteuersubjekte zu verhindern.[5] Die Erstellung einer **Ergänzungsbilanz** ändert dagegen an den Rechtsfolgen des § 6 Abs. 5 Satz 5 EStG nichts,[6] da die Vorschrift im Gegensatz zu § 6 Abs. 5 Satz 4 EStG insoweit keine Ausnahme zulässt.

1235 Schließlich ist nach § 6 Abs. 5 Satz 6 EStG rückwirkend auf den Zeitpunkt der Übertragung ebenfalls der Teilwert anzusetzen, soweit innerhalb von sieben Jahren nach der Übertragung des Wirtschaftsguts der Anteil einer Körperschaft, Personenvereinigung oder Vermögensmasse an dem übertragenen Wirtschaftsgut aus einem anderen Grund unmittelbar oder mittelbar begründet wird oder dieser sich erhöht. Die Regelung gilt insbesondere in Umwand-

---

1 OFD Frankfurt/M. Vfg. v. 10.4.2019 - S 2241 A-117-St 213, NWB AAAAH-16034, Rz. 26.
2 *Kulosa* in Schmidt, EStG, 41. Aufl. 2022, § 6 Rz. 836; *van Lishaut*, DB 2000 S. 1784, 1787.
3 OFD Frankfurt/M., Vfg. v. 10.4.2019 - S 2241 A-117-St 213, NWB AAAAH-16034, Rz. 29 f.
4 OFD Frankfurt/M., Vfg. v. 10.4. 019 - S 2241 A-117-St 213, NWB AAAAH-16034, Rz. 31.
5 *Rödder/Schumacher*, DStR 2001 S. 1634, 1637.
6 OFD Frankfurt/M., Vfg. v. 10.4.2019 - S 2241 A-117-St 213, NWB AAAAH-16034, Rz. 28; *Kulosa* in Schmidt, EStG, 41. Aufl. 2022, § 6 Rz. 838; a. A. *Kloster/Kloster*, GmbHR 2002 S. 717, 730; *Groh*, DB 2003 S. 1403, 1407.

lungsfällen (z. B. in den Fällen der §§ 20, 25 UmwStG)[1] und ggf. bei Anwachsung des Vermögens auf eine Körperschaft, Personenvereinigung oder Vermögensmasse.[2]

(Einstweilen frei) 1236–1240

4. Umsatzsteuerliche Folgen der Übertragung

a) Übertragungen nach § 6 Abs. 5 Satz 3 Nr. 1 EStG

Bei Übertragungen nach § 6 Abs. 5 Satz 3 Nr. 1 EStG gegen Gewährung von Gesellschaftsrechten liegt ein umsatzsteuerbarer tauschähnlicher Umsatz nach § 3 Abs. 12 Satz 2 UStG vor.[3] Voraussetzung hierfür ist, dass die Übertragung aus Sicht des Gesellschafters keine **Geschäftsveräußerung im Ganzen** gem. § 1 Abs. 1a UStG darstellt. Insoweit können sich u. a. Abgrenzungsprobleme ergeben, wenn Gegenstand der Übertragung eine bisher nicht von der Personengesellschaft genutzte vermietete Immobilie ist. Hier kann eine Geschäftsveräußerung im Ganzen angenommen werden, wenn mit der Immobilie auch die entsprechenden Mietverträge auf die Personengesellschaft übertragen werden.[4] Mithin kann eine Geschäftsveräußerung nicht angenommen werden, wenn das bisherige Vermietungsunternehmen nicht von der Personengesellschaft fortgeführt wird, was der Fall ist, wenn die jeweilige Immobilie von ihr nach der Übertragung zu eigenen Zwecken genutzt wird. 1241

Werden nur **einzelne Wirtschaftsgüter** übertragen, die nicht im Wege einer Geschäftsveräußerung im Ganzen übertragen werden, liegt seitens des übertragenden Gesellschafters ein tauschähnlicher Umsatz vor. Die Gegenleistung besteht in der Gewährung von Gesellschaftsrechten. Die Bemessungsgrundlage bemisst sich nach dem Wert der Gegenleistung. Dies ist aber nicht der 1242

---

1 Gl. A. zum Formwechsel BFH, Urteil v. 15.7.2021 - IV R 36/18, BFH/NV 2021 S. 1588, Rz. 26 f., NWB OAAAH-93543; FG Sachsen, Urteil v. 4.11.2010 - 6 K 963/10, NWB RAAAD-80801; *Brandenberg*, FR 2000 S. 1182, 1188; *Blaas/Sonnbeck*, DStR 2012 S. 2569, 2573; *Goebel/Ungemach/Reifarth*, DStZ 2011 S. 561;); eingehend hierzu und zu Folgefragen *Weiss/Brühl*, DStR 2019 S. 1065; *Heß*, BB 2019 S. 818; *Riedel*, GmbHR 2019 S. 558; *Ossinger*, EFG 2019 S. 424; *Heerdt*, FR 2019 S. 479; a. A. *Hörger/Pauli*, GmbHR 2001 S. 1139; zum Konkurrenzverhältnis zu umwandlungssteuerlichen Sperrfristregeln *Heerdt*, Ubg 2018 S. 70.
2 OFD Frankfurt/M., Vfg. v. 10.4.2019 - S 2241 A-117-St 213, NWB AAAAH-16034, Rz. 34.
3 BFH, Urteile v. 8.11.1995 - XI R 63/94, BStBl 1996 II S. 114; v. 31.7.1996 - XI R 43/96, BFH/NV 1997 S. 269, NWB HAAAB-38683; v. 30.9.1999 - V R 9/97, NWB BAAAA-65836; *Nieskens* in Rau/Dürrwächter, UStG, § 3 Rz. 4571 Stichwort „Gesellschaftereinlage"; a. A. *Reiß*, UR 2003 S. 428, 436.
4 Vgl. hierzu BFH, Urteile v. 18.9.2008 - V R 21/07, BStBl 2009 II S. 254; v. 24.9.2009 - V R 6/08, BStBl 2010 II S. 315, Rz. 24; vgl. auch *Prätzler*, DStR 2011 S. 507, 508.

gemeine Wert der Gesellschaftsrechte. Der Wert der Tausch-Gegenleistung ist vielmehr in richtlinienkonformer Auslegung der Wert, den der Empfänger der Dienstleistung, die die Gegenleistung für die Lieferung von Gegenständen darstellt, den Dienstleistungen beimisst, die er sich verschaffen will und dem Betrag entsprechen, den er zu diesem Zweck aufzuwenden bereit ist.[1] Dies sind die Anschaffungs- bzw. Herstellungskosten des übertragenen Wirtschaftsguts.[2] Die sich auf dieser Grundlage ergebende Umsatzsteuer muss der übertragende Gesellschafter der aufnehmenden Personengesellschaft in Rechnung stellen. Diese ist unter den Voraussetzungen des § 15 UStG zum Vorsteuerabzug berechtigt.

1243 Erfolgt die Übertragung des Wirtschaftsguts **unentgeltlich**, liegt darin eine **unentgeltliche Wertabgabe** im übertragenden Unternehmen i. S. des § 3 Abs. 1b Satz 1 Nr. 1 UStG, wenn das übertragende Unternehmen zum Vorsteuerabzug berechtigt gewesen ist (§ 3 Abs. 1b Satz 2 UStG). Die unentgeltliche Wertabgabe ist steuerbar und in der Regel auch umsatzsteuerpflichtig. Da eine Rechnung mit Umsatzsteuerausweis hier ausscheidet, kommt ein Vorsteuerabzug der aufnehmenden Personengesellschaft nicht in Betracht. Insoweit ist die unentgeltliche Überragung des Wirtschaftsguts aus umsatzsteuerlicher Sicht nachteilig gegenüber einer Übertragung gegen Gewährung von Gesellschaftsrechten.

b) Übertragungen nach § 6 Abs. 5 Satz 3 Nr. 2 und 3 EStG

1244 Bei **Übertragungen zwischen Sonder- und Gesamthandsvermögen** gegen Gewährung von Gesellschaftsrechten kann es sich wiederum um einen tauschähnlichen Umsatz i. S. des § 3 Abs. 12 Satz 2 UStG handeln. Voraussetzung ist allerdings, dass das aus dem Sonderbetriebsvermögen übertragene Wirtschaftsgut zu einem umsatzsteuerlichen Unternehmensvermögen gehört hat, es also vor der Übertragung entgeltlich zur Nutzung an die Personengesellschaft überlassen wurde. Im nächsten Schritt ist dann zu prüfen, ob die Übertragung als **Geschäftsveräußerung im Ganzen** nach § 1 Abs. 1a Satz 1 UStG nicht steuerbar ist.

Die Nichtsteuerbarkeit von Umsätzen gem. § 1 Abs. 1a Sätze 1 und 2 UStG setzt voraus, dass ein Unternehmer sein Unternehmen oder seinen in der Gliederung eines Unternehmens gesondert geführten Betrieb im Ganzen entgeltlich oder

---

[1] EuGH, Urteil v. 2.6.1994 - Rs. C-33/93, Slg 1994, I-2329; *Tehler* in Reiß/Kraeusel/Langer, UStG, § 10 Rz. 116, Stichwort: „Sacheinlage"; *Förster*, DStR 2012 S. 381, 385.

[2] Vgl. BFH, Urteile v. 16.4.2008 - XI R 56/06, BStBl 2008 II S. 907; v. 25.4.2018 - XI R 21/16, BStBl 2018 II S. 505.

unentgeltlich übereignet oder in eine Gesellschaft einbringt und der Erwerber Unternehmer ist, der für sein Unternehmen empfängt. Erforderlich ist die Übertragung der materiellen und ggf. immateriellen Bestandteile eines Geschäftsbetriebs oder selbständigen Unternehmensteils, die zusammengenommen ein Unternehmen oder einen Unternehmensteil bilden, mit dem eine selbständige wirtschaftliche Tätigkeit fortgeführt werden kann.[1] Diese Voraussetzungen sind jedenfalls bei Übertragung des gesamten Sonderbetriebsvermögens erfüllt. Außerdem kann auch ein einzelnes Wirtschaftsgut Gegenstand einer Geschäftsveräußerung sein. Folglich führt die Übertragung eines vermieteten oder verpachteten Grundstücks zu einer Geschäftsveräußerung, wenn mit dem Grundstück gleichzeitig die Miet- oder Pachtverträge und damit das Unternehmen „vermietetes oder verpachtetes Grundstück" übertragen wird.[2]

Erfolgt die Übertragung **unentgeltlich**, handelt es sich grds. um einen umsatzsteuerbaren Vorgang i. S. des § 3 Abs. 1b Satz 1 Nr. 1 UStG, wenn das übertragende Unternehmen zum Vorsteuerabzug berechtigt gewesen ist (§ 3 Abs. 1b Satz 2 UStG). Dies gilt im Übrigen auch für den Anwendungsbereich von § 6 Abs. 5 Satz 3 Nr. 3 EStG. Auch hier kann aber eine Nichtsteuerbarkeit der Übertragung aus § 1 Abs. 1a Satz 1 UStG resultieren.   1245

Wird ein Wirtschaftsgut des Gesamthandsvermögens gegen **Minderung von Gesellschaftsrechten** in das Sonderbetriebsvermögen übertragen, liegt schließlich ein umsatzsteuerbarer Vorgang nach § 1 Abs. 1 Nr. 1 UStG vor. Erfolgt die Übertragung unentgeltlich, liegt wiederum eine unentgeltliche Wertabgabe nach § 3 Abs. 1b Satz 1 Nr. 1 i. V. m. Satz 2 UStG vor.   1246

(Einstweilen frei)   1247–1250

5. Grunderwerb- und schenkungsteuerliche Aspekte

a) Grunderwerbsteuer

Werden inländische Grundstücke nach § 6 Abs. 5 Satz 3 EStG **gegen Gewährung von Gesellschaftsrechten** übertragen, liegt nach § 1 Abs. 1 Nr. 1 GrEStG ein grunderwerbsteuerbarer Vorgang vor.[3] Gleiches gilt für die „Aus-   1251

---

1 EuGH, Urteile v. 30.5.2013 - Rs. C-651/11 „X BV", NWB AAAAE-36971, UR 2013 S. 582, Rz. 32; v. 10.11.2011 - Rs. C-444/10 „Christel Schriever", NWB MAAAD-96071, UR 2011 S. 937, Rz. 24; v. 27.11.2003 - Rs. C-497/01 „Zita Modes Sàrl", NWB UAAAB-79462, UR 2004 S. 19, Rz. 46.
2 *Nieskens* in Rau/Dürrwächter, UStG, § 1 UStG Rz. 1222.
3 BFH, Beschluss v. 4.5.2011 - II B 151/10, BFH/NV 2011 S. 1395, NWB TAAAD-85735; *Drees* in Behrens/Wachter, GrEStG, 2. Aufl. 2022, § 1 Rz. 68.

kehrung" eines Grundstücks aus einer Personengesellschaft auf einen Gesellschafter.[1] Im nächsten Schritt ist zu prüfen, ob eine Besteuerungsausnahme nach § 3 GrEStG greift. Für Übertragungen innerhalb von Familiengesellschaften sind insoweit insbesondere dessen Nr. 4 (Grundstückserwerb durch Ehegatten oder Lebenspartner des Veräußerers) und Nr. 6 (Erwerb durch Personen, die mit dem Veräußerer in gerader Linie verwandt sind oder deren Verwandtschaft durch die Annahme als Kind bürgerlich-rechtlich erloschen ist) relevant. Erfolgt die Übertragung unentgeltlich greift § 3 Nr. 2 GrEStG, wonach Grundstücksschenkungen unter Lebenden i. S. des Erbschaft- und Schenkungsteuergesetzes von der Besteuerung ausgenommen sind. Dagegen findet § 6a Satz 1 GrEStG grds. keine Anwendung, da die Übertragung bzw. Einbringung von Grundstücken unter § 1 Abs. 1 Nr. 1 GrEStG fällt und dieser Erwerbsvorgang nach dem Wortlaut der Konzernklausel nicht erfasst ist.[2]

1252 Geht das Grundstück von einem Alleineigentümer auf die Personengesellschaft über, wird die Grunderwerbsteuer nach § 5 Abs. 2 GrEStG in Höhe des Anteils nicht erhoben, zu dem der Veräußerer am Vermögen der Gesamthand nicht beteiligt ist. Der Anteil am Vermögen bezeichnet zum einen die sachenrechtliche (dingliche) unmittelbare Mitberechtigung des grundstücksübertragenden bzw. -übernehmenden Gesellschafters am Gesamthandsvermögen, die sich aus der Stellung als Gesamthänder ableitet, und zum anderen die vermögensmäßige Beteiligung an der Gesamthand bzw. am Grundstück.[3] Die Steuerbefreiung ist nach § 5 Abs. 3 Satz 1 GrEStG allerdings insoweit nicht anzuwenden, als sich der Anteil des Veräußerers am Vermögen der Gesamthand innerhalb von zehn Jahren nach dem Übergang des Grundstücks auf die Gesamthand vermindert. Eine Verminderung des Anteils am Vermögen liegt vor, wenn der Gesamthänder entweder seine unmittelbare dingliche Mitberechtigung am Gesamthandsvermögen, die sich aus der Stellung als Gesamthänder ableitet, verliert oder sich seine vermögensmäßige Beteiligung an der Gesamthand bzw. am Grundstück verringert.[4] Die Vorschrift des § 5 Abs. 3 GrEStG ist allerdings einschränkend dahingehend auszulegen, dass – trotz der Aufgabe der gesamthänderischen Mitberechtigung oder der Verminderung der

---

[1] FG Münster, Urteil v. 24.1.2008 - 8 K 4378/05 GrE, EFG 2008 S. 971 (rkr.); *Drees* in Behrens/Wachter, GrEStG, 2. Aufl. 2022, § 1 Rz. 68.

[2] Vgl. *Lieber* in Behrens/Wachter, GrEStG, 2. Aufl. 2022, § 6a Rz. 16, auch zu den daraus resultierenden Gestaltungsalternativen Abspaltung, Ausgliederung und Einbringung nur dem Werte nach.

[3] Vgl. gleich lautende Ländererlasse v. 12.11.2018, BStBl 2018 I S. 1334 Tz. 3.

[4] Vgl. hierzu gleich lautende Ländererlasse v. 12.11.2018, BStBl 2018 I S. 1334 Tz. 3; *Schley* in Behrens/Wachter, GrEStG, 2. Aufl. 2022, § 5 Rz. 50 ff.

vermögensmäßigen Beteiligung des grundstückseinbringenden Gesamthänders die Vergünstigung nach § 5 Abs. 1 und 2 GrEStG nicht entfällt, wenn die vom Gesetz geforderte Steuerumgehung objektiv ausgeschlossen ist.[1]

Im umgekehrten Fall (Übergang des Grundstücks von einer Gesamthand in das Alleineigentum an der Gesamthand beteiligten Person) wird die Grunderwerbsteuer nach § 6 Abs. 2 Satz 1 GrEStG in Höhe des Anteils nicht erhoben, zu dem der Erwerber am Vermögen der Gesamthand beteiligt ist. Allerdings gilt die Befreiung nach § 6 Abs. 4 Nr. 1 GrEStG insoweit nicht, als ein Gesamthänder innerhalb von zehn Jahren vor dem Erwerbsvorgang seinen Anteil an der Gesamthand durch Rechtsgeschäft und Lebenden erworben hat. Diese Vorschaltfrist betrifft insbesondere Umwandlungsvorgänge (insbesondere Verschmelzung, Spaltung und Formwechsel) sowie gesellschaftsrechtliche Vereinbarungen. Schließlich ist die Befreiung außerdem nach § 6 Abs. 4 Nr. 2 GrEStG insoweit nicht anzuwenden, als die vom Beteiligungsverhältnis abweichende Auseinandersetzungsquote innerhalb der letzten zehn Jahre vor der Auflösung der Gesamthand vereinbart worden ist. Bei der Berechnung der zehnjährigen Sperrfristen des § 6 Abs. 4 GrEStG ist zum einen auf den Zeitpunkt des Anteilserwerbs bzw. der Vereinbarung einer abweichenden Auseinandersetzungsquote und zum anderen auf den Zeitpunkt des Erwerbsvorgangs in Bezug auf das betreffende Grundstück abzustellen.[2]

1253

Löst der Übertragungsvorgang nach den beschriebenen Grundsätzen Grunderwerbsteuer aus, wird diese gem. § 8 Abs. 2 Satz 1 Nr. 2 GrEStG nach den Grundbesitzwerten i. S. des § 151 Abs. 1 Satz 1 Nr. 1 i. V. m. § 157 Abs. 1 bis 3 BewG bemessen, da der Übertragungsvorgang als „Erwerbsvorgang auf gesellschaftsrechtlicher Grundlage" anzusehen ist.[3]

1254

(Einstweilen frei)

1255–1260

b) Schenkungsteuer

Die Übertragungen nach § 6 Abs. 5 Satz 3 Nr. 1 bis 3 EStG können ggf. schenkungsteuerpflichtig sein.[4] Insoweit ordnet § 7 Abs. 1 Nr. 1 ErbStG an, dass als Schenkungen unter Lebenden alle freigebigen Zuwendungen unter Lebenden gelten,

1261

---

1 Vgl. BFH, Urteil v. 7.10.2009 - II R 58/08, BStBl 2010 II S. 302; *Behrens/Schmitt*, UVR 2004 S. 270, 272; zu den einzelnen zu einer Reduktion der Vorschrift berechtigenden Fallgruppen siehe *Schley* in Behrens/Wachter, GrEStG, 2, Aufl. 2022, § 5 Rz. 124 ff.
2 Zu weiteren Einzelheiten siehe *Schley* in Behrens/Wachter, GrEStG, 2. Aufl. 2022, § 6 Rz. 102 ff.
3 Vgl. im Einzelnen *Nienhaus* in Behrens/Wachter, GrEStG, 2. Aufl. 2022, § 8 Rz. 22 ff.
4 Speziell zur Verletzung der Behaltensfristen des § 13a Abs. 5 ErbStG durch Übertragungen nach § 6 Abs. 5 Satz 3 EStG siehe *Müller/Dorn*, DStR 2016 S. 1063, 1067 ff.

soweit der Bedachte durch sie auf Kosten des Zuwendenden bereichert wird. Diese Voraussetzungen sind erfüllt, wenn der Zuwendende auf Kosten seines Vermögens den Bedachten bereichert (sog bereichernde Zuwendung) und er diese Bereicherung willentlich unentgeltlich tätigt (sog Wille zur Freigebigkeit). Eine bereichernde Zuwendung in diesem Sinne scheidet aus, wenn es nicht zu einer interpersonellen Übertragung von stillen Reserven kommt.[1] Erfolgt die Übertragung nach § 6 Abs. 3 Satz 3 Nr. 1 und 2 EStG folglich gegen die Gewährung von (angemessenen) Gesellschaftsrechten, scheidet die Anwendung von § 7 Abs. 1 Nr. 1 ErbStG grds. aus.

1262 **BEISPIEL:**[2] A überträgt ein Grundstück (Verkehrswert: 500.000 €) in das Gesamthandsvermögen der AB-GmbH & Co. KG, an der A und B zu 50 % zu beteiligt sind.

LÖSUNG: Wird das Grundstück über das Kapitalkonto I des Gesellschafters mit einem Wert von 500.000 € eingebucht, scheidet eine Schenkungsteuerpflicht von vornherein aus; erfolgt die Einbuchung ausschließlich über das Kapitalkonto II des A, liegt ertragsteuerlich zwar eine unentgeltliche Übertragung vor, es kommt aber nicht zu einer Übertragung von stillen Reserven auf B, da das Kapitalkonto II nur A zuzurechnen ist.

§ 7 Abs. 1 Nr. 1 ErbStG kann aber – vorbehaltlich eines entsprechenden Freigebigkeitswillens – erfüllt sein, wenn der Wert des Grundstücks beispielsweise mit 100.000 € auf dem Kapitalkonto I, mit 300.000 € auf dem Kapitalkonto II des A und zu 100.000 € auf der gesamthänderisch gebundenen Rücklage gegengebucht wird.[3] Ertragsteuerlich liegt zwar insgesamt ein Vorgang gegen Gewährung von Gesellschaftsrechten vor. Schenkungsteuerlich kommt es aber i. H. v. 10 % (50.000 €/ 500.000 €) zu einer interpersonellen Verschiebung der stillen Reserven von A auf B, der zu 50 % an der gesamthänderisch gebundenen Rücklage beteiligt ist.

Ebenso kann es zu einer Übertragung von stillen Reserven auf B kommen, wenn das Grundstück beispielsweise nur mit einem Wert von 100.000 € auf dem Kapitalkonto I des A eingebucht wird.[4] Es würden dann 40 % (200.000 €/500.000 €) der stillen Reserven auf B übertragen werden. Im Anwendungsbereich von § 6 Abs. 5 Satz 3 Nr. 1 und 2 EStG können die Rechtsfolgen des § 7 Abs. 1 Nr. 1 ErbStG folglich dadurch vermieden werden, dass ein angemessener Wert der Übertragung zugrunde gelegt und die jeweiligen Buchungen über die Kapitalkonten I und II abgewickelt werden.

1263 Liegt nach den dargestellten Grundsätzen (teilweise) eine interpersonelle Übertragung von stillen Reserven vor (Gewährung zu niedriger Gesellschaftsrechte, Abwicklungen der Übertragung über die gesamthänderisch gebundene Rücklage, Fälle des § 6 Abs. 5 Satz 3 Nr. 3 EStG), scheidet die Annahme eines schen-

---

1 *Müller/Dorn*, DStR 2016 S. 1063, 1065.
2 *Micker*, Ubg 2019 S. 504, 512.
3 Vgl. BFH, Urteil v. 5.2.2020 - II R 9/17, BStBl 2020 II S. 658; FG Baden-Württemberg, Beschluss v. 1.3.2017 - 7 V 2515/16, EFG 2017 S. 734 (rkr.), NWB ZAAAG-42663; *Geck* in Kapp/Ebeling, ErbStG, § 7 Rz. 2.2.
4 Zur Angemessenheit der Gegenleistung vgl. auch *Müller/Dorn*, DStR 2016 S. 1063, 1066.

kungsteuerpflichtigen Vorgangs nur aus, wenn kein Wille zur Freigebigkeit vorliegt.[1] U. E. wird in von § 6 Abs. 5 Satz 3 Nr. 3 EStG erfassten Fällen ein Wille zur Freigebigkeit (so gut wie) immer unterstellt werden können. Bei Übertragungen nach § 6 Abs. 5 Satz 3 Nr. 1 und 2 EStG ist der Bereicherungswille ebenfalls grds. anzunehmen, insbesondere wenn Zuwendender und Bedachter – was der Regelfall sein dürfte – in einem engen persönlichen Näheverhältnis zueinander stehen. Ein gegenteiliges Ergebnis ist nur in den wenigen Fällen zu bejahen, in welchen die Gesellschaft ansonsten infolge Illiquidität oder Überschuldung insolvent würde.[2]

(Einstweilen frei) 1264–1275

VI. Zurechnung von Besteuerungsmerkmalen (Merkmalübertragung)?

LITERATUR:

Hennerkes/Binz/Sorg, Die Betriebsaufspaltung im Zielkonflikt zwischen Gewerbesteuerfreiheit und Investitionszulage, BB 1984 S. 1995; *Kaufmann, Jürgen*, Die Voraussetzungen des Verbleibens von Wirtschaftsgütern in einer Betriebsstätte im Zonenrandgebiet bei Betriebsverpachtungen für Sonderabschreibungen gem. § 3 ZRFG, DStR 1993 S. 1212; *Bundessteuerberaterkammer*, Erhöhte Investitionszulage und § 5 Abs. 2 Nr. 2 InvZulG 1993 bei Betriebsaufspaltung, DStR 1994 S. 1568; *Tiedtke/Wälzholz*, Betriebsaufspaltung und Investitionszulage – Zugleich eine Besprechung der Entscheidung des Niedersächsischen FG vom 16.3.1995, DStR 1996 S. 1551; *Burger*, Die Gewährung von Sonderabschreibungen nach dem Zonenrandförderungsgesetz in Fällen der Betriebsaufspaltung, StBp 1997 S. 75; *Söffing*, Merkmalübertragung bei der Betriebsaufspaltung, BB 1998 S. 2289; *Märkle*, Die Betriebsaufspaltung an der Schwelle zu einem neuen Jahrtausend, Tendenz zur Einheitsbetrachtung bei der Betriebsaufspaltung, BB 2000, Beilage 7 S. 3 f.; *Dötsch*, Betriebsaufspaltung: Sachliche Verflechtung durch Erbbaurecht – Gewerbesteuerfreiheit, INF 2002 S. 446; *Gosch*, Zur Gewerbesteuerbefreiung und zur sachlichen Verflechtung im Rahmen einer Betriebsaufspaltung, StBp 2002 S. 216; *Gschwendtner*, Zur Merkmalübertragung bei der Betriebsaufspaltung, DStR 2002 S. 896; *Seer*, Gewerbesteuerliche Merkmalübertragung als Sondergesetzlichkeit bei der Betriebsaufspaltung, BB 2002 S. 1833; *Seer/Söffing*, Merkmalübertragung bei der Betriebsaufspaltung, DB 2003 S. 2457; *Söffing*, Betriebsaufspaltung: Beherrschung einer GbR durch deren alleinigen Geschäftsführer? – Zugleich eine Besprechung des BFH-Urteils vom 1.7.2003 - VIII R 24/01, BB 2004 S. 1303; *Demleitner*, Übertragung von Steuerbefreiungsmerkmalen im Rahmen einer Betriebsaufspaltung, BB 2016 S. 2784; *Binnewies*, Ausgewählte Einzelprobleme der Betriebsaufspaltung, GmbH-StB 2019 S. 17.

---

[1] Zu den (geringen) Anforderungen vgl. R E 7.1 Abs. 1 ErbStR 2011.
[2] Vgl. *Geck* in Kapp/Ebeling, ErbStG, § 7 Rz. 2; *Geck*, KÖSDI 2013 S. 18290, 18296.

G. Rechtsfolgen der Betriebsaufspaltung

1. Einführung

1276 In einer Vielzahl von Fällen kann die Frage relevant werden, ob die Betriebsaufspaltung zur Folge hat, dass einkommen-, gewerbe- und grundsteuerliche Steuerbefreiungen und Steuervergünstigungen für zum Betriebsvermögen des Besitzunternehmens gehörende Wirtschaftsgüter auch dann zu gewähren sind, wenn die Voraussetzungen für die Steuerbefreiung oder Steuervergünstigung zum Teil im Bereich des Betriebsunternehmens, also einem anderen Unternehmen, erfüllt werden (kurz: **Merkmalübertragung**).

1277 **BEISPIEL:** Das Besitzunternehmen erwarb in einem Zeitpunkt, in dem das InvZulG a. F. noch zur Anwendung kam, eine Maschine, die an das Betriebsunternehmen vermietet wird. Das Besitzunternehmen will für die Maschine eine Investitionszulage haben.

1278 **LÖSUNG:** Die Gewährung einer **Investitionszulage** nach § 1 InvZulG setzte u. a. voraus, dass das Wirtschaftsgut drei Jahre im Betrieb des Investors **verbleibt**. Das ist in unserem Beispiel nicht der Fall; denn Investor ist das Besitzunternehmen, und die Maschine befindet sich im Betrieb des Betriebsunternehmens.

1279 Trotzdem erhält nach Auffassung der Finanzverwaltung[1] das Besitzunternehmen eine Investitionszulage, weil die Finanzverwaltung das dreijährige Verbleiben im Betriebsunternehmen dem investierenden Besitzunternehmen zurechnet. Diese Rechtsansicht dürfte auf der Vorstellung beruhen, dass der gewerbliche Charakter des Betriebsunternehmens infolge des Vorhandenseins eines einheitlichen geschäftlichen Betätigungswillens und einer sachlichen Verflechtung auf das Besitzunternehmen ausstrahlt.

1280–1282 *(Einstweilen frei)*

2. Das BMF-Schreiben vom 10.12.1985

1283 Schon in dem BMF-Schreiben v. 10.12.1985[2] hatte die Finanzverwaltung die eben dargelegte für die Investitionszulage (auch § 4 Abs. 2 InvZulG und § 19 BerlinFG und § 4a Abs. 2 InvZulG) geltende Ansicht übertragen auf Sonderabschreibungen nach § 3 Abs. 2 ZRFG, erhöhte Absetzungen für Wirtschaftsgüter, die dem Umweltschutz dienen (§ 7d EStG), Sonderabschreibungen für Fabrikgebäude, Lagerhäuser und landwirtschaftliche Betriebsgebäude (§ 7e EStG), Sonderabschreibungen zur Förderung kleiner und mittlerer Betriebe (§ 7g EStG), erhöhte Absetzungen nach § 14 BerlinFG und

---

[1] BMF, Schreiben v. 5.5.1977, BStBl 1977 I S. 246, Tz. 104; BMF, Schreiben v. 10.12.1985, BStBl 1985 I S. 683, Tz. II.
[2] BMF, Schreiben v. 10.12.1985, BStBl 1985 I S. 683.

VI. Zurechnung von Besteuerungsmerkmalen (Merkmalübertragung)?

Sonderabschreibungen für Anlagegüter, die der Forschung und Entwicklung dienen (§ 82d EStDV).

Nach dem BMF-Schreiben soll dies auch dann gelten, wenn das Besitzunternehmen eine **Kapitalgesellschaft** ist. U. E. sind in diesem Fall Betriebsaufspaltungs-Grundsätze nicht anzuwenden,[1] weil eine Besitz-Kapitalgesellschaft bereits kraft Rechtsform gem. § 2 Abs. 2 GewStG ein Gewerbebetrieb ist.[2]   1284

(Einstweilen frei)   1285–1287

3. Die Rechtsprechung zur Investitionszulage, zum FördG und zur Zonenrandförderung

Der BFH hat in mehreren Entscheidungen[3] die Ansicht der Finanzverwaltung hinsichtlich der Investitionszulage geteilt und entschieden, dass   1288

▶ hinsichtlich der Verbleibens- und Verwendungsvoraussetzungen (§ 1 Abs. 3 Satz 1 Nr. 1 InvZulG 1979, 1982 und 1986),

▶ hinsichtlich der Zugehörigkeits- und Verbleibensvoraussetzungen nach § 2 Satz 1 Nr. 1 und 2 InvZulG 1991,

▶ hinsichtlich der Voraussetzung der Eintragung in die Handwerksrolle (§ 5 Abs. 2 Satz 1 Nr. 2 Buchst. a InvZulG 1993) und

▶ hinsichtlich der Verbleibensvoraussetzungen nach § 2 Nr. 2 FördG[4]

die bei einem Betriebsunternehmen erfüllten Voraussetzungen dem die Wirtschaftsgüter anschaffenden oder herstellenden Besitzunternehmen zuzurechnen sind, wenn zwischen beiden Unternehmen eine **betriebsvermögensmäßige Verflechtung** besteht. Danach kann z. B. ein Wirtschaftsgut im zulagenrechtlichen Sinne auch dann zum Anlagevermögen einer Betriebsstätte im Fördergebiet gehören, wenn es im Rahmen einer Betriebsaufspaltung mit betriebsvermögensmäßiger Verflechtung von dem investierenden Besitzunternehmen außerhalb des Fördergebiets an das Betriebsunternehmen im Förder-

---

1 A. A. die Rechtsprechung des BFH: u. a. BFH, Urteil v. 16.9.1994 - III R 45/92, BFHE 176 S. 98, BStBl II 1995 II S. 75; v. 20.5.2010 - III R 28/08, BFHE 229 S. 566, BStBl 2014 II S. 194; v. 13.9.2017 - III R 16/15, BFH/NV 2018 S. 235, NWB JAAAG-64223, Rz. 14; vgl. auch oben Rz. 705 ff.
2 Vgl. oben Rz. 705.
3 BFH, Entscheidungen v. 20.5.1988 - III R 86/83, BFHE 153 S. 481, BStBl 1988 II S. 739; v. 23.3.1993 - III S 42/92, BFHE 171 S. 164, BStBl 1993 II S. 723; v. 16.9.1994 - III R 45/92, BFHE 176 S. 98, BStBl 1995 II S. 75; v. 4.12.1997 - III R 231/94, BFH/NV 1998 S. 1001, 1002 (linke Spalte), NWB MAAAB-38878; v. 10.12.1998 - III R 50/95, BFHE 188 S. 176, BStBl 1999 II S. 607; v. 28.1.1999 - III R 77/96, BFHE 188 S. 194, BStBl 1999 II S. 610; v. 20.5.2010 - III R 28/08, BFHE 229 S. 566, BStBl 2014 II S. 194.
4 BFH, Urteil v. 13.12.2005 - X R 49/03, BFH/NV 2006 S. 1094, NWB MAAAB-82498.

gebiet überlassen wird. Dies gilt auch im Fall einer kapitalistischen Betriebsaufspaltung, und zwar unabhängig davon, ob die Besitzgesellschaft eigengewerblich tätig ist.[1]

Handelt es sich bei dem **Besitzunternehmen** um ein **Einzelunternehmen**, welches sich neben der für die Betriebsaufspaltung typischen Verpachtung von Betriebsvermögen unmittelbar selbst gewerblich betätigt, sollen die dargestellten Grundsätze der einheitlichen Betrachtung von Besitz- und Betriebsunternehmen (Betriebsaufspaltung) allerdings dann nicht zum Tragen kommen, wenn die Investitionen, für die das Besitzunternehmen die Zulage beantragt, diesen eigenen gewerblichen Betrieb betreffen.[2] Es handelt sich dann nämlich um eine von der Betriebsaufspaltung unabhängige gewerbliche Betätigung, die auch investitionszulagenrechtlich unabhängig zu werten sei. Wenn das Besitzunternehmen neben der Betriebsgesellschaft einen eigenen gewerblichen Betrieb unterhält, besteht nach der Rechtsprechung keine Notwendigkeit, bei Investitionen in den eigenen Betrieb des Besitzunternehmens nur von der Betriebsgesellschaft erfüllte, für die Gewährung der Investitionszulage erforderliche Merkmale auf das Besitzunternehmen zu übertragen. Es bestünden dann zwei Gewerbebetriebe, die von unterschiedlichen Rechtspersönlichkeiten betrieben würden und jeweils für sich anspruchsberechtigt seien, sofern sie die weiteren Voraussetzungen des Investitionszulagengesetzes erfüllen.

Dieselben Grundsätze gelten, wenn eine **Personengesellschaft als Besitzunternehmen** außerhalb der Betriebsaufspaltung eine originär gewerbliche Tätigkeit entfaltet und die Investitionen, für die Investitionszulage begehrt wird, ausschließlich in diesem Bereich vorgenommen werden.[3] Eine Merkmalsübertragung, die von Bedeutung ist für die Wirtschaftsgüter, die im Rahmen der Betriebsaufspaltung zur Nutzung überlassen werden, wirkt sich somit auch bei Personengesellschaften nicht auf die Wirtschaftsgüter aus, die einer **originär gewerblichen Tätigkeit** der Besitzgesellschaft dienen. Dies gilt unabhängig von dem ertragsteuerrechtlichen Grundsatz, wonach eine gewerbliche Personengesellschaft nach § 15 Abs. 3 Nr. 1 EStG nur einen (einzigen) Betrieb unterhalten kann.[4]

---

1 BFH, Urteil v. 20.5.2010 - III R 28/08, BFHE 229 S. 566, BStBl 2014 II S. 194.
2 Vgl. BFH, Urteil v. 20.3.2003 - III R 50/96, BFHE 202 S. 181, BStBl 2003 II S. 613; v. 20.5.2010 - III R 28/08, BFHE 229 S. 566, BStBl 2014 II S. 194, Rz. 18; FG Sachsen, Urteil v. 21.12.2011 - 2 K 1721/11, EFG 2012 S. 1304 (rkr.); FG Thüringen, Urteil v. 27.2.2014, EFG 2014 S. 956 (rkr.); FG Sachsen, Urteil v. 14.6.2017 - 6 K 618/15, NWB TAAAG-49651 (rkr.); ebenso BMF, Schreiben v. 8.5.2008, BStBl 2008 I S. 590, Rz. 62, zum InvZulG 2007.
3 BFH, Urteil v. 13.9.2017 - III R 16/15, BFH/NV 2018 S. 235, NWB JAAAG-64223.
4 BFH, Urteil v. 13.7.2016 - VIII R 56/13, BFHE 254 S. 398, BStBl 2016 II S. 936, m. w. N.

VI. Zurechnung von Besteuerungsmerkmalen (Merkmalübertragung)?

Die zur Investitionszulage aufgestellten Grundsätze gelten nach der Rechtsprechung[1] für Sonderabschreibungen nach § 3 Abs. 1 ZRFG, wonach die Verwendung des Wirtschaftsgutes zu eigenbetrieblichen Zwecken Voraussetzung für die Gewährung von Sonderabschreibungen im Rahmen der **Zonenrandförderung** ist.

1289

Die Voraussetzung der betriebsvermögensmäßigen Verflechtung ist nach der Rechtsprechung des BFH[2] dann erfüllt,

1290

▶ wenn entweder – in Fällen einer „normalen" Betriebsaufspaltung – die Beteiligung der Besitz-Personengesellschafter an der Betriebs-Kapitalgesellschaft unmittelbar oder mittelbar (Sonder-)Betriebsvermögen der Besitz-Personengesellschaft ist oder

▶ umgekehrt – in den Fällen der sog. umgekehrten Betriebsaufspaltung – die Beteiligung der Betriebs-Personengesellschafter an der Besitz-Kapitalgesellschaft oder deren Anteile haltenden Obergesellschaft (Sonder-)Betriebsvermögen bei der Betriebs-Personengesellschaft ist.

Die Zulässigkeit der Merkmalübertragung im Investitionszulagenrecht hat der BFH wie folgt gerechtfertigt:

1291

▶ Ließe man hier die Gewährung der Zulage unter dem formalen Gesichtspunkt, dass Besitzunternehmen und Betriebsunternehmen rechtlich selbständige Unternehmen sind, nicht zu, so wäre eine Zulage in den typischen Fällen der Betriebsaufspaltung gänzlich ausgeschlossen. Denn die Besitzgesellschaft investierte hier zwar, aber sie nutzte die von ihr angeschafften oder hergestellten Wirtschaftsgüter nicht selbst im eigenen Betrieb, die Betriebsgesellschaft nutzte die Wirtschaftsgüter zwar, sie habe selbst aber nicht investiert. Dieses Ergebnis widerspräche der Rechtsnatur der Betriebsaufspaltung, die weit verbreitet und von der Rechtsprechung anerkannt sei. Ihr Sinn und Zweck bestehe gerade darin, dass die Funktionen eines normalerweise einheitlichen Betriebes bei ihr auf zwei Rechtsträger und damit zwei Betriebe aufgeteilt sind.

▶ Bei einer betriebsvermögensmäßigen Verflechtung zwischen Besitz- und Betriebsunternehmen sei es möglich und zulässig, die an sich gegebene rechtliche Selbständigkeit von Besitz- und Betriebsunternehmen zu ver-

1292

---

1 BFH, Urteil v. 14.5.2009 - IV R 27/06 (unter II.1.a), BStBl 2009 II S. 881.
2 BFH, Beschluss v. 26.3.1993 - III S 42/92, BFHE 171 S. 164, BStBl 1993 II S. 723; Urteile v. 16.9.1994 - III R 45/92, BFHE 176 S. 98, BStBl 1995 II S. 75; v. 22.2.1996 - III R 91/93, BFHE 180 S. 293, BStBl 1996 II S. 428; v. 30.10.2002 - IV R 33/01, BFHE 201 S. 36, BStBl 2003 II S. 272; v. 14.5.2009 - IV R 27/06 (unter II. 1.a), BFHE 225 S. 187, BStBl 2009 II S. 881.

nachlässigen und dem Prinzip der **"wirtschaftlichen Einheit"** der verflochtenen Unternehmen, von dem das Rechtsinstitut der Betriebsaufspaltung geprägt sei, im Investitionszulagenrecht den Vorrang einzuräumen. Hierin liege kein Verstoß gegen den „Grundsatz der institutsfreundlichen Interpretation".

1293 ▶ Der in § 5 Abs. 2 Satz 1 Nr. 2 Buchst. a InvZulG 1993 verwendete Begriff des Betriebs sei nicht eindeutig. Wenn man entsprechend dem Sinn und Zweck des InvZulG im Falle der Betriebsaufspaltung Besitz- und Betriebsunternehmen als Einheit auffasse, sei das Betriebsunternehmen als Betriebsstätte des in unterschiedliche funktionelle Bereiche aufgeteilten einheitlichen Unternehmens aufzufassen.

1294 ▶ Der mit dem InvZulG erstrebte Förderungszweck werde bei Investitionen des Besitzunternehmens, das die angeschafften oder hergestellten Wirtschaftsgüter einem Betriebsunternehmen überlässt, in gleicher Weise verwirklicht, wie wenn ein einheitliches Unternehmen die Investitionen durchführe.

1295 **Kein Fall der Merkmalübertragung** i. S. der Rechtsprechung zur Investitionszulage ist gegeben, wenn eine für die Gewährung der Investitionszulage erforderliche Voraussetzung nur beim Besitzunternehmen, nicht aber auch beim Betriebsunternehmen erfüllt ist. Aus diesem Grunde hat der BFH in dem Urteil v. 30.9.2003[1] die Gewährung einer erhöhten Investitionszulage abgelehnt, weil nur das Besitzunternehmen, das das begünstigte Wirtschaftsgut angeschafft hatte, nicht aber auch das Betriebsunternehmen in die Handwerksrolle eingetragen war.

1296–1298 *(Einstweilen frei)*

4. Die Rechtsprechung des BFH zu § 7g EStG

LITERATUR:

Gosch, Keine Zusammenrechnung der Einheitswerte von Besitz- und Betriebsgesellschaften im Rahmen des § 7g EStG, StBp 1992 S. 49; *Grützner,* Anforderungen an die Bildung einer Ansparrücklage, StuB 2008 S. 479; *Kratzsch,* Betriebsaufspaltung: Anforderungen an die Bildung einer Ansparrücklage nach § 7g EStG, GStB 2008 S. 232.

1299 Erwähnt werden muss in diesem Zusammenhang auch das BFH-Urteil v. 17.7.1991,[2] in dem entschieden worden ist, dass es bei der Anwendung des

---

1 BFH, Urteil v. 30.9.2003 - III R 8/02, BStBl 2004 II S. 248.
2 BFH, Urteil v. 17.7.1991 - R 98/88, BFHE 165 S. 369, BStBl 1992 II S. 246.

VI. Zurechnung von Besteuerungsmerkmalen (Merkmalübertragung)?

§ 7g EStG an einer rechtlichen Grundlage dafür fehle, den Einheitswert des Betriebsvermögens eines Besitzunternehmens dem des Betriebsunternehmens hinzuzurechnen, weil beide Unternehmen nicht als einheitliches Unternehmen zu behandeln seien.

Zur Begründung wird in dem Urteil im Wesentlichen ausgeführt: Die sachliche und personelle Verflechtung zwischen Besitz- und Betriebsunternehmen führe nicht dazu, dass Wirtschaftsgüter und für die Besteuerung maßgebliche Verhältnisse des einen Unternehmens dem an der Betriebsaufspaltung beteiligten anderen Unternehmen zuzurechnen seien. Beide Unternehmen könnten auch ohne Zustimmung des FA abweichende Wirtschaftsjahre haben. Die Entscheidung, ob eine ausländische Besitzgesellschaft im Inland eine Betriebsstätte habe, sei allein nach den Gegebenheiten des Besitzunternehmens zu treffen. Der Sinn und Zweck des § 7g EStG, die Finanzierung kleiner und mittlerer Betriebe zu fördern, könne zu keinem anderen Ergebnis führen. 1300

Nach einer neueren Entscheidung des BFH sind **Ansparabschreibungen** (§ 7g EStG a. F.) bzw. **Investitionsabzugsbeträge** (§ 7g EStG n. F.) allerdings auch bei Betriebsaufspaltungen möglich, bei denen die Besitzgesellschaft das anzuschaffende Wirtschaftsgut dem Betriebsunternehmen überlässt.[1] Voraussetzung ist, dass Besitz- und Betriebsunternehmen betriebsvermögensmäßig miteinander verbunden sind, was auch dann der Fall ist, wenn lediglich eine mittelbare Beteiligung der Gesellschafter des Besitzunternehmens über eine Personengesellschaft an der Betriebs-GmbH gegeben ist. Dagegen erfüllen Fälle, in denen eine Betriebsaufspaltung lediglich wegen faktischer Beherrschung angenommen wird, die Voraussetzungen einer betriebsvermögensmäßigen Verflechtung nicht.[2] 1301

Zu beachten ist schließlich, dass sowohl das Besitz- als auch das Betriebsunternehmen bei betriebsvermögensmäßiger Verflechtung den Investitionsabzugsbetrag bilden können.[3] Bei der Prüfung der Gewinngrenze des § 7g Abs. 1 Satz 2 Nr. 1 Buchst. b EStG sind Besitz- und Betriebsunternehmen ebenfalls getrennt zu beurteilen.[4] Die Verpachtung eines Wirtschaftsguts an das Be- 1302

---

1 BFH, Urteil v. 29.11.2007 - IV R 82/05, BFHE 220 S. 98, BStBl 2008 II S. 471; vgl. dazu *Günkel/Winkels*, BB 2008 S. 1000.
2 BMF, Schreiben v. 15.6.2022, BStBl 2022 I S. 945, Tz. 38.
3 BFH, Urteil v. 2.8.2012 - IV R 41/11, BFH/NV 2012 S. 2053, NWB TAAAE-19933; BMF, Schreiben v. 15.6.2022, BStBl 2022 I S. 945, Tz. 1a
4 BFH, Urteil v. 17.7.1991 - I R 98/88, BStBl 1992 II S. 246; BMF, Schreiben v. 15.6.2022, BStBl 2022 I S. 945, Tz. 15.

triebsunternehmen führt überdies nicht zu einem Verstoß gegen den Verbleibenszeitraum nach § 7g Abs. 4 EStG.[1]

1303–1310   *(Einstweilen frei)*

5. Die ältere Rechtsprechung des BFH zum Gewerbesteuergesetz

LITERATUR:

O. V., Anm. zum BFH-Urteil vom 13.10.1983, I R 187/79, FR 1984 S. 128.

1311 Im Gegensatz zu der Rechtsprechung des BFH zur Merkmalübertragung bei der Investitionszulage stand die ältere Rechtsprechung des BFH zur Übertragung der Gewerbesteuerfreiheit des Betriebsunternehmens auf das Besitzunternehmen. Der I. Senat des BFH hatte in seinem Urteil v. 13.10.1983[2] einem Besitzunternehmen, welches ein Sanatorium an die Betriebsgesellschaft verpachtet hatte, die Gewerbesteuerbefreiung nach § 11 GewStDV 1968 versagt, obgleich beim Betriebsunternehmen die Voraussetzungen für die Gewerbesteuerbefreiung vorlagen.

1312 Der BFH hatte Besitzunternehmen und Betriebsunternehmen als zwei getrennte Unternehmen angesehen und eine Merkmalübertragung abgelehnt. Diese Ansicht wurde damit begründet, dass ein Besitzunternehmen trotz seiner sachlichen und personellen Verflechtung mit der als Krankenanstalt tätigen Betriebs-Kapitalgesellschaft ein selbständiger, für sich gewerbesteuerrechtlich zu qualifizierender Verpachtungsbetrieb sei, der nicht dadurch eine Krankenanstalt werde, dass er mit einer solchen sachlich und personell verflochten sei. Die Gewerbesteuerbefreiung erstrecke sich nur auf das begünstigte Unternehmen und nicht auch auf andere Unternehmen, die mit jenem sachlich und personell verbunden seien.

1313 Mit der gleichen Begründung hatte der BFH[3] es abgelehnt, die Steuerbefreiung eines Betriebsunternehmens nach § 3 Nr. 20 GewStG auf das Besitzunternehmen zu übertragen. In dem Beschluss v. 18.12.1997[4] wurde zusätzlich ausgeführt, dass trotz der wirtschaftlichen Verflechtung zwischen Betriebs- und Besitzunternehmen zwei voneinander unabhängige Steuerschuldverhältnisse

---

1 Gl. A. *Gluth* in Herrmann/Heuer/Raupach, § 15 EStG Rz. 831b.
2 BFH, Urteil v. 13.10.1983 - I R 187/79, BFHE 139 S. 406, BStBl 1984 II S. 115; vgl. auch BFH, Urteil v. 17.7.1991 - I R 98/88, BFHE 165 S. 369, BStBl II 1992 II S. 246.
3 BFH, Beschlüsse v. 30.9.1991 - IV B 21/91, BFH/NV 1992 S. 333, NWB SAAAB-32314; v. 18.12.1997 - X B 133/97, BFH/NV 1998 S. 743, NWB KAAAA-97420.
4 BFH, Beschluss v. 18.12.1997 - X B 133/97, BFH/NV 1998 S. 743, NWB KAAAA-97420.

i. S. der §§ 37 ff. AO 1977 bestünden, nämlich eines zwischen dem Steuergläubiger und dem Besitzunternehmen und ein anderes zwischen dem Steuergläubiger und dem Betriebsunternehmen. Daraus folge, dass beide Steuersubjekte auch hinsichtlich der Verwirklichung abgabenrechtlicher Tatbestände (§ 38 AO 1977) grds. streng auseinander zu halten seien: Das gelte für den Regelungsbereich steuerbegründender Normen prinzipiell in gleicher Weise wie für das Eingreifen steuerbegünstigender oder steuerbefreiender Gesetzesbestimmungen.

Und in dem BFH-Urteil v. 14.1.1998[1] hieß es: 1314

„Wirtschaftsgüter und für die Besteuerung maßgebliche Verhältnisse des einen Unternehmens sind dem an der Betriebsaufspaltung beteiligten anderen Unternehmen nicht zuzurechnen."

Der VIII. Senat bestätigte die Auffassung des I. Senats in dem Urteil v. 12.11.1985[2] hinsichtlich der Gewerbesteuerbefreiung einer Internatsschule und hielt in seinem Urteil v. 19.3.2002[3] an dieser Rechtsprechung in einem eine Gewerbesteuerbefreiung nach § 3 Nr. 20 GewStG (Krankenhaus) betreffenden Fall unter Wiederholung der bereits in den Vorentscheidungen enthaltenen Argumente fest. Auf die Kritik an dieser Rechtsprechung[4] wurde in dem Urteil nicht eingegangen. 1315

Im Gegensatz hierzu hatte das FG Baden-Württemberg in seinem das Aussetzungsverfahren betreffenden Beschluss v. 25.6.1997[5] in Bezug auf die Rechtsprechung zur Übertragung der Gewerbesteuerbefreiung des Betriebsunternehmens auf das Besitzunternehmen ausgeführt: „Mit dem Hinweis auf die rechtliche – auch gewerbesteuerrechtliche – Selbständigkeit zweier miteinander verflochtener Unternehmen und der Erkenntnis, dass die Verpachtung von für den Betrieb einer steuerbefreiten Einrichtung (...) wesentlichen Betriebsgrundlage etwas anderes sei, als der Betrieb einer solchen Einrichtung selbst, blendet der BFH die wirtschaftliche Verflechtung zwischen beiden Unternehmen letztendlich aus seiner Betrachtung aus, misst ihr jedenfalls keine entscheidungserhebliche Bedeutung zu. 1316

---

1 BFH, Urteil v. 14.1.1998 - X R 57/93, BFHE 185 S. 230, NWB NAAAA-96781.
2 BFH, Urteil v. 12.11.1985 - VIII R 282/82, BFH/NV 1986 S. 362, NWB XAAAB-28346; s. auch BFH, Urteil v. 17.7.1991 - I R 98/88, BFHE 165 S. 369, BStBl 1992 II S. 246.
3 BFH, Urteil v. 19.3.2002 - VIII R 57/99, BFHE 198 S. 137, BStBl 2002 II S. 662.
4 Siehe unten Rz. 1326 ff.
5 FG Baden-Württemberg, Beschluss v. 25.6.1997 - 2 V 2/97, EFG 1997 S. 1250. Der BFH hob diese Entscheidung mit Beschluss v. 18.2.1997 - X B 133/97, BFH/NV 1998 S. 743, NWB KAAAA-97420, auf.

G. Rechtsfolgen der Betriebsaufspaltung

Es erscheint indessen zweifelhaft, ob eine solche formale Beurteilung dem Rechtsinstitut der Betriebsaufspaltung gerecht wird. Denn es geht in Fällen dieser Art nicht darum, ob das Besitzunternehmen mit seiner Verpachtungstätigkeit in vollem Umfang die Merkmale einer Steuerbefreiungsvorschrift erfüllt, sondern darum, ob dem Besitzunternehmen die steuerbefreite Betätigung des Betriebsunternehmens aus eben den Gründen zuzurechnen ist, aus denen es für geboten erachtet wird, eine bloße Verpachtung von – wenn auch wesentlichen – Betriebsgrundlagen als gewerbliche Betätigung zu qualifizieren."

1317 Zum gleichen Ergebnis kam erneut das FG Baden-Württemberg. Mit Urteil v. 6.9.2000[1] entschied es, dass auch bei der Gewerbesteuer im Rahmen einer Betriebsaufspaltung in folgendem Fall eine Merkmalübertragung zu erfolgen habe: Eine GmbH betrieb auf gepachtetem Grundbesitz ein psychiatrisches Wohn- und Pflegeheim. Zwischen der GmbH, welche die Voraussetzungen der Steuerbefreiung nach § 3 Nr. 20 Buchst. c GewStG erfüllte, und dem Verpachtungsunternehmen waren die Voraussetzungen der Betriebsaufspaltung erfüllt. Das FG vertrat hierzu die Auffassung, dass auch das Verpachtungsunternehmen als Besitzunternehmen gewerbesteuerfrei ist.

1318–1325 *(Einstweilen frei)*

6. Bedenken gegen die ältere Rechtsprechung des BFH zum Gewerbesteuergesetz

a) Grundsätzliche Bedenken

1326 Ausgehend von der Tatsache, dass bei der Betriebsaufspaltung Besitzunternehmen und Betriebsunternehmen zwei selbständige Unternehmen sind, wurde in dem Beschluss des BFH v. 18.12.1997 zutreffend ausgeführt, dass sich aus diesem Umstand ergäbe, dass zwischen Steuergläubiger und dem Besitzunternehmen einerseits und dem Steuergläubiger und dem Betriebsunternehmen andererseits – ungeachtet der wirtschaftlichen Verflechtung – zwei voneinander unabhängige, jeweils selbständig zu beurteilende Steuerschuldverhältnisse bestehen mit der weiteren Konsequenz, dass beide Steuerrechtssubjekte auch hinsichtlich der Verwirklichung abgabenrechtlicher Tatbestände (§ 38 AO) grds. streng auseinander zu halten sind und dass dies für den Regelungsbereich steuerbegründender Normen prinzipiell in gleicher Weise wie für das Eingreifen steuervergünstigender oder steuerbefreiender Gesetzesbestimmungen gilt.

---

1 FG Baden-Württemberg, Urteil v. 6.9.2000 - 2 K 78/98, NWB CAAAB-06353, EFG 2001 S. 86.

VI. Zurechnung von Besteuerungsmerkmalen (Merkmalübertragung)?

Allerdings wurde in dem Beschluss aus dieser Erkenntnis nicht die zutreffende Konsequenz gezogen. Denn nach Ansicht des X. Senats wurde – in Übereinstimmung mit der ständigen Rechtsprechung des BFH – bei der Anwendung der steuerbegründenden Norm „Betriebsaufspaltung" die Selbständigkeit von Besitz- und Betriebsunternehmen durch deren wirtschaftliche Verflechtung in der Weise überlagert, dass die Gewerblichkeit des Betriebsunternehmens auf das Besitzunternehmen durchschlägt, während bei der Anwendung der Steuerbefreiungsvorschrift des § 3 Nr. 20 GewStG a. F., also bei der Anwendung einer steuerbefreienden Norm, die Gewerbesteuerfreiheit des Betriebsunternehmens nicht auf das Besitzunternehmen durchschlagen sollte.

1327

Die Begründung des Beschlusses des X. Senats, nämlich die Beachtung der Selbständigkeit von Besitz- und Betriebsunternehmen bei allen steuerbegründenden, steuervergünstigenden oder steuerbefreienden Normen trotz bestehender wirtschaftlicher Verflechtung stimmte mit dem Ergebnis des Beschlusses also nicht überein.

1328

Waren die oben unter Rz. 1313 wiedergegebenen Ausführungen in dem Beschluss des BFH v. 18.12.1997 richtig, so musste man entweder – entgegen der bisherigen Betriebsaufspaltungs-Rechtsprechung – das Durchschlagen der Gewerblichkeit des Betriebsunternehmens auf das Besitzunternehmen verneinen oder man musste das Durchschlagen der Gewerbesteuerfreiheit gem. § 3 Nr. 20 GewStG a. F. bei vorhandener wirtschaftlicher Verflechtung auf das Besitzunternehmen zulassen.

1329

Für die Ansicht, dass die Gewerbesteuerfreiheit des Betriebsunternehmens auf das Besitzunternehmen durchschlägt, sprach auch, dass die Finanzverwaltung in dem BMF-Schreiben v. 10.12.1985[1] die eben dargelegte für die Investitionszulage geltende Auffassung auch auf Sonderabschreibungen nach § 3 Abs. 2 ZRFG, erhöhte Absetzungen für Wirtschaftsgüter, die dem Umweltschutz dienen (§ 7d EStG), Sonderabschreibungen für Fabrikgebäude, Lagerhäuser und landwirtschaftliche Betriebsgebäude (§ 7e EStG a. F.), Sonderabschreibungen zur Förderung kleiner und mittlerer Betriebe (§ 7g EStG a. F.), erhöhte Absetzungen nach § 14 BerlinFG und Sonderabschreibungen für Anlagegüter, die der Forschung und Entwicklung dienen (§ 82d EStDV a. F.) übertragen hatte.

1330

---

1 BMF, Schreiben v. 10.12.1985, BStBl 1985 I S. 683.

b) Keine spezielle Zwecksetzung und tatbestandsmäßige Ausgestaltung bei der Investitionszulage

(1) Allgemeines

1331 Der X. Senat des BFH hatte in dem oben unter Rz. 1313 erwähnten Beschluss v. 18.12.1997[1] die unterschiedliche Behandlung der Merkmalübertragung bei der Investitionszulage und bei der Gewerbesteuerfreiheit mit folgenden Ausführungen begründet:

„Daraus, dass im Investitionszulagenrecht in Fällen der Betriebsaufspaltung bisweilen auf die wirtschaftliche Einheit abgestellt wird (...), können – entgegen der Meinung des FG und der Antragstellerin – schon wegen der speziellen Zwecksetzung und tatbestandsmäßigen Ausgestaltung der Investitionszulage keine allgemeinen, in Fällen der hier zu beurteilenden Art verwertbaren, Rückschlüsse gezogen werden."

1332 Dem war zunächst entgegenzuhalten, dass nicht nur im Investitionszulagenrecht in Fällen der Betriebsaufspaltung bisweilen auf die wirtschaftliche Einheit zwischen Besitzunternehmen und Betriebsunternehmen abgestellt wird, sondern dass das gesamte Institut der Betriebsaufspaltung auf der Annahme einer wirtschaftlichen Einheit zwischen beiden Unternehmen beruht. Schon die Prämisse in dem Beschluss des X. Senats konnte daher nicht überzeugen.

1333 Hinzu kam, dass es hinsichtlich der Investitionszulage weder eine spezielle Zwecksetzung noch eine besondere tatbestandsmäßige Ausgestaltung gibt, die es rechtfertigen würde, das Problem der Merkmalübertragung bei der Investitionszulage und den Steuervergünstigungen anders zu behandeln als bei Steuerbefreiungen nach dem GewStG.

(2) Keine spezielle Zwecksetzung

(2.1) Zielsetzung der Investitionszulage

1334 Die erste Investitionszulage wurde für Westberlin als § 14e des Gesetzes zur Förderung der Wirtschaft von Berlin (West)[2] durch das Gesetz zur Änderung und Ergänzung des Gesetzes zur Förderung der Wirtschaft von Berlin (West) und des Steuererleichterungsgesetzes für Berlin (West) v. 26.7.1962[3] eingeführt.

---

1 BFH, Beschluss v. 18.12.1997 - X B 133/97, BFH/NV 1998 S. 743, NWB KAAAA-97420.
2 Später § 19 BerlinFG.
3 BGBl 1962 I S. 481, BStBl 1962 I S. 986, 990.

VI. Zurechnung von Besteuerungsmerkmalen (Merkmalübertragung)?

Im Laufe der Zeit waren zu dieser Berliner Investitionszulage noch weitere Investitionszulagenarten hinzugetreten, nämlich 1335

- ▶ die regionale Investitionszulage nach §§ 1 bis 3 InvZulG a. F.,
- ▶ die Zulage für Forschungs- und Entwicklungsinvestitionen nach § 4 InvZulG a. F.,
- ▶ die Energiezulage nach § 4a InvZulG a. F. und
- ▶ die Konjunkturzulage nach § 4b InvZulG a. F.

Ziel dieser Investitionszulagen war die Schaffung von Anreizen für Investitionen in bestimmten förderungsbedürftigen Gebieten oder in besonders förderungswürdigen wirtschaftlichen Bereichen oder aber auch die Förderung der Gesamtwirtschaft wie im Falle der Konjunkturzulage. 1336

Die gleichen Zielsetzungen werden auch durch Steuervergünstigungen – insbesondere durch Abschreibungsvergünstigungen[1] – und Steuerbefreiungen verfolgt.

Es besteht mithin kein Unterschied zwischen dem Ziel, das durch die Gewährung von Investitionszulagen verfolgt wird, und dem Ziel, das durch die Gewährung von bestimmten Steuervergünstigungen nach dem EStG verfolgt wird. Auch die Steuerbefreiung nach § 3 Nr. 20 GewStG a. F. diente dem Ziel, Anreize für Investitionen in einem bestimmten wirtschaftlichen Bereich zu schaffen.

Mithin kann aus der Zielsetzung einer Investitionszulage keine spezielle Zwecksetzung dieser Förderungsmaßnahme hergeleitet werden, die eine unterschiedliche Behandlung der Merkmalübertragung bei der Investitionszulage und anderen Steuervergünstigungen oder Steuerbefreiungen rechtfertigen konnte. 1337

(2.2) Die Investitionszulagenvorschriften sind keine Steuergesetze

Es ist heute wohl unbestritten, dass die Vorschriften über die Gewährung einer Investitionszulage keine steuerrechtlichen Vorschriften sind;[2] denn es handelt sich bei der Investitionszulage nicht um Eingriffs-, sondern um Leistungsverwaltung.[3] 1338

---

1 Z. B. Sonderabschreibungen nach dem Fördergebietsgesetz oder die früheren Abschreibungsvergünstigungen nach § 7b EStG (Einfamilienhäuser, Zweifamilienhäuser und Eigentumswohnungen), § 7d EStG (Umweltschutz), § 7e EStG (Fabrikgebäude, Lagerhäuser und landwirtschaftliche Betriebe), § 7f EStG (private Krankenhäuser), § 7g EStG (kleine und mittlere Betriebe).
2 A. A. noch BMF, Schreiben v. 5.5.1977 (Investitionszulageerlass), BStBl 1977 I S. 246, Tz. 1 Satz 3.
3 BFH, Urteil v. 25.6.1976 - III R 167/73, BFHE 119 S. 336, BStBl 1976 II S. 728.

Aber auch aus diesem Umstand lässt sich keine spezifische Zwecksetzung herleiten, die es rechtfertigen konnte, nur bei der Investitionszulage und nicht auch bei steuerrechtlichen Vergünstigungen oder Befreiungen eine Merkmalübertragung zuzulassen. Denn der Unterschied zwischen Eingriffsverwaltung und Leistungsverwaltung besteht hier lediglich darin, dass dem Steuerpflichtigen bei der Erfüllung bestimmter Voraussetzungen ein Anspruch auf Auszahlung einer Zulage zusteht, während bei Steuervergünstigungen bei der Erfüllung bestimmter Voraussetzungen die Steuer gemindert wird oder bei Steuerbefreiungen überhaupt nicht entsteht. Der Zweck aller drei Maßnahmen aber ist der gleiche, nämlich Anreize zur Verwirklichung eines bestimmten vom Gesetzgeber gewünschten Verhaltens des Steuerpflichtigen zu schaffen.

(2.3) Anwendung steuerrechtlicher Grundsätze

1339 Für eine Gleichbehandlung des Problems der Merkmalübertragung bei den Investitionszulagen und anderen Steuervergünstigungen und bei Steuerbefreiungen spricht, dass unstreitig die im Investitionszulagenrecht verwendeten Begriffe nach steuerrechtlichen Grundsätzen auszulegen sind.[1]

1340 Dem steht nicht entgegen, dass der III. Senat des BFH in seinem Urteil v. 16.9.1994[2] ausgeführt hat:

„Nur unter diesen Voraussetzungen hält es der Senat für möglich und zulässig, die an sich gegebene rechtliche Selbständigkeit von Besitz- und Betriebsunternehmen zu vernachlässigen, und dem Prinzip der ‚wirtschaftlichen Einheit' der verflochtenen Unternehmen, von dem das Rechtsinstitut der Betriebsaufspaltung auch geprägt ist (...), im Investitionszulagenrecht den Vorrang einzuräumen."

1341 Der III. Senat hat mit den Worten „im Investitionszulagenrecht den Vorrang einzuräumen" keineswegs zum Ausdruck bringen wollen, dass bei Steuervergünstigungen und Steuerbefreiungen im Einkommensteuerrecht andere Maßstäbe zu gelten hätten. Er hat vielmehr nur deshalb den Investitionszulagenbereich besonders erwähnt, um eine Divergenz zu der oben unter Rz. 1311 ff. dargestellten Rechtsprechung des BFH[3] und damit die Notwendigkeit der Anrufung des GrS des BFH zu vermeiden.

---

1 Ständige Rspr., vgl. z. B. BFH, Urteile v. 25.1.1985 - III R 130/80, BFHE 143 S. 192, BStBl 1985 II S. 309; v. 15.11.1985 - III R 110/80, BFHE 145 S. 482, BStBl 1986 II S. 367; v. 21.7.1989 - III R 89/85, BFHE 158 S. 280, BStBl 1989 II S. 906.
2 BFH, Urteil v. 16.9.1994 - III R 45/92, BFHE 176 S. 98, BStBl 1995 II S. 75.
3 Vgl. § 11 Abs. 2 FGO.

VI. Zurechnung von Besteuerungsmerkmalen (Merkmalübertragung)?

(2.4) Gleichmäßigkeit der Begünstigung durch Investitionszulagen

Die meisten anderen Steuervergünstigungen (z. B. erhöhte Absetzungen, Sonderabschreibungen, steuerfreie Rücklagen) bestehen darin, dass sie im Ergebnis die Bemessungsgrundlage für die Einkommensteuer, die Körperschaftsteuer und die Gewerbesteuer mindern. Das hat zur Folge, dass sie solchen Steuerpflichtigen nicht zugutekommen, die infolge von Verlusten keine Einkommensteuer, keine Körperschaftsteuer und auch keine Gewerbesteuer zu bezahlen brauchen. Entsprechendes gilt für Steuerbefreiungen.

1342

Bei der Einkommensteuer kommt noch hinzu, dass sich gleichgestaltete Steuervergünstigungen infolge des progressiv gestalteten Einkommensteuertarifs unterschiedlich auswirken, je nachdem ob der Steuerpflichtige ein hohes oder ein niedriges Einkommen zu versteuern hat.

1343

Diese Unterschiede bestehen bei der Investitionsförderung durch Investitionszulagen nicht. Die Investitionszulage wird unabhängig von der Tarifprogression und unabhängig von dem Vorhandensein von Gewinnen oder Verlusten jedem Investor in gleicher Höhe gewährt.

Aus diesem Umstand lässt sich jedoch ebenfalls keine unterschiedliche spezielle Zwecksetzung zwischen Investitionszulage und Steuervergünstigungen oder Steuerbefreiungen herleiten. Alle diese Maßnahmen dienen dem Zweck, Anreize für Investitionen zu schaffen, die der Gesetzgeber für bestimmte Regionen oder bestimmte wirtschaftliche Bereiche für erforderlich hält.

1344

Daran ändert auch die Tatsache nichts, dass der dargestellte Förderungszweck, nämlich die Anschaffung oder Herstellung von Investitionsgütern, durch Investitionszulagen zeitnaher und direkter als durch andere Maßnahmen erreicht wird.[1] Denn durch diesen Umstand entsteht keine spezielle Zwecksetzung der Investitionszulage, die es rechtfertigen würde, die Anwendung der Merkmalübertragung allein auf den Bereich der Investitionszulage zu beschränken.

(2.5) Öffentlicher Zuschuss

Eine spezielle Zwecksetzung der Investitionszulage lässt sich auch nicht aus ihrer Ausgestaltung als öffentlicher Zuschuss herleiten. Diese Ausgestaltung

1345

---

1 Vgl. die Ausführungen in der Begründung zum Entwurf eines Gesetzes zur Änderung des Investitionszulagengesetzes, des Fördergebietsgesetzes und des Umsatzsteuergesetzes v. 23.7.1997 (BT-Drucks. 13/8294). Dort heißt es unter I. der Begründung wörtlich: „Für Investoren wird mehr Planungssicherheit geschaffen, als dies bei der Gewährung von Sonderabschreibungen der Fall ist. Denn sie können bei der Anschaffung des Investitionsguts die Auszahlung der Investitionszulage in einer bestimmten Höhe berücksichtigen, während bei der Sonderabschreibung der konkrete Vorteil von weiteren Faktoren (Gewinn, Verlust, Steuersatz) abhängt."

G. Rechtsfolgen der Betriebsaufspaltung

hat lediglich zur Folge, dass die Investitionszulage nicht bei der Ermittlung der Einkommensteuer oder Körperschaftsteuer und der Gewerbesteuer berücksichtigt und auch nicht von einer dieser Steuern abgezogen wird, sondern unabhängig davon vom Finanzamt aus dem Aufkommen an Einkommensteuer bzw. Körperschaftsteuer an den Anspruchsberechtigten ausgezahlt wird. Durch sie wird jedoch gegenüber dem Zweck von Steuervergünstigungen und Steuerbefreiungen, nämlich der Förderung bestimmter Investitionen, kein spezieller Zweck geschaffen.

1346   Das Gleiche gilt für die Tatsache, dass durch die Investitionszulage – anders als bei Abschreibungsvergünstigungen – keine normale AfA vorweggenommen wird, sondern eine zusätzliche Vergünstigung gewährt wird; denn auch dadurch wird keine spezielle Zwecksetzung für die Investitionszulage geschaffen.

(3) Tatbestandsmäßige Ausgestaltung

1347   Die tatbestandsmäßige Ausgestaltung bei der Investitionszulage weicht auch nicht in einer Art und Weise von der tatbestandsmäßigen Ausgestaltung vergleichbarer Steuervergünstigungen oder Steuerbefreiungen ab, die eine unterschiedliche Behandlung des Problems der Merkmalübertragung rechtfertigen könnte.

(3.1) Vergleichbarkeit der Bemessungsgrundlagen

1348   Das gilt insbesondere für die Vergleichbarkeit der Bemessungsgrundlagen. Sowohl für die Bemessung der Investitionszulage als auch für die Bemessung von Steuervergünstigungen knüpft der Gesetzgeber grds. an die Anschaffungs- oder Herstellungskosten an. Soweit aus wirtschaftlichen Gründen gerechtfertigt, werden in beiden Bereichen auch schon Anzahlungen auf Anschaffungskosten oder Teilherstellungskosten begünstigt.

Unterschiede bei den Bemessungsgrundlagen, die Nichtanwendungen der Merkmalübertragung im Bereich der Steuervergünstigungen und der Steuerbefreiungen rechtfertigen könnten, sind nicht erkennbar.

(3.2) Andere tatbestandsmäßige Ausgestaltungen

1349   Auch andere tatbestandsmäßige Ausgestaltungen bei der Investitionszulage gegenüber den steuerrechtlichen Vergünstigungen, die eine Beschränkung der Merkmalübertragung auf den Bereich der Investitionszulage rechtfertigen könnten, sind nicht vorhanden. Im Beschluss des X. Senats des BFH v.

VI. Zurechnung von Besteuerungsmerkmalen (Merkmalübertragung)?

18.12.1997[1] wurden auch keine Umstände genannt, die auf eine unterschiedliche tatbestandsmäßige Ausgestaltung hindeuten könnten.

7. Zusammenfassende Kritik der älteren Rechtsprechung

Unabhängig von der Art und Weise, wie das Rechtsinstitut der Betriebsaufspaltung gerechtfertigt wird,[2] ist nach der heute herrschenden Rechtsprechung die gewerbliche Tätigkeit des Betriebsunternehmens infolge seiner wirtschaftlichen Verflechtung mit dem Besitzunternehmen für die Umqualifizierung des Besitzunternehmens in einen Gewerbebetrieb von ausschlaggebender Bedeutung, ohne dass dem die rechtliche Selbständigkeit beider Unternehmen entgegensteht oder dadurch zerstört wird. Das Gleiche muss auch für den Fall gelten, dass das Betriebsunternehmen von der Gewerbesteuer befreit ist. Infolge der bestehenden wirtschaftlichen Verflechtung ist auch die gewerbesteuerfreie Tätigkeit des Betriebsunternehmens für die Umqualifizierung der Vermietertätigkeit in eine gewerbesteuerfreie Tätigkeit des Besitzunternehmens von ausschlaggebender Bedeutung, ohne dass dem die rechtliche Selbständigkeit beider Unternehmen entgegensteht. 1350

Entsprechendes gilt auch für die Fälle, in denen im Betriebsunternehmen Merkmale verwirklicht werden, die als Voraussetzungen einer Steuervergünstigung für das Besitzunternehmen erforderlich sind.[3] Die Gegenmeinung führt zu dem nicht überzeugenden Ergebnis, dass bei der Betriebsaufspaltung die wirtschaftliche Verflechtung zwischen Besitz- und Betriebsunternehmen nur zu Lasten der Steuerpflichtigen, nicht aber auch zu deren Gunsten von Bedeutung wäre. Das kann nicht Sinn und Zweck des Richterrechts „Betriebsaufspaltung" sein. 1351

(Einstweilen frei) 1352–1360

8. Änderung der Rechtsprechung – Merkmalübertragung auch im Gewerbesteuerrecht

a) Der Vorlagebeschluss des X. Senats vom 12.5.2004

Vor dem Hintergrund der dargelegten Bedenken gegen die ältere Rechtsprechung deutete sich bereits im Jahr 2004 eine Änderung der Sichtweise des BFH an: Mit Beschluss v. 12.5.2004[4] legte der X. Senat dem GrS des BFH die 1361

---

1 BFH, Beschluss v. 18.12.1997 - X B 133/97, BFH/NV 1998 S. 743, NWB KAAAA-97420.
2 Siehe oben Rz. 23 ff.
3 So u. a. auch *Wehrheim*, BB 2001 S. 913.
4 BFH, Beschluss v. 12.5.2004 - X R 59/00, BFHE 206 S. 179, BStBl 2004 II S. 607.

G. Rechtsfolgen der Betriebsaufspaltung

Rechtsfrage zur Entscheidung vor, ob sich die Befreiung der Betriebskapitalgesellschaft von der GewSt nach § 3 Nr. 20 Buchst. c GewStG bei einer Betriebsaufspaltung auch auf die Vermietungs- und Verpachtungstätigkeit des Besitzunternehmens erstreckt. Der X. Senat bejaht in dem Vorlagebeschluss diese Frage, weil nach seiner zutreffenden Ansicht die von der bisherigen Rechtsprechung des BFH angeführten Argumente nicht überzeugen. Zur Begründung seiner Auffassung führte der X. Senat folgende – im Einzelnen ausführlich dargelegten – Argumente an:

1362 Der Hinweis der bisherigen Rechtsprechung auf die Selbständigkeit von Besitzunternehmen und Betriebsunternehmen sei zwar zutreffend, rechtfertige für sich genommen aber nicht die Versagung der Merkmalübertragung.

Sinn und Zweck des in § 3 Nr. 20 Buchst. c GewStG enthaltenen Befreiungstatbestandes würden es gebieten, diesen auch auf den im Besitzunternehmen erzielten Ertrag anzuwenden.

Die Zulässigkeit der Merkmalübertragung finde ihre Bestätigung in der Rechtsprechung zur Investitionszulage.

Sie finde ferner ihre Bestätigung darin, dass die Finanzverwaltung[1] die von der Rechtsprechung entwickelten und in der Verwaltungspraxis angewendeten Grundsätze auch auf andere indirekte Subventionen (Steuervergünstigungen) ausgedehnt habe.

Die Zulässigkeit der Merkmalübertragung finde ihre Stütze nicht zuletzt in dem zur „Abfärberegelung" des § 15 Abs. 3 Nr. 1 EStG ergangenen BFH-Urteils v. 30.8.2001,[2] nach dem in den Fällen, in denen eine Personengesellschaft neben einer freiberuflichen Tätigkeit auch eine von der Gewerbesteuer befreite Tätigkeit ausübt, die Tätigkeit der Personengesellschaft insgesamt als eine von der Gewerbesteuer befreite gewerbliche Tätigkeit anzusehen ist.

b) Änderung der Rechtsprechung

LITERATUR:

Fischer, Gewerbesteuerbefreiung erstreckt sich auch auf Besitzunternehmen, NWB 2006 S. 2413; *Kirnberger*, Durchgriff der GewSt-Befreiung auf das Besitzunternehmen, EStB 2006 S. 339; *Lemaire*, Voraussetzungen einer Grundsteuer-Befreiung für Krankenhauszwecke, EFG 2006 S. 1194; *Söffing*, Aktuelles zur Betriebsaufspaltung, BB 2006 S. 1529; *Hagen/Lucke*, Gewerbe- und Grundsteuerbefreiung bei Betriebsaufspaltung, StuB 2006 S. 837; *Binnewies*, Zur Frage der Qualifizierung einer Gütergemeinschaft als Besitzunternehmen sowie der Erstreckung der Gewerbesteuerbefreiung auf das Besitzunterneh-

---

1 BMF, Schreiben v. 10.12.1985, BStBl 1985 I S. 583 (unter V).
2 BFH, Urteil v. 30.8.2001 - IV R 43/00, BFHE 196 S. 511, BStBl 2002 II S. 152.

VI. Zurechnung von Besteuerungsmerkmalen (Merkmalübertragung)?

men, GmbHR 2007 S. 48; *Bitz*, Zur Frage der Erstreckung der Gewerbesteuerbefreiung der Betriebskapitalgesellschaft auf das Besitzpersonenunternehmen, GmbHR 2007 S. 778; *Jost*, Betriebsaufspaltung im steuerfreien Bereich gemeinnütziger Körperschaften, DB 2007 S. 1664; *Kanzler*, Gütergemeinschaft als Besitzunternehmen; Gewerbesteuerbefreiung erstreckt sich auf das Besitzunternehmen, FR 2007 S. 242; *Demleitner*, Übertragung von Steuerbefreiungsmerkmalen im Rahmen einer Betriebsaufspaltung, BB 2016 S. 2784; *Binnewies*, Ausgewählte Einzelprobleme der Betriebsaufspaltung, GmbH-StB 2019 S. 17.

Ohne dass es auf eine Entscheidung des GrS noch ankam,[1] änderte der X. Senat des BFH mit Urteil v. 29.3.2006[2] mit gleicher Argumentation wie im Vorlagebeschluss seine Rechtsprechung und hielt fest, dass die Befreiung der Betriebskapitalgesellschaft von der Gewerbesteuer nach § 3 Nr. 20 Buchst. c GewStG sich bei einer Betriebsaufspaltung auch auf die Vermietungs- oder Verpachtungstätigkeit des Besitzpersonenunternehmens erstreckt. 1363

Die Kehrtwende der Rechtsprechung ist zu begrüßen. Zum einen ist auf die oben genannten Angriffsflächen der älteren Rechtsprechung zu verweisen.[3] Zum anderen argumentiert der X. Senat überzeugend mit dem Art. 3 Abs. 1 GG zu entnehmendem verfassungsrechtlichen Gebot der folgerichtigen Umsetzung der einmal getroffenen Belastungsentscheidung.[4] Nimmt man dieses Gebot ernst, kann im Wege einer verfassungskonformen Rechtsanwendung tatsächlich nur in Betracht kommen, „den zur Begründung der Betriebsaufspaltung und damit zur Umqualifizierung der an sich vermögensverwaltenden Betätigung des Besitzunternehmens in eine gewerbliche Tätigkeit bemühten Gedanken der „wirtschaftlichen Verflochtenheit" ebenso bei Beantwortung der Frage heranzuziehen, ob sich die Gewerbesteuerbefreiung der Betätigung des Betriebsunternehmens auch auf das Besitzunternehmen erstreckt".[5] 1364

Im Anschluss an das Urteil des X. Senats entschied der IV. Senat am 19.10.2006,[6] dass die Gewerbesteuerbefreiung einer Betriebs-Kapitalgesellschaft nach § 3 Nr. 6 GewStG sich auch auf das Betriebsunternehmen erstreckt. Zur Begründung hebt der erkennende Senat darauf ab, dass die Mög- 1365

---

1 Vgl. zur Zustimmung der übrigen Senate BFH, Beschlüsse v. 28.1.2004 - I ER -S- 3/03; v. 26.2.2004 - IV ER -S- 6/03; v. 17.1.2006 - VIII ER -S- 1/06.
2 BFH, Urteil v. 29.3.2006 - X R 59/00, BFHE 213 S. 50, BStBl 2006 II S. 661.
3 Vgl. oben Rz. 1326 ff.
4 Vgl. BVerfG, Urteil v. 27.6.1991 - 2 BvR 1493/89, BVerfGE 84 S. 239, 271; Beschluss v. 30.9.1998 - 2 BvR 1818/91, BVerfGE 99 S. 88, 94 ff.
5 Vgl. BFH, Urteil v. 29.3.2006 - X R 59/00 (unter II.3.d), BFHE 213 S. 50, BStBl 2006 II S. 661.
6 BFH, Urteil v. 19.10.2006 - IV R 22/02, BFHE 215 S. 268, BFH/NV 2007 S. 149, NWB RAAAC-28426; bestätigt durch BFH Urteil v. 19.2.2019 - X R 42/16, BFH/NV 2019 S. 586, NWB RAAAH-13419, Rz. 21.

lichkeit einer gewerbesteuerlichen Merkmalübertragung auch im Streitfall gewährt werden müsse. Die Steuerbefreiung für ein gemeinnütziges Altenheim (§ 3 Nr. 6 GewStG) könne nämlich nicht anders beurteilt werden als die Steuerbefreiung für ein Altenheim i. S. des § 3 Nr. 20 Buchst. c GewStG. Die Entscheidung wurde bislang noch nicht amtlich im BStBl veröffentlicht. Es ist daher davon auszugehen, dass die Finanzverwaltung das Urteil nicht über den entschiedenen Einzelfall hinaus anwenden wird.

Indes hat der IV. Senat mittlerweile erneut zugunsten der gewerbesteuerlichen Merkmalübertragung entschieden und festgehalten, dass die Steuerbefreiung für ein **Krankenhaus** i. S. des § 3 Nr. 20 Buchst. b GewStG insoweit nicht anders beurteilt werden kann als die Steuerbefreiung für ein Altenheim i. S. des § 3 Nr. 20 Buchst. c GewStG.[1] Die Merkmalsübertragung auf das Besitzunternehmen nach § 3 Nr. 20 Buchst. b GewStG kann danach auch nicht an dessen Rechtsform (im Streitfall GmbH & Co. KG) scheitern. Sie ist überdies nach überzeugender Begründung des IV. Senats verfassungskonform. Die Merkmalübertragung führt dazu, dass es zur Gewerbesteuerfreiheit der Tätigkeit des Besitzunternehmens kommen kann. Die übrigen Rechtsfolgen der Betriebsaufspaltung (Umqualifizierung der Einkünfte des Besitzunternehmens in – gewerbesteuerbefreite – gewerbliche Einkünfte/Betriebsvermögenseigenschaft der zur Nutzung überlassenen Wirtschaftsgüter) treten indes auch bei einer Merkmalübertragung ein.[2]

c) Konsequenzen der Rechtsprechungsänderung
(1) Merkmalübertragung bei sämtlichen gewerbesteuerlichen Befreiungstatbeständen

1366 Zwar betreffen die genannten Entscheidungen des BFH lediglich gewerbesteuerliche Befreiungen in Bezug auf Altenheime. Die gewerbesteuerliche Merkmalübertragung ist jedoch entgegen der Auffassung der Finanzverwaltung[3] auf alle Gewerbesteuerbefreiungen in § 3 GewStG anzuwenden.[4] Hierfür spricht, dass der BFH in dem Urteil v. 29.3.2006[5] sich auch von älterer Rechtsprechung

---

1 BFH, Urteil v. 20.8.2015 - IV R 26/13, BFHE 251 S. 53, BStBl 2016 II S. 408.
2 BFH, Urteil v. 19.2.2019 - X R 42/16, BFH/NV 2019 S. 586, NWB RAAAH-13419, Rz. 21.
3 FM NRW v. 6.10.2010 - G 1410-7-V B 4, juris.
4 *Söffing*, BB 2006 S. 1529, 1532; *Jost*, DB 2007 S. 1664, 1665; weitergehend *Demleitner*, BB 2016 S. 2784, 2787, der die Merkmalübertragung generell für alle privilegierenden Normen des EStG, KStG und GewStG anwenden will; differenzierend *Binnewies*, GmbH-StB 2019 S. 17 f.
5 BFH, Urteil v. 29.3.2006 - X R 59/00, BFHE 213 S. 50, BStBl 2006 II S. 661.

zu anderen Befreiungstatbeständen[1] distanziert hat. Entscheidend sind jedoch die grundlegenden Bedenken gegen die Versagung einer gewerbesteuerlichen Merkmalübertragung,[2] die nicht ausgeräumt werden könnten, wollte man eine Merkmalübertragung nur bei einzelnen Befreiungstatbeständen des § 3 GewStG gewähren. Folgerichtig hat das FG Thüringen deshalb die Merkmalübertragung auch im Anwendungsbereich von § 3 Nr. 13 GewStG (Privatschulen) bejaht.[3]

Das FG Hessen hat darüber hinaus eine Merkmalübertrag bei § 3 Nr. 10 GewStG nur verneint, weil die Voraussetzungen der Vorschrift im Streitfall nicht einschlägig waren.[4] Sachgerecht erscheint allerdings, auch bei der gewerbesteuerlichen Merkmalübertragung die vom BFH zum Investitionszulagenrecht entwickelten Restriktionen zu beachten.[5] Dies bedeutet, dass die Gewerbesteuerbefreiung des Betriebsunternehmens nicht auf das Besitzunternehmen durchschlägt, soweit dieses außerhalb der Betriebsaufspaltung eine originär gewerbliche Tätigkeit entfaltet.[6] Diese originär (und nicht erst durch die Betriebsaufspaltung begründete) gewerbliche Tätigkeit muss damit gewerbesteuerpflichtig bleiben. Eine andere Auslegung wäre nicht mit Art. 3 Abs. 1 GG vereinbar, weil andere originär gewerbliche Tätigkeiten auch der Gewerbesteuer unterliegen und kein sachlicher Grund ersichtlich ist, diese gegenüber Betriebsaufspaltungs-Fällen schlechter zu stellen.

Aus denselben Gründen reicht die Merkmalübertragung nur insoweit, als die Tätigkeit von Besitz- und Betriebsgesellschaft in ihrer Gesamtheit darauf gerichtet ist, die nach § 3 GewStG steuerbegünstigten Leistungen zu erbringen. Bei **partieller Steuerpflicht** der Betriebsgesellschaft kann dies dazu führen, dass auch das Besitzunternehmen seinen Gewinn in einen steuerpflichtigen und steuerfreien Anteil aufteilen muss.[7] Noch ungeklärt ist insoweit, nach welchen Maßstäben der Gewinn des Besitzunternehmens aufzuteilen ist. Sachgerecht erscheint, ähnlich wie im Anwendungsbereich von § 3c Abs. 2 Satz 1 EStG danach zu unterscheiden, ob die Betriebseinnahmen bzw. -ausgaben des Besitzunternehmens im wirtschaftlichen Zusammenhang mit steuerfreien oder steuerpflichtigen Tätigkeiten des Betriebsunternehmens stehen. Nach summarischer Prüfung des FG Saarland ist das Verhältnis von steuerfreien zu steuer-

---

1 Vgl. BFH, Urteil v. 12.11.1985 - VIII R 282/82, BFH/NV 1986 S. 362, NWB XAAAB-28346, zu § 3 Nr. 13 GewStG (Internatschule).
2 Vgl. oben Rz. 1326 ff.
3 FG Thüringen, Urteil v. 15.6.2016 - 3 K 719/15, EFG 2017 S. 412 (rkr.), NWB JAAAG-35014.
4 FG Hessen, Urteil v. 21.1.2016 - 4 K 2615/13, NWB XAAAF-75217 (rkr.).
5 Vgl. dazu oben Rz. 1288.
6 Vgl. etwa FG München, Urteil v. 26.8.2022 - 2 K 1842/21, NWB JAAAJ-24660, juris (rkr.).
7 FG Saarland, Beschluss v. 27.5.2021 - 1 V 1045/21, EFG 2021 S. 1495 (rkr.), NWB DAAAH-85370.

pflichtigen Erträgen des Betriebsunternehmens dagegen tendenziell kein geeigneter Aufteilungsmaßstab.[1]

(2) Grundsteuerliche Befreiungen

1367 Noch nicht abschließend geklärt ist, ob sich die Änderung der Rechtsprechung auch auf den Bereich der **Grundsteuer** auswirkt.

> **BEISPIEL:** Im Rahmen einer Betriebsaufspaltung vermietet das Besitzunternehmen der Betriebsgesellschaft ein Grundstück, das von der Betriebsgesellschaft für die Zwecke eines Krankenhauses (§ 4 Nr. 6 Satz 1 GrStG) genutzt wird. Ist das Besitzunternehmen, in dessen Eigentum sich das Grundstück befindet, von der Grundsteuer befreit?

1368 Der BFH hat die Steuerbefreiung nach § 4 Nr. 6 Satz 2 GrStG in dem Fall versagt, in dem eine Klinik von einer GmbH & Co. KG betrieben wird, deren alleiniger Kommanditist und GmbH-Gesellschafter Eigentümer des Grundstücks ist.[2] Ebenso hat das FG Sachsen entschieden, dass aufgrund der in § 4 Nr. 5 Satz 2 GrStG geforderten Rechtsträgeridentität der Grundbesitz unmittelbar durch denjenigen für den steuerbegünstigten Zweck genutzt werden muss, dem der Grundbesitz zuzurechnen ist. Gesellschaftsrechtliche Verflechtungen (z. B. Betriebsaufspaltung) führten zu keiner anderen Betrachtungsweise.[3] Die dagegen erhobene Nichtzulassungsbeschwerde hat der BFH als unbegründet zurückgewiesen.[4] Nach diesem Verständnis kann also auch einem Besitzunternehmen im Rahmen einer Betriebsaufspaltung keine Grundsteuerbefreiung zugutekommen.

1369 In der Literatur finden sich dagegen Äußerungen, wonach das Besitzunternehmen von der Grundsteuer befreit sein soll.[5] Insbesondere sei der Wortlaut des § 4 Nr. 6 GrStG nicht eindeutig in der Weise zu verstehen, dass der Befreiungstatbestand ausschließlich bei einer Identität zwischen dem Grundstückseigentümer und dem Betreiber des Krankenhauses in Betracht kommen kann.

1370 Maßgeblich ist mithin, wie die Voraussetzung des § 4 Nr. 6 Satz 2 GrStG auszulegen ist, wonach der Grundbesitz ausschließlich demjenigen, der ihn benutzt, zuzurechnen sein muss. Diese Voraussetzung wird zutreffend in dem Sinne verstanden, dass zwischen Betreiber und Grundstückseigentümer Per-

---

1 FG Saarland, Beschluss v. 27.5.2021 - 1 V 1045/21, EFG 2021 S. 1495 (rkr.), NWB DAAAH-85370.
2 BFH, Urteil v. 25.4.2007 - II R 14/06, BFH/NV 2007 S. 1924, NWB XAAAC-51992.
3 FG Sachsen, Urteil v. 16.10.2019 - 8 K 1863/18, EFG 2020 S. 795, rkr., NWB IAAAH-40794.
4 BFH, Beschluss v. 1.7.2020 - II B 89/19, BFH/NV 2020 S. 1281, NWB JAAAH-60309.
5 *Hagen/Lucke*, StuB 2006 S. 837, 839 f.; *Lemaire*, EFG 2006 S. 1194.

sonengleichheit bestehen muss.[1] Dies setzt indes nach dem insoweit offenen Wortlaut der Vorschrift nicht zwingend voraus, dass Eigentümer und Benutzer identisch sein müssen.[2] Der Zweck der Befreiungsvorschrift wird nämlich auch dann erfüllt, wenn der Eigentümer des Grundbesitzes in ausreichendem Maße Einfluss auf den Benutzer nehmen kann. Das ist aber gerade bei der im Rahmen einer Betriebsaufspaltung bestehenden personellen Verflechtung der Fall. Diese personelle Verflechtung erfüllt damit das Erfordernis der Personengleichheit.

Hinzu kommt, dass die Grundsteuer ebenso wie die Gewerbesteuer zu den Objektsteuern rechnet. Die überzeugende Argumentation des BFH zu gewerbesteuerlichen Befreiungstatbeständen greift u. E. also auch im Rahmen der Grundsteuer. Auch hier gebietet das aus Art. 3 Abs. 1 GG herzuleitende Gebot einer folgerichtigen Besteuerung, dass der grundsteuerliche Befreiungstatbestand über die Betriebsgesellschaft auf die Besitzgesellschaft abfärbt.

1371

(3) Einfluss auf Bewertungsrecht, § 35 EStG und Organschaft

Höchstrichterlich geklärt ist, dass ein an eine Betriebsgesellschaft entgeltlich überlassenes Grundstück **bewertungsrechtlich** (§ 146 Abs. 3 BewG) nicht als durch die Besitzgesellschaft „selbst genutzt" anzusehen ist.[3]

1372

Des Weiteren hat das FG Düsseldorf[4] zutreffend eine Merkmalübertragung im Anwendungsbereich des § 35 EStG verneint. Die für die Betriebskapitalgesellschaft festgesetzte Gewerbesteuer kann danach nicht zu einer Anrechnung bei den Besitzunternehmern führen.

1373

Keinen Einfluss soll die neuere Rechtsprechung des BFH zur gewerbesteuerlichen Merkmalübertragung schließlich in Fällen der **Organschaft** haben. In diesem Sinne hat das FG Niedersachsen entschieden, dass die Gewerbesteuerbefreiung einer Organträgerin nach § 3 Nr. 20 Buchst. c GewStG sich nicht auf die Organgesellschaft erstreckt.[5] Dies gelte auch für den Fall, dass die Organgesellschaft nur gegenüber dem Organträger tätig wird. Die neue zur Betriebsaufspaltung ergangene Rechtsprechung des BFH stehe diesem Ergebnis nicht entgegen, da es bei der Organschaft anders als bei der Betriebsaufspaltung nicht

1374

---

1 *Halaczinsky*, Grundsteuer-Kommentar, 2. Aufl. 2005, § 4, Rz. 31, mit Beispielen aus der Rechtsprechung.
2 So aber *Troll/Eisele*, Grundsteuergesetz, 12. Aufl. 2021, § 4, Rz. 18.
3 BFH, Urteil v. 2.2.2005 - II R 4/03, BFHE 208 S. 421, BStBl 2005 II S. 426.
4 FG Düsseldorf, Urteil v. 8.11.2006 - 7 K 3473/05 E, EFG 2007 S. 685 (rkr.), NWB LAAAC-45652.
5 BFH, Beschluss v. 10.3.2010 - I R 41/09, BStBl 2011 II S. 181.

darum gehe, eine an sich vermögensverwaltende Tätigkeit in eine gewerbliche umzuqualifizieren. Dem wird man sich anschließen müssen.

(4) Einfluss auf Nicht-Betriebsaufspaltungsfälle

1375 Keinen Einfluss soll die Rechtsprechungsänderung schließlich auf Fälle haben, in denen Besitzunternehmen wesentliche Betriebsgrundlagen an Schwestergesellschaften vermieten, ohne dass die Voraussetzungen einer Betriebsaufspaltung vorliegen.[1] Dies erscheint konsequent, da die Merkmalübertragung daran anknüpft, dass bei der Betriebsaufspaltung beide Unternehmen in ihrer Gesamtheit darauf gerichtet sind, die nach der jeweiligen Befreiungsvorschrift begünstigte Tätigkeit auszuführen. Dies ist bei bloßen Schwestergesellschaften, die keine Betriebsaufspaltung begründen, nicht der Fall.

1376–1390 *(Einstweilen frei)*

VII. Phasengleiche Bilanzierung bei Ausschüttung der Betriebs-GmbH

LITERATUR:

Hoffmann, Zum Zeitpunkt der Aktivierung von Dividendenansprüchen bei Betriebsaufspaltung, DStR 1993 S. 558; *Hoffmann*, Zur phasenkongruenten Vereinnahmung von Dividenden, zugleich eine Konfrontation oberster Gerichtshöfe mit der Praxis der Rechnungslegung, BB 1995 S. 1075; *o. V.*, Phasengleiche Bilanzierung des Gewinnanspruchs bei Betriebsaufspaltung?, Stbg 1997 S. 549; *Hildesheim*, Phasengleiche Aktivierung von Gewinnansprüchen – Änderung der (BFH-)Rechtsprechung, DStZ 1999 S. 551; *Märkle*, Die Betriebsaufspaltung an der Schwelle zu einem neuen Jahrtausend, X.2. Gewinnausschüttungen während der Betriebsaufspaltung für Zeiten vor der Betriebsaufspaltung und XII. Phasengleiche Aktivierung von Dividendenansprüchen – ein Dauerbrenner, BB 2000 Beilage 7 S. 17 ff.; *Moxter*, Phasengleiche Dividendenaktivierung: Der Große Senat des BFH im Widerstreit zu den handelsrechtlichen GoB, DB 2000 S. 2333; *Weber*, Gewinnausschüttung für Zeitraum vor Begründung einer Betriebsaufspaltung, StSem 2000 S. 151.

1. Einführung

1391 Schüttet eine Kapitalgesellschaft Gewinne aus, die in einem bereits abgelaufenen Wirtschaftsjahr erwirtschaftet worden sind, ist fraglich, ob diese Gewinne bei den Anteilseignern phasengleich in dem Wirtschaftsjahr der Er-

---

[1] FG Rheinland-Pfalz, Urteil v. 25.5.2011 - 2 K 2720/08, NWB NAAAE-17054; FG Münster, Urteile v. 6.4.2011 - 9 K 1046/09 G, F, EFG 2011 S. 2000, NWB FAAAD-86589; bestätigt durch BFH, Beschluss v. 4.12.2012 - I R 42/11, BFH/NV 2013 S. 589, NWB MAAAE-30619.

wirtschaftung der Gewinne oder erst später als Kapitaleinkünfte der Anteilseigner zu versteuern sind.

Auch bei der Betriebsaufspaltung entsteht, wenn das Betriebsunternehmen eine Kapitalgesellschaft ist, die Frage der phasengleichen Bilanzierung für den Fall, dass eine Betriebs-GmbH Gewinnausschüttungen vornimmt, die sich bei dem Betriebsunternehmen infolge der Zugehörigkeit der Anteile an der Betriebs-Kapitalgesellschaft zum (Sonder-)Betriebsvermögen des Besitzunternehmens in diesem Gewerbebetrieb als Betriebseinnahmen darstellen. 1392

BEISPIEL: A und B sind je zu ½ Anteilseigner der Betriebs-AB-GmbH. Sie sind auch Gesellschafter einer AB-GbR, die eine wesentliche Betriebsgrundlage an die AB-GmbH vermietet hat. Die AB-GmbH hat im Wirtschaftsjahr 01 einen Gewinn von 100 erzielt. Ihren Jahresabschluss hat sie am 30.6.02 aufgestellt. In ihm war eine Ausschüttung des Gewinns an A und B vorgesehen. Der Gesellschafterbeschluss hierzu und der entsprechende Gewinnverwendungsbeschluss sind erst im Dezember 02 gefasst worden. Das Besitzunternehmen AB-GbR hat seinen Jahresabschluss am 25.6.01 aufgestellt. Er ist durch Gesellschafterbeschluss vom selben Tag beschlossen worden. 1393

Die Frage ist, ob das Besitzunternehmen AB-GbR in seiner Bilanz zum 31.12.01 den Gewinnausschüttungsanspruch gegen die AB-GmbH aktivieren darf, aktivieren muss oder nicht aktivieren darf. 1394

2. Grundsätzliches zu Gewinnausschüttungen

a) Allgemeines

Der Anspruch eines Anteilseigners auf Auszahlung des von seiner Kapitalgesellschaft in einem Wirtschaftsjahr erwirtschafteten Gewinns (**Gewinnauszahlungsanspruch**) entsteht als selbständiges Gläubigerrecht des Gesellschafters erst mit dem Gewinnverteilungsbeschluss und nicht allmählich und pro rata temporis der Eigenkapitalnutzung durch die Kapitalgesellschaft. Mit dem Gewinnverteilungsanspruch spaltet sich der Gewinnanteil von dem übrigen Mitgliedschaftsrecht ab und erstarkt zu einer selbständigen Forderung. Vorher besteht er nur im Sinne eines Gewinnbeteiligungsanspruchs als unselbständiger Teil des Mitgliedschaftsrechts des Gesellschafters.[1] 1395

b) Versteuerung im Privatvermögen

Gewinnausschüttungen einer Kapitalgesellschaft an ihre Gesellschafter sind einkommensteuerrechtlich erst dann zu erfassen, wenn sie diesen zugeflossen 1396

---

[1] BFH, Urteile v. 21.5.1986 - I R 199/84, BFHE 147 S. 44, BStBl 1986 II S. 794; v. 14.9.1999 - III R 47/98, BFHE 190 S. 315, BStBl 2000 II S. 255.

sind. Dabei können der Zeitpunkt, zu dem sich die Ausschüttung bei der Kapitalgesellschaft auswirkt, und der, zu dem die Ausschüttungen bei den Gesellschaftern zu erfassen sind, auseinanderfallen, und zwar auch in der Weise, dass sich die Gewinnausschüttung bei der Kapitalgesellschaft in einem anderen Veranlagungszeitraum auswirkt als der Zufluss bei dem Gesellschafter.

c) Versteuerung im Betriebsvermögen

1397 Gehört die Beteiligung an einer Kapitalgesellschaft zu einem Betriebsvermögen und wird hinsichtlich dieses Betriebsvermögens der Gewinn durch Betriebsvermögensvergleich ermittelt, so ist regelmäßig der Gewinnausschüttungsanspruch gegenüber der Kapitalgesellschaft nach dem Realisationsprinzip erst in dem Wirtschaftsjahr zu aktivieren, in dem er entstanden ist. Das setzt einen Gewinnverwendungsbeschluss der Kapitalgesellschaft voraus; denn erst dadurch ergibt sich für den Anteilseigner ein verfügbarer Rechtsanspruch auf den Gewinnanteil in einer bestimmten Höhe.

d) Betriebsaufspaltungsfälle

1398 In den Fällen einer Betriebsaufspaltung gehört die Beteiligung des Besitzunternehmers bzw. gehören die Beteiligungen der Besitzunternehmer an einer Betriebs-Kapitalgesellschaft zum Betriebsvermögen des Besitzunternehmens. In den Fällen, in denen das Besitzunternehmen eine Besitz-Personengesellschaft ist, sind die Anteile an der Betriebs-Kapitalgesellschaft Sonderbetriebsvermögen der Gesellschafter bei der Besitz-Personengesellschaft.

Auch in diesen beiden Fällen sind im Prinzip Gewinnausschüttungsansprüche gegenüber der Betriebs-Kapitalgesellschaft erst von dem Zeitpunkt an beim Besitzunternehmen zu aktivieren, in dem bei der Betriebs-Kapitalgesellschaft ein Gewinnverwendungsbeschluss gefasst worden ist.

Die Rechtsfigur der Betriebsaufspaltung – für sich allein gesehen – führt zu keinem anderen Ergebnis.[1]

3. Die Ausnahme

a) Die Rechtsprechung des BGH

1399 Von den dargestellten Grundsätzen hat der BGH[2] eine Ausnahme für den Fall gemacht, dass ein Konzern oder eine Holding-Gesellschaft mit Mehrheit an

---

1 BFH, Urteile v. 8.3.1989 - X R 9/86, BFHE 156 S. 443, BStBl 1989 II S. 714; v. 31.10.2000 - VIII R 85/94 (unter II.2.c.cc), BFHE 193 S. 532, BStBl 2001 II S. 185.
2 BGH, Urteil v. 3.11.1975 - II ZR 67/73, BGHZ 65 S. 230.

einer anderen AG (Tochtergesellschaft) beteiligt ist und beide Gesellschaften ein übereinstimmendes Geschäftsjahr haben. Nach Ansicht des BGH kann in einem solchen Fall die Muttergesellschaft (Obergesellschaft) ihren Gewinnausschüttungsanspruch gegenüber der Tochtergesellschaft (Untergesellschaft) zeitkongruent (phasengleich) schon in dem Jahr aktivieren, für das ausgeschüttet werden soll. Voraussetzung ist allerdings weiter, dass der Jahresabschluss der Tochtergesellschaft noch vor Abschluss der Prüfung bei der Muttergesellschaft festgestellt wird und dass ein entsprechender Gewinnverwendungsbeschluss oder -vorschlag gem. § 174 Abs. 1 Satz 1 AktG vorliegt.

Mit seinem Urteil v. 12.1.1998[1] hat der BGH das vorstehend dargestellte handelsrechtliche Aktivierungswahlrecht in eine Aktivierungspflicht umgewandelt,[2] wenn ein am Bilanzstichtag rechtlich noch nicht entstandener Gewinnverteilungsanspruch eines an einer GmbH allein beteiligten Gesellschafters sich schon so weit konkretisieren lässt, dass er wirtschaftlich als Vermögensgegenstand qualifiziert werden kann. Das ist nach Ansicht des BGH der Fall, wenn die für die Entstehung des Gewinnausschüttungsanspruchs wesentlichen Ursachen bereits im abgelaufenen Geschäftsjahr gesetzt worden sind und der Eintritt der übrigen rechtlichen Entstehensvoraussetzungen mit Sicherheit erwartet werden kann. 1400

b) Die Rechtsprechung des BFH

Die neue Rechtsprechung des BFH folgt dieser Rechtsprechung des BGH grds. nicht. Der GrS des BFH hat vielmehr mit Beschluss v. 7.8.2000[3] entschieden, dass eine Kapitalgesellschaft, die mehrheitlich an einer anderen Kapitalgesellschaft beteiligt ist, Dividendenansprüche aus einer am Bilanzstichtag noch nicht beschlossenen Gewinnverwendung der nachgeschalteten Gesellschaft grds. *nicht* phasengleich aktivieren kann. 1401

Für den Fall, dass eine Beteiligung an einer Kapitalgesellschaft im Gesamthandsvermögen einer Mitunternehmerschaft oder in einem Sonderbetriebsvermögen bei einer Mitunternehmerschaft oder in dem Betriebsvermögen eines Einzelunternehmers gehalten wird, gilt das Gleiche.[4] Die von der Entscheidung des GrS abweichende frühere Rechtsprechung ist ebenso wie 1402

---

1 BGH, Urteil v. 12.1.1998 - II ZR 82/93, BB 1998 S. 635.
2 Vgl. hierzu auch *Hofmeister*, BB 1998 S. 637.
3 BFH, Beschluss v. 7.8.2000 - GrS 2/99, BFHE 192 S. 339, BStBl 2000 II S. 632.
4 BFH, Urteile v. 31.10.2000 - VIII R 85/94 (unter II.2.c.aa), BFHE 193 S. 532, BStBl 2001 II S. 185; v. 31.10.2000 - VIII R 19/94, BFH/NV 2001 S. 447, 448 (mittlere Spalte), NWB CAAAA-67580.

G. Rechtsfolgen der Betriebsaufspaltung

Verwaltungsanweisungen, die mit dem Beschluss des GrS nicht vereinbar sind, gegenstandslos.

1403   Auch ein Besitzunternehmen darf daher Dividendenansprüche, die ihm oder seinem Inhaber oder seinen Gesellschaftern gegenüber der Betriebs-GmbH zustehen, grds. erst aktivieren, wenn bei der Betriebs-GmbH ein entsprechender Gewinnverwendungsbeschluss gefasst worden ist.[1]

1404   Der GrS des BFH hat seine Auffassung im Wesentlichen wie folgt begründet: Ein Dividendenanspruch dürfe erst aktiviert werden, wenn er durch Abspaltung von dem Beteiligungsrecht als Wirtschaftsgut entstanden ist. Diese Voraussetzung sei grds. erst dann erfüllt, wenn sich der Dividendenanspruch zumindest wirtschaftlich verselbständigt (realisiert) habe. Die bloße Abspaltbarkeit reiche nicht aus. Deshalb sei die Möglichkeit der Aktivierung einer Dividendenforderung vor Fassung des Gewinnverteilungsbeschlusses im Grundsatz zu verneinen. Dies gelte auch bei einer 100 %igen Beteiligung an der Kapitalgesellschaft.

1405   Nach dem Beschluss des GrS kann von diesem Grundsatz nur in äußerst seltenen Fällen abgewichen werden, wenn am Bilanzstichtag ein Bilanzgewinn der Kapitalgesellschaft (der Betriebs-GmbH) auszuweisen ist, der mindestens ausschüttungsfähige Bilanzgewinn den Gesellschaftern bekannt ist und für den Bilanzstichtag anhand objektiver Anhaltspunkte nachgewiesen ist, dass die Gesellschafter endgültig entschlossen sind, eine bestimmte Gewinnverwendung künftig zu beschließen. Nur unter diesen strengen Voraussetzungen ist eine phasengleiche Bilanzierung zulässig. Es liege – so der BFH – im Interesse der Rechtssicherheit, dass diese Prüfung nur anhand objektiver, nachprüfbarer und nach außen in Erscheinung tretender Kriterien vorgenommen werde.

1406   Die Kriterien müssten sich sowohl auf den ausschüttungsfähigen Bilanzgewinn als auch auf die feste Ausschüttungsabsicht der Gesellschafter beziehen. Sie müssten einen sicheren Schluss zulassen und könnten weder unterstellt noch vermutet werden. Könnten sie nicht nachgewiesen werden, trage die objektive Beweislast derjenige, der sich zu seinen Gunsten auf eine phasengleiche Aktivierung berufe.

1407   Möglicherweise ist der VIII. Senat des BFH[2] der Ansicht, es sei noch nicht abschließend entschieden, ob die ausnahmsweise zulässige phasengleiche Bilanzierung nur von einem beherrschenden Gesellschafter in Anspruch genommen werden könne und ob bei der Betriebsaufspaltung infolge der hier

---

1 BFH, Urteil v. 31.10.2000 - VIII R 85/94 (unter II.2.c.aa), BFHE 193 S. 532, BStBl 2001 II S. 185.
2 BFH, Urteil v. 31.10.2000 - VIII R 85/94 (unter II.2.c.aa), BFHE 193 S. 532, BStBl 2001 II S. 185.

geltenden Personengruppentheorie alle Gesellschafter als (mit-)beherrschend anzusehen sind. Die Grundsätze des GrS zur phasengleichen Bilanzierung und zu der Ausnahme hiervon sind auf alle Gesellschafter der ausschüttenden Kapitalgesellschaft anzuwenden, die ihre Beteiligung in einem Betriebsvermögen halten.

Die neue Rechtsprechung des BFH galt für alle noch nicht bestandskräftigen Fälle. Es war daher der Finanzverwaltung kaum noch möglich, eine phasengleiche Bilanzierung zu verlangen, da die dafür von der Rechtsprechung verlangten strengen Voraussetzungen wohl nur dann erfüllt sein werden, wenn sie vom Steuerpflichtigen willentlich gesetzt werden. 1408

Andererseits aber besteht auf Seiten des Steuerpflichtigen in einem eingeschränkten Umfang ein tatsächliches Wahlrecht für eine phasengleiche Bilanzierung, nämlich dadurch, dass er die von der Rechtsprechung geforderten strengen Voraussetzungen erfüllt. Dies ist z. B. der Fall, wenn die Gesellschafter der Kapitalgesellschaft kurz vor Ablauf des Wirtschaftsjahres einen Beschluss fassen, aus dem sich ergibt, dass ein ausschüttungsfähiger Bilanzgewinn aufgrund des Ergebnisses der bisherigen Buchführung zu erwarten ist und dass sie sich gegenseitig zu einer Ausschüttung in einer bestimmten Höhe verpflichten. 1409

Nach dem BFH-Urteil v. 31.10.2000[1] setzt eine phasengleiche Bilanzierung voraus, dass am Bilanzstichtag entweder bereits eine Verpflichtung zu einer bestimmten Gewinnausschüttung besteht (z. B. infolge eines Ausschüttungsgebotes nach Gesetz oder Gesellschaftsvertrag, eines Vorabausschüttungsbeschlusses, einer Ausschüttungsvereinbarung etc.) oder doch zumindest die Meinungsbildung der Gesellschafter über die Höhe der späteren Ausschüttung am Bilanzstichtag bereits endgültig abgeschlossen ist. 1410

Es bestehen gewisse Zweifel, ob – unter Berücksichtigung des in § 5 Abs. 1 EStG gesetzlich verankerten Grundsatzes der Maßgeblichkeit der Handelsbilanz – diese Rechtsprechung des BFH mit dem BGH-Urteil v. 12.1.1998[2] zu vereinbaren ist.[3] 1411

(Einstweilen frei) 1412–1425

---

1 BFH, Urteil v. 31.10.2000 - VIII R 85/94 (unter II.2.c.bb), BFHE 193 S. 532, BStBl 2001 II S. 185.
2 Siehe vorstehend Rz. 1399 f.
3 Vgl. *Moxter*, DB 2000 S. 2333.

VIII. Eintritt der weiteren Rechtsfolgen nur bei Umqualifizierung

1426 Aus dem, was bisher über die **Rechtsfolgen** der **Betriebsaufspaltung** ausgeführt worden ist, kann entnommen werden, dass es nicht nur eine, sondern mehrere Rechtsfolgen der Betriebsaufspaltung gibt.

1427 Das Problem, das hier besteht und das in der Literatur bisher kaum erörtert worden ist, ist Folgendes: Die Rechtsfolge der Umqualifizierung tritt – auch wenn die Voraussetzungen der Betriebsaufspaltung vorliegen, also wenn zwei Unternehmen sachlich und personell verflochten sind – nach der hier vertretenen Ansicht nicht ein, wenn das Besitzunternehmen von sich aus schon ein Gewerbebetrieb ist. Dadurch entsteht die Frage, ob die übrigen Rechtsfolgen, insbesondere die der Buchwertfortführung nur dann eintreten, wenn auch die Rechtsfolge der Umqualifizierung zum Zuge kommt, oder ob die übrigen Rechtsfolgen sich unmittelbar aus dem Vorliegen der Voraussetzungen der personellen und sachlichen Verflechtung herleiten.

1428 Die Finanzverwaltung[1] vertritt hinsichtlich der Merkmalübertragung letztere Ansicht, indem sie die Merkmalübertragung auch dann zulässt, wenn das Besitzunternehmen eine Kapitalgesellschaft ist, also überhaupt keine Umqualifizierung durch die Betriebsaufspaltung vorliegt.[2] Wir haben Zweifel, ob dies zutreffend ist.

1429–1440 *(Einstweilen frei)*

IX. Pensionsrückstellungen und Tätigkeitsvergütungen

LITERATUR:

Binz/Rauser, Betriebliche Altersversorgung bei Betriebsaufspaltung, BB 1980 S. 897; *Hennerkes/Binz/Rauser*, Zur Übernahme von Ruhegeldverbindlichkeiten bei Unternehmensveräußerung und Betriebsaufspaltung, BB 1982 S. 930; *Kudert/Mroz*, Die Betriebsaufspaltung im Spannungsverhältnis zwischen gesetzlichen Regelungen und richterlicher Rechtsfortbildung, StuW 2016 S. 146.

1441 Die Betriebsaufspaltung ermöglicht es, im Rahmen der Betriebs-Kapitalgesellschaft Pensionsrückstellungen nach Maßgabe des § 6a EStG für einen Gesellschafter-Geschäftsführer zu bilden. Das Betriebsvermögen der Besitzgesell-

---

1 BMF, Schreiben v. 10.12.1985, BStBl 1985 I S. 683.
2 Vgl. oben Rz. 705 ff.

schaft wird hierdurch nicht berührt. Die Möglichkeit der Pensionsrückstellung ist vorteilhaft, weil sie zugunsten der Betriebs-Kapitalgesellschaft eine nicht unbedeutende Steuerersparnis bewirkt.

Abzuwägen ist dieser Vorteil mit außersteuerlichen Gefahren, insbesondere bei Betriebsveräußerung.[1] Des Weiteren muss die Pensionsrückstellung steuerlich anerkannt werden. Die Erfordernisse einer Probezeit, der Einhaltung des Zeitraums zwischen Abschluss des Anstellungsvertrages und der Beachtung des Zeitpunkts der Erteilung der Pensionszusage entfallen jedoch, wenn der Geschäftsführer in Fällen der echten Betriebsaufspaltung zuvor mehrere Jahre im jetzigen Besitzunternehmen tätig war.[2] Bei der Prüfung der sog. Überversorgung hinsichtlich einer unwiderruflich ausgestalteten Festbetragszusage und nur einem geringen Gehalt ist weiterhin die Grenze von 75 % der am Bilanzstichtag bezogenen Aktivbezüge maßgebend. Bei der Berechnung ist auch bei einer Betriebsaufspaltung nur das Geschäftsführergehalt einzubeziehen; die Mieteinkünfte aus der Betriebsaufspaltung sind insoweit irrelevant.[3] 1442

Außerdem sind die an einen Gesellschafter-Geschäftsführer gezahlten **Tätigkeitsvergütungen** bei der Betriebs-Kapitalgesellschaft Betriebsausgaben und beim Gesellschafter-Geschäftsführer Einnahmen aus nichtselbständiger Arbeit.[4] Die Aktivierung einer Pensionsanwartschaft, soweit diese auf einer fremdüblichen und steuerrechtlich anzuerkennenden Pensionszusage beruht, muss daher schon deshalb unterbleiben, weil eine solche Anwartschaft nicht Teil des Betriebsvermögens des Anwartschaftsberechtigten ist. Dies ist ein wesentlicher Unterschied zur GmbH & Co. KG. 1443

Unangemessen hohe Tätigkeitsvergütungen können zu **verdeckten Gewinnausschüttungen** führen.[5] Bei der Prüfung der Angemessenheit der Tätigkeitsvergütung bzw. Pensionszusage ist der Umstand zu berücksichtigen, dass Besitz- und Betriebsunternehmen selbständige Unternehmen sind. Umsätze und Umsatzrenditen sind daher grds. irrelevant für die Beurteilung der Angemessenheit.[6] 1444

(*Einstweilen frei*) 1445–1460

---

1 Vgl. *Gluth* in Herrmann/Heuer/Raupach, § 15 EStG Anm. 827.
2 BFH, Urteil v. 29.10.1997 - I R 52/77, BStBl 1999 II S. 318; Beschluss v. 17.3.2010 - I R 19/09, BFH/NV 2010 S. 1310, NWB EAAAD-43382.
3 FG Sachsen, Urteil v. 28.3.2012 - 8 K 1159/11, NWB BAAAE-10704 (rkr.).
4 BFH, Urteil v. 23.3.2011 - X R 42/08, BStBl 2012 II S. 188; a. A. *Kudert/Mroz*, StuW 2016 S. 146, 153.
5 BFH, Beschluss v. 9.11.2009 - I B 77/09, BFH/NV 2010 S. 472, NWB DAAAD-35171.
6 Vgl. BFH, Beschlüsse v. 21.8.2007 - I B 69/07, BFH/NV 2007 S. 2278, NWB KAAAC-61501; v. 9.11.2009 - I B 77/09, NWB DAAAD-35171; Urteil v. 28.4.2010 - I R 78/08, BFHE 229 S. 234, BStBl 2013 II S. 41.

X. Haftung

> **LITERATUR:**
> *Wälzholz*, Aktuelle Probleme der Betriebsaufspaltung, GmbH-StB 2008 S. 304.

1. Zivilrechtliche Haftung

1461 Die Betriebsaufspaltung ermöglicht es, wesentliche Teile des Betriebsvermögens aus der Haftung für das mit einem laufenden Geschäftsbetrieb verbundene Risiko herauszuhalten.

1462 Das gilt hinsichtlich der einer Betriebs-Kapitalgesellschaft zur Nutzung überlassenen Wirtschaftsgüter selbst für den Fall einer **kapitalersetzenden Nutzungsüberlassung**. Das ergibt sich aus der Rechtsprechung des BGH,[1] in der entschieden worden ist, dass eine eigenkapitalersetzende Nutzungsüberlassung. in der Insolvenz der Gesellschaft keinen Anspruch des Insolvenzverwalters auf Übertragung des Eigentums an dem Grundstück oder auf dessen Herausgabe an den Insolvenzverwalter zum Zwecke der Verwertung durch Veräußerung begründet. Der Insolvenzverwalter ist lediglich berechtigt, das der Gemeinschuldnerin in eigenkapitalersetzender Weise überlassene oder belassene Grundstück zugunsten der Insolvenzmasse durch Weiternutzung innerhalb des Gesellschaftsunternehmens oder durch anderweitige Vermietung oder Verpachtung weiter zu verwerten.

1463 Die eigenkapitalersetzende Nutzungsüberlassung ist durch das **MoMiG**[2] wesentlich geändert worden. Die eigenkapitalersetzende Nutzungsüberlassung wurde hierzu in veränderter Form in § 135 Abs. 3 InsO eingeflochten. Hiernach kann der Aussonderungsanspruch während der Dauer des Insolvenzverfahrens, höchstens aber für eine Zeit von einem Jahr ab der Eröffnung des Insolvenzverfahrens, nicht geltend gemacht werden, wenn dem Schuldner von einem Gesellschafter ein Gegenstand zum Gebrauch oder zur Ausübung überlassen wurde und der Gegenstand für die Fortführung des Unternehmens des Schuldners von erheblicher Bedeutung ist.

1464 Greift der Tatbestand des § 135 Abs. 3 Satz 1 InsO ein, so sieht § 135 Abs. 3 Satz 2 InsO einen **Ausgleichsanspruch** des Gesellschafters vor. Für seine Be-

---

[1] U. a. BGH, Urteile v. 11.7.1994 - II ZR 146/92, NWB OAAAE-91368, DB 1994 S. 1715; v. 31.1.2005 - II ZR 240/02, NWB EAAAB-97886, GmbHR 2005 S. 534; v. 28.2.2005 - II ZR 103/02, NWB IAAAB-97688, GmbHR 2005 S. 538; siehe hierzu auch *Hueck/Fastrich* in Baumbach/Hueck, GmbHG, 23. Aufl. 2016, § 32a, Rz. 34 f.; *Bitz* in Littmann/Bitz/Pust, Das Einkommensteuerrecht, § 15, Rz. 310.

[2] BGBl 2008 I S. 2026; vgl. auch die Übergangsvorschrift in Art. 103d EGInsO.

rechnung ist der Durchschnitt der im letzten Jahr vor Verfahrenseröffnung geleisteten Vergütungen in Ansatz zu bringen; bei kürzerer Dauer der Überlassung ist der Durchschnitt während dieses Zeitraums maßgebend.[1] Die Neuregelung bedeutet für die Betriebsaufspaltung mithin eine nicht unerhebliche Verbesserung im Vergleich zu der Rechtslage, die sich bei Anwendung der Vorschrift des § 32a GmbHG ergab.

(Einstweilen frei) 1465–1480

2. Haftung nach § 74 AO

Neben der zivilrechtlichen Haftung ist die Haftung für Steuerschulden gem. § 74 Abs. 1 Satz 1 AO hervorzuheben. Danach kann der Eigentümer von Gegenständen, die einem Unternehmen dienen, an dem der Eigentümer wesentlich beteiligt ist, mit diesen Gegenständen für die betrieblichen Steuern des Unternehmens, die während der wesentlichen Beteiligung entstanden sind, zur Haftung herangezogen werden.[2] Durch die Regelung wird das von der Betriebsaufspaltung bezweckte Ziel der Haftungsbeschränkung für den Bereich von Steuerschulden des Betriebsunternehmens eingeschränkt. 1481

Dies ist jedenfalls in Fällen der Einmann-Betriebsaufspaltung zu bejahen. Gleiches gilt, wenn am Betriebs- und am Besitzunternehmen jeweils mehrere Personen zu gleichen Teilen beteiligt sind. 1482

Problematisch ist jedoch, ob auch ein **Nur-Besitzgesellschafter** i. S. von § 74 Abs. 2 Satz 1 AO als „wesentlich beteiligt" an der Betriebsgesellschaft anzusehen ist. Die gleiche Frage stellt sich, wenn Sowohl-als-auch-Gesellschafter einzeln betrachtet nicht zu mehr als 25 % (§ 74 Abs. 2 Satz 1 AO) an der Betriebsgesellschaft beteiligt sind (vorausgesetzt sie haben keinen beherrschenden Einfluss i. S. von § 74 Abs. 2 Satz 2 AO).[3] 1483

Die besseren Argumente sprechen dafür, eine Haftung in den dargestellten Fällen zu verneinen. Zum einen lässt der Wortlaut von § 74 Abs. 2 AO nicht erkennen, dass auch eine Person haften soll, die für sich genommen unwesentlich beteiligt ist. Dass sich eine solche Person Anteile anderer Gesellschafter zurechnen lassen muss (etwa über die Personengruppentheorie), lässt der Wortlaut ebenfalls nicht erkennen.[4] Außerdem bezweckt das Erfordernis einer wesentlichen Beteiligung, nur solche Personen in die Haftung einzubeziehen, 1484

---

1 Zu weiteren Einzelheiten vgl. *Wälzholz*, GmbH-StB 2008 S. 304, 309 f.
2 Vgl. etwa BFH, Urteil v. 23.5.2012 - VII R 28/10, BStBl 2012 II S. 763.
3 Vgl. *Jestädt*, DStR 1989 S. 243, 245.
4 Ebenso BFH, Urteil v. 1.12.2015 - VII R 34/14, BFHE 252 S. 223, BStBl 2016 II S. 375.

die Einfluss auf die Unternehmensführung nehmen können[1] bzw. eine nähere Beziehung zum Unternehmen haben.[2] Dies kann bei Nur-Besitz-Gesellschaftern oder solchen Gesellschaftern, deren Beteiligung unter 25 % liegt, nicht angenommen werden.

1485–1500   (Einstweilen frei)

XI. Angemessener Pachtzins (Mietzins)

LITERATUR:

Grieger, Anm. zum BFH-Urteil vom 8.11.1960, I 131/59 S, BB 1961 S. 84; *Grieger*, Steuerliche Anerkennung eines ungewöhnlich niedrigen Pachtzinses bei der Betriebsaufspaltung, BB 1961 S. 83; *o. V.*, Betriebsaufspaltung: Vorläufige Entgelte an die Betriebs-GmbH, DB 1974 S. 849; *Schiffler*, Die Pachtzinsermittlung bei Betriebsaufspaltung, GesRZ 1978 S. 112; *Kleineidam/Seutter*, Zur Angemessenheit der Entgeltvereinbarungen bei der Betriebsaufspaltung, StuW 1989 S. 250; *o. V.*, Pachtzins für Firmenwert bei Betriebsaufspaltung, GmbHR 1991, R 69/70; *o. V.*, Verzicht auf Pachtzins im Rahmen einer Betriebsaufspaltung, GmbHR 1993 S. 575; *Hartmann*, Ertrag- und schenkungsteuerliche Probleme bei unangemessen gestalteter Nutzungsüberlassung im Rahmen einer Betriebsaufspaltung, FR 1999 S. 1925; *Märkle*, Die Betriebsaufspaltung an der Schwelle zu einem neuen Jahrtausend, XI. Die Bedeutung der Höhe des Pachtentgelts, BB 2000 Beilage 7 S. 15 ff.; *Kühn*, Ermittlung der angemessenen Nutzungsvergütung im Rahmen der Betriebsaufspaltung, BBK 2022 S. 427.

1. Grundsätzliches

a) Unangemessen niedriger Pachtzins (Mietzins)

1501   Ein im Rahmen einer Betriebsaufspaltung zwischen Besitzunternehmen und Betriebsunternehmen geschlossener Miet- oder Pachtvertrag, in dem aus gesellschaftsrechtlichen Gründen ein unangemessen niedriger Miet- oder Pachtzins vereinbart worden ist, ist steuerrechtlich grds. anzuerkennen.[3]

1502   Diese Rechtsprechung beruht auf folgenden Überlegungen:

- ▶ Niemand ist verpflichtet, aus seinem Vermögen bestimmte Nutzungen zu ziehen.

- ▶ Nutzungen, die ein Berechtigter zulässigerweise nicht zieht oder nicht ziehen will, dürfen steuerrechtlich nicht als gezogen und zugeflossen unterstellt werden.

---

1 *Loose* in Tipke/Kruse, AO/FGO, § 74 AO Rz. 2; *Intemann* in Koenig, AO, 4. Aufl. 2021, § 74 Rz. 1.
2 *Schwarz* in Schwarz/Pahlke, AO, § 74 Rz. 8.
3 BFH, Urteile v. 8.11.1960 - I 131/59 S, BFHE 71 S. 706, BStBl 1960 III S. 513; v. 14.1.1998 - X R 57/93, BFHE 185 S. 230, BFH/NV 1998 S. 1160, NWB NAAAA-96781; *Kühn*, BBK 2022 S. 427, 432.

▶ Ein Gesellschafter – auch ein beherrschender Gesellschafter – darf seiner Gesellschaft Vorteile aller Art als verlorenen Gesellschafterzuschuss zuführen.[1] Er darf ihr daher jederzeit auch Nutzungen unentgeltlich oder teilentgeltlich überlassen.

▶ Unentgeltlich oder teilentgeltlich überlassene Nutzungen, die ein Gesellschafter seiner Gesellschaft überlässt, führen nicht zu Einkünften des Gesellschafters.[2]

▶ Die fehlende Gegenleistung der Gesellschaft lässt sich nicht durch eine Fiktion des Inhalts ersetzen, der Gesellschafter habe zunächst ein angemessenes Nutzungsentgelt vereinbart und nachträglich auf seine Ansprüche verzichtet oder aber das Entgelt erhalten und eingelegt.

Die Vereinbarung eines unangemessen niedrigen Pachtzinses war nach dem BFH-Urteil v. 8.11.1960[3] jedoch dann nicht zulässig, wenn dadurch bei der Personengesellschaft auf längere Sicht Verluste, bei der GmbH jedoch Gewinne entstehen. In diesen Fällen liege, so der BFH, in Höhe der Verluste eine gesellschaftsrechtliche Einlage der Personengesellschaft in die Betriebs-GmbH vor, die zu einer entsprechenden Erhöhung des Buchwerts der Beteiligung führe. Der Verlust sei bei der Personengesellschaft nicht anzuerkennen, der Gewinn der Betriebs-Kapitalgesellschaft sei entsprechend zu ermäßigen. 1503

Diese Einschränkung ist heute gegenstandslos, nachdem der GrS des BFH durch Beschluss v. 26.10.1987[4] entschieden hat, dass es keine Nutzungseinlagen gibt. Die Nutzungsvorteile sind mithin nicht einlagefähig und können somit nicht Gegenstand einer **verdeckten Einlage** sein. 1504

(Einstweilen frei) 1505–1510

b) Unangemessen hoher Pachtzins (Mietzins)

Wird zwischen Besitzunternehmen und Betriebsgesellschaft ein höherer Pachtzins vereinbart, als das Besitzunternehmen von einem Fremden fordern würde, kann dies im Umfang der durch das Überentgelt bewirkten Vermögensverschiebung zu einer **verdeckten Gewinnausschüttung** gem. § 8 Abs. 3 Satz 2 KStG führen.[5] 1511

---

1 BFH, Urteil v. 14.1.1998 - X R 57/93, BFHE 185 S. 230, BFH/NV 1998 S. 1160, m. w. N., NWB NAAAA-96781.
2 BFH, Beschluss v. 26.10.1987 - GrS 2/86, BFHE 151 S. 523, BStBl 1988 II S. 348.
3 BFH, Urteil v. 8.11.1960 - I 131/59 S, BFHE 71 S. 706, BStBl 1960 III S. 513.
4 BFH, Beschluss v. 26.10.1987 - GrS 2/86, BFHE 151 S. 523, BStBl 1988 II S. 348.
5 BFH, Urteil v. 14.1.1998 - X R 57/93, BFHE 185 S. 230, BFH/NV 1998 S. 1160, NWB NAAAA-96781.

2. Ausnahme beim Vorhandensein von Nur-Betriebs-Gesellschaftern

1512 Sind an der Betriebs-Kapitalgesellschaft gewinnberechtigte Nur-Betriebs-Gesellschafter beteiligt, dann kommen die Vorteile einer verbilligten Nutzungsüberlassung in Gestalt möglicher entsprechend höherer Gewinnausschüttungen nicht nur den Sowohl-als-auch-Gesellschaftern, sondern auch den am Besitzunternehmen und damit auch an den vermieteten oder verpachteten Wirtschaftsgütern nicht beteiligten Nur-Betriebs-Gesellschaftern zugute. Ist in einem solchen Fall ein Nur-Betriebs-Gesellschafter ein **naher Angehöriger** und ist das unangemessen niedrige Entgelt für die Nutzungsüberlassung aus privaten Gründen vereinbart worden (z. B. um den Nur-Betriebs-Gesellschafter höhere Ausschüttungen zukommen zu lassen), so ist nach dem BFH-Urteil v. 14.1.1998[1] infolge der Regelung in § 12 Nr. 2 EStG „beim Besitzunternehmen für Wirtschaftsgüter des Betriebsvermögens gebuchter Aufwand anteilig zu stornieren".

1513 **BEISPIEL:** An der Betriebs-GmbH sind der Vater V mit 51 % und sein Sohn S mit 49 % beteiligt. V hat der GmbH ein Grundstück vermietet. Der angemessene Mietzins beträgt 1.000 €. Vereinbart ist ein Mietzins von nur 200 €. Der Aufwand des V (Besitzunternehmen) für das vermietete Grundstück beträgt 100 €.

LÖSUNG: nach dem BFH-Urteil v. 14.1.1998:

1514 Infolge des um 800 zu niedrigen Mietzinses ist der Gewinn der Betriebs-GmbH um 800 höher. Davon entfallen bei einer möglichen Ausschüttung 49 % = 392 auf S. Von dem auf das an die Betriebs-GmbH vermietete Grundstück beim Besitzunternehmen entstandenen Aufwand (100) entfallen auf die Differenz zwischen einem angemessenen Mietzins und dem vereinbarten Mietzins (800) 80. Von diesen 80 entfallen auf die an S mögliche höhere Gewinnausschüttung 49 % = 39,2. Mithin ist der bei dem Besitzunternehmen (V) angefallene Aufwand von 100 i. H. v. 39,2 nach § 12 Nr. 2 EStG nicht als Betriebsausgabe abziehbar.

1515 Der X. Senat rechtfertigt dieses Ergebnis im Wesentlichen mit der Rechtsprechung zur Nutzungsentnahme.

Ob diese neue Rechtsprechung auch dann Anwendung findet, wenn der Nur-Betriebs-Gesellschafter ein Fremder ist, hat der X. Senat dahingestellt sein lassen.

1516–1526 *(Einstweilen frei)*

---

[1] BFH, Urteil v. 14.1.1998 - X R 57/93, BFHE 185 S. 230, BFH/NV 1998 S. 1160, NWB NAAAA-96781.

3. Nutzungsentgelt und Abzugsverbot nach § 3c Abs. 2 EStG

LITERATUR:

Crezelius, Finanzierungsaufwendungen in der Betriebsaufspaltung, DB 2002 S. 1124; *Crezelius*, Betriebsaufspaltung nach der Unternehmenssteuerreform, JbFfSt 2002/2003 S. 350; *o. V.*, Verlustabzug: Betriebsausgabenabzug bei Überlassung wesentlicher Betriebsgrundlagen für Gegenleistung unterhalb der eigenen Aufwendungen des Besitzunternehmens, GmbHR 2002 S. 846; *Janssen*, Betriebsaufspaltung: Führt Mietverzicht zum Halbabzugsverbot?, GStB 2008 S. 314; *Schießl*, Abziehbarkeit von Aufwendungen bei unentgeltlicher Nutzungsüberlassung eines Wirtschaftsguts im Rahmen einer Betriebsaufspaltung, StuB 2009 S. 105; *Forst*, Vermeidung der Beschränkungen gemäß § 3c Abs. 2 Satz 1 EStG und § 15a EStG bei Personengesellschaften, Ubg 2010 S. 194; *Crezelius*, Gesellschafterdarlehen/Betriebsaufspaltung, JbFfSt 2011/2012 S. 490; *Förster*, Das Abzugsverbot gemäß § 3c Abs. 2 EStG nach JStG 2010 und BMF-Schreiben vom 8.11.2010, GmbHR 2011 S. 393; *Gragert/Wißborn*, Die Schattenseiten von steuerfreien Teileinkünften, NWB 2011 S. 973; *Kratzsch*, Anwendung des Teileinkünfteverfahrens im Rahmen einer Betriebsaufspaltung, GStB 2011 S. 42; *Nacke*, Reichweite des Teilabzugsverbots gem. § 3c Abs. 2 EStG, FR 2011 S. 699; *Ott*, Anwendung des Teileinkünfteverfahrens in der steuerlichen Gewinnermittlung, StuB 2011 S. 178; *Pflüger*, Rangrücktritt und Forderungsverzicht aus steuerlicher Sicht: Neue BMF-Schreiben in der Welt, GStB 2011, 22; *Stegemann*, Unentgeltliche Nutzungsüberlassung als Gestaltungsinstrument nutzen, GStB 2011 S. 93; *Crezelius*, Anwendung des Teileinkünfteverfahrens, insbesondere BMF v. 23.10.2013, JbFfSt 2014/2015 S. 430; *Neufang/Bohnenberger*, Zur Anwendung des Teilabzugsverbots bei einer bestehenden Betriebsaufspaltung, StB 2017 S. 209; *Kühn*, Ermittlung der angemessenen Nutzungsvergütung im Rahmen der Betriebsaufspaltung, BBK 2022 S. 427.

a) Rechtslage bis zum VZ 2014

Erfolgt die Nutzungsüberlassung unentgeltlich oder ist das Nutzungsentgelt nach den beschriebenen Grundsätzen unangemessen niedrig, stellt sich des Weiteren die Frage, ob und inwieweit Aufwendungen für Wirtschaftsgüter, die im Rahmen der Betriebsaufspaltung dem Betriebsunternehmen überlassen werden, dem Abzugsverbot des § 3c Abs. 2 EStG unterliegen.[1] Bevor diese Frage höchstrichterlich entschieden wurde, war dies in der Literatur z. T. mit gewichtigen Argumenten verneint worden.[2] Auf der anderen Seite ergingen aber auch mehrere finanzgerichtliche Entscheidungen, die den Anwendungsbereich von § 3c Abs. 2 EStG im Fall einer unentgeltlichen bzw.

1527

---

[1] Vgl. bereits oben Rz. 1053 f.; zum Eingreifen von § 12 Nr. 2 EStG bei privater Veranlassung vgl. oben Rz. 1514.
[2] *Crezelius*, DB 2002 S. 1124; *Forst*, Ubg 2010 S. 194; *Nacke*, FR 2011 S. 699; zustimmend dagegen *Gragert/Wißborn*, NWB 2011 S. 973.

teilentgeltlichen Nutzungsüberlassung bejahten.[1] Gleicher Auffassung war die Finanzverwaltung.[2]

Klarheit brachte dann die überzeugende Rechtsprechung des BFH, nach welcher wie folgt zu differenzieren war: Für substanzbezogene Betriebsausgaben (AfA und Erhaltungsaufwand) sah der BFH keinen wirtschaftlichen Zusammenhang der Aufwendungen mit nach § 3 Nr. 40 EStG teilweise steuerfreien Beteiligungserträgen. Für andere Aufwendungen (insbesondere Finanzierungsaufwendungen) konnte sich auch nach dieser Rechtsprechung aufgrund einer nicht fremdüblichen Nutzungsüberlassung der Veranlassungszusammenhang von den Pachteinnahmen hin zu den Beteiligungserträgen verlagern.[3] Die Finanzverwaltung hat diese Rechtsprechung nach einigem Zögern für alle noch offenen Fälle bis zum VZ 2014 angewandt.[4]

Werden die Pachtentgelte zunächst zu fremdüblichen Bedingungen vereinbart, verzichtet der Verpächter aber zu einem späteren Zeitpunkt auf noch nicht entstandene (künftige) Pachtforderungen ganz oder teilweise, ist darauf abzustellen, ob der Verzicht betrieblich (durch das Pachtverhältnis) veranlasst ist oder auf dem Gesellschaftsverhältnis beruht. Ein (teilweiser) Verzicht ist z. B. dann betrieblich veranlasst, wenn die vergleichbaren marktüblichen Pachtentgelte generell gesunken sind und fremde Dritte eine Pachtanpassung vereinbart hätten oder wenn der Verzicht im Rahmen von Sanierungsmaßnahmen, an denen auch gesellschaftsfremde Personen teilnehmen, zeitlich befristet ausgesprochen wird.[5] War der Verzicht des Verpächters dagegen durch das Gesellschaftsverhältnis veranlasst, weil ein fremder Dritter den vereinbarten Verzicht weder in zeitlicher Hinsicht noch der Höhe nach akzeptiert hätte, sondern weiterhin auf der Zahlung des vereinbarten Pachtentgelts bestanden hätte oder ansonsten das Pachtverhältnis beendet hätte, unterlagen die mit der Nutzungsüberlassung zusammenhängenden Aufwendungen nach dem Wechsel des Veranlassungszusammenhangs in voller Höhe – bei teilweisem Verzicht anteilig – dem Teileinkünfteverfahren. Entsprechendes galt, wenn bei einer Darlehensgewährung ganz

---

1 FG Bremen, Urteil v. 27.4.2006 - 1 K 204/05 (6), NWB FAAAB-90087, EFG 2006 S. 1234; FG Baden-Württemberg, Urteil v. 12.10.2006 - 6 K 202/06, NWB SAAAC-38698, EFG 2007 S. 568.
2 BMF, Schreiben v. 8.11.2010, BStBl 2010 I S. 1292, Tz. 1.
3 BFH, Urteile v. 28.2.2013 - IV R 49/11, BFHE 240 S. 333, BStBl 2013 II S. 802; v. 17.7.2013 - X R 17/11, BFHE 242 S. 126, BStBl 2013 II S. 817; X R 6/12, BFH/NV 2014 S. 21, NWB FAAAE-48467; vgl. dazu *Schmitz-Herscheidt*, NWB 2013 S. 2537.
4 BMF, Schreiben v. 23.10.2013, BStBl 2013 I S. 1269.
5 Vgl. BFH, Urteil v. 28.2.2013 - IV R 49/11, BFHE 240 S. 333, BStBl 2013 II S. 802.

oder teilweise auf künftige Darlehenszinsen verzichtet worden war. Die Beweislast für die Fremdunüblichkeit traf die Finanzverwaltung.

b) Gesetzliche Neuregelung ab VZ 2015
(1) Einzelunternehmen als Besitzunternehmen
(1.1) Unentgeltliche Nutzungsüberlassung

Mit Wirkung ab 2015 wurde § 3c Abs. 2 EStG neu gefasst.[1] Nunmehr ordnet § 3c Abs. 2 Satz 6 EStG an, dass § 3c Abs. 2 Satz 1 EStG ungeachtet eines wirtschaftlichen Zusammenhangs mit den dem § 3 Nr. 40 EStG zugrunde liegenden Betriebsvermögensmehrungen oder Einnahmen auch auf Betriebsvermögensminderungen, Betriebsausgaben oder Veräußerungskosten eines Gesellschafters anzuwenden ist, soweit diese mit einer im Gesellschaftsverhältnis veranlassten unentgeltlichen Überlassung von Wirtschaftsgütern an diese Körperschaft oder bei einer teilentgeltlichen Überlassung von Wirtschaftsgütern mit dem unentgeltlichen Teil in Zusammenhang stehen und der Steuerpflichtige zu mehr als 25 % unmittelbar oder mittelbar am Grund- oder Stammkapital beteiligt ist oder war.

1528

Erfolgt eine unentgeltliche Nutzungsüberlassung durch ein Einzelunternehmen an eine Betriebs-Kapitalgesellschaft, so entsteht bei Letzterer durch die unentgeltliche Nutzungsüberlassung ein höheres Ausschüttungspotential. Schüttet die Betriebskapitalgesellschaft aus, erzielt das Besitzeinzelunternehmen Einkünfte nach § 20 Abs. 1 Nr. 1 EStG, die wegen der Betriebsaufspaltung gem. § 20 Abs. 8 EStG als gewerblich zu qualifizieren sind. Sie unterliegen gem. § 3 Nr. 40 Buchst. d EStG dem Teileinkünfteverfahren. Mit diesen Einkünften zusammenhängende Aufwendungen würden dem Abzugsverbot des § 3c Abs. 2 Satz 6 EStG unterliegen und könnten nur zu 60 % abgezogen werden.

BEISPIEL: A überlässt der Betriebs-GmbH, deren alleiniger Anteilsinhaber er ist, wesentliche Betriebsgrundlagen ohne Nutzungsentgelt. An Aufwendungen (AfA, Erhaltungsaufwand, Finanzierungskosten) fallen 50.000 € an.

1529

LÖSUNG: Diese Kosten kann A nach § 3c Abs. 2 Satz 6 EStG nur zu 60 % zum Ansatz bringen.

1530

(1.2) Teilentgeltliche Nutzungsüberlassung

Erfolgt die Nutzungsüberlassung zu einem unangemessen niedrigen Pacht-/Mietzins, so wäre nach den vorstehenden Grundsätzen eine Aufteilung der

1531

---

1 Vgl. bereits oben Rz. 1053 f.

G. Rechtsfolgen der Betriebsaufspaltung

Nutzungsüberlassung in einen entgeltlichen und einen unentgeltlichen Teil vorzunehmen.

1532 **BEISPIEL:** A verpachtet seine Betriebs-GmbH wesentliche Betriebsgrundlagen für einen Pachtzins von 20.000 €, angemessen wären 30.000 €. Es fallen Kosten i. H. v. 24.000 € an.

1533 **LÖSUNG:** Die Verpachtung erfolgte zu $^{2}/_{3}$ entgeltlich und zu $^{1}/_{3}$ unentgeltlich. Hinsichtlich des unentgeltlichen Drittels würde wiederum § 3c Abs. 2 Satz 6 EStG eingreifen, so dass von einem Drittel der Kosten nur 60 % abgezogen werden dürften. Insgesamt könnte A daher nur 20.000 € zum Abzug bringen.

(2) Personengesellschaft als Besitzunternehmen

(2.1) Natürliche Personen als Gesellschafter

1534 Bei natürlichen Personen als Gesellschaftern der Besitzpersonengesellschaft gelten die soeben aufgezeigten Grundsätze, soweit der jeweilige Gesellschafter zu mehr als 25 % an der Kapitalgesellschaft beteiligt ist oder war. Bei Gesellschaftern, die dieses Beteiligungserfordernis unterschreiten, ist weiterhin die Rechtslage bis zum VZ 2014 anzuwenden.[1]

(2.2) Kapitalgesellschaft als Gesellschafterin

1535 Ist an der Besitzpersonengesellschaft dagegen eine Kapitalgesellschaft Gesellschafterin, so ist die Vorschrift des § 8b Abs. 5 Satz 2 KStG zu beachten, wonach lediglich der Anwendungsbereich von § 3c Abs. 1 EStG ausgeschlossen wird. Es wäre also auch hier die Vorschrift des § 3c Abs. 2 Satz 6 EStG anzuwenden, was vor dem Hintergrund von § 8b Abs. 5 KStG kaum verständlich ist. Im Wege teleologischer Reduktion sollte die Anwendung von § 3c EStG hier gänzlich ausgeschlossen werden.

1536 **BEISPIEL:** An der Besitz-GbR sind A und die B-GmbH zu jeweils 50 % beteiligt. Die GbR überlässt unentgeltlich wesentliche Betriebsgrundlagen im Rahmen einer Betriebsaufspaltung an die Betriebs-GmbH. Hierfür fallen Kosten i. H. v. 24.000 € an. Die Betriebs-GmbH schüttet eine Dividende i. H. v. 10.000 € an die Besitz-GbR aus. Die Gewinnbezugsrechte entsprechen der Beteiligungshöhe.

1537 **LÖSUNG:** Weil es für Personengesellschaften bzw. natürliche Personen an einer § 8b Abs. 5 KStG vergleichbaren Regelung mangelt, ergeben sich unterschiedliche Ergebnisse auf Gesellschafterebene der Besitz-GbR: Bei der B-GmbH liegen nicht abzugsfähige Ausgaben i. H. v. 250 € vor (5 % von 5.000 €). Für A hingegen gelten die oben dargestellten Grundsätze, so dass seine anteiligen Aufwendungen i. H. v. 15.000 € nur zu. 60 % zu berücksichtigen sind.

---

[1] Ebenso *Kühn*, BBK 2022 S. 427, 434; vgl. oben Rz. 1527.

c) Kritik

Die Neuregelung dürfte deutlich überschießende Tendenz haben.[1] Unklar ist insbesondere, ob schon eine nicht ausschließlich betrieblich veranlasste Minderung der Pacht zum Zweck der Sanierung einer Betriebs-GmbH schädlich ist.[2] In diesem Fall lässt sich ein Zusammenhang mit (ungewissen) zukünftigen Dividendeneinnahmen schwerlich begründen, so dass eine teleologische Auslegung zu dem Ergebnis kommen muss, dass § 3c Abs. 2 EStG nicht zum Tragen kommt.

1538

(Einstweilen frei) 1539–1542

4. Wann ist ein Nutzungsentgelt angemessen?

Für die Ermittlung eines angemessenen Pachtzinses gibt es keine allgemeine Formel.[3] Durch einen Ausgleich der Interessen von Verpächter und Pächter (Vermieter und Mieter) müssen bei der Ermittlung eines angemessenen Nutzungsentgelts insbesondere folgende Umstände berücksichtig werden: Kapitalverzinsung, Vergütung für den Wertverzehr und Vergütung für immaterielle Wirtschaftsgüter, insbesondere den Geschäftswert.[4] Wenn insoweit eine hinreichende Zahl von Vergleichswerten vorliegt, sind diese zugrunde zu legen. Fehlt es hieran, was in der Praxis der Regelfall sein dürfte, ist eine Schätzung durchzuführen, die einen hypothetischen Fremdvergleich erforderlich macht, welcher sich an den mutmaßlichen Überlegungen von ordentlichen und gewissenhaften Geschäftsleitern zu orientieren hat.[5] In die Kalkulation des Verpächters sind die Kapitalverzinsung, der Wertverzehr und die Vergütung für überlassene immaterielle Wirtschaftsgüter einzubeziehen, wohingegen bei dem pachtenden Unternehmen zu berücksichtigen ist, dass ihm eine ausreichende Marge verbleibt.[6]

1543

Die Höhe der Kapitalverzinsung bestimmt sich nach dem jeweiligen Zinsniveau für langfristige Kapitalanlagen. Als angemessen werden hierbei etwa 5 bis 8 % des Teilwerts für Immobilien sowie etwa 6 bis 10 % des Teilwerts für das übrige Vermögen angesehen.[7] Die Wertverzehrkomponente richtet sich entwe-

1544

---

1 Vgl. bereits oben Rz. 1053 f.
2 Vgl. *Levedag* in Schmidt, EStG, 41. Aufl. 2022, § 3c, Rz. 17, m. w. N.
3 BFH, Urteil v. 14.1.1998 - X R 57/93, BFHE 185 S. 230, BFH/NV 1998 S. 1160, NWB NAAAA-96781.
4 h BFH, Urteil v. 14.1.1998 - X R 57/93, BFHE 185 S. 230, BFH/NV 1998 S. 1160, m. w. N., NWB NAAAA-96781; FG Münster, Urteil v. 13.2.2019 - 13 K 1335/16 K, G, F, EFG 2019 S. 723 (rkr.).
5 BFH, Urteil v. 27.2.2003 - I R 46/01, BStBl 2004 II S. 132; *Kühn*, BBK 2022 S. 427, 429.
6 *Kühn*, BBK 2022 S. 427, 429.
7 *Kahle/Heinstein* in Frotscher/Geurts, EStG, Anhang 2 zu § 15 „Betriebsaufspaltung", Rz. 206; *Kühn*, BBK 2022 S. 427, 430.

der nach der möglichen steuerlichen AfA oder alternativ nach der Vereinbarung einer Substanzerhaltungspflicht des Pächters.[1] Im letzten Fall ist keine Komponente für den Wertverzehr zu berücksichtigen.[2] Bei der Überlassung von immateriellen Wirtschaftsgütern wird eine Lizenzzahlung von 0,5 bis 2,0 % des Umsatzes als angemessen erachtet.[3] Wird ein Geschäfts- bzw. Firmenwert an das Betriebsunternehmen zur Nutzung überlassen,[4] können 1 % des Umsatzes als angemessenes Nutzungsentgelt angesehen werden.[5]

1545 Schließlich muss der Betriebskapitalgesellschaft nach Abzug der Pacht eine ausreichende **Stammkapitalverzinsung** verbleiben.[6] Für diese Stammkapitalverzinsung ist wiederum entscheidend, von welcher Bedeutung die verpachteten Wirtschaftsgüter sind. Umfasst die Verpachtung etwa auch die Gesamtheit der immateriellen Wirtschaftsgüter einschließlich des Geschäftswerts, ist die ausreichende Stammkapitalverzinsung selbstverständlich höher, als wenn nur einzelne Anlagegüter verpachtet werden. Das Risiko einer verdeckten Gewinnausschüttung bzw. der Anwendung von § 3c Abs. 2 EStG kann folglich durch Gestaltung des Miet- bzw. Pachtgegenstandes gesteuert werden. Bei dieser Gestaltung sind indes dann auf der anderen Seite die gewerbesteuerlichen Hinzurechnungsvorschriften nach § 8 Nr. 1 Buchst. d bzw. e GewStG zu berücksichtigen, zumal die korrespondierende Kürzung nach § 9 Nr. 4 GewStG a. F. nicht mehr möglich ist.[7]

1546–1548 *(Einstweilen frei)*

XII. Der Geschäftswert

LITERATUR:

Schießl, Übergang des Geschäftswerts auf die Betriebs-GmbH im Rahmen einer Betriebsaufspaltung, GmbHR 2006 S. 459; *Henkel*, Zwangsweise Besteuerung des Firmenwerts bei einer echten Betriebsaufspaltung strittig, GStB 2010 S. 441; *Kühn*, Ermittlung der angemessenen Nutzungsvergütung im Rahmen der Betriebsaufspaltung, BBK 2022 S. 427.

---

1 *Gluth* in Herrmann/Heuer/Raupach, § 15 EStG Rz. 828.
2 *Kühn*, BBK 2022 S. 427, 430; zur korrespondierenden Bilanzierung in diesem Fall vgl. oben Rz. 1172.
3 *Kahle/Heinstein* in Frotscher/Geurts, EStG, Anhang 2 zu § 15 „Betriebsaufspaltung", Rz. 208; *Kühn*, BBK 2022 S. 427, 431.
4 Zur Abgrenzung zur Übertragung des Geschäftswerts vgl. Rz. 1550 ff.
5 *Kühn*, BBK 2022 S. 427, 431, mit Berechnungsbeispiel einer angemessenen Jahrespacht.
6 Vgl. hierzu BFH, Urteil v. 4.5.1977 - I R 11/75, BStBl 1977 II S. 679; *Fichtelmann*, INF 1998 S. 431; *Kühn*, BBK 2022 S. 427, 432.
7 Vgl. unten Rz. 1572.

XII. Der Geschäftswert

Grundsätzlich ist eine isolierte Übertragung eines Geschäftswerts nicht zulässig, weil er die Gewinnchancen eines Unternehmens ausdrückt.[1] Hiervon ist der Fall zu unterscheiden, in dem ein Unternehmen den Betrieb eines anderen Unternehmens ganz oder teilweise übernimmt und hierbei geschäftswertbildende Faktoren von dem übertragenden Unternehmen auf das übernehmende übertragen werden.[2] In diesen Fällen geht der Geschäftswert weder notwendigerweise unter[3] noch verbleibt er immer bei dem übertragenden Unternehmen. Vielmehr folgt er denjenigen geschäftsbildenden Faktoren die durch ihn verkörpert werden. Dies gilt auch in den Fällen der Betriebsaufspaltung.[4] Demzufolge hat der BFH in ständiger Rechtsprechung[5] entschieden, dass die Begründung einer Betriebsaufspaltung nicht notwendigerweise den Übergang eines bei dem bisherigen Einzelunternehmen vorhandenen Geschäftswerts auf das Betriebsunternehmen nach sich zieht.

1549

Ob der Geschäftswert bei dem Rest des bisherigen Einheitsbetriebs, dem Besitzunternehmen, verbleibt oder auf das Betriebsunternehmen übergeht, ist von den Umständen des Einzelfalls abhängig.[6] Es ist denkbar, dass auch bei einer Betriebsaufspaltung geschäftswertbildende Faktoren – z. B. eine besondere qualifizierte Arbeitnehmerschaft oder eine spezielle betriebliche Organisation – nach der Aufspaltung des bisherigen einheitlichen Betriebs fortan nicht mehr dem fortbestehenden Besitzunternehmen, sondern der neu gegründeten Betriebsgesellschaft zur Verfügung stehen und von ihr sinnvoll genutzt werden.

1550

In einer solchen Situation kann der Geschäftswert zumindest dann auf die Betriebsgesellschaft übergehen, wenn diese ihrer Organisation und Struktur nach eigenständig am Wirtschaftsleben teilnehmen kann und die Nutzungsmöglichkeit der Betriebsgesellschaft auf Dauer angelegt ist und ihr nicht vor-

1551

---

1 U. a. BFH, Urteile v. 14.1.1998 - X R 57/93, BFHE 185 S. 230, BFH/NV 1998 S. 1160, NWB NAAAA-96781; v. 2.9.2008 - X R 32/05 (unter II.4.a), BFHE 224 S. 217, BStBl 2009 II S. 634.
2 BFH, Urteil v. 27.3.2001 - I R 42/00 (unter II.1.b.bb), BFHE 195 S. 536, BStBl 2001 II S. 771.
3 BFH, Urteil v. 27.3.1996 - I R 60/95, BFHE 180 S. 548, BStBl 1996 II S. 576, 577, m. w. N.; FG München, Beschluss v. 15.7.1992 - 15 V 614/92, EFG 1993 S. 172 (rkr.).
4 BFH, Urteil v. 27.3.2001 - I R 42/00 (unter II.1.b.cc), BFHE 195 S. 536, BStBl 2001 II S. 771.
5 BFH, Urteile v. 28.6.1989 - I R 25/88, BFHE 158 S. 97, BStBl 1989 II S. 982; v. 12.5.1993 - XI R 58, 59/92, BFHE 171 S. 282, DStR 1993 S. 1174; v. 27.3.2001 - I R 42/00 (unter II.1.b); BFHE 195 S. 536, BStBl 2002 II S. 771; v. 18.6.2015 - IV R 5/12, BFHE 250 S. 121, BStBl 2015 II S. 935.
6 BFH, Urteile v. 27.3.2001 - I R 42/00 (unter II.1.b.cc), BFHE 195 S. 536, BStBl 2001 II S. 771; v. 16.6.2004 - X R 34/03, BFHE 207 S. 120, BStBl 2005 II S. 378; v. 2.9.2008 - X R 32/05, BStBl 2009 II S. 634.

zeitig entzogen werden kann.¹ Jedenfalls unter diesen Voraussetzungen kann der Geschäftswert auf die Betriebsgesellschaft übertragen werden.²

1552 Möglich ist auch, dass, statt einer Übertragung des Geschäftswerts nur eine Nutzungsüberlassung erfolgt, z. B. dann, wenn alle wesentlichen Betriebsgrundlagen an das Betriebsunternehmen nur verpachtet werden.³ Wird hingegen der Betriebsgesellschaft nur eine wesentliche Betriebsgrundlage vermietet und werden alle anderen wesentlichen Betriebsgrundlagen auf sie übertragen, so kann ihr auch der Geschäftswert übertragen werden, sofern er nicht allein auf bestimmten Eigenschaften der zurückbehaltenen und vermieteten oder verpachteten wesentlichen Betriebsgrundlagen beruht.⁴

1553 Die für die Übertragbarkeit eines Geschäftswerts erforderliche Zuordnung der geschäftswertbildenden Faktoren zum Betriebs- oder Besitzunternehmen hängt weitgehend von den tatsächlichen Umständen des jeweiligen Einzelfalls ab und ist deshalb vorrangig Aufgabe des FG. Dieses muss feststellen, ob und inwieweit Gewinnaussichten von dem bisherigen Einheitsunternehmen auf die neu gegründete Betriebsgesellschaft übergegangen sind und ob und ggf. in welcher Höhe ein fremder Dritter hierfür – über die Preise der sonstigen übertragenen Wirtschaftsgüter hinaus – ein Entgelt gezahlt haben würde.⁵

1554 Ist der Geschäftswert beim Besitzunternehmen verblieben, verflüchtigt sich dieser nicht allein durch Zeitablauf. Vielmehr besteht er insbesondere dann fort, wenn

▶ die wesentlichen Betriebsgrundlagen einschließlich der immateriellen Wirtschaftsgüter vom Besitzunternehmen an das Betriebsunternehmen verpachtet worden sind,

▶ die wesentlichen Betriebsgrundalgen ihrerseits maßgebend für die Bildung des Geschäftswerts sind und

▶ für den Fall der Beendigung der Betriebsaufspaltung die Fortführung des früheren Einheitsunternehmens und Besitzunternehmens gesichert ist.⁶

---

1 BFH, Urteil v. 27.3.2001 - I R 42/00 (unter II.1.b.cc), BFHE 195 S. 536, BStBl 2001 II S. 771.
2 BFH, Urteil v. 27.3.2001 - I R 42/00 (unter II.1.b.cc), BFHE 195 S. 536, BStBl 2001 II S. 771.
3 BFH, Urteil v. 27.3.2001 - I R 42/00 (unter II.1.b.cc), BFHE 195 S. 536, BStBl 2001 II S. 771, m. w. N.; FG Düsseldorf, Urteil v. 25.9.2003 - 11 K 5608/01 E, NWB MAAAB-05865 EFG 2004 S. 41 (rkr.); *Kühn*, BBK 2022 S. 427, 430 f.
4 BFH, Urteile v. 27.3.2001 - I R 42/00 (unter II.1.b.cc), BFHE 195 S. 536, BStBl 2001 II S. 771; v. 16.6.2004 - X R 34/03, BFHE 207 S. 120, BStBl 2005 II S. 378; v. 5.6.2008 - IV R 79/05 (unter II. 3.a.bb), BFHE 222 S. 20, BStBl 2009 II S. 15.
5 BFH, Urteil v. 27.3.2001 - I R 42/00 (unter II.1.c), BFHE 195 S. 536, BStBl 2001 II S. 771.
6 FG Rheinland-Pfalz, Urteil v. 24.10.2002 - 6 K 3031/98, NWB GAAAB-12298, EFG 2003 S. 240 (rkr.).

Verbleibt der Geschäftswert beim Besitzunternehmen, wird dieser als selbst geschaffenes immaterielles Wirtschaftsgut nicht bilanziert. Werden Pachtzahlungen (auch) für die Überlassung des Geschäftswerts vereinbart, führen diese nicht zu einer verdeckten Gewinnausschüttung, wenn das Entgelt insoweit angemessen ist.[1] Bei Beendigung der Betriebsaufspaltung muss die Betriebsgesellschaft Betrieb und Geschäftswert an das Besitzunternehmen zurückgeben, was zu keiner verdeckten Gewinnausschüttung führt. Wird das Betriebsunternehmen veräußert, kann der beim Besitzunternehmen verbliebene Geschäftswert nach § 7 Abs. 1 Satz 3 EStG abgeschrieben werden.[2]

Wird der Geschäftswert auf die Betriebsgesellschaft übertragen, ist zwischen einer entgeltlichen Veräußerung und der unentgeltlichen Übertragung des Geschäftswerts zu unterscheiden. Im ersten Fall ergibt sich ein laufender Gewinn des Besitzunternehmens, das den entgeltlich erworbenen Geschäftswert nach § 7 Abs. 1 Satz 3 EStG abschreiben muss. Das Entgelt für die Übertragung muss angemessen sein, um eine verdeckte Gewinnausschüttung zu vermeiden. Im Fall der unentgeltlichen Übertragung liegt eine verdeckte Einlage nach § 6 Abs. 6 Satz 2 EStG vor. Im Besitzunternehmen wird ein laufender Gewinn realisiert. Im gleichen Umfang erhöhen sich die Anschaffungskosten der im Betriebsvermögen des Besitzunternehmens gehaltenen Anteile an der Betriebs-Kapitalgesellschaft. Diese hat im gleichen Umfang den Geschäftswert zu bilanzieren und nach § 7 Abs. 1 Satz 3 EStG abzuschreiben. Nach Beendigung der Betriebsaufspaltung muss für die Rückübertragung des Geschäftswerts auf das Besitzunternehmen ein angemessenes Entgelt angesetzt werden. Anderen Falls liegt eine verdeckte Gewinnausschüttung vor.

1555

(Einstweilen frei) 1556–1557

XIII. Einzelne gewerbesteuerliche Aspekte

LITERATUR:

Weßling, Nutzbarmachung der erweiterten Kürzung des Gewerbeertrags gem. § 9 Nr. 1 Satz 2 GewStG für gewerbliche Unternehmen mit eigenem Grundbesitz, DStR 1993 S. 266; *Fichtelmann*, Betriebsaufspaltung mit mehreren Besitzunternehmen, GmbHR 1996 S. 580; *Braun*, Keine erweiterte Kürzung des Gewerbeertrags gem. § 9 Nr. 1 Satz 2 GewStG bei der Betriebsaufspaltung, EFG 2003 S. 1111; *Braun*, Anwendung der Kürzungsvorschrift des § 9 Nr. 1 Satz 2 GewStG bei Vorliegen einer Betriebsaufspaltung, EFG 2003 S. 336; *Butz-Seidl*, Chancen und Risiken einer Betriebsaufspaltung im Lichte

---

1 Vgl. Rz. 1544; zum Fall einer umgekehrten Betriebsaufspaltung vgl. FG Düsseldorf, Urteil v. 22.11.2016 - 10 K 2233/13 F, NWB LAAAF-90180, EFG 2017 S. 108 (rkr.).
2 FG Rheinland-Pfalz, Urteil v. 24.10.2002 - 6 K 3031/98, NWB GAAAB-12298, EFG 2003 S. 240 (rkr.).

G. Rechtsfolgen der Betriebsaufspaltung

der Unternehmensteuerreform, GStB 2007 S. 240; *Wesselbaum-Neugebauer*, Die GmbH & Co. KG versus Betriebsaufspaltung – Vermeidung einer gewerbesteuerlichen Doppelbesteuerung, GmbHR 2007 S. 1300; *Baumert/Schmidt-Leithoff*, Die ertragsteuerliche Belastung der Betriebsaufspaltung nach der Unternehmensteuerreform 2008, DStR 2008 S. 888; *Derlien/Wittkowski*, Neuerungen bei der Gewerbesteuer – Auswirkungen in der Praxis, DB 2008 S. 835; *Forst/Ginsburg*, Neue gewerbesteuerliche Hinzurechnung für Mietentgelte, EStB 2008 S. 31; *Günther*, Hinzurechnung von Finanzierungsaufwendungen: Auswirkungen und Gestaltungsmöglichkeiten, GStB 2008 S. 219; *Harle*, Die Auswirkungen der Unternehmensteuerreform 2008 auf die Rechtsformen, BB 2008 S. 2151; *Levedag*, Die Betriebsaufspaltung im Fadenkreuz der Unternehmensteuerreform 2008 und des Jahressteuergesetzes 2008 – eine Bestandsaufnahme, GmbHR 2008 S. 281; *Menkel*, Betriebsaufspaltung und Gewerbesteuer nach der Unternehmensteuerreform 2008, SAM 2008 S. 85; *Strahl*, Betriebsaufspaltung: Verflechtung, Auswirkungen der Unternehmensteuerreform und Entstrickung, KÖSDI 2008 S. 16027; *Wehrheim/Rupp*, Die Neuerungen bei der Gewerbesteuer im Zuge der Unternehmensteuerreform 2008 und deren Konsequenzen für die Betriebsaufspaltung, BB 2008 S. 920; *Schöneborn*, Die erweiterte gewerbesteuerliche Kürzung, NWB 2010 S. 112; *Sanna*, die erweiterte Grundstückskürzung – Eine Standortbestimmung, DStR 2012 S. 1989; *Neu/Hamacher*, Die erweiterte Gewerbesteuerkürzung, Der Konzern 2013 S. 583; *Kuhr*, Erweiterte Gewerbesteuerkürzung im (Immobilien-)Konzern - Update anlässlich BFH vom 22.6.2016 (X R 54/14) und vom 21.7.2016 (IV R 26/14), Ubg 2016 S. 663; *Mroz*, Merkmalsübertragung bei der Betriebsaufspaltung, FR 2017 S. 476.

1. Behandlung von Miet- und Pachtzinsen sowie weiteren Nutzungsentgelten

1558   Das für die Überlassung der **beweglichen wesentlichen Betriebsgrundlage** zu entrichtende Nutzungsentgelt wurde bis zum Veranlagungszeitraum 2007 nach § 8 Nr. 7 GewStG a. F. bei der Betriebsgesellschaft zur Hälfte hinzugerechnet, sofern ein Betrieb oder Teilbetrieb verpachtet wurde und das Nutzungsentgelt 125.000 € pro Jahr überstieg.[1] Es musste mithin beurteilt werden, ob die vermietete bzw. verpachtete wesentliche Betriebsgrundlage einen Betrieb oder Teilbetrieb darstellte. Insoweit galten die Grundsätze, welche die Rechtsprechung für den Begriff des Teilbetriebs i. S. des § 16 EStG entwickelt hat.[2]

1559   § 8 Nr. 7 GewStG a. F. wurde durch Art. 3 Nr. 1 Buchst. b des Unternehmensteuerreformgesetzes 2008 v. 14.8.2007[3] mit Wirkung ab dem Veranlagungszeitraum 2008 aufgehoben. Nachfolgebestimmung ist § 8 Nr. 1 Buchst. d GewStG. Hiernach werden die Miet-/Pachtzinsen dem Gewinn des Betriebsunternehmens zu 5 % ($^1/_4$ von $^1/_5$) wieder hinzugerechnet, wenn sie dessen

---

1 Vgl. BFH, Urteil v. 24.4.1991 - I R 10/89, BStBl 1991 II S. 771.
2 BFH, Urteil v. 12.9.1979 - I R 146/76, BStBl 1980 II S. 51.
3 BGBl 2007 I S. 1912, BStBl 2007 I S. 630.

Gewinn gemindert haben. Um einen Verstoß gegen Unionsrecht zu vermeiden, erfolgt diese Hinzurechnung abweichend von der Rechtslage in den Veranlagungszeiträumen vor 2008 unabhängig davon, ob die Mieten/Pachten beim vermietenden/verpachtenden Besitzunternehmen der Gewerbesteuer unterliegen oder nicht. Hierdurch kann es zu Mehrfachbelastungen mit Gewerbesteuer kommen.[1]

(Einstweilen frei) 1560–1562

Für die Überlassung **unbeweglicher wesentlicher Betriebsgrundlagen** gilt der durch das Unternehmensteuerreformgesetz 2008 neu eingefügte § 8 Nr. 1 Buchst. e GewStG. Soweit die Miete/Pacht den Gewinn des Betriebsunternehmens gemindert hat, wird sie diesem zu 16,25 % ($1/4$ von $13/20$) hinzugerechnet. Auch insoweit kann es zu Mehrfachbelastungen kommen, auch wenn diese durch das **WachstumsBG** vom 22.12.2009[2] abgemildert worden sind: Mit Wirkung vom Erhebungszeitraum 2010 wurde der Hinzurechnungssatz nämlich auf ½ reduziert. Eine Hinzurechnung kommt damit nur noch zu 12,5 % zum Tragen. 1563

(Einstweilen frei) 1564–1566

Überlässt das Besitzunternehmen dem Betriebsunternehmen bestimmte **Rechte** (insbesondere **Konzessionen** und **Lizenzen**), ist schließlich die Regelung des § 8 Nr. 1 Buchst. f GewStG zu beachten, wonach die hierfür vom Betriebsunternehmen in Ansatz gebrachten Aufwendungen zu 6,25 % seinem Gewinn hinzuzurechnen sind. Nach richtiger Auffassung ist der Geschäftswert kein „Recht" im Sinne dieser Vorschrift.[3] Hierfür spricht zunächst der Wortlaut. Denn ein Recht beinhaltet das Vorliegen zumindest eines Anspruchs. Bei dem Geschäftswert handelt es sich dagegen um einen Wert. Auch in systematischer Hinsicht lässt sich der Geschäftswert nur schwerlich in eine Reihe mit Konzessionen oder Lizenzen stellen. 1567

(Einstweilen frei) 1568–1570

Zu beachten ist des Weiteren die **Freibetragsregelung** in § 8 Nr. 1 GewStG (Schlusssatz). Danach sind die von der Hinzurechnung erfassten gewinnmindernden Aufwendungen bei der Berechnung des Hinzurechnungsbetrages nur zu berücksichtigen, soweit ihre Summe 100.000 € übersteigt. 1571

---

1 *Hofmeister* in Brandis/Heuermann, EStG, KStG, GewStG, § 8 GewStG Rz. 200.
2 BGBl 2009 I S. 3950.
3 *Wesselbaum-Neugebauer*, GmbHR 2007 S. 1300, 1302; *Levedag*, GmbHR 2008 S. 281, 291.

Am 30.6.2020 wurde das Zweite Corona-Steuerhilfegesetz[1] veröffentlicht. Der Freibetrag für die gewerbesteuerlichen Hinzurechnungen nach § 8 Nr. 1 Buchst. a bis f GewStG wird auf 200.000 € verdoppelt. Diese Hinzurechnungen für Komponenten mit Finanzierungsanteilen wirken sich damit nur dann steuererhöhend auf die Gewerbesteuer aus, soweit der Betrag von 200.000 € überschritten ist. Die Neuregelung gilt über § 36 Abs. 1 GewStG unecht rückwirkend bereits ab 2020. Eine Befristung dieser Regelung wurde nicht vorgenommen.

1572 Erschwerend kommt bei der Betriebsaufspaltung hinzu, dass wegen der ersatzlosen Streichung von § 9 Nr. 4 GewStG durch das Unternehmensteuerreformgesetz 2008 bei der Besitzgesellschaft **keine korrespondierende Kürzung** mehr erfolgt. Die bis zum Veranlagungszeitraum 2007 geltende Norm vermied die aus § 8 Nr. 7 GewStG a. F. resultierende Doppelbelastung, indem sie die Kürzung der beim Vermieter/Verpächter erfassten Miet- bzw. Pachtzinsen im Umfang ihrer Hinzurechnung beim Mieter bzw. Pächter vorsah.[2]

1573 Zur Vermeidung der beschriebenen gewerbesteuerlichen Doppelbelastung der Nutzungsentgelte für die Überlassung der wesentlichen Betriebsgrundlage kann an die Bildung einer **Organschaft** gedacht werden.[3] Da die Miet- und Pachtzinsen bereits in vollem Umfang im Gewerbeertrag der Besitzgesellschaft (Organträger) enthalten sind, unterbleibt bei Bestehen einer Organschaft bei der Betriebsgesellschaft (Organgesellschaft) eine Hinzurechnung nach § 8 GewStG bei der Betriebsgesellschaft.

1574–1576 *(Einstweilen frei)*

2. Behandlung von Darlehenszinsen

1577 Wegen der rechtlichen Selbständigkeit von Besitz- und Betriebsunternehmen sind Forderungen und Verbindlichkeiten zwischen ihnen wie zwischen fremden Dritten zu behandeln.[4] Auch hier kann eine gewerbesteuerliche Doppelbelastung eintreten, wenn das Besitzunternehmen dem Betriebsunternehmen ein **Darlehen** gewährt. Denn die dafür anfallenden Zinsen sind einerseits gewerbesteuerpflichtiger Ertrag beim Besitzunternehmen, anderseits werden sie zu 25 % bei der Ermittlung des Gewerbeertrags der Betriebsgesellschaft gem. § 8 Nr. 1 Buchst. a GewStG hinzugerechnet. Dies kann wiederum durch die

---

1 BGBl 2020 I S. 1512.
2 Vgl. *Gosch* in Brandis/Heuermann, EStG, KStG, GewStG, § 9 GewStG Rz. 228.
3 Vgl. hierzu Rz. 727 ff.
4 BFH, Urteil v. 7.9.2005 - I R 119/04, BFH/NV 2006 S. 606, NWB QAAAB-74511.

Bildung einer Organschaft vermieden werden.¹ Untauglich ist hingegen eine Herabsetzung des Miet- oder Pachtzinses, da der Minderungsbetrag als Entgelt zu qualifizieren ist. Dies gilt auch bei fehlender Regelung einer Zinsvereinbarung im Darlehensvertrag, wenn ein zeitlicher und sachlicher Zusammenhang zwischen Darlehensgewährung und Mietminderung nachweisbar ist.²

Bei sog. **Renditedarlehen** fehlt es an einer betrieblichen Veranlassung. Darum unterbleibt hier eine Zuordnung zum betrieblichen Bereich. Die hierfür anfallenden Zinsen sind zu 25 % im Gewerbeertrag der Betriebsgesellschaft enthalten und sind auf Ebene des Darlehensgebers als Einkünfte aus Kapitalvermögen gewerbesteuerfrei.

1578

Bei **wechselseitiger Darlehensgewährung** zwischen Besitz- und Betriebsunternehmen ist wiederum zu berücksichtigen, dass es sich um selbständige Unternehmen handelt. Die Zinsaufwendungen sind bei Ermittlung des Gewerbesteuermessbetrags deshalb nur dann zu saldieren, wenn die Darlehen demselben Zweck dienen und regelmäßig miteinander verrechnet werden.³

1579

Schließlich ist nach der Rechtsprechung des BFH ein vom Besitzunternehmen aufgenommenes Darlehen, dessen Gegenwert an das Betriebsunternehmen zur Modernisierung der vom Besitzunternehmen gepachteten Wirtschaftsgüter weitergereicht wurde, kein **durchlaufender Kredit**.⁴ Die Zinsen sind damit nach § 8 Nr. 1 Buchst. a GewStG hinzuzurechnen.

1580

(Einstweilen frei) 1581–1583

3. Nutzung von Freibeträgen nach § 11 GewStG

Der Freibetrag des § 11 Abs. 1 Satz 3 Nr. 1 GewStG kann wegen des Objektsteuercharakters der Gewerbesteuer **mehrfach** gewährt werden, wenn der Steuerpflichtige mehrere Gewerbebetriebe unterhält. Voraussetzung ist, dass es sich um mehrere selbständige Gewerbebetriebe handelt. Daher ist bei der mitunternehmerischen Betriebsaufspaltung der Freibetrag jeweils dem Besitz- und dem Betriebsunternehmen zu gewähren.⁵ Denn wie bereits erörtert, hat der BFH zur mitunternehmerischen Betriebsaufspaltung entschieden, dass

1584

---

1 Vgl. oben Rz. 1573.
2 BFH, Urteil v. 5.10.1972 - IV R 13/66, BStBl 1973 II S. 26.
3 BFH, Urteil v. 7.7.2004 - XI R 65/03, BStBl 2005 II S. 102; v. 7.9.2005 - I R 119/04, BFH/NV 2006 S. 606, NWB QAAAB-74511; siehe auch BFH, Urteil v. 6.6.1973 - I R 257/70, BFHE 109 S. 465, BStBl 1973 II S. 670; v. 10.11.1976 - I R 133/75, BFHE 120 S. 545, BStBl 1977 II S. 165.
4 BFH, Urteil v. 7.7.2004 - XI R 65/03, BStBl 2005 II S. 102.
5 *Gosch* in Brandis/Heuermann, EStG, KStG, GewStG, § 11 GewStG Rz. 9.

diese die Regeln des § 15 Abs. 1 Satz 1 Nr. 2 EStG zum Sonderbetriebsvermögen verdrängt.

1585–1587 *(Einstweilen frei)*

4. Anwendung von Kürzungsvorschriften
a) Kürzungen nach § 9 Nr. 1 GewStG

1588 Gemäß § 9 Nr. 1 Satz 1 GewStG wird die Summe des Gewinns und der Hinzurechnungen gekürzt um 1,2 % des Einheitswerts des zum Betriebsvermögen des Unternehmens gehörenden und nicht von der Grundsteuer befreiten Grundbesitzes. Diese Kürzung ist unstreitig vorzunehmen, wenn die Besitz-Personengesellschaft oder einer ihrer Gesellschafter der Betriebs-Kapitalgesellschaft Grundstücke gegen Nutzungsentgelt zur Verfügung stellt.

1589 Bei der Anwendung der **erweiterten Kürzung** nach § 9 Nr. 1 Satz 2 GewStG[1] ist zwischen zwei Fällen zu unterscheiden, nämlich dem, dass das Besitzunternehmen eine Personengesellschaft oder ein Einzelunternehmen ist, sowie dem Fall einer kapitalistischen Betriebsaufspaltung.

1590 Überlässt eine Besitz-Personengesellschaft oder ein Besitz-Einzelunternehmen der Betriebsgesellschaft lediglich die in ihrem Eigentum befindlichen Grundstücke, ist auf den ersten Blick der Tatbestand des § 9 Nr. 1 Satz 2 GewStG erfüllt, da sich die Besitzgesellschaft auf Verwaltung und Nutzung ihres Grundbesitzes beschränkt. Gleichwohl lehnen Rechtsprechung und Finanzverwaltung die erweiterte Kürzung in diesem Fall ab.[2] Entscheidend dafür ist, dass die personelle und sachliche Verflechtung, die für eine Betriebsaufspaltung kennzeichnend ist, den Rahmen der bloßen Vermögensverwaltung überschreitet.

---

[1] Hierzu *Neu/Hamacher*, Der Konzern 2013 S. 583.
[2] BFH, Urteile v. 29.3.1973 - I R 174/72, BStBl 1973 II S. 686; v. 22.2.2005 - VIII R 53/02, BFH/NV 2005 S. 1624, NWB TAAAB-55650; v. 22.1.2009 - IV R 80/06, BFH/NV 2009 S. 1279, NWB LAAAD-23756; v. 22.6.2016 - X R 54/14, BFHE 254 S. 354, BStBl 2017 II S. 529, Rz. 21; FG Sachsen-Anhalt, Beschluss v. 8.3.2018 - 3 V 496/17, EFG 2019 S. 784, Rz. 25, 27 (rkr.); FG Köln, Urteil v. 17.10.2019 - 6 K 832/16, NWB UAAAH-49785 (Az. des BFH: IV R 31/19); H 9.2 Abs. 2 „Betriebsaufspaltung" GewStH.

XIII. Einzelne gewerbesteuerliche Aspekte

Der BFH hat die erweiterte Kürzung nicht nur in Fällen verneint, in denen die **Betriebsgesellschaft originär gewerblich tätig** war. Zwar war eine solche Fallgestaltung in der Mehrzahl der entschiedenen Verfahren gegeben.[1] Der BFH hatte darüber hinaus einem Besitzunternehmen die erweiterte Kürzung aber auch in einem Sachverhalt versagt, der dadurch gekennzeichnet war, dass die Betriebs-GmbH sich auf die **reine Vermietung von Grundbesitz** beschränkte;[2] ergänzend wickelte sie noch die Pensionen ihrer früheren Arbeitnehmer als Trägerin einer Unterstützungskasse ab. Zur Begründung hat der BFH ausgeführt, das Besitzunternehmen betätige sich wegen der Möglichkeit, über den einheitlichen Betätigungswillen der Gesellschafter Einfluss auf die Betriebsgesellschaft zu nehmen, eigengewerblich.

Diese Entscheidung zeigt, dass es für die von den Ertragsteuersenaten des BFH in ständiger Rechtsprechung ausgesprochene Versagung der erweiterten Kürzung in Fällen der Betriebsaufspaltung nicht darauf ankommt, ob die Betriebsgesellschaft als Gewerbebetrieb kraft Tätigkeit (§ 2 Abs. 1 GewStG) oder als Gewerbebetrieb kraft Rechtsform (§ 2 Abs. 2 Satz 1 GewStG) anzusehen ist.[3]

Diese Grundsätze sind an sich nicht auf die **kapitalistische Betriebsaufspaltung** übertragbar.[4] Der Grund dafür liegt darin, dass der Besitz-Kapitalgesellschaft wegen des Durchgriffverbots weder die von ihren Gesellschaftern gehaltenen Anteile an der Betriebsgesellschaft noch die mit diesem Anteilsbesitz verbundenen Beherrschungsfunktionen zugerechnet werden können.[5]

1591

Anders verhält es sich jedoch, wenn die Besitz-Kapitalgesellschaft selbst Inhaberin der Anteile an der Betriebs-Kapitalgesellschaft ist und als solche selbst die die Betriebsaufspaltung kennzeichnende Beherrschung ausübt. Hier kommt die Ge-

1592

---

1 BFH, Urteile v. 11.12.1974 - I R 260/72, BFHE 114 S. 433, BStBl 1975 II S. 266, unter 3. – Fertigungsbetrieb; v. 10.4.1991 - XI R 22/89, BFH/NV 1992 S. 312, NWB DAAAB-32708, unter 2.c – Fabrikationsbetrieb; v. 12.9.1991 - IV R 8/90, BFHE 166 S. 55, BStBl 1992 II S. 347, unter 2.; Verfassungsbeschwerde nicht zur Entscheidung angenommen durch BVerfG, Beschluss v. 22.9.1994 - 2 BvR 204/92 – lüftungstechnisches Unternehmen; vgl. auch BFH, Urteile v. 27.8.1992 - IV R 13/91, BFHE 169 S. 231, BStBl 1993 II S. 134 – Hotel; v. 26.8.1993 - IV R 48/91, BFH/NV 1994 S. 265, NWB MAAAB-33862, unter 1. – Möbel-Einzelhandel; v. 22.1.2009 - IV R 80/06, BFH/NV 2009 S. 1279, NWB LAAAD-23756, unter II.1.a – Textilhandel.
2 BFH, Urteil v. 22.2.2005 – VIII R 53/02, BFH/NV 2005 S. 1624, unter II.1, NWB TAAAB-55650.
3 BFH, Urteil v. 22.6.2016 - X R 54/14, BFHE 254 S. 354, BStBl 2017 II S. 529, Rz. 23.
4 BFH, Urteil v. 1.8.1979 - I R 111/78, BStBl 1980 II S. 77.
5 *Gosch* in Brandis/Heuermann, EStG, KStG, GewStG, § 9 GewStG Rz. 62.

währung der erweiterten Kürzung nach Auffassung des BFH nicht in Betracht.[1] Der BFH hat außerdem ausdrücklich hervorgehoben, dass eine Übertragung gewerbesteuerrechtlich günstiger Merkmale der Betriebs-Kapitalgesellschaft[2] – selbst wenn diese die Voraussetzungen des § 9 Nr. 1 Satz 2 GewStG erfüllt – bei der erweiterten Kürzung nicht in Betracht kommt.[3]

BEISPIEL 1: Die A-GmbH ist zu 100 % an der B-GmbH beteiligt und überlässt dieser ein Grundstück (wesentliche Betriebsgrundlage).

LÖSUNG: Es liegt eine kapitalistische Betriebsaufspaltung vor, da die A-GmbH als Besitzgesellschaft in der Lage ist, einen einheitlichen geschäftlichen Betätigungswillen durchzusetzen. Eine erweiterte Kürzung kommt für die A-GmbH nicht in Betracht.

BEISPIEL 2: Wie Beispiel 1, allerdings ist die A-GmbH nur zu 40 % an der B-GmbH beteiligt. Die übrigen Anteile werden von D gehalten.

LÖSUNG: Eine Betriebsaufspaltung liegt mangels personeller Verflechtung nicht vor. Die A-GmbH kann die erweiterte Kürzung in Anspruch nehmen, da das Halten einer Beteiligung an einer Kapitalgesellschaft eine unschädliche Tätigkeit darstellt.

BEISPIEL 3: Die A-GmbH ist zu 100 % an der Z-GmbH beteiligt, welche 75 % der Anteile an der B-GmbH hält. Die A-GmbH vermietet ein Grundstück (wesentliche Betriebsgrundlage) an die B-GmbH.

LÖSUNG: Auch in diesem Fall liegt eine kapitalistische Betriebsaufspaltung vor, da die A-GmbH als Besitz-Kapitalgesellschaft die B-GmbH mittelbar über die Z-GmbH beherrscht.[4] Die A-GmbH kann die erweiterte Kürzung folglich nicht in Anspruch nehmen. Gleiches würde gelten, wenn das Betriebsgrundstück einer zwischengeschalteten GmbH (an der die A-GmbH nicht beteiligt ist) mit der Verpflichtung zur Weitervermietung an die B-GmbH überlassen würde.[5]

1593 Die erweiterte Kürzung ist dagegen zu gewähren, wenn die Anteile an der Betriebsgesellschaft nicht von der Besitzkapitalgesellschaft, sondern von deren Gesellschaftern gehalten werden (Vermietung an **Schwesterkapitalgesellschaften**). In diesem Fall sind die Voraussetzungen der Betriebsaufspaltung nicht erfüllt. Der Besitzgesellschaft kann weder die von ihren Gesellschaftern gehal-

---

1 BFH, Entscheidungen v. 24.1.2012 - I B 136/11, BFH/NV 2012 S. 1176, NWB YAAAE-09066; v. 28.1.2015 - I R 20/14, BFH/NV 2015 S. 1109, unter II.1, NWB IAAAE-91960; v. 22.6.2016 - X R 54/14, BFHE 254 S. 354, BStBl 2017 II S. 529, Rz. 25; FG Sachsen-Anhalt, Beschluss v. 8.3.2018 - 3 V 496/17, EFG 2019 S. 784, Rz. 27 (rkr.); gl. A. *Gosch* in Brandis/Heuermann, § 9 GewStG Rz. 62 f.; *Güroff* in Glanegger/Güroff, GewStG, 10. Aufl. 2021, § 9 Nr. 1 Rz. 26; *Roser* in Lenski/Steinberg, § 9 Nr. 1 GewStG Rz. 106, 150 ff.; kritisch *Nöcker* in Lenski/Steinberg, § 2 GewStG Rz. 1279.
2 Vgl. hierzu oben Rz. 1361 ff.
3 BFH, Urteil v. 22.6.2016 - X R 54/14, BFHE 254 S. 354, BStBl 2017 II S. 529, Rz. 27 ff.; a. A. *Demleitner*, BB 2016 S. 2784, 2787; *Mroz*, FR 2017 S. 476.
4 Vgl. BFH, Urteil v. 28.1.2015 - I R 20/14, BFH/NV 2015 S. 1109, NWB IAAAE-91960.
5 Vgl. BFH, Urteil v. 28.11.2001 - X R 50/97, BStBl 2002 II S. 363.

tenen Anteile an der Betriebsgesellschaft noch die mit diesem Anteilsbesitz verbundene Beherrschungsfunktion zugerechnet werden, da es sich dabei um verschiedene Rechtsträger handelt. Eine Zurechnung würde einen unzulässigen steuerrechtlichen Durchgriff auf die hinter der Besitzkapitalgesellschaft stehenden Personen bedeuten.[1]

BEISPIEL: A hält jeweils 100 % der Anteile an der X-GmbH und der Y-GmbH. Die X-GmbH vermietet ein Grundstück an die Y-GmbH.

LÖSUNG: Es liegt keine Betriebsaufspaltung vor. Die X-GmbH kann die erweiterte Kürzung in Anspruch nehmen.

(*Einstweilen frei*)   1594

b) Kürzungen nach § 9 Nr. 2a GewStG (Schachtelprivileg)

Bei Gewinnausschüttungen der Betriebs-Kapitalgesellschaft an die Besitz-Personengesellschaft wird eine erneute Besteuerung der ausgeschütteten Gewinne auf der Ebene der Besitz-Personengesellschaft unter den Voraussetzungen des **Schachtelprivilegs** gem. § 9 Nr. 2a GewStG vermieden. Der Gewinn aus der Veräußerung der Anteile an der Betriebs-Kapitalgesellschaft fällt nicht hierunter.[2] Erforderlich für die Kürzung ist zunächst, dass die Anteile an der Betriebs-Kapitalgesellschaft entweder von der Besitz-Personengesellschaft oder ihren Gesellschaftern gehalten werden.[3] Die Beteiligung muss nach aktueller Rechtslage mindestens 15 %[4] der Anteile umfassen, und zwar zu Beginn des Erhebungszeitraums. Diese Quote ist bei einer Betriebsaufspaltung immer erreicht, weil zu ihrer Berechnung die Anteile, die von den Gesellschaftern der Besitz-Personengesellschaft gehalten werden, zusammenzufassen sind.[5] Wird die Betriebsaufspaltung unterjährig begründet, sind Ausschüttungen im ersten Erhebungszeitraum noch nicht begünstigt.   1595

Liegen die Voraussetzungen des § 9 Nr. 2a GewStG vor und führen die Ausschüttungen der Betriebs-Kapitalgesellschaft im Rahmen einer Betriebsaufspaltung zu Einkünften aus § 15 EStG bei den Besitzunternehmern, fehlt es an der für die Steuerermäßigung nach § 35 EStG erforderlichen tatsächlichen Belastung mit Gewerbesteuer.[6]   1596

---

1 BFH, Beschluss v. 24.1.2012 - I B 136/11, BFH/NV 2012 S. 1176, NWB YAAAE-09066.
2 BFH, Urteil v. 7.12.1971 - VIII R 3/70, BStBl 1972 II S. 468.
3 Vgl. BFH, Urteil v. 15.11.1967 - IV R 139/67, BStBl 1968 II S. 152.
4 Die Mindestbeteiligungsgrenze wurde durch das Unternehmensteuerreformgesetz 2008 von bislang 10 % auf 15 % angehoben, was sich erstmals im Veranlagungszeitraum 2008 auswirkt.
5 BFH, Urteil v. 15.11.1967 - IV R 139/67, BStBl 1968 II S. 152.
6 FG Düsseldorf, Urteil v. 8.11.2006 - 7 K 3473/05 E, NWB LAAAC-45652, EFG 2007 S. 685 (rkr.); OFD Frankfurt, Vfg. v. 19.2.2009 - S 2240 A -28-St 219, Tz. 8.2, NWB DAAAE-12306.

5. Verlustuntergang nach § 10a GewStG

1597 Nach § 10a GewStG wird der maßgebende Gewerbeertrag bis zu einem Betrag in Höhe von 1 Mio. € um die Fehlbeträge gekürzt, die sich bei der Ermittlung des maßgebenden Gewerbeertrags für die vorangegangenen Erhebungszeiträume nach den Vorschriften der §§ 7 bis 10 GewStG ergeben haben, soweit die Fehlbeträge nicht bei der Ermittlung des Gewerbeertrags für die vorangegangenen Erhebungszeiträume berücksichtigt worden sind (Satz 1). Die Höhe der vortragsfähigen Fehlbeträge ist gesondert festzustellen (Satz 6). Vortragsfähige Fehlbeträge sind die nach der Kürzung des maßgebenden Gewerbeertrags nach Satz 1 und 2 zum Schluss des Erhebungszeitraums verbleibenden Fehlbeträge (Satz 7). Die Kürzung des Gewerbeertrags um Verluste aus früheren Erhebungszeiträumen setzt nach ständiger Rechtsprechung des BFH die **Unternehmens- und Unternehmeridentität** voraus.[1] Die Unternehmensidentität kann bei **Begründung einer Betriebsaufspaltung** entfallen, wenn ein aktives Unternehmen sich zu einem bloßen Besitzunternehmen im Rahmen einer Betriebsaufspaltung wandelt.[2] Bei einer Besitzpersonengesellschaft bleibt die Unternehmensidentität dagegen jedenfalls so lange erhalten, als sie mit der nämlichen Betriebskapitalgesellschaft sachlich und personell verflochten bleibt.[3] Denn für diesen Fall übt die Besitzpersonengesellschaft aufgrund genannter Verflechtungen gegenüber der Betriebsgesellschaft ununterbrochen eine nutzungsüberlassende Tätigkeit aus, die sich nach ihrem Gesamtbild als die wirtschaftlich identische (originär) gewerbliche Tätigkeit darstellt.

1598–1599 *(Einstweilen frei)*

---

[1] BFH, Urteil v. 7.9.2016 - IV R 31/13, BStBl 2017 II S. 482, Rz. 20, m. w. N.
[2] BFH, Urteil v. 19.12.2019 - IV R 8/17, BFH/NV 2020 S. 650, NWB AAAAH-47680, Rz. 32.
[3] BFH, Urteil v. 30.10.2019 - IV R 59/16, BStBl 2020 II S. 147, Rz. 33.

H. Betriebsaufspaltung und Betriebsverpachtung

LITERATUR:

Fichtelmann, Anm. zum BFH-Urteil vom 31.3.1971, I R 111/69, FR 1971 S. 492; *Schmidt*, In den Grenzbereichen von Betriebsaufgabe, Betriebsverpachtung, Betriebsaufspaltung und Mitunternehmerschaft, DStR 1979 S. 671 und 699; *Knoppe*, Betriebsverpachtung, Betriebsaufspaltung, 7. Aufl., Düsseldorf 1985; *Neufang*, Der Pachtvertrag bei der Betriebsaufspaltung, INF 1989 S. 56; *Tillmann*, Betriebsaufspaltung und Betriebsverpachtung als steuerliche Gestaltungselemente, StKongrRep 1990 S. 131; *Fichtelmann*, Der Pachtvertrag bei der Betriebsaufspaltung, INF 1994 S. 366, 396; *Winter*, Betriebsverpachtung und Betriebsaufspaltung, GmbHR 1995 S. 34; *Feißt*, Gewerbesteuer, Betriebsverpachtung, Betriebsaufspaltung, Zerlegung, LSW 1998, G4/148.1–12; *Herff*, Erwünschte und unerwünschte Betriebsaufgabe, KÖSDI 2000 S. 12453, 12462; *Görden*, Betriebsaufspaltung und Betriebsverpachtung, GmbH-StB 2002 S. 222; *Wendt*, Einkünfteermittlung: Keine Zwangsbetriebsaufgabe bei erneuter Verpachtung eines ganzen Betriebs nach Beendigung einer unechten Betriebsaufgabe, FR 2002 S. 825; *Claßen*, Wiederaufleben eines Verpächterwahlrechts nach Beendigung der Betriebsaufspaltung, EFG 2005 S. 358; *Erhart/Ostermayer*, Die Betriebsverpachtung im Ganzen, StB 2005 S. 50; *Pflüger*, Die Betriebsverpachtung im Ganzen als Alternative zur Betriebsaufspaltung, GStB 2005 S. 407; *Schoor*, Beratungsaspekte und Gestaltungsmöglichkeiten bei einer Betriebsverpachtung im Ganzen, INF 2007 S. 110; *Kußmaul/Schwarz*, Das Rechtsinstitut der Betriebsverpachtung, StuB 2012 S. 584; *Hubert*, Steuerneutrale Beendigung von Betriebsaufspaltungen außerhalb des UmwStG, StuB 2020 S. 8; *Günter*, Vermeidung der Aufdeckung stiller Reserven durch Betriebsverpachtung im Ganzen, GStB 2022 S. 132.

I. Betriebsverpachtung

Nach der Rechtsprechung des BFH[1] setzt eine Betriebsverpachtung voraus, dass der Betrieb im Ganzen verpachtet worden ist, d. h. es müssen **alle** wesentlichen Grundlagen des Betriebs als einheitliches Ganzes verpachtet worden sein, und der Pächter muss im Wesentlichen den vom Verpächter betriebenen Gewerbebetrieb fortsetzen. Insoweit ist – anders als bei der Betriebsaufspaltung – nur auf die Verhältnisse des verpachtenden und nicht des pachtenden Unternehmens abzustellen.

1600

---

[1] BFH, Urteile v. 13.11.1963 - GrS 1/63 S, BFHE 78 S. 315, BStBl 1964 III S. 124; v. 4.11.1965 - IV 411/61 U, BFHE 84 S. 134, BStBl 1964 III S. 49; v. 16.11.1967 - IV R 8/67, BFHE 90 S. 329, BStBl 1968 II S. 78; v. 17.4.1997 - VIII R 2/95, BFHE 183 S. 358, BStBl 1998 II S. 388; v. 11.5.1999 - VIII R 72/96 (unter II.2.), BFHE 188 S. 397, BStBl 2002 II S. 722; v. 7.11.2013 - X R 21/11, BFH/NV 2014 S. 676, NWB GAAAE-57209; Beschluss v. 19.9.2017 - IV B 85/16, BFH/NV 2018 S. 51, Rz. 18, NWB IAAAG-61384.

Die Betriebsverpachtung setzt des Weiteren eine vormalige gewerbliche Betätigung des Verpächters voraus. Da sowohl der Gesamtrechtsnachfolger[1] als auch der unentgeltliche Einzelrechtsnachfolger[2] in die Rechtsposition des Rechtsvorgängers eintreten, können diese das Verpächterwahlrecht gleichermaßen ausüben. Wird dagegen ein Betrieb entgeltlich erworben und dann verpachtet, ohne dass der Verpächter den Betrieb zuvor selbst bewirtschaftet hat, so erzielt er als Verpächter nur Einkünfte aus Vermietung und Verpachtung. Ihm steht insoweit das Verpächterwahlrecht nicht zu.[3] Bei teilentgeltlichen Veräußerungen (Veräußerung unter dem gemeinen Wert) steht das Verpächterwahlrecht dem Verpächter allerdings insoweit zu, als er den Betrieb unentgeltlich erworben hat.[4]

1601 Sind die Voraussetzungen der Betriebsverpachtung gegeben, kann der Verpächter eines Gewerbebetriebs **wählen**, ob er die Betriebsverpachtung als Betriebsaufgabe mit der sofortigen Versteuerung der stillen Reserven behandeln will oder ob er den Betrieb nicht als aufgegeben, sondern in der Form eines verpachteten Betriebs als fortgeführt ansehen will, mit der Konsequenz, dass die stillen Reserven nicht aufgedeckt werden.[5] Im ersten Fall ist beim Verpächter das Pachtentgelt als Einkünfte aus Vermietung und Verpachtung, im letzten Fall als Einkünfte aus Gewerbebetrieb zu versteuern. Gewerbesteuer fällt jedoch auch im letzten Fall nicht an, da die einkommensteuerlichen Folgen des Verpächterwahlrechts nicht auf die Gewerbesteuer abfärben.[6]

§ 16 Abs. 3b EStG i. d. F. des Steuervereinfachungsgesetzes 2011 enthält Präzisierungen für die Fälle der Betriebsverpachtung und -unterbrechung: Der Gewerbebetrieb gilt als nicht aufgegeben, bis der Steuerpflichtige

(1) die Aufgabe ausdrücklich gegenüber dem Finanzamt erklärt oder

(2) dem Finanzamt Tatsachen bekannt werden, aus denen sich ergibt, dass die Voraussetzungen für eine Aufgabe erfüllt sind (Satz 1).

---

1 BFH, Urteil v. 28.11.1991 - IV R 58/91, BStBl 1992 II S. 521.
2 BFH, Urteil v. 19.8.1998 - X R 176/96, BFH/NV 1999 S. 454, NWB XAAAA-62288.
3 BFH, Urteile v. 20.4.1989 - IV R 95/87, BFHE 157 S. 365, BStBl 1989 II S. 863; v. 29.3.2001 - IV R 88/99, BFHE 195 S. 267, BStBl 2002 II S. 791, jeweils für einen entgeltlich erworbenen, verpachteten landwirtschaftlichen Betrieb; v. 6.4.2016 - X R 52/13, BFHE 253 S. 359, BStBl 2016 II S. 710, Rz. 28; Beschluss v. 19.9.2017 - IV B 85/16, BFH/NV 2018 S. 51, Rz. 19, NWB IAAAG-61384.
4 BFH, Urteil v. 6.4.2016 - X R 52/13, BStBl 2016 II S. 710; Günther, GStB 2022 S. 132.
5 BFH, Urteile v. 23.4.1996 - VIII R 13/95, BStBl 1998 II S. 325; v. 17.4.2002 - X R 8/00, BFHE 199 S. 124, BStBl 2002 II S. 527; vgl. zu Einzelheiten Senator für Finanzen Bremen (koordinierter Ländererlass) v. 17.10.1994, BStBl 1994 I S. 771.
6 FG Köln, Urteil v. 12.3.2009 - 10 K 399/06, EFG 2009 S. 1244, NWB LAAAD-22223 (rkr.).

Weder unter Nr. 1 noch unter Nr. 2 fällt eine etwaige Aufgabeerklärung gegenüber der Gewerbeaufsicht, welche entsprechende Informationen an die Finanzverwaltung weiterleitet. Denn die Vorschrift hat den steuerrechtlichen und nicht den gewerberechtlichen Begriff der Betriebsaufgabe im Blick.

Im Fall einer ausdrücklichen Aufgabeerklärung, die nicht widerrufen werden kann,[1] ist der Zeitpunkt des Erklärungseingangs beim zuständigen Finanzamt maßgeblich für die Betriebsaufgabewerte. Allerdings wird nach § 16 Abs. 3b Satz 2 EStG ein vom Steuerpflichtigen gewählter früherer Zeitpunkt anerkannt, wenn die Aufgabeerklärung spätestens drei Monate nach diesem Zeitpunkt abgegeben wird. Dies bietet Gestaltungsspielräume im Hinblick auf während dieser Zeitdauer eingetretene Wertsteigerungen. Bei späterer Abgabe der Aufgabeerklärung ist für die Bewertung wiederum der Zeitpunkt der Erklärung maßgeblich (§ 16 Abs. 3b Satz 3 EStG).

II. Betriebsaufspaltung mit und ohne Betriebsverpachtung

1. Allgemeines

Hinsichtlich des Verhältnisses zwischen Betriebsaufspaltung und Betriebsverpachtung sind zwei Grundfälle zu unterscheiden: 1602

▶ Der erste Fall betrifft die Gestaltung, dass im Rahmen der Entstehung der Betriebsaufspaltung der gesamte Betrieb des bisherigen Einheitsunternehmens (= alle wesentlichen Betriebsgrundlagen des bisherigen Einheitsunternehmens) an das Betriebsunternehmen vermietet oder verpachtet werden. Man kann diese Gestaltung als **betriebsverpachtende Betriebsaufspaltung** oder als qualifizierte Betriebsaufspaltung[2] bezeichnen.

▶ Im zweiten Fall werden nicht alle wesentlichen Betriebsgrundlagen, sondern nur eine oder einige der wesentlichen Betriebsgrundlagen des bisherigen Einheitsunternehmens an das Betriebsunternehmen vermietet oder verpachtet. Hier könnte man im Unterschied zur betriebsverpachtenden Betriebsaufspaltung von einer **nur wirtschaftsgutüberlassenden Betriebsaufspaltung sprechen**. 1603

---

1 BFH, Urteil v. 22.9.2004 - III R 9/03, BStBl 2005 II S. 160.
2 BFH, Urteil v. 17.4.2002 - X R 8/00 (unter II.1.), BFHE 199 S. 124, BStBl 2002 II S. 527.

2. Die betriebsverpachtende (qualifizierte) Betriebsaufspaltung

1604 Bei der betriebsverpachtenden Betriebsaufspaltung, also in den Fällen, in denen sowohl die Voraussetzungen der Betriebsverpachtung als auch die der Betriebsaufspaltung vorliegen, ist das dem Steuerpflichtigen aufgrund der Betriebsverpachtung zustehende **Wahlrecht** nicht gegeben, weil in einem solchen Falle das Richterrecht Betriebsverpachtung von dem Richterrecht Betriebsaufspaltung überlagert wird.[1]

1605 Der Verpächter kann – solange die Voraussetzungen der Betriebsaufspaltung erfüllt sind – keine Betriebsaufgabe erklären, und er muss auch weiterhin Gewerbesteuer zahlen. Entfallen die Voraussetzungen der Betriebsaufspaltung, lebt das Wahlrecht wieder auf, und der Verpächter kann das Wahlrecht ausüben.[2] Wählt er nicht die Betriebsaufgabe, bleibt das Besitzunternehmen als Verpachtungsbetrieb ein Gewerbebetrieb.[3] Da das bisherige Betriebsvermögen im Fall der Betriebsverpachtung auch dann Betriebsvermögen bleibt, wenn es nicht mitverpachtet wird,[4] würde auch hinsichtlich der Anteile an der Betriebsgesellschaft kein Gewinn realisiert, solange sie nicht veräußert bzw. in das Privatvermögen entnommen werden.[5]

Erklärt der Verpächter dagegen die Betriebsaufgabe, gehen die Wirtschaftsgüter seines Betriebsvermögens grundsätzlich in das Privatvermögen über, so dass die in den Wirtschaftsgütern ruhenden stillen Reserven aufgedeckt und unter Gewährung der Vergünstigungen der §§ 16 Abs. 4 und 34 Abs. 1 oder 3 EStG versteuert werden.[6]

1606 Zu berücksichtigen ist, dass eine Betriebsaufgabe auch dann anzunehmen ist, wenn diese zwar nicht ausdrücklich erklärt wird, jedoch nicht die wesentlichen,

---

1 Vgl. BFH, Beschluss v. 19.9.2017 - IV B 85/16, BFH/NV 2018 S. 51, Rz. 19, NWB IAAAG-61384.
2 BFH, Urteile v. 23.4.1996 - VIII R 13/95, BFHE 181 S. 1, BStBl 1998 II S. 325; v. 6.3.1997 - XI R 2/96, BFHE 183 S. 85, BStBl 1997 II S. 460; v. 2.2.2000 - XI R 8/99, BFH/NV 2000 S. 1135 (rechte Spalte), NWB OAAAA-65246; v. 15.3.2005 - X R 2/02, BFH/NV 2005 S. 1292, NWB GAAAB-53307.
3 BFH, Urteile v. 17.4.2002 - X R 8/00 (unter II.3.c aa m. w. N. und unter II.3.c bb), BFHE 199 S. 124, BStBl 2002 II S. 7; v. 5.2.2003 - VIII B 134/01, BFH/NV 2003 S. 909, NWB GAAAA-71182; v. 30.11.2005 - X R 37/05, BFH/NV 2006 S. 1451, NWB BAAAB-87992; v. 11.10.2007 - X R 39/04 (unter II.3.), BFHE 219 S. 144, BStBl 2008 II S. 220; v. 15.3.2005 - X R 2/02, BFH/NV 2005 S. 1292, NWB GAAAB-53307; v. 30.11.2005 - X R 37/05, BFH/NV 2006 S. 1451, NWB BAAAB-87992; Beschluss v. 19.9.2017 - IV B 85/16, BFH/NV 2018 S. 51, NWB IAAAG-61384, Rz. 19; v. 13.12.2018 - III R 13/15, BFH/NV 2019 S. 1069, NWB YAAAH-28196, Rz. 20.
4 BFH, Urteil v. 6.4.2016 - X R 52/13, BStBl 2016 II S. 710.
5 *Wacker* in Schmidt, EStG, 41. Aufl. 2022, § 16 Rz. 186.
6 BFH, Urteile v. 17.4.1997 - VIII R 72/96 (unter II.2.a), BFHE 183 S. 385, BStBl 1998 II S. 388; v. 11.5.1999 - VIII R 72/96 (unter II.2.), BFHE 188 S. 397, BStBl 2002 II S. 722; v. 28.8.2003 - IV R 20/02 (unter II.1.b), BFHE 203 S. 143, BStBl 2004 II S. 10; v. 11.10.2007 - X R 39/04 (unter II.3.), BFHE 219 S. 144, BStBl 2008 II S. 220.

dem Betrieb das Gepräge gebenden Betriebsgegenstände verpachtet werden.[1] Zur Beantwortung der Frage, was unter den wesentlichen Betriebsgegenständen zu verstehen ist, kommt es auf die Verhältnisse des verpachtenden und nicht auf diejenigen des pachtenden Unternehmens an.[2] Dem Verpächter muss dabei objektiv die Möglichkeit verbleiben, den „vorübergehend" eingestellten Betrieb als solchen wieder aufzunehmen und fortzuführen.[3] Erforderlich ist eine umfassende Berücksichtigung der tatsächlichen Umstände des Einzelfalls unter Berücksichtigung der spezifischen Verhältnisse des betreffenden Betriebs.[4]

Nach diesen Grundsätzen bildet bei einem **Einzelhandelsbetrieb** regelmäßig das Betriebsgrundstück die alleinige wesentliche Betriebsgrundlage, wenn ihm durch seine Lage, den hierdurch bedingten örtlichen Wirkungskreis und den dadurch bestimmten Kundenkreis im Verhältnis zu den übrigen Wirtschaftsgütern besondere Bedeutung zukommt.[5] Demgegenüber gehören Inventar und Warenbestand bei einem Einzelhandelsbetrieb grds. nicht zu den wesentlichen Betriebsgrundlagen.[6]

1607

(Einstweilen frei) 1608–1610

3. Nur wirtschaftsgutüberlassende Betriebsaufspaltung

Oftmals werden bei einer Betriebsaufspaltung jedoch nicht gleichzeitig auch die Voraussetzungen einer Betriebsverpachtung vorliegen, sondern es wird **nur eine (von mehreren)** oder es werden **nur einige** wesentliche Betriebs-

1611

---

1 BFH, Urteile v. 17.4.1997 - VIII R 2/95, BFHE 183 S. 385, BStBl 1998 II S. 388; v. 15.3.2005 - X R 2/02 (unter I.3.c bb), BFH/NV 2005 S. 1292, NWB GAAAB-53307; v. 6.11.2008 - IV R 51/07, BStBl 2009 II S. 303.
2 BFH, Urteile v. 15.12.1988 - IV R 36/84 (unter 4. a), BFHE 155 S. 538, BStBl 1989 II S. 363; v. 15.3.2005 - X R 2/02 (unter I.3.c bb), BFH/NV 2005 S. 1292, NWB GAAAB-53307; v. 11.10.2007 - X R 39/04 (unter II.3.), BFHE 219 S. 144, BStBl 2008 II S. 220; v. 7.11.2013 - X R 21/11, BFH/NV 2014 S. 676, Rz. 15; v. 17.4.2019 - IV R 12/16, BStBl 2019 II S. 745, Rz. 41.
3 BFH, Urteile v. 15.10.1987 - IV R 66/86, BFHE 152 S. 62, BStBl 1988 II S. 260; v. 26.3.1991 - VIII R 73/87, BFH/NV 1992 S. 227 S. 228, NWB IAAAB-32514; v. 15.3.2005 - X R 2/02 (unter I.3.c bb), BFH/NV 2005 S. 1292, NWB GAAAB-53307.
4 BFH, Urteile v. 24.8.1989 - IV R 135/86 (unter 5.a), BFHE 158 S. 245, BStBl 1989 II S. 1014; v. 11.10.2007 - X R 39/04 (unter II.3.b), BFHE 219 S. 144, BStBl 2008 II S. 220; v. 6.11.2008 - IV R 51/07, BStBl 2009 II S. 303.
5 BFH, Urteile v. 29.10.1992 - III R 5/92, BFH/NV 1993 S. 233, NWB BAAAB-32940; v. 6.11.2008 - IV R 51/07, BStBl 2009 II S. 303.
6 BFH, Urteile v. 14.12.1979 - IV R 106/75, BFHE 127 S. 21, BStBl 1979 II S. 300; v. 7.8.1979 - VIII R 153/77, BFHE 129 S. 325, BStBl 1980 II S. 181; v. 6.11.2008 - IV R 51/07, BStBl 2009 II S. 303.

grundlagen des bisherigen Einheitsunternehmens dem Betriebsunternehmen zur Nutzung überlassen.¹

1612 Aus diesem Grund hat der IV. Senat in seinem Urteil v. 15.12.1988² bei einer Betriebsaufspaltung für den Regelfall das Vorliegen der Voraussetzungen der Betriebsverpachtung auch deshalb verneint, weil das Besitzunternehmen bei Beendigung der Pacht den Betrieb nicht fortsetzen kann. In gleichem Zusammenhang steht das BFH-Urteil v. 5.12.1996.³

1613 Mit den vorstehenden Ausführungen übereinstimmend hat der VIII. Senat des BFH bereits in seinem Urteil v. 13.12.1983⁴ entschieden, dass keine Betriebsverpachtung vorliegt, wenn einer Kapitalgesellschaft im Rahmen einer Betriebsaufspaltung nicht sämtliche Betriebsgrundlagen des bisherigen einheitlichen Unternehmens zur Verfügung gestellt werden, sondern sich die Verpachtung nur auf die Überlassung einer wesentlichen Betriebsgrundlage beschränkt.

1614 Auf der anderen Seite sind gerade in der neueren Rechtsprechung aber auch großzügigere Tendenzen auszumachen: So wird mitunter betont, dass jedenfalls bei **Groß- und Einzelhandelsunternehmen** sowie **Hotel- und Gaststättenbetrieben** – im Gegensatz zum produzierenden Gewerbe – die gewerblich genutzten Räume regelmäßig den wesentlichen Betriebsgegenstand bilden, welche dem Unternehmen das Gepräge geben.⁵

1615 Es erscheint daher sachgerecht, in den Wirtschaftsbereichen außerhalb des produzierenden Gewerbes keinen allzu strengen Maßstab an den Begriff der wesentlichen Betriebsgrundlage anzulegen. Hier muss es – unter Berücksichtigung von Besonderheiten des Einzelfalls – in aller Regel für die Annahme einer Betriebsverpachtung genügen, wenn Immobilien mit den notwendigen Betriebsvorrichtungen zurückbehalten werden. Hierfür spricht auch der Gesichtspunkt, dass der Begriff der sachlichen Verflechtung bei der Betriebsaufspaltung recht großzügig beurteilt wird. Dann erscheint es auf der anderen Seite aber nur folgerichtig, wenn den Voraussetzungen der Betriebsverpachtung ein nicht allzu enger Rahmen gesetzt wird.

---

1 Vgl. aber unten Rz. 1620.
2 BFH, Urteil v. 15.12.1988 - IV R 36/84, BFHE 155 S. 538, BStBl 1989 II S. 363.
3 BFH, Urteil v. 5.12.1996 - IV R 83/95, BFHE 182 S. 137, BStBl 1997 II S. 287.
4 BFH, Urteil v. 13.12.1983 - VIII R 90/81, BFHE 140 S. 526, BStBl 1984 II S. 474.
5 BFH, Urteile v. 28.8.2003 - IV R 20/02 (unter II.1.f), BFHE 203 S. 143, BStBl 2004 II S. 10; v. 20.12.2000 - XI R 26/00, BFH/NV 2001 S. 1106, NWB OAAAA-66591; v. 11.10.2007 - X R 39/04 (unter II.3.c), BFHE 219 S. 144, BStBl 2008 II S. 220.

Dementsprechend hat der BFH in einem überzeugenden Urteil aus dem Jahr 2007 festgehalten, dass bei einem **Autohaus** das speziell für dessen Betrieb hergerichtete Betriebsgrundstück samt Gebäuden und Aufbauten sowie die fest mit dem Boden verbundenen Betriebsvorrichtungen im Regelfall die alleinigen Betriebsgrundlagen darstellen.[1] Demgegenüber gehörten die beweglichen Anlagegüter, insbesondere die Werkzeuge und Geräte, regelmäßig auch dann nicht zu den wesentlichen Betriebsgrundlagen, wenn diese im Hinblick auf die Größe des Autohauses ein nicht unbeträchtliches Ausmaß einnehmen.

1616

Folge dieser großzügigen Sichtweise ist des Weiteren, dass auch der mit einer branchenfremden Verpachtung verbundene Verlust des **Goodwill** und des bisherigen Kundenstamms keine entscheidende Rolle für die Frage spielen kann, ob eine Betriebsverpachtung anzunehmen ist.[2]

1617

Dies ist eine Konsequenz der überzeugenden neueren Rechtsprechung des BFH, wonach die Annahme einer Betriebsverpachtung nicht stets bereits daran scheitern muss, dass das mietende Unternehmen einer **anderen Branche** angehört.[3] Demgegenüber hatte die ältere Rechtsprechung noch angenommen, dass die Verpachtung/Vermietung eines Betriebsgrundstücks an ein branchenfremdes Unternehmen stets zu einer Betriebsaufgabe führt, auch wenn diese nicht erklärt worden war.[4]

1618

Schwierigkeiten werden sicherlich dann auftreten, wenn in dem Miet- oder Pachtvertrag nur einzelne Wirtschaftsgüter als vermietet oder verpachtet bezeichnet werden und nicht zum Ausdruck kommt, dass ein Betrieb, also eine organisatorische Zusammenfassung von personellen und sachlichen Mitteln verpachtet werden soll. Denn bei Betriebsverpachtungen unter Fremden ist es üblich, dass der Vertrag als solcher über eine Betriebsverpachtung bezeichnet wird.

1619

Ist eine Betriebsaufspaltung erfolgt, ohne dass gleichzeitig die Voraussetzungen einer Betriebsverpachtung vorliegen, ist es nicht möglich, diese Voraussetzungen später nachträglich zu schaffen.

---

1 BFH, Urteil v. 11.10.2007 - X R 39/04, BFHE 219 S. 144, BStBl 2008 II S. 220; vgl. auch FG Düsseldorf, Urteil v. 22.6.2022 - 2 K 2599/18 G, EFG 2022 S. 1392, NWB YAAAJ-21366, nrkr. (Az. des BFH IV R 19/22).
2 BFH, Urteil v. 11.10.2007 - X R 39/04 (unter II.3.d), BFHE 219 S. 144, BStBl 2008 II S. 220; vgl. noch BFH, Urteil v. 14.1.1998 - X R 57/93, BFHE 185 S. 230, BFH/NV 1998 S. 1160, NWB NAAAA-96781.
3 BFH, Urteile v. 28.8.2003 - IV R 20/02, BFHE 203 S. 143, BStBl 2004 II S. 10; v. 30.11.2005 - X R 37/05, BFH/NV 2006 S. 1451, NWB BAAAB-87992; v. 11.10.2007 - X R 39/04 (unter II.3.d), BFHE 219 S. 144, BStBl 2008 II S. 220; v. 6.11.2008 - IV R 51/07, BStBl 2009 II S. 303.
4 BFH, Urteile v. 26.6.1975 - IV R 122/71, BFHE 116 S. 540, BStBl 1975 II S. 885; v. 2.2.1990 - III R 173/86, BFHE 159 S. 505, BStBl 1990 II S. 497.

H. Betriebsaufspaltung und Betriebsverpachtung

1620 Bei der **unechten Betriebsaufspaltung** ist ein Zusammentreffen der Voraussetzungen von Betriebsaufspaltung und Betriebsverpachtung in den Fällen denkbar, in denen bei bestehender personeller Verflechtung ein Betrieb an einen bereits bestehenden anderen Betrieb verpachtet wird (unechte qualifizierte Betriebsaufspaltung). Damit übereinstimmend hat der BFH mit Urteil v. 17.4.2002[1] ein Zusammentreffen von Betriebsaufspaltung und Betriebsverpachtung angenommen, wenn das Besitzunternehmen der Betriebsgesellschaft eine komplette funktionsfähige Autowerkstatt nebst Betriebsgrundstück als geschlossenen Organismus verpachtet hat. Bemerkenswert an dem Urteil ist, dass die Autowerkstatt vor ihrer Verpachtung noch nicht als solche tätig war. Als entscheidungserheblich hat der BFH lediglich den Umstand angesehen, dass der Besitzunternehmer den an das branchengleich tätige Betriebsunternehmen verpachteten Betrieb nach Beendigung dieses Pachtverhältnisses „identitätswahrend" entweder als eigenes „genuin" gewerbliches Unternehmen fortführen oder – unter Wiederaufnahme der früheren Betätigung als unechtes Besitzunternehmen – eine neue Betriebsaufspaltung mit einer neuen Betriebsgesellschaft begründen kann.

Des Weiteren hat der BFH in einem weiteren aktuellen Urteil entschieden, dass eine Betriebsverpachtung auch angenommen werden kann, wenn im Besitzunternehmen **nur eine wesentliche Betriebsgrundlage** vorhanden ist, die nach Beendigung der Betriebsaufspaltung weiterhin an die Betriebsgesellschaft verpachtet wird.[2] Entscheidet sich das ehemalige Besitzunternehmen zur weiteren Überlassung wesentlicher Betriebsgrundlagen, so führt es nach überzeugender Auffassung des IV. Senats die bisherige gewerbliche Tätigkeit im Ergebnis fort. Für die Annahme einer Betriebsverpachtung genügt dies.

1621–1623 *(Einstweilen frei)*

---

[1] BFH, Urteil v. 17.4.2002 - X R 8/00, BFHE 199 S. 124, BStBl 2002 II S. 527.
[2] BFH, Urteil v. 17.4.2019 - IV R 12/16, BStBl 2019 II S. 745, Rz. 46 f.; vgl. hierzu auch *Hubert*, StuB 2020 S. 8.

I. Beginn und Beendigung der Betriebsaufspaltung

> **LITERATUR:**
>
> *O. V.*, Beteiligungsverhältnisse sowie Beginn und Ende von Besitzunternehmen, DB 1970 S. 1350; *o. V.*, Nachträgliche Erfassung von Besitzunternehmen, DB 1971 S. 1138; *Schoor*, Begründung einer GmbH und anschließende Betriebsaufspaltung, StSem 1998 S. 228; *Schoor*, Bilanzierung bei zunächst fälschlich nicht erkannter Betriebsaufspaltung, StSem 1998 S. 253; *Märkle*, Die Betriebsaufspaltung an der Schwelle zu einem neuen Jahrtausend, X.1. Gewerbesteuerlicher Betriebsbeginn des Besitzunternehmens, BB 2000 Beilage 7 S. 13; *Honert*, Willentliche Beendigung der Betriebsaufspaltung, EStB 2003 S. 310; *Stein*, Der Nachlassnießbrauch – eine (steuerlich) sinnvolle Gestaltung?, ZEV 2018 S. 127; *Vosseler/Udwari*, Vermeidung der Betriebsaufspaltung im „Wiesbadener Modell" mit minderjährigen Kindern durch Zuwendungspflegschaft, ZEV 2022 S. 135.

I. Beginn der Betriebsaufspaltung

1. Allgemeines

Die **echte Betriebsaufspaltung** beginnt in dem Zeitpunkt, in dem die Existenz des bisherigen Einheitsunternehmens steuerrechtlich endet und an seine Stelle das Betriebsunternehmen und das Besitzunternehmen treten.[1] Für den Beginn der sachlichen Verflechtung kommt es allein auf die **tatsächliche Überlassung** von wesentlichen Betriebsgrundlagen an. Dabei spielt es keine Rolle, ob diese Überlassung (zunächst) unentgeltlich geschieht. Gleichgültig ist auch, ob sie auf einer schuldrechtlichen oder dinglichen Rechtsgrundlage beruht.[2]

1624

Die echte Betriebsaufspaltung steht häufig im Zusammenhang mit einer **Ausgliederung**, etwa dadurch, dass das Umlaufvermögen des bisherigen Einzelunternehmens auf die Betriebsgesellschaft ausgegliedert wird. Möglich und zur Vermeidung der Übertragung von Rechtsbeziehungen zu Dritten ist aber auch eine Ausgliederung von Anlagevermögen auf das neu entstehende Besitzunternehmen, wodurch ggf. Grunderwerbsteuer nach § 1 Abs. 1 Nr. 2 GrEStG ausgelöst wird, allerdings möglicherweise die Begünstigungsvorschrift des § 6a GrEStG Abhilfe leisten kann.[3] Außerdem kann Vermögen im Wege der **Abspaltung** auf das neue

---

[1] Zum Verlustuntergang nach § 10a GewStG vgl. oben Rz. 1597.
[2] BFH, Urteile v. 15.1.1998 - IV R 8/97 (unter II.3.), BFHE 185 S. 500, BStBl 1998 II S. 478; v. 19.3.2002 - VIII R 57/99 (unter II.B.2.), BFHE 198 S. 137, BStBl 2002 II S. 662; v. 12.12.2007 - X R 17/05 (unter II.1.b), BFHE 220 S. 107, BStBl 2008 II S. 579.
[3] Vgl. *Dehmer*, Betriebsaufspaltung, 4. Aufl. 2018, § 4 Rz. 11 f.

I. Beginn und Beendigung der Betriebsaufspaltung

Besitz- bzw. Betriebsunternehmen übergehen, wobei auch hier die grunderwerbsteuerlichen Konsequenzen im Blick behalten werden müssen.

1625 Zu berücksichtigen ist ferner, dass die Begründung einer echten Betriebsaufspaltung durch Vermietung wesentlicher Betriebsgrundlagen an eine GmbH die vorangehende steuerbegünstigte Aufgabe eines **land- und forstwirtschaftlichen Betriebs** nicht ausschließt, zu dessen Betriebsvermögen die zur Nutzung überlassenen Wirtschaftsgüter gehörten.[1] Dies setzt voraus, dass der Steuerpflichtige zuvor seine landwirtschaftliche Betätigung beendet hat.

1626 Im Rahmen der sog. **unechten Betriebsaufspaltung** sind nach der Rechtsprechung des BFH[2] an den Beginn des Besitzunternehmens strenge Anforderungen zu stellen, weil die Vermieter-/Verpächtertätigkeit bei der Aufspaltung von Betrieben generell nur ausnahmsweise, bei Vorliegen besonderer Umstände (personeller und sachlicher Verflechtung), als gewerbliche Tätigkeit qualifiziert wird und es bei einer unechten Betriebsaufspaltung an einem augenfälligen, für alle Fälle gleichermaßen verbindlichen Zeitpunkt des Beginns des Besitzunternehmens fehlt.

1627 Daher beginnt der gewerbliche Betrieb des Besitzunternehmens bei der unechten Betriebsaufspaltung regelmäßig mit dem Beginn der Vermietung, Verpachtung oder unentgeltlichen Nutzungsüberlassung. Die Betriebsaufspaltung beginnt zu einem früheren Zeitpunkt, wenn der spätere Besitzunternehmer schon vor dem Beginn der Nutzungsüberlassung mit Tätigkeiten beginnt, die eindeutig und objektiv erkennbar auf die Vorbereitung der endgültig beabsichtigten Überlassung von mindestens einer wesentlichen Betriebsgrundlage an die von ihm beherrschte Betriebsgesellschaft gerichtet sind.[3]

1628 Diese Voraussetzungen sind z. B. gegeben, wenn ein Grundstück in der Absicht erworben wird, es mit Gebäuden zu bebauen, die nach Fertigstellung den Betrieb des Betriebsunternehmens aufnehmen sollen. Gleiches gilt, wenn ein Architekt mit der entsprechenden Planung für ein bereits seit längerem vorhandenes Grundstück beauftragt wird.[4] Wird hingegen vom Besitzunternehmen an das Betriebsunternehmen ein unbebautes Grundstück vermietet, das zunächst für das Betriebsunternehmen keine wesentliche Betriebsgrundlage

---

1 BFH, Urteil v. 30.3.2006 - IV R 31/03, BFHE 212 S. 563, BStBl 2006 II S. 652.
2 BFH, Urteil v. 12.4.1991 - III R 39/86, BFHE 165 S. 125, BStBl 1991 II S. 773.
3 BFH, Urteil v. 12.4.1991 - III R 39/86, BFHE 165 S. 125, BStBl 1991 II S. 773.
4 BFH, Urteil v. 12.4.1991 - III R 39/86, BFHE 165 S. 125, BStBl 1991 II S. 773; a. A. *Gluth* in Herrmann/Heuer/Raupach, § 15 EStG Rz. 835.

war, sondern zu einer solchen erst durch eine **Nutzungsänderung** geworden ist, so beginnt die Betriebsaufspaltung mit der Nutzungsänderung.[1]

Aus dem Urteil des FG Münster v. 11.5.1995[2] kann entnommen werden, dass in dem Fall, in dem sich die Gesellschafter einer GbR im Gesellschaftsvertrag einer GmbH verpflichten, dieser Gesellschaft die von ihnen persönlich gehaltene Funktaxenkonzession pachtweise zur Verfügung zu stellen, dadurch eine sachliche Verflechtung zwischen der GmbH und der GbR begründet wird, und damit auch die GbR als Besitzunternehmen entsteht.

1629

Die Betriebsaufspaltung kann des Weiteren dadurch begründet werden, dass die personelle Verflechtung entsteht.[3] Hierher rechnet zunächst der Fall, dass der Gesellschafter oder die beherrschende Gesellschaftergruppe die von der Betriebsgesellschaft bereits genutzte wesentliche Betriebsgrundlage über ein personenidentisches Besitzunternehmen erwirbt.[4] Des Weiteren stellt sich die personelle Verflechtung möglicherweise in **Erbfällen** ein, insbesondere wenn zuvor die Möglichkeiten des sog. **Wiesbadener Modells** genutzt worden sind.[5]

1630

BEISPIEL 1: ▶ A ist seit Jahren Eigentümer eines bebauten Grundstücks, das er an die E-GmbH vermietet hatte. Alleingesellschafterin der E-GmbH ist seine Ehefrau E. Eine Betriebsaufspaltung konnte wegen der Rechtsfolgen des Wiesbadener Modells bisher nicht angenommen werden.

ALTERNATIVE 1: ▶ Am 10.3.2016 verstirbt A; Alleinerbin ist E;

ALTERNATIVE 2: ▶ Es verstirbt E; Alleinerbe ist A.

LÖSUNG: ▶ Durch die Erbfälle wird in beiden Alternativen eine Betriebsaufspaltung begründet. In Alternative 1 geht das Grundstück im Wege der Universalsukzession auf E über, die zunächst für eine juristische Sekunde in die Anschaffungs- bzw. Herstellungskosten des A nach Maßgabe von § 11d Abs. 1 Satz 1 EStDV eintritt, wobei die Rechtsfolgen des § 23 EStG wegen der Unentgeltlichkeit des Vorgangs *nicht* zu ziehen sind.[6] Danach ist das Grundstück nach § 6 Abs. 1 Nr. 5a EStG in das Betriebsvermögen des neu entstehenden Besitzunternehmens einzulegen.[7]

In der Alternative 2 würde die GmbH-Beteiligung nach § 1922 BGB zunächst in das Privatvermögen von A übergehen, ohne dass die Rechtsfolgen des § 17 EStG ausgelöst würden. Die Beteiligung ist dann im nächsten Schritt in das Besitzunternehmen des A einzulegen, und zwar gem. § 6 Abs. 1 Nr. 5b EStG zwingend mit den Anschaffungskosten.

---

1 BFH, Urteil v. 19.3.2002 - VIII R 57/99 (unter II.B.3), BFHE 198 S. 137, BStBl 2002 II S. 662, m. w. N.
2 FG Münster, Urteil v. 11.5.1995 - 11 K 1071/91 F, G, EFG 1996 S. 434 (rkr.).
3 Vgl. hierzu auch unten Rz. 1704.
4 *Dehmer*, Betriebsaufspaltung, 4. Aufl. 2018, § 4 Rz. 6.
5 Vgl. dazu oben Rz. 527 ff.; zum Erbe durch minderjährige Kinder oben Rz. 519.
6 Vgl. *Weber-Grellet* in Schmidt, EStG, 41. Aufl. 2022, § 23 Rz. 42.
7 Vgl. unten Rz. 1634.

I. Beginn und Beendigung der Betriebsaufspaltung

BEISPIEL 2:[1] A ist zu 100 % Gesellschafter der A-GmbH. Die Ehefrau F vermietet an die A-GmbH ein Grundstück, das als wesentliche Betriebsgrundlage zu qualifizieren ist. Das Testament der Eheleute sieht vor, dass die Kinder Alleinerbe werden sollen. Allerdings wird dem überlebenden Ehegatten der Nachlassnießbrauch zugewandt. F verstirbt zuerst.

LÖSUNG: Aufgrund der testamentarischen Anordnung geht das F gehörende Grundstück auf die Kinder über. Eine Betriebsaufspaltung wird zu diesem Zeitpunkt noch nicht begründet, da nach wie vor keine personelle Verflechtung vorliegt. Wird jedoch später das Nießbrauchsvermächtnis vollzogen und A Nachlassnießbraucher, entsteht eine Betriebsaufspaltung, weil er das Grundstück aufgrund des Nießbrauchsrechts nutzen kann. Unerheblich ist, dass er nicht Eigentümer des Grundstücks geworden ist. Wird auf das Nießbrauchsrecht später verzichtet, entfallen die Voraussetzungen der Betriebsaufspaltung, und das Grundstück ist unter Aufdeckung der stillen Reserven in das Privatvermögen zu entnehmen.

1631 **Umsatzsteuerlich** ist schließlich zu prüfen, ob die Begründung einer Betriebsaufspaltung als **Geschäftsveräußerung im Ganzen** anzusehen ist. Nach ständiger Rechtsprechung setzt § 1 Abs. 1a UStG insoweit die Übertragung eines Geschäftsbetriebs oder eines selbständigen Unternehmensteils voraus, der als Zusammenfassung materieller und immaterieller Bestandteile ein Unternehmen oder einen Unternehmensteil bildet, mit dem eine selbständige wirtschaftliche Tätigkeit fortgeführt werden kann.[2] Der Erwerber muss die Unternehmensfortführung beabsichtigen, so dass das übertragene Vermögen die Fortsetzung einer bisher durch den Veräußerer ausgeübten Tätigkeit ermöglicht. Im Rahmen einer Gesamtwürdigung ist zu entscheiden, ob das übertragene Unternehmensvermögen als hinreichendes Ganzes die Ausübung einer wirtschaftlichen Tätigkeit ermöglicht und ob die vor und nach der Übertragung ausgeübten Tätigkeiten übereinstimmen oder sich hinreichend ähneln.

Die Voraussetzungen hat der BFH inzwischen weiter konkretisiert:[3] Überträgt ein Einzelunternehmer sein Unternehmensvermögen mit Ausnahme des Anlagevermögens auf eine KG, die seine bisherige Unternehmenstätigkeit fortsetzt, und das Anlagevermögen auf eine Gesellschaft bürgerlichen Rechts (GbR), die das Anlagevermögen ihrem Gesellschaftszweck entsprechend der KG unentgeltlich zur Verfügung stellt, liegt danach nur im Verhältnis zur KG, nicht aber auch zur GbR eine nichtsteuerbare Geschäftsveräußerung vor. Eine Geschäftsveräußerung an die GbR scheiterte im Streitfall daran, dass diese die Wirt-

---

1 *Stein*, ZEV 2018 S. 127, 130.
2 EuGH, Urteil v. 27.11.2003 - C-497/01 „*Zita Modes*", Slg. 2003, I-14393, NWB UAAAB-79462; BFH, Urteile v. 30.4.2009 - V R 4/07, BFHE 226 S. 138, BStBl 2009 II S. 863 (unter II.2.a); v. 6.5.2010 - V R 26/09, BFHE 230 S. 256, BStBl 2010 II S. 1114 (unter II.3.a).
3 BFH, Urteil v. 3.12.2015 - V R 36/13, BFHE 251 S. 556, BStBl 2017 II S. 563.

schaftsgüter im Folgenden der KG unentgeltlich zur Verfügung gestellt hatte. Die unentgeltliche Nutzungsüberlassung begründet indes keine unternehmerische (wirtschaftliche) Tätigkeit.[1]

(Einstweilen frei) 1632

2. Bewertung bei Beginn der Betriebsaufspaltung

LITERATUR:

O. V., Nachträgliche Erfassung von Besitzunternehmen und Eröffnungsbilanz, DB 1974 S. 503; *Schulze zur Wiesche*, Die Betriebsaufspaltung in der Rechtsprechung der letzten Jahre, StBp 2010 S. 256.

Bei Beginn einer echten Betriebsaufspaltung ist zunächst zu berücksichtigen, dass die Übertragung einzelner Wirtschaftsgüter auf eine Betriebskapitalgesellschaft zur Aufdeckung der stillen Reserven führt.[2] Ist das Betriebsunternehmen eine Personengesellschaft, sind hingegen Buchwertfortführungen nach Maßgabe von § 6 Abs. 5 EStG möglich. Ist für ein Besitzunternehmen zu Beginn der Betriebsaufspaltung **keine Bilanz** aufgestellt worden und kann mit steuerlicher Wirkung auch rückwirkend auf den Eröffnungszeitpunkt keine Bilanzaufstellung mehr erfolgen, ist nach Auffassung des BFH auf den Beginn des ersten noch offenen Jahres eine Anfangsbilanz aufzustellen. In dieser sind die zu erfassenden Wirtschaftsgüter mit den Werten anzusetzen, die sich bei ordnungsmäßiger Fortführung einer gedachten Eröffnungsbilanz auf den Zeitpunkt des Beginns der Betriebsaufspaltung ergeben hätten.[3] 1633

Bei der **unechten Betriebsaufspaltung** sind die Wirtschaftsgüter mit den Anschaffungs- oder Herstellungskosten anzusetzen, wenn sie mit der Begründung der unechten Betriebsaufspaltung angeschafft oder hergestellt werden. Wurden die Wirtschaftsgüter vor Begründung der unechten Betriebsaufspaltung erworben und zunächst im Privatvermögen gehalten, gelten sie zu dem Zeitpunkt, zu dem die Voraussetzungen der Betriebsaufspaltung erstmals vorliegen, als in das Betriebsvermögen eingelegt. Im Grundfall ist die Einlage nach § 6 Abs. 1 Nr. 5 Satz 1 Halbsatz 1 EStG mit dem Teilwert im Zeitpunkt der Zuführung zu bewerten.[4] 1634

---

1 Vgl. bereits EuGH, Urteil v. 13.3.2014 - C-204/13 *„Malburg"*, EU:C:2014:147, NWB YAAAE-59345, Rz. 36.
2 Vgl. dazu und zu Alternativgestaltungen oben Rz. 1175 ff.
3 BFH, Urteil v. 30.10.1997 - IV R 76/96, BFH/NV 1998 S. 578, 579 (rechte Spalte), NWB TAAAB-39035; zur Bewertung des Besitzunternehmens nach IDW vgl. *Thees/Wall*, BB 2017 S. 2475.
4 Zu Einbringungen in ein betriebliches Gesamthandsvermögen BMF, Schreiben v. 11.7.2011, BStBl 2011 I S. 713.

Hiervon abweichend legt § 6 Abs. 1 Nr. 5 Satz 2 Halbsatz 2 EStG eine Obergrenze der Anschaffungs- bzw. Herstellungskosten fest, wenn das zugeführte Wirtschaftsgut

(a) innerhalb der letzten drei Jahre vor dem Zeitpunkt der Zuführung angeschafft oder hergestellt worden ist,

(b) ein Anteil an einer Kapitalgesellschaft ist und der Steuerpflichtige an der Gesellschaft i. S. des § 17 Abs. 1 oder Abs. 6 EStG beteiligt ist, oder

(c) ein Wirtschaftsgut i. S. des § 20 Abs. 2 EStG oder i. S. des § 2 Abs. 4 InvStG ist.

Nach seinem Wortlaut erfasst § 6 Abs. 1 Nr. 5 Satz 2 Halbsatz 2 EStG nur Fälle, in denen der Teilwert oberhalb der Anschaffungskosten liegt. Indes ist die Einlage einer von § 17 EStG erfassten Beteiligung, deren Teilwert unterhalb der Anschaffungskosten liegt, nach den Grundsätzen der BFH-Rechtsprechung ebenfalls mit den – in diesem Fall höheren – Anschaffungskosten zu bewerten, weil die gesetzliche Regelung insoweit eine planwidrige und deshalb ausfüllungsbedürftige Lücke enthält.[1]

1635 Im Zusammenhang mit dem **Entstehen einer (unechten) mitunternehmerischen Betriebsaufspaltung** hat der BFH entschieden, dass auch eine Bruchteilsgemeinschaft ohne Gesamthandsvermögen Besitzgesellschaft sein kann.[2] Er nimmt dabei stillschweigend die Gründung einer GbR an, so dass das Bruchteilseigentum zu Sonderbetriebsvermögen I der Besitz-Personengesellschaft wird. Mit dieser Zuordnung findet jedoch kein Rechtsträgerwechsel statt.

In Reaktion auf diese Entscheidung hat die Finanzverwaltung Grundsätze zum Entstehen einer mitunternehmerischen Betriebsaufspaltung infolge einer unentgeltlichen Übertragung nach § 6 Abs. 3 EStG aufgestellt und zwischen zwei Fallgruppen unterschieden.[3] Im ersten Fall begründen der Übertragende und der Übernehmer hinsichtlich des anteilig übertragenen Sonderbetriebsvermögens nach der Übertragung zivilrechtlich eine Gesamthandsgemeinschaft, die unmittelbar zur Besitz-Personengesellschaft wird. Hier folgt der unter § 6 Abs. 3 Satz 1 EStG fallenden Übertragung eine Zurechnung der Wirtschaftsgüter des Sonderbetriebsvermögens zum Gesamthandsvermögen der Besitz-Personengesellschaft nach § 6 Abs. 5 Satz 3 EStG unmittelbar nach. Entsteht

---

1 BFH, Urteile v. 25.7.1995 - VIII R 25/94, BFHE 178 S. 418, BStBl 1996 II S. 684, unter II.2.; v. 2.9.2008 - X R 48/02, BFHE 223 S. 22, BStBl 2010 II S. 162, unter II.1.; v. 29.11.2017 - X R 8/16, BStBl 2018 II S. 656.
2 BFH, Urteil v. 18.8.2005 - IV R 59/04, BStBl 2005 II S. 426.
3 BMF, Schreiben v. 20.11.2019, BStBl 2019 I S. 1291, Rz. 36 ff.

die mitunternehmerische Betriebsaufspaltung infolge einer Übertragung nach § 6 Abs. 3 Satz 2 EStG, führt eine **unterquotale Übertragung des Sonderbetriebsvermögens** in die Besitz-Personengesellschaft nicht zu einer schädlichen Veräußerung oder Aufgabe i. S. des § 6 Abs. 3 Satz 2 EStG.

In der zweiten Fallgruppe wird bei der anteiligen Übertragung von Sonderbetriebsvermögen dem Übernehmer zivilrechtlich Bruchteilseigentum übertragen. Hier findet zunächst eine unentgeltliche Übertragung eines Teils eines Mitunternehmeranteils (einschließlich des Sonderbetriebsvermögens) auf den übernehmenden Gesellschafter nach § 6 Abs. 3 EStG statt. Anschließend erfolgt sowohl bei dem übertragenden als auch bei dem übernehmenden Gesellschafter eine Überführung des Sonderbetriebsvermögens in das Sonderbetriebsvermögen bei der Besitz-Personengesellschaft (GbR) nach § 6 Abs. 5 Satz 2 EStG. 1636

Hat das FA eine unechte Betriebsaufspaltung einige Jahre zu Unrecht als Vermietung und Verpachtung behandelt, dann sind nach einer Änderung der rechtlichen Qualifikation die an das Betriebsunternehmen vermieteten oder verpachteten Wirtschaftsgüter nicht mit dem Teilwert im Zeitpunkt der Erstellung der Eröffnungsbilanz, sondern mit den Anschaffungs- oder Herstellungskosten, vermindert um die AfA, anzusetzen.[1] 1637

(Einstweilen frei) 1638

II. Beendigung der Betriebsaufspaltung

LITERATUR:

Böth/Busch/Harle, Die Betriebsaufspaltung – Teil II: Steuerliche Konsequenzen und Beendigung der Betriebsaufspaltung, SteuerStud 1992 S. 131; *Diers*, Rückabwicklung einer Betriebsaufspaltung, GmbHR 1992 S. 90; *Korn*, Steuerproblematik der Beendigung der Betriebsaufspaltung und optimale Beratung, KÖSDI 1992 S. 9082; *Döllerer/Thurmayr*, Beendigung der Betriebsaufspaltung – Konsequenzen für die Anteile an der Betriebskapitalgesellschaft, DStR 1993 S. 1465; *Lemm*, Zu Döllerer/Thurmayer, Beendigung der Betriebsaufspaltung – Konsequenzen für die Anteile an der Betriebskapitalgesellschaft (DStR 1993 S. 1465), DStR 1993 S. 1904; *Winter*, Beendigung der Betriebsaufspaltung, GmbHR 1994 S. 313; *Thissen*, Beendigung einer Betriebsaufspaltung, StSem 1995 S. 227; *Lempenau*, Ist die Betriebsaufspaltung noch empfehlenswert?, Steuerschonende Wege zu ihrer Beendigung, StbJb 1995 S. 169; *o. V.*, Beendigung der Betriebsaufspaltung durch Konkurs der Betriebs-GmbH, GmbHR 1997 S. 162; *Fichtelmann*, Beendigung einer Betriebsaufspaltung bei mehreren Betriebsgesellschaften, StSem 1997 S. 115; *Pott*, Zur Behandlung von Anteilen an der Betriebskapitalgesellschaft bei Beendigung der Be-

---

1 FG Nürnberg, Urteil v. 7.11.1995 - I 396/94, EFG 1997 S. 152, bestätigt durch BFH, Urteil v. 30.10.1997 - IV R 76/96, BFH/NV 1998 S. 578, NWB TAAAB-39035.

triebsaufspaltung, DStR 1997 S. 807; *Centrale-Gutachtendienst,* Beendigung der Betriebsaufspaltung, GmbH-Praxis 1998 S. 135; *Höhmann,* Liegen bei Beendigung der Betriebsaufspaltung durch Wegfall der personellen Verflechtung grundsätzlich die Voraussetzungen einer Betriebsverpachtung vor?, DStR 1998 S. 61; *o. V.,* Beendigung einer Betriebsaufspaltung, GmbHR 1998 S. 135; *o. V.,* Beendigung der Betriebsaufspaltung durch Beitritt atypisch stiller Gesellschafter, GmbHR 1998 S. 1030; *Tiedke/Heckel,* Die Beendigung der Betriebsaufspaltung aufgrund einer Änderung der Rechtsprechung, DStZ 1999 S. 725; *Märkle,* Die Betriebsaufspaltung an der Schwelle zu einem neuen Jahrtausend, XIV. Wegfall bzw. irrtümliche Unterstellung der personellen Verflechtung – Betriebsaufgabe, BB 2000 Beilage 7 S. 22 f.; *Haritz,* Beendigung einer Betriebsaufspaltung durch Umwandlung – Zugleich Besprechung des Urteils des BFH vom 24.10.2000 VIII R 25/98, BB 2001 S. 861; *Wendt,* Einkünfteermittlung: Keine Zwangsbetriebsaufgabe bei erneuter Verpachtung eines ganzen Betriebs nach Beendigung einer unechten Betriebsaufgabe, FR 2002 S. 825; *Tiedtke/Szczesny,* Gesetzlicher Vertrauensschutz bei Beendigung einer Betriebsaufspaltung – BMF-Schreiben vom 7.10.2002 zur Bedeutung von Einstimmigkeitsabreden bei Besitzunternehmen, DStR 2003 S. 757; *Hoffmann,* Steuerfallen bei der Beendigung der Betriebsaufspaltung, GmbH-StB 2005 S. 282; *Carle,* Die Betriebsaufspaltung im Erbfall, ErbStB 2006 S. 155; *Heuermann,* Betriebsunterbrechung und Betriebsaufspaltung, StBp 2006 S. 269; *Slabon,* Die Betriebsaufspaltung in der notariellen Praxis, NotBZ 2006 S. 157; *Wendt,* Betriebsunterbrechung beim vormaligen Besitzunternehmen, FR 2006 S. 828; *Gluth,* Betriebsaufspaltung: Verpachtung des gesamten Betriebs an einen Dritten, GmbHR 2007 S. 1101; *Wälzholz,* Aktuelle Probleme der Betriebsaufspaltung, GmbH-StB 2008 S. 304; *Patt,* Das Ende einer Betriebsaufspaltung, sj 2008, Nr. 16/17, S. 20; *Wilde/Moritz,* Beendigung der grundstücksbezogenen Betriebsaufspaltung beim Unternehmenskauf, GmbHR 2008 S. 1210; *Brüggemann,* Betriebsaufspaltung: Begründung und Übertragung einer Besitz- und Betriebsgesellschaft, ErbBstg 2012 S. 253; *Schulze zur Wiesche,* Betriebsaufgabe infolge des Wegfalls der Voraussetzungen einer Betriebsaufspaltung, DStZ 2014 S. 311; *Binnewies,* Ausgewählte Einzelprobleme der Betriebsaufspaltung, GmbH-StB 2019 S. 17; *Ott,* Absicherung und steuerneutrale Beendigung der Betriebsaufspaltung, DStZ 2019 S. 693; *Ott,* Erfolgreiche „Rettungsmaßnahmen" zur Absicherung der Betriebsaufspaltung, GStB 2020 S. 186.

1. Allgemeines

1639 Eine Betriebsaufspaltung kann auf verschiedene Weise enden:

- ▶ Die Voraussetzungen der Betriebsaufspaltung, also die sachliche und/oder die personelle Verflechtung, fallen weg;
- ▶ das Besitzunternehmen wird veräußert; oder
- ▶ das Betriebsunternehmen wird veräußert oder aufgegeben.

1640 In allen diesen Fällen sind die stillen Reserven der zum Betriebsvermögen des Besitzunternehmens gehörenden Wirtschaftsgüter gem. § 16 Abs. 3 Satz 1 EStG zu versteuern. Verbleiben Wirtschaftsgüter, die zum bisherigen Betriebsvermögen des Besitzunternehmens gehört haben, im Eigentum des Besitzunternehmens (der Besitzunternehmer), so werden sie aus rechtlichen Gründen **Privatvermögen**. Werden diese Wirtschaftsgüter weiterhin einem Dritten zur entgeltlichen Nutzung überlassen, erzielt der Eigentümer (erzielen die Eigentümer) hieraus fortan Einkünfte aus Vermietung und Verpachtung.[1]

Die Aufdeckung der stillen Reserven betrifft auch die Anteile an der Betriebs-GmbH, da sie zum notwendigen Betriebsvermögen des Besitzunternehmens gehören. Der anlässlich der Beendigung der Betriebsaufspaltung realisierte Gewinn unterliegt indes nicht der **Gewerbesteuer**.[2] Die Gewinne aus der Veräußerung i. S. des § 16 EStG einer 100%igen Beteiligung an der Betriebs-GmbH unterliegen im Grundsatz dem Teileinkünfteverfahren. Da der Teil eines Aufgabe- bzw. Veräußerungspreises, der dem Teileinkünfteverfahren unterliegt, nicht begünstigt ist (§ 3 Nr. 40 EStG, § 34 Abs. 2 Nr. 1 EStG), wird in der Literatur zutreffend die Ansicht vertreten, dass dem Steuerpflichtigen ein Wahlrecht zukommt, auf welchen Teil des begünstigten Gewinns der Freibetrag nach § 16 Abs. 4 EStG anzuwenden ist.[3]

1641

Handelt es sich bei den Anteilen an der Betriebskapitalgesellschaft um **einbringungsgeborene Anteile** i. S. v. § 21 UmwStG a. F., tritt durch die Aufgabe bzw. Entnahme grds. keine Gewinnrealisierung ein.[4] Anders verhält es sich dagegen bei der Veräußerung solcher Anteile, welche zur Aufdeckung der in ihnen enthaltenen stillen Reserven führt, allerdings unter Anwendung der Begünstigungsvorschrift des § 34 EStG, wenn der Veräußerer eine natürliche Person ist.[5]

Die Aufgabe führt des Weiteren zur **Beendigung** der **umsatzsteuerlichen Organschaft**. Eine Geschäftsveräußerung im Ganzen i. S. des § 1 Abs. 1a UStG liegt hingegen grds. nicht vor, weil nicht alle wesentlichen Betriebsgrundlagen auf einen Erwerber übertragen werden.[6]

1642

Eine **Aufgabe des Besitzunternehmens** bei Fortbestand des Betriebsunternehmens und Fortbestand der sachlichen und personellen Verflechtung ist nicht

1643

---

1 BFH, Urteil v. 25.8.1993 - XI R 6/93, BFHE 172 S. 91, BStBl 1994 II S. 23, m. w. N.
2 BFH, Urteil v. 17.4.2002 - X R 8/00, BStBl 2002 II S. 527.
3 *Nguyen-Dietzsch/Pfeiffer/Placht* in Lange/Bilitewski/Götz, Personengesellschaften im Steuerrecht, 11. Aufl. 2020, Rz. 4431, m. w. N.
4 BFH, Urteil v. 12.10.2011 - I R 33/10, BStBl 2012 II S. 445; zum Hintergrund siehe *Dehmer*, Betriebsaufspaltung, 4. Aufl. 2018, § 8 Rz. 10 f.
5 Überzeugend *Dehmer*, Betriebsaufspaltung, 4. Aufl. 2018, § 8 Rz. 12.
6 *Gluth* in Herrmann/Heuer/Raupach, § 15 EStG Rz. 838.

denkbar.[1] Denkbar aber ist die **Aufgabe eines Teilbetriebs des Besitzunternehmens**. Dazu muss das Besitzunternehmen allerdings auch verschiedene Teilbetriebe unterhalten.

Nach der Rechtsprechung ist unter einem Teilbetrieb ein organisatorisch geschlossener, mit einer gewissen Selbständigkeit ausgestatteter Teil eines Gesamtbetriebs zu verstehen, der – für sich betrachtet – alle Merkmale eines Betriebs im Sinne des EStG aufweist und als solcher lebensfähig ist.[2] Ob ein Betriebsteil die für die Annahme eines Teilbetriebs erforderliche Selbständigkeit besitzt, ist nach dem Gesamtbild der Verhältnisse zu entscheiden.[3] Den Abgrenzungsmerkmalen – z. B. räumliche Trennung vom Hauptbetrieb, gesonderte Buchführung, eigenes Personal, eigene Verwaltung, selbständige Organisation, eigenes Anlagevermögen, ungleichartige betriebliche Tätigkeit, eigener Kundenstamm – kommt je nachdem, ob es sich um einen Fertigungs-, Handels- oder Dienstleistungsbetrieb handelt, unterschiedliches Gewicht zu.[4] Die Bedeutung des Merkmals des organisatorischen Zusammenhangs der Betätigungen im Rahmen der erforderlichen Gesamtwürdigung tritt deutlich hinter die der anderen Merkmale zurück, wenn der Organisationsbedarf für einen Betriebsteil im konkreten Fall eher gering ist.[5]

Eine völlig selbständige Organisation mit eigener Buchführung ist für die Annahme eines Teilbetriebs nicht erforderlich. Diese Merkmale kennzeichnen bereits den eigenständigen Gesamtbetrieb im Gegensatz zum bloßen Teilbetrieb.[6] Eine Grundstücksvermietung kann auf Grundlage dieses Befunds in Gestalt eines Teilbetriebs ausgeübt werden, wenn sie für sich gesehen die Voraussetzungen eines Gewerbebetriebs erfüllt und wenn sie sich

---

1 Vgl. auch FG Nürnberg, Urteil v. 12.11.1997 - V 227/96, EFG 1999 S. 330, 331 (linke Spalte), bestätigt durch BFH, Urteil v. 24.10.2001 - X R 118/98, BFH/NV 2002 S. 1130, NWB LAAAA-67872.
2 Ständige Rechtsprechung, vgl. u. a. BFH, Entscheidungen v. 13.2.1996 - VIII R 39/92, BFHE 180 S. 278, BStBl 1996 II S. 409, m. w. N.; v. 7.7.1997 - X B 239/96, BFH/NV 1998 S. 27, NWB TAAAB-39531, m. w. N.; v. 22.10.2014 - X R 28/11, BFH/NV 2015 S. 479, NWB OAAAE-83689.
3 Vgl. z. B. BFH, Urteile v. 15.3.1984 - IV R 189/81, BFHE 140 S. 563, BStBl 1984 II S. 486; BFH, v. 22.10.2014 - X R 28/11, BFH/NV 2015 S. 479, NWB OAAAE-83683.
4 Vgl. z. B. BFH, Urteile v. 15.3.1984 - IV R 189/81, BFHE 140 S. 563, BStBl 1984 II S. 486, m. w. N.; v. 24.8.1989 - IV R 120/88, BFHE 158 S. 257, BStBl 1990 II S. 55; v. 18.7.2018 - X R 36/17, BFH/NV 2019 S. 195, NWB DAAAH-05594, Rz. 39.
5 BFH, Urteile v. 20.3.2013 - X R 38/11, BFH/NV 2013 S. 1125, NWB CAAAE-36094, Rz. 45; v. 18.7.2018 - X R 36/17, BFH/NV 2019 S. 195, NWB DAAAH-05594, Rz. 40.
6 BFH, Urteil v. 24.4.1969 - IV R 202/68, BFHE 95 S. 323, BStBl 1969 II S. 397.

als gesonderter Verwaltungskomplex aus dem Gesamtbetrieb des Besitzunternehmens heraushebt.[1]

Im Fall der Betriebsaufspaltung zwischen einem Besitzunternehmen und **mehreren Betriebsgesellschaften** kann durch die Vermietung ein Teilbetrieb gegeben sein, wenn an eine Betriebsgesellschaft räumlich abgrenzbare Grundstücksteile, die ausschließlich dieser Gesellschaft zuzuordnen sind, durch gesonderten Vertrag vermietet werden.[2] Gleiches gilt, wenn hier verschiedene einzelne Grundstücke vermietet werden.[3]

Noch nicht höchstrichterlich geklärt ist, ob eigenständige Teilbetriebe des Besitzunternehmens auch vorliegen können, wenn organisatorisch selbständige Teile (z. B. verschiedene Grundstücke bzw. Grundstücksteile oder verschiedene Tätigkeitsbereiche des Besitzunternehmens) an verschiedene Teilbetriebe desselben Betriebsunternehmens zur Nutzung überlassen werden.[4] Zur insoweit bestehenden Unsicherheit trägt bei, dass das FG Baden-Württemberg eine Teilbetriebsveräußerung bei einem Besitzunternehmen hinsichtlich eines einzelnen Grundstücks auch für den Fall abgelehnt hat, dass für dieses eine eigene Gewinnermittlung vorlag.[5]

1644

Die besseren Argumente streiten indes dafür, auch bei der Nutzungsüberlassung von abgegrenzten Komplexen (ggf. auch einzelnen Grundstücken) an ein Betriebsunternehmen die Aufteilung des Besitzunternehmens in Teilbetriebe für möglich zu erachten.[6] Hierfür spricht zunächst, dass das Besitzunternehmen einen eigenständigen Gewerbebetrieb darstellt und gerade nicht als Einheit zusammen mit dem Betriebsunternehmen zu betrachten ist. Hieraus folgt, dass die Teilbetriebseigenschaft wie bei jedem anderen Gewerbebetrieb zu beurteilen ist. Wie dargestellt, ist bei der Frage, ob ein Teilbetrieb vorliegt, außerdem ausschließlich auf die Verhältnisse beim Veräußerer abzustellen.[7]

---

1 Vgl. BFH, Urteile v. 12.11.1997 - XI R 24/97, BFH/NV 1998 S. 690, NWB IAAAB-39607, m. w. N.; v. 4.7.2007 - X R 49/06, BStBl 2007 II S. 772; v. 18.7.2018 - X R 36/17, BFH/NV 2019 S. 195, NWB DAAAH-05594, Rz. 40 ff.; *Geissler* in Herrmann/Heuer/Raupach, § 16 EStG Rz. 145; *Wacker* in Schmidt, 41. Aufl. 2022, § 16 Rz. 130 „Besitzunternehmen".
2 BFH, Urteile v. 12.11.1997 - XI R 24/97, BFH/NV 1998 S. 690, NWB IAAAB-39607; v. 20.1.2005 - IV R 14/03, BStBl 2005 II S. 395; v. 4.7.2007 - X R 49/06, BStBl 2007 II S. 772.
3 FG Münster, Urteil v. 27.6.1997 - 4 K 5476/95 E, EFG 1998 S. 737, 738 (rkr.).
4 Offen gelassen durch BFH, Urteil v. 4.7.2007 - X R 40/06, BStBl 2007 II S. 772; vgl. auch BFH, Urteil v. 24.4.1969 - IV R 202/68, BStBl 1969 II S. 397.
5 FG Baden-Württemberg, Urteil v. 3.3.1993 - 14 K 115/91, EFG 1993 S. 512 (rkr.).
6 Gl. A. FG Münster, Urteil v. 27.6.1997 - 4 K 5476/95 E, EFG 1998 S. 737, 738 (rkr.); *Geissler* in Herrmann/Heuer/Raupach, § 16 EStG Rz. 145; *Wacker* in Schmidt, 41. Aufl. 2020, § 16 Rz. 130 „Besitzunternehmen".
7 BFH, Urteil v. 4.7.2007 - X R 49/06, BStBl 2007 II S. 772.

I. Beginn und Beendigung der Betriebsaufspaltung

1645 **BEISPIEL:** A ist Alleinanteilseigner der A-GmbH. Er hat dieser GmbH eine patentierte Erfindung und ein Grundstück zur Nutzung überlassen. Für beide Bereiche (Erfindung und Grundstück) besteht im Besitzunternehmen des A eine getrennte Verwaltung, Organisation und Gewinnermittlung. In diesem Fall besteht das Besitzunternehmen aus zwei Teilbetrieben, die selbständig veräußert bzw. aufgegeben werden können.[1]

1646 Besteht das Besitzunternehmen aus verschiedenen Teilbetrieben, stellt sich die Folgefrage, welchem Teilbetrieb die Anteile an der Betriebs-GmbH zuzuordnen sind. Sachgerecht erscheint, hier dieselben Grundsätze anzuwenden wie bei mehreren Besitzunternehmen.[2]

1647–1648 *(Einstweilen frei)*

2. Wegfall einer Voraussetzung der Betriebsaufspaltung

LITERATUR:

Offerhaus, Anm. z. BFH-Urteil vom 13.12.1983 - VIII R 90/81, StBp 1984 S. 238; *Woerner*, Anm. zum BFH-Urteil vom 13.12.1983 - VIII R 90/81, BB 1984 S. 1213; *o. V.*, Betriebsaufgabe bei Wegfall der personellen Verflechtung einer Betriebsaufspaltung, StBp 1984 S. 238; *Voss*, Ertragsteuerliche Behandlung der Veräußerung von Anteilen an einer Betriebskapitalgesellschaft, DB 1991 S. 2411; *Schoor*, Steuerfolgen einer Anteilsübertragung bei Betriebsaufspaltung, DStZ 1992 S. 788; *Pietsch*, Wegfall der personellen Verflechtung bei einer Betriebsaufspaltung, StSem 1994 S. 182.

1649 Verlieren die dem Betriebsunternehmen überlassenen Wirtschaftsgüter ihre Eigenschaft als wesentliche Betriebsgrundlage oder fällt die personelle Verflechtung weg, dann verliert das Besitzunternehmen automatisch seinen Charakter als Gewerbebetrieb. Der VIII. Senat des BFH hat in dem Urteil v. 13.12.1983[3] entschieden, dass hier in der Regel eine **Betriebsaufgabe** anzunehmen ist mit der Folge, dass die im Betriebsvermögen des Besitzunternehmens enthaltenen stillen Reserven versteuert werden müssen.[4] Der IV. Senat des BFH ist mit Urteil v. 15.12.1988[5] dieser Auffassung gefolgt, und zwar selbst für den

---

1 Zu Gestaltungsmöglichkeiten vgl. Rz. 1693.
2 Vgl. hierzu Rz. 631.
3 BFH, Urteil v. 13.12.1983 - VIII R 90/81, BFHE 140 S. 526, BStBl 1984 II S. 474; ebenso Beschluss v. 19.12.2007 - I R 111/05 (unter II.2.), BFHE 220 S. 152, BStBl 2008 II S. 536.
4 BFH, Urteile v. 13.12.1983 - VIII R 90/81, BFHE 140 S. 526, BStBl 1984 II S. 474; v. 15.12.1988 - IV R 36/84, BFHE 155 S. 538, BStBl 1989 II S. 363; v. 22.3.1990 - IV R 15/87, BFH/NV 1991 S. 439, NWB GAAAB-31641; v. 26.5.1993 - X R 78/91, BFHE 171 S. 476, BStBl 1993 II S. 718 a. E.; v. 25.8.1993 - XI R 6/93, BFHE 172 S. 91, BStBl 1994 II S. 23; v. 6.3.1997 - XI R 2/96, BFHE 183 S. 85, BStBl 1997 II S. 460; siehe auch BFH, Urteil v. 18.9.2002 - X R 4/01, BFH/NV 2003 S. 41, 43 (mittlere Spalte), NWB TAAAA-67891.
5 BFH, Urteil v. 15.12.1988 - IV R 36/84, BFHE 155 S. 538, BStBl 1989 II S. 363; ebenso BFH, Urteil v. 5.2.2014 - X R 22/12, BFHE 244 S. 49, BStBl 2014 II S. 388.

II. Beendigung der Betriebsaufspaltung

Fall, dass eine der Voraussetzungen der Betriebsaufspaltung ohne oder gegen den Willen der Beteiligten wegfällt.

BEISPIEL: ► A ist an einer Besitz-GbR mit 51 % und an einer Betriebs-GmbH mit 60 % beteiligt. Die restlichen 40 % gehören dem B. C ist an der Besitz-GbR mit 49 % beteiligt. Die stillen Reserven der Besitz-GbR sollen 1 Mio. € betragen, so dass auf C 490.000 € stille Reserven entfallen. A verkauft 10 % seiner GmbH-Beteiligung an X, so dass er nur noch mit 50 % an der GmbH beteiligt ist. — 1650

Nach der Betriebsaufspaltungs-Rechtsprechung war die Besitz-GbR zunächst ein Gewerbebetrieb. Durch die Veräußerung der GmbH-Anteile an X verliert A in der GmbH seine beherrschende Stellung. Dadurch fallen die Tatbestandsvoraussetzungen für die Betriebsaufspaltung mit der Folge weg, dass die Besitz-GbR ihren Charakter als gewerbliches Unternehmen verliert, obwohl weder C noch die GbR irgendeine Handlung vorgenommen haben, die auf die Beendigung der gewerblichen Tätigkeit der Besitz-GbR hindeuten könnte. — 1651

Der IV. Senat hat in seinem Urteil v. 15.12.1988[1] das Vorliegen einer Betriebsaufgabe beim Wegfall einer Voraussetzung der Betriebsaufspaltung wie folgt begründet: Obgleich eine Betriebsaufgabe regelmäßig einen nach außen in Erscheinung tretenden Aufgabeentschluss des Steuerpflichtigen erfordere, sei nach der Rechtsprechung des BFH eine Betriebsaufgabe auch dann anzunehmen, wenn ein Betrieb als wirtschaftlicher Organismus zwar bestehen bleibe, aber durch eine Handlung oder einen Rechtsvorgang so verändert werde, dass die Erfassung der stillen Reserven nicht mehr gewährleistet sei. — 1652

Dies sei beim Wegfall einer Voraussetzung der Betriebsaufspaltung aufgrund der folgenden Überlegungen der Fall: — 1653

► Die Voraussetzungen einer Betriebsverpachtung seien in der Regel nicht erfüllt; denn das Besitzunternehmen als Verpächter könne bei Beendigung der Pacht den Betrieb regelmäßig nicht fortsetzen, weil gleichzeitig mit Pachtende die sachliche Verflechtung und damit die Gewerblichkeit der Vermietertätigkeit entfalle.

► Die Grundsätze, die für einen Strukturwandel vom Gewerbebetrieb zur Landwirtschaft entwickelt worden seien, könnten auf die Fälle des Wegfalls einer Voraussetzung der Betriebsaufspaltung nicht übertragen werden, weil bei der Beendigung einer Betriebsaufspaltung hinsichtlich des Besitzunternehmens kein Betrieb bestehen bleibe. — 1654

► Nicht anwendbar seien auch die von der Rechtsprechung entwickelten Grundsätze für den Übergang eines land- und forstwirtschaftlichen Be- — 1655

---

[1] BFH, Urteil v. 15.12.1988 - IV R 36/84, BFHE 155 S. 538, BStBl 1989 II S. 363.

I. Beginn und Beendigung der Betriebsaufspaltung

triebs zur Liebhaberei, wonach eine Versteuerung der stillen Reserven erst bei ihrer späteren Realisierung verlangt werde; denn eine Ausdehnung dieser Grundsätze auf die Beendigung der Betriebsaufspaltung würde die Rechtsfigur des ruhenden Gewerbebetriebs wiederbeleben, die vom GrS aufgegeben worden sei.

1656 ▶ Die Fortführung des Vermögens des bisherigen Besitzunternehmens als Betriebsvermögen könne auch nicht mit der Begründung angenommen werden, dass als Betriebsaufgabe nur die willentliche Einstellung des Betriebs und die willentliche Realisierung seiner Vermögenswerte anzusehen sei. Dies stehe nicht im Einklang mit der BFH-Rechtsprechung über die Voraussetzungen und Folgen der Betriebsaufgabe.

1657 ▶ Es werde nicht verkannt, dass durch die Betriebsaufgabe beim Besitzunternehmen Steuerlasten entstehen könnten, die den Bestand der Betriebsgesellschaft gefährden könnten, was insbesondere dann bedenklich erscheine, wenn eine Betriebsaufgabe durch vom Steuerpflichtigen nicht beeinflussbare Umstände einträte. Deshalb könne es angezeigt sein, dass die Möglichkeit eröffnet werde, bei bestimmten Gestaltungen im Billigkeitswege die Grundsätze der Betriebsverpachtung anzuwenden.

1658 Da sich der IV. Senat mit dem vorstehend wiedergegebenen Urteil der Entscheidung des VIII. Senats des BFH v. 13.12.1983[1] angeschlossen hat und nachdem auch der XI. Senat mit seinen Urteilen v. 25.8.1993[2] und v. 6.3.1997[3] dem gefolgt ist, besteht keine Hoffnung mehr, der BFH werde in Änderung seiner Rechtsprechung die Annahme einer Betriebsaufgabe bei Wegfall der personellen oder sachlichen Verflechtung auf die Fälle beschränken, in denen ein Betriebsaufgabewille vorliegt. Der XI. Senat hat zusätzlich ausgeführt, dass die Entnahmehandlung (Aufgabemaßnahme) in den hier besprochenen Fällen durch das Einwirken außersteuerrechtlicher Normen auf den steuerrechtlich relevanten Sachverhalt ersetzt werde.

1659 Eine Betriebsaufgabe liegt damit auch in dem folgenden Fall vor:

BEISPIEL: ▶ E betreibt als Einzelunternehmer eine Maschinenfabrik. Das Fabrikgrundstück gehört in Bruchteilsgemeinschaft ihm zu 60 % und seiner Frau zu 40 % E spaltet seinen Betrieb auf. Die Maschinenfabrik wird in der Rechtsform einer GmbH fortgeführt. Das Fabrikgrundstück verpachten E und Frau E an die GmbH. Da E erhebliche private Schulden hat, werden eines Tages 55 % seiner GmbH-Anteile gepfändet und gehen auf Z über.

---

1 BFH, Urteil v. 13.12.1983 - VIII R 90/81, BFHE 140 S. 526, BStBl 1984 II S. 474.
2 BFH, Urteil v. 25.8.1993 - XI R 6/93, BFHE 172 S. 91, BStBl 1994 II S. 23.
3 BFH, Urteil v. 6.3.1997 - XI R 2/96, BFHE 183 S. 85, BStBl 1997 II S. 460.

II. Beendigung der Betriebsaufspaltung

LÖSUNG: Im Einzelunternehmen des E war der 60 %-Anteil des E an dem Fabrikgrundstück notwendiges Betriebsvermögen. Mit der Aufspaltung des Betriebs entstand eine sachliche und personelle Verflechtung zwischen der Grundstücksgemeinschaft und der Betriebs-GmbH. Damit wurde die gesamte Grundstücksgemeinschaft, also auch hinsichtlich der 40%igen Beteiligung der Ehefrau, gewerbliches Besitzunternehmen. Die Ehefrau musste im Zeitpunkt der Betriebsaufspaltung ihren 40 %-Grundstücksanteil mit dem Teilwert in das Besitzunternehmen einlegen. Der Übergang von 55 % der GmbH-Anteile des E auf den Z führt zum Wegfall der personellen Verflechtung und damit, bei der aus E und seiner Ehefrau bestehenden Grundstücksgemeinschaft, zur Betriebsaufgabe. Frau E, die mit dem Übergang der GmbH-Anteile an Z nichts zu tun hat, muss die auf ihren 40 %-Anteil entfallenden stillen Reserven versteuern.

1660

Ein Wegfall der sachlichen Verflechtung und damit eine Betriebsaufgabe liegt hingegen noch nicht vor, wenn das Wirtschaftsgut, das als wesentliche Betriebsgrundlage durch die Betriebsgesellschaft genutzt wird, lediglich zum **Verkauf angeboten** wird.[1] Es bleibt bis zur Veräußerung im Anlagevermögen des Besitzunternehmens.

1661

Eine Betriebsaufspaltung endet auch mit der Eröffnung des **Insolvenzverfahrens** über das Vermögen des Betriebsunternehmens, weil damit die Voraussetzung der personellen Verflechtung wegfällt.[2] Das ergibt sich daraus, dass mit der Eröffnung des Insolvenzverfahrens die Gesellschafter des Besitzunternehmens ihren Willen im Betriebsunternehmen nicht mehr durchsetzen können, weil der Insolvenzverwalter die alleinige Verwaltungs- und Verfügungsbefugnis über das Vermögen des Betriebsunternehmens – vornehmlich im Interesse der Gläubiger – kraft Amtes auszuüben hat. Davon abzugrenzen sind Fälle, in denen es zu einer **Eigenverwaltung** durch den Schuldner nach §§ 270 ff. InsO kommt und dementsprechend die personelle Verflechtung erhalten bleibt. Geht die Verwaltungs- und Verfügungsbefugnis über das Vermögen dagegen auf einen vorläufigen Insolvenzverwalter nach § 22 InsO über, endet die Betriebsaufspaltung.[3]

1662

Etwas anderes gilt nur dann, wenn die durch die Eröffnung des Insolvenzverfahrens zerstörte personelle Verflechtung später wiederauflebt, nachdem das Insolvenzverfahren aufgehoben oder eingestellt und die Fortsetzung der Gesellschaft beschlossen wird. Dann treten die Rechtsfolgen der (lediglich unter-

1663

---

1 BFH, Urteil v. 14.12.2006 - III R 64/05 (unter II.3.b), BFH/NV 2007 S. 1659, NWB IAAAC-50798.
2 Vgl. BFH, Urteile v. 6.3.1997 - XI R 2/96, BFHE 183 S. 85, BStBl 1997 II S. 460; v. 30.8.2007 - IV R 50/05 (unter II.2.b), BFHE 218 S. 564, BStBl 2008 II S. 129; vgl. auch FG Münster, Urteil v. 19.9.1995 - 11 K 3133/92 I, EFG 1996 S. 771 (rkr.).
3 *Dehmer*, Betriebsaufspaltung, 4. Aufl. 2018, § 8 Rz. 40.

brochenen) Betriebsaufspaltung erneut ein mit der Folge, dass die Erfassung der stillen Reserven des Besitzunternehmens gewährleistet bleibt.[1] Gleiches gilt, wenn sämtliche wesentliche Betriebsgrundlagen an die Betriebsgesellschaft verpachtet worden waren und diese nach Eröffnung des Insolvenzverfahrens an einen Dritten verpachtet werden.[2]

1664 Endet die mitunternehmerische Betriebsaufspaltung durch Insolvenz, so müssen die stillen Reserven der der Betriebsgesellschaft überlassenen Wirtschaftsgüter noch aus einem anderen Aspekt nicht notwendig aufgedeckt werden: Zu prüfen ist nämlich stets, ob diese Wirtschaftsgüter nicht unter dem Gesichtspunkt der Sonderbetriebsvermögenseigenschaft weiterhin Betriebsvermögen sind.[3] Mit Wegfall der Betriebsaufspaltung fällt nämlich auch die **Bilanzierungskonkurrenz** weg, so dass die Eigenschaft als **Sonderbetriebsvermögen** wieder aufleben kann, das betreffende Wirtschaftsgut also wieder als Sonderbetriebsvermögen bei der Betriebsgesellschaft zu bilanzieren ist. Dies kann indes nur dann gelten, wenn die Betriebsgesellschaft im Augenblick des Wegfalls der Betriebsaufspaltung noch einen Betrieb unterhält und nicht ebenfalls ihren Betrieb aufgegeben hat.

1665 Des Weiteren können **Streitigkeiten zwischen Gesellschaftern** zum Wegfall der personellen Verflechtung und damit zur Beendigung der Betriebsaufspaltung führen. Dies ist aber nur in dem Ausnahmefall anzunehmen, in dem die Vermutung gleichgerichteter Interessen innerhalb einer Personengruppe eindeutig widerlegt werden kann.[4] Außerdem kommt eine Beendigung in Betracht, wenn die **Stimmrechtsverhältnisse** derart geändert werden, dass der geschäftliche Betätigungswille von der beherrschenden Person oder Personengruppe nicht mehr in beiden Unternehmen durchgesetzt werden kann.[5] Dies kann etwa durch die Einräumung eines **Nießbrauchs**[6] oder **Treuhandverhältnisses**[7] oder den Abschluss von **Stimmrechtsbindungsverträgen**[8] der Fall sein. Gleiches gilt, wenn die Voraussetzungen einer nur **faktischen Beherrschung** wegfallen[9] oder nahe Angehörige an den Unternehmen beteiligt werden, bei denen ein Gleichklang der Interessenlage nicht allgemein vermutet werden kann.[10] Schließlich

---

1 BFH, Urteil v. 6.3.1997 - XI R 2/96, BFHE 183 S. 85, BStBl 1997 II S. 460.
2 BFH, Urteil v. 17.4.2002 - X R 8/00, BStBl 2002 II S. 527.
3 BFH, Urteil v. 30.8.2007 - IV R 50/05 (unter II.2.c), BFHE 218 S. 564, BStBl 2008 II S. 129.
4 Vgl. dazu oben Rz. 394 ff.
5 Vgl. dazu oben Rz. 353 ff.
6 Vgl. oben Rz. 278 ff.
7 Vgl. oben Rz. 361.
8 Vgl. BFH, Urteil v. 13.12.2018 - III R 13/15, BFH/NV 2019 S. 1069, NWB YAAAH-28196, Rz. 17 f.
9 Vgl. dazu oben Rz. 535 ff.
10 Oben Rz. 486 ff.

kann auch ein **Wohnsitzwechsel ins Ausland** die Beendigung der Betriebsaufspaltung auslösen.[1]

In **Erbfällen** ist wie folgt zu unterscheiden: Geht sowohl das Besitz- als auch das Betriebsunternehmen auf die Erbengemeinschaft im Wege der Universalsukzession über, bleibt die Betriebsaufspaltung grds. erhalten; die Miterben sind dann Mitunternehmer i. S. v. § 15 Abs. 1 Satz 1 Nr. 2 EStG.[2] Wird die Erbengemeinschaft dann dergestalt auseinandergesetzt, dass weiterhin eine Person bzw. Personengruppe einen einheitlichen Betätigungswillen in beiden Unternehmen durchsetzen kann, bleibt die personelle Verflechtung und damit auch die Betriebsaufspaltung erhalten. Umgekehrt kann aber bereits der Erbfall dazu führen, dass die personelle Verflechtung wegfällt. Außerdem kann die Auseinandersetzung der Erbengemeinschaft, z. B. aufgrund einer vom Erblasser angeordneten Teilungsanordnung, zum Wegfall der personellen Verflechtung führen und die Betriebsaufspaltung beenden.[3]

1666

Handelt es sich bei dem Besitz- oder Betriebsunternehmen um eine Personengesellschaft, ist zu beachten, dass der Gesellschaftsanteil nicht von der Erbengemeinschaft erworben werden kann, da das Gesellschaftsrecht insoweit dem Erbrecht vorgeht. In der Regel geht der Anteil hier auf die verbleibenden Gesellschafter über, es sei denn der Gesellschaftsvertrag sieht ausdrücklich eine andere Regelung – etwa eine (einfache oder qualifizierte) **Fortsetzungsklausel** vor. In diesem Fall vollzieht sich die Nachfolge im Wege der Sondererbfolge dergestalt, dass der oder die Miterben aufgrund ihres Erbrechts mit einem der Größe ihres Erbteils entsprechenden Anteil des in den Nachlass fallenden Gesellschaftsanteils des Erblassers Gesellschafter werden.[4]

Anders verhält es sich dagegen bei Gesellschaftsanteilen an Kapitalgesellschaften: GmbH-Anteile sind nach § 15 Abs. 1 GmbHG vererblich; bei mehreren Erben gehen diese nach § 18 GmbHG auf die Erbengemeinschaft über, so dass es im Hinblick auf die personelle Verflechtung auf die Mehrheitsverhältnisse in der Erbengemeinschaft ankommt (§§ 2038 Abs. 2, 745 BGB). Werden Aktien vererbt, können die Miterben ihre Rechte nur durch einen gemeinschaftlichen Vertreter ausüben (§ 69 Abs. 1 AktG).

(Einstweilen frei)

1667

---

1 Vgl. oben Rz. 698 ff.
2 BFH, Beschluss v. 5.7.1990 - GrS 2/89, BStBl 1990 II S. 837.
3 Zu Gestaltungsmöglichkeiten vgl. unten Rz. 1704.
4 BGH, Urteile v. 10.2.1977 - II ZR 120/75; v. 4.5.1983 - IVa ZR 229/81, NJW 1983 S. 2376; *Dehmer*, Betriebsaufspaltung, 4. Aufl. 2018, § 2 Rz. 79.

I. Beginn und Beendigung der Betriebsaufspaltung

3. Veräußerung des Besitzunternehmens

LITERATUR:
O. V., Veräußerung eines Mitunternehmeranteils unter Fortbestehen der Betriebsaufspaltung, GmbHR 1989 S. 69; *Ott*, Absicherung und steuerneutrale Beendigung der Betriebsaufspaltung, DStZ 2019 S. 693; *Ott*, Erfolgreiche „Rettungsmaßnahmen" zur Absicherung der Betriebsaufspaltung, GStB 2020 S. 186.

1668 Wird das Besitzunternehmen veräußert oder aufgegeben, so findet § 16 EStG Anwendung. Der entstehende Veräußerungsgewinn ist zu versteuern.

Allerdings ist dabei zu bedenken, dass eine Betriebsaufgabe so lange nicht angenommen werden kann, wie eine an das Betriebsunternehmen verpachtete wesentliche Betriebsgrundlage noch nicht veräußert worden ist und eine personelle Verflechtung noch besteht; denn das Wesen der Betriebsaufspaltung verbietet eine Überführung einer an das Betriebsunternehmen verpachteten wesentlichen Betriebsgrundlage ins Privatvermögen. Denkbar ist eine Betriebsaufgabe des Besitzunternehmens also nur durch Wegfall der sachlichen und/oder personellen Verflechtung.[1]

1669 Verblieben die Anteile an der Betriebskapitalgesellschaft weiterhin notwendiges Betriebsvermögen des früheren Besitzunternehmens, kam es nach älterer Rechtsprechung des BFH noch nicht zu einer Gewinnrealisierung im Hinblick auf die **Anteile an der Betriebs-Kapitalgesellschaft**. Dies sollte erst bei der Veräußerung dieser Anteile an dritte Personen, die nicht zu den Gesellschaftern der Besitzgesellschaft gehörten, eintreten.[2] Diese Rechtsprechung wurde aufgegeben, so dass die Beendigung der Betriebsaufspaltung grds. zu einer Aufdeckung der stillen Reserven der GmbH-Anteile führt.[3] Anderes gilt nur, wenn die Anteile einbringungsgeborene Anteile i. S. des § 21 UmwStG a. F. sind.[4]

1670–1672 *(Einstweilen frei)*

---

[1] Vgl. BFH, Urteil v. 24.9.2015 - IV R 30/13, BFH/NV 2016 S. 139, NWB UAAAF-08853.
[2] BFH, Urteil v. 24.3.1959 - I 205/57 U, BFHE 69 S. 72, BStBl 1959 III S. 289.
[3] BFH, Entscheidungen v. 25.8.1993 - XI R 6/93, BStBl 1994 II S. 23; v. 17.4.1996 - X R 128/94, BFH/NV 1996 S. 877, NWB JAAAB-38720; v. 22.9.1999 - X B 47/99, BFH/NV 2000 S. 559, NWB MAAAA-64937.
[4] Vgl. oben Rz. 1641.

4. Veräußerung und Aufgabe des Betriebsunternehmens und Umwandlungsfälle

LITERATUR:

Schmidt, Ludwig, In den Grenzbereichen von Betriebsaufgabe, Betriebsverpachtung, Betriebsaufspaltung und Mitunternehmerschaft, DStR 1979 S. 671 und 699; *Doege,* Abgrenzungsfragen zur Betriebsveräußerung/Betriebsaufgabe und den Steuerermäßigungen gem. §§ 16, 34 EStG, DStZ 2008 S. 474; *Neufang/Bohnenberger,* Wegfall der personellen Verflechtung bei der Betriebsaufspaltung, DStR 2016 S. 578; *Micker/Trossen/Bergmann,* Zurückbehaltung wesentlicher Betriebsgrundlagen bei Einbringung, Ubg 2018 S. 354; *Brühl/Weiss,* Neuere Rechtsprechung zur Einbringung in Kapitalgesellschaften nach § 20 UmwStG, Ubg 2018 S. 259; *Wacker,* Einbringung und Zurückbehaltung einer wesentlichen Betriebsgrundlage, DStR 2018 S. 1019; *Ott,* Umwandlungssteuerrecht – § 20 UmwStG und Beendigung von Betriebsaufspaltung und Organschaft, Ubg 2019 S. 129; *Ott,* Absicherung und steuerneutrale Beendigung der Betriebsaufspaltung, DStZ 2019 S. 693; *Ott,* Gestaltungsmaßnahmen bei drohendem Wegfall der personellen Verflechtung im Rahmen der Betriebsaufspaltung, StuB 2022 S. 125.

Die Voraussetzungen einer Betriebsaufspaltung können auch dadurch wegfallen, dass das Betriebsunternehmen veräußert oder aufgegeben wird und nicht die Voraussetzungen einer Betriebsverpachtung vorliegen. Es müssen hier die gleichen Grundsätze zur Anwendung kommen, wie in den anderen Fällen des Wegfalls der Voraussetzungen der Betriebsaufspaltung.[1] Das übrige bisherige Betriebsvermögen wird dann, soweit es sich noch im Eigentum des Besitzunternehmers befindet, aus rechtlichen Gründen zu Privatvermögen.[2] Zur Vermeidung der Aufdeckung stiller Reserven müssten die Anteile ansonsten vor Beendigung der Betriebsaufspaltung in ein anderes Betriebsvermögen des Besitzunternehmers überführt oder übertragen werden (§ 6 Abs. 5 EStG).[3]

1673

Bisher nicht abschließend geklärt ist die Frage, welche Auswirkungen es auf ein Besitzunternehmen hat, wenn die Betriebskapitalgesellschaft ihre **betriebliche Tätigkeit einstellt**, was nicht schon damit begründet werden kann, dass ein mit dem Management der Betriebs-Kapitalgesellschaft betrauter Dritter sich vertraglich dazu verpflichtet, etwaige Verluste der Betriebsgesellschaft auszugleichen.[4] Entscheidend für eine generelle Lösung des Problems ist wohl,

1674

---

1 Vgl. BFH, Urteile v. 19.12.2007 - I R 111/05, BStBl 2008 II S. 536; v. 14.1.2010 - IV R 55/07, BFH/NV 2010 S. 1075, NWB BAAAD-41335; v. 5.2.2014 - X R 22/12, BFHE 244 S. 49, BStBl 2014 II S. 388; FG Niedersachen, Urteil v. 20.6.2007- 2 K 562/05, EFG 2007 S. 1584, NWB ZAAAC-57077 (rkr.).
2 BFH, Urteile v. 22.10.2013 - X R 14/11, BFHE 243 S. 271, BStBl 2014 S. 158, unter II.1.a bb, m. w. N.; v. 5.2.2014 - X R 22/12, BFHE 244 S. 49, BStBl 2014 II S. 388.
3 Vgl. dazu oben Rz. 1271 ff.
4 BFH, Urteil v. 19.8.2009 - III R 68/06, BFH/NV 2010 S. 241, NWB TAAAD-34788.

I. Beginn und Beendigung der Betriebsaufspaltung

ob man die Rechtfertigung für die Betriebsaufspaltung darin sieht, dass sich die Besitzgesellschaft über die Betriebsgesellschaft am allgemeinen wirtschaftlichen Verkehr beteiligt, oder ob man sich für eine andere Rechtfertigung entscheidet. Entschließt man sich trotz der hiergegen bestehenden erheblichen Bedenken für die erste Variante, so dürfte gleichzeitig mit der Einstellung jeder gewerblichen Tätigkeit des Betriebsunternehmens auch die gewerbliche Prägung der Besitzgesellschaft wegfallen und eine Betriebsaufgabe i. S. v. § 16 Abs. 3 Satz 1 EStG anzunehmen sein.

1675 Dies gilt jedoch nicht, wenn bei dem (vormaligen) Besitzunternehmen die Voraussetzungen einer vorübergehenden **Betriebsunterbrechung (Ruhenlassen des Betriebs)** vorliegen. Die Betriebsunterbrechung kann darin bestehen, dass der Betriebsinhaber die wesentlichen Betriebsgrundlagen an einen anderen Unternehmer verpachtet.[1] Außerdem liegt sie vor, wenn die gewerbliche Tätigkeit ruhen gelassen wird. Schließlich wird ein Ruhen des Vermietungsbetriebs angenommen, wenn der Besitzunternehmer und Mehrheitsgesellschafter der Betriebsgesellschaft dem Minderheitsgesellschafter lediglich eine unwiderrufliche **Option** auf Erwerb aller Geschäftsanteile an der Betriebs-GmbH einräumt. In diesem Fall ist die Betriebsaufspaltung trotz Stimmrechtsbindung und Rückzugs des Mehrheitsgesellschafters aus der Geschäftsführung nicht beendet. Es ist von einem ruhenden Betrieb auszugehen, wenn der Mietvertrag fortgesetzt wird, eine Aufgabeerklärung des Besitzunternehmers fehlt und ungewiss ist, ob die Option ausgeübt wird.[2]

1676 Nach der neueren Rechtsprechung kann eine Wiederaufnahmeabsicht unterstellt werden, solange die Fortsetzung der gewerblichen Tätigkeit objektiv möglich ist und der Steuerpflichtige keine eindeutige Aufgabeerklärung abgibt.[3] Die objektive Möglichkeit zur Betriebsfortführung setzt wiederum voraus, dass die wesentlichen Betriebsgrundlagen zurückbehalten und nicht entscheidend umgestaltet werden.[4] Im zeitlichen Anwendungsbereich des § 16 Abs. 3b Satz 1 EStG wird in den Fällen der Betriebsunterbrechung eine Betriebsaufgabe nur dann angenommen, wenn der Steuerpflichtige entweder eine ausdrückliche Aufgabeerklärung gegenüber dem FA abgibt oder dem FA alle Tatsachen für das Vorliegen einer Betriebsaufgabe bekannt werden. Diese Regelung gilt nur für Betriebsaufgaben nach dem 4.11.2011 (§ 52 Abs. 34 Satz 9

---

1 Vgl. *Neufang/Bohnenberger*, DStR 2016 S. 578, 579 f.; siehe auch oben Rz. 1600 ff.
2 BFH, Urteil v. 14.10.2009 - X R 37/07, BFH/NV 2010 S. 406, NWB ZAAAD-36743.
3 BFH, Urteile v. 8.2.2007 - IV R 65/01, BStBl 2009 II S. 699, unter II.2.c, a. E.; v. 12.5.2011 - IV R 36/09, BFH/NV 2011 S. 2092, NWB HAAAD-93754, Rz. 17; v. 18.7.2018 - X R 36/17, BFH/NV 2019 S. 195, NWB DAAAH-05594, Rz. 26.
4 BFH, Urteil v. 14.3.2006 - VIII R 80/03, BStBl 2006 II S. 591, unter II.2.c.aa.

EStG i. d. F. des Steuervereinfachungsgesetzes 2011 v. 1.11.2011[1]). Die dargestellten Grundsätze sind bei der Beendigung der Betriebsaufspaltung gleichermaßen zu beachten.[2] Zum Beispiel ist der Eigenantrag des Schuldners auf Eröffnung des **Insolvenzverfahrens** auch dann, wenn er vom Insolvenzgericht dem FA mitgeteilt wird, in der Regel nicht als Betriebsaufgabeerklärung anzusehen.[3]

Folgende **Fallgruppen** kommen hierbei als Betriebsunterbrechung in Betracht: **vorübergehender** Wegfall der personellen Verflechtung wegen Eröffnung des Insolvenzverfahrens über das Vermögen der Betriebsgesellschaft;[4] beabsichtigte, aber mangels personeller Verflechtung fehlgeschlagene Betriebsaufspaltung.[5] Des Weiteren hat der BFH deutlich gemacht, dass die Annahme eines ruhenden Gewerbebetriebs voraussetzt, dass die Absicht des Steuerpflichtigen besteht, den Betrieb später fortzuführen, und dass die zurückbehaltenen Wirtschaftsgüter es erlauben, den Betrieb innerhalb eines überschaubaren Zeitraums in gleichartiger oder ähnlicher Weise wieder aufzunehmen.[6] 1677

Noch nicht höchstrichterlich geklärt ist, ob eine Betriebsunterbrechung nicht mehr in Betracht kommt, wenn der Besitzunternehmer wesentliche Betriebsgrundlagen an die Betriebsgesellschaft veräußert.[7] Hierfür spricht, dass es sich bei Besitz- und Einzelunternehmen nicht um einen einheitlichen Betrieb handelt. Die Voraussetzungen der Betriebsunterbrechung müssen daher im ruhenden Besitzunternehmen erfüllt werden. Dies ist nicht der Fall, wenn dieses nicht mehr über die wesentlichen Betriebsgrundlagen verfügen kann.[8]

Werden nur die Betriebsgrundstücke zurückbehalten, so kann eine Betriebsunterbrechung nur dann vorliegen, wenn die Grundstücke die alleinige we- 1678

---

1 BGBl 2011 I S. 2131.
2 BFH, Urteile v. 14.3.2006 - VIII R 80/03, BFHE 212 S. 541, BStBl 2006 II S. 591; v. 8.2.2007 - IV R 65/01 (unter II.2.c), BFHE 216 S. 412, BStBl 2009 II S. 699; FG Hessen, Urteil v. 19.9.2007 - 12 K 1411/01, NWB OAAAC-67343, EFG 2008 S. 448 (rkr.).
3 BFH, Beschluss v. 1.10.2015 - X B 71/15, BFH/NV 2016 S. 34, NWB KAAAF-08275.
4 Vgl. zur Möglichkeit einer Betriebsunterbrechung BFH, Urteile v. 6.3.1997 - XI R 2/96, BFHE 183 S. 85, BStBl 1997 II S. 460; v. 8.2.2007 - IV R 65/01 (unter II.2.c), BFHE 216 S. 412, BStBl 2009 II S. 699; vgl. bereits oben Rz. 1663.
5 BFH, Urteil v. 11.5.1999 - VIII R 72/96, BFHE 188 S. 397, BStBl 2002 II S. 722.
6 BFH, Urteile v. 11.5.1999 - VIII R 72/96, BFHE 188 S. 397, BStBl 2002 II S. 722; v. 20.6.2000 - VIII R 18/99, BFH/NV 2001 S. 31, NWB BAAAA-66205; FG Niedersachsen, Urteil v. 20.6.2007- 2 K 562/05, NWB ZAAAC-57077, EFG 2007 S. 1584 (rkr.); vgl. auch *Bitz* in Littmann/Bitz/Pust, Das Einkommensteuerrecht, § 15 Rz. 420.
7 Vgl. BFH, Urteil v. 18.7.2018 - X R 36/17, BFH/NV 2019 S. 195, NWB DAAAH-05594; *Reddig*, EFG 2018 S. 731; *Weiss*, DStRK 2018 S. 169.
8 Zu Gestaltungsmöglichkeiten bei einem aus Teilbetrieben zusammengesetzten Besitzunternehmen vgl. Rz. 1643 f.; 1693.

sentliche Betriebsgrundlage darstellen.¹ Unschädlich ist nach der Rechtsprechung, wenn das vormalige Besitzunternehmen im Zeitraum des Ruhens die Grundstücke an **verschiedene Gewerbetreibende** zu verschiedenen **Laufzeiten** vermietet.² Schließlich hat der BFH die Festlegung einer Obergrenze für diese Laufzeiten stets abgelehnt. Hierzu passt, dass auch eine Laufzeit von 13 Jahren der Annahme einer Betriebsunterbrechung nicht im Wege stehen soll.³

1679 Für Schwierigkeiten sorgen Fälle der **schleichenden Betriebsaufgabe**, in denen der Zeitpunkt der Aufgabeabsicht anhand der äußeren Umstände nicht eindeutig zu bestimmen ist. In dieser Konstellation kann eine Betriebsaufgabe nur angenommen werden, wenn der Steuerpflichtige sie ausdrücklich erklärt bzw. das Finanzamt von Tatsachen erfährt, wonach eine Betriebsverpachtung nicht mehr in Betracht kommt (§ 16 Abs. 3b EStG).⁴

1680 Bei **Umwandlungsvorgängen** ist wie folgt zu unterscheiden: Zur Beendigung der Betriebsaufspaltung führt zunächst der **Formwechsel** (§§ 190 ff. UmwG, §§ 3 ff., 25 UmwStG) des Besitzunternehmens in eine Kapitalgesellschaft, wenn auch das vorherige Betriebsunternehmen eine Kapitalgesellschaft ist. Dies ist darin begründet, dass eine Betriebsaufspaltung zwischen zwei Kapitalgesellschaften nach Auffassung des BFH nur angenommen werden kann, wenn die Besitzkapitalgesellschaft an der Betriebskapitalgesellschaft zu mehr als 50 % unmittelbar beteiligt ist.⁵ Gleiche Rechtsfolgen treten daher ein, wenn im Fall der umgekehrten Betriebsaufspaltung die Betriebspersonengesellschaft in eine Kapitalgesellschaft formgewechselt wird.

Dagegen ist ein Formwechsel des Besitz- oder Betriebsunternehmens immer dann unschädlich, wenn nach Umwandlung die Voraussetzungen der Betriebsaufspaltung erhalten bleiben. Nimmt man die Rechtsprechung des BFH zur Aktiengesellschaft als mögliche Betriebsgesellschaft ernst, kann folglich auch eine Betriebs-GmbH in eine Betriebs-AG formgewechselt werden.⁶ Soll die Besitzgesellschaft in eine GmbH formgewechselt werden, kann die Buchwertfortführung nach § 25 UmwStG nur erreicht werden, wenn sämtliche wesentliche Betriebsgrundlagen übertragen werden.

---

1 BFH, Urteile v. 17.4.1997 - VIII R 2/95, BFHE 183 S. 385, BStBl 1998 II S. 388; v. 14.3.2006 - VIII R 80/03, BFHE 212 S. 541, BStBl 2006 II S. 591.
2 BFH, Urteil v. 14.3.2006 - VIII R 80/03, BFHE 212 S. 541, BStBl 2006 II S. 591.
3 BFH, Urteil v. 14.3.2006 - VIII R 80/03, BFHE 212 S. 541, BStBl 2006 II S. 591.
4 BFH, Urteile v. 20.6.2000 - VIII R 18/99, BFH/NV 2001 S. 31, NWB BAAAA-66205; v. 8.2.2007 - IV R 65/01 (unter II.2.d.dd), BFHE 216 S. 412, BStBl 2009 II S. 699; FG Hessen, Urteil v. 11.7.2005 - 9 K 4059/99, NWB EAAAB-72237, EFG 2005 S. 1765 (rkr.).
5 Vgl. oben Rz. 706.
6 Vgl. oben Rz. 575; kritisch *Dehmer*, Betriebsaufspaltung, 4. Aufl. 2018, § 7 Rz. 18.

Wird die Betriebs-Kapitalgesellschaft im Wege des Formwechsels in eine Betriebs-GmbH & Co. KG umgewandelt, kann ggf. eine mitunternehmerische Betriebsaufspaltung entstehen.[1] Nachteilig kann sich hier auswirken, dass es nach § 7 UmwStG zu einer fiktiven Ausschüttung thesaurierter Gewinne der Betriebs-GmbH kommt. Falls die Anschaffungskosten der Anteile das gezeichnete Kapital der Betriebs-GmbH übersteigen, entsteht ein Übernahmeverlust, der nach § 7 UmwStG maximal in Höhe von 60 % der fiktiven Ausschüttung berücksichtigt werden kann. Unter den Voraussetzungen des § 4 Abs. 6 Satz 6 UmwStG kann eine Verlustberücksichtigung überdies vollständig entfallen.[2] Es sind zudem ggf. die Rechtsfolgen des § 18 Abs. 3 UmwStG in die Gestaltungsüberlegungen einzubeziehen, wenn der Anteil an der neuen Betriebs-GmbH & Co. KG innerhalb von fünf Jahren nach dem Formwechsel veräußert wird.

Gelangt ein vom alleinigen GmbH-Gesellschafter vor der Umwandlung im Rahmen einer Betriebsaufspaltung an die GmbH vermietetes Grundstück durch den Formwechsel in das Sonderbetriebsvermögen der GmbH & Co. KG, so erfasst der Besteuerungszugriff gem. § 18 Abs. 3 Satz 1, 2. Halbsatz UmwStG bei einer Veräußerung der Kommanditbeteiligung und gleichzeitiger Veräußerung des Grundstücks innerhalb von fünf Jahren nach der Umwandlung nach Auffassung des FG Mecklenburg-Vorpommern allerdings mangels aufnehmenden Rechtsträgers nicht dieses Sonderbetriebsvermögen (in Gestalt des bis zu diesem Tage im Alleineigentum des Gesellschafters stehenden und der Gesellschaft zur Nutzung überlassenen Grundstücks).[3]

Die Betriebsaufspaltung kann auch dadurch beendet werden, dass das Besitzunternehmen oder das Betriebsunternehmen in eine andere Gesellschaft **eingebracht** wird. Gestaltungsziel wird hier in aller Regel sein, dass die Einbringung erfolgsneutral nach §§ 20 bzw. 24 UmwStG vollzogen wird.[4] Dies setzt voraus, dass sämtliche funktional wesentlichen Betriebsgrundlagen des Besitzunternehmens in einem einheitlichen Vorgang eingebracht werden, also auch etwaige Wirtschaftsgüter des Sonderbetriebsvermögens, soweit diese als wesentliche Betriebsgrundlage zu qualifizieren sind.[5] Folglich müssen auch alle Anteile an der Betriebs-GmbH eingebracht werden. Für eine Einbringung des ganzen Mitunternehmeranteils nach § 24 Abs. 1 UmwStG und damit für die

1681

---

1 Vgl. *Ott*, DStZ 2019 S. 693, 698 ff.; *Ott*, GStB 2020 S. 186, 192 ff.
2 Vgl. hierzu *Ott*, StuB 2022 S. 125, 128.
3 FG Mecklenburg-Vorpommern, Urteil v. 11.8.2021 - 2 K 194/17, EFG 2022 S. 453, nrkr., NWB ZAAAI-011330 (Az. des BFH: IV R 20/21).
4 Vgl. hierzu auch *Ott*, Ubg 2019 S. 129.
5 Vgl. BFH, Urteile v. 16.2.1996 - I R 183/94, BFHE 180 S. 97, BStBl 1996 II S. 342; v. 25.11.2009 - I R 72/08, BFHE 227 S. 445, BStBl 2010 II S. 471; v. 29.11.2017 - I R 7/16, BStBl 2019 II S. 738.

I. Beginn und Beendigung der Betriebsaufspaltung

Berechtigung zur Buchwertfortführung nach § 24 Abs. 2 Satz 2 UmwStG reicht es aus, wenn wesentliche Betriebsgrundlagen im Sonderbetriebsvermögen der Ausgangsgesellschaft ins Sonderbetriebsvermögen der Zielgesellschaft überführt werden; eine Übertragung in das Gesamthandsvermögen ist nicht erforderlich.[1]

Nicht ausreichend ist es, wenn der übernehmende Rechtsträger nur ein obligatorisches Nutzungsrecht erhält.[2] Werden nicht alle funktional wesentlichen Betriebsgrundlagen zum Gegenstand der Einbringung gemacht, liegt keine Betriebs- oder Teilbetriebsübertragung vor, so dass die im eingebrachten Unternehmen ruhenden stillen Reserven aufzudecken sind.[3]

Vor diesem Hintergrund kommt dem **Zeitpunkt der Einbringung** eine entscheidende Bedeutung zu, wobei im Wesentlichen zwei Fallgruppen zu unterscheiden sind.[4] Unschädlich für die steuerneutrale Einbringung ist es zunächst, wenn wesentliche Betriebsgrundlagen zeitlich *vor* der Einbringung veräußert oder entnommen werden. So hat der BFH für den Fall einer Einbringung nach § 24 UmwStG entschieden, dass gegen die Einbringung weder § 42 AO noch die Rechtsfigur des Gesamtplans ins Feld geführt werden kann, wenn vor der Einbringung eine wesentliche Betriebsgrundlage des einzubringenden Betriebs unter Aufdeckung stiller Reserven veräußert wird und diese Veräußerung auf Dauer angelegt ist.[5] Hieran fehlt es, wenn die wesentliche Betriebsgrundlage *zeitgleich* mit der Einbringung in das Privatvermögen überführt wird.[6]

Hiervon sind Fälle zu unterscheiden, in denen funktional wesentliche Betriebsgrundlagen vor der Einbringung mit dieser zum Buchwert nach § 6 Abs. 5 EStG in ein anderes Betriebsvermögen übertragen werden. Nach Auffassung des BFH unterliegen diese sog. **Ausgliederungsmodelle** nicht den Grundsätzen der

---

1 BFH, Urteil v. 17.4.2019 - IV R 12/16, BStBl 2019 II S. 745, Rz. 54; BMF, Schreiben v. 11.11.2011, BStBl 2011 I S. 1314, Rz. 24.05; vgl. auch BFH, Urteil v. 26.1.1994 - III R 39/91, BStBl 1994 II S. 458, Rz. 27.
2 BFH, Urteil v. 29.11.2017 - I R 7/16, BFH/NV 2018 S. 810, NWB AAAAG-83527; vgl. hierzu auch *Trossen*, Ubg 2018 S. 358 f.; *Bergmann*, Ubg 2018 S. 359 f.; *Micker*, Ubg 2018 S. 354 ff.
3 BMF, Schreiben v. 11.11.2011, BStBl 2011 I S. 1314, Tz. 20.07; zu steuerlichen Begünstigungen in diesem Fall vgl. *Wendt*, FR 2018 S. 513 f.
4 Vgl. hierzu *Wacker*, DStR 2018 S. 1019 f.; siehe auch *Brühl/Weiss*, Ubg 2018 S. 259; *Binnewies*, GmbH-StB 2019 S. 17, 20.
5 BFH, Urteile v. 25.11.2009 - I R 72/08, BStBl 2010 II S. 471; v. 9.11.2011 - X R 60/09, BStBl 2012 II S. 638; die Finanzverwaltung hat sich dieser Auffassung angeschlossen.
6 BFH, Urteil v. 29.11.2017 - I R 7/16, BStBl 2019 II S. 738.

Gesamtplan-Rechtsprechung.[1] Die Finanzverwaltung hatte bislang insoweit Verfahrensruhe angeordnet.[2] Es ist sehr unwahrscheinlich, dass sich die Auffassung der Finanzverwaltung in diesem Punkt noch durchsetzen wird. Im Übrigen geht mittlerweile auch die Finanzverwaltung davon aus, dass § 6 Abs. 3 Satz 1 EStG anzuwenden ist, wenn **im Zeitpunkt der Übertragung des Anteils am Gesamthandsvermögen** funktional wesentliches Betriebsvermögen/Sonderbetriebsvermögen nach **§ 6 Abs. 5 Satz 3 EStG** zum Buchwert übertragen oder nach **§ 6 Abs. 5 Satz 1 oder Satz 2 EStG** in ein anderes Betriebsvermögen/Sonderbetriebsvermögen des Steuerpflichtigen überführt wird.[3] Nach Auffassung der Finanzverwaltung soll dies jedoch nicht gelten, wenn nach der Auslagerung von funktional wesentlichem Betriebsvermögen/Sonderbetriebsvermögen gem. § 6 Abs. 5 EStG **keine funktionsfähige betriebliche Einheit** mehr besteht.[4] Für die Buchwertfortführung gem. § 6 Abs. 3 EStG sei deshalb jeweils zeitpunktbezogen zu prüfen, ob auch nach der Auslagerung gem. § 6 Abs. 5 EStG noch eine funktionsfähige betriebliche Einheit nach § 6 Abs. 3 EStG übertragen werden kann. Diese Grundsätze müssen folgerichtig auch für Einbringungen gelten. Es ist allerdings darauf hinzuweisen, dass die Finanzverwaltung diesbezüglich ihre Auffassung zur Anwendung eines Gesamtplans bislang noch nicht aufgegeben hat.

Ist das aufnehmende Betriebsvermögen eine Kapitalgesellschaft, kommt eine Buchwertfortführung unter den Voraussetzungen von § 20 Abs. 2 UmwStG in Betracht. Soll eine Kapitalgesellschaft nach § 24 bzw. § 20 UmwStG eingebracht werden, muss Einbringungsgegenstand die 100 %ige Beteiligung sein, da nur diese Teilbetriebseigenschaft besitzt. In Betriebsaufspaltungsfällen kommt eine Buchwertfortführung bei Einbringung der Anteile an der Besitzkapitalgesellschaft nur dann in Betracht, wenn deren einziger Gesellschafter die Beteiligung überträgt.[5] Bei mehreren Anteilseignern kann eine Buchwertübertragung folglich nur nach Maßgabe von § 6 Abs. 5 EStG möglich werden.

Wird das Besitzunternehmen in die Betriebskapitalgesellschaft eingebracht, ist es nach Auffassung der Finanzverwaltung nicht zu beanstanden, wenn die sich

1682

---

1 BFH, Urteil v. 2.8.2012 - IV R 41/11, BStBl 2019 II S. 715; vgl. auch BFH, Urteil v. 12.5.2016 - IV R 12/15, BStBl 2019 II S. 726; vgl. bereits oben Rz. 1275.
2 BMF, Schreiben v. 12.9.2013, BStBl 2013 I S. 1164; zur gegenläufigen Auffassung der Finanzverwaltung vgl. auch BMF, Schreiben v. 11.11.2011, BStBl 2011 I S. 1314, Tz. 20.07, 24.03.
3 BMF, Schreiben v. 20.11.2019, BStBl 2019 I S. 1291, Tz. 10; zur Änderung der Verwaltungsauffassung vgl. *Kotzenberg/Riedel*, DStR 2020 S. 13; *Kraft*, NWB 2020 S. 20; *Lorenz*, FR 2020 S. 237; *Schiffers*, Ubg 2020 S. 48; *Vees*, DB 2020 S. 130; *Viskorf/Wegener*, ZEV 2020 S. 85; *Werthebach*, DStR 2020 S. 6.
4 BMF, Schreiben v. 20.11.2019, BStBl 2019 I S. 1291, Tz. 12.
5 *Dehmer*, Betriebsaufspaltung, 4. Aufl. 2018, § 7 Rz. 10.

I. Beginn und Beendigung der Betriebsaufspaltung

zuvor im Sonderbetriebsvermögen befindlichen Anteile an der Betriebskapitalgesellschaft nicht mit eingebracht werden, weil anderenfalls eigene Anteile dieser Kapitalgesellschaft entstehen würden.[1] Danach ist die Zurückbehaltung der Anteile für die Anwendung von § 20 UmwStG unschädlich.

Dies gilt allerdings nur unter der Voraussetzung, dass der Einbringende dies gegenüber dem Finanzamt, welches für die Besteuerung der aufnehmenden Kapitalgesellschaft zuständig ist, unwiderruflich beantragt und sich zudem damit einverstanden erklärt, dass auch die zurückbehaltenen Anteile zukünftig als durch eine Sacheinlage i. S. des § 20 UmwStG erworben gelten. Die stillen Reserven der zurückbehaltenen Anteile werden dann nicht aufgedeckt, sind aber nach der Einbringung verstrickt, und zwar unter dem Regelungsregime des § 17 EStG. Ohne Antrag i. S. des § 20 Abs. 2 Satz 2 UmwStG und bei unterstellter Zurückbehaltung des Anteils, wäre die Buchwertfortführung nach § 20 UmwStG auch für das Restbetriebsvermögen ausgeschlossen.

BEISPIEL: A hat ein Grundstück (Buchwert: 100.000 €, gemeiner Wert: 500.000 €) an die A-GmbH vermietet, so dass die Voraussetzungen einer Betriebsaufspaltung gegeben sind. Er hält 100 % der Anteile an der A-GmbH (Buchwert: 50.000 €, gemeiner Wert: 400.000 €). Zum 31.12.2015 wird das Besitzunternehmen in die A-GmbH eingebracht, die ihr Stammkapital entsprechend erhöht. Der Buchwert des Besitzunternehmens beträgt zu diesem Zeitpunkt 150.000 €.

LÖSUNG: An sich müsste A sowohl das Grundstück als auch die Beteiligung in die A-GmbH einbringen. Nach Verwaltungsauffassung wird es allerdings nicht beanstandet, wenn A lediglich das Grundstück auf die A-GmbH überträgt und die Anteile an der A-GmbH zurückbehält. Dies setzt aber einen ausdrücklichen, schriftlichen und unwiderruflichen Antrag des A voraus. Durch diesen gelten die zurückbehaltenen Anteile als nach § 22 UmwStG verhaftet und unterliegen der gesetzlichen Haltefrist. Die Anteile sind danach steuerverstrickt nach § 17 EStG.

Die Voraussetzungen des § 20 Abs. 2 UmwStG sind erfüllt, so dass die A-GmbH für das übernommene Grundstück den Buchwertansatz wählen darf. Weil der Buchwert des eingebrachten Betriebsvermögens ohne den Buchwert der zurückbehaltenen Anteile nicht negativ ist, steht auch § 20 Abs. 2 Satz 2 Nr. 2 UmwStG dem Buchwertansatz nicht entgegen. A erhält im Wege der Betriebseinbringung einen zusätzlichen Anteil an der A-GmbH. Die Anschaffungskosten dieser Anteile betragen danach:

Altanteil (bisher):	50.000 €
Neuanteil (§ 20 Abs. 3 Satz 1 UmwStG):	100.000 €
Summe:	150.000 €

---

1 BMF, Schreiben v. 11.11.2011, BStBl 2011 I S. 1314, Tz. 20.09; gl. A. FG Nürnberg, Urteil v. 27.10.2016 - 4 K 729/15, NWB WAAAG-42236 (rkr.).

Hinsichtlich der Haltefrist des § 22 UmwStG werden beide Anteile von der Finanzverwaltung überwacht. Denn sowohl die Veräußerung des Altanteils als auch der neuen Anteile löst die Besteuerung des Einbringungsgewinns I aus. Vorliegend umfasst der Einbringungsgewinn I lediglich die stillen Reserven des eingebrachten Vermögens (= 400.000 €), weil nur insoweit bei Anteilsveräußerung durch A eine Statusverbesserung droht.

In **Verschmelzungsfällen** ist wie folgt zu unterscheiden: Wird das Besitz- oder Betriebsunternehmen auf ein drittes Unternehmen verschmolzen, muss geprüft werden, ob nach der Verschmelzung dieselbe Person bzw. Personengruppe sowohl im Besitz- als auch im Betriebsunternehmen durch die Beteiligungsverhältnisse in der Lage ist, eine personelle Verflechtung herzustellen. In diesen Fällen endet die Betriebsaufspaltung nicht. Gleiche Grundsätze gelten bei einem **Anteilstausch** nach § 21 UmwStG: Sofern die personelle Verflechtung zwischen Besitz- und Betriebsunternehmen auch nach dem Anteilstausch weiterhin gegeben ist, wird die Betriebsaufspaltung nicht (auch nicht für eine logische Sekunde) beendet. Hierfür spricht, dass jedenfalls bei Buchwert- oder Zwischenwertansatz die übernehmende Gesellschaft auch hinsichtlich der eingebrachten Anteile in die steuerliche Rechtsstellung des Einbringenden eintritt.[1]

1683

Endet die Betriebsaufspaltung durch Wegfall der personellen Verflechtung, kann die Betriebsaufgabe ggf. dadurch vermieden werden, dass das Besitzunternehmen aus einem anderen Grund als Gewerbebetrieb zu qualifizieren ist. Wird eine Betriebsaufspaltung z. B. dadurch beendet, dass die Betriebs-GmbH auf eine AG verschmolzen und das Besitzunternehmen in die AG eingebracht wird, kann dieser Vorgang gewinnneutral gestaltet werden, wenn das Besitzunternehmen nicht nur wegen der Betriebsaufspaltung gewerblich tätig war. Anderenfalls führt die **Verschmelzung** zur Aufgabe des Gewerbebetriebs mit der Folge, dass dieser nicht mehr zu Buchwerten in die AG eingebracht werden kann.

Wird das Besitz- auf das Betriebsunternehmen verschmolzen (oder umgekehrt), wird die Betriebsaufspaltung dadurch beendet. Allerdings kann Steuerneutralität nach §§ 11, 24 Abs. 2 UmwStG erreicht werden, wenn wiederum sämtliche wesentliche Betriebsgrundlagen auf das aufnehmende Betriebsvermögen übertragen werden. Hinsichtlich der Anteile an der Betriebskapitalgesellschaft gelten dieselben Grundsätze wie bei Einbringungen.[2]

---

[1] Vgl. *Rabback* in Rödder/Herlinghaus/van Lishaut, UmwStG, 3. Aufl. 2019, § 21 Rz. 131; *Rödder/Schumacher*, DStR 2007 S. 369, 375.
[2] Vgl. bereits Rz. 1682.

Bei **Spaltungen** des Besitz- oder Betriebsunternehmens (§§ 123 ff. UmwG, 15 ff., 20 ff. UmwStG) ist schließlich ebenfalls zu prüfen, ob nach der Spaltung sachliche und personelle Verflechtung aufrechterhalten werden können, um eine Beendigung der Betriebsaufspaltung zu vermeiden. Die stillen Reserven derjenigen Teilbetriebe, hinsichtlich derer dies nach Spaltung nicht mehr der Fall ist, müssen aufgelöst werden.[1]

5. Wegfall der sachlichen Verflechtung

1683/1 Die Betriebsaufspaltung kann des Weiteren durch Wegfall der sachlichen Verflechtung enden. Hierher rechnet zunächst der Fall, dass die Betriebsgesellschaft ihre **werbende Tätigkeit einstellt** mit der Folge, dass die überlassenen Wirtschaftsgüter ihre Eigenschaft als wesentliche Betriebsgrundlage verlieren. In diesen Fällen ist eine Betriebsaufgabe anzunehmen, wenn nicht die Voraussetzungen der Betriebsverpachtung oder Betriebsunterbrechung vorliegen.[2] Die Betriebsunterbrechung kann allerdings nur angenommen werden, wenn die Absicht besteht, den Betrieb später wieder aufzunehmen und fortzuführen, und keine eindeutige Betriebsaufgabeerklärung abgegeben wird.[3]

Des Weiteren wird die Betriebsaufspaltung beendet, wenn keine funktional wesentliche Betriebsgrundlage mehr überlassen wird. Dies kann zum einen dadurch verursacht sein, dass die letzte wesentliche Betriebsgrundlage das Betriebsvermögen des Besitzunternehmens verlässt, sei es durch Entnahme in das Privatvermögen oder durch Übertragung des wirtschaftlichen Eigentums an einen Dritten.[4] Zum anderen kann das jeweilige Wirtschaftsgut, das vormals eine wesentliche Betriebsgrundlage dargestellt hat, wertlos geworden oder verbraucht worden und nicht durch Neuinvestitionen des Besitzunternehmens ersetzt worden sein.[5] Dies kann in erster Linie beim abnutzbaren Anlagevermögen der Fall sein. Bei Auslaufen eines **Patentrechtsschutzes** ist allerdings nicht von der Beendigung einer Betriebsaufspaltung

---

1 *Dehmer*, Betriebsaufspaltung, 4. Aufl. 2018, § 7 Rz. 16.
2 Vgl. dazu oben Rz. 1600 ff.
3 *Bitz* in Littmann/Bitz/Pust, EStG, § 15 Rz. 421; *Dehmer*, Betriebsaufspaltung, 4. Aufl. 2018, § 8 Rz. 59; H 16 Abs. 2 EStH „Betriebsunterbrechung".
4 Vgl. etwa FG Niedersachsen, Urteil v. 1.12.2021 - 9 K 18/19, NWB XAAAJ-17517, nrkr. (Az. des BFH: III B 6/22), zur unentgeltlichen Übertragung des Betriebsgrundstücks auf einen Gesellschafter der Betriebskapitalgesellschaft, der nicht die Mehrheit der Anteile an der Betriebskapitalgesellschaft besitzt.
5 *Dehmer* Betriebsaufspaltung, 4. Aufl. 2018, § 8 Rz. 61; zur schleichenden Betriebsaufgabe siehe oben Rz. 1679.

auszugehen, da auch ungeschützte Erfindungen eine wesentliche Betriebsgrundlage darstellen können.[1]

Schließlich kann auch die **Beendigung der Nutzungsüberlassung** die sachliche Verflechtung entfallen lassen. Dies ist der Fall, wenn der der Nutzungsüberlassung zugrunde liegende Vertrag endet oder gekündigt wird.

6. Der Veräußerungs- oder Aufgabegewinn

Wird eine Betriebsaufspaltung beendet, ist eine **Aufgabebilanz** aufzustellen.[2] In dieser sind die veräußerten und in das Privatvermögen überführten Wirtschaftsgüter und die verbliebenen Schulden mit den Werten des § 16 Abs. 3 EStG anzusetzen.[3] Werden die dem Betrieb gewidmeten Wirtschaftsgüter im Rahmen der Aufgabe des Betriebs veräußert, so sind gem. § 16 Abs. 3 Satz 6 EStG die Veräußerungspreise anzusetzen.

1684

Ein in der Aufgabebilanz gem. § 16 Abs. 3 Satz 6 EStG zu erfassender Veräußerungspreis wird grundsätzlich in vollem Umfang realisiert, unabhängig davon, ob der Kaufpreis sofort fällig, in Raten zahlbar oder langfristig gestundet ist und wann der Verkaufserlös dem Veräußerer tatsächlich zufließt.[4] Eine **längerfristig gestundete Kaufpreisforderung** ist bei der Ermittlung des Aufgabegewinns mit dem gemeinen Wert (§§ 2 bis 16 BewG) im Zeitpunkt der Veräußerung der zum Betriebsvermögen gehörenden Wirtschaftsgüter anzusetzen, da das Einkommensteuerrecht keine eigene Regelung für die Bewertung einer solchen Forderung enthält.[5] Gemeiner Wert einer gestundeten Kapitalforderung ist der Nennwert (§ 12 Abs. 1 BewG), wenn nicht besondere Umstände einen höheren oder geringeren Wert begründen.[6]

---

1 Vgl. dazu oben Rz. 227 ff.
2 BFH, Urteile v. 5.5.2015 - X R 48/13, BFH/NV 2015 S. 1358, NWB HAAAE-98621, Rz. 35 ff.; v. 21.11.2017 - VIII R 17/15, BFH/NV 2018 S. 522, NWB JAAAG-79575, Rz. 43.
3 BFH, Urteil v. 21.11.2017 - VIII R 17/15, BFH/NV 2018 S. 522, NWB JAAAG-79575, Rz. 45.
4 BFH, Entscheidungen v. 19.7.1993 - GrS 2/92, BFHE 172 S. 66, BStBl 1993 II S. 897, m. w. N.; v. 29.3.2007 - XI B 56/06, BFH/NV 2007 S. 1306, NWB HAAAC-45756, unter 1.a.aa; v. 12.4.2016 - VIII R 39/13, BFH/NV 2016 S. 1430, NWB JAAAF-79659, Rz. 22; v. 21.11.2017 - VIII R 17/15, BFH/NV 2018 S. 522, NWB JAAAG-79575, Rz. 46.
5 Vgl. zum Ansatz der Forderung in der Aufgabebilanz BFH, Urteil v. 12.10.2005 - VIII R 66/03, BFHE 211 S. 458, BStBl 2006 II S. 307; *Wacker* in Schmidt, EStG, 41. Aufl. 2022, § 16 Rz. 293.
6 Vgl. hierzu BFH, Urteile v. 19.1.1978 - IV R 61/73, BFHE 124 S. 327, BStBl 1978 II S. 295, unter I.1. a; v. 17.2.2010 - II R 23/09, BFHE 229 S. 363, BStBl 2010 II S. 641, m. w. N.; v. 12.5.2016 - II R 39/14, BFHE 255 S. 286, BStBl 2017 II S. 63.

I. Beginn und Beendigung der Betriebsaufspaltung

Der Veräußerungs- bzw. Aufgabegewinn ist nach §§ 16, 34 EStG **tarifbegünstigt**.[1] Diese Begünstigungen sind allerdings nur dann anzuwenden, wenn *alle* wesentlichen Betriebsgrundlagen entweder an verschiedene Erwerber veräußert oder ins Privatvermögen überführt werden oder eine Kombination aus beiden Möglichkeiten vorliegt. Wird auch nur eine einzige wesentliche Betriebsgrundlage im Rahmen eines anderen Betriebs verwendet und zum Buchwert in das dortige Betriebsvermögen überführt, liegt im Ganzen keine begünstigte Betriebsaufgabe vor.[2]

Der Begriff der wesentlichen Betriebsgrundlagen wird in ständiger Rechtsprechung normspezifisch ausgelegt.[3] Sowohl im Rahmen der Betriebsaufspaltung als auch der Betriebsveräußerung/-aufgabe gilt ausgehend vom Normzweck der §§ 16, 34 EStG, wonach nur die zusammengeballte Realisierung sämtlicher stiller Reserven begünstigt wird, eine funktional-quantitative Betrachtungsweise.[4]

1685 Wird die Betriebsaufspaltung in der Weise beendet, dass die verpachteten Wirtschaftsgüter veräußert werden, so sind gem. § 16 Abs. 3 Satz 6 EStG die Veräußerungspreise anzusetzen. Das darf aber erst dann geschehen, wenn der Veräußerungsgewinn realisiert ist, also in dem Zeitpunkt, in dem das wirtschaftliche Eigentum (§ 39 AO) an den Wirtschaftsgütern übergeht. Hierfür genügt nach überzeugender Ansicht des BFH nicht die Einräumung einer Auflassungsvormerkung, da diese dem Vormerkungsberechtigten noch kein wirtschaftliches Eigentum vermittelt.[5]

Schwierigkeiten ergeben sich zudem im Hinblick auf die Gewährung der Tarifbegünstigung des § 34 Abs. 3 EStG. Nach Ansicht des FG Baden-Württemberg soll bei einer mitunternehmerischen Betriebsaufspaltung insoweit von zwei Veräußerungsgeschäften auszugehen sein, so dass die Tarifbegünstigung –

---

1 BFH, Urteil v. 15.3.2005 - X R 2/02 (unter I.3.c.aa), BFH/NV 2005 S. 1292, NWB GAAAB-53307; Beschluss v. 19.12.2007 - I R 111/05 (unter II.3.), BFHE 220 S. 152, BStBl 2008 II S. 536; zu Tarifbegünstigung bei Aufgabe von Teilbetrieben vgl. BFH, Urteil v. 28.5.2015 - IV R 26/12, BFHE 249 S. 536, BStBl 2015 II S. 79.
2 Vgl. z. B. BFH, Urteile v. 28.10.1964 - IV 102/64 U, BFHE 81 S. 240, BStBl 1965 III S. 88; v. 9.12.1986 - VIII R 26/80, BFHE 148 S. 524, BStBl 1987 II S. 342; v. 18.9.2002 - X R 28/00, BFHE 200 S. 304, BStBl 2003 II S. 133; v. 22.10.2013 - X R 14/11, BFHE 243 S. 271, BStBl 2014 II S. 158; v. 5.2.2014 - X R 22/12, BFHE 244 S. 49, BStBl 2014 II S. 388.
3 BFH, Urteil v. 4.7.2007 - X R 49/06, BStBl 2007 II S. 772.
4 BFH, Urteile v. 25.2.2010 - IV R 49/08, BStBl 2010 II S. 726; v. 10.11.2005 - IV R 7/05, BStBl 2006 II S. 176.
5 BFH, Urteil v. 15.3.2005 - X R 2/02 (unter II.2.), BFH/NV 2005 S. 1292, NWB GAAAB-53307.

anders als im Fall der klassischen Betriebsaufspaltung – nur für einen der beiden Veräußerungsgewinne zu gewähren ist.[1]

In den Fällen, in denen eine Betriebsaufspaltung dadurch beendet wird, dass die personelle Verflechtung wegfällt, weil einem Dritten (Nur-Betriebs-Gesellschafter) an der Betriebsgesellschaft eine Mehrheitsbeteiligung eingeräumt wird, gehört zum Aufgabengewinn auch das von dem Dritten für die Einräumung der Mehrheitsbeteiligung an den ehemaligen Mehrheitsgesellschafter der Betriebsgesellschaft gezahlte Entgelt.[2] 1686

Bei der Ermittlung des Aufgabegewinns nach erklärter Betriebsaufgabe im Falle der Betriebsverpachtung ist ein originärer oder derivativer **Geschäfts- bzw. Firmenwert** dagegen nicht anzusetzen.[3] Nach Ansicht des BFH handelt es sich nämlich um ein nicht privatisierungsfähiges Wirtschaftsgut. Der Geschäfts- bzw. Firmenwert bleibt daher im Fall der Betriebsaufgabe Betriebsvermögen, auch wenn der Betrieb nicht mehr besteht. Er wird erst im Fall der Veräußerung des „Betriebs" realisiert. 1687

(Einstweilen frei) 1688–1689

7. Möglichkeiten zur Vermeidung der Besteuerung der stillen Reserven des Besitzunternehmens bei Beendigung der Betriebsaufspaltung

LITERATUR:

von *Elsner*, Gestaltungsspielräume und Zwänge für Nachfolgeregelungen unter Lebenden und von Todes Wegen – Einkommensteuer: Erhaltung der Betriebsaufspaltung, SbFf St 1994/95 S. 550; *Hoffmann*, Gestaltungen bei der Beendigung einer Betriebsaufspaltung, GmbHR 1994 S. 865; *Roser*, Folgen einer (unbeabsichtigten) Betriebsaufspaltung, EStB 2005 S. 191; *Bitz*, Zur Frage der Betriebsverpachtung oder Betriebsunterbrechung trotz Veränderung des einem eingestellten Betriebsteil dienenden Gebäudes, GmbHR 2007 S. 548; *Butz-Seidl*, Optimale „Entsorgung" einer Betriebsaufspaltung, GStB 2007 S. 444; *Kanzler*, Betriebsverpachtung oder Betriebsunterbrechung trotz Veräußerung des einem eingestellten Betriebsteil dienenden Gebäudes, FR 2007 S. 800; *Stamm/Lichtinghagen*, Steuerneutrale Beendigung der Betriebsaufspaltung, StuB 2007 S. 205; *Kanzler*, Zum neutralen Übergang von einer Betriebsaufspaltung auf eine Betriebsverpachtung, FR 2008 S. 427; *Schwedhelm/Wollweber*, Typische Beratungsfehler in Umwandlungsfällen und ihre Vermeidung, BB 2008 S. 2208; *Kalbfleisch*, Betriebsaufspaltung im Erbfall – Möglichkeiten der erbschaft- und ertragsteuerlichen Optimierung,

---

1 FG Baden-Württemberg, Urteil v. 29.1.2008 - 1 K 142/05, NWB UAAAC-73821, EFG 2008 S. 795 (rkr.).
2 FG Bremen, Urteil v. 19.9.2002 - 4 K 112/01, NWB RAAAB-07171, EFG 2003 S. 319 (rkr.).
3 BFH, Urteile v. 14.2.1978 – VIII R 158/73, BStBl 1979 II S. 99; v. 4.4.1989 - X R 49/87, BStBl 1989 II S. 606.

UVR 2012 S. 90; *Bachmann/Richter*, Die steuerneutrale Umstrukturierung der Erbengemeinschaft mit Betriebsaufspaltung, DB 2014 S. 1282; *Stinn*, Vorweggenommene Erbfolge in die Familien-GmbH, NWB 2014 S. 2538. *Hennig*, Die Betriebsaufspaltung in der Nachfolgeplanung, RNotZ 2015 S. 127; *Binnewies*, Ausgewählte Einzelprobleme der Betriebsaufspaltung, GmbH-StB 2019 S. 17; *Hubert*, Steuerneutrale Beendigung von Betriebsaufspaltungen außerhalb des UmwStG, StuB 2019 S. 8; *Ott*, Erfolgreiche „Rettungsmaßnahmen" zur Absicherung der Betriebsaufspaltung, GStB 2020 S. 186; *Zapf*, Grunderwerbsteuerneutrale Beendigung einer Betriebsaufspaltung, NWB 2021 S. 545; *Ott*, Gestaltungsmaßnahmen bei drohendem Wegfall der personellen Verflechtung im Rahmen der Betriebsaufspaltung, StuB 2022 S. 125; *Vosseler/Udwari*, Vermeidung der Betriebsaufspaltung im „Wiesbadener Modell" mit minderjährigen Kindern durch Zuwendungspflegschaft, ZEV 2022 S. 135.

a) Allgemeines

1690 Die mit dem Wegfall einer Voraussetzung der Betriebsaufspaltung verbundene Konsequenz der Versteuerung der stillen Reserven des Besitzunternehmens kann vermieden werden, wenn die Gewerblichkeit des Besitzunternehmens auch ohne das Institut der Betriebsaufspaltung erhalten werden kann. Dazu sind teilweise bestimmte Gestaltungswege erforderlich, deren Zweckmäßigkeit von Fall zu Fall geprüft werden muss.

1691 Zu berücksichtigen ist zunächst, dass die Versteuerung der stillen Reserven nicht dadurch mit Rückwirkung beseitigt werden kann, dass die Gesellschafter der Besitzgesellschaft eine Veräußerung der wesentlichen Betriebsgrundlage **zivilrechtlich rückgängig** machen.[1] Dies ist darin begründet, dass der Steuerpflichtige auf einen entstandenen Steueranspruch grundsätzlich nicht rückwirkend Einfluss nehmen kann.[2] Des Weiteren spielt es keine Rolle, ob die Veräußerungen einem **Fremdvergleich** standhalten oder nicht, da ein Fremdvergleich nur insoweit anzustellen ist, als aus dem Vereinbarten steuerliche Vorteile in Anspruch genommen werden.[3] Hingegen bieten sich die folgenden Gestaltungen zur Erhaltung der Gewerblichkeit des Besitzunternehmens an:

---

[1] FG Mecklenburg-Vorpommern, Urteil v. 29.5.2008 - 2 K 179/05, NWB SAAAC-94974, EFG 2008 S. 1699 (rkr.).
[2] BFH, Urteil v. 18.9.1984 - VIII R 119/81, BFHE 142 S. 130, BStBl 1985 II S. 55.
[3] BFH, Beschluss v. 29.9.1998 - VII B 107/98, BFH/NV 1999 S. 342, NWB SAAAA-62576; FG Köln, Urteil v. 9.6.1999 - 15 K 440/95, EFG 1999 S. 1288 (rkr); FG Mecklenburg-Vorpommern, Urteil v. 29.5.2008 - 2 K 179/05, NWB SAAAC-94974, EFG 2008 S. 1699 (rkr.).

b) Zusammentreffen von Betriebsaufspaltung und Betriebsverpachtung/ Betriebsunterbrechung

Liegen in einem Fall sowohl die Voraussetzungen der Betriebsaufspaltung als auch der Betriebsverpachtung vor, dann führt – wie oben unter Rz. 1604 ff. dargestellt – der Wegfall einer Voraussetzung der Betriebsaufspaltung nicht zur Betriebsaufgabe, sondern zum Wiederaufleben des mit der Betriebsverpachtung verbundenen Wahlrechts.[1] Da das bisherige Betriebsvermögen im Fall der Betriebsverpachtung auch dann Betriebsvermögen bleibt, wenn es nicht mitverpachtet wird,[2] würde auch hinsichtlich der Anteile an der Betriebsgesellschaft kein Gewinn realisiert, solange diese nicht veräußert bzw. in das Privatvermögen entnommen werden.[3]

1692

Um die Möglichkeit der Betriebsverpachtung zu erhalten, empfiehlt es sich bei der Neugestaltung einer echten Betriebsaufspaltung, die Dinge so zu regeln, dass gleichzeitig die Voraussetzungen einer Betriebsverpachtung vorliegen. Es müssten dann aber alle funktional wesentlichen Betriebsgrundlagen verpachtet werden, und für den Verpächter (das ehemalige Besitzunternehmen) müsste die Möglichkeit eröffnet sein, den vorübergehend eingestellten Betrieb nach Pachtende fortzuführen. Dieselben Grundsätze gelten bei einer unechten Betriebsaufspaltung.[4] Da nach der Rechtsprechung des BFH auch die Überlassung der einzigen wesentlichen Betriebsgrundlage des Besitzunternehmens das Verpächterwahlrecht nach Beendigung einer Betriebsaufspaltung wiederaufleben lässt,[5] dürfte in einer nicht unerheblichen Anzahl von Fällen die Annahme einer Betriebsverpachtung eine Betriebsaufgabe vermieden werden können.[6] Es ist im Einzelfall dafür Sorge zu tragen, dass tatsächlich *sämtliche* wesentliche Betriebsgrundlagen verpachtet werden. Bei Groß- und Einzelhandelsunternehmen, Hotels, Gaststätten und Autohäusern ist regelmäßig das bebaute Grundstück die einzige wesentliche Betriebsgrundlage, so dass deren Verpachtung genügt, um das Verpächterwahlrecht zu erhalten.[7] Bei Produkti-

---

1 BFH, Urteile v. 15.3.2005 - X R 2/02, BFH/NV 2005 S. 1292, NWB GAAAB-53307; v. 30.11.2005 - X R 37/05, BFH/NV 2006 S. 1451, NWB BAAAB-87992; Beschluss v. 19.9.2017 - IV B 85/16, BFH/NV 2018 S. 51, NWB IAAAG-61384, Rz. 19; v. 13.12.2018 - III R 13/15, BFH/NV 2019 S. 1069, NWB YAAAH-2816, Rz. 20.
2 BFH, Urteil v. 6.4.2016 - X R 52/13, BStBl 2016 II S. 710.
3 Vgl. *Wacker* in Schmidt, EStG, 41. Aufl. 2022, § 16 Rz. 186.
4 BFH, Urteil v. 17.4.2019 - IV R 12/16, BStBl 2019 II S. 745; vgl. hierzu auch *Hubert*, StuB 2019 S. 8.
5 Vgl. oben Rz. 1620.
6 Vgl. auch *Binnewies*, GmbH-StB 2019 S. 17, 19; *Ott*, StuB 2022 S. 125, 130 f.
7 Vgl. BFH, Urteil v. 17.4.2019 - IV R 12/16, BStBl 2019 II S. 745; *Ott*, DStZ 2019 S. 693; *Ott*, GStB 2020 S. 186, 189.

onsbetrieben sind in der Regel auch weitere wesentliche Betriebsgrundlagen vorhanden, die dann ebenfalls verpachtet werden müssen.[1]

1693 Wie bereits erörtert,[2] müssen die stillen Reserven des Weiteren in dem Fall nicht aufgedeckt werden, in dem eine bloß vorübergehende **Betriebsunterbrechung** vorliegt. Dies setzt zunächst voraus, dass das Besitzunternehmen keine Betriebsaufgabe erklärt und bei der Einstellung der werbenden Tätigkeit die Absicht besteht, den Betrieb später fortzuführen. Diese Absicht muss sich auf den Zustand des Betriebs in dem Zeitpunkt beziehen, in dem die letzte werbende Tätigkeit eingestellt wurde.[3]

Zu Recht wird in der Literatur darauf hingewiesen, dass die Betriebsunterbrechung Gestaltungsspielraum in den Fällen eröffnet, in denen ein Besitzunternehmen aus verschiedenen **Teilbetrieben** besteht:[4] Hier können die Wirtschaftsgüter, die einem ersten Teilbetrieb zuzurechnen sind, nach dessen Einstellung in das gewillkürte Sonderbetriebsvermögen eines zweiten Teilbetriebs überführt werden. Qualifiziert dieser zweite Teilbetrieb anschließend als ruhender Betrieb, kann die Aufdeckung der stillen Reserven auch hinsichtlich der zum gewillkürten Sonderbetriebsvermögen zählenden Wirtschaftsgüter vermieden werden.[5] Gleiches könnte für die einem Teilbetrieb zuzuordnenden Anteile an der Betriebs-Kapitalgesellschaft gelten. Auch diese könnten zum gewillkürten Betriebsvermögen des nicht aufgegebenen Teilbetriebs werden, womit eine Aufdeckung der stillen Reserven vermieden werden kann.[6]

In zeitlicher Hinsicht ist zu beachten, dass eine bloße Betriebsunterbrechung bislang nur dann verneint wurde, wenn der Rückfall des Betriebes so weit in die Zukunft verlagert wurde, dass mehrere Generationen übersprungen werden.[7]

---

1 Vgl. auch *Ott*, GStB 2020 S. 186, 189.
2 Vgl. oben Rz. 1675 ff.
3 BFH, Urteil v. 8.2.2007 - IV R 65/91, BFHE 172 S. 5, BStBl 1994 II S. 76.
4 Zu den Voraussetzungen vgl. Rz. 1643 f.
5 *Bitz* in Littmann/Bitz/Pust, EStG, § 15 Rz. 420; *Dehmer*, Betriebsaufspaltung, 4. Aufl. 2018, § 8 Rz. 78.
6 Vgl. BFH, Urteile v. 8.2.2007 - IV R 65/01, BStBl 2009 II S. 699, Rz. 35; v. 18.7.2018 - X R 36/17, BFH/NV 2019 S. 195, NWB DAAAH-05594.
7 BFH, Urteile v. 19.2.2004 - III R 1/03, BFH/NV 2004 S. 1231, NWB BAAAB-23758; v. 15.3.2005 - X R 2/02, BFH/NV 2005 S. 1292, NWB GAAAB-53307.

c) Umwandlung des Besitzunternehmens in eine GmbH

LITERATUR:

Haritz, Beendigung einer Betriebsaufspaltung durch Umwandlung – Zugleich Besprechung des Urteils des BFH vom 24.10.2000 - VIII R 25/98, BB 2001 S. 861; *Schulze zur Wiesche*, Einbringung des Betriebs einer Personengesellschaft in eine Kapitalgesellschaft unter Berücksichtigung des UmwSt-Erlasses 2011, DStZ 2012 S. 232; *Ott*, Umwandlungssteuerrecht – § 20 UmwStG und Beendigung von Betriebsaufspaltung und Organschaft, Ubg 2019 S. 129; *Zapf*, Grunderwerbsteuerneutrale Beendigung einer Betriebsaufspaltung, NWB 2021 S. 545.

Vermieden werden kann eine Besteuerung der stillen Reserven des Besitzunternehmens bei Beendigung der Betriebsaufspaltung dadurch, dass das Besitzunternehmen in eine GmbH umgewandelt wird. Zu beachten ist aber, dass die grds. mögliche steuerliche Rückbeziehung einer Einbringung nach § 20 Abs. 5 und 6 UmwStG eine bereits beendete Betriebsaufspaltung nicht vor der Betriebsaufgabe schützen kann.[1] Denn das Vorliegen einer qualifizierten Sachgesamtheit kann nicht rückbezogen werden.[2]

1694

Im Hinblick auf die einzelnen Umwandlungsmodalitäten ist zwischen den verschiedenen Rechtsformen des Besitzunternehmens zu unterscheiden:[3] Ist das Besitzunternehmen als Kaufmann im Handelsregister eingetragen, kommt eine Ausgliederung aus dem Vermögen des Einzelkaufmanns in die Betriebs-GmbH nach § 123 Abs. 3 i. V. m. § 124 Abs. 1 UmwG im Wege der Gesamtrechtsnachfolge in Betracht. Ist das Besitzunternehmen eine Personenhandelsgesellschaft, kann die Übertragung ihres Vermögens im Wege der Verschmelzung durch Aufnahme i. S. des § 1 Nr. 2 UmwG auf die Betriebs-GmbH erfolgen. Ist das Besitzunternehmen eine Einzelperson oder eine Personengesellschaft, die nicht in das Handelsregister eingetragen ist, greifen die Regelungen des UmwStG nicht. Allerdings können das Besitzeinzelunternehmen bzw. die Anteile an der Besitzgesellschaft hier im Wege der Sachkapitalerhöhung mit Einzelrechtsnachfolge auf die Betriebs-GmbH übertragen werden.

Sowohl die Gesamtrechtsnachfolge nach dem Umwandlungsgesetz als auch die Sachkapitalerhöhung werden steuerrechtlich als Einbringung in eine Kapitalgesellschaft durch die Vorschriften der §§ 20 bis 23 UmwStG begünstigt.[4] Die Einbringung ist sowohl in die Betriebs-GmbH als auch in eine andere

---

1 Gl. A. *Zapf*, NWB 2021 S. 545, 549 f.; vgl. hierzu auch *Wollweber/Vitale*, GmbH-StB 2020 S. 184, 185 f.
2 FG Niedersachsen, Urteil v. 29.1.2019 - 8 K 163/17, EFG 2019 S. 628, NWB EAAAH-10571, nrkr. (Az. des BFH: I R 13/19).
3 Vgl. *Ott*, Ubg 2019 S. 129.
4 *Ott*, Ubg 2019 S. 129, 130.

GmbH möglich.[1] Werden auch Anteile an Kapitalgesellschaften eingebracht, gilt die siebenjährige Sperrfrist des § 22 Abs. 1 UmwStG.[2] Veräußert ein Gesellschafter der aufnehmenden Kapitalgesellschaft innerhalb dieser Frist seine Anteile, wird ein fiktiver Einbringungsgewinn nach § 22 Abs. 1 Satz 3 UmwStG rückwirkend auf den Zeitpunkt der Einbringung ermittelt und besteuert, und zwar ohne Gewährung der Vergünstigungen nach § 16 Abs. 4, § 34 EStG. Der Einbringungsgewinn verringert sich mit jedem Jahr seit der Einbringung um ein Siebtel und führt zu nachträglichen Anschaffungskosten, welche den an sich erzielten Veräußerungsgewinn wiederum reduzieren.

1695 Zu beachten ist, dass die Einbringung zwar die Aufdeckung der stillen Reserven vermeiden kann. Auf der anderen Seite fallen durch die Einbringung die **gewerbesteuerlichen Verlustvorträge** weg. Darüber hinaus fällt bei der Einbringung **Grunderwerbsteuer** an, wenn Grundstücke zum Betriebsvermögen des Besitzunternehmens gehören, und zwar nach § 1 Abs. 1 Nr. 3 GrEStG im Fall der Ausgliederung bzw. Verschmelzung oder nach § 1 Abs. 1 Nr. 1 GrEStG im Fall der Einzelrechtsnachfolge durch Kapitalerhöhung. Es ist aber im Einzelfall zu prüfen, ob hier die Konzernklausel des § 6a GrEStG eingreifen kann. Die Vorschrift ist jedenfalls bei der Sachkapitalerhöhung nicht anwendbar, weil die Einbringung unter § 1 Abs. 1 Nr. 1 GrEStG fällt und damit von § 6a GrEStG nicht erfasst wird.[3]

Vorzugswürdig erscheint es deshalb, eine Ausgliederung des Besitzeinzelunternehmens in die bestehende Betriebskapitalgesellschaft auf Grundlage von § 123 Abs. 3 Nr. 2 i. V. m. §§ 124 f, 152 ff. UmwG vorzunehmen, da dadurch ein steuerbarer Vorgang nach § 1 Abs. 1 Nr. 3 Satz 1 GrEStG verwirklicht wird, der grds. nach § 6a Satz 1 GrEStG begünstigungsfähig ist. Gleiches gilt, wenn eine Besitz-Personengesellschaft auf die Betriebskapitalgesellschaft verschmolzen wird.[4] In diesen Fällen ist dann weiter zu prüfen, ob die Voraussetzung des § 6a Satz 3 GrEStG erfüllt ist, dass an dem jeweiligen Rechtsvorgang ausschließlich ein herrschendes und ein oder mehrere von diesem herrschenden Unternehmen abhängige Gesellschaften beteiligt sind.

Als abhängig in diesem Sinn wird eine Gesellschaft nach § 6a Satz 4 GrEStG bezeichnet, an deren Kapital oder Gesellschaftsvermögen das herrschende Unternehmen innerhalb von fünf Jahren vor dem Rechtsvorgang und fünf Jahren

---

1 Vgl. oben Rz. 1681 f.
2 Vgl. hierzu auch *Ott*, Ubg 2019 S. 129, 138 ff.
3 *Zapf*, NWB 2021 S. 545, 552; vgl. auch *Ott*, Ubg 2019 S. 129, 130.
4 Gleich lautende Erlasse der obersten Finanzbehörden der Länder v. 22.9.2020, BStBl 2020 I S. 960, Tz. 2.3.; *Zapf*, NWB 2021 S. 545, 552.

nach dem Rechtsvorgang unmittelbar oder mittelbar oder teils unmittelbar, teils mittelbar zu mindestens 95 % ununterbrochen beteiligt ist. Was diese Voraussetzungen anbelangt, ist zwischen den folgenden Fallkonstellationen zu unterscheiden:[1]

(1) Wird ein Besitz-Einzelunternehmen als herrschendes Unternehmen i. S. des § 6a Satz 3 GrEStG auf eine Betriebs-Kapitalgesellschaft ausgegliedert, an welcher der Besitz-Einzelunternehmer seit mindestens fünf Jahren zu mindestens 95 % beteiligt ist, sind die Voraussetzungen des § 6a Satz 1 GrEStG erfüllt. Denn die Behaltensfristen des § 6a Satz 4 GrEStG sind nach überzeugender Rechtsprechung des BFH nur insoweit einzuhalten, als sie aufgrund des Umwandlungsvorgangs überhaupt eingehalten werden können.[2] Dies bedeutet, dass es für die Anwendung von § 6a Satz 1 GrEStG unschädlich ist, dass durch die Ausgliederung des Besitz-Einzelunternehmens der bisherige „Unternehmensverbund" beseitigt wird, was vor Ergehen der genannten BFH-Rechtsprechung noch als schädlich für die Anwendung der Konzernklausel angesehen werden konnte.[3]

(2) Liegt eine Betriebsaufspaltung zwischen einer Personenhandelsgesellschaft und einer Kapitalgesellschaft vor, kommt nach zutreffender Auffassung ein Gesellschafter als „herrschendes Unternehmen" in Betracht, wenn er an Besitz- und Kapitalgesellschaft zu mindestens 95 % beteiligt ist.[4] Wird die Besitz-Personengesellschaft in diesem Fall auf die Betriebskapitalgesellschaft verschmolzen, ist folglich die Konzernklausel des § 6a Satz 1 GrEStG anzuwenden, wenn der an beiden Gesellschaften zu mindestens 95 % beteiligte Gesellschafter seine Beteiligungen seit mindestens fünf Jahren vor der Verschmelzung innehatte.[5]

(3) Erfüllt kein Gesellschafter das Erfordernis einer mindestens 95 %igen Beteiligung, kann möglicherweise in Betracht zu ziehen sein, die Anteile der Betriebskapitalgesellschaft nach § 6 Abs. 5 Satz 3 Nr. 2 EStG aus dem Sonderbetriebsvermögen in das Gesamthandsvermögen der Besitz-Personengesellschaft zu übertragen, wodurch diese beherrschendes Unternehmen

---

1 *Zapf*, NWB 2021 S. 545, 552 ff.
2 BFH Urteile v. 21.8.2019 - II R 15/19, BStBl 2020 II S. 329; v. 22.8.2019 - II R 17/19, BStBl 2020 II S. 348; *Zapf*, NWB 2021 S. 545, 553.
3 *Zapf*, NWB 2021 S. 545, 552 f., der gleichwohl zum Einholen einer verbindlichen Auskunft rät.
4 Überzeugend *Zapf*, NWB 2021 S. 545, 554 f. unter zutreffenden Hinweis auf BFH, Urteile v. 21.8.2019 - II R 15/19, BStBl 2020 II S. 329; v. 21.8.2019 - II R 19/19, BStBl 2020 II S. 337.
5 *Zapf*, NWB 2021 S. 545, 555.

I. Beginn und Beendigung der Betriebsaufspaltung

i. S. des § 6a Satz 3 GrEStG würde.[1] Nach Ablauf von fünf Jahren könnte sodann die Besitz-Personengesellschaft auf die Betriebs-Kapitalgesellschaft grunderwerbsteuerneutral verschmolzen werden.

(4) Besitzt die Besitz-Personengesellschaft die Rechtsform einer GbR, ist diese – jedenfalls bis 31.12.2023 – nicht umwandlungsfähig. Um die GbR auf die Besitz-Kapitalgesellschaft verschmelzen zu können, wäre daher eine vorherige Umwandlung in eine Personenhandelsgesellschaft erforderlich, was etwa durch eine Eintragung im Handelsregister als OHG (§ 105 Abs. 2 HGB) erreicht werden kann.

1696 Als Alternative bietet es sich an, die Betriebskapitalgesellschaft auf das Besitzpersonenunternehmen nach §§ 3 bis 10 UmwStG zu **verschmelzen**, wenn die unternehmerische Tätigkeit in der Rechtsform des Besitzpersonenunternehmens fortgeführt werden soll. Die Verschmelzung, bei der das gesamte Vermögen der Betriebskapitalgesellschaft im Wege der Gesamtrechtsnachfolge auf das Besitzpersonenunternehmen übergeht, kann zu Buch-, Zwischen- oder Teilwerten erfolgen. Auf Ebene der Anteilseigner sind nach § 7 UmwStG die offenen Rücklagen der Betriebskapitalgesellschaft als Einkünfte aus Kapitalvermögen zu versteuern.[2]

Zu beachten sind folgende Restriktionen: So kommt eine Verschmelzung dann nicht in Betracht, wenn sie zu einem **Übernahmeverlust** führt, also die Anschaffungskosten der Anteile an der Betriebskapitalgesellschaft die Buchwerte der Wirtschaftsgüter der übertragenden Kapitalgesellschaft überschreiten.[3] Der in diesem Fall entstehende Übernahmeverlust bliebe nämlich nach § 4 Abs. 6 UmwStG außer Ansatz, was zu einer Vernichtung tatsächlich getragener Anschaffungskosten führen würde. Des Weiteren darf das Besitzunternehmen nicht nur wegen des Vorliegens einer Betriebsaufspaltung als Gewerbebetrieb zu qualifizieren gewesen sein, da in diesem Fall die Verschmelzung zu einer Überführung der Anteile an der Betriebsgesellschaft in das Privatvermögen und damit zur Aufdeckung stiller Reserven führen würde.[4]

---

1 *Zapf*, NWB 2021 S. 545, 555 f.; unter Hinweis auf BFH, Urteil v. 21.8.2019 - II R 53/15, BStBl 2020 II S. 341; gleich lautende Ländererlasse der obersten Finanzbehörden der Länder v. 22.9.2020, BStBl 2020 I S. 960, Tz. 3.1 Abs. 1.
2 Vgl. *Dehmer*, Betriebsaufspaltung, 4. Aufl. 2018, § 8 Rz. 81.
3 Vgl. dazu *Strahl*, KÖSDI 2008 S. 16027, 16038 f.
4 Vgl. BFH, Urteil v. 24.10.2000 - VIII R 25/98, BStBl 2001 II S. 321.

d) Schaffung einer gewerblich geprägten Personengesellschaft

Möglich ist auch der Weg, das Besitzunternehmen in eine gewerblich geprägte Personengesellschaft i. S. von § 15 Abs. 3 Nr. 2 EStG umzuwandeln. Dies bietet sich z. B. an, wenn im Erbfall zunächst die Voraussetzungen der Betriebsaufspaltung erhalten geblieben sind, die Auseinandersetzung der Erbengemeinschaft aber zur Beendigung führen würde. In diesem Fall sollten die wesentlichen Betriebsgrundlagen und ggf. auch die Anteile an der Betriebskapitalgesellschaft vor Erbauseinandersetzung in eine GmbH & Co. KG nach § 24 UmwStG eingebracht werden.[1] Das Vermögen geht dann steuerneutral durch Anwachsung auf die Besitz-GmbH & Co. KG über. Auch **grunderwerbsteuerlich** kann der Vorgang nach § 5 Abs. 1 GrEStG steuerneutral gestaltet werden, soweit die Beteiligungsverhältnisse am Grundstück sich nicht ändern. Zu beachten ist die Behaltefrist nach § 5 Abs. 3 GrEStG von derzeit zehn Jahren. Soll eine **umsatzsteuerliche Organschaft** zwischen Besitz- und Betriebsunternehmen erhalten bleiben, müssen die Anteile an der Betriebs-GmbH zwingend in das Gesamthandsvermögen der neuen Besitz-GmbH & Co. KG übertragen werden.[2]

1697

In anderen Fällen muss das Besitzunternehmen – wenn möglich – die Rechtsform einer KG oder zumindest einer GbR erhalten, soweit es diese noch nicht hat. An der KG wird die Betriebs-GmbH oder eine andere GmbH als persönlich haftender Gesellschafter beteiligt (sog. **Beitrittsmodell**). Hier ist zu unterscheiden, ob die beitretende Kapitalgesellschaft eine Einlage in das Gesamthandsvermögen der entstehenden GmbH & Co. KG zu leisten hat.[3] Ist dies der Fall, kann § 24 UmwStG angewendet werden. Erfolgt der Beitritt ohne Einlageverpflichtung, liegt kein Fall des § 24 UmwStG vor. Mangels Übertragungsvorgangs kann aber auch in diesem Fall kein steuerpflichtiger Gewinn entstehen.[4]

Die jeweiligen Vorgänge müssen **rechtzeitig** geschehen. Die Handelsregistereintragung der GmbH muss nämlich **vor** Beendigung der Betriebsaufspaltung vorliegen.[5]

1698

Kann die Rechtsform einer KG aus handelsregisterlichen Gründen nicht erreicht werden,[6] so ist wohl eine gewerblich geprägte Personengesellschaft

1699

---

1 Dehmer, Betriebsaufspaltung, 4. Aufl. 2018, § 7 Rz. 22 f.; vgl. auch *Bachmann/Richter*, DB 2014 S. 1282; siehe auch Rz. 1681 f.
2 Vgl. BMF, Schreiben v. 5.7.2011, BStBl 2011 I S. 703; *Ott*, GStB 2020 S. 186, 192.
3 Vgl. auch *Ott*, GStB 2020 S. 186, 191; *Ott*, StuB 2022 S. 125, 127.
4 BMF, Schreiben v. 11.11.2011, BStBl 2011 I S. 1314, Rz. 01.47; *Ott*, GStB 2020 S. 186, 191.
5 BFH, Urteil v. 11.10.2007 - X R 39/04, BStBl 2008 II S. 220.
6 Vgl. hierzu *Schwedhelm/Wollweber*, BB 2008 S. 2208, 2209.

I. Beginn und Beendigung der Betriebsaufspaltung

auch dann anzunehmen, wenn bei einer GmbH & Co. GbR nach außen hinreichend in Erscheinung tritt, dass alle Gesellschafter, bis auf die GmbH, wie Kommanditisten nur beschränkt haften und von der Geschäftsführung ausgeschlossen sind.

Wird das Besitzunternehmen bei Wegfall einer Voraussetzung der Betriebsaufspaltung in eine gewerblich geprägte Personengesellschaft umgewandelt, dann brauchen die stillen Reserven bei Beendigung der Betriebsaufspaltung nicht versteuert zu werden. Die Besteuerung tritt erst bei der Veräußerung oder Entnahme der einzelnen Wirtschaftsgüter ein, oder wenn die Voraussetzungen des § 15 Abs. 3 Nr. 2 EStG etwa dadurch beseitigt werden, dass ein Kommanditist zusätzlich zur GmbH aufgrund eines Arbeitsverhältnisses mit der KG oder GbR zum Geschäftsführer bestellt wird.

e) Schaffung der Voraussetzung des § 15 Abs. 3 Nr. 1 EStG

1700 Ist das Besitzunternehmen eine Personengesellschaft, so ist eine Versteuerung der stillen Reserven bei Wegfall einer Voraussetzung der Betriebsaufspaltung auch noch durch die Aufnahme einer geringfügigen gewerblichen Tätigkeit durch das Besitzunternehmen vermeidbar, welche im Zeitpunkt der Beendigung der Betriebsaufspaltung vorliegen muss. Denn dadurch wird die Personengesellschaft gem. § 15 Abs. 3 Nr. 1 EStG in toto unabhängig von der Betriebsaufspaltung zum Gewerbebetrieb. Der Anteil der gewerblichen Tätigkeit darf jedoch nicht völlig unwesentlich sein.[1]

1701 Ist das Besitzunternehmen ein Einzelunternehmen oder eine Gemeinschaft, besteht diese Möglichkeit nicht; denn § 15 Abs. 3 Nr. 1 EStG gilt nur für Personengesellschaften, hingegen nicht für Gemeinschaften und Einzelpersonen.

f) Änderung der Stimmrechtsverhältnisse

1702 In manchen Fällen wird man eine drohende Betriebsaufgabe beim Besitzunternehmen auch durch eine rechtzeitige Änderung des Stimmrechtsverhältnisses vermeiden können.

1703 **BEISPIEL:** An der Betriebs-GmbH und an der Besitz-GbR sind jeweils A mit 80 % und B mit 20 % beteiligt. In der GbR werden die Gesellschafterbeschlüsse einstimmig gefasst.

Wenn B seinen GbR-Anteil auf seinen Sohn überträgt, so hat dies hinsichtlich der Besitz-GbR eine Betriebsaufgabe zur Folge. Vereinbaren jedoch A und B vor dieser Übertragung, dass in Zukunft für Gesellschafterbeschlüsse in der GbR

---

1 *Bitz* in Littmann/Bitz/Pust, Das Einkommensteuerrecht, § 15, Rz. 420; vgl. auch oben Rz. 1071.

eine Mehrheit von 75 % ausreichen soll, dann wird durch die Übertragung des Anteils des B die personelle Verflechtung nicht zerstört. Denn A kann in einem solchen Fall, auch nach dem Ausscheiden des B in der GbR, seinen einheitlichen geschäftlichen Betätigungswillen mit Hilfe seiner Stimmrechtsmacht durchsetzen.

g) Besonderheiten im Erbfall und bei Schenkungen

Vor dem Erbfall ist dafür Sorge zu tragen, dass identische Personen in die Beteiligung am Besitz- und Betriebsunternehmen einrücken.[1] Insbesondere müssen testamentarische und gesellschaftsrechtliche Regelungen synchron aufeinander abgestimmt sein,[2] zumal ein einheitlicher geschäftlicher Betätigungswille nicht durch einen Testamentsvollstrecker ersetzt werden kann.[3]

1704

Probleme können sich u. a. ergeben, wenn im Gesellschaftsvertrag der Besitzpersonengesellschaft eine **qualifizierte Nachfolgeklausel** enthalten ist, während die Anteile an der Betriebs-Kapitalgesellschaft im Wege der Universalsukzession auf die Erbengemeinschaft übergehen.[4] Um die personelle Verflechtung zu erhalten, muss der qualifizierte Nachfolger testamentarisch als Erbe der (Mehrheit) der Anteile an der Betriebs-Kapitalgesellschaft eingesetzt werden. Ist dies missglückt, geht die Finanzverwaltung aus Billigkeitsgründen davon aus, dass die personelle Verflechtung nicht entfallen war, wenn innerhalb einer Sechsmonatsfrist nach dem Erbfall die Erbauseinandersetzung so gestaltet wird, dass die Voraussetzungen der personellen Verflechtung erfüllt werden.[5]

Ähnliche Probleme ergeben sich, wenn das Testament eine **Teilungsanordnung** enthält, die zur Beendigung der Betriebsaufspaltung führen würde. Zivilrechtlich besteht hier die Möglichkeit, dass die Erben sich einvernehmlich über die Teilungsanordnung hinwegsetzen.[6] Die Einigung muss dann zum Gegenstand haben, dass die Erben so in Besitz- und Betriebsunternehmen eintreten, dass die personelle Verflechtung erhalten bleibt.

---

1 Vgl. u. a. *Hennig*, RNotZ 2015 S. 127; *Bachmann/Richter*, DB 2014 S. 1282; *Stinn*, NWB 2014 S. 2538.
2 *Thonemann-Micker* in Strahl, Ertragsteuern, Vorweggenommene Erbfolge, Rz. 214; *Bitz* in Littmann/Bitz/Pust, Das Einkommensteuerrecht, § 15, Rz. 420; vgl. auch *Kalbfleisch*, UVR 2012 S. 90.
3 Vgl. insoweit oben Rz. 333 ff.
4 Vgl. *Gluth* in Herrmann/Heuer/Raupach, § 15 EStG Rz. 839.
5 BMF v. 14.3.2006, BStBl 2006 I S. 253, Tz. 3.8.
6 Vgl. hierzu BGH, Urteil v. 23.9.1981 - IVa ZR 185/80, NJW 1982 S. 43.

I. Beginn und Beendigung der Betriebsaufspaltung

Der Erbfall kann umgekehrt aber auch zu einer **Begründung der Betriebsaufspaltung** führen,[1] z. B. durch den Vollzug eines **Vermächtnisses**.[2] Dem kann ggf. durch rechtzeitige Ausschlagung begegnet werden. Hierfür existieren keine gesetzlichen Fristen.[3] § 2180 BGB sieht keine Frist für die Ausschlagung eines Vermächtnisses vor. Die Regelung des § 1944 BGB, wonach die Ausschlagung nur binnen sechs Wochen erfolgen kann, findet auf das Vermächtnis keine Anwendung, da in § 2180 Abs. 3 BGB auf die Ausschlagung nicht verwiesen wird. Nach § 2180 Abs. 1 BGB ist eine Ausschlagung allerdings dann nicht mehr möglich, wenn das Vermächtnis angenommen wurde.

Soll der überlebende Ehegatte durch einen Nachlassnießbrauch abgesichert werden, kann auch darüber nachgedacht werden, den Nießbrauch an den einzelnen Nachlassgegenständen als selbständige Einzelvermächtnisse auszugestalten, die unabhängig voneinander ausgeschlagen werden können. Dies bietet den Vorteil, dass nach Eintritt des Erbfalls einzelne Vermögensgegenstände aus dem Nachlassnießbrauch gelöst werden können, um so die Begründung einer Betriebsaufspaltung zu vermeiden.[4]

Schließlich kann ein **Berliner Testament** i. S. des § 2269 BGB eine Betriebsaufspaltung im Zeitpunkt des Todes des erstversterbenden Ehegattens auslösen, wenn zuvor ein Wiesbadener Modell[5] vorgelegen hat. Um dies zu verhindern, muss die testamentarische Regelung sicherstellen, dass im Todesfall weiterhin keine Person oder Personengruppe einen einheitlichen geschäftlichen Betätigungswillen in Besitz- und Betriebsunternehmen entfalten kann.[6]

Werden **minderjährige Kinder** Erben, ist zu beachten, dass eine Zusammenrechnung mit Eltern-Anteilen und damit eine personelle Verflechtung dann ausgeschlossen werden kann, wenn eine **Ergänzungspflegschaft** angeordnet wird.[7] Bestehen insoweit Unsicherheiten, kann darüber nachgedacht werden, eine sog. **Zuwendungspflegschaft** nach § 1909 Abs. 1 Satz 2 BGB[8] zu bestimmen.[9] Nach dieser Vorschrift ist ein Ergänzungspfleger nämlich zur Verwaltung von Vermögen zu bestellen, das der Minderjährige von Todes wegen erwirbt oder das ihm unter Lebenden unentgeltlich zugewendet wird, wenn der Erb-

---

1 Vgl. bereits oben Rz. 1630.
2 Vgl. dazu Rz. 1630.
3 BGH, Urteil v. 12.1.2011 - IV ZR 230/09, NJW 2011 S. 1353.
4 *Stein*, ZEV 2018 S. 127, 130.
5 Siehe hierzu Rz. 527 ff.
6 Vgl. *Gluth* in Herrmann/Heuer/Raupach, § 15 EStG Rz. 839.
7 Vgl. bereits oben Rz. 519.
8 Ab 1.1.2023 findet sich eine entsprechende Regelung in § 1811 BGB n. F.
9 *Vosseler/Udwari*, ZEV 2022 S. 135, 138.

lasser durch Verfügung oder der Zuwendende bei der Zuwendung bestimmt hat, dass die Eltern oder der Vormund das Vermögen nicht verwalten sollen. Im Gegensatz zur Ergänzungspflegschaft, die nur im Einzelfall zur Anwendung gelangt, wenn ein gesetzlicher Vertretungsausschluss vorliegt, ist die Zuwendungspflegschaft auf Dauer angelegt. Damit eignet sie sich insbesondere dazu, bei einer lebzeitigen Beteiligung minderjähriger Kinder die Betriebsaufspaltung zu vermeiden.[1]

Sind im Erbfall zunächst die Voraussetzungen der Betriebsaufspaltung erhalten geblieben, würde aber die **Auseinandersetzung der Erbengemeinschaft** zur Beendigung führen, kann über eine Einbringung in eine GmbH & Co. KG nachgedacht werden. In diesem Fall sollten die wesentlichen Betriebsgrundlagen und ggf. auch die Anteile an der Betriebs-Kapitalgesellschaft vor Erbauseinandersetzung in eine GmbH & Co. KG nach § 24 UmwStG eingebracht werden, um die Gewerblichkeit des Besitzunternehmens zu erhalten.[2]

h) Billigkeitsmaßnahmen

Und schließlich kann eine Versteuerung der stillen Reserven auch noch dann vermieden werden, wenn – auf diese Möglichkeit wird in dem Urteil des IV. Senats v. 15.12.1988[3] hingewiesen – die Finanzverwaltung es im Billigkeitswege zulässt, dass das Besitzunternehmen bei Beendigung der Betriebsaufspaltung wie ein verpachteter Betrieb behandelt wird. Konkretisierend hebt die Finanzverwaltung hervor, dass dies in Betracht kommt, wenn bei einer Betriebsaufspaltung die personelle Verflechtung durch Eintritt der **Volljährigkeit bisher minderjähriger Kinder** wegfällt.[4] Diese Auffassung ist insoweit überholt, als nach der Rechtsprechung des BFH die Anteile minderjähriger Kinder jedenfalls dann nicht mit den Anteilen der Eltern zusammengerechnet werden können, wenn eine Ergänzungspflegschaft angeordnet worden ist.[5]

1705

(Einstweilen frei) 1706–1708

---

1 *Vosseler/Udwari*, ZEV 2022 S. 135, 138 f.
2 *Dehmer*, Betriebsaufspaltung, 4. Aufl. 2018, § 7 Rz. 22 f.; vgl. auch *Bachmann/Richter*, DB 2014 S. 1282.
3 BFH, Urteil v. 15.12.1988 - IV R 36/84, BFHE 155 S. 538, BStBl 1989 II S. 363.
4 R 16 Abs. 2 Satz 2 EStR.
5 Vgl. hierzu oben Rz. 519.

J. Erbschaft- und Schenkungsteuer
I. Betriebsaufspaltung in der Nachfolgeplanung

LITERATUR:

Geck, Die Erbschaftsteuerreform kurz vor dem Ziel – Überblick zum geänderten ErbStRG und Gestaltungsempfehlungen vor Inkrafttreten des neuen Rechts-, ZEV 2008 S. 557; *Hannes/Onderka*, Erbschaftsteuerreform: Die Besteuerung des Erwerbs von Betriebsvermögen – keine Sternstunde der Steuervereinfachung, ZEV 2008 S. 16; *Wehrheim/Rupp*, Die Reform der Erbschaftsteuer und ihre Bedeutung für die Betriebsaufspaltung, DB 2008 S. 1455; *Balmes/Felten*, Hoch bewertet und dennoch verschont?, FR 2009 S. 258; *Braun*, Betriebsaufspaltungen im neuen Erbschaftsteuerrecht – Problemhinweise und erste Gestaltungsempfehlungen aus der Praxis –, Ubg 2009 S. 647; *Gluth*, Neue Begünstigungen für Unternehmensvermögen, ErbStB 2009 S. 89; *Wälzholz*, Die Vererbung und Übertragung von Betriebsvermögen nach den gleichlautenden Ländererlassen zum ErbStRG, DStR 2009 S. 1605; *Kramer*, Erbschaftsteuerliche Behandlung vermieteter Grundstücke bei Betriebsaufspaltung und Konzernsachverhalten, DStR 2011 S. 1113; *Erkis*, Der Entwurf zur Anpassung des ErbStG an das BVerfG-Urteil v. 17.12.2014 – „minimalinvasiv" oder „maximaladministrativ"?, DStR 2015 S. 1410; *Wachter*, Referentenentwurf zur Reform des ErbStG, DB 2015 S. 1368.

Im Bereich der **Nachfolgeplanung** und damit auch im Bereich der Erbschaft- und Schenkungsteuer stellt die Betriebsaufspaltung grundsätzlich kein Gestaltungsmittel dar. Vielmehr gilt es im Rahmen der Nachfolgeplanung darauf zu achten, bestehende Betriebsaufspaltungen nicht zu zerstören. Denn die Rechtsfolge einer Betriebsaufspaltung ist, dass sämtliches Vermögen des Besitzunternehmens zwingend als Betriebsvermögen im einkommensteuerrechtlichen Sinne zu qualifizieren ist. Das Betriebsvermögen des Besitzunternehmens umfasst neben den dem Betriebsunternehmen überlassenen wesentlichen Betriebsgrundlagen auch die Anteile am Betriebsunternehmen selbst. Wird diese betriebliche Verhaftung aufgehoben, ergeben sich ertragsteuerliche Folgen, die in aller Regel in einer Zwangsentnahme der Wirtschaftsgüter aus dem Betriebsvermögen und damit in der Aufdeckung stiller Reserven zu sehen sind.

1709

Der Grund dafür, dass die Nachfolgeplanung im Zusammenhang mit einer Betriebsaufspaltung eher sensibel zu sehen ist, liegt insbesondere in dem für die Begründung und den Bestand einer Betriebsaufspaltung notwendigen Tatbestandsmerkmal der **personellen Verflechtung**.[1] Die personelle Verflechtung ist gegeben, wenn dieselbe Person bzw. dieselbe Gruppe von Personen sowohl in dem Besitz- als auch in dem Betriebsunternehmen ihren geschäftlichen Betätigungswillen durchsetzen kann. Aber auch das weitere Tatbestandsmerkmal

1710

---

1 Siehe oben unter Rz. 303 ff.

einer Betriebsaufspaltung, die sachliche Verflechtung, kann durch eine Vermögensnachfolge, insbesondere durch den Erwerb von Todes wegen, negativ beeinflusst werden. Die **sachliche Verflechtung**[1] setzt voraus, dass die dem Betriebsunternehmen überlassenen Wirtschaftsgüter wesentliche Betriebsgrundlagen des Betriebsunternehmens darstellen. Insbesondere durch den Erbfall und die häufig damit verbundene nachfolgende Erbauseinandersetzung kann eine bestehende Betriebsaufspaltung beendet werden. Wird nämlich im Zuge der Erbauseinandersetzung die personelle und/oder sachliche Verflechtung zwischen dem Besitzunternehmen und dem Betriebsunternehmen gelöst, kann es beim Besitzunternehmen zur Betriebsaufgabe und somit zur Versteuerung der stillen Reserven nach § 16 EStG kommen.

1711 **BEISPIEL:** Erblasser E ist Eigentümer eines Hausgrundstücks in bester Innenstadtlage von Düsseldorf. Der Buchwert beträgt 500.000 €. Da das Grundstück mit dem gut vermieteten Bürogebäude bebaut ist, beträgt der Verkehrswert 5 Mio. €. E hat das Bürogebäude an die ebenfalls ihm gehörende X-GmbH (Stammkapital = Anschaffungskosten = 25.000 €; Verkehrswert 5 Mio. €) verpachtet. Das Betriebsgebäude dient der X-GmbH als wesentliche Betriebsgrundlage. E stirbt. Testamentarisch hat er seine Frau F und seinen Sohn S als Miterben zu je ½ eingesetzt. Gleichzeitig hat er angeordnet, dass F das Hausgrundstück und S die GmbH ohne Wertausgleichsverpflichtungen erhalten sollen. F und S setzen die Erbengemeinschaft entsprechend dem letzten Willen des E auseinander. Im Rahmen der Erbauseinandersetzung würde in Vollzug der Teilungsanordnung die personelle Verflechtung zerstört werden. F, die Grundstückseigentümerin, hat keinerlei Einfluss mehr auf die GmbH, die alleine dem S gehört.

1712 Es ist jedoch im Rahmen der unentgeltlichen Nachfolgeplanung zu berücksichtigen, dass für unternehmerisches Vermögen besondere Steuervergünstigungen im ErbStG vorgesehen sind. Insbesondere werden nach § 13b Abs. 1 Nr. 2 Betriebsvermögen und nach § 13b Abs. 1 Nr. 3 ErbStG Beteiligungen an Kapitalgesellschaften von mehr als 25 % begünstigt. Damit kommen die Verschonungsregelungen vom Grundsatz her auch für eine Betriebsaufspaltung in Betracht, so dass es denkbar erscheint, die Betriebsaufspaltung möglicherweise im Rahmen der unentgeltlichen Nachfolgeplanung als Gestaltungsmittel einzusetzen.

1713 Zum wiederholten Mal hat das BVerfG das ErbStG für nicht mit dem GG im Einklang stehend bezeichnet. In seiner Entscheidung v. 17.12.2014[2] hat das BVerfG das ErbStG in seiner Grundsystematik und in seinen Grundaussagen als verfassungskonform angesehen. Jedoch hat es auch die Verschonungsregelungen in mancher konkreten Ausgestaltung als nicht mit dem GG wegen eines

---

1 Siehe oben unter Rz. 81 ff.
2 1 BvL 21/12, BStBl 2015 II S. 50.

Verstoßes gegen den Gleichheitsgrundsatz des Art. 3 GG im Einklang stehend qualifiziert. Dem Gesetzgeber hat das BVerfG aufgegeben, diesen verfassungswidrigen Zustand bis zum 30.6.2016 zu beseitigen. Diese zeitliche Vorgabe konnte jedoch nicht eingehalten werden. Dieser vom Bundestag beschlossenen Fassung v. 24.6.2016,[1] welche „minimalinvasive Änderungen" der §§ 13a und 13b ErbStG a. F. enthielt, schloss sich der Bundesrat mit Ergebnis seiner Sitzung am 20.6.2016[2] nicht an. Er tagte am 22.9.2016 und beschloss eine Empfehlung auszusprechen. Dieser Beschlussempfehlung wurde im Bundestag am 29.9.2016 auch zugestimmt. Die Zustimmung des Bundesrates folgte am 14.10.2016, so dass das **Gesetz zur Anpassung des Erbschaftsteuer- und Schenkungsteuergesetzes an die Rechtsprechung des Bundesverfassungsgerichts** am 4.11.2016 mit Rückwirkung zum 1.6.2016 verkündet werden konnte.

Am 22.6.2017 erließen die Bundesländer mit Ausnahme des Freistaats Bayern einen koordinierten Ländererlass zur Anwendung der geänderten Vorschriften des Erbschaftsteuer- und Schenkungsteuergesetzes.[3] Das Bayerische Landesamt für Steuern ordnet derweil an,[4] den koordinierten Ländererlass nur mit einigen, hier nicht weiter interessierenden Modifikationen anzuwenden. An die Stelle des koordinierten Ländererlasses traten sodann die ErbStR 2019 v. 16.12.2019 mit den jeweiligen Hinweisen.[5]

1714

(Einstweilen frei)

1715

II. Steuerverschonung nach §§ 13a, 13b ErbStG im Allgemeinen

Das BVerfG hatte in seiner Entscheidung v. 17.12.2014 einige schwerwiegende Kritikpunkte aufgezeigt, die im Rahmen des neuen ErbStG beseitigt werden mussten. So uferte in der damals geltenden Fassung der §§ 13a und 13b ErbStG die Steuerverschonung grenzenlos aus. Unabhängig davon, ob das übertragene Vermögen 10 Mio. € oder aber 10 Mrd. € betrug, kam die 85%ige Regelverschonung oder gar die 100%ige Optionsverschonung (auch Vollverschonung genannt) zur Anwendung, sofern die entsprechenden tatbestandlichen Voraussetzungen erfüllt wurden. Bei großen Vermögen entstünde – so das BVerfG – eine derart unverhältnismäßig hohe Steuervergünstigung, die

1716

---

1 BT-Drucks. 18/5923 v. 7.9.2015, BT-Drucks. 18/6279 v. 8.10.2015 und BT-Drucks. 18/6410 v. 16.10.2015, Nr. 4.
2 BR-Drucks. 344/16 v. 24.6.2016.
3 Erlass v. 22.6.2017 - S 3900-60-V A 6, BStBl 2017 I S. 902 ff.; im Folgenden: AEErbSt 2017.
4 LfSt Bayern v. 14.11.2017 - S 3715.1.1-30/8 St34, NWB QAAAG-62777.
5 BStBl 2019 I, Sondernummer 1/2019 S. 151.

eine nicht zu rechtfertigende Ungleichbehandlung und damit einen Verfassungsverstoß bedeutete. Es müsse daher in diesen Fällen nachgewiesen werden, dass der Steuerpflichtige tatsächlich einer Verschonung bedarf. Das BVerfG fordert mithin eine Verschonungsbedarfsprüfung.

Das ErbStG löst die vom BVerfG geforderte Verschonungsbedarfsprüfung durch die Schaffung eines sog. Schwellenwerts. Der Gesetzgeber stellt in § 13a Abs. 1 Satz 1 ErbStG bis zu einem Wert des begünstigten Vermögens von 26 Mio. € eine unwiderlegbare Vermutung auf, dass ein Bedürfnis für eine Verschonung besteht. Wird dieser Schwellenwert nicht überschritten, kommt die von Amts wegen anzuwendende Regelverschonung (§ 13a Abs. 1 Satz 1 ErbStG) oder die auf Antrag zu gewährende Vollverschonung (§ 13a Abs. 10 ErbStG) zur Anwendung. Wird hingegen der Schwellenwert von 26 Mio. € überschritten, kommen andere Normen, insbesondere der abschmelzende Verschonungsabschlag nach § 13c ErbStG oder die Verschonungsbedarfsprüfung nach § 28a ErbStG, zur Anwendung. Maßgebend für die von Amts wegen anzuwendende Regelverschonung oder die auf Antrag zu gewährende Vollverschonung ist, dass der **Schwellenwert von 26 Mio. €** nicht überschritten wird.

Bei der Ermittlung des Werts des begünstigten Vermögens und damit einhergehend bei der Prüfung, ob der Schwellenwert überschritten ist, oder nicht, stellt das ErbStG nicht auf eine stichtagsbezogene Betrachtungsweise ab, sondern legt ebenso wie § 14 ErbStG, eine zeitraumbezogene Betrachtung von zehn Jahren zugrunde (§ 13a Abs. 1 Satz 2 ErbStG). Danach sind alle innerhalb von zehn Jahren von derselben Person anfallenden **Erwerbe zusammenzurechnen**. Dies kann dazu führen, dass ein Erwerb begünstigten Vermögens anfänglich nicht über die 26 Mio.-€-Grenze kommt und erst durch einen weiteren, innerhalb des Zehn-Jahres-Zeitraums vorgenommenen Erwerb der Schwellenwert überschritten wird.

1716/1 Einer besonderen Erwähnung bedarf in diesem Zusammenhang der sog. **Vorwegabschlag**.[1] Das BVerfG hob in seiner Entscheidung v. 17.12.2014 mehrfach hervor, dass die Steuerverschonung des unternehmerischen Vermögens insbesondere deshalb gerechtfertigt ist, weil die deutsche Unternehmensstruktur im mittelständischen Unternehmen abgebildet werde, also im familiengeführten Unternehmen. Diese Unternehmensstruktur weise regelmäßig eine hohe Kapitalbindung und einen hohen Grad an gesellschaftsrechtlicher Bestandssicherung auf.

---

1 Siehe dazu im Einzelnen unten unter Rz. 1734 ff.

II. Steuerverschonung nach §§ 13a, 13b ErbStG im Allgemeinen

In rechtlicher Hinsicht schlagen sich diese Umstände in einer Vielzahl von gesellschaftsvertraglichen Restriktionen nieder, die es einem Erben oder Begünstigten häufig verbieten, über den Gesellschaftsanteil oder die Beteiligung ohne Weiteres zu verfügen oder den rechnerischen Ausschüttungs- oder Gewinnbetrag zu vereinnahmen. Um diesen gesellschaftsrechtlichen Beschränkungen gerecht zu werden, sieht das ErbStG den sog. Vorwegabschlag vor. Dieser Vorwegabschlag soll grundsätzlich in der Höhe erfolgen, wie der für den Fall des Ausscheidens eines Gesellschafters gesellschaftsvertraglich vereinbarte Abschlag auf den Verkehrswert festgelegt wurde; höchstens jedoch 30 %. Die Anwendung des Vorwegabschlags ist von verschiedenen, mehr oder weniger engen Voraussetzungen abhängig.

Das aktuelle ErbStG basierend auf der Fassung des Gesetzes zur Anpassung des Erbschaftsteuer- und Schenkungsteuergesetzes an die Rechtsprechung des Bundesverfassungsgerichts[1] hat sodann zu einer ganz erheblichen Modifikation und Ergänzung der Verschonungstatbestände im Verhältnis zum ErbStG a. F. geführt. Im Einzelnen sind folgende Begünstigungstatbestände zu nennen:

1. Regelverschonung bei einem Vermögen bis zu 26 Mio. € (§ 13a Abs. 1 ErbStG)
2. Vollverschonung bei einem Vermögen bis zu 26 Mio. € (§ 13a Abs. 10 ErbStG)
3. Abschlagsbetrag (§ 13a Abs. 2 ErbStG)
4. Vorwegabschlagsbetrag für Familienunternehmen (§ 13a Abs. 9 ErbStG)
5. Abschmelzender Verschonungsabschlag (§ 13c ErbStG)
6. Allgemeine Stundung nach § 28 Abs. 1 ErbStG
7. Verschonungsbedarfsprüfung (§ 28a ErbStG)
8. Tariflicher Entlastungsbetrag nach § 19a ErbStG.

1. Regelverschonung

Die **Regelverschonung**, also die 85 %ige Steuerverschonung, wird von Amts wegen berücksichtigt; sie braucht also nicht beantragt zu werden. Die Befreiung wird gewährt, wenn bestimmte Voraussetzungen erfüllt werden, die in einem gewissen Begünstigungszeitraum fortlaufend oder am Ende des Zeitraums erfüllt sein müssen. Zum einen muss die sog. Lohnsummenregelung (§ 13a Abs. 3 ErbStG) erfüllt werden. Ferner ist erforderlich, dass die Behaltensfrist (§ 13a Abs. 6 ErbStG) eingehalten wird. Darüber hinaus ist stets zu prüfen, ob der Erbe oder Beschenkte auch tatsächlich berechtigt ist, den Verscho-

---

[1] Gesetz v. 4.11.2016, BGBl 2016 I S. 2464.

nungsabschlag in Anspruch zu nehmen oder ob er aufgrund von Weitergabeverpflichtungen von der Anspruchsberechtigung ausgeschlossen ist (§ 13a Abs. 5 ErbStG).

a) Lohnsummenregelung

1718 Der Regelverschonungsabschlag setzt nach § 13a Abs. 3 ErbStG die Erfüllung der sog. Lohnsummenregelung[1] voraus. Dies besagt, dass innerhalb von fünf Jahren nach dem Erwerb (**Lohnsummenfrist**) ein Prozentsatz von insgesamt 400 % der Ausgangslohnsumme nicht unterschritten wird (**Mindestlohnsumme**). Es muss also nach Ablauf der Lohnsummenfrist ein Abgleich zwischen der Ausgangslohnsumme und der kumulierten Lohnsummen der fünf Jahre nach Übertragung des begünstigten Vermögens (maßgebenden jährlichen Lohnsummen) vorgenommen werden. Dies ergibt sich aus dem Wortlaut der Vorschrift, die von „innerhalb" spricht. Ein Abgleich mit der Ausgangslohnsumme hat also nicht am Ende eines jeden Jahres der Lohnsummenfrist zu erfolgen. Hieraus folgt, dass es unschädlich ist, wenn innerhalb der Lohnsummenfrist einzelne Jahre bestehen, in denen die zeitanteilige Ausgangslohnsumme nicht erreicht wird. Bei der Berechnung der fünfjährigen Lohnsummenfrist ist indes das Stichtagsprinzip zu beachten. Für die Fristberechnung ist mithin auf den Erwerbstag abzustellen.

1719 Da die Mindestlohnsumme gem. § 13a Abs. 3 Satz 1 ErbStG als 400 % der Ausgangslohnsumme definiert ist, ist es notwendig, die **Ausgangslohnsumme** zu ermitteln. Die Ausgangslohnsumme wird in § 13a Abs. 3 Satz 2 ErbStG bestimmt. Danach ist die Ausgangslohnsumme die durchschnittliche Lohnsumme der letzten fünf, vor dem Zeitpunkt der Entstehung der Steuer endenden Wirtschaftsjahren. Das Gesetz stellt auf das Wirtschaftsjahr und nicht auf das Kalenderjahr ab. Es ist also stets darauf zu achten, ob im konkreten Einzelfall ein abweichendes Wirtschaftsjahr (§ 4a EStG) gegeben ist. Eine Indexierung der Ausgangslohnsumme hat nicht zu erfolgen.

1720 Wie die Ausgangslohnsumme bzw. die maßgebenden jährlichen Lohnsummen zu berechnen sind und was in die Lohnsummenberechnung einzubeziehen ist, ergibt sich aus § 13a Abs. 3 Satz 2 und Sätze 6, 8 ff. ErbStG. Nicht nur die Gehälter und Löhne fallen hierunter, sondern auch alle Bezüge und Vorteile. Ausdrücklich aufgezählt werden: Sozialbeiträge, Einkommensteuer, Zuschlagsteuer, Sondervergütungen und Prämien, Gratifikationen, Abfindungen, Zuschüsse zu Lebenshaltungskosten, Familienzulagen, Provisionen und Teilneh-

---

[1] Siehe hierzu auch im Einzelnen R E 13a.4 ff. ErbStR 2019.

mergebühren sowie Geld- und Sachleistungen (§ 13a Abs. 3 Sätze 8 ff. ErbStG). Im Rahmen der maßgebenden Lohnsumme sind nach § 13a Abs. 3 Satz 6 ErbStG mithin alle Vergütungen zu erfassen, die auf den Lohn- und Gehaltskonten der Beschäftigten zu verbuchen sind. Unterschiede können sich nicht aus den jeweiligen Gewinnermittlungsarten ergeben. Nach dem Gesetzeswortlaut kommt es auf die Zahlung und damit zumindest auf den Abfluss der Mittel an, so dass es unerheblich ist, ob der Gewinn durch Bestandsvergleich nach § 4 Abs. 1 EStG oder durch Überschussrechnung nach § 4 Abs. 3 EStG ermittelt wird.

Für die **Berechnung der Lohnsumme** ist nach § 13a Abs. 3 Satz 11 ErbStG nicht allein auf die Lohnsumme des Betriebs abzustellen, der Gegenstand der Übertragung ist. Gehören zum Betriebsvermögen des Betriebs oder zum Betrieb einer Personen- oder Kapitalgesellschaft unmittelbar oder mittelbar Beteiligungen an Personengesellschaften oder Anteile an Kapitalgesellschaften und betragen diese unmittelbaren oder mittelbaren Anteile an Kapitalgesellschaften mehr als 25 %, so sind auch die Lohnsummen dieser Beteiligungsgesellschaften in die Lohnsummenberechnung einzubeziehen und zwar entsprechend der Beteiligungshöhe.

1721

Der ehemalige Meinungsstreit,[1] ob die 25 %-Höhe nicht nur bei Kapitalgesellschaften, sondern auch für Personengesellschaften anzuwenden ist, ist durch den Gesetzgeber dahingehend entschieden worden, dass die Anteilsquote von nicht mehr als 25 % allein für Kapitalgesellschaften (§ 13a Abs. 3 Satz 12 ErbStG) gilt.

Von besonderer Bedeutung im vorliegenden Zusammenhang ist die Regelung in § 13a Abs. 3 Satz 13 ErbStG. Danach sind für die Berechnung der Lohnsumme im Rahmen einer Betriebsaufspaltung die Lohnsummen der Besitzgesellschaft und der Betriebsgesellschaft zu addieren[2] (§ 13a Abs. 3 Satz 13 ErbStG). Obgleich das BVerfG gestaltungsmissbräuchliche Strukturen vor Augen hatte,[3] erfasst die vorgeschlagene gesetzliche Neuregelung in § 13a Abs. 3 Satz 13 ErbStG jeden Fall einer Betriebsaufspaltung, also auch die Betriebsaufspaltungen, die betriebswirtschaftlich sinnvoll und historisch gewachsen sind.[4] Auch sollte nicht unbedacht bleiben, dass der Begriff der „Betriebsaufspaltung" im ErbStG nicht definiert ist und daher ein Rückgriff auf den ertragsteuerlichen Begriff sehr wahrscheinlich ist. Nach ertragsteuerlichen Grundsätzen liegt aber

1721/1

---

1 Siehe hierzu auch *Wachter*, DB 2015 S. 1368, 1372 r. Sp. unter d.
2 R E 13a.7 Abs. 1 Satz 9 ErbStR 2019.
3 BVerfG, Urteil v. 17.12.2014 - 1 BvL121/12, BStBl 2015 I S. 50, Tz. 256 ff.
4 Ebenso *Erkis*, DStR 2015 S. 1409, 1410, unter 2.

auch für den Gesellschafter eine Betriebsaufspaltung vor, der sich nicht für die personelle Verflechtung derselben verantwortlich zeichnet.

> **BEISPIEL:** A ist alleiniger Gesellschafter der Betriebskapitalgesellschaft, die weit über 100 Beschäftigte hat. An der Besitzpersonengesellschaft, die keine Beschäftigten hat, ist A mit 55 % und B mit 45 % beteiligt. B möchte seine Besitzpersonengesellschaftsbeteiligung im Wege der vorweggenommenen Erbfolge auf seine Tochter Bella übertragen. Ertragsteuerlich ist eine Betriebsaufspaltung gegeben. Die personelle Verflechtung wird allein durch A erfüllt. Die schenkweise Übertragung der Beteiligung von B auf Bella unterliegt nur dann der Steuerverschonung, wenn auch das Lohnsummenerfordernis erfüllt wird bzw. das selbige nicht zur Anwendung kommt. Da in den Fällen einer Betriebsaufspaltung die Beschäftigten des Betriebs- und des Besitzunternehmens zusammengerechnet werden, sind die weit über 100 Beschäftigten des Betriebsunternehmens zu berücksichtigen. Obgleich B keinerlei Einfluss auf die Personalpolitik des Betriebsunternehmens hat, ist er davon abhängig.

1721/2 Von der Zusammenrechnung der Lohnsummen in Betriebsaufspaltungsfällen, sollen jedoch nach R E 13a.7 Abs. 1 Satz 10 ErbStR 2019 nur diejenigen Betriebsaufspaltungen erfasst werden, bei denen die Beteiligung bzw. der Anteil an der Betriebsgesellschaft nicht zum Betriebsvermögen des Besitzunternehmens gehören und nur hinsichtlich des Besitzunternehmens bzw. der Betriebsgesellschaft eine Übertragung erfolgt. Es stellt sich an dieser Stelle die Frage, wann die Beteiligung bzw. der Anteil an der Betriebsgesellschaft nicht zum Betriebsvermögen des Besitzunternehmens gehört. Dies sind die Fälle, in denen die Besitzgesellschaft nicht in der Rechtsform einer Personengesellschaft hat oder als Einzelbesitzunternehmen geführt wird. In diesen Fällen ist die Beteiligung bzw. der Anteil an der Betriebsgesellschaft entweder Sonderbetriebsvermögen bei der Besitzpersonengesellschaft oder Betriebsvermögen bei dem Besitzeinzelunternehmen.

Eine Zusammenrechnung der Lohnsummen des Betriebs- und Besitzunternehmens ist folglich nach Auffassung der Finanzverwaltung nur dann denkbar, wenn die Besitzgesellschaft die Rechtsform einer Kapitalgesellschaft hat. Dies deshalb, weil die Anteile an der Betriebspersonengesellschaft oder das Betriebseinzelunternehmen grundsätzlich nicht nach den Grundsätzen der Betriebsaufspaltung, also aufgrund einer personellen Verflechtung, zum Betriebsvermögen der Besitzkapitalgesellschaft gehören. In Betracht kommt somit letztlich nur die kapitalistischen Betriebsaufspaltung[1] sowie die umgekehrte Betriebsaufspaltung.[2] Weiteres Erfordernis nach Auffassung der Finanzverwaltung ist, dass nur hinsichtlich des Besitzunternehmens bzw. der

---

1 Siehe hierzu Rz. 1756 ff. und Rz. 1786.
2 Siehe hierzu Rz. 1754 f. und Rz. 1784.

Betriebsgesellschaft eine Übertragung erfolgt. Das heißt, eine Zusammenrechnung der Lohnsummen ist danach nur in den Fällen denkbar, in denen die Betriebsaufspaltung zerstört wird.

Das Gesetz sieht in § 13a Abs. 3 Satz 3 ErbStG zwei **Ausnahmen von der Lohnsummenregelung** vor. Die Lohnsummenregelung findet keine Anwendung, wenn die Ausgangslohnsumme 0 € beträgt oder der Betrieb nicht mehr als 5 Beschäftigte hat. In Bezug auf die letztgenannte Ausnahme ist anzumerken, dass dieses Erfordernis betriebsbezogen zu interpretieren ist. Dies ergibt sich nach der diesseitig vertretenen Ansicht aus folgender Überlegung: Für die Gewährung der Steuerverschonung sind zwei Grundvoraussetzungen zu erfüllen, und zwar die Behaltensfrist und die Lohnsummenregelung. Diesen beiden Voraussetzungen liegt eine unterschiedliche Intension des Gesetzgebers zugrunde.

1722

Zum einen ist es erforderlich, dass die Gemeinwohlbindung des begünstigt erworbenen Vermögens nicht nur im Zeitpunkt der Übertragung besteht, sondern darüber hinaus auch auf den Erwerber für eine bestimmte Zeit übergeht. Insofern kann man sagen, dass die **Behaltensfrist personenbezogen** ist. Die weitere Voraussetzung, die Lohnsummenregelung, verlangt nach § 13a Abs. 3 Satz 1 ErbStG, dass die Summe der maßgebenden jährlichen Lohnsummen des Betriebs, bei Beteiligungen an einer Personengesellschaft oder Anteilen an einer Kapitalgesellschaft der Betrieb der jeweiligen Gesellschaft innerhalb von fünf Jahren nach dem Erwerb (Lohnsummenfrist) insgesamt 400 % der Ausgangslohnsumme nicht unterschreitet (Mindestlohnsumme). Dieser gesetzlichen Regelung ist nach dem Wortlaut lediglich zu entnehmen, dass der Betrieb, sei es des Einzelunternehmens oder einer Personen- oder Kapitalgesellschaft, das Lohnsummenerfordernis erfüllt. Dass es sich hierbei um einen in den Händen des Erwerbers befindlichen Betrieb handeln muss, kann aus dem Wortlaut des Gesetzes nicht hergeleitet werden. Aus diesem Grunde ist das **Lohnsummenerfordernis betriebszogen** zu verstehen.[1]

Diese Erkenntnis hat für die Gestaltungsberatung erhebliche Bedeutung, denn es muss ggf. in Veräußerungsverträge eine Steuerklausel derart aufgenommen werden, dass der Erwerber verpflichtet ist, zumindest die Auskünfte bezüglich der jährlichen Lohnsummen zu erteilen. Ferner sollte auch eine Klausel aufgenommen werden, wonach der Erwerber verpflichtet wird, die jährliche Lohnsumme auf dem Niveau zu halten, wie sie es im Übertragungszeitpunkt hatte.

---

1 *Söffing* in Wilms/Jochum, § 13a ErbStG Rz. 67.

b) Behaltensfrist

1723 Die erbschaft- und schenkungsteuerliche Steuerverschonung verlangt, dass der Begünstigte, also der Erbe oder der Beschenkte, das erworbene begünstigte Vermögen über einen gewissen Behaltenszeitraum fortführen muss. Die Behaltensfrist beträgt bei der Regelverschonung fünf Jahre (§ 13a Abs. 6 Satz 1 ErbStG). Die Begünstigung fällt mit Wirkung für die Vergangenheit weg, soweit der Erwerber gegen die Behaltensfrist verstößt. Ein **Verstoß gegen die Behaltensfrist** ist gegeben, wenn einer der in § 13a Abs. 6 ErbStG genannten Nachversteuerungstatbestände erfüllt ist.

1724 Im Wesentlichen bestehen die **Nachversteuerungstatbestände** in der Veräußerung des erhaltenen Betriebsvermögens (§ 13a Abs. 6 Satz 1 Nr. 1 ErbStG). Sofern der Erwerber begünstigtes Betriebsvermögen innerhalb der Behaltensfrist veräußert, also entgeltlich oder zumindest teilentgeltlich auf einen anderen überträgt, liegt grundsätzlich ein Verstoß gegen die Behaltensregelung vor. Im Einzelnen führt insbesondere die (teil-)entgeltliche Veräußerung eines ganzen Gewerbebetriebes, eines Teilbetriebes oder eines Mitunternehmeranteils zum Verstoß gegen die Behaltensregelung.[1] Als Veräußerung gelten auch die Aufgabe des genannten Betriebsvermögens sowie die Eröffnung des Insolvenzverfahrens.

1725 Ein weiterer Nachversteuerungstatbestand ist in der sog. **Überentnahme** und **Überausschüttung** nach § 13a Abs. 6 Satz 1 Nr. 3 ErbStG zu sehen.[2] Gemäß § 13a Abs. 6 Satz 1 Nr. 3 Satz 1 ErbStG führen Entnahmen, die in dem fünfjährigen Behaltenszeitraum die Summe aus Gewinn und Einlagen um mehr als 150.000 € übersteigen, zur rückwirkenden Aberkennung der Begünstigungen. Verluste bleiben bei der Ermittlung dieses Grenzwertes unberücksichtigt, mindern daher das Entnahmepotential nicht. Die Entnahmebegrenzung ist für jeden Betrieb gesondert zu prüfen.[3] Bei Ausschüttungen an Gesellschafter einer Kapitalgesellschaft ist gem. § 13a Abs. 6 Satz 1 Nr. 3 Satz 3 ErbStG sinngemäß zu verfahren, man spricht dann von Überausschüttungen.

1726 Ferner liegt ein Verstoß gegen die Behaltensfrist gem. § 13a Abs. 6 Satz 1 Nr. 4 ErbStG bei einer **Veräußerung von Anteilen an Kapitalgesellschaften** innerhalb der Behaltensfrist vor.[4] Es liegt ein Verstoß auch dann vor, wenn die Kapitalgesellschaft selbst innerhalb der Behaltensfrist wesentliche Betriebsgrundlagen veräußert und die dabei realisierten Erlöse an die Gesellschafter verteilt wer-

---

[1] Siehe auch R E 13a.13 ErbStR 2019.
[2] Wegen Einzelheiten siehe RE 13a.15 ErbStR 2019.
[3] R E 13a.15 Abs. 1 Satz 8 ErbStR 2019.
[4] Wegen Einzelheiten siehe R E 13a.16 ErbStR 2019.

den. Wird das Vermögen der Kapitalgesellschaft auf eine Personengesellschaft, eine natürliche Person oder eine andere Körperschaft übertragen (§§ 3 bis 16 UmwStG), ist jedoch erst eine nachfolgende Veräußerung der dabei erworbenen Beteiligung, des erworbenen Betriebs oder der erworbenen Anteile an der Kapitalgesellschaft innerhalb der Behaltenszeit ein Verstoß gegen die Behaltensregelung. Schädlich ist auch die Auflösung der Gesellschaft oder die Herabsetzung des Nennkapitals. Dies gilt allerdings dann nicht, wenn es sich um eine nur nominelle Kapitalherabsetzung zum Zweck der Sanierung der Gesellschaft handelt und kein Kapital an die Gesellschafter zurückgezahlt wird.

Schließlich ist noch der Wegfall der Verfügungsbeschränkung oder der Stimmrechtsbindung eines **Poolvertrages** als Nachversteuerungstatbestand zu nennen.[1] Diese Regelung ist nur im Zusammenhang mit der Gesetzessystematik der Verschonungsregelungen zu verstehen. Ob nämlich überhaupt eine Steuerverschonung nach den §§ 13a, 13b ErbStG zur Anwendung gelangen kann, entscheidet sich gem. § 13b Abs. 2 ErbStG nach dem Vorhandensein von begünstigten Vermögen. Begünstigtes Vermögen ist begünstigungsfähiges Vermögen abzüglich des Nettowertes des Verwaltungsvermögens und zuzüglich des 10 %igen unschädlichen Verwaltungsvermögens nach § 13b Abs. 7 Satz 1 ErbStG. Ausgangspunkt der Prüfung ist mithin das begünstigungsfähige Vermögen. Nach § 13b Abs. 1 Nr. 3 ErbStG sind Anteile an einer Kapitalgesellschaft dann begünstigungsfähiges Vermögen, wenn neben anderen Voraussetzungen die Beteiligung in den Händen des Schenkers oder Erblassers mehr als 25 % beträgt. Ob diese Mindestbeteiligungsquote erfüllt ist, ist nach der Summe der dem Erblasser oder Schenker unmittelbar zuzurechnenden Anteile und der Anteile weiterer Gesellschafter zu bestimmen, wenn diese Personen einen Poolvertrag abgeschlossen haben. Ist dies der Fall entfällt gem. § 13a Abs. 6 Satz 1 Nr. 5 ErbStG eine steuerliche Begünstigung, wenn die gesetzlichen Voraussetzungen und Verpflichtungen aus dem Poolvertrag, nämlich die Verfügungsbeschränkung und Stimmrechtsbündelung, nicht mehr bestehen.

1727

2. Abzugsbetrag

Da der Regelverschonungsabschlag nicht zu einer 100 %igen, sondern nur zu einer 85 %igen Steuerverschonung führt, sind die verbleibenden 15 % grundsätzlich der Steuer zu unterwerfen. Von dieser Besteuerung sieht § 13a Abs. 2 ErbStG jedoch ab, wenn diese 15 % betragsmäßig nicht höher als 150.000 € sind. Diese Freigrenze bezeichnet das Gesetz als Abzugsbetrag. Wenn der 15 %-

1728

---

1 Wegen Einzelheiten siehe R E 13a.17 ErbStR 2019.

Anteil des begünstigten Vermögens die Wertgrenze von 150.000 € übersteigt, mindert sich der Abzugsbetrag um die Hälfte des überschießenden Betrags.

> **BEISPIEL:** Beträgt das übertragene Vermögen 1 Mio. €, so werden 850.000 € durch die Regelverschonung erfasst und die restlichen 150.000 € durch den Abzugsbetrag. Bei einem übertragenen Vermögen von 2 Mio. € werden durch die Regelverschonung 1,7 Mio. € von der Schenkungsteuer befreit. Der darüberhinausgehende Betrag von 300.000 € überschreitet die Freigrenze von 150.000 € um 150.000 €, so dass der Abzugsbetrag um 75.000 € zu kürzen wäre. Zu versteuern wären dann noch 225.000 €.

1729 Gemäß § 13a Abs. 2 Satz 3 ErbStG wird der Abzugsbetrag innerhalb von zehn Jahren für von derselben Person anfallende Erwerbe nur einmal gewährt. Es besteht mithin eine zeitliche Einschränkung. Aus dem Gesetz ist nicht zu entnehmen, wie zu verfahren ist, wenn der Abzugsbetrag durch eine Übertragung nicht gänzlich verbraucht wird. Man könnte die Auffassung vertreten, dass der Abzugsbetrag auch bei nur teilweisem Verbrauch zur Gänze verfällt, oder aber, dass der Restbetrag für spätere Übertragungen noch zur Verfügung steht. Die Finanzverwaltung[1] geht von einem gänzlichen Verbrauch auch bei nur teilweiser Inanspruchnahme aus. Da der Abzugsbetrag nicht als eine feste absolute Größe definiert ist, sondern davon abhängig ist, in welchem Umfang Vermögen i. S. des § 13b Abs. 2 ErbStG übertragen wird, spricht einiges dafür, dass aus Gründen der Rechtsklarheit und der Praktikabilität die Inanspruchnahme des Abzugsbetrages unabhängig von seiner Höhe zu einem Verbrauch der Steuervergünstigung nach § 13a Abs. 2 ErbStG führt.

3. Optionsverschonung, § 13a Abs. 10 ErbStG

1730 Nach § 13a Abs. 10 ErbStG hat der Steuerpflichtige die Möglichkeit, zu einer 100 %igen Steuerverschonung zu optieren. Das Optionsrecht ist durch unwiderrufliche Erklärung auszuüben. Folglich ist nach Ausübung des Optionsrechts ein Wechsel zum Regelverschonungsabschlag nicht mehr möglich.[2] Der Steuerpflichtige kann das Optionsrecht solange ausüben wie die Steuerveranlagung noch nicht materiell bestandskräftig ist.[3]

1731 Die optionale Verschonung ist gegenüber der Regelverschonung an verschärfte Voraussetzungen gebunden, die im Einzelnen in § 13a Abs. 10 Nr. 2 bis 6 ErbStG geregelt sind.

1732 Weitere Voraussetzung der optionalen Verschonung ist nach § 13a Abs. 10 Satz 2 ErbStG, dass der Anteil des Verwaltungsvermögens am begünstigungs-

---

1 R E 13a.3 Abs. 2 Satz 3 ErbStR 2019.
2 R E 13a.21 Abs. 2 Satz 3 ErbStR 2019.
3 R E 13a.21 Abs. 2 Satz 2 ErbStR 2019.

fähigen Vermögen nicht mehr als 20 % betragen darf. Wegen Einzelheiten wird auf R E 13a.21 Abs. 4 ErbStR 2019 und auf das Schrifttum[1] verwiesen.

Übt der Stpfl. das Optionsrecht aus, so erhöht sich der Verschonungsabschlag von 85 % auf 100 % (§ 13a Abs. 10 Nr. 1 ErbStG). Der optionale Verschonungsabschlag führt mithin zur gänzlichen Steuerbefreiung. 1733

4. Vorwegabschlag bei Familienunternehmen, § 13a Abs. 9 ErbStG

Der bereits oben angesprochene Vorwegabschlagsbetrag[2] bei Familienunternehmen soll die in diesem Bereich häufig vorzufindenden gesellschaftsvertraglichen Restriktionen in angemessener Weise berücksichtigen. Er entspricht in der Höhe der für den Fall des Ausscheidens eines Gesellschafters gesellschaftsvertraglich vorgesehenen prozentualen Minderung der Abfindung gegenüber dem gemeinen Wert und darf 30 % nicht übersteigen (§ 13a Abs. 9 Satz 2 ErbStG). Bei der Ermittlung der Höhe des Abschlags werden etwaige Beschränkungen der Entnahme, Ausschüttung oder von Verfügungsmöglichkeiten nicht einberechnet.[3] Daneben hat die FinVerw eine Regelung für diejenigen Fälle getroffen, in denen der Gesellschaftsvertrag unterschiedliche Abfindungshöhen je nach Ausscheidensgrund statuieren. So richtet sich der Vorwegabschlag nach der höchsten in Betracht kommenden Abfindung.[4] Sieht hingegen der Gesellschaftsvertrag für Gesellschafter unterschiedliche Abfindungshöhen vor, dann ist die für den jeweiligen Erwerber geltende Abfindung für die Ermittlung des Vorwegabschlags maßgebend.[5] Der Vorwegabschlag findet nur bei Familienunternehmen Anwendung. Wann ein Familienunternehmen vorliegt, wird anhand von typischen gesellschaftsvertraglichen Regelungen definiert, die gerade bei familiengeprägten Unternehmen auftreten. Es handelt sich dabei um: 1734

(a) Entnahme- bzw. Ausschüttungsbeschränkung, § 13a Abs. 9 Satz 1 Nr. 1 ErbStG

(b) Verfügungsbeschränkung, § 13a Abs. 9 Satz 1 Nr. 2 ErbStG

(c) Beschränkung eines etwaigen Abfindungsguthabens, § 13a Abs. 9 Satz 1 Nr. 3 ErbStG und

---

1 *Stalleiken* in von Oertzen/Loose ErbStG, 2. Aufl. 2020, § 13a Rz. 258.
2 Siehe hierzu R E 13a.20 ErbStR 2019.
3 R E 13a.20 Abs. 5 Satz 3 ErbStR 2019.
4 R E 13a.20 Abs. 5 Satz 4 ErbStR 2019.
5 R E 13a.20 Abs. 5 Satz 5 ErbStR 2019.

(d) der tatsächliche Vollzug des vertraglich Vereinbarten. Darüber hinaus ist

(e) die Einhaltung einer zeitlichen Vorgabe notwendig, § 13a Abs. 9 Sätze 4 und 5 ErbStG.

a) Entnahme- bzw. Ausschüttungsbeschränkung

1734/1 Nach § 13a Abs. 9 Satz 3 Nr. 1 ErbStG ist für die Inanspruchnahme des Vorwegabschlags eine Regelung in dem Gesellschaftsvertrag einer Personengesellschaft erforderlich, wonach die Gewinnentnahme beschränkt wird auf 37,5 % des um die auf den Gewinnanteil aus der Gesellschaft entfallenden Steuern vom Einkommen gekürzten Betrages des steuerrechtlichen Gewinns. Die Bemessungsgrundlage für den Entnahme- bzw. Ausschüttungshöchstbetrag von 37,5 % ergibt sich mithin aus der Differenz: Steuerrechtlicher Gewinn minus Kürzungsbetrag. Die Finanzverwaltung versteht unter dem „steuerlichen Gewinn" den Gewinn i. S. des § 4 Abs. 1 Satz 1 EStG.[1] Dieser steuerrechtliche Gewinn ist um die auf den Gewinnanteil entfallenden Steuern vom Einkommen zu kürzen. Da lediglich der Gewinn der Gesamthand ohne den Gewinn aus Sonderbilanzen und Ergänzungsbilanzen in den Kürzungsbetrag einzubeziehen ist, kann auch nur die darauf entfallende Steuer berücksichtigt werden. Steuern, die auf das Ergebnis aus der Sonder- oder Ergänzungsbilanz entfallen, sind nicht zu beachten.[2]

b) Verfügungsbeschränkung

1734/2 Als weitere Voraussetzung erfordert der Vorwegabschlag nach § 13a Abs. 9 Satz 1 Nr. 2 ErbStG eine im Gesellschaftsvertrag enthaltene Beschränkung dahingehend, dass Verfügungen über Gesellschaftsanteile insoweit beschränkt sind, dass sie nur zugunsten Angehöriger i. S. des § 15 Abs. 1 AO oder zugunsten von Mitgesellschaftern und auf Familienstiftungen zulässig sind.[3]

c) Abfindungsbeschränkung

1734/3 Als drittes Erfordernis für die Anwendung des Vorwegabschlags verlangt § 13a Abs. 9 Satz 1 Nr. 3 ErbStG, dass bei Ausscheiden aus der Gesellschaft die Abfindung unter dem gemeinen Wert der Gesellschaftsanteile bleibt.

---

1 R E 13a.20 Abs. 2 Satz 2 Nr. 1 ErbStR 2019.
2 R E 13a.20 Abs. 2 Satz 2 Nr. 1 Satz 2 ErbStR 2019.
3 Siehe hierzu auch R E 13a.20 Abs. 2 Satz 2 Nr. 2 ErbStR 2019.

d) Tatsächliche Entsprechung

Die Anwendung des Vorwegabschlags verlangt, dass das vertraglich Vereinbarte auch tatsächlich vollzogen wird. Es heißt in § 13a Abs. 9 Satz 1 am Ende ErbStG „... *und den tatsächlichen Verhältnissen entsprechen.*" Es reicht also nicht aus, die Entnahme- und Ausschüttungsbeschränkung, die Verfügungsbeschränkung oder die Abfindungsbeschränkung schriftlich im Vertrag zu fixieren. Notwendig ist eben auch der tatsächliche Vollzug.

1734/4

e) Zeitliche Nachhaltigkeit der gesellschaftsvertraglichen Beschränkungen

Schließlich verlangt § 13a Abs. 9 Satz 4 und 5 ErbStG noch für die Anwendung des Vorwegabschlags eine Nachhaltigkeit der vorgenannten gesellschaftsvertraglichen Beschränkungen in zeitlicher Hinsicht. Nach dieser Norm müssen die Restriktionen zwei Jahre vor der Übertragung (sog. **Vorlauffrist**) und 20 Jahre nach der Übertragung (sog. **Nachlauffrist**) Bestand haben. Grundsätzlich ist gegen dieses tatbestandliche Erfordernis dem Grunde nach nichts einzuwenden. Schädlich für die Wahrung der 20-jährigen Frist können solche Änderungen des Gesellschaftsvertrags sein, die die Voraussetzungen für den Vorwegabschlag gänzlich entfallen lassen oder dagegen verstoßen.[1] Kritisch anzumerken ist, dass insbesondere eine 20-jährige Nachlauffrist nicht ansatzweise der Unternehmenswirklichkeit entspricht.[2] Sie führt zu einer Verkrustung gesellschaftsvertraglicher bzw. satzungsmäßiger Normen.

1734/5

f) Konkrete Anwendung des Vorwegabschlags

Der Vorwegabschlag wird vor Anwendung des § 13a Abs. 1 ErbStG gewährt.[3] Daraus folgt, dass der Vorwegabschlag zusätzlich zu dem Regelverschonungsabschlag oder dem Optionsabschlag gewährt wird.[4] Auch ist der Vorwegabschlag vorrangig vor Durchführung der Verschonungsbedarfsprüfung bzw. des Verschonungsabschlagsmodells zu berücksichtigen.[5]

1734/6

> **BEISPIEL:** Der Wert des Gesellschaftsanteils beträgt 29 Mio. €. Grundsätzlich würde damit die Prüfschwelle von 26 Mio. € überschritten. Sollten die Voraussetzungen für den Vorwegabschlag erfüllt sein, so könnten bis zu 30 % des gemeinen Werts also 8,7 Mio. € in Abzug gebracht werden. Der Wert des begünstigten Vermögens würde dann nur noch 20,3 Mio. € betragen, so dass eine Regel- oder Vollverschonung in Betracht kommt.

---

1 R E 13a.20 Abs. 7 Satz 2 ErbStR 2019.
2 Siehe hierzu *Erkis*, DStR 2015 S. 1409, 1413, unter 4.2.2.
3 § 13a Abs. 9 Satz 1 ErbStG.
4 *Wachter* in Fischer/Pahlke/Wachter, ErbStG, 7. Aufl. 2020, § 13a Rz. 611.
5 R E 13a.20 Abs. 1 Satz 5 ErbStR 2019.

Liegen die Voraussetzungen für den Vorwegabschlag vor, dann kommt dessen Ansatz unabhängig von der Höhe des zu übertragenden Werts des begünstigten Vermögens zur Anwendung, also auch bei einem Vermögen von beispielsweise 10 Mio. € und kann sich dort, sofern nicht von der Vollverschonung Gebrauch gemacht wird, wie ein Freibetrag auswirken.

BEISPIEL: Der gemeine Wert des Gesellschaftsanteils beträgt 9,5 Mio. €. Der Vater überträgt diesen Anteil auf seine Tochter. Unter Anwendung des Regelverschonungsabschlags würde eine Bemessungsgrundlage von 1.425.000 € abzgl. des persönlichen Freibetrags von 400.000 € mithin von 1.025.000 € gegeben sein. Bei Berücksichtigung des Steuersatzes von 19 % ergibt sich eine Steuerbelastung i. H. v. 194.750 €. Findet hingegen der Vorwegabschlag Anwendung, dann würde vom gemeinen Wert der Gesellschaftsanteile ein Abschlag von 2.850.000 € (max. 30% von 9,5 Mio. €) vorgenommen werden. Von dem danach verbleibenden Wert von 6.650.000 € wäre der Regelverschonungsabschlag von 85 %, mithin 5.652.500 €, abzuziehen sein, so dass die Bemessungsgrundlage 997.500 € beträgt. Hiervon wäre sodann noch der persönliche Freibetrag von 400.000 € abzuziehen, so dass die Bemessungsgrundlage 597.500 € beträgt. Unter Beachtung des Steuersatzes von 15 % ergibt sich eine um 104.875 € geringere Steuerbelastung von 89.625 €.

Verschonungsabschlag und Vorwegabschlag wirken, wie das vorstehende Beispiel verdeutlicht kumulativ. Aufgrund dieser Kumulation führt dies dazu, dass der Vorwegabschlag wie ein zusätzlicher Sockelfreibetrag wirkt und die Prüfschwelle um 7,8 Mio. € auf 33,8 Mio. € anhebt.

BEISPIEL: Der Wert des Geschäftsanteils beträgt 35 Mio. €. Die Mutter schenkt diesen Anteil ihrem Sohn. Die Voraussetzungen für die Annahme eines Familienunternehmens sind gegeben.

	Wert des Geschäftsanteils:	35.000.000 €
./.	30 % Vorwegabschlag	10.500.000 €
	Wert für Prüfschwelle	24.500.000 €

5. Abschmelzungsmodell, § 13c ErbStG

1735 § 13c ErbStG ist im Zusammenspiel mit den allgemeinen Regelungen zu dem Regelverschonungs- und Vollverschonungsabschlag zu sehen und ersetzt diese, sofern sie aufgrund des Überschreitens der Prüfschwelle von 26 Mio. € (§ 13a Abs. 1 Satz 1 ErbStG) nicht zur Anwendung gelangen. Das Abschmelzungsmodell[1] ist eine Alternative zur Verschonungsbedarfsprüfung nach § 28a ErbStG. Es kommt nur dann zur Anwendung, wenn es beantragt wird. § 13c Abs. 1 Satz 1 ErbStG schreibt einen Antrag des Erwerbers vor. Nach dem ein-

---

1 Siehe hierzu im Einzelnen R E 13c.1 bis 13c.4 ErbStR 2019.

deutigen Wortlaut reicht ein Antrag des Schenkers nicht aus. Das Antragserfordernis wird in § 13c Abs. 2 Satz 6 ErbStG näher konkretisiert. Danach muss es sich um einen unwiderruflichen Antrag handeln. Ferner schließt ein Antrag auf Anwendung des Abschmelzungsmodells die Möglichkeit der Inanspruchnahme der Verschonungsbedarfsprüfung nach § 28a ErbStG aus.

Das Abschmelzungsmodell bezieht sich auf die Höhe des Verschonungsabschlags und schmilzt diesen dergestalt ab, dass er sich um jeweils einen Prozentpunkt für jede volle 750.000 €, die der Wert des begünstigten Vermögens den Betrag von 26 Mio. € übersteigt, verringert.

BEISPIEL:

	Wert des begünstigten Vermögens	30.000.000,00 €
./.	Prüfschwelle	26.000.000,00 €
	Übersteigender Betrag	4.000.000,00 €
:	750.000	5,33 €

Der Regelverschonungsabschlag von 85 % verringert sich mithin um 5 Prozentpunkte auf 80 %. Der Vollverschonungsabschlag würde sich mithin auf 95 % reduzieren.

BEISPIEL:

	Wert des begünstigten Vermögens	85.000.000,00 €
./.	Prüfschwelle	26.000.000,00 €
	übersteigender Betrag	59.000.000,00 €
:	750.000	78,66 €

Der Regelverschonungsabschlag von 85 % verringert sich mithin um 78 Prozentpunkte auf 7 %. Der Vollverschonungsabschlag würde sich mithin auf 22 % reduzieren. Durchgerechnet bedeutet die Abschmelzung auf null, dass wenn der Wert des begünstigten Vermögens den Betrag von 26 Mio. € (also die Prüfschwelle) um 63.750.000 € übersteigt, eine Regelverschonung gänzlich wegfällt.

BEISPIEL:

	Wert des begünstigten Vermögens	89.750.000,00 €
./.	Prüfschwelle	26.000.000,00 €
	übersteigender Betrag	63.750.000,00 €
:	750.000	85,00 €

Der Regelverschonungsabschlag von 85 % verringert sich mithin um 85 Prozentpunkte auf 0 %. Für die Vollverschonung würde dies grundsätzlich bedeuten, dass sich bei einem Wert des begünstigten Vermögens von 101 Mio. € der Verschonungsabschlag auf null verringert. Hier greift aber die Sonderregelung des § 13c Abs. 1 Satz 2 ErbStG ein, wonach bei der Vollverschonung im Rahmen des Abschmelzungsmodells eine Begrenzung bei 90 Mio. € eingezogen worden ist. Dies besagt, dass ab einem Erwerb von begünstigtem Vermögen i. H. v. 90 Mio. € ein Verschonungsabschlag nicht mehr gewährt wird.

6. Verschonungsbedarfsprüfung, § 28a ErbStG

1736   Das BVerfG hat in seiner Entscheidung beanstandet, dass die Verschonung von Betriebsvermögen nicht nur beim Erwerb kleiner und mittlerer Unternehmen ungeprüft gewährt würde, sondern auch beim Erwerb großer Unternehmen. Ein Erwerb ab einer bestimmten Größe dürfe aber wegen des großen Ausmaßes der Begünstigung nicht mehr pauschal von der Besteuerung ausgenommen werden. In diesen Fällen müsse eine besondere Prüfung des Verschonungsbedarfs durchgeführt werden. Die gesetzgeberische Antwort auf diesen Vorhalt ist die Verschonungsbedarfsprüfung nach § 28a ErbStG. Wird die Prüfschwelle von 26 Mio. € überschritten, steht sowohl die Regel- als auch die Vollverschonung nicht mehr zur Verfügung. Neben der Alternative des Abschmelzungsmodells nach § 13c ErbStG tritt die Alternative der Verschonungsbedarfsprüfung. Kommen eine Regel- oder Vollverschonung nicht zur Anwendung, dann sieht das Gesetz für den Steuerpflichtigen ein Wahlrecht zwischen dem Abschmelzungsmodell und einer konkreten, einzelfallbezogenen Verschonungsbedarfsprüfung vor. Das ErbStG hat dabei die Verschonungsbedarfsprüfung in § 28a ErbStG als eine Erlassregelung ausgestaltet.

a) Erlassantrag

1736/1   Im Kern handelt es sich bei der Verschonungsbedarfsprüfung um eine Billigkeitsmaßnahme. Auf Antrag des Erwerbers ist die auf das begünstigte Vermögen entfallende Steuer zu erlassen (§ 28a Abs. 1 Satz 1 ErbStG). Steuertechnisch handelt es sich bei einem Erlass um eine Maßnahme des Erhebungsverfahrens (s. § 227 AO). Die Anwendung der Erlassregelung setzt damit einen Steuerbescheid voraus. Hierin unterscheidet sich die Verschonungsbedarfsprüfung von dem Abschmelzungsmodell. Das Abschmelzungsmodell wirkt sich auf die Höhe des Verschonungsabschlages und damit auf eine Komponente der Steuerfestsetzung aus. Nach dem eindeutigen Wortlaut des § 28a Abs. 1 Satz 1 ErbStG setzt der Erlass einen Antrag des Erwerbers voraus.

b) Materiell-rechtliche Voraussetzungen des Erlassantrags

Der Erlass wird so weit gewährt, wie der Erwerber nachweist, dass er persönlich nicht in der Lage ist, die Steuer aus seinem verfügbaren Vermögen zu begleichen. Das verfügbare Vermögen ist in § 28a Abs. 2 ErbStG definiert. Danach gehören zum verfügbaren Vermögen des Erwerbers zunächst 50 % der Summe der gemeinen Werte des mit der Erbschaft oder Schenkung zugleich übergegangenen Vermögens mit Ausnahme des begünstigten Vermögens i. S. des § 13b Abs. 2 ErbStG. Darüber hinaus zählen zum verfügbaren Vermögen noch 50 % der Summe der gemeinen Werte des dem Erwerber im Zeitpunkt der Entstehung der Steuer gehörendes Vermögens, das nicht zum begünstigten Vermögen i. S. des § 13b Abs. 2 ErbStG gehört.

1737

c) Kurzfristige Stundung

Flankiert wird die Erlassregelung durch eine in § 28a Abs. 3 ErbStG vorgesehene Stundungsregelung. Diese **flankierende Stundung** besagt, dass die nach Anwendung des § 28a Abs. 1 Satz 1 ErbStG verbleibende Steuer ganz oder teilweise bis zu sechs Monate gestundet werden kann, wenn die Einziehung bei Fälligkeit eine erhebliche Härte darstellen würde. Das ist insbesondere dann der Fall, wenn der Erwerber zum Begleichen der Steuer einen Kredit aufnehmen oder verfügbares Vermögen veräußern muss. Nach der Begründung des Gesetzgebers ist das verfügbare Vermögen nicht immer als fungibles Geldvermögen beim Erwerber vorhanden. Bei Sachvermögen, insbesondere bei Grundstücken, benötigt der Steuerschuldner Zeit, um einen Kredit aufzunehmen oder aber Vermögen gegebenenfalls zu versilbern. Hierfür soll die kurzfristige Stundung dienen. Die Regelung betreffend die kurzfristige Stundung tritt neben § 28 ErbStG und die allgemeine Vorschrift zur Stundung von Steuerforderungen in § 222 AO, die von der Regelung unberührt bleibt. Ausdrücklich bestimmt R E 28a.3 Satz 3 ErbStR 2019, dass die flankierende Stundung sich nicht auf die Steuer bezieht, die auf zugleich übergegangenes nicht begünstigtes Vermögen entfällt.

1738

d) Auflösende Bedingung für den Erlass

Gemäß § 28a Abs. 4 Satz 1 ErbStG steht der Erlass der Erbschaft- bzw. Schenkungsteuer unter verschiedenen auflösenden Bedingungen und gem. § 28a Abs. 4 Satz 2 und 3 ErbStG unter dem Vorbehalt des Widerrufs bei Eintritt einer der auflösenden Bedingungen. Folgende drei auflösende Bedingungen nennt das Gesetz, wobei es insoweit an die Voraussetzungen für die Gewährung der Vollverschonung anknüpft:

1739

1. Einhaltung einer Lohnsumme innerhalb einer siebenjährigen Lohnsummenfrist,[1]
2. Einhaltung einer siebenjährigen Behaltensfrist[2] und
3. dass der Erwerber innerhalb von zehn Jahren nach dem Zeitpunkt der Entstehung der Steuer weiteres Vermögen durch Schenkung oder von Todes wegen erhält, das verfügbares Vermögen i. S. des § 28a Abs. 2 ErbStG darstellt.[3] Ausdrücklich wird in den ErbStR 2019 darauf hingewiesen, dass Gelegenheitsgeschenke i. S. des § 13 Abs. 1 Nr. 4 ErbStG aus Vereinfachungsgründen unbeachtlich sind.[4]

Tritt eine auflösende Bedingung ein, so ist der Verwaltungsakt über den Erlass mit Wirkung für die Vergangenheit ganz oder teilweise zu widerrufen (§ 28a Abs. 4 Satz 3 ErbStG).

7. Begünstigungsfähiges Vermögen

1740 Die Prüfung, ob erbschaftsteuerlich begünstigtes Vermögen gegeben ist, erfolgt in zwei Schritten: Im ersten Schritt ist die Begünstigungsfähigkeit und im zweiten Schritt die Begünstigung als solche zu prüfen. § 13b ErbStG regelt, welches Vermögen begünstigt werden soll und welches nicht. In § 13b Abs. 1 ErbStG wird das sog. begünstigungsfähige Vermögen beschrieben. In § 13b Abs. 2 ErbStG wird sodann umschrieben, wann das begünstigungsfähige Vermögen auch tatsächlich begünstigtes Vermögen darstellt.

1740/1 § 13b Abs. 1 ErbStG definiert drei Vermögensarten als begünstigungsfähiges Vermögen. Hierbei handelt es sich um das land- und forstwirtschaftliche Vermögen (§ 13b Abs. 1 Nr. 1 ErbStG), das Betriebsvermögen (§ 13b Abs. 1 Nr. 2 ErbStG) und die Anteile an Kapitalgesellschaften (§ 13b Abs. 1 Nr. 3 ErbStG). Von Interesse im Zusammenhang mit der Betriebsaufspaltung sind insbesondere die beiden zuletzt genannten Vermögensarten.

1740/2 Jede Vermögensart kann wiederum aus mehreren wirtschaftlichen Einheiten bestehen. Dies ist beispielsweise dann der Fall, wenn nicht nur eine Beteiligung an der Speditions-GmbH übertragen wird, sondern auch Geschäftsanteile an der Produktions-GmbH und der Vertriebs-AG. In diesem Fall wären drei **Vermögenseinheiten** der Vermögensart Anteile an Kapitalgesellschaften betroffen.

---
1 Siehe R E 28a.4 Abs. 1 ErbStR 2019.
2 Siehe R E 28a.4 Abs. 1 ErbStR 2019.
3 Siehe R E 28a.4 Abs. 2 ErbStR 2019.
4 R E 28a.4 Abs. 2 Satz 3 ErbStR 2019.

II. Steuerverschonung nach §§ 13a, 13b ErbStG im Allgemeinen

Begünstigungsfähig ist inländisches **Betriebsvermögen,**[1] wenn Erwerbsgegenstand ein Gewerbebetrieb, ein Teilbetrieb, eine Beteiligung an einer Mitunternehmerschaft, eines Anteils daran oder eine sog. optierende Gesellschaft i. S. des § 1a KStG ist (§ 13b Abs. 1 Nr. 2 ErbStG i. V. m. § 97 Abs. 1 Satz 1 Nr. 5 Satz 1 BewG). Erforderlich ist mithin, dass der Betrieb oder die Mitunternehmerschaft seinen/ihren Sitz und seine/ihre Geschäftsleitung in Deutschland haben. Darüber hinaus liegt begünstigungsfähiges Betriebsvermögen vor, wenn es einer Betriebsstätte in einem Mitgliedstaat der EU oder in einem Staat des EWR dient.[2]

1740/3

Zum begünstigungsfähigen Vermögen gehören gem. § 13b Abs. 1 Nr. 3 ErbStG ferner **Anteile an einer Kapitalgesellschaft.**[3] Ebenso wie beim Betriebsvermögen muss der Sitz oder die Geschäftsleitung der Gesellschaft im Inland oder in der EU oder dem EWR liegen. Im Gegensatz zum Gesellschaftsanteil an einer Mitunternehmerschaft erfolgt bei Anteilen an einer Kapitalgesellschaft aber die gesetzliche Einschränkung, dass die Begünstigungsfähigkeit nur gegeben ist, wenn der Erblasser oder Schenker zu mehr als einem Viertel an der Gesellschaft **unmittelbar** beteiligt ist bzw. war. Diese Einschränkung ist, ungeachtet des gesetzlich festgelegten Prozentsatzes, erforderlich, um eine Privilegierung beispielsweise von im Streubesitz gehaltenen Wertpapieren zu verhindern. Die Mindestbeteiligungsquote von mehr als 25 % kann auch dadurch erreicht werden, dass mehrere Gesellschafter ihre Anteile poolen,[4] sich also einer gemeinsamen Bindung dergestalt unterwerfen, dass über die Anteile nur einheitlich verfügt werden kann oder die Anteile ausschließlich auf andere Gesellschafter des Pools übertragen werden dürfen. Darüber hinaus müssen sich die Gesellschafter dahingehend binden, dass sie ihre Stimmrechte nur einheitlich gegenüber Gesellschaftern ausüben, die nicht der Poolvereinbarung unterliegen (§ 13b Abs. 1 Nr. 3 Satz 2 ErbStG).

1740/4

8. Begünstigtes Vermögen

Alleine das Vorliegen von begünstigungsfähigem Vermögen ist noch nicht ausreichend für die Annahme von begünstigtem Vermögen. Begünstigungsfähiges Vermögen muss sich erst noch zu begünstigtem Vermögen qualifizieren.

1741

Das ErbStG bleibt bei der bisherigen Systematik, um das zu begünstigende von dem nicht zu begünstigenden Vermögen abzugrenzen. Das heißt, es wird

1742

---
1 Siehe hierzu im Einzelnen R E 13b.5 ErbStR 2019.
2 R E 13b.5 Abs. 4 ErbStR 2019.
3 Siehe hierzu im Einzelnen R E 13b.6 ErbStR 2019.
4 Siehe dazu R E 13b Abs. 3 ff. ErbStR 2019.

weiterhin auf den sog. Verwaltungsvermögenstest zurückgegriffen. Hierbei musste das ErbStG, um den bundesverfassungsgerichtlichen Vorgaben Genüge zu tun, die typisierende Verwaltungsvermögensgrenze von 50 % nach alter Gesetzeslage aufheben und damit einhergehend auch dafür Sorge tragen, dass der sog. Kaskadeneffekt, der bisher eine mehrfache Ausnutzung der 50 %-Grenze ermöglichte, entfällt. § 13b Abs. 2 Satz 1 ErbStG löst sich vollständig von der 50 %-Grenze und stellt nunmehr auf den sog. **Nettowert des Verwaltungsvermögens** ab. Nach § 13b Abs. 2 Satz 1 ErbStG ist begünstigungsfähiges Vermögen begünstigt, soweit sein gemeiner Wert den um das sog. **unschädliche Verwaltungsvermögen** i. S. des Absatzes 7 den Nettowert des Verwaltungsvermögens übersteigt. Damit stellt das ErbStG sicher, dass vom Grundsatz her jegliches Verwaltungsvermögen – mit Ausnahme des unschädlichen Verwaltungsvermögens – aus der Begünstigung herausgenommen wird. Das entsprechende Berechnungsschema ist vom Prinzip her recht einfach.

	Gemeiner Wert des begünstigungsfähigen Vermögens
./.	Nettowert des Verwaltungsvermögens i. S. des Absatzes 6
+	Unschädliches Verwaltungsvermögen i. S. des Absatzes 7
=	Wert des begünstigten Vermögens

§ 13b Abs. 6 ErbStG beschäftigt sich sodann mit der Bestimmung des **Nettowerts des Verwaltungsvermögens**. Dabei wird der gemeine Wert des Verwaltungsvermögens um den nach Anwendung der Absätze 3 und 4 verbleibenden (anteiligen) gemeinen Wert der Schulden gekürzt. Diese Saldierung mit Schulden besteht jedoch nicht uneingeschränkt, sondern erfährt in § 13b Abs. 8 ErbStG Einschränkungen, insbesondere im Hinblick auf sog. **junge Finanzmittel** und sog. **junges Verwaltungsvermögen**. Anschließend setzt sich § 13b Abs. 9 ErbStG mit der Erfassung von unmittelbar oder mittelbar gehaltenen Beteiligungen auseinander. Es wird nicht mehr auf jede Beteiligung als solche abgestellt, sondern auf die der jeweiligen Gesellschaft zuzurechnenden Wirtschaftsgüter. Das ErbStG stellt auf die sog. **Verbundvermögensaufstellung** ab.

1742/1 Abweichend zu der Regelung des § 13b Abs. 2 Satz 1 ErbStG ist gem. § 13b Abs. 2 Satz 2 ErbStG das begünstigungsfähige Vermögen vollständig nicht begünstigt, soweit das Verwaltungsvermögen nach § 13b Abs. 4 ErbStG mindestens 90 % des gemeinen Wertes des begünstigungsfähigen Vermögens beträgt (sog. „90 %-Test"). Eine Saldierung des Verwaltungsvermögens mit Schulden nach § 13b Abs. 6 ErbStG findet im Rahmen des 90 %-Tests nicht statt.[1] Dies führt dazu, dass Unternehmen, die über einen hohen Anteil an Fremdkapital verfügen, den 90 %-Test häufig nicht bestehen und daher, rein am Wortlaut des Gesetzes ausgerichtet, nicht erbschaftsteuerlich begünstigt übertragen werden können.

Diese Auslegung steht im Konflikt mit dem Sinn und Zweck der §§ 13a ff. ErbStG, dass unternehmerisches Produktivvermögen nach dem Willen des Gesetzgebers begünstigt übertragen werden soll.[2] Das FG Münster hat dieses Spannungsfeld erkannt und entschieden, dass § 13b Abs. 2 Satz 2 ErbStG teleologisch dahin gehend zu reduzieren ist, dass die Regelung nur zur Anwendung gelangt, wenn der Hauptzweck des Unternehmens nicht im Betrieb eines Land- und Forstwirtschaftlichen Betriebes, eines Gewerbebetriebes oder einer selbständigen Tätigkeit liegt.[3]

Bei der Entscheidung, ob Verwaltungsvermögen vorliegt, sind die Verhältnisse im Besteuerungszeitpunkt maßgebend.[4] Dabei ist ausschließlich auf die Verhältnisse beim Erblasser oder beim Schenker abzustellen.[5] Was das Gesetz im Einzelnen als Verwaltungsvermögen qualifiziert, wird in § 13b Abs. 4 ErbStG in einem Katalog abschließend aufgeführt, wobei einzelne Tatbestände auch wieder Rückausnahmen enthalten. 1743

Dritten zur Nutzung überlassene Grundstücke, Grundstücksteile, grundstücksgleiche Rechte und Bauten (§ 13b Abs. 4 Nr. 1 ErbStG) führen grundsätzlich zur Annahme von Verwaltungsvermögen. Dieser Grundsatz wird aber durch mehrere Rückausnahmen durchbrochen. So führen gem. § 13b Abs. 4 Nr. 1 Buchst. a) ErbStG die Fälle des **Sonderbetriebsvermögens**[6] und der **Betriebsaufspaltung**,[7] auch unter Berücksichtigung der sog. Personengruppentheorie, nicht zu schädlichem Verwaltungsvermögen. Darüber hinaus sieht § 13b Abs. 4 Nr. 1 Buchst. b ErbStG bestimmte Fälle der **Betriebsverpachtung**[8] als unschädlich an. Weiterhin liegt bei Dritten zur Nutzung überlassenen Grundstücken gem. § 13b Abs. 4 Nr. 1 Buchst. c ErbStG dann kein Verwaltungsvermögen vor, wenn diese innerhalb des Konzerns i. S. des § 4h EStG überlassen werden (**Konzernklausel**).[9] Gleiches gilt 1743/1

---

1 R E 13b.10 Satz 4 ErbStR 2019.
2 BT-Drucks. 18/8911 S. 40.
3 FG Münster, Urteil v. 24.11.2021 - 3 K 2174/19 Erb, EFG 2022 S. 343, NWB WAAAI-03486.
4 R E 13b12 Abs. 2 Satz 1 ErbStR 2019.
5 R E 13b.12 Abs. 2 Satz 2 ErbStR 2019.
6 Siehe R E 13b.142 Abs. 2 ErbStR 2019.
7 Siehe R E 13b.14 Abs. 1 ErbStR 2019.
8 Siehe R E 13b.15 ErbStR 2019.
9 Siehe R E 13b.16 ErbStR 2019.

gem. § 13b Abs. 4 Nr. 1 Buchst. d ErbStG bei Grundvermögen von Personengesellschaften (gesamthänderisch gebundenes Betriebsvermögen) sowie von Kapitalgesellschaften, wenn der Hauptzweck des Betriebs die Vermietung von Wohnungen darstellt und ein wirtschaftlicher Geschäftsbetrieb i. S. des § 14 AO (**Wohnungsunternehmen**)[1] vorliegt.

In diesem Zusammenhang wird auf die sehr restriktive Rechtsprechung des BFH[2] hingewiesen, die der Ansicht der Finanzverwaltung[3] entgegengetreten ist, wonach letztlich nur dann von einem Wohnungsunternehmen auszugehen ist, wenn bei der Übertragung weitergehende Serviceleistungen, wie z. B. ein Reinigungsservice für die Wohnungen oder „Concierge-Leistungen" angeboten werden, das Wohnungsunternehmen mithin originär gewerblich tätig ist. Argumentativ weist der BFH zutreffend auf die ausdrückliche Verweisung in § 13b Abs. 4 Nr. 1 Buchst. d ErbStG auf den wirtschaftlichen Geschäftsbetrieb i. S. des § 14 AO hin. Ferner liegt dann eine Rückausnahme vor, wenn Grundstücke, Grundstücksteile usw. **Dritten zur Nutzung überlassen werden, um dem Absatz von eigenen Erzeugnissen zu dienen** (§ 13b Abs. 4 Nr. 1 Buchst. e ErbStG).[4] Als Beispiel für diese Rückausnahme sind die Brauereigaststätten, die an Dritte bei gleichzeitigem Abschluss eines Bierlieferungsvertrags verpachtet werden und in denen vorrangig das von der Brauerei hergestellte Bier ausgeschenkt wird. Ebenfalls nicht zum schädlichen Verwaltungsvermögen zählen Grundstücke, die zur **land- und forstwirtschaftlichen Nutzung** (§ 13b Abs. 4 Nr. 1 Buchst. f ErbStG)[5] überlassen werden.

1743/2 **Anteile an Kapitalgesellschaften** stellen Verwaltungsvermögen dar, wenn die unmittelbare Beteiligung am Nennkapital dieser Gesellschaft 25 % oder weniger beträgt (§ 13b Abs. 4 Nr. 2 ErbStG). Ausgenommen von dieser Regelung sind aber Anteile an Kapitalgesellschaften sowie Wertpapiere und vergleichbare Forderungen, die dem Hauptzweck des Gewerbebetriebs eines Kreditinstitutes, eines Finanzdienstleistungsinstitutes oder eines Versicherungsunternehmens dienen (**Bankenklausel**).[6] Bei der Prüfung, ob die 25 %-Grenze nicht überschritten worden ist, ist auch eine Poolung von Verfügungs- und Stimmrechten zu beachten.[7] Bei mehrstufigen Beteiligungen ist die Mindestbeteiligungs-

---

1 Siehe R E 13b.17 ErbStR 2019.
2 BFH, Urteil v. 24.11.2017 - II R 44/15, BStBl 2018 II S. 358.
3 R E 13b17 Abs. 3 ErbStR 2019.
4 Siehe R E 13b.18 ErbStR 2019.
5 Siehe R E 13b.19 ErbStR 2019.
6 Siehe R E 13b.20 ErbStR 2019.
7 Siehe oben unter Rz. 1740/4.

quote von mehr als 25 % auf jeder Beteiligungsebene zu prüfen.[1] Darüber hinaus sind **Gegenstände der privaten Lebensfühung,**[2] wie z. B. Kunstgegenstände, Oldtimer, Briefmarkensammlungen usw. dem Verwaltungsvermögen zugeordnet (§ 13b Abs. 4 Nr. 3 ErbStG) sowie **Wertpapiere und vergleichbare Forderungen** (§ 13b Abs. 4 Nr. 4 ErbStG)[3] und **Finanzmittel** (§ 13b Abs. 4 Nr. 5 ErbStG).[4]

III. Steuerverschonung im Besonderen bei einer Betriebsaufspaltung

Das Wesen einer Betriebsaufspaltung besteht darin, dass das Besitzunternehmen wesentliche Betriebsgrundlagen an das Betriebsunternehmen zur Nutzung überlässt. Wird mithin eine Betriebsaufspaltung als Ganzes, also sowohl das Besitz- als auch das Betriebsunternehmen durch Erwerb von Todes wegen oder durch Schenkung übertragen, d. h. wird weder die personelle noch die sachliche Verflechtung zerstört, besteht dieser Vorgang aus zwei Geschäftsvorfällen. Zum einen werden die Anteile an dem Betriebsunternehmen und zum anderen das Besitzunternehmen oder die Anteile an dem Besitzunternehmen übertragen. Da die Betriebsaufspaltung als solche keine Rechtsform darstellt, kann sie auch nicht als derartige, d. h. als rechtliche Einheit übertragen werden. Beide Geschäftsvorfälle müssen daher in erbschaft- und schenkungsteuerlicher Hinsicht vom Grundsatz her isoliert betrachtet werden.

1744

(Einstweilen frei) 1745–1746

1. Betriebsunternehmen

Das Betriebsunternehmen weist im Verhältnis zu anderen operativen Gesellschaften keine Unterschiede auf. Es ergeben sich aus dem Rechtsinstitut der Betriebsaufspaltung heraus grundsätzlich keine Besonderheiten. Handelt es sich bei dem Betriebsunternehmen um eine Personengesellschaft, wie dies bei einer sog. umgekehrten Betriebsaufspaltung der Fall ist,[5] so liegt eine Mitunternehmerschaft i. S. des § 15 EStG vor. Der Gesellschaftsanteil ist unabhängig von der Beteiligungshöhe stets begünstigungsfähiges Vermögen gem. § 13b Abs. 1 Nr. 2 ErbStG.

1747

---

1 R E 13b.20 Abs. 4 ErbStR 2019.
2 Siehe R E 13b.21 ErbStR 2019.
3 Siehe R E 13b.22 ErbStR 2019.
4 Siehe R E 13b.23 ErbStR 2019.
5 *Wacker* in Schmidt, EStG, 41. Aufl. 2022, § 15 Rz. 803.

J. Erbschaft- und Schenkungsteuer

Wird hingegen das Betriebsunternehmen in der Rechtsform einer Kapitalgesellschaft geführt, wie bei der klassischen Betriebsaufspaltung, so liegt grundsätzlich nur dann begünstigungsfähiges Vermögen vor, wenn die unmittelbare Beteiligung des Erblassers oder Schenkers am Nennkapital dieser Gesellschaft mehr als 25 % beträgt (§ 13b Abs. 1 Nr. 3 ErbStG). Liegt die Beteiligungsquote jedoch bei 25 % oder unter 25 %, ist schon begünstigungsfähiges Vermögen zu negieren. Etwas anderes könnte sich nur daraus ergeben, dass von der Poolregelung gem. § 13b Abs. 1 Nr. 3 Satz 2 ErbStG entsprechend Gebrauch gemacht wird.[1] Bildet die Beteiligung an der Betriebsgesellschaft begünstigungsfähiges Vermögen, so ist in einem weiteren Schritt zu prüfen, ob auch begünstigtes Vermögen vorliegt, ob also die steuerschädliche Quote des Verwaltungsvermögens überschritten wird. Diesbezüglich kann auf die allgemeinen Ausführungen verwiesen werden, die sich bei jeder operativ tätigen Gesellschaft im Hinblick auf das Verwaltungsvermögen ergeben.[2]

1748 *(Einstweilen frei)*

a) Klassische Betriebsaufspaltung

1749 Ausnahmsweise ergibt sich im Fall der klassischen Betriebsaufspaltung,[3] also wenn das Betriebsunternehmen die Rechtsform einer Kapitalgesellschaft aufweist, eine besondere Fragestellung in Bezug auf die Steuerverschonung der Anteile an der Betriebs-Kapitalgesellschaft. Zu diskutieren ist in diesem Zusammenhang der Gesichtspunkt des Sonderbetriebsvermögens; denn die Anteile an der Betriebs-Kapitalgesellschaft stellen beim Gesellschafter der Besitz-Personengesellschaft Sonderbetriebsvermögen dar.

> **BEISPIEL:** Die Geschwister A, B, C und D sind zu jeweils 25 % an der Betriebs-Kapitalgesellschaft beteiligt. Ferner sind sie zu jeweils 25 % an der Besitz-Personengesellschaft beteiligt, die ein Grundstück an die Betriebs-Kapitalgesellschaft zur Nutzung überlässt. A möchte im Rahmen einer vorweggenommenen Erbfolge seine Anteile an beiden Unternehmen an seinen Sohn E übertragen. Die Anteile an der Betriebs-Kapitalgesellschaft stellen beim Gesellschafter A Sonderbetriebsvermögen dar; sie übersteigen jedoch nicht die für die Einordnung als begünstigungsfähiges Vermögen i. S. von § 13b Abs. 1 Nr. 3 ErbStG relevante Grenze von 25 % und sind somit als schädliches Verwaltungsvermögen zu qualifizieren. Dieses Ergebnis wird in der Literatur als nicht sachgerecht angesehen, da der Anteil an der Betriebs-Kapitalgesellschaft Betriebsvermögen darstellt.[4] Nach der hier vertretenen Auffassung,[5] liegt bei

---

1 R E 13b Abs. 3 ErbStR 2019.
2 Siehe oben unter Rz. 1742 ff.; R E 13b.9 bis R E 13b.29 ErbStR 2019.
3 Wegen des Begriffs der klassischen Betriebsaufspaltung siehe oben Rz. 45 ff.
4 *Gluth*, ErbStB 2009 S. 89, 93; *Wehrheim/Rupp*, DB 2008 S. 1455, 1456.
5 Siehe unten Rz. 1751.

III. Steuerverschonung im Besonderen bei einer Betriebsaufspaltung

einer gemeinsamen Übertragung sowohl des Anteils an der Besitz-Personen- als auch an der Betriebs-Kapitalgesellschaft begünstigtes Vermögen vor.

Eine Lösungsmöglichkeit wird darin gesehen, die Anteile aller Gesellschafter wegen der personellen Verflechtung zu addieren.[1] Diese Ansicht erscheint in rechtlicher Hinsicht wenig überzeugend, da sie in keiner Weise eine Stütze im Wortlaut des Gesetzes findet. Vielmehr kann ihr entgegengehalten werden, dass ein Zusammenrechnen einzelner Anteile allein im Rahmen der Begünstigungsfähigkeit von Anteilen an Kapitalgesellschaften in § 13b Abs. 1 Nr. 3 Satz 2 ErbStG und in § 13b Abs. 4 Satz 2 Nr. 2 Satz 2 ErbStG vorgesehen ist. Folgerichtig vertritt die Finanzverwaltung die Ansicht, dass, soweit zum Sonderbetriebsvermögen eines Gesellschafters der Besitz-Personengesellschaft Anteile an einer Kapitalgesellschaft gehören und die unmittelbare Beteiligung am Nennkapital dieser Gesellschaft 25 % oder weniger beträgt, der Anteil auch dann dem Verwaltungsvermögen zuzurechnen ist, wenn die Summe aller zum Sonderbetriebsvermögen der Mitunternehmer gehörenden Anteile über 25 % liegt.[2] Etwas anderes könnte nur dann angenommen werden, wenn hinsichtlich der Anteile an der Betriebs-Kapitalgesellschaft eine Poolung nach § 13b Abs. 1 Nr. 3 Satz 2 ErbStG vorgenommen worden wäre und dadurch die 25 %-Grenze überschritten wird.[3]

1750

Der zutreffende Lösungsansatz ist darin zu sehen, dass nach § 13b Abs. 1 Nr. 2 ErbStG i. V. m. § 97 Abs. 1 Satz 1 Nr. 5 Satz 1 BewG zum begünstigungsfähigen Vermögen auch Anteile an einer Gesellschaft i. S. des § 15 Abs. 1 Satz 1 Nr. 2 und Abs. 3 EStG, also Mitunternehmeranteile, gehören. Es ist anerkannt, dass der Mitunternehmeranteil nicht nur aus dem Gesellschaftsanteil, sondern auch aus dem Sonderbetriebsvermögen besteht.[4] Gesellschaftsanteil und Sonderbetriebsvermögen bilden zusammen einen Mitunternehmeranteil und stellen insoweit als Einheit ein begünstigungsfähiges Vermögen dar.

1751

Wenn sich sodann die Frage stellt, ob dieses begünstigungsfähige Vermögen auch begünstigtes Vermögen ist, ist § 13b Abs. 4 Satz 2 Nr. 2 ErbStG nicht anzuwenden. Vom Wortlaut her würde diese Norm zwar die Anteile an der Betriebs-Kapitalgesellschaft erfassen. Leitbild dieser Vorschrift sind aber nicht betrieblich verhaftete Anteile an einer Kapitalgesellschaft, sondern Anteile an einer Kapitalgesellschaft, die im Privatvermögen gehalten werden. § 13b Abs. 4

---

1 *Gluth*, ErbStB 2009 S. 89, 93.
2 R E 13b.20 Abs. 2 Satz 1 ErbStR 2019. siehe hierzu auch *Braun*, Ubg 2009 S. 647, 648 r. Sp. unter (2).
3 R E 13b.20 Abs. 2 Satz 3 ErbStR 2019 i. V. m. R E 13b.20 Abs. 1 Satz 2 ErbStR 2019.
4 *Wacker* in Schmidt, EStG, 41. Aufl. 2022, § 16 Rz. 407.

Satz 2 Nr. 2 ErbStG ist mithin teleologisch dahin zu reduzieren, dass nur Anteile an Kapitalgesellschaften i. S. des § 17 EStG gemeint sind.[1]

Man könnte geneigt sein anzunehmen, dass die Finanzverwaltung nunmehr auch die vorstehende Auffassung vertritt, wenn in R E 13b.5 Abs. 3 Satz 9 ErbStR 2019 ausgeführt wird, dass der Erwerb einzelner Wirtschaftsgüter aus dem Sonderbetriebsvermögen des Gesellschafters einer Personengesellschaft nur dann begünstigungsfähig ist, wenn er unmittelbar mit dem Erwerb einer Gesellschaftsbeteiligung verbunden ist. Dem steht jedoch R E 13b.20 Abs. 2 Satz 1 ErbStR 2019 entgegen, die ausdrücklich für im Sonderbetriebsvermögen befindliche Anteile an Kapitalgesellschaften eine Beteiligung von mehr als 25 % fordert.

1752 Ausdrücklich wird in R E 13b.5 Abs. 3 Satz 9 Halbsatz 2 ErbStR 2019 darauf hingewiesen, dass bei einer selbständigen Übertragung der Anteile an einer Kapitalgesellschaft nur dann begünstigungsfähiges Vermögen vorliegen kann, wenn die Voraussetzungen des § 13b Abs. 1 Nr. 3 ErbStG erfüllt sind. Diese Ansicht ist zutreffend. Wird der Anteil an der Betriebs-Kapitalgesellschaft isoliert, also ohne eine Beteiligung an der Besitz-Personengesellschaft übertragen, so wird die betriebliche Verhaftung aufgelöst. Die Folge ist, dass eine Verschonung der Übertragung mit Erbschaft- oder Schenkungsteuer stets ausscheidet, sofern die Anteile nicht mehr als 25 % des Nennkapitals darstellen und damit überhaupt kein begünstigungsfähiges Vermögen bilden. Eine **isolierte Übertragung von Sonderbetriebsvermögen** ist insoweit daher nicht nach § 13b Abs. 1 Nr. 2 ErbStG begünstigt.[2]

Etwas anderes gilt hingegen dann, wenn der Anteil an der Betriebs-Kapitalgesellschaft mehr als 25 % am Nennkapital vermittelt. Bei dieser Konstellation ergäbe sich die Begünstigungsfähigkeit aus § 13b Abs. 1 Nr. 3 ErbStG.[3]

1753 *(Einstweilen frei)*

b) Umgekehrte Betriebsaufspaltung

1754 Von einer umgekehrten Betriebsaufspaltung spricht man, wenn im Gegensatz zur klassischen Betriebsaufspaltung das Betriebsunternehmen eine Personengesellschaft ist und das Besitzunternehmen in der Rechtsform einer Kapitalge-

---

[1] So wohl auch *Geck* in Kapp/Ebeling, ErbStG, § 13b Rz. 127 ff.
[2] *Braun*, Ubg 2009 S. 647, 648 l. Sp; *Jülicher* in Troll/Gebel/Jülicher/Gottschalk, ErbStG § 13b Rz. 132.
[3] Wie hier *Jülicher* in Troll/Gebel/Jülicher/Gottschalk, ErbStG, § 13b Rz. 133; so wohl jetzt auch R E 13b.5 Abs. 3 Satz 9 Halbsatz 2 ErbStR 2019; zweifelnd *Braun*, Ubg 2009 S. 647, 648 l. Sp.

sellschaft geführt wird.[1] Nach früherer Auffassung der Finanzverwaltung[2] war eine umgekehrte Betriebsaufspaltung kein Fall der erbschaftsteuerlichen Betriebsaufspaltung, da es an einem unmittelbaren geschäftlichen Betätigungswillen mangele.[3] Diese Ansicht ist aufgegeben worden, denn ausdrücklich wird in R E 13b.14 Abs. 1 Satz 8 ErbStR 2019 ausgeführt, dass bei einer umgekehrten Betriebsaufspaltung in Bezug auf das überlassene Grundstück kein Verwaltungsvermögen vorliegt. Daraus kann der Schluss gezogen werden, dass die Finanzverwaltung auch die umgekehrte Betriebsaufspaltung in erbschaftsteuerlicher Hinsicht anerkennt.

Die Beteiligung an der Betriebs-Personengesellschaft ist als Mitunternehmeranteil gem. § 13b Abs. 1 Nr. 2 ErbStG stets begünstigungsfähig und zwar unabhängig von der Beteiligungsquote. Ob das Vermögen der Betriebs-Personengesellschaft jedoch auch tatsächlich begünstigt ist, ist an § 13b Abs. 4 ErbStG zu messen. Da es sich bei der Betriebs-Personengesellschaft um die operative Gesellschaft handelt, werden sich in aller Regel keine Probleme im Hinblick auf das Verwaltungsvermögen ergeben. Sofern man die Anteile an der Besitz-Kapitalgesellschaft dem Sonderbetriebsvermögen II bei der Betriebs-Personengesellschaft zuordnet, kann auf die Ausführungen zur klassischen Betriebsaufspaltung verwiesen werden.[4] Danach bilden die im Sonderbetriebsvermögen gehaltenen Anteile an der Besitz-Kapitalgesellschaft stets, also unabhängig davon, ob sie eine unmittelbare Beteiligungsquote von mehr als 25 % vermitteln, begünstigungsfähiges Vermögen, wenn sie zusammen mit dem Gesellschaftsanteil an der Betriebs-Personengesellschaft unentgeltlich übertragen werden.

1755

c) Kapitalistische Betriebsaufspaltung

Eine kapitalistische Betriebsaufspaltung liegt dann vor, wenn eine Kapitalgesellschaft einer anderen Kapitalgesellschaft wesentliche Betriebsgrundlagen zur Nutzung überlässt, mit anderen Worten, wenn sowohl das Betriebs- als auch das Besitzunternehmen in der Rechtsform einer Kapitalgesellschaft geführt wird.[5] Bei dieser Fallkonstellation hatte der BFH jedoch ein zusätzliches Kriterium für die Annahme einer ertragsteuerlichen Betriebsaufspaltung dahin-

1756

---

1 Siehe *Wehrheim/Rupp*, DB 2008 S. 1455, 1457 l. Sp.
2 Abschn. 13b.14 Abs. 1 Sätze 6 bis 8 AEErbSt 2017, BStBl 2017 I S. 902 ff.
3 Abschn. 13b.14 Abs. 1 Satz 7 AEErbSt 2017, BStBl 2017 I S. 902 ff.; siehe hierzu auch Rz. 1756/1.
4 Siehe oben Rz. 1749 ff.
5 Wegen des Begriffs der kapitalistischen Betriebsaufspaltung siehe oben Rz. 62 f. und *Wacker* in Schmidt, EStG, 41. Aufl. 2022, § 15 Rz. 803, 863, m. w. N.

gehend aufgestellt, dass die Besitz-Kapitalgesellschaft selbst an der Betriebs-Kapitalgesellschaft beteiligt sein muss.[1]

Mit Urteil aus September 2021 hat der BFH der zuvor im Schrifttum geäußerten Kritik[2] nachgeben und zumindest hinsichtlich der Fallkonstellation, bei der eine Besitzpersonengesellschaft lediglich mittelbar durch Zwischenschaltung einer GmbH beherrscht wird, ertragsteuerlich anerkannt.[3] Wie *Kramer*[4] unabhängig von der Änderung der Rspr. mit überzeugender Begründung darlegt, können diese ertragsteuerlichen Grundsätze nicht für die erbschaftsteuerliche Betriebsaufspaltung gelten. Das heißt, wird Grundbesitz von einer Schwesterkapitalgesellschaft an eine andere Schwesterkapitalgesellschaft zur Nutzung überlassen und ist der einheitliche geschäftliche Betätigungswille gegeben, so kommt die Rückausnahme des § 13b Abs. 4 Nr. 1 Satz 2 Buchst. a ErbStG zur Anwendung.

1756/1 Werden Grundstücke i. S. des § 13b Abs. 4 Nr. 1 Satz 1 ErbStG im Rahmen der sogenannten kapitalistischen Betriebsaufspaltung zur Nutzung überlassen, zählen sie – so die FinVerw[5] – wenn sie nicht einem Konzern i. S. des § 4h EStG zugehörig sind, zum Verwaltungsvermögen. Die FinVerw beruft sich darauf, dass es an dem unmittelbaren geschäftlichen Betätigungswillen fehle. Gemäß dem Wortlaut des § 13b Abs. 4 Nr. 1 Buchst. a ErbStG ist jedoch nicht ein „unmittelbarer" Betätigungswille gefordert, sondern ein „einheitlicher" Betätigungswille.[6] Die Ansicht der FinVerw ist deshalb abzulehnen.[7] Das Kriterium des unmittelbaren Betätigungswillens leitet die FinVerw wohl letztlich aus § 13b Abs. 4 Nr. 1 Buchst. a letzter Halbsatz ErbStG ab, wonach eine Nutzungsüberlassung an einen weiteren Dritten nicht vorliegen darf.[8]

Im Gegensatz dazu möchte die FinVerw hinsichtlich der Auslegung des einheitlichen geschäftlichen Betätigungswillens auf ertragsteuerliche Grundsätze zurückgreifen.[9] Demnach dürfte die Abkehr des BFH vom sog. Durchgriffsverbot[10] dazu führen, dass ein mittelbarer Betätigungswille auch für erbschaft-

---

1 Siehe hierzu mit weitem Nachweis *Kramer*, DStR 2011 S. 1113, 1116, unter 3.1.
2 Siehe dazu auch Rz. 440, Beispiel 2, Rz. 475 ff. und Rz. 911 ff.
3 BFH, Urteil v. 16.9.2021 - IV R 7/18, BFH/NV 2022 S. 377, NWB ZAAAI-03339.
4 *Kramer*, DStR 2011 S. 1113, 1116 r. Sp.; ebenso *Wälzholz*, DStR 2009 S. 1605, unter 10.2.
5 R E 13b.14 Abs. 1 Satz 7 ErbStR 2019.
6 Ebenso *Wachter* in Fischer/Pahlke/Wachter, ErbStG, 7. Aufl. 2020, § 13b Rz. 366.
7 R E 13b.14 Abs. 1 Satz 6 ErbStR 2019.
8 R E 13b.14 Abs. 1 Satz 2 ErbStR 2019.
9 R E § 13b.14 Abs. 1 Satz 4 ErbStR 2019.
10 BFH, Urteil v. 16.9.2021 - IV R 7/18, BFH/NV 2022 S. 377, NWB ZAAAI-03339, s. dazu auch Rz. 475 ff., 911 ff.

III. Steuerverschonung im Besonderen bei einer Betriebsaufspaltung

und schenkungsteuerliche Zwecke aus Sicht der FinVerw geeignet ist, eine Betriebsausspaltung zu begründen.

Wird die Beteiligung an der Betriebs-Kapitalgesellschaft unabhängig von der Beteiligung an der Besitz-Kapitalgesellschaft übertragen, sind die allgemeinen Grundsätze zu beachten. Das heißt, liegt die Beteiligung bei 25 % oder weniger, so liegt schon kein begünstigungsfähiges Vermögen vor, es sei denn die Voraussetzungen eines Poolings nach § 13b Abs. 1 Nr. 3 Satz 2 ErbStG sind erfüllt.[1] Im zuletzt genannten Fall ist sodann in die Prüfung des Verwaltungsvermögens einzutreten, ebenso, wie wenn die Beteiligung an der Betriebs-Kapitalgesellschaft mehr als 25 % des Nennkapitals beträgt.

1757

Wird die Beteiligung an der Betriebs-Kapitalgesellschaft zusammen mit der Beteiligung an der Besitz-Kapitalgesellschaft unentgeltlich übertragen, ergeben sich keine Besonderheiten, da bei der kapitalistischen Betriebsaufspaltung die Annahme von Sonderbetriebsvermögen nicht möglich ist. Die Ausführungen vorstehend unter Rz. 1757 gelten hier entsprechend.

1758

(Einstweilen frei)

1759

2. Besitzunternehmen

Im Gegensatz zum Betriebsunternehmen[2] ergeben sich bei der unentgeltlichen Übertragung des Besitzunternehmens in Bezug auf eine etwaige Steuerverschonung nach §§ 13a, 13b ErbStG erhebliche Probleme. Ein wesentlicher Bestandteil der Betriebsaufspaltung ist die sachliche Verflechtung, d. h. die Nutzungsüberlassung wesentlichen Anlagevermögens durch das Besitzunternehmen. Besteht die Nutzungsüberlassung in der Zurverfügungstellung **beweglichen Anlagevermögens**, wie z. B. Geschäftsausstattung, Maschinen oder Fuhrpark, ist dies grundsätzlich unproblematisch, da in Bezug auf diese Wirtschaftsgüter der Katalog des Verwaltungsvermögens des § 13b Abs. 4 Nr. 1 Satz 2 Buchst. d ErbStG keine Restriktionen enthält, sofern nicht die Regelung des § 13b Abs. 4 Nr. 3 ErbStG zur Anwendung kommt, also beispielsweise Kunstgegenstände vermietet werden.

1760

Etwas anderes gilt jedoch für die **Nutzungsüberlassung von Grundstücken**, Grundstücksteilen, grundstücksgleichen Rechten und Bauten. Im Gegensatz zum selbst genutzten Grundbesitz, der stets begünstigtes betriebliches Vermögen bildet,[3] führt nach § 13b Abs. 4 Nr. 1 Satz 1 ErbStG die Nutzungsüber-

---

1 Siehe bereits oben Rz. 1743.
2 Siehe oben Rz. 1747 ff.
3 *Balmes/Felten*, FR 2009 S. 258, 264 l. Sp.

lassung von Grundbesitz an Dritte zur Qualifizierung als Verwaltungsvermögen. Da die meisten Fälle einer Betriebsaufspaltung gerade durch die Nutzungsüberlassung von Grundbesitz begründet werden, würde diese Steuerrechtslage zu einer erheblichen Friktion führen, da die Betriebsaufspaltung ertragsteuerlich in den Bereich der gewerblichen Einkünfte hineingezogen wird und gleichzeitig erbschaft- und schenkungsteuerlich als Verwaltungsvermögen und damit gerade nicht als betriebliches Vermögen behandelt werden würde.

1761–1762 *(Einstweilen frei)*

a) Erbschaftsteuerliche Betriebsaufspaltung

1763 Um etwaige Friktionen zwischen Ertragsteuerrecht einerseits und Erbschaft- und Schenkungsteuerrecht andererseits zu vermeiden, sieht § 13b Abs. 4 Nr. 1 Satz 2 Buchst. a ErbStG eine **Rückausnahme** vor. Mit dieser Rückausnahme wird eine sog. erbschaftsteuerliche Betriebsaufspaltung gesetzlich definiert. Bei Vorliegen der Voraussetzungen einer erbschaftsteuerlichen Betriebsaufspaltung entfällt die Qualifizierung des den Dritten zur Nutzung überlassenden Grundbesitzes als Verwaltungsvermögen. Eine erbschaftsteuerliche Betriebsaufspaltung ist dann anzunehmen, wenn der Erblasser oder Schenker sowohl im überlassenden Betrieb als auch im nutzenden Betrieb allein oder zusammen mit anderen Gesellschaftern einen einheitlichen geschäftlichen Betätigungswillen durchsetzen konnte und diese Rechtsstellung auf den Erwerber übergegangen ist. Schließlich darf sodann keine Nutzungsüberlassung an einen weiteren Dritten erfolgen. Erforderlich ist mithin für die Annahme einer erbschaftsteuerlichen Betriebsaufspaltung, dass die Betriebsgesellschaft das Grundstück unmittelbar nutzt.[1]

1764 Das ErbStG selbst verweist nicht auf die ertragsteuerliche Definition der Betriebsaufspaltung,[2] sondern hat in § 13b Abs. 4 Nr. 1 Satz 2 Buchst. a ErbStG einen **eigenen erbschaftsteuerlichen Begriff der Betriebsaufspaltung** geschaffen. Bei genauerer Betrachtung ergeben sich auch Unterschiede zwischen einer ertragsteuerlichen und einer erbschaftsteuerlichen Betriebsaufspaltung. Ertragsteuerlich liegt eine Betriebsaufspaltung vor, wenn das Besitzunternehmen eine wesentliche Betriebsgrundlage an eine gewerblich tätige Personen- oder Kapitalgesellschaft, also an das Betriebsunternehmen, zur Nutzung überlässt **(sachliche Verflechtung)** und eine Person oder mehrere Personen zusammen **(Personengruppe)** sowohl das Besitzunternehmen als auch das Betriebsunter-

---

[1] R E 13b.14 Abs. 1 Satz 2 ErbStR 2019.
[2] *Jülicher* in Troll/Gebel/Jülicher/Gottschalk, ErbStG, § 13b Rz. 264; *Kramer*, DStR 2011 S. 1113.

nehmen in dem Sinne beherrschen, dass sie in der Lage sind, in beiden Unternehmen einen einheitlichen geschäftlichen Betätigungswillen durchzusetzen (**personelle Verflechtung**).[1]

Im Gegensatz zur ertragsteuerlichen Betriebsaufspaltung ist die erbschaftsteuerliche Betriebsaufspaltung insoweit weiter, als der Gesetzeswortlaut nicht voraussetzt, dass der zur Nutzung überlassene Grundbesitz eine **funktional wesentliche Betriebsgrundlage** für den nutzenden Betrieb sein muss. Das ertragsteuerliche Kriterium der sachlichen Verflechtung ist folglich nicht Tatbestandsmerkmal einer erbschaftsteuerlichen Betriebsaufspaltung.[2] Somit könnte erbschaftsteuerlich auch die Nutzungsüberlassung nicht wesentlicher Betriebsgrundlagen privilegiert sein.[3]

1765

Diesbezüglich vertritt die Finanzverwaltung jedoch die Auffassung, dass die Überlassung von zumindest einer funktional wesentlichen Betriebsgrundlage und damit eine **sachliche Verflechtung** vorauszusetzen sei.[4] Dieser Auffassung ist beizutreten auch wenn der Wortlaut des Gesetzes diese einengende Anwendung nicht ausdrücklich hergibt. Aus dem Sinn und Zweck der Rückausnahme des § 13b Abs. 4 Nr. 1 Satz 2 Buchst. a ErbStG ergibt sich jedoch, dass gerade die Fälle einer ertragsteuerlichen Betriebsaufspaltung aus dem Verwaltungsvermögen eliminiert werden sollen. Wird durch die Nutzungsüberlassung von Grundbesitz an Dritte nicht das Tatbestandsmerkmal der sachlichen Verflechtung erfüllt, so ist keine ertragsteuerliche Betriebsaufspaltung gegeben, so dass auch kein Grund besteht, den Grundbesitz aus dem Verwaltungsvermögen auszuschließen.[5]

Im Übrigen ist auch darauf hinzuweisen, dass die Regelungen der §§ 13a, 13b ErbStG über die Steuerverschonungen an ertragsteuerliche Begriffe anknüpfen.

Hinsichtlich des Beherrschungserfordernisses, also letztlich hinsichtlich der **personellen Verflechtung**, ist die erbschaftsteuerliche Betriebsaufspaltung enger als die ertragsteuerliche. Zwar akzeptiert § 13b Abs. 4 Nr. 1 Satz 2 Buchst. a ErbStG auch die **Personengruppentheorie**.[6] Erforderlich ist aber insoweit, dass der Erblasser oder Schenker dieser beherrschenden Gruppe angehört,[7] denn

1766

---

1 H 15.7 Abs. 4 EStH.
2 Wie hier *Wachter* in Fischer/Pahlke/Wachter, ErbStG, 7. Aufl. 2020, § 13b Rz. 367.
3 *Balmes/Felten*, FR 2009 S. 258, 264 l. Sp.; *Jülicher* in Troll/Gebel/Jülicher/Gottschalk, ErbStG, § 13b Rz. 265.
4 R E 13b.14 Abs. 1 Satz 5 ErbStR 2019.
5 So auch *Kramer*, DStR 2011 S. 1113, 115 r. Sp.
6 R E 13b.14 Abs. 1 Satz 3 ErbStR 2019.
7 Siehe hierzu auch das Beispiel in Rz. 1772.

nach dem Gesetzeswortlaut muss diese „Rechtsstellung" des Erblassers oder Schenkers auf den Erwerber übergehen.[1]

1767–1769 *(Einstweilen frei)*

b) Durchsetzung eines einheitlichen geschäftlichen Betätigungswillens

1770 § 13b Abs. 4 Nr. 1 Satz 2 Buchst. a ErbStG erfasst zunächst den Fall, dass der Erblasser oder Schenker vor der Übertragung sowohl im überlassenden als auch im nutzenden Betrieb einen einheitlichen geschäftlichen Betätigungswillen durchsetzen konnte.[2] Von § 13b Abs. 4 Nr. 1 Satz 2 Buchst. a ErbStG sind ferner auch die Fälle erfasst, in denen bei den beteiligten Rechtsträgern keine Beherrschungsidentität einer einzelnen Person vorliegt,[3] ausreichend ist eben, dass die Durchsetzung des einheitlichen geschäftlichen Betätigungswillens auch zusammen mit anderen Gesellschaftern gewährleistet ist.

1771 Eine interessante Fragestellung ist in diesem Zusammenhang, ob für die Durchsetzung eines einheitlichen geschäftlichen Betätigungswillens ein **unmittelbarer Betätigungswille** notwendig oder aber ein **mittelbarer Betätigungswille** ausreichend ist. Dem Wortlaut des Gesetzes ist keine Restriktion i. S. eines unmittelbaren geschäftlichen Betätigungswillens zu entnehmen. Nach dem Sinn und Zweck der Verschonungsvorschriften, das Vermögen zu begünstigen, das tatsächlich im Unternehmensverbund produktiv eingesetzt wird, müsste ein mittelbarer geschäftlicher Betätigungswille vollkommen ausreichend sein.[4] Ausreichend ist also, wenn in mehrstufigen Beteiligungsverhältnissen der Erblasser und Schenker kraft durchgerechneter Mehrheitsverhältnisse seinen Willen auch „in der letzten Besitzgesellschaft" auf unteren Ebenen durchsetzen kann.[5] Danach würde auch die Zwischenschaltung einer Kapitalgesellschaft keine abschirmende Wirkung entfalten, so dass die Durchsetzung des einheitlichen geschäftlichen Betätigungswillens nicht durch die zwischengeschaltete Kapitalgesellschaft durchbrochen wird.[6]

---

[1] R E 13b.14 Abs. 3 ErbStR 2019 und siehe wegen weiterer Einzelheiten Rz. 1772.
[2] *Jülicher* in Troll/Gebel/Jülicher/Gottschalk, ErbStG, § 13b Rz. 263; ebenso *Hannes/Holtz* in Meincke/Hannes/Holtz, 18. Aufl. 2021, § 13b Rz. 51; *Kramer*, DStR 2011 S. 1113.
[3] R E 13b.14 Abs. 1 Satz 3 ErbStR 2019.
[4] Ebenso wie hier *Kramer*, DStR 2011 S. 1113, 1117 r. Sp. mit weiteren Nachweisen zum Meinungsstand; s. hierzu auch *Jülicher* in Troll/Gebel/Jülicher/Gottschalk, ErbStG, § 13b Rz. 264; *Wachter* in Fischer/Pahlke/Wachter, ErbStG, 7. Aufl. 2020, Rz. 366.
[5] *Stalleiken* in von Oertzen/Loose, ErbStG, 2. Aufl. 2020, § 13b Rz. 115.
[6] *Stalleiken* in von Oertzen/Loose, ErbStG, 2. Aufl. 2020, § 13b Rz. 115.

III. Steuerverschonung im Besonderen bei einer Betriebsaufspaltung

Die FinVerw verlangt im Gegensatz dazu ohne jegliche Anknüpfung im Gesetzeswortlaut einen unmittelbaren Betätigungswillen.[1] Jedoch ist anzumerken, dass die FinVerw hinsichtlich des Vorliegens eines einheitlichen geschäftlichen Betätigungswillens auf ertragsteuerliche Grundsätze zurückgreifen möchte.[2] Demnach dürfte die Abkehr des BFH vom sog. Durchgriffsverbot[3] dazu führen, dass ein mittelbarer Betätigungswille auch aus erbschaftsteuerlicher und schenkungsteuerlicher Sicht für die FinVerw geeignet ist, eine Betriebsausspaltung zu begründen.

Nach der sog. **Personengruppentheorie** reicht es aus, wenn sowohl im Besitz- als auch im Betriebsunternehmen die Beherrschung durch eine Gruppe von Gesellschaftern mit gleichgerichteten Interessen erfolgt.[4] Auch diese Gestaltung ist ertragsteuerlich als Betriebsaufspaltung zu qualifizieren[5] und wurde vom Grundsatz her in den Tatbestand des § 13b Abs. 4 Nr. 1 Satz 2 Buchst. a ErbStG aufgenommen.[6] Jedoch sind die ertragsteuerlichen Vorgaben nicht vollumfänglich in die erbschaftsteuerliche Betriebsaufspaltung übernommen worden, obgleich sich der Maßstab für das Vorliegen eines einheitlichen geschäftlichen Betätigungswillens nach den ertragsteuerlichen Grundsätzen richten soll.[7] Dies mag der nachstehende Beispielsfall verdeutlichen:

1772

> **BEISPIEL:** Die Geschwister A, B, C sind zu jeweils 20 % und die Mutter D zu 40 % an der Betriebs-GmbH beteiligt. An der Grundstücksbesitz-KG ist hingegen nicht die Mutter, sondern der Vater mit 40 % beteiligt. Die Kinder A, B und C sind wiederum mit jeweils 20 % beteiligt.

Für die Anwendung der Gruppentheorie ist es bei der erbschaftsteuerlichen Betriebsaufspaltung erforderlich, dass der Erblasser oder Schenker der Personengruppe angehört, die den einheitlichen geschäftlichen Willen durchsetzen kann. Im Beispielsfall wird diese Personengruppe durch die drei Kinder gebildet, die zusammen in beiden Gesellschaften 60 % halten. Möchte nun der Vater seine Beteiligung an der Grundstücksbesitz-KG an die Kinder schenkweise übertragen, so unterfällt dieser Schenkungsvorgang nicht den Verschonungsregelungen, da der Vater als Schenker nicht von der erbschaftsteuerlichen Betriebsaufspaltung nach § 13b Abs. 4 Nr. 1 Satz 2 Buchst. a ErbStG er-

---

1 R E § 13b.14 Abs. 1 Satz 7 ErbStR 2019.
2 R E § 13b.14 Abs. 1 Satz 4 ErbStR 2019.
3 BFH, Urteil v. 16.9.2021 - IV R 7/18, BFH/NV 2022 S. 377, NWB ZAAAI-03339, s. dazu auch Rz. 475 ff. und 911 ff.
4 *Viskorf* in Viskorf/Schuck, ErbStG/BewG, 6. Aufl. 2020, § 13b ErbStG Rz. 233.
5 H 15.7 Abs. 6 EStH.
6 BT-Drucks. 16/11107 v. 26.11.2008, zu § 13b Abs. 2 Nr. 1 Buchst. a.
7 R E 13b.14 Abs. 1 Satz 4 ErbStR 2019; siehe allgemein zum einheitlichen geschäftlichen Betätigungswillen oben Rz. 305 ff.

fasst wird. Als Lösung könnte man daran denken, dass eines der Kinder dem Vater zuvor einen kleinen Anteil an der Betriebs-GmbH unentgeltlich überträgt, so dass er Mitglied der Personengruppe wird.

Zu beachten wäre hier jedoch, dass die isolierte Übertragung eines kleinen Anteils an der Betriebs-GmbH kein begünstigungsfähiges Vermögen darstellt. § 13b Abs. 1 Nr. 2 ErbStG (Betriebsvermögen) scheidet aus, weil die isolierte Übertragung von Sonderbetriebsvermögen nicht unter diese Norm fällt,[1] da kein Mitunternehmeranteil übertragen wird. Begünstigungsfähiges Vermögen nach § 13b Abs. 1 Nr. 3 ErbStG (Kapitalgesellschaftsanteil) scheidet wegen Nichterreichens der Mindestbeteiligungsquote von mehr als 25 % aus. Sinnvoll wäre es daher, wenn die Mutter von ihrem 40 %igen Geschäftsanteil an der Betriebs-GmbH einen kleinen Anteil an den Vater unentgeltlich überträgt. Dieser Anteil würde begünstigungsfähiges Vermögen darstellen, da § 13b Abs. 1 Nr. 3 ErbStG nur verlangt, dass beim Erblasser oder beim Schenker die Mindestbeteiligungsquote vorliegt und nicht auch beim Erwerber.

1773 Ist ein einheitlicher geschäftlicher Betätigungswille aufgrund rechtlicher Gegebenheiten nicht möglich, beispielsweise wenn die Gesellschafter für die Beschlussfassung Einstimmigkeit vereinbart haben und daher Gesellschafter, die nicht der Gruppe angehören, mitbestimmen können, ist eine erbschaftsteuerliche Betriebsaufspaltung zu negieren. Die Gruppenbetrachtung erfordert eine Beurteilung der faktischen Einflussmöglichkeit im konkreten Einzelfall am maßgeblichen Stichtag.[2]

1774 *(Einstweilen frei)*

c) Unmittelbare Nutzung durch Betriebsgesellschaft

1775 Grundstücke i. S. des § 13b Abs. 4 Nr. 1 ErbStG, die im Rahmen einer Betriebsaufspaltung überlassen werden, gehören nur dann nicht zum Verwaltungsvermögen, soweit die Betriebsgesellschaft das Grundstück unmittelbar nutzt.[3] Eine Weiterüberlassung des Grundstücks durch die Betriebsgesellschaft an einen Dritten führt zum Vorliegen von Verwaltungsvermögen.[4]

1776 Bei der unmittelbaren Nutzung durch die Betriebsgesellschaft handelt es sich letztlich um eine Missbrauchsverhütungsvorschrift.[5] Würde die erbschaftsteu-

---

[1] Siehe oben Rz. 1752.
[2] *Viskorf* in Viskorf/Knobel/Schuck, ErbStG/BewG, 5. Aufl. 2017, § 13b ErbStG Rz. 233 a. E.
[3] R E 13b.14 Abs. 1 Satz 2 ErbStR 2019.
[4] R E 13b.14 Abs. 1 Satz 2 ErbStR 2019.
[5] *Geck*, ZEV 2008 S. 557, 561.

erliche Betriebsaufspaltung nicht die unmittelbare Nutzung des Grundbesitzes durch die Betriebsgesellschaft verlangen, so könnte man über die gezielte Gestaltung einer Betriebsaufspaltung Verwaltungsvermögen vermeiden, obgleich eine Fremdnutzung des Grundbesitzes gegeben wäre.[1]

d) Grenzüberschreitende Betriebsaufspaltung

Da § 13b Abs. 4 Nr. 1 Satz 2 Buchst. a ErbStG keine Beschränkung hinsichtlich der Lage des Grundstücks oder dem Sitz bzw. der Geschäftsleitung des Betriebsunternehmens im In- oder Ausland enthält, sind unter diese Vorschrift auch die Fälle der grenzüberschreitenden Betriebsaufspaltung zu subsumieren.[2]

1777

e) Unechte Betriebsaufspaltung

Die erbschaftsteuerliche Betriebsaufspaltung erfasst nur Konstellationen bereits bestehender Betriebsaufspaltungen. Nicht betroffen hiervon ist die sog. unechte Betriebsaufspaltung, bei der die Betriebsaufspaltung erst dadurch entsteht, dass nachdem beide Unternehmen unabhängig voneinander begründet wurden und erst später z. B. durch die Nutzungsüberlassung von Sachanlagevermögen das Kriterium der sachlichen Verflechtung erfüllt wurde.[3] Die Vorschrift des § 13b Abs. 4 Nr. 1 Satz 2 Buchst. a ErbStG greift für das übergehende Besitzunternehmen nicht ein. Weder sind die tatbestandlichen Voraussetzungen der Rückausnahme erfüllt, noch war in den Händen des Erblassers bzw. Schenkers Betriebsvermögen gegeben. In diesem Fall handelt es sich bei dem zur Nutzung überlassenen Grundstück um Verwaltungsvermögen.[4]

1778

BEISPIEL: Der Sohn betreibt ein Speditionsunternehmen in der Rechtsform einer GmbH. Der Sohn ist alleiniger Gesellschafter. Seine Eltern sind Eigentümer des großen Betriebsgrundstücks, das an die Speditions-GmbH vermietet ist und in der elterlichen Immobilien KG gehalten wird. An der KG sind der Vater als Komplementär mit 20 % und die Mutter als Kommanditistin mit 80 % beteiligt. Im Rahmen der vorweggenommenen Erbfolgeplanung schenkt nun die Mutter ihrem Sohn den 80 %igen KG-Anteil. Durch diese Schenkung wird erst eine Betriebsaufspaltung begründet. Der KG-Anteil war in den Händen der schenkenden Mutter noch kein Betriebsvermögen.

(Einstweilen frei)

1779

---

1 So auch *Viskorf* in Viskorf/Knobel/Schuck, ErbStG/BewG, 5. Aufl. 2017, § 13b ErbStG Rz. 235; siehe auch *Jülicher* in Troll/Gebel/Jülicher/Gottschalk, ErbStG, § 13b Rz. 269.
2 *Geck* in Kapp/Ebeling, ErbStG, § 13b Rz. 100; *Viskorf* in Viskorf/Knobel/Schuck, ErbStG/BewG, 5. Aufl. 2017, § 13b ErbStG Rz. 231; *Hannes/Holtz* in Meincke/Hannes/Holtz, 18. Aufl. 2021, ErbStG § 13b Rz. 51.
3 Wegen des Begriffs siehe oben Rz. 54 ff.
4 R E 13b.14 Abs. 1 Satz 9 ErbStR 2019.

f) Klassische Betriebsaufspaltung

1780   Die Beteiligung an der Besitz-Personengesellschaft ist gem. § 13b Abs. 1 Nr. 2 ErbStG i. V. m. § 97 Abs. 1 Satz 1 Nr. 5 Satz 1 BewG grundsätzlich begünstigungsfähig, da die Besitz-Personengesellschaft in Folge der Betriebsaufspaltung einen Gewerbetrieb betreibt.[1] Die Beteiligung an der Besitz-Personengesellschaft ist ein Gesellschaftsanteil i. S. des § 15 EStG. Bei der Besitz-Personengesellschaft wird die überlassene wesentliche Betriebsgrundlage entweder im Gesamthandsvermögen der Besitzgesellschaft selbst gehalten oder stellt Sonderbetriebsvermögen eines Gesellschafters dar.[2] Ferner befinden sich im Sonderbetriebsvermögen die Anteile an der Betriebs-Kapitalgesellschaft. Da ertragsteuerlich das Sonderbetriebsvermögen zwingender Bestandteil eines Mitunternehmeranteils ist[3] und § 13b Abs. 1 Nr. 2 ErbStG i. V. m. § 97 Abs. 1 Satz 1 Nr. 5 Satz 1 BewG Mitunternehmeranteile als begünstigungsfähiges Vermögen deklariert, stellt folglich auch Sonderbetriebsvermögen als Bestandteil eines Mitunternehmeranteils begünstigungsfähiges Vermögen dar.

1781   Ob die Beteiligung an der Besitz-Personengesellschaft auch tatsächlich begünstigtes Betriebsvermögen ist, beantwortet sich nach § 13b Abs. 2 ErbStG und damit letztlich danach, ob Verwaltungsvermögen vorliegt und in welchem Umfang. Maßgebend ist hierfür im Wesentlichen § 13b Abs. 4 ErbStG. Hinsichtlich der Nutzungsüberlassung von Grundstücken kommt gem. § 13 Abs. 4 Nr. 1 Satz 2 Buchst. a ErbStG die Rückausnahme in Gestalt der erbschaftsteuerlichen Betriebsaufspaltung zum Tragen, so dass sich insoweit in aller Regel keine Probleme ergeben. Problematischer stellen sich die im Sonderbetriebsvermögen befindlichen Anteile an der Betriebs-Kapitalgesellschaft im Rahmen der Verwaltungsvermögensprüfung dar. Beträgt die Beteiligung an der Betriebs-Kapitalgesellschaft nicht mehr als 25 % so könnte man daran denken, dass sich schädliches Verwaltungsvermögen unter dem Gesichtspunkt des § 13b Abs. 4 Nr. 2 ErbStG ergeben könnte. Nach der diesseitig vertretenen Ansicht, wird aber diese Norm auf im Sonderbetriebsvermögen befindliche Geschäftsanteile an der Betriebs-Kapitalgesellschaft für nicht anwendbar gehalten.[4]

1782   *(Einstweilen frei)*

---

1   *Wacker* in Schmidt, EStG, 41. Aufl. 2022, § 15 Rz. 869.
2   H 15.7 Abs. 4 EStH.
3   *Wacker* in Schmidt, EStG, 41. Aufl. 2022, § 16 Rz. 407.
4   Siehe hierzu oben Rz. 1751.

g) Umgekehrte Betriebsaufspaltung

Von einer umgekehrten Betriebsaufspaltung spricht man regelmäßig dann, wenn die Besitzgesellschaft in der Rechtsform einer Kapitalgesellschaft und die Betriebsgesellschaft in der Rechtsform einer Personengesellschaft geführt werden. Bei einer umgekehrten Betriebsaufspaltung gibt es mithin eine Betriebs-Personengesellschaft und eine Besitz-Kapitalgesellschaft. Nach früherer Auffassung der Finanzverwaltung[1] war eine umgekehrte Betriebsaufspaltung kein Fall der erbschaftsteuerlichen Betriebsaufspaltung, da es an einem unmittelbaren geschäftlichen Betätigungswillen mangelte. Diese Ansicht ist nunmehr aufgegeben worden.[2]

1783

Die Anteile an der Besitz-Kapitalgesellschaft sind isoliert betrachtet nicht im Betriebsvermögen der Betriebs-Personengesellschaft anzusiedeln, es sei denn man würde ihnen die Eigenschaft als Sonderbetriebsvermögen bei der Betriebs-Personengesellschaft zusprechen.[3] Isoliert betrachtet ergibt sich ihre grundsätzliche Begünstigungsfähigkeit aus § 13b Abs. 1 Nr. 3 ErbStG. Wird durch den Anteil an der Besitz-Kapitalgesellschaft nicht die Mindestbeteiligungsquote von mehr als 25 % erfüllt, mangelt es bereits an der Begünstigungsfähigkeit. Bei einer Beteiligungsquote von mehr als 25 % ist die tatsächliche Begünstigung an § 13b Abs. 2 Satz 1 ErbStG zu messen. Im Wesentlichen ist in diesem Zusammenhang nach dem Verwaltungsvermögen i. S. des § 13b Abs. 4 ErbStG und dessen Umfang zu fragen.

1784

Die Beteiligung an der Besitz-Kapitalgesellschaft könnte jedoch zusammen mit dem Gesellschaftsanteil an der Betriebs-Personengesellschaft gesehen und entsprechend der Behandlung bei der klassischen Betriebsaufspaltung als Sonderbetriebsvermögen II qualifiziert werden.[4] Danach bilden die im Sonderbetriebsvermögen gehaltenen Anteile an der Besitz-Kapitalgesellschaft kein schädliches Verwaltungsvermögen, wenn sie zusammen mit dem Gesellschaftsanteil an der Betriebs-Personengesellschaft unentgeltlich übertragen werden. In diesem Fall würden die Anteile an der Besitz-Kapitalgesellschaft in der Gestalt des Sonderbetriebsvermögens II Bestandteil des Mitunternehmeranteils sei, so dass sich die Begünstigungsfähigkeit aus § 13b Abs. 1 Nr. 2 ErbStG i. V. m. § 97 Abs. 1 Satz 1 Nr. 5 Satz 1 BewG ergibt.

1785

---

1 Abschn. 13b.14 Abs. 1 Satz 6 ff. AEErbSt 2017, BStBl 2017 I S. 902 ff.
2 R E 13b.14 Abs. 1 Satz 8 ErbStR 2019.
3 Siehe nachfolgende Rz. 1785.
4 So wohl BFH, Urteil v. 15.10.1975 - I R 16/73, BStBl 1976 II S. 188. Siehe auch oben Rz. 1749 ff.

h) Kapitalistische Betriebsaufspaltung

1786 Eine kapitalistische Betriebsaufspaltung liegt dann vor, wenn eine Kapitalgesellschaft einer anderen Kapitalgesellschaft wesentliche Betriebsgrundlagen zur Nutzung überlässt, mit anderen Worten, wenn sowohl das Betriebs- als auch das Besitzunternehmen in der Rechtsform einer Kapitalgesellschaft geführt wird.[1]

1787 Wird die Beteiligung an der Besitz-Kapitalgesellschaft unabhängig von der Beteiligung an der Betriebs-Kapitalgesellschaft übertragen sind die allgemeinen Grundsätze zu beachten. Das heißt, liegt die Beteiligung bei 25 % oder weniger, so liegt schon kein begünstigungsfähiges Vermögen vor, es sei denn die Voraussetzungen eines Poolings nach § 13b Abs. 1 Nr. 3 Satz 2 ErbStG sind erfüllt.[2] Im zuletzt genannten Fall und bei einer Beteiligungsquote von mehr als 25 % ist sodann in die Prüfung des Verwaltungsvermögens einzutreten, ebenso, wie wenn die Beteiligung an der Besitz-Kapitalgesellschaft mehr als 25 % des Nennkapitals beträgt.

1788 Im Rahmen der Verwaltungsvermögensprüfung kommt insbesondere die Nutzungsüberlassung von Grundstücken in Betracht und die damit einhergehende Rückausnahme gem. § 13b Abs. 4 Nr. 1 Satz 2 Buchst. a ErbStG. Nach Auffassung der Finanzverwaltung gehören Grundstücke i. S. des § 13b Abs. 4 Nr. 1 ErbStG, die im Rahmen einer kapitalistischen Betriebsaufspaltung überlassen werden grundsätzlich zum Verwaltungsvermögen.[3] Die Grundsätze der Betriebsaufspaltung sollen in diesem Fall keine Anwendung finden, da es auf einen **unmittelbaren geschäftlichen Betätigungswillen** ankommen soll.[4] Anders ist der Fall nach Auffassung der Finanzverwaltung nur dann zu beurteilen, wenn die Kapitalgesellschaften zu einem Konzern i. S. des § 4h EStG gehören,[5] so dass § 13b Abs. 4 Nr. 1 Buchst. c ErbStG eingreifen kann. Diese Auslegung überzeugt indes nicht[6] und findet auch keinen Ausdruck im Gesetzeswortlaut, der insoweit nur einen **einheitlichen geschäftlichen Betätigungswillen** fordert. Der Auffassung der Finanzverwaltung hinsichtlich der erbschaft- und schenkungsteuerlichen Behandlung der kapitalistischen Betriebsaufspaltung ist daher nicht zu folgen.

---

1 Wegen des Begriffs der kapitalistischen Betriebsaufspaltung siehe oben Rz. 62 f. und Rz. 1756 sowie *Wacker* in Schmidt, EStG, 41. Aufl. 2022, § 15 Rz. 803, 863 m. w. N.
2 Siehe bereits oben Rz. 1747.
3 R E 13b.14 Abs. 1 Satz 7 ErbStR 2019.
4 R E 13b.14 Abs. 1 Satz 6 ErbStR 2019.
5 R E 13b.14 Abs. 1 Satz 7 ErbStR 2019.
6 Ebenso *Geck* in Kapp/Ebeling, ErbStG, § 13b Rz. 99; *Wälzholz*, DStR 2009 S. 1605, 1610; *Kramer* DStR 2011 S. 1113, 1117.

III. Steuerverschonung im Besonderen bei einer Betriebsaufspaltung

Wird die Beteiligung an der Besitz-Kapitalgesellschaft zusammen mit der Beteiligung an der Betriebskapitalgesellschaft unentgeltlich übertragen, ergeben sich keine Besonderheiten, da bei der kapitalistischen Betriebsaufspaltung die Annahme von Sonderbetriebsvermögen nicht möglich ist. Die Ausführungen vorstehend unter Rz. 1787 gelten hier entsprechend. 1789

(Einstweilen frei) 1790–1819

K. Vor- und Nachteile der Betriebsaufspaltung

LITERATUR:

Herzig/Kessler, Steuerorientierte Wahl der Unternehmensform GmbH, OHG, GmbH & Co. und Betriebsaufspaltung, GmbHR 1992 S. 232; *Korn*, Unerwünschte und erwünschte Betriebsaufspaltung, KÖSDI 1992 S. 9077; *Lempenau*, Ist die Betriebsaufspaltung noch empfehlenswert?, Steuerschonende Wege zu ihrer Beendigung, StbJb 1995 S. 169; *Felix*, Steuerrechtliches Nachdenken über Betriebsaufspaltung, StB 1997 S. 145; *Kiesel*, Die „richtige" Betriebsaufspaltung ist sehr zeitgemäß, DStR 1998 S. 962; *Märkle*, Die Betriebsaufspaltung an der Schwelle zu einem neuen Jahrtausend, I. Die Bedeutung der Betriebsaufspaltung im Wandel der Zeit, BB 2000 Beilage 7 S. 3; *Kessler/Teufel*, Die klassische Betriebsaufspaltung nach der Unternehmenssteuerreform, BB 2001 S. 17; *Förster/Brinkmann*, Die Vorteilhaftigkeit „zusammengesetzter Rechtsformen" nach der Unternehmersteuerreform, III.3. Umgekehrte Betriebsaufspaltung, BB 2002 S. 1289, 1293; *Mitsch*, Fallstricke bei der Unternehmensnachfolge im Falle einer Betriebsaufspaltung, INF 2006 S. 749; *Slabon*, Probleme der Betriebsaufspaltung im Erbfall und Lösungsmöglichkeiten, ZErb 2006 S. 49; *Butz-Seidl*, Chancen und Risiken einer Betriebsaufspaltung im Lichte der Unternehmensteuerreform, GStB 2007 S. 240; *Richter*, Unternehmensteuerreformgesetz 2008: Gewerbesteuerliche innerorganschaftliche Leistungsbeziehungen, FR 2007 S. 1042; *Wesselbaum-Neugebauer*, Die GmbH & Co. KG versus Betriebsaufspaltung – Vermeidung einer gewerbesteuerlichen Doppelbesteuerung, GmbHR 2007 S. 1300; *Baumert/Schmidt-Leithoff*, Die ertragsteuerliche Belastung der Betriebsaufspaltung nach der Unternehmensteuerreform 2008, DStR 2008 S. 888; *Derlien/Wittkowski*, Neuerungen bei der Gewerbesteuer – Auswirkungen in der Praxis, DB 2008 S. 835; *Forst/Ginsburg*, Neue gewerbesteuerliche Hinzurechnung für Mietentgelte, EStB 2008 S. 31; *Günther*, Hinzurechnung von Finanzierungsaufwendungen: Auswirkungen und Gestaltungsmöglichkeiten, GStB 2008 S. 219; *Harle*, Die Auswirkungen der Unternehmenssteuerreform 2008 auf die Rechtsformen, BB 2008 S. 2151; *Levedag*, Die Betriebsaufspaltung im Fadenkreuz der Unternehmensteuerreform 2008 und des Jahressteuergesetzes 2008 – eine Bestandsaufnahme, GmbHR 2008 S. 281; *Menkel*, Betriebsaufspaltung und Gewerbesteuer nach der Unternehmensteuerreform 2008, SAM 2008 S. 85; *Strahl*, Betriebsaufspaltung: Verflechtung, Auswirkungen der Unternehmensteuerreform und Entstrickung, KÖSDI 2008 S. 16027; *Wälzholz*, Aktuelle Probleme der Betriebsaufspaltung, GmbH-StB 2008 S. 304; *Wehrheim/Rupp*, Die Neuerungen bei der Gewerbesteuer im Zuge der Unternehmensteuerreform 2008 und deren Konsequenzen für die Betriebsaufspaltung, BB 2008 S. 920; *Brandmüller*, Die Betriebsaufspaltung nach der Unternehmensteuerreform 2008 und dem Jahressteuergesetz 2008, in Festschrift für Spiegelberger 2009, S. 45 ff.; *Binnewies*, Aktuelles zur Betriebsaufspaltung, in Festschrift für Spiegelberger 2009, S. 15 ff.; *Mohr*, Aktuelle Gestaltungsfragen zur Betriebsaufspaltung, GmbH-StB 2009 S. 134; *Brüggemann*, Übertragung eines Mitunternehmeranteils und eines GmbH-Anteils gegen Versorgungsleistungen, ErbBstg 2010 S. 99; *Risthaus*, Begünstigte Vermögensübergaben gegen Versorgungsleistungen, DB 2010 S. 744; *Schoor*, Vermögensübertragung gegen Versorgungsleistungen, StBp 2010 S. 76; *Kußmaul/Schwarz*, Besteuerungsfolgen im Rahmen der echten Betriebsaufspaltung zwischen Besitzpersonen- und Betriebskapitalgesellschaft, GmbHR 2012 S. 1055; *Bauer*, Gegenüberstellung relevanter Steuerbelastungsdeterminanten von klassischer Betriebsaufspaltung und GmbH & Co. KG, StuB 2017 S. 609; *Bauer*, Vergleichende Steuerbelastungsmessung in Bezug auf klassische Betriebsaufspaltung und GmbH & Co. KG, StuB 2017 S. 668; *Strahl*, Unternehmensnachfolge und Haftungsbeschränkung, KÖSDI 2017 S. 20422; *Bittner*, Anfechtbarkeit ursprünglicher Sicherheiten für Gesellschafterdarlehen: Es lebe die Betriebsaufspaltung!, ZIP 2019 S. 737; *Neugebauer*, Fallstricke bei der Übernahme von Mitunternehmeranteilen im Rahmen der zeitlich gestaffelten Unternehmensnachfolge, DB 2019 S. 1525.

I. Einführende Bemerkung

1820 Die Frage, ob eine Betriebsaufspaltung zu empfehlen ist oder nicht, lässt sich nicht allgemein beantworten, weil es stets auf die Verhältnisse des einzelnen Falls ankommt. Dabei spielen u. a. der Umfang der vorhandenen stillen Reserven, die Größe und die Art des Betriebs, die familiären Verhältnisse, Haftungsfragen und arbeitsrechtliche Fragen[1] eine Rolle. Allgemein ist – ohne Anspruch auf Vollständigkeit – auf die folgenden Gesichtspunkte hinzuweisen.

II. Haftungsbeschränkung

1. Allgemeines

1821 Mit dem Betrieb eines gewerblichen Unternehmens sind nicht unerhebliche Haftungsrisiken verbunden. Sie ergeben sich aus der Produktion, dem Produkt selbst, der Finanzierung, aber auch aus der Beschäftigung von Arbeitnehmern.

Durch die Betriebsaufspaltung wird im Prinzip die Haftung für diese Risiken auf das Betriebsunternehmen – regelmäßig eine GmbH – beschränkt.[2] Die im Besitzunternehmen verbleibenden Anlagegegenstände (in der Regel die Grundstücke) sind grundsätzlich der Haftung entzogen. Die vertragliche Ausdehnung der Haftung auf das Besitzunternehmen durch Einzelverträge, Bürgschaften oder Sicherungsübereignungen ist besser steuerbar.[3]

---

1 Siehe dazu *Bitz* in Littmann/Bitz/Pust, Das Einkommensteuerrecht, § 15 Rz. 311.
2 Eine Ausnahme bildet die Haftung für Betriebssteuern nach § 74 AO; vgl. hierzu oben Rz. 1481 ff.; zu insolvenzrechtlichen Vorteilen siehe *Bittner*, ZIP 2019 S. 737.
3 Vgl. *Bitz* in Littmann/Bitz/Pust, Das Einkommensteuerrecht, § 15 Rz. 310, der jedoch auch auf Haftungsvorteile bei der GmbH & Co. KG hinweist; zum Vergleich zwischen Betriebsaufspaltung und GmbH & Co. KG vgl. insoweit *Strahl*, KÖSDI 2017 S. 20422.

2. Besitzunternehmen als haftende Konzernspitze

a) Qualifiziert faktischer Konzern

Allerdings ist in diesem Zusammenhang zunächst die ältere Rechtsprechung des BGH zur Haftung im sog. qualifiziert faktischen Konzern[1] zu beachten. Drei BGH-Entscheidungen waren hier bedeutsam: Das **Autokranurteil**,[2] das **Videourteil**[3] und das **TBB-Urteil**.[4]

1822

Haftungsvoraussetzungen sind beim qualifiziert faktischen Konzern – bezogen auf die Betriebsaufspaltung:

1823

▶ Die Betriebs-GmbH muss – was nur bei der Einheitsbetriebsaufspaltung der Fall ist – vom Besitzunternehmen abhängig sein, oder mehrere Unternehmer müssen hinsichtlich der Betriebs-GmbH durch Vertrag oder eine Abrede einen Beherrschungswillen begründen;

▶ der beherrschende Gesellschafter muss Unternehmer sein;

und

▶ der beherrschende Gesellschafter muss seine Leitungsmacht in einer Weise ausüben, die keine angemessene Rücksicht auf die Belange der abhängigen Betriebs-GmbH nimmt, ohne dass sich der ihr insgesamt zugefügte Nachteil durch Einzelausgleichsmaßnahmen kompensieren ließe.[5]

Derjenige, der bei einer Betriebsaufspaltung eine Haftung der hier erörterten Art geltend machen wollte, musste die Umstände darlegen und Beweise vorlegen, die die Annahme nahe legen, dass keine angemessene Rücksicht auf die Belange der Betriebs-GmbH genommen worden war.

1824

Beherrschte das Besitzunternehmen die Betriebs-GmbH, was nur bei der sog. Einheits-Betriebsaufspaltung möglich ist, so haftete das Besitzunternehmen mit seinem ganzen Vermögen. Wird hingegen die Beherrschung – wie dies der Normalfall bei der Betriebsaufspaltung ist – von dem Besitzunternehmern oder den Betriebsgesellschaftern ausgeübt, so wurde über den Umfang der Haftung nicht entschieden. Der BGH[6] hatte die Frage ausdrücklich offengelas-

1825

---

1 BGH, Urteil v. 29.3.1993 - II ZR 265/91, DB 1993 S. 825.
2 BGH, Urteil v. 16.9.1985 - II ZR 275/84, DB 1985 S. 3241.
3 BGH, Urteil v. 23.9.1991 - II ZR 135/90, DB 1991 S. 2176.
4 BGH, Urteil v. 23.9.1993 - II ZR 265/91, DB 1993 S. 825.
5 BGH, Urteil v. 23.9.1993 - II ZR 265/91, DB 1993 S. 825.
6 BGH, Urteil v. 23.9.1993 - II ZR 265/91, DB 1993 S. 825.

sen. In der Literatur[1] wurde eine Beschränkung der Haftung auf das unternehmerisch genutzte Vermögen gefordert.

1826 Unseres Erachtens war bei einer Betriebsaufspaltung die Gefahr der Inanspruchnahme im qualifiziert faktischen Konzern nicht sehr groß. Sie konnte jedoch nicht völlig ausgeschlossen werden.

b) Existenzvernichtender Eingriff

1827 Gleiches gilt für das Institut des **existenzvernichtenden Eingriffs**, welches die Prinzipien des qualifiziert faktischen Konzerns abgelöst hat und sich nach neuer Rechtsprechung unmittelbar aus § 826 BGB ergibt.

1828 Nach der früheren Rechtsprechung des BGH begründete eine existenzvernichtende Entnahme oder Abschöpfung von Vermögenswerten eine Durchgriffshaftung der Gesellschafter gegenüber den Gläubigern. Erforderlich war ein gezielter, betriebsfremden Zwecken dienender Entzug von Vermögenswerten, welche die Gesellschaft zur Begleichung ihrer Verbindlichkeiten benötigt.[2] Nicht ausreichend waren danach **bloße Managementfehler** bei dem Betrieb der Betriebs-GmbH, weil eine GmbH keinen Anspruch auf „Bestandsschutz" hat.[3]

1829 Seit der sog. **Trihotel-Entscheidung** des BGH gilt nunmehr ein Konzept der reinen Innenhaftung.[4] Voraussetzung für die Haftung ist ein Eingriff in das Vermögen der Gesellschaft, durch den deren Insolvenz herbeigeführt oder vertieft wird, und zwar durch Entzug von Vermögenswerten, welche die Gesellschaft zur Erfüllung ihrer Verbindlichkeiten benötigt, für gesellschaftsfremde Zwecke und ohne angemessenen Ausgleich. Des Weiteren muss ein entsprechender Schaden bei der Gesellschaft eintreten und seitens der Gesellschafter Vorsatz in Bezug auf Eingriff und Schaden vorliegen. Diese Voraussetzungen werden in Fällen der Betriebsaufspaltung nur in äußerst seltenen Ausnahmefällen gegeben sein,[5] zumal die Darlegungs- und Beweislast der Geschädigte trägt.[6] Ein Anscheinsbeweis, eine Beweislastumkehr oder eine sonstige Beweis-

---

1 *Wiedmann*, DB 1993 S. 141, 153; *K. Schmidt*, ZIP 1993 S. 549, 554; *Priester*, ZIP 1986 S. 146, 147; *Ehlke*, DB 1986 S. 523, 524.
2 BGH, Urteile v. 17.9.2001 - II ZR 178/99, NWB GAAAB-97787; v. 24.6.2002 - II ZR 300/00, NWB AAAAB-97964; v. 13.12.2004 - II ZR 206/02, NWB BAAAB-97835.
3 Vgl. OLG Köln, Urteil v. 13.4.2006 - 7 U 31/05, DB 2007 S. 158.
4 BGH, Urteil v. 16.7.2007 - II ZR 3/04, BGHZ 173 S. 246, NWB BAAAC-52500; vgl. *Sprau* in Grüneberg, BGB, 81. Aufl. 2022, § 826 Rz. 35.
5 Zu Einzelheiten vgl. *Gloger/Goette/van Huet*, DStR 2008 S. 1141, 1194.
6 BGH, Urteil v. 16.7.2007 - II ZR 3/04, BGHZ 173 S. 246, NWB BAAAC-52500, Rz. 41 m.w.N

erleichterung besteht insoweit nicht, sondern es gilt der Beweismaßstab des § 286 ZPO.[1]

3. Kapitalersetzende Nutzungsüberlassung

In diesem Zusammenhang muss auch beachtet werden, dass unter bestimmten Voraussetzungen die Nutzungsüberlassung von Wirtschaftsgütern durch das Besitzunternehmen an die Betriebs-GmbH als **eigenkapitalersetzende Gesellschaftsleistung** behandelt werden kann.[2] 1830

(Einstweilen frei) 1831–1836

III. Geschäftsführergehalt und Pensionsrückstellung

Wird – was regelmäßig der Fall ist – das Betriebsunternehmen in der Rechtsform einer GmbH geführt, so hat dies im Vergleich zu dem vorher als Personenunternehmen geführten Einheitsbetrieb den Vorteil, dass der oder die Betriebsinhaber sich Geschäftsführergehälter und rückstellungsfähige Pensionszusagen gewähren können.[3] Das hat zur Folge, dass die entsprechenden Beträge nicht der Gewerbesteuer unterliegen, was dann von Bedeutung ist, wenn eine volle Anrechnung nach § 35 EStG nicht erreicht werden kann. 1837

IV. Übertragung des Unternehmens auf die nächste Generation

Die Betriebsaufspaltung kann auch beim Wechsel eines Unternehmens auf die nächste Generation in Erwägung gezogen werden. 1838

Häufig kommt es vor, dass der Betriebsinhaber die Führung seines Unternehmens auf die nächste Generation überträgt, sich aber von seinem Anlagevermögen aus Gründen der Alterssicherung noch nicht trennen will. Dieses Ziel kann durch eine Betriebsaufspaltung erreicht werden. Zu beachten ist des Weiteren, dass bei einer Betriebsaufspaltung ein Mitunternehmeranteil an der Besitz-Personengesellschaft begünstigt gegen **Versorgungsleistungen** (§ 10 Abs. 1a Nr. 2 EStG) übertragen werden kann, soweit ihr die gewerbliche Tätigkeit der Betriebsgesellschaft auch nach der Übertragung zugerechnet wird.[4] Hierzu muss aber sichergestellt werden, dass die Betriebsaufspaltung auch

---

1 OLG Stuttgart, Urteil v. 28.11.2019 - 13 U 173/19, juris, Rz. 6.
2 OLG Schleswig, Urteil v. 3.5.2007 - 5 U 128/06, ZIP 2007 S. 1217; vgl. auch oben Rz. 1462 ff.
3 Vgl. oben Rz. 1441 ff.
4 *Schoor*, StBp 2011 S. 76, 78; *Risthaus*, DB 2010 S. 744; *Brüggemann*, ErbBstg 2010 S. 99.

nach dem Übertragungsvorgang bestehen bleibt, die personelle Verflechtung also nicht aufgehoben wird.[1]

V. Vermeidung von Publizitätspflichten

1839 Durch die Aufteilung von Funktionen auf Besitz- und Betriebsunternehmen kann u. U. das Eingreifen von Publizitätspflichten vermieden werden. Denn diese Aufteilung kann es ermöglichen, die entsprechenden Größenmerkmale so zu steuern, dass sie im Einzelfall nicht erfüllt sind.

1840–1841 *(Einstweilen frei)*

VI. Steuerliche Vor- und Nachteile

1. Vorbemerkung

1842 Auch die Frage, ob die Betriebsaufspaltung aus steuerlicher Sicht vorzugswürdig ist, kann nicht allgemein, sondern nur für den Einzelfall beantwortet werden. Dabei sind ihre Vor- und Nachteile gegeneinander abzuwägen.[2] Stets ist hierzu ein Vergleich mit anderen Gestaltungsmöglichkeiten, insbesondere dem Einheitsunternehmen und der GmbH & Co. KG, anzustellen.[3] Im Einzelfall kann hierbei auf **Steuerbelastungsvergleiche** anhand von Modellrechnungen zurückgegriffen werden.[4]

2. Vorteile

1843 Die echte Betriebsaufspaltung kann dazu eingesetzt werden, steuerliche Vorteile eines Personenunternehmens mit steuerlichen Vorteilen einer Kapitalgesellschaft zu kombinieren. Zu Ersteren rechnen z. B. die unmittelbare Verlustnutzung (im Vergleich zu einer Einheits-GmbH) und Vergünstigungen des § 34 Abs. 3 EStG, zu Letzteren die gewerbesteuerliche Abzugsfähigkeit der Gesellschafter-Geschäftsführervergütungen, Rückstellungen für ihnen gegenüber gemachte Pensionszusagen (im Vergleich zur Einheits-Personengesellschaft)[5] sowie die Anwendung des Körperschaftsteuertarifs i. V. m. dem Teileinkünftever-

---

[1] Zu Nießbrauchsgestaltungen vgl. oben Rz. 278 ff.
[2] Instruktiv *Wacker* in Schmidt, EStG, 41. Aufl. 2022, § 15 Rz. 804; *Bitz* in Littmann/Bitz/Pust, Das Einkommensteuerrecht, § 15, Rz. 313 ff.; *Neugebauer*, DB 2019 S. 1525, 1527 f.
[3] Zu den relevanten Entscheidungskriterien im Vergleich zur GmbH & Co. KG vgl. *Bauer*, StuB 2017 S. 609.
[4] Einen Steuerbelastungsvergleich von klassischer Betriebsaufspaltung und GmbH & Co. KG liefert der Beitrag von *Bauer*, StuB 2017 S. 668.
[5] Vgl. oben Rz. 1726.

fahren (keine Kirchsteuer). Bei der mitunternehmerischen Betriebsaufspaltung besteht gegenüber einer einheitlichen Personengesellschaft außerdem, wie bereits erläutert, der Vorteil eines doppelten Freibetrags gem. § 11 GewStG.[1] Schließlich können gewerblichen Einkünften vorbehaltene Steuervergünstigungen (z. B. nach § 7g EStG) in Anspruch genommen werden. Gleiches gilt für die erbschaft- und schenkungsteuerlichen Begünstigungen für Betriebsvermögen nach §§ 13a, 13b, 19a ErbStG.

3. Nachteile

Die unechte Betriebsaufspaltung hat den Nachteil, dass Wirtschaftsgüter des Privatvermögens zu Wirtschaftsgütern im Betriebsvermögen werden. Die Steuerfolgen gehen damit deutlich über die des § 23 EStG hinaus. Im gleichen Kontext steht die Tatsache, dass Anteile an der Betriebs-Kapitalgesellschaft notwendiges Betriebsvermögen des Besitzunternehmens sind. Allerdings wären die Wertsteigerungen auch im Privatvermögen vollständig über § 17 EStG bzw. § 20 Abs. 2 Nr. 1 EStG steuerverstrickt.

1844

Des Weiteren kann sich nachteilig auswirken, dass die Miet- bzw. Pachtzinsen der Gewerbesteuer unterliegen. Das ist dann der Fall, wenn eine volle Anrechnung nach § 35 EStG wegen hoher kommunaler Hebesätze nicht möglich ist (**Unterkompensation**).

1845

Nachteilig für die Betriebsaufspaltung dürfte außerdem sein, dass bei der Neugründung einer echten Betriebsaufspaltung Wirtschaftsgüter von dem bisherigen Einheitsunternehmen infolge der Regelungen des § 6 Abs. 5 und 6 EStG nicht mehr zum Buchwert auf eine Betriebs-Kapitalgesellschaft übertragen werden können. Der Nachteil ist aber nicht allzu groß, weil es sich heute bei der Neugründung einer echten Betriebsaufspaltung auch aus anderen Gründen empfiehlt, keine Wirtschaftsgüter auf die Betriebs-Kapitalgesellschaft zu übertragen, sondern den gesamten bisherigen Einheitsbetrieb an die Betriebsgesellschaft zu verpachten.[2]

1846

(Einstweilen frei)

1847–1851

---

1 Oben Rz. 1584 ff.
2 Vgl. oben Rz. 1693.

4. Auswirkungen der Unternehmensteuerreform 2008

1852 Zu berücksichtigen sind schließlich die Auswirkungen der Unternehmensteuerreform 2008.[1] Diese hat u. a. zu weitreichenden Änderungen in Bezug auf die Gewerbesteuer geführt, wodurch deren Bedeutung im Vergleich zur Körperschaftsteuer gestiegen ist. Wesentliche Änderungen waren der Wegfall des Betriebsausgabenabzugs der Gewerbesteuer (§ 4 Abs. 5b EStG), die Einführung einer für alle Unternehmen einheitlichen Gewerbesteuermesszahl von 3,5 % des Gewerbeertrages (§ 11 Abs. 2 GewStG) und die 3,8-fache Anrechnung des festgesetzten (anteiligen) Gewerbesteuermessbetrags auf die Einkommensteuerschuld von Einzel- und Personenunternehmen (§ 35 Abs. 1 EStG).[2] Außerdem sind die Hinzurechnungs- und Kürzungsvorschriften der §§ 8, 9 GewStG dergestalt geändert worden, dass eine deutlich höhere Gewerbesteuerbelastung ausgelöst wird.

1853 Besondere Relevanz für die Betriebsaufspaltung hat § 8 Nr. 1 Buchst. e GewStG.[3] Des Weiteren trifft die Abschaffung des Korrespondenzprinzips zur Vermeidung der mehrfachen gewerbesteuerlichen Erfassung desselben wirtschaftlichen Vorgangs durch Streichung des § 9 Nr. 4 GewStG die Besitzgesellschaft. Dies stellt einen bedeutenden Nachteil für die Betriebsaufspaltung dar, da eine mehr als einmalige gewerbesteuerliche Erfassung einer Mietzahlung zwischen den beteiligten Gesellschaften bewirkt wird (**Doppelbelastung**).[4]

1854 Diese Doppelbelastung kann durch die Bildung einer ertragsteuerlichen Organschaft zwischen der Besitz-Personengesellschaft als Organträger und der Betriebs-Kapitalgesellschaft als Organgesellschaft vermieden werden. Der dazu nach § 14 Abs. 1 KStG i. V. m. § 291 Abs. 1 AktG erforderliche Gewinnabführungsvertrag verlangt jedoch gem. § 302 AktG den Ausgleich eines etwaigen Verlustes bei der Organgesellschaft durch den Organträger. Eine Haftungstrennung zwischen Betriebs- und Besitzunternehmen kann dann also nicht mehr erreicht werden,[5] so dass die Bildung einer Organschaft immer noch zweifelhaft erscheint.

---

1 Unternehmensteuerreformgesetz 2008, BGBl 2007 I S. 1912; zu Konsequenzen für steuerliche Belastungen der Betriebsaufspaltung siehe *Strahl*, KÖSDI 2008 S. 16027, 16030 ff.; *Harle*, BB 2008 S. 2151, 2162 ff.; *Wehrheim/Rupp*, BB 2008 S. 920 ff.; *Levedag*, GmbHR 2008 S. 281, 283 ff.; *Baumert/Schmidt-Leithoff*, DStR 2008 S. 888 ff., jeweils mit Berechnungsbeispielen.

2 Durch das Zweite Corona-Steuerhilfegesetz wird der Ermäßigungsfaktor nun auf 4,0 angehoben. Die Neuregelung gilt unecht rückwirkend nach § 52 Abs. 35a EStG erstmals für den Veranlagungszeitraum 2020.

3 Vgl. dazu Rz. 1563.

4 *Wehrheim/Rupp*, BB 2008 S. 920, 924; *Richter*, FR 2007 S. 1042, 1044; siehe oben Rz. 1572 f.

5 *Wehrheim/Rupp*, BB 2008 S. 920, 925; siehe aber auch *Richter*, FR 2007 S. 1042, 1046.

Schließlich gelangt auf **Gewinnausschüttungen der Betriebs-Kapitalgesellschaften** ab dem Veranlagungszeitraum 2009 nicht der besondere Steuersatz von 25 % gem. § 32d Abs. 1 EStG (**Abgeltungsteuer**), sondern das Teileinkünfteverfahren zur Anwendung, weil die Ausschüttungen nicht in das Privatvermögen eines Gesellschafters, sondern in das Betriebsvermögen des Besitzunternehmers erfolgen. Dies führt bei einem Grenzsteuersatz von mehr als 41,67 % zu einer höheren steuerlichen Belastung als die Anwendung des Abgeltungsteuersatzes.[1]   1855

Zusammenfassend dürfte festzuhalten sein, dass bei höchstem steuerlichem Einkommensteuersatz der Besitzgesellschafter die **höchstmögliche Thesaurierung** von Gewinnen in der Betriebs-GmbH vorteilhaft ist, während der private Lebensunterhalt der Besitzgesellschafter über Geschäftsführergehälter und Pachtzinsen (unter Berücksichtigung von § 35 EStG) gestaltet werden kann.[2] Hierbei sind indes wiederum die Grundsätze zu verdeckten Gewinnausschüttungen zu beachten.[3]   1856

Im Hinblick auf die beschriebenen Rechtsfolgen der gewerblichen Hinzurechnungstatbestände bezüglich der Nutzungsentgelte ist ferner daran zu denken, diese so gering wie möglich auszugestalten bzw. das Nutzungsentgelt für den Geschäftswert[4] relativ hoch zu veranschlagen. Dies stellt keinen Gestaltungsmissbrauch i. S. von § 42 AO dar.[5] Indes müssen dann aber wiederum die Grenzen der §§ 3c Abs. 2, 12 Nr. 1, 2 EStG im Blick behalten werden.[6] Möglicherweise können die einkommensteuerrechtlichen Nachteile aber durch die gewerbesteuerlichen Vorteile überkompensiert werden, was wieder eine Frage des Einzelfalls ist.   1857

---

1 *Strahl*, KÖSDI 2008 S. 16027, 16030; *Baumert/Schmidt-Leithof*, DStR 2008 S. 888, 890.
2 *Bitz* in Littmann/Bitz/Pust, Das Einkommensteuerrecht, § 15, Rz. 315; *Levedag*, GmbHR 2008 S. 281, 285.
3 Vgl. oben Rz. 1444.
4 Vgl. oben Rz. 1543 ff., 1552.
5 Überzeugend *Levedag*, GmbHR 2008 S. 281, 290.
6 *Levedag*, GmbHR 2008 S. 281, 289; siehe oben Rz. 1527 ff.

STICHWORTVERZEICHNIS

Die Zahlen verweisen auf die Randziffern.

A

Abfärberegelung 828 ff., 841, 901, 1094, 1146, 1362
– Bagatellgrenze 1071
– Vermeidung der Anwendung 903, 1073
Abfärbetheorie 1066
Abgeltungsteuer 1855
Abschmelzmodell 1735
Abspaltung 1624
Abzugsverbot
– nach § 3c Abs. 2 EStG 267, 1527 ff.
AfA-Fortführung 874
Aktiengesellschaft 13, 186, 764, 575, 1680
Alleinerbe 531
Altenheim 1363 f.
Alterssicherung 494, 552 1838
Anforderungen an die Betriebsaufspaltung
– strenge 131, 303, 310, 507, 550, 1625
Angehörige 1044, 1204, 1210, 1512
Angehörigenanteile
– Zusammenrechnung 486 ff., 515
Anlagevermögen 1, 3 f., 45, 57, 110, 208, 216, 250, 543, 547, 1157, 1185, 1212, 1214 f., 1244, 1661, 1760, 1838
Anschaffungskosten 1223 f., 1228, 1241, 1348, 1696
– nachträgliche 1135
Anteilsbesitz 476, 551, 553, 706, 1591
Anteilstausch 1683

Anwendungsbereich der verschärfenden Rechtsprechung
– zeitlicher 192
AO § 42 286 f., 291 f., 294 f., 462, 654 ff., 1857
Apotheke 236
Asset Protection 706
atypisch stille Gesellschaft 543, 644, 801
Aufgabebilanz 1684
Aufgabegewinn 1684 ff.
Ausgestaltung
– branchenspezifische 116, 120
Ausgleichsanspruch, bei eigenkapitalersetzender Nutzungsüberlassung 1463 f.
Ausgliederung 1624
Ausgliederungsmodell 1203, 1681
Ausländer 687
Austauschbarkeits-Rechtsprechung 109, 127, 129 f., 250
Autohaus 1616, 1692
Autokranurteil 1822
Autowerkstatt 1620, 1692
Avalprovision 1058

B

Bebauung mit einem Gebäude 509
– geringe wirtschaftliche Bedeutung 139 ff., 144
– untergeordnete Bedeutung 139
Beherrschung 286, 314, 327, 345, 353, 364, 371, 415
– faktische 428 ff., 450, 494, 535 ff.
– mittelbare 468 ff., 917

VERZEICHNIS — Stichwörter

Beherrschungsidentität 304, 328, 335, 337, 375, 430
Beitrittsmodell 1697
Berliner Testament 531, 1704
Berufsverband 237
Besitz-Personengesellschaft 469, 480, 590, 808 ff., 824, 846, 870, 874 f., 885, 900 f., 907, 909, 983, 1066 f., 1078, 1083, 1100 ff., 1123, 1139, 1248, 1257, 1290, 1398
Besitzunternehmen 189 ff.
– Aufgabe 700, 1601, 1639
– mehrere 620 ff.
– mittelbare Beherrschung auf der Seite des 473 ff.
– Personenmehrheit beim 364
– Teilbetriebsaufgabe 1036
– Veräußerung des 1068 f.
Besteuerungsmerkmale
– Zurechnung von 1276 ff.
Betätigungswille
– Durchsetzung des 345 ff.
– einheitlich geschäftlicher 29, 76, 303 ff., 325, 333, 341, 345 ff., 353, 366, 375, 396, 420, 457, 461, 470, 535, 551, 601, 607, 612, 620, 624, 643, 650, 693, 966, 979, 1019, 1034, 1051, 1081, 1116, 1152, 1164, 1279, 1703
Beteiligung
– am allgemeinen wirtschaftlichen Verkehr 1005 ff.
– Bewertung der 1047
– extrem konträre 389, 403 ff.
– stimmrechtsmäßige 318, 456, 486, 535
– stille 220, 543, 554, 642 ff., 801
– unterschiedliche 306, 375 ff.
Beteiligungsidentität 375, 396, 1193
Beteiligungsverhältnisse
– extrem konträre 389, 403 ff.
– unterschiedliche 306, 375 ff.
Betrachtungsweise
– isolierende 693

– wirtschaftliche 27, 290 f.
– wertende 33, 995
Betrieb
– land- und forstwirtschaftlicher 48, 933, 956, 985 f., 1625, 1655
– gewerblicher Art 756
betriebliche Tätigkeit
– Einstellung der 1656, 1674
Betriebs-AG 308
Betriebsaufgabe 45, 87, 91, 208, 337, 698, 755, 825 ff., 1011, 1026 f., 1177, 1601, 1605 f., 1618, 1643, 1649, 1652, 1656 ff., 1668, 1674, 1692, 1702 f.
– schleichende 1679
Betriebsaufspaltung
– Beendigung 1624 ff.
– Beginn 765, 1624 ff., 1591 f.
– betriebsverpachtende 1604 ff.
– Bewertung bei Beginn 1633 ff.
– doppelte 1116
– echte 14, 45 ff.
– Entwicklung 49 ff.
– Formen 57 ff.
– kapitalistische 60, 62 ff., 707, 745, 1589
– klassische 63, 734
– mittelbare 61
– mittelbar mitunternehmerische 917
– mitunternehmerische 44, 64, 588, 768 ff., 1071, 1635
– nachträglich erkannte 73, 759 f., 1637
– nur Wirtschaftsgut überlassende 1603
– qualifizierte 1604 ff.
– Rechtfertigung der 24 ff., 58, 933, 965, 977
– Rechtsfolgen 245 ff.
– über die Grenze 72, 674 ff., 938 ff.
– überlagernde 1265
– umgekehrte 44, 62 f., 64 f., 1290, 1783
– unechte 54 ff., 259, 1620
– unechte qualifizierte 1620
– unmittelbare 61, 66, 478, 764

Stichwörter

- unterbrochene 1663
- Verfassungsmäßigkeit 17, 39 f., 55
- Voraussetzungen 76 ff.
- Wegfall einer der Voraussetzungen 1649 ff.
- Wesen 21 f.
- Wirtschaftsgut überlassende 1603
- Zweck 36

Betriebsaufspaltungs-BgA 756

Betriebsaufspaltungs-Grundproblem 48

Betriebsaufspaltungs-Rechtsprechung 8, 14, 17, 31, 39, 92, 182, 193, 230, 788, 922, 933, 977, 979 f., 996, 1078, 1329, 1611, 1651

Betriebseinnahmen 751, 779, 788 f., 1051, 1055 ff., 1119, 1134, 1392

Betriebseröffnung 1634

Betriebsgesellschaft 25, 30, 76, 89, 117, 137, 143, 145, 178, 243, 458, 938

Betriebs-GmbH 293, 318, 322, 334, 345, 353, 366, 404, 423, 449, 474, 487 f.

Betriebsgrößenmerkmal 1302

Betriebsgrundlage
- wesentliche 87 ff.

Betriebshalle mit Büroanlagen 194

Betriebs-Kapitalgesellschaft
- Anteile an der 346, 356, 478, 545, 663, 706, 982, 993, 1019, 1034 ff.
- Teilwertabschreibung 1052

Betriebs-Personengesellschaft 538, 590, 771, 778, 788, 809 f., 858, 875, 885, 899, 900, 909, 1039 ff., 1180 ff., 1226 f., 1239 ff., 1248, 1260, 1266, 1290

Betriebssitz 121

Betriebsstätte 200, 679 ff., 685, 729, 938, 1293
- inländische 677, 687, 691 f., 1300

Betriebsunterbrechung 1683a

Betriebsunternehmen 662 ff.
- Aufgabe des 1643, 1668
- gemeinnütziges 749 ff., 1365
- gewerbesteuerfreies 1365
- gewerbliche Tätigkeit 1350

- mehrere 634 ff.
- mittelbare Beherrschung auf Seiten des 470 ff.
- Personenmehrheit beim 364 ff.
- Veräußerung des 1673 ff.

Betriebsveräußerung 45, 87, 91, 208, 863 f., 1035 f., 1442, 1644

Betriebsvermögen 26, 93, 230, 259, 267, 481, 520, 553, 655, 775, 827, 832, 841, 858, 864, 901, 908, 953, 993, 996, 1024, 1034 ff., 1397
- Anteil an Komplementär-GmbH 1038
- gewillkürtes 1026, 1139
- Gewinnausschüttung ins 1397 ff.
- notwendiges 478, 921 ff., 1019

Betriebsverpachtung 1180, 1600 ff., 1653, 1657
- Zusammentreffen mit Betriebsaufspaltung 1692 f.

Betriebsunterbrechung 1675 ff.

Beweisanzeichen 452, 493 ff., 529, 551 f.

Beweislast 515, 1406

Bewertung
- bei Beginn der Betriebsaufspaltung 1633 ff.

Bezirksvertreter 243

Bilanzansätze
- korrespondierende 1156 ff.

Bilanzierung
- korrespondierende 1162 f., 1167, 1169, 1426
- phasengleiche 1391 ff., 1407

Billigkeitsmaßnahme 1657, 1705

Branchenzugehörigkeit 1618

Bruchteilsgemeinschaft 438, 446 ff., 463, 602, 637, 663 ff., 954, 1031, 1061, 1088, 1145, 1659

Buchführungspflicht 758

Buchwertfortführung 1177 ff.
- bei Nur-Besitz-Gesellschafter 1256 ff.
- bei Nur-Betriebs-Gesellschafter 1263

Buchwertübertragung 1175 ff.

Bürgschaft 760, 1053 f., 1132 ff.,

507

Büroetage 184
Bürogebäude 173 ff., 182
Büroräume 183

C

Café 149, 211

D

Dachgeschoss 184
Dachkonstruktion 198
Darlehen 219 f.
Darlehensforderung 848 f., 1019, 1050 f., 1058, 1123 ff.
DBA-Recht 694
– Teilwertabschreibung 1052 ff.
– Verzicht auf 1052 ff.
– wechselseitige 1579
Diensterfindung 255
Dienstleistung
– persönliche 83
Dividende 1119
Doppelstöckige Personengesellschaft 774, 806, 911
Dreieckskonstruktion 347
Durchgriffsverbot 473 ff.
Durchlaufender Kredit 1580

E

Ehegatten 40, 356, 373, 390, 452
– Stimmrechtsbindung 514
Ehegattenanteile
– Zusammenrechnung 486 ff., 520 ff.
Ehevertrag 40, 663
Eigenkapitalersetzende Gesellschafterleistung 1462 ff., 1830

Eigentum
– wirtschaftliches 591
Eigentümergemeinschaft 152, 271, 316, 397, 664 f., 1102
Einbringung
– nach §§ 20, 24 UmwStG 87, 709, 900 f., 1206 f., 1681
Einbringungsgeborene Anteile 1641
Einheitsbetrachtung 797 f.,
Einheits-Betriebsaufspaltung 305, 346 ff., 717 ff.
Einkünfte
– aus Gewerbebetrieb 4, 481, 676, 682, 691, 770, 824, 953, 1066, 1080, 1601
– aus Kapitalvermögen 1578
– aus selbständiger Tätigkeit 1096
– aus Vermietung und Verpachtung 4 f., 10, 461, 667, 700, 823, 943, 953, 978, 1055, 1640
Einlage
– verdeckte 1210, 1222 ff., 1444, 1504
– wertgeminderter Beteiligungen 1634
Einmann-Betriebsaufspaltung 305, 345, 1034, 1482
Einstellung der betrieblichen Tätigkeit 1656, 1674
Einstimmigkeit 415 ff.
Einstimmigkeitsprinzip 431 f., 440 ff.
– Abbedingung 420 ff.
– Übergangsregelung 433 f.
Einstimmigkeits-Rechtsprechung 416 ff.
Einstimmigkeitsvereinbarung 328, 420, 449
Einzelgeschäftsführungsbefugnis 420
Einzelhandelsgeschäft 149, 317, 655, 1607, 1692
Einzelunternehmen 3 f., 8, 45, 345, 537 f., 547, 551, 591, 662, 712, 920 ff., 1019 ff., 1528 ff.
Einzelvertretungsbefugnis 420
Eltern 390, 397, 486 ff., 496, 655 f.

Stichwörter VERZEICHNIS

Entnahme 434, 840 f., 879, 1027, 1043, 1124, 1177, 1181 f., 1205, 1207 ff., 1263, 1658, 1699,

Entschädigungszahlung 949

Entstrickung 695

Erbbaurecht 275 ff.

Erbengemeinschaft 333 f., 410 ff., 438, 451, 463, 596, 663, 1145

Erbfall 1630, 1666, 1704

Erbfolge 410, 655

Erfindung
– geschätzte 222 ff.
– ungeschätzte 227 ff.

Ergänzungsbilanz 1232, 1234

Ergänzungspflegschaft 520, 1704

Ersatzbeschaffungsanspruch 1159

Ersetzbarkeit 214

Erweiterte Kürzung 481, 1589 ff.

Escape-Klausel 743

Existenzvernichtender Eingriff 1827 ff.

F

Fabrikgebäude 162, 1283, 1330

Fachkenntnis
– erforderliche 494

Faktische Beherrschung siehe Beherrschung, faktische

Feststellungslast
– objektive 515, 565, 587

Firmenwert 240, 1244, 1543, 1549 ff., 1567, 1687

Forderung
– Besicherung 1132 ff.

Formwechsel 709, 1680

Fortsetzungsklausel 1666

Freiberufler 240, 1019

G

Gaststätte 1614, 1692

GbR 47 ff., 184, 289, 309, 322, 416, 420 ff., 438, 440, 457, 474, 505 f., 543, 569, 596, 621, 628 f., 808, 822 ff., 834 f., 880, 910 f., 920, 956, 985 f., 1000, 1074, 1086 ff., 1095 ff., 1109 ff., 1185, 1208 f., 1393 f., 1536 f., 1629, 1650 f., 1697, 1703

Gebäude
– gemischt genutzte 100, 198, 825

Gebäudeteil 121, 183, 204, 1025

Gebrauchsregelung 152, 271, 664 f.

Gebrauchsüberlassung, private Veranlassung 1032

Gemeinnützigkeit 749 ff., 1365

Gemeinschaft 241, 927, 1145

Generationenwechsel 1838

Genossenschaft 708

Geringfügigkeit 387, 406, 1071, 1700

Gesamtbildbetrachtung 96 ff., 198

Gesamtgut 356, 452, 530

Gesamtplan 1186, 1204 ff., 1681, 1684

Gesamtrechtsnachfolge 50

Geschäfte des täglichen Lebens 314 ff., 326 ff., 420 ff., 431 f., 441 ff., 497

Geschäftsbezeichnung 236

Geschäftsbeziehung 243

Geschäftschance 949

Geschäftsführer 317, 319 ff., 353, 367, 397 f., 421 ff., 545 ff., 567 ff., 580, 612 f., 645, 1441 ff., 1699

Geschäftsführergehalt 1837

Geschäftsführung
– jede einzelne Maßnahme der 305 ff.

Geschäftsführungsbefugnis 420 ff., 442, 610, 612, 643

Geschäftsleitung 121, 183, 187, 682

Geschäftslokal 150, 185, 825 ff.

Geschäftsveräußerung im Ganzen 1631

509

Geschäftswert 240, 1244, 1543, 1549 ff., 1567, 1687
Gesellschaft bürgerlichen Rechts siehe GbR
Gesellschafter
– Zustimmung der 397, 445, 554
Gesellschafterbeschluss 317, 328, 353 f., 364 f., 415 f., 421 f., 456 ff., 462, 464, 558, 608, 613, 769, 772, 822, 839, 863, 880, 1086, 1393, 1703
Gesellschafterleistung
– eigenkapitalersetzende 1462 f., 1730
Gesellschaftsvermögen 346 f., 506, 778 f., 830, 853, 910, 1062, 1067, 1072, 1094, 1097 f., 1106, 1188 f., 1227 f., 1249, 1260
– erfolgsneutrale Überführung ins 899
Gestaltungsmissbrauch 461, 654 ff.
Getränkeeinzelhandel 151
Gewerbebetrieb
– Einkünfte aus 4, 481, 676, 682, 691, 770, 824, 953, 1066, 1080, 1601
– kein einheitlicher 947 ff.
Gewerbesteuer
– Befreiung 1361 ff.
– Behandlung des Nutzungsentgelts 1558 ff.
– Behandlung von Darlehenszinsen 1577 ff.
– Doppelbelastung 847
– Freibetrag 1584
– Kürzungen 1588 ff.
– Organschaft 728 f.
– Schachtelprivileg 1595
– Verlustuntergang 1597
Gewinnabführungsvertrag 724, 727, 729, 1854
Gewinnausschüttung
– inkongruente 1119
– verdeckte 949, 1058, 1444, 1545, 1555
Gewinnauszahlungsanspruch 1055 ff., 1395
Gewinnermittlung 758 ff., 1644
– Subjekt der 809, 812
Gewinnerzielungsabsicht 267 f., 270, 806, 902, 907, 1008

Gewinnverteilungsabrede 357
Gewinnverteilungsbeschluss 1055, 1057, 1395, 1404
Gleichordnungsverhältnis 347
GmbH-Anteil 12, 356, 360, 506, 512, 1086, 1184 ff., 1217, 1651, 1659 f.
GmbH-Geschäftsführer siehe Geschäftsführer
Goodwill siehe auch Firmenwert 1617
Größe des Grundstücks 108, 140, 143, 161, 201
Großgläubiger 546, 555 f., 581
Grundbesitz 32, 149, 156, 513, 621, 691, 1104, 1139, 1210, 1244, 1317, 1370, 1588
Grunddienstbarkeit 1067
Grunderwerbsteuer 1251 ff., 1624, 1695, 1697
Grundlage
– räumliche und funktionale 112, 137, 145, 178, 187, 199, 734
Grundpfandrecht 760
Grundsteuer
– Befreiung 1267, 1367 ff., 1588
Grundstück
– bebautes 94 ff., 105 ff.
– unbebautes 199 ff.
Grundstücksgemeinschaft 666, 1061 f., 1074, 1081, 1102, 1151 f., 1660
Gütergemeinschaft 40, 356, 438, 452, 530, 663

H

Häusliches Arbeitszimmer 184 ff.
Haftung
– nach § 74 AO 1481 ff.
– zivilrechtliche 1461 ff.
Haftungsbeschränkung 1821 ff.
Handelsvertreter
– Rechte 241
– Vertrag 240

Stichwörter — VERZEICHNIS

Herrichtung
– besondere 129
– branchenspezifische 116
Holding
– geschäftsführende 718 ff., 726, 745
– vermögensverwaltende 718 ff., 745
Hotelanlage 151, 1614
Hotelgrundstück 149, 1692

I

Identität 49, 304
– wirtschaftliche 288 ff.
Infektionstheorie 1066
Infektionsvorschrift 828 ff., 841, 901, 1094, 1146, 1362
Insolvenz 341, 1462, 1664, 1821 ff.
Insolvenzverfahren 1463, 1662 f., 1676 f.
Insolvenzverwalter 341, 1462
Instandhaltungsverpflichtung 1171
Interessen
– Widerlegung gleichgerichteter 394 ff.
Interessengegensatz
– in untergeordneten Fragen 397
– konkret nachweisbarer 394
Interessengleichheit 386
Inventar 212, 1607
Investitionsabzugsbetrag 1302
Investitionszulage 858 f., 1288 ff., 1334 ff.
– Antragsberechtigter 885

J

Junges Verwaltungsvermögen 1742
Juristische Person des öffentlichen Rechts 756

K

Kapitalersetzende Nutzungsüberlassung 1462, 1830
Kapitalerhöhung 1043 ff., 1208
Kapitalertrag 1055
Kapitalgesellschaft
– als Besitzunternehmen 481, 705 ff.
– als Betriebsunternehmen 764 ff.
– als Gesellschafterin 1535 ff.
Kapitalkonten 1226 f.
Kaufhausgrundstück 149
Kaufpreisstundung 1684
Kaufoption 1675
Kind
– minderjähriges 486, 519, 1040, 1704 f.
– volljähriges 490, 496, 547, 1705
Know how 209, 246, 1023
Kommanditgesellschaft 445, 737 f.
Konfliktfreies Zusammenwirken 494, 552, 565, 584
Konzern 719, 1399
– qualifiziert faktischer 1822
– Zinsschranke 743 ff.
Konzession 240, 242, 1567, 1629
Korrektur von Steuerbescheiden 73
Korrespondenzthese 1160 f., 1165
Korrespondierende Kürzung 1545, 1572
Krankenhaus 1365
Krise, des Betriebsunternehmens 1052
Kundenkreis 1607
Kundenparkplatz 157
Kundenstamm 240 f., 1617
Kurheim 156, 955

L

Ladenlokal 185
Lage 144

511

Lagerhalle 193

Land- und Forstwirtschaft 48, 797, 933, 956 f., 985 f., 1625, 1655

Lebensmittelsupermarkt 157

Liebhaberei 1655

Logo 237

M

Mandantenstamm 240, 1019

Marke 236

Maschine 208 ff., 1277 f.

Mehrheit
– einfache 364 ff., 464
– qualifizierte 315, 326, 415 ff., 448, 456 ff.

Mehrheitsaktionär 309

Mehrheitsprinzip 315, 327

Mehrpersonen-Betriebsaufspaltung 306, 351 ff.

Meinungsverschiedenheit 396 f.

Merkmalübertragung
– bei § 7g EStG 1299 ff.
– bei Bewertung 1372
– bei Investitionszulage 1288 ff.
– gewerbesteuerliche 1311 ff.
– grundsteuerliche 1367 ff.

Mieteinnahmen 678, 831, 835, 1055, 1061 f.

Mietzins
– angemessener 1501 ff.

Mitgegangen-Mitgefangen-These 480, 1078 ff.
– Bedenken gegen 1082 ff.

Mittelbare Beherrschung 468 ff., 917

Mittelverwendung 752

Modellrechnung 1842

MoMiG 1463

N

Nachfolgeklausel 1704

Nachlassnießbrauch 281, 1630, 1704

Nettowert des Verwaltungsvermögens 1742

Nießbrauch 259, 278 ff.

Nießbrauchsrecht 278, 345, 358 f., 655

Nießbrauchsvorbehalt 655

Nur-Besitz-Gemeinschafter 1149

Nur-Besitz-Gesellschafter 270, 418, 425, 459 ff., 474, 481 ff., 821 ff., 879 ff., 1078 ff.
– Buchwertfortführung 1256 ff.

Nur-Besitz-Teilhaber 463, 601, 603

Nur-Betriebs-Gesellschafter 268, 459 f., 607, 616, 1179, 1203 ff., 1512 ff.
– Buchwertübertragung 1263

Nutzungsänderung 1628

Nutzungsüberlassung
– Abgrenzung zur Veräußerung 251 ff.
– Art der 266 ff.
– Beendigung 1683c
– eines fremden Wirtschaftsguts 259 ff.
– entgeltliche 907 ff.
– kapitalersetzende 1462, 1830
– mittelbare 282 ff.
– teilentgeltliche 752, 1531 ff.
– unentgeltliche 1528 ff.

O

OHG 12, 49, 438, 441 ff., 596, 649 f., 775, 822 f., 825 f., 863 f., 910 f., 1104 f., 1185 f.

Option 574, 585, 1675

Optionsmodell 709, 765

Organschaft 346, 1374, 1573, 1577
– gewerbesteuerliche 729 ff.
– körperschaftsteuerliche 724 ff.
– umsatzsteuerliche 733, 1642, 1697

P

Pachteinnahmen 679, 694, 1055, 1133
Pachterneuerungsrückstellung 1158
Pachtzins 11, 676, 684, 1558 f.
– angemessener 1501 ff.
Patent 222 ff., 231, 252, 1023 f., 1028, 1645, 1683/2
Pensionsrückstellung 1441 ff., 1726
Persönliche Dienstleistung 83
Personelle Verflechtung 30, 76, 288, 303 ff.
Personengesellschaft 44 f., 49 f., 64, 76, 269, 293, 352, 461, 472, 588 ff., 662, 768 ff., 1066 ff., 1180 ff., 1226 ff., 1239 ff., 1534 ff.
– doppelstöckige 806
– gewerblich geprägte 779, 1697
– mehrstöckige 806, 909 ff.
– mitunternehmerische 64, 475, 477 ff., 712 f., 792
– nichtgewerbliche 797 ff.
– vermögensverwaltende 785, 797 f., 809 f., 814 f., 825, 911, 978, 990 ff.
Personengruppentheorie 371 ff., 410, 1407, 1484, 1766, 1772
– Rechtfertigung 386 ff.
Photovoltaikanlage 198, 209
Privatschule 1366
Privatvermögen
– Gewinnausschüttung ins 1396 ff.
– Überführung ins 88, 91 ff., 827
Produktionsabfälle 200
Produktionshalle 163
Produktionsunternehmen 216, 1692

R

Rechtsprechungsänderung 520 ff., 784 ff., 821 ff., 998 ff., 1366 ff.
Reisebüro 150

Renditedarlehen 1578
Reparaturhalle 163
Reparaturwerkstatt 100, 121, 168 f.
Reserven
– stille 6 f., 90, 93, 269, 520, 564, 700, 753, 801, 839 f., 864, 879 ff., 1011, 1043, 1087, 1184, 1205 f., 1244, 1263, 1601, 1640 f., 1649 f., 1663 f., 1690 ff.
Restaurant 149, 211
Restbetriebsgedanke 34, 1011, 1014
Rezept 246
Rohbau 202
Rückstellung 760, 1132, 1158
Rückwirkungsverbot 1691
Ruhenlassen des Betriebs 1675 ff.

S

Sachleistungsanspruch 1159
Sachliche Verflechtung siehe Verflechtung, sachliche 81 ff.
Saldierungsmöglichkeit 853 f.
Schachtelprivileg 1595 f.
Schenkung 494, 1181, 1210
schleichende Betriebsaufgabe 1679
Schrumpfungsmodell 1180
Schutzrecht 222, 225, 236, 254
Schwestergesellschaft 779, 792, 808 f., 813, 903
Selbständige Tätigkeit 797, 933, 956 f., 1096
Selbstkontrahierungsverbot 322, 462, 610
– Befreiung von 558 f., 462
Sitz 186
Sonderabschreibung 858 f., 1283
– nach dem Fördergebietsgesetz 825, 858 f. 875
– nach dem Zonenrandförderungsgesetz 1283, 1289, 1330

VERZEICHNIS Stichwörter

Sonderbetriebsvermögen 261, 770, 778, 810, 823, 827, 840 f., 845 ff., 853 f., 868 f., 1094 ff.
– gewillkürtes 1139 ff.
– Begründung der Betriebsaufspaltung 1635 f.
Sonderbetriebsvermögen II 478 f., 1116 ff.
Sondervergütung 770, 802, 810
Sowohl-als-auch-Gesellschafter 374, 387, 410, 418, 460 ff., 480, 601, 603, 607 ff., 1083, 1179, 1184 ff., 1253, 1483, 1512
Sozialraum 100, 169, 194
Sozialversicherungsrecht 959
Spaltung 50, 1683
Sperrfristen 1231 ff.
Steuerbelastungsvergleich 1842
Stiftung 471, 545, 662
Stille Beteiligung 220, 543, 554, 642 ff., 801
Stille Reserven 6 f., 90, 93, 269, 520, 564, 700, 753, 801, 839 f., 864, 879 ff., 1011, 1043, 1087, 1184, 1205 f., 1244, 1263, 1601, 1640 f., 1649 f., 1663 f., 1690 ff.
Stimmenmehrheit 446, 458, 463, 559
Stimmrecht 354 ff.
Stimmrechtsausschluss 594 ff.
Stimmrechtsbindung 498, 514, 1665
Stimmrechtsmacht 328, 359, 416, 421, 457, 470, 1703
Stimmrechtsvereinbarung 462
Stimmrechtsverhältnis 306, 326, 353 ff.
– Änderung 1702
Stimmrechtsvollmacht 345
Substanzerneuerungsverpflichtung 1172, 1544
Systemhalle 163

T

Tarifbegünstigung 863 f.
Tätigkeit
– freiberufliche 46 f.

– gewerbliche 9, 21, 32, 56, 77, 230, 712, 718, 726, 790, 806, 903, 953, 956, 981
– land- und forstwirtschaftliche 797, 933, 956 f.
– selbständige 797, 933, 956
– steuerberatende 184
– vermögensverwaltende 25, 481, 779, 808
Tätigkeitsvergütung 1030, 1059, 1443 ff., 1837
Taxikonzession 242
TBB-Urteil 1822
Teilbetrieb 2, 94, 1036, 1188, 1190, 1194, 1558, 1693
Teilbetriebsaufgabe 1036, 1643, 1693
Teilbetriebsverpachtung 94, 1558
Teileinkünfteverfahren 1528, 1641, 1855
Teilentgeltlichkeit 907, 1194, 1502, 1531
Teilungsanordnung 1704
Teilwertabschreibung 1047, 1052
Testamentsvollstrecker 333 ff., 523, 1704
Trennungstheorie 1216 ff.
Treu und Glauben 73
Treuepflicht 547
Treuhand 333, 361, 561, 580, 1665
Trihotel-Entscheidung 1829

U

Überentnahmen 1140
Übergangsregelung 192, 433, 1197
– mitunternehmerische Betriebsaufspaltung 890 ff.
Überlassungsverhältnis 325 ff.
Übernahmeverlust 1696
Umbuchung 868 ff.
Umlaufvermögen 3, 250, 548, 554, 801, 1198 f.
Umsatzsteuer
– Befreiung 736 ff.
– Geschäftsveräußerung im Ganzen 1241, 1244, 1642, 1630

Stichwörter

- Organschaft 733 ff., 1642
- Übertragung von Wirtschaftsgütern 1241 ff.
- unentgeltliche Wertabgabe 1243, 1245
Umqualifizierung 953 ff., 1426 ff.
- Bedenken gegen 963 ff.
- Sozialversicherung 959
- Umfang der 1018 ff.
Unterbeteiligung 649 f.
Unterkompensation 1845
Unternehmensidentität 1597
Unternehmensteuerreformgesetz 1559, 1563, 1572
- Auswirkungen 1852 ff.
Urheberrecht 236

V

Veräußerung
- Abgrenzung zur Nutzungsüberlassung 251 ff.
Veräußerungsgewinn 801 f., 823, 864, 1196, 1668, 1685
Verbindliche Auskunft 950
Verbindlichkeiten
- der Betriebskapitalgesellschaft 760, 1132
- Übernahme von 1193 ff.
Verbleibensvoraussetzung 886, 1288
Verbrauchermarkt 156
Verbundvermögensaufstellung 1742
verdeckte Einlage 1217, 1444, 1504, 1555
verdeckte Gewinnausschüttung 756, 949, 1058, 1444, 1545, 1554 f.
Verein 594 f., 662, 664
Verfassungsmäßigkeit 17, 39 f.
Verfassungskonforme Anwendung 491 ff.
Verflechtung
- betriebsvermögensmäßige 859, 1288 f., 1292, 1301
- enge wirtschaftliche 15, 21

- personelle 303 ff.
- sachliche 81 ff.
Vergleich
- gerichtlicher 341
Verkaufsraum 100
Verlagsgebäude 173
Verlustübernahme 728
Vermächtnis 1630, 1704
Vermietung und Verpachtung
- Einkünfte aus 4 f., 10, 461, 667, 700, 823, 943, 953, 978, 1055, 1640
Vermittlungsunternehmen 243
Vermögensbeteiligungsverhältnis 357
Vermögenssorge 519
Vermögensverwaltende Tätigkeit 25, 481, 779, 808
Vermutung
- gleichgerichteter Interessen 386 ff., 418, 490 ff., 515, 521, 529, 551, 620, 630
- Widerlegung der 394 ff.
Verschmelzung 1683, 1696
Verschonungsbedarfsprüfung 1716, 1731i
Verschwägerte 490
Versorgungsleistungen 281, 1727
Vertreterbetriebsstätte 680
Vertrieb 1038
Verwaltungsgebäude 178 ff., 192
Verwaltungsvermögen, junges 1742
- Nettowert 1742
Videourteil 1822
Vollmacht 591
- jederzeit widerrufliche 499, 559
- postmortale 558
- unwiderrufliche 498
Vorbehaltsgut 40, 531, 663
Vorbehaltsnießbrauch 279, 360

Vor-GmbH 764
Vormerkung 1685
Vorsorgevollmacht 592

W

WachstumsBG 1563
Wahlrecht 449, 459, 463, 603, 758 f., 1400, 1409, 1604 f., 1641, 1692
Warenbestand 212, 1607
Warenzeichen 246
Wegzug 698 ff.
Werbeagentur 176
Werksangehöriger 1070
Werkswohnung 1025
Wertende Betrachtungsweise 33, 995
Wesentliche Betriebsgrundlage 87 ff.
Widerlegung
– gleichgerichteter Interessen 394 ff.
Wiesbadener Modell 521, 527 ff., 1630, 1704
wirtschaftliche Eingliederung 724 f., 727, 729, 733
wirtschaftliche Einheit 1160, 1331 f.
Wirtschaftsgemeinschaft 492, 498, 503 f., 506 f., 512, 522
Wirtschaftsgut
– bewegliches 208 ff., 694
– immaterielles 222 ff., 693, 1544
– Überlassen von 1020 ff.

– verschiedenartige 1028
– von geringer wirtschaftlicher Bedeutung 139 ff.
Wirtschaftsjahr
– abweichendes 949, 1300
Wohnungseigentümergemeinschaft 152, 271, 316, 397, 664 f., 1102

Z

Zebragesellschaft 481, 996
Zero-Bonds 1126
Zinsen 548, 1051, 1058 ff., 1577 ff.
Zinsschranke 742 ff.
Zonenrandförderung 1289
Zugewinngemeinschaft 494, 552
Zusammenhang
– enger wirtschaftlicher 12, 15, 25, 31, 76
Zusammenwirken
– konfliktfreies 494, 552, 565, 584
Zuschuss
– öffentlicher 1345 f.
Zustimmung der Gesellschafter 397, 554
Zuwendungspflegschaft 1704
Zwangsverwaltung 341
Zweckbetrieb 755
Zweck- und Wirtschaftsgemeinschaft 503, 506, 512
Zwischenvermietung 282 ff.